PORTUGUÊS

PARA OS CONCURSOS DE TÉCNICO E ANALISTA
DE TRIBUNAIS E MPU

RICARDO DO AMARAL ERSE

COLEÇÃO
TRIBUNAIS E MPU

COORDENADOR
HENRIQUE CORREIA

PORTUGUÊS

PARA OS CONCURSOS DE TÉCNICO E ANALISTA DE TRIBUNAIS E MPU

9ª EDIÇÃO

revista, atualizada e ampliada

2024

EDITORA JusPODIVM

www.editorajuspodivm.com.br

EDITORA *Jus*PODIVM
www.editorajuspodivm.com.br

Rua Canuto Saraiva, 131 – Mooca – CEP: 03113-010 – São Paulo – São Paulo
Tel: (11) 3582.5757
• Contato: https://www.editorajuspodivm.com.br/central-de-relacionamento

Diagramação: PC Editorial Ltda. (*pceditorial@gmail.com*)

Capa: Ana Caquetti

E73p Erse, Ricardo do Amaral.
Português para os concursos de Técnico e Analista / Ricardo do Amaral Erse. – 9.ed., rev., atual. e ampl. – São Paulo: Editora JusPodivm, 2024.
544 p.

ISBN 978-85-442-4879-9

1. Português. 2. Concursos e Provas. I. Erse, Ricardo do Amaral. II. Título.

CDD 469.5

Bibliotecária responsável
Ana Carolina Ribeiro Mois – CRB7 – RJ 007348/0

Dedico este livro aos meus alunos,
ex-alunos e "futuros alunos";
afinal, eles são a razão
de ser da minha profissão.

A todos que, de uma forma ou de outra,
contribuíram para a execução deste trabalho.
Ao Henrique Correia, que acreditou no meu potencial.

Aos meus familiares, amigos e
A TODOS QUE ME DERAM OPORTUNIDADE NA VIDA.

Sumário

Edital sistematizado

(Para facilitar a pesquisa e otimizar seu estudo)

Caro leitor,

Pensando em tornar mais fácil o seu estudo, resolvemos fazer um edital detalhado, mostrando em que partes do livro encontram-se os conteúdos cobrados. No entanto, para sistematizar o edital, deparei-me com um problema. A observação dos itens dá a impressão de que muitos conteúdos gramaticais ficam de fora e não são cobrados, dispensando o estudo. É que as provas fazem uma "salada" em algumas questões. Além disso, alguns itens são muito genéricos e pouco abordados em seus detalhes.

A grande verdade é que a prova de Português cobra tudo. É só observar os capítulos de exercícios: ali se pode ver que o conteúdo de cada um deles está presente nas questões das provas.

Por isso procuramos fazer um sumário já bem detalhado.

Cumpre esclarecer, ainda, que na concepção original do livro, trataríamos apenas da parte gramatical. Assim, os conteúdos relativos à interpretação de textos e à correspondência oficial não figuram de modo expositivo nas páginas deste volume. Para contemplar os assuntos referentes à correspondência oficial, é indicada a leitura do *Manual de Redação da Presidência da República* disponível para *download* no site da Casa Civil (www.planalto.gov.br/ccivil_03/manual/) e, para a produção de textos, recomendamos a aquisição do volume de "Redação - Para Técnico e Analista" de autoria de Camila Sabatin, também componente da Coleção Tribunais e MPU.

Bons estudos e boa sorte nos concursos e na vida,

Ricardo do Amaral Erse

▶ ITENS DOS EDITAIS	▶ TÓPICO DO LIVRO	▶ PÁGINAS
4. Domínio dos mecanismos de coesão textual.		
4.1. Emprego de elementos de referenciação, substituição e repetição, de conectores e outros elementos de sequenciação textual.	Capítulo 2	39-48
	Capítulo 3	49-60
4.2. Emprego/correlação de tempos e modos verbais.	Capítulo 4	61-76
5. Domínio da estrutura morfossintática do período.		
5.1. Relações de coordenação entre orações e entre termos da oração.	Capítulo 12	329-338
5.2. Relações de subordinação entre orações e entre termos da oração.	Capítulo 12	329-338
5.3. Emprego dos sinais de pontuação.	Capitulo 13	339-350
5.4. Concordância verbal e nominal.	Capítulo 6	181-186
	Capítulo 7	187-202
5.5. Emprego do sinal indicativo de crase.	Capítulo 9	217-226
5.6. Colocação dos pronomes átonos.	Capítulo 2	39-48
6. Reescritura de frases e parágrafos do texto.	em questões por todo o livro	
6.1. Substituição de palavras ou de trechos de texto.	em questões por todo o livro	
6.2. Retextualização de diferentes gêneros e níveis de formalidade.	-	-
7. Correspondência oficial (conforme Manual de Redação da Presidência da República).	-	-
7.1. Adequação da linguagem ao tipo de documento.	-	-
7.2. Adequação do formato do texto ao gênero.	-	-

Apresentação da Coleção

O objetivo da coleção é a preparação direcionada para os concursos de Técnico e Analista do TRT, TRE, TRF e Tribunais Superiores. Em todos os livros, o candidato irá encontrar teoria específica prevista nos editais, questões recentes comentadas e questões de concurso com gabarito fundamentado.

A ideia da coleção surgiu em virtude das reivindicações dos estudantes, que almejavam por obras direcionadas para os concursos de Técnico e Analista dos Tribunais. As apostilas específicas mostram-se, na maioria das vezes, insuficientes para o preparo adequado dos candidatos diante do alto grau de exigência das atuais provas, o que ocorre também com as obras clássicas do direito, por abordarem inúmeras matérias diferentes ao concurso.

Nessa coleção, o candidato encontrará desde as cinco matérias básicas exigidas em todos os concursos, como português, raciocínio lógico ou matemática, informática, direito constitucional e administrativo, até as matérias específicas de outras áreas (arquivologia e administração pública) e todas as matérias dos diferentes ramos do direito. Portanto, com os livros da coleção o candidato conseguirá uma preparação direcionada e completa para os concursos de Técnico e Analista do TRT, TRE, TRF e Tribunais Superiores.

Além da linguagem clara utilizada, os quadrinhos de resumo, esquemas e gráficos estão presentes em todos os livros da coleção, possibilitando ao leitor a memorização mais rápida da matéria.

Temos certeza de que essa coleção irá ajudá-lo a alcançar o tão sonhado cargo público de Técnico ou Analista dos Tribunais.

Henrique Correia

www.henriquecorreia.com.br

henrique_constitucional@yahoo.com.br

@profcorreia

Apresentação

Oficialmente, este livro é voltado para os concursos de Técnico e Analista de Tribunais. Os possíveis interessados nesses cargos, por uma série de razões e cada vez mais, tornam-se "concurseiros" e prestam outros tantos concursos até como forma de testar seus conhecimentos. Os editais de Língua Portuguesa, de todas as instituições organizadoras de concursos, costumam selecionar conteúdos muito similares. Além disso, é bom que se esclareça que as provas de Português, sejam de nível médio ou superior, não apresentam diferenças na profundidade da cobrança dos conteúdos. O que varia é o foco que cada instituição procura seguir.

O livro, portanto, serve como base de preparação não só para o fim imediato a que se destina, como também para oferecer uma visão mais focada, mais objetiva dos conteúdos comuns aos editais diversos.

Serão apresentadas quatro partes, que se organizam dessa maneira:

A primeira delas (capítulos 1 a 5) será destinada ao estudo das classes de palavras mais visadas como objeto de cobrança em concurso: o substantivo, o adjetivo, o advérbio. Levando em consideração o que se percebe nas provas, apresentamos o conteúdo apenas como um pré-requisito para o posterior estudo da concordância nominal. O motivo de não termos nos alongado na flexão dessas três categorias gramaticais foi justamente o já exposto: "foco". Não é mais a classificação das palavras o que tem importado. O necessário é conhecê-las para usá-las em seu aspecto prático (no caso, a correta concordância). Em seguida, há o estudo de pronomes. Mais uma vez é importante ressaltar que, cada vez menos, saber classificá-los é tarefa de menor importância. O emprego é o que se tem cobrado, bem como a colocação na estrutura coesiva das frases. Há, portanto, dois capítulos inteiros para contemplar o conteúdo. Por fim, o estudo do verbo. Saiba, desde já, que não é mais necessário (pelo menos em linhas gerais) que se decore o nome dos tempos e modos. A palavra de ordem continua sendo: uso. Afinal, na prática, ninguém tem a consciência de classificações quando fala ou escreve. Óbvio que, para culminar a primeira parte, há uma lista de questões, organizadas em duas seções: a primeira, com exercícios comentados dos diversos concursos de Tribunais; a segunda, uma série proposta para que você possa praticar o que aprendeu.

A segunda parte do livro (capítulos 6 a 10) dedica-se à sintaxe, isto é, ao estudo da estrutura das frases. Serão abordados os mecanismos de concordância, listando as regras gerais e específicas do acordo entre termos de valor substantivo e termos de natureza adjetiva (concordância nominal) e entre o verbo e o sujeito (verbal). Além disso, o estudo da regência também compõe essa parte da obra: além dos casos específicos (apresentação da regência dos verbos cobrados com mais frequência em provas), será detalhado o conteúdo da transitividade (ou predicação verbal). E, como desdobramento do conteúdo de regência, um dos conteúdos mais significativos em qualquer prova: a crase. Para fechar a segunda parte, outro bloco de questões comentadas e propostas.

A sintaxe é o foco da terceira parte do livro (capítulos 11 a 15): como forma de ampliação de termos já apresentados durante o estudo da concordância e da regência, serão estudadas as funções sintáticas das palavras (sujeito, predicado, complementos verbais, adjuntos adnominais e adverbiais, complemento nominal, aposto e vocativo). Como se trata de um livro que pretende ser abrangente, apresentamos o assunto que, no entanto, não tem sido mais prioridade na cobrança dos concursos. Uma vez mais, lembramos que sempre o uso deve ser preferido à classificação. O período composto será estudado com enfoque voltado às relações lógico-semânticas estabelecidas pelas conjunções. Pelas próprias questões de concurso apresentadas, será possível perceber que não há mais a nomenclatura ortodoxa nos exames; apenas a relação de sentido (a ênfase deve ficar nas ideias das orações coordenadas, subordinadas adverbais e adjetivas). A pontuação é o conteúdo-chave dessa parte. Desnecessário justificar a importância do recurso na comunicação (e não apenas nas provas). O capítulo que antecede o de exercícios revela uma tendência, sobretudo da Fundação Carlos Chagas, que vem contaminando outras instituições: a "salada gramatical". Você verá, a título de revisão, uma série de questões que não se atêm a um único aspecto da língua, mas na cobrança plural. Embora qualquer livro (sobretudo as gramáticas normativas) tenha de sistematizar o conteúdo didaticamente, por unidades ou capítulos, o produto final reflete a vida: não se vive cada experiência isoladamente; convive-se com a multiplicidade de aspectos. Naturalmente, o terceiro bloco contém a já esperada lista de questões.

A quarta e última parte (capítulos 16 a 19) é, na verdade, um apêndice, isto é, foi colocada mais como forma de consulta: ela tratará dos processos de formação de palavras, da fonética, da fonologia, da separação de sílabas, da ortografia e da acentuação gráfica. Optamos por deixar o conteúdo ao final, porque, como se poderá perceber, o conteúdo – embora importantíssimo para a escrita – não tem sido muito enfocado como item de cobrança em questões de múltipla escolha. O próprio número de questões que compõem o último capítulo é bem reduzido. Ainda assim, fizemos questão de dar um detalhamento maior da Reforma Ortográfica de 2009, que determina as mudanças definitivas a partir de 2012.

Espera-se, assim, que este livro possa ser útil a todos que almejam aos cargos de Tribunais ou a outros mais. Procurou-se simplificar a linguagem da gramática tradicional, que causa desconforto e trauma em muitos.

Bons estudos!

Ricardo do Amaral Erse

Sobre português...

Um novo perfil de prova...

A grande dificuldade que as pessoas encontram em conseguir um lugar no mercado de trabalho tem acirrado, a cada ano, a concorrência rumo aos concursos públicos. Neste momento, milhares de pessoas estão se preparando para vencer o que parece ser o desafio do momento.

E o candidato a qualquer cargo, que terá de enfrentar um concurso público, mais do que o cidadão comum, deve estar atento à sua volta e às tendências que as diversas instituições de elaboração de provas têm demonstrado.

No caso do Português, a reclamação é sempre a mesma: "Não sei Português!", "Estudei as mesmas coisas a vida inteira e ainda tenho muito a aprender!", "Por que tenho de saber tantas bobagens, se nem usarei essas coisas na vida real!?!". Há muito de verdade e há muito de mito nessas falas. Em primeiro lugar, é preciso que fique bem clara uma ideia: qualquer brasileiro adulto "normal" (ou até estrangeiro radicado no Brasil) sabe português, **sim**. Muitos podem até não dominar as normas da língua culta, ou a famigerada "gramática". Por uma série de razões, as dúvidas foram se acumulando, ao longo da vida escolar, e fica a impressão de que não se sabe nada.

Diante desse quadro, uma boa notícia: os concursos estão mudando. Não se veem mais questões de pura "decoreba", ou que cobrem "picuinhas", como se costuma dizer na voz geral. Faça uma pesquisa, verifique as últimas provas de todas as instituições e você perceberá que, cada vez mais, o texto vem com força maior. O enfoque da língua hoje é pragmático. O que o candidato precisa é demonstrar uma habilidade de leitura e interpretação (prioritariamente), além de conhecer o princípio de funcionamento da língua no texto ou no contexto.

Sabendo disso, um conselho: leia; leia tudo o que estiver ao seu alcance. Claro que você deverá procurar uma fonte tida como "importante", de credibilidade. Os concursos têm trazido textos da *Revista Veja*, da *Folha de São Paulo* ou de qualquer outro meio de circulação nacional. Os temas são variados: cultura, linguagem, vida social, comportamento, informática, existencialismo. Os artigos de opinião ou os textos de natureza dissertativo-argumentativa são os que têm mais espaço nas provas. Esteja atento a eles.

A abordagem gramatical varia de instituição para instituição. O que se tem notado de comum é o fato de que detalhes já não são mais a prioridade. A cobrança da classificação sintática ou morfológica não mais predomina nas questões. Têm sido mais cobrados os aspectos linguísticos associados à coesão textual. O que é isso? Por exemplo, a análise dos pronomes como elementos de retomada ou de antecipação de termos do texto (sobretudo os relativos, os demonstrativos e os pessoais); as relações lógico-semânticas do período composto (interpretadas pelo contexto e pelo conhecimento das conjunções); a análise do deslocamento dos sinais de pontuação como elementos que alteram o sentido dos enunciados. Como se vê, trata-se de uma gramática textual, contextualizada. Nada de frases soltas e construídas artificialmente para tornarem-se "pegadinhas".

Alguns editais, sobretudo aqueles referentes a cargos de nível superior, têm trazido outro "bicho de sete cabeças" para alguns: a redação. Fique atento: quando se falar em "redação oficial", trata-se da cobrança relativa a modelos de correspondência, tais como carta, ofício, requerimento, memorando. Há também as provas em que o candidato deverá produzir um texto de natureza dissertativa. Nesse caso, será solicitada uma redação nos moldes em que a maioria dos estudantes pratica ao longo de sua vida escolar: o texto que se compõe de "introdução", "desenvolvimento" e "conclusão", geralmente solicitando a opinião (ou posicionamento) do candidato em relação a um fato, um problema ou fenômeno – normalmente da atualidade. Daí, o lembrete quase redundante: ler é sempre a melhor solução.

É importante notar como essas novas tendências já se consolidam a partir do edital: cada vez mais a relação de conteúdos se mostra mais genérica, sem os detalhes de costume. Sendo assim, cuidado: não se iluda, acreditando que o novo posicionamento significa a diminuição de sua dedicação. Ao contrário, é preciso redobrar a atenção, tentando se acostumar a um novo perfil de prova, em que, para a maioria, estranhamente não predominam mais as questões compartimentadas dos conteúdos normativos da gramática tradicional. É preciso, mais do que nunca, ajustar o foco, mirar no objetivo e atingir o alvo: sua aprovação e seu sucesso.

Parte 1

▶ CAPÍTULO 1

Morfologia 1

Substantivo – Adjetivo – Advérbio
(Pré-requisitos para a concordância nominal)

▶ CAPÍTULO 2

Morfologia 2

Pronomes pessoais e colocação pronominal

▶ CAPÍTULO 3

Morfologia 3

Pronomes demonstrativos

▶ CAPÍTULO 4

Morfologia 4

Verbo

▶ CAPÍTULO 5

Exercícios

CAPÍTULO 1

Morfologia 1

Substantivo – Adjetivo – Advérbio (Pré-requisitos para a concordância nominal)

O estudo das classes de palavras, por si apenas, não tem uma relevância no uso prático da língua. Saber discernir se uma palavra é substantivo, ou verbo, ou conjunção não torna uma pessoa melhor falante ou melhor produtor de sentidos. No entanto, o mecanismo de concordância é importantíssimo para a correta utilização prática da língua. Por isso, nesta primeira unidade, vamos falar de três classes, cujo conhecimento é necessário aos esclarecimentos acerca de concordância nominal.

1. SUBSTANTIVO

As gramáticas definem, normalmente, como "palavra que dá nome aos seres". A definição é questionável, a partir do momento em que vem a pergunta: o que é um ser? "Barata" é um ser, sem dúvida (e é, portanto, um substantivo); "escuridão" não é um ser, mas é substantivo. Portanto, o conceito não atende às necessidades.

O melhor seria dizer que substantivo é "nome" (de pessoa, de lugar, de objeto, de sentimento, de ação etc.).

Há um "macete" prático que diz que um termo é substantivo quando a palavra permite a anteposição de um artigo. Os artigos podem ser definidos ou indefinidos: o(s), a(s), um (uns), uma(s).

Observe o exemplo:

- *O **concurso** que o **candidato** prestou teve o **resultado** divulgado ontem.*
  - ↳ Na frase acima, as palavras destacadas são precedidas de artigo. Sendo assim, elas devem ser classificadas como substantivos.

Mais um exemplo:

- *O **resultado** do **concurso** deu aos **candidatos** uma **tranquilidade** muito grande.*
  - ↳ Na frase acima, duas palavras são precedidas de artigo: "resultado" e "tranquilidade". Além disso, outras duas são precedidas de uma preposição fundida com um artigo. Veja: "do (= de+o) concurso" e "aos (= a+os) candidatos". Conclusão: os substantivos podem ser precedidos de artigos "puros" ou "fundidos" com preposição.

Outro exemplo:

✦ ***Segurança*** *é* ***sentimento*** *que os* ***alunos*** *devem ter na* ***hora*** *de fazer* ***provas****.*

↳ Na frase acima, há um substantivo precedido de artigo "puro" ("alunos"), um substantivo precedido de artigo "fundido" ("hora") e três outros não precedidos de artigo ("segurança", "sentimento" e "provas"). Conclusão: o substantivo "pode" ser precedido de artigo, mas não necessariamente "deve" ser.

Vamos, agora, aprofundar um pouco mais:

✦ ***Eles*** *precisam de um suporte mais eficiente nos conteúdos específicos.*

↳ Na frase acima, o termo negritado é um pronome pessoal do caso reto. Essa seria a classe gramatical a que pertence o termo. Veja que esse pronome está substituindo um substantivo masculino, plural ("candidatos", "alunos", "rapazes", etc). Por isso, dizemos que o pronome "eles" é um *termo de valor substantivo*. Toda palavra que, em um contexto, substitui um nome tem valor de substantivo.

Agora veja o último exemplo:

✦ *O* ***andar*** *em que se realizou a prova foi interditado ao público externo.*

↳ O termo destacado acima, fora de um contexto, é um verbo. Como a determinação da classe gramatical de uma palavra é feito no contexto, temos, neste caso, um substantivo. Assim, qualquer termo que seja determinado por artigo passa a funcionar como um substantivo.

Com essas observações, vencemos o que realmente importa para a identificação desse pré-requisito para a concordância nominal, que é o substantivo. É claro que as gramáticas trazem outras observações sobre a classe: classificação, gênero, número, grau etc. Os concursos mais recentes não têm, em sua maioria, cobrado esses detalhes. Tenha uma boa gramática em casa para consulta, ou procure num *site*, que certamente você achará algo acessível e interessante a seu aprofundamento.

2. ADJETIVO

Dissemos que substantivo é "nome". Temos aprendido pela vida que adjetivo é "qualidade". Essa definição também não é a melhor que podemos ter. Quando se fala em "belo", "agradável", "inteligente", tudo bem. São qualidades mesmo. Mas ao pensarmos em "feio", "doente", "grosseiro", não entendemos exatamente como qualidades. Talvez o rótulo "característica" seja melhor. Mas, ainda assim, não é o ideal. Atualmente dizemos que o adjetivo é o "termo que se refere ao nome", modificando-o.

Veja:

- *A prova foi, em seu conjunto, bem **acessível** aos participantes.*

  ↳ O primeiro substantivo que temos no exemplo é "prova", palavra determinada por um artigo. Temos também mais dois: "conjunto" e "participantes". A palavra destacada refere-se, no contexto, a "prova". Assim, ela é um termo que se refere a um substantivo; portanto, trata-se de um "adjetivo". A relação estabelecida entre um termo substantivo e um termo adjetivo é chamada de **concordância nominal**. "Acessível" é termo singular, porque concorda com "prova", também no singular.

Outro exemplo:

- *A prova de Português foi a mais **tranquila** para os candidatos.*

  ↳ Novamente, o termo destacado é um adjetivo, porque se refere a um substantivo. "Tranquila" refere-se ao substantivo "prova". Veja a concordância: feminino singular, com feminino singular. No período existem três substantivos: "prova", "Português" e "candidatos". Agora tome não a palavra "Português", mas a expressão "de português". Essa expressão está ligada ao substantivo "prova". Por isso, é um termo de valor adjetivo. Conclusão: qualquer expressão que se refira a um substantivo é uma expressão de valor adjetivo. A gramática tradicional chama essas expressões de **locuções adjetivas.** Por isso, quando se disse que adjetivo é um termo que se refere a um adjetivo, deve-se entender que ele pode ser apenas uma palavra ou uma expressão.

Indo mais além:

- ***Minha** aprovação no concurso depende de **muito** estudo.*

  ↳ Se você for procurar a classe gramatical dos dois termos destacados, chegará à seguinte resposta: são pronomes (possessivo e indefinido, respectivamente). No entanto, observe que "Minha" está no feminino singular para concordar com "aprovação" (que é um substantivo). Da mesma forma, "muito" está no masculino singular para concordar com "estudo" (que também é substantivo). Por esse motivo, os termos destacados têm natureza ou valor adjetivo. Conclusão: todo termo que se referir e concordar com um substantivo, funciona como um adjetivo.

Em relação ao reconhecimento de adjetivos, já temos o de que precisamos. Nas gramáticas, você terá mais detalhes: a flexão de gênero e número dos adjetivos, a classificação, etc. Como dissemos, para o nosso foco, precisamos apenas do exposto.

3. ADVÉRBIO

Já dissemos que substantivo é "nome" e adjetivo é "termo que se refere ao nome". O advérbio também tem seu "apelido": nas questões das provas atuais, ele tem sido nomeado de "circunstância". As palavras de valor adverbial expressam circunstâncias de tempo, de modo, de lugar, de dúvida, de afirmação, de negação e intensidade. Pelo menos, essas são as sete classificações oficiais. Como o foco dos concursos hoje se volta prioritariamente ao lado semântico, qualquer classificação coerente é válida.

Veja:

- *A prova foi fácil.*
  - ↳ No exemplo acima, temos um substantivo ("prova") e um adjetivo ("fácil"). Até aqui, tudo conforme falamos.
- *A prova foi fácil* ***demais.***
  - ↳ Acrescentamos mais um termo e o negritamos acima. A palavra "demais", caso se referisse ao substantivo "prova", teria valor adjetivo. Como, ao contrário, referiu-se ao adjetivo "fácil", perdeu essa natureza adjetiva. Aqui temos o advérbio. Portanto, "advérbio" é termo que NÃO se refere ao nome.
- *Os candidatos desclassificados reclamaram* ***bastante.***
  - ↳ O termo "bastante", negritado no exemplo acima, não se refere a "candidatos". Se isso ocorresse, o termo teria valor adjetivo. Veja que a palavra destacada refere-se a "reclamaram" (um verbo). Mais uma vez, por não se referir a um nome, dizemos que "bastante" tem valor adverbial. Aliás, desta vez, parece até mais coerente, já que é uma palavra que se refere a um verbo.
- *O aluno estrangeiro saiu-se mal* ***demais*** *na prova.*
  - ↳ Na frase acima, "mal" tem valor de advérbio, porque NÃO se refere ao substantivo "aluno", mas sim ao verbo "saiu-se". Já havíamos comentado que termo que se refere a verbo é advérbio. Perceba que "demais" também não se refere ao substantivo "aluno". Por isso, o termo é também um advérbio. É palavra que se refere a outro advérbio, o "mal".

Conclusão: os advérbios são termos que não se referem a substantivos, como vimos nos exemplos acima. Os advérbios referem-se a adjetivos, a verbos ou a outros advérbios. No processo de concordância nominal, a classe dos advérbios tem uma peculiaridade: eles não variam, isto é, não têm feminino e nem plural.

Veja mais um exemplo:

- *Os alunos fizeram* ***com cuidado*** *as provas* ***de Português.***
  - ↳ Veja que destacamos duas expressões na frase acima. Já dissemos que na gramática as expressões se chamam "locuções. A primeira locução ("com cuidado") está se referindo ao verbo "fizeram". Por esse motivo é uma expressão de valor adverbial ou locução adverbial. No segundo caso, a expressão ("de Português") liga-se ao substantivo "provas". Assim, ela tem valor adjetivo ou é uma locução adjetiva.

Assim, chegamos ao fim dos pré-requisitos. Entenda-os porque precisaremos dele nos comentários acerca de concordância nominal. Bons estudos.

COMPLEMENTAÇÃO

Tem sido cada vez mais rara a cobrança de aspectos particulares a respeito dessas três classes de palavras. Por isso, ficamos nos pré-requisitos para o estudo da concordância nominal. No entanto, apresentaremos mais alguns detalhes sobre as três classes.

1. SUBSTANTIVOS

Formação dos substantivos

Em relação à formação dos nomes, eles podem ser *simples, compostos, primitivos* e *derivados.*

Substantivos simples e compostos

Os substantivos simples são aqueles formados por um só radical, ou seja, uma só palavra. Observe os termos destacados:

✦ *A **lua** brilhava alta no **céu** cheio de **estrelas**.*

Os substantivos compostos são aqueles que apresentam mais de um radical.

✦ *O **guarda-chuva** foi entregue nas lojas, em meio ao **vaivém** de pessoas.*

Substantivos primitivos e derivados

Os substantivos primitivos são aqueles que não resultam de outra palavra da língua.

✦ *O **leite** é um **produto** importantíssimo na **vida** das **pessoas**.*

Os substantivos derivados são aqueles que se originam de um substantivo primitivo.

✦ *O **leiteiro** trabalhava bem cedo, com sua **caderneta** para anotar os pedidos das crianças.*

No tocante ao ser que nomeia, o substantivo pode ser *comum, próprio, concreto* e *abstrato.*

Substantivos concretos e abstratos

Os substantivos concretos são aqueles que nomeiam seres reais ou fictícios.

✦ *O **livro** trazia **textos** sobre **fadas** e **bruxas**.*

Os substantivos abstratos são aqueles que se referem a uma ação, qualidade ou estado.

✦ *A **espontaneidade** do **abraço** causou **estranheza** nos presentes.*

Substantivos próprios e comuns

Os substantivos próprios são concretos e designam particularmente os seres, como nomes, países, cidades.

✦ ***Marco Antônio** nasceu em **Florianópolis**.*

Os substantivos comuns designam seres de uma mesma espécie.

✦ *O **menino** nasceu numa **cidade** bem tranquila.*

Os substantivos coletivos se encaixam nos substantivos comuns, pois designam um grupo de seres da mesma espécie.

▸ SUBSTANTIVOS COLETIVOS	
Alcateia	De lobos
Arquipélago	De ilhas
Banca	De examinadores
Bando	De aves, de ciganos, de malfeitores
Cáfila	De camelos
Cancioneiro	Conjunto de canções, de poesias líricas
Cardume	De peixes
Chusma	De gente, de pessoas
Corja	De vadios, de tratantes, de velhacos, de ladrões
Elenco	De Atores
Farândola	De ladrões, de desordeiros, de assassinos, de maltrapilhos, de vadios
Feixe	De lenha, de capim
Girândola	De foguetes
Junta	De bois, de médicos, de credores, de examinadores
Magote	De pessoas, de coisas
Manada	De bois, de búfalos, de elefantes
Matula	De vadios, de desordeiros
Molho	De chaves, de verdura
Ninhada	De pintos
Quadrilha	De ladrões, de bandidos
Ramalhete	De flores
Récua	De bestas de carga
Roda	De pessoas
Talha	De lenha
Vara	De porcos

▸ SUBSTANTIVOS COLETIVOS	
Armento	De gado grande: bois, búfalos
Atilho	De espigas
Banda	De músicos
Cacho	(de bananas, de uvas)
Cambada	De malandros
Caravana	De viajantes, de peregrinos, de estudantes
Choldra	De assassinos, de malandros, de malfeitores
Constelação	De estrelas
Coro	De anjos, de cantores
Falange	De soldados, de anjos
Fato	De cabras
Frota	De navios mercantes, de autocarros
Horda	De povos selvagens nômades, de desordeiros, de aventureiros, de bandidos, de invasores
Legião	De soldados, de demônios
Malta	De desordeiros
Matilha	De cães de caça
Mó	De gente
Multidão	De pessoas
Plêiade	De poetas, de artistas
Romanceiro	Conjunto de poesias narrativas
Rebanho	De ovelhas
Réstia	De cebolas, de alhos
Súcia	De velhacos, de desonestos
Tropa	De muares

(in: Fonte: www.priberam.pt. Acesso em 08/01/2011)

FLEXÃO DOS SUBSTANTIVOS

A classe dos nomes pode variar. Ser variável é sofrer flexão (variação).

A palavra **garoto**, por exemplo, pode sofrer variações para indicar:

- **Plural:** Os garoto**s** estavam preparados para o concurso.
- **Feminino:** A garot**a** veio juntar-se ao grupo de estudantes.
- **Aumentativo:** O garot**ão** conquistava a mulherada na praia.
- **Diminutivo:** O garot**inho** parecia assustado com o tumulto.

Flexão de gênero

Gênero é a propriedade que as palavras têm de expressar o sexo real ou fictício dos seres. Em português, há dois gêneros: o **masculino** e o **feminino.**

São do gênero **masculino** os nomes que puderem vir precedidos dos artigos *o, os, um, uns.*

✦ *"O **lobo** e o **cordeiro**" é o **nome** de uma fábula.*

✦ *"Um **amor** de verão" é o nome da peça que estreará em março.*

São do gênero **feminino** os nomes que puderem vir precedidos dos artigos *a, as, uma, umas:*

✦ *A **Cidade** Maravilhosa é visitada por muitos turistas.*

✦ *Uma **pessoa** inteligente não faria uma **coisa** dessas.*

✦ *As **apostas** podem ser feitas até amanhã.*

Substantivos Biformes e Substantivos Uniformes

Os substantivos biformes (aquele que tem duas formas) indicam nomes de seres vivos. Em geral, o gênero da palavra está relacionado ao sexo do ser, havendo, dessa forma, duas formas, uma para o masculino e outra para o feminino. Observe:

✦ *O **prefeito** e a **prefeita** representaram suas cidades muito bem.*

Os substantivos uniformes são aqueles que apresentam uma única forma, que vale tanto para o masculino quanto para o feminino. Eles são classificados em:

Epicenos: são os que têm um só gênero e nomeiam animais.

✦ *Não sabemos se é um **jacaré macho** ou um **jacaré fêmea**.*

Substantivos Sobrecomuns

Os sobrecomuns são os têm um só gênero e nomeiam pessoas.

✦ *A **criança** foi a **testemunha** que viu a **vítima** ser assassinada.*

Substantivos Comuns de Dois Gêneros

Os comuns de dois gêneros são os que indicam o sexo das pessoas por meio do artigo.

✦ ***O cliente** mais velho e **a cliente** mais histérica foram os atendidos logo no inicio da sessão.*

Plural dos Substantivos Compostos

A formação de plural (flexão de número) de um composto é mais fácil quando se tratar de uma palavra escrita sem hífen:

✦ *Os **girassóis** floresciam e coloriam o campo.*

O plural dos substantivos compostos cujos elementos são ligados por hífen costuma provocar muitas dúvidas e discussões. Algumas orientações são dadas a seguir:

- Flexionam-se os **dois** elementos, quando formados de:
  - **substantivo + substantivo** = *As* ***couves-flores*** *não estavam bonitas no mercado.*
  - **substantivo + adjetivo** = *Colheu* ***amores-perfeitos*** *para o arranjo.*
  - **numeral + substantivo** = *O curso ocorre* ***às sextas-feiras.***
- Flexiona-se somente o **segundo** elemento, quando formados de:
  - **verbo + substantivo** = *A loja liquidou os* ***guarda-roupas.***
  - **palavra invariável + palavra variável** = *O som saía de três* ***alto-falantes.***
  - **palavras repetidas ou imitativas** = *Era um bando de* ***tico-ticos.***
- Flexiona-se somente o **primeiro** elemento, quando formados de:
  - **substantivo + preposição clara** + substantivo = *Comeu três* ***pés-de--moleque.***
  - **substantivo + substantivo que funciona como determinante do primeiro** = *Ganhou* ***canetas-tinteiro.***
- Permanecem invariáveis, quando formados de:
  - **verbo + advérbio** = *Fizeram os* ***bota-fora*** *dos que ainda estavam no Brasil.*
  - **verbo + substantivo no plural** = *Pegou os* ***saca-rolhas.***
- Casos especiais

  o louva-a-deus e os louva-a-deus

  o bem-te-vi e os bem-te-vis

  o bem-me-quer e os bem-me-queres

  o joão-ninguém e os joões-ninguém.

Flexão de Grau do Substantivo

O "grau" é a propriedade que as palavras têm de exprimir as variações de tamanho dos seres. Os graus se agrupam em:

Grau Normal

O grau normal aponta um ser de tamanho considerado normal.

✦ *Comprou uma* ***casa*** *no bairro mais nobre da cidade.*

Grau Aumentativo

O grau aumentativo apontará o aumento do tamanho do ser e é subdividido em:

- **Analítico** = quando o substantivo é acompanhado de um adjetivo que indica grandeza.

  ✦ *Ganhou uma **casa grande** na Praia de Juçara.*

- **Sintético** = quando é acrescentado ao substantivo um sufixo indicador de aumento.

  ✦ *O **casarão** estava mesmo abandonado.*

Grau Diminutivo

O grau diminutivo aponta a diminuição do tamanho do ser e é subdividido em:

- **Analítico** = quando o substantivo é acompanhado de um adjetivo que indica pequenez.

  ✦ *Mora em uma **casa pequena**, num bairro distante.*

- **Sintético** = quando é acrescentado ao substantivo um sufixo indicador de diminuição.

  ✦ *Queria muito uma **casinha**.*

2. ADJETIVOS

A classificação dos adjetivos

Os termos de valor adjetivo, semanticamente, têm o papel de

- Explicar:

O adjetivo explicativo exprime qualidade inerente ao ser a que se refere.

✦ *A neve **fria** queimava a pele da criança. (toda neve é fria)*

- **Restringir:**

O adjetivo restritivo exprime qualidade que não é própria do ser. Assim, ele acaba por limitar "um" ser dentre "outros".

✦ *Os móveis **coloniais** compunham a decoração da sala de jantar. (nem todo móvel é colonial)*

Formação do Adjetivo

Quanto formação, o adjetivo pode ser:

Adjetivo simples	Formado por um só radical.	*O conteúdo da prova foi bem fácil.*
Adjetivo composto	Formado por mais de um radical.	*Usa sempre um biquíni rosa-choque.*
Adjetivo primitivo	É aquele que dá origem a outros adjetivos.	*Sempre foi uma criança feliz.*
Adjetivo derivado	É aquele que deriva de substantivos ou verbos.	*Estou felicíssimo em ver você.*

Os graus do adjetivo

Grau normal

O grau normal ocorre quando o adjetivo está na sua forma comum de uso:

+ *Todos os alunos daquela classe são **inteligentes**.*

Grau comparativo

O grau comparativo admite três classificações:

- **Comparativo de igualdade**, usando as palavras *tão ... quanto*:
  + *O meu caçula é **tão inteligente quanto** o irmão mais velho.*
- **Comparativo de inferioridade**, usando as palavras *menos ... que* ou *do que*:
  + *O gato é **menos inteligente do que** o cachorro,*
- **Comparativo de superioridade**, usando as palavras *mais ... que* ou *do que*:
  + *Com certeza eu sou **mais inteligente que** você.*

Grau superlativo

O grau superlativo admite duas classificações:

- **Superlativo relativo**, com dois modos:
- **Superioridade**, com as palavras *a/o mais*:
  + *André é o aluno **mais inteligente** da classe.*
- **Inferioridade**, com as palavras *a/o menos*:
  + *Thiago é o aluno **menos inteligente** da classe.*
- **Superlativo absoluto**, com dois modos:
  - **Analítico**, quando usa-se um advérbio para fazer a modificação:
    + *Realmente, Letícia é **muito inteligente**.*

- **Sintético**, quando usa-se um *sufixo* para fazer a modificação

✦ *Priscila é **inteligentíssima.***

Plural dos adjetivos compostos

No caso dos adjetivos compostos - os formados por mais de uma palavra -, a dúvida é frequente: nunca se sabe se varia o primeiro elemento, o segundo ou os dois.

Veja o quadro abaixo, publicado no *Manual de Redação da Folha de S. Paulo:*

▶ PLURAL DE ADJETIVOS COMPOSTOS

Caso	Só o segundo vai para o plural	Nenhum dos elementos varia	Exceções
Os dois elementos formadores são adjetivos	questões político-partidárias, olhos castanho-claros, senadores democrata-cristãos		surdos-mudos
O primeiro é adjetivo e o segundo substantivo		tapetes verde-musgo, saias-amarelo-ouro, olhos azul-turquesa	

Observe que a regra geral determina que varie apenas o segundo elemento (primeiro caso apresentado no quadro) - com a exceção de surdo-mudo.

No segundo caso, veja que são nomes de cor. E um dos elementos formadores do adjetivo era originalmente um substantivo. Nesse caso, o composto fica invariável.

3. ADVÉRBIOS

Grau dos Advérbios

Dissemos que os advérbios são palavras invariáveis. No entanto, eles podem apresentar variações com relação ao grau. Além do grau normal, o advérbio pode-se apresentar no grau comparativo e no superlativo.

- **GRAU COMPARATIVO**: ocorre quando a circunstância expressa pelo advérbio aparece estabelecendo uma comparação. O advérbio não é flexionado no grau comparativo. Para indicar esse grau utilizam-se as formas tão...quanto, mais...que, menos...que.

- **comparativo de igualdade**:

✦ *Chegou **tão longe quanto** vocês.*

- comparativo de superioridade:
  - ✦ *Pretendo chegar **mais longe que** meu pai.*
- comparativo de inferioridade:
  - ✦ *Conseguiu chegar **menos longe do que** eu pensava.*

- **GRAU SUPERLATIVO**: ocorre quando a circunstância expressa pelo advérbio vier intensificada. O grau superlativo do advérbio pode ser formado tanto pelo processo sintético (quando se adiciona um sufixo), como pelo processo analítico (quando outro advérbio indicar o grau superlativo).
  - **superlativo (ou absoluto) sintético**: forma-se com o acréscimo de sufixo.
    - ✦ *Saiu de casa para o trabalho **cedíssimo**.*
  - **superlativo (ou absoluto) analítico**: ocorre com o auxilio de um advérbio de intensidade.
    - ✦ *O trabalhador sempre sai **muito cedo** de casa para pegar metrô vazio.*

> ▶ ATENÇÃO:
>
> Se se empregar dois ou mais advérbios terminados em -mente, é comum que se acrescente o sufixo apenas no último deles.
>
> ✦ *Eu pretendo falar de meu conteúdo **única e exclusivamente**.*

Palavras Denotativas

Há, na língua portuguesa, uma série de palavras que, muitas vezes, passam por advérbios. A Nomenclatura Gramatical Brasileira não faz nenhuma classificação especial para essas palavras, por isso elas são chamadas simplesmente de palavras denotativas.

- **ADIÇÃO**:
  - ✦ *Bebeu todo o vinho da adega e ainda queria **mais**.*
- **AFASTAMENTO:**
  - ✦ *Resolveu ir **embora** da minha casa.*
- **AFETIVIDADE:**
  - ✦ ***Ainda bem** que ele sempre foi um rapaz ajuizado.*
- **APROXIMAÇÃO:**
  - ✦ ***Por volta das** 18h, ouvimos um estampido parecido com um tiro.*
- **DESIGNAÇÃO:**
  - ✦ ***Eis** o artigo que publiquei no jornal do DA.*

- **EXCLUSÃO:**

    ✦ *Todos os funcionários receberam o adiantamento,* ***exceto*** *o Paulo Henrique.*

- **EXPLICAÇÃO:**

    ✦ *O órgão da fala,* ***isto é,*** *a língua, é um músculo.*

- **INCLUSÃO:**

    ✦ *Sabe,* ***inclusive****, que nós não somos casados na Igreja.*

- **LIMITAÇÃO:**

    ✦ *Conquistou, nesses vinte anos de carreira,* ***apenas*** *um troféu de melhor cantor regional.*

- **REALCE:**

    ✦ *E eu sou* ***lá*** *pessoa de meias palavras?*

- **RETIFICAÇÃO:**

    ✦ *Ontem eu ministrei seis aulas,* ***isto é****, sete.*

- **SITUAÇÃO:**

    ✦ ***Afinal****, quem vai desfilar na Mangueira este ano?*

CAPÍTULO 2

Morfologia 2

Pronomes pessoais e colocação pronominal

PRONOMES

O pronome é a palavra que acompanha ou substitui o substantivo, indicando sua posição em relação às pessoas do discurso ou mesmo situando-o no espaço e no tempo. Os pronomes podem ser:

- **substantivos**: são aqueles que tomam o lugar do substantivo.

  ✦ ***Ela*** *era a mais aplicada da turma em que* ***eu*** *estudava.*

- **adjetivos**: são aqueles que acompanham o substantivo.

  ✦ ***Minha*** *colega me emprestou o caderno para eu verificar* ***suas*** *anotações.*

Pronomes pessoais

Os pronomes pessoais são aqueles que indicam as pessoas do discurso. Dividem-se em retos e oblíquos.

Os pronomes pessoais retos são:

Número	1ª pessoa	2ª pessoa	3ª pessoa
Singular	eu	tu	ele, ela
Plural	nós	vós	eles, elas

Os **pronomes pessoais oblíquos** podem ser átonos ou tônicos

São **pronomes oblíquos átonos:** me, te, o, a, lhe, se, nos, vos, os, as, lhes.

São **pronomes oblíquos tônicos:** mim, ti, ele, ela, si, nós, vós, eles, elas.

Os pronomes pessoais oblíquos tônicos são usados com preposição e os átonos, com formas verbais.

✦ *A turma de colegas, como haviam me informado, esperava* ***por mim.***

✦ *O professor aguardava-****o*** *na sala de reuniões, para fazer a revisão da dissertação.*

Uso de eu e mim

Devemos ter sempre em mente que **EU** é **pronome reto** e, portanto**, sujeito;** e **MIM,** como **pronome oblíquo não** pode ser **sujeito.**

Vamos aos exemplos:

✦ *Eles não poderão viajar sem* ***mim.***

↳ Veja que o período acima tem apenas uma locução verbal cujo sujeito é "Eles". Sendo assim, o outro pronome não poderia ser do caso reto. Por isso, optou-se pelo "mim". Dessa forma, **usa-se MIM no final de orações, depois de uma preposição.**

✦ *Algo ainda restou entre* ***mim*** *e ela, apesar de todas as desavenças.*

↳ O período acima tem apenas um verbo ("restou"), cujo sujeito é "Algo". Por isso, o pronome a ser usada só pode ser oblíquo. Veja que, mais uma vez, o "mim" apareceu depois de uma preposição. Observe, também, que depois do "mim", há a expressão "e ela", que não é verbo. Assim, **usa-se MIM, antes de termo que não seja verbo.**

✦ *Depois de fazer o curso, ficou mais fácil para* ***mim*** *entender certos conceitos de gramática.*

↳ Aquela conversa de que antes de verbo só se usa "eu", acaba de cair por terra quando se vê o exemplo anterior. Temos, no período acima, dois verbos: "ficou" e "entender". O sujeito de "ficou" é a oração seguinte, que começa com o verbo no infinitivo. Veja: *Entender certos conceitos gramaticais (= Isso)* ***ficou*** *mais fácil para mim, depois de fazer o curso.* Observe que a expressão "para mim" completa o sentido do adjetivo "fácil". Dessa forma, **usa-se MIM, antes de verbo no infinitivo, na expressão "para mim" que completa o sentido de um adjetivo.**

✦ *O aluno, às vésperas da prova, trouxe uma redação para* ***eu*** *corrigir.*

↳ Novamente temos dois verbos: "trouxe" e "corrigir". Só que, desta vez, valeu a regra de termos "eu" antes de verbo. Isso ocorreu, porque "O aluno" é o sujeito de "trouxe" e "eu" é que farei a ação de "corrigir" a redação. Portanto, **usa-se EU como sujeito de verbos no infinitivo.** Observação importante: o "para" que antecede o pronome do caso reto confere à oração que introduz uma ideia de *finalidade*.

Pronomes de tratamento

Muitos editais têm trazido o conteúdo relativo a "correspondência oficial". Hoje não mais é regra a cobrança da redação de um dos modelos definidos como tal: ofício, carta, memorando,ata etc. O que se verifica são questões em que se deve verificar a correção de recursos empregados com frequência na modalidade. E os pronomes de tratamento são muito utilizados, não só para que se verifique a adequação da escolha, mas, sobretudo, para que se note a correta concordância.

Veja uma pequena lista com alguns dos pronomes de tratamento comuns:

Pronomes de tratamento	Abreviatura Singular	Abreviatura Plural	Usados para:
Você	V.	VV.	Pessoas familiares, íntimas
Senhor, Senhora	Sr., Sr.ª	Srs., Srª.s	Pessoas com as quais mantemos um certo distanciamento mais respeitoso
Vossa Senhoria	V. S.ª	V. Sª.s	Pessoas com um grau de prestígio maior. Usualmente, os empregamos em textos escritos, como: correspondências, ofícios, requerimentos, etc.
Vossa Excelência	V. Ex.ª	V. Ex.ªs	Usados para pessoas com alta autoridade, como: Presidente da República, Senadores, Deputados, Embaixadores, etc.
Vossa Eminência	V. Em.ª	V. Em.ªs	Usados para Cardeais.
Vossa Alteza	V. A.	V V. A A.	Príncipes e duques.
Vossa Santidade	V.S.	-	Para o Papa.
Vossa Reverendíssima	V. Rev.mª	V. Rev.mªs	Sacerdotes e Religiosos em geral.
Vossa Paternidade	V. P.	VV. PP.	Superiores de Ordens Religiosas.
Vossa Magnificência	V. Mag.ª	V. Mag.ªs	Reitores de Universidades
Vossa Majestade	V. M.	V V. M M.	Reis e Rainhas.

O que é importante destacar é que, mesmo que esses pronomes tenham "Vossa" em sua forma, a concordância deve se fazer na terceira pessoa (= você). Observe:

- *Vossa Excelência* ***ficou*** *satisfeito com a designação de* ***seus*** *assessores?*

Outra peculiaridade é a diferença entre:

- ***Vossa Eminência*** *já está pronto para fazer a pregação?*
- ***Sua Eminência*** *deve chegar à cidade, por volta das 14h.*

↳ Observe que a primeira ocorrência "Vossa Excelência" foi usada numa pergunta, feita diretamente à autoridade religiosa. No caso de "Sua Eminência", houve uma informação a respeito dessa pessoa. Assim:

- **VOSSA EXCELÊNCIA; VOSSA MAJESTADE; VOSSA SANTIDADE**: usados para falar **COM**
- **SUA EXCELÊNCIA; SUA MAJESTADE; SUA SANTIDADE**: usados para falar **DE**

É claro que, como correspondências equivalem a uma mensagem em tom de interlocução, usam-se as formas com "VOSSA".

Contigo - consigo - com você

As formas acima são também pronomes pessoais oblíquos e têm sua peculiaridade de uso. Observe:

✦ *Leandro, preciso falar **com você** a respeito de nossa viagem.*

✦ *Leandro, preciso falar **contigo** a respeito de nossa viagem.*

↳ Nos dois casos, temos construções corretas. Os dois pronomes são usados para que nos dirijamos diretamente ao interlocutor. No primeiro caso, o tratamento é válido para alguém a que tratamos por "você"; no segundo, o tratamento seria adequado para alguém a que nos dirigimos como "tu".

✦ *A garota sempre traz **consigo** algum dinheiro trocado para tomar ônibus.*

↳ O pronome "consigo" é de valor reflexivo. No caso acima, pode-se entender que a garota sempre traz "com ela mesma" algum trocado.

▶ **ATENÇÃO:**

Há certas construções que, embora consagradas, trazem a marca da repetição desnecessária (redundância). Veja:

✦ *O adolescente **pensou consigo mesmo** que não conseguiria realizar o exame.*

↳ A própria ação de "pensar" traz em si a noção da reflexividade. Assim, "pensar consigo" é redundante. E mais redundante seria se se acrescenta o "mesmo", já que não existe possibilidade de "pensar consigo o outro". Bastaria dizer: *O adolescente pensou que não conseguiria.*

Conosco - convosco - com nós - com vós

✦ *O diretor da empresa fornecedora de gás resolveu que iria conversar **conosco**.*

✦ *O Senhor esteja **convosco**!*

↳ Os pessoais oblíquos "conosco" e "convosco" devem sempre ser usados no final da oração ou do período.

Mas...

✦ *O menino está sob a nossa guarda e vai viajar **com nós** dois.*

✦ *O Senhor esteja **com vós** todos!*

↳ Observe que "com nós" e "com vós" também "existem" e devem ser utilizados, quando um termo especificador os segue.

Pronomes pessoais: uso/ funções

Algumas vezes **o(a) - os(as)** podem ser classificados como pronomes oblíquos. Muitas pessoas acham que essas palavras são necessariamente artigos definidos. Veja a diferença:

+ ***O** assunto estudado era **a** matéria preferida de Isabella.*

↳ Veja que, no caso acima, depois das palavras destacadas, existem substantivos. Quando isso ocorrer, estaremos diante de artigos definidos.

+ *Eu **o** vi estudando na biblioteca.*

↳ Desta vez, o termo destacado não determina um substantivo; por isso ele se classifica como um pronome pessoal do caso oblíquo. Perceba, também, que a estrutura é sinônima da forma coloquial *Eu vi "ele" estudando na biblioteca.*

o- a- os- as

São pronomes oblíquos que exercem a função de objetos diretos de verbos com terminação vocálica.

+ *Encontrei **os exercícios** numa gramática antiga.*

+ → *Encontrei-**os** numa gramática antiga.*

↳ (*os exercícios* é o objeto direto de *encontrei*, forma verbal terminada em ditongo).

lo -la - los - las

São pronomes oblíquos que exercem a função de objetos diretos de verbos com terminação consonantal (-r, -s ou -z). Nesse caso, ao se utilizar o pronome oblíquo, elimina-se a consoante final da forma verbal.

+ *Vou fazer **uma revisão** no sábado.*

+ → *Vou fazê-**la** no sábado.*

↳ (*uma revisão* é objeto direto de *fazer*, forma verbal terminada com a consoante -r; veja que ela foi eliminada para o acréscimo de *-la*)

+ *Pus **a roupa** na máquina de lavar.*

+ → *Pu-**la** na máquina de lavar.*

↳ (Embora a substituição tenha sido adequada quanto à escolha do pronome, perceba que criou-se uma cacofonia. Afinal, ao se ler a frase, acredita-se que tenha sido dada a ordem de que alguém vá pular na máquina de lavar. Cacofonias não são bem vindas na norma culta.)

+ *Fez **os testes** com muita atenção.*

+ → *Fê-**los** com muita atenção.*

↳ (Apesar de soar estranha,a substituição realizada está perfeitamente correta. Trocou-se o objeto direto *os testes* Pelo pronome *-los*, escolhido devido à terminação em consoante).

no - na - nos - nas

São pronomes oblíquos que exercem a função de objetos diretos de verbos com terminação EM SOM NASAL (-m ou formas que apresentem til). Nesse caso, ao se utilizar o pronome oblíquo, mantém-se a forma verbal inalterada, ao contrário do caso anterior.

- *Encontraram **os alunos** reunidos na cantina.*
- → *Encontraram-**nos** reunidos na cantina.*

↳ (*os alunos* funciona como objeto direto da forma verbal *encontram*, terminada com consoante nasal. Assim, escolheu-se corretamente o oblíquo).

- *Compõe **as melodias** sempre à noite.*
- → *Compõe-**nas** sempre à noite.*

↳ (Desta vez o oblíquo foi utilizado para substituir o objeto direto do verbo *compõe*, que apresenta til).

lhe - lhes

São pronomes oblíquos que exercem a função de objetos indiretos. O que ocorre, muitas vezes, é que as pessoas generalizam essa função. Em alguns casos, o lhe(s) pode ter valor possessivo e NÃO funcionar como objeto indireto.

- *Entreguei o documento **ao fiscal da obra.***
- → *Entreguei-**lhe** o documento.*

↳ (*ao fiscal da obra*, termo preposicionado, é objeto indireto de *entreguei*; por isso, usou-se o oblíquo *lhe*).

- *Puxei os cabelos **da garota** sem dó! (= Puxei os cabelos **dela** sem dó!)*
- → *Puxei-**lhe** os cabelos sem dó.*

↳ (Veja que os termos negritados no exemplo não são objetos indiretos. Eles foram também substituídos pelo *lhe*, que, no caso, tem "valor possessivo").

Colocação dos pronomes pessoais oblíquos

De acordo com a gramática da língua portuguesa, os pronomes podem ocupar posições variadas na estrutura verbal. Veja:

1. **PRÓCLISE** - "antes" do verbo:
   - *Tudo **se** resolveu da melhor maneira possível.*
2. **MESÓCLISE** - "no meio" do verbo:
   - *Encontrar-**nos**-emos assim que terminar o curso.*
3. **ÊNCLISE** - "depois" do verbo:
   - *Resolveram-**se** as prioridades no tocante á reforma do apartamento.*

ÊNCLISE - é a colocação "normal" ; não no sentido de "comum", mas na acepção de "relativa à norma culta".

+ ***Me** empresta um real?*
  ↳ A frase, embora muito corriqueira, está incorreta de acordo com as regras da norma culta. Todos já ouvimos a máxima de que **não se deve começar oração com pronome oblíquo.**

+ *Empresta-**me** um real?*
  ↳ Desta vez, a colocação está correta, ainda que não seja uma estrutura corriqueira no português do Brasil.

Casos de próclise

Palavras que atraem pronomes

1. As palavras negativas e os advérbios em geral atraem pronomes.

+ ***Não** se procedeu ao embarque dos passageiros no horário previsto.*

+ ***Ontem** se realizou um encontro de jovens.*
  ↳ No primeiro exemplo temos um advérbio de negação; no segundo, um advérbio de tempo.

Mas, atenção:

+ ***Na manhã de sábado**, realizou-se o evento com a presença de mil pessoas.*
  ↳ Mesmo que o termo destacado tenha valor adverbial de tempo, não ocorrerá a próclise, porque existe uma vírgula. Quando isso ocorrer, a atração não ocorrerá. Não se costuma usar pronome oblíquo depois de vírgula.

2. Pronomes atraem pronomes: as gramáticas, de um modo geral, especificam que tipos de pronomes exercem a atração. Generalizemos e, posteriormente, diremos em que casos podem ocorrer duas colocações.

+ ***Isto** me parece um problema difícil de ser resolvido.*

+ ***Você** me disse algo que não gostei.*

+ ***Quem** te disse o meu nome.*

3. Conjunções subordinativas atraem pronomes obrigatoriamente; conjunções coordenativas podem ou não realizar a atração

+ *Ela foi embora **porque** se desentendeu com o patrão.*

+ ***Se** se tratar desse assunto eu não virei.*

+ *O vôo estava atrasado, **mas** se realizou o despacho de bagagens. (ou realizou-se)*
  ↳ Nos dois primeiros exemplos, a próclise se torna obrigatória, por serem conjunções subordinativas; no terceiro exemplo, a conjunção coordenativa "mas" pode ou não atrair o pronome.

4. Todo "que" atrai" pronome. Isso porque a palavra se classifica morfologicamente como conjunção integrante ou como pronome relativos. E ambas as classe gramaticais atraem pronomes.

 ✦ *É preciso* ***que*** *se reorganize o curso.*

 ✦ *O conteúdo* ***que*** *se pretendia tirar o programa foi mantido.*

  ↳ No primeiro exemplo, o QUE é uma conjunção; no seguindo, um pronome relativo.

FRASES OPTATIVAS: As frases optativas são aquelas que exprimem desejo. Quando houver uma frase optativa, a próclise deve ser usada. Veja:

 ✦ *Deus te acompanhe, meu filho.*

 ✦ *Tomara se resolvam todos os problemas da melhor maneira possível.*

  ↳ Os pronomes ficam antes do verbo porque se trata de frases optativas. Não existe uma palavra atrativa, mas o que se quer expressar é o desejo de que Deus acompanhe esse filho ou que os problemas sejam resolvidos.

Mesóclise

A colocação do pronome quebrando a estrutura integral do verbo só deve ser usada em último caso,quando não houver possibilidade de se evitar essa posição. O uso de mesóclise é obrigatório com verbo no futuro (do presente ou do pretérito).

 ✦ *Quanto à chave, entregá-la-ei na portaria.*

 ✦ *Em relação aos documentos, entregá-lo-íamos assim que as cópias ficassem prontas.*

  ↳ No primeiro exemplo, temos um verbo no futuro do presente (ENTREGAREI) e, no segundo caso, há o futuro do pretérito (ENTREGARÍAMOS). Por isso, a mesóclise foi usada.

Se, entretanto, houver qualquer palavra atrativa, a mesóclise será desfeita. Observe:

 ✦ ***Nunca*** *se descobririam as falcatruas do ex-vereadores da cidade mostrada na reportagem.*

 ✦ ***Quando*** *me mudarei, ainda é uma incógnita.*

  ↳ Observe que, apesar de termos verbos no tempo futuro, a próclise prevaleceu, em função de termos atrativos, tais como: **nunca** (advérbio de negação) e **quando** (conjunção subordinativa)

Casos de possibilidade variada de colocação pronominal

1. Locuções com verbo no infinitivo

+ ***Podem-se realizar*** *os testes em qualquer dia letivo na escola.*

ou

+ ***Podem realizar-se*** *os testes em qualquer dia letivo na escola.*

↳ A locução verbal tem verbo no infinitivo e admite as duas colocações. Além disso, se houver uma palavra atrativa, ela pode exercer seu papel. Observe:

+ ***Não*** *se podem realizar os testes em qualquer dia letivo na escola.*

> ▶ **ATENÇÃO:**
>
> Ainda que não seja uma construção abonada pela norma culta, os textos publicados na mídia impressa ou nas obras literárias atuais,têm feito a colocação do pronome oblíquo "solto" entre duas formas verbais. E fique atento, porque em algumas questões de provas tem sido aceito esse tipo de colocação. Assim,
>
> + *Podem se realizar os testes em qualquer dia letivo na escola.*

2. Locuções com verbo no gerúndio

+ *Estavam-nos propondo um negócio irrecusável.*

ou

+ *Estavam propondo-nos um negócio irrecusável.*

↳ A locução verbal tem verbo no gerúndio também admite as duas colocações. Além disso, se houver uma palavra atrativa, ela pode exercer seu papel. Observe:

+ *Eles nos estavam propondo um negócio irrecusável.*

> ▶ **ATENÇÃO:**
>
> Ainda que não seja uma construção abonada pela norma culta, os textos publicados na mídia impressa ou nas obras literárias atuais têm feito a colocação do pronome oblíquo "solto" entre duas formas verbais. E fique atento, porque em algumas questões de provas tem sido aceito esse tipo de colocação. Assim,
>
> + *Estavam nos propondo um negócio irrecusável.*

3. TEMPOS COMPOSTOS (verbo auxiliar + particípio)

+ ***Nunca*** *me haviam alertado sobre os riscos do negócio.*

↳ O advérbio de negação atraiu o pronome oblíquo para antes da expressão verbal.

▶ **ATENÇÃO:**

Embora, o pronome oblíquo possa ser colocado após infinitivo e gerúndio, o mesmo NÃO ocorre após o particípio. Após essa forma nominal do verbo NÃO podemos usar pronomes oblíquos. Portanto, podemos ter:

- *Haviam-me alertado para os riscos do negócio.*

Ou, ainda que não aceita "oficialmente", a construção que aparece em textos da mídia, com o pronome oblíquo "solto", em meio aos dois verbos:

- *Haviam me alertado para os riscos do negócio.*

4. Orações com sujeito explícito

Veja as duas construções:

- *A sociedade queixa-**se** do governo em todos os aspectos possíveis.*
- *A sociedade **se** queixa do governo em todos os aspectos possíveis.*

↳ No primeiro caso, aparece a posição enclítica do pronome; no segundo, a posição proclítica. Em tese, apenas a primeira construção deveria ser feita, já que não há, na oração, termo que exerça a atração do pronome. No entanto, podem-se usar ambas as formas. Isso é possível porque existe, no período, o sujeito explícito "A sociedade". Sempre que houver sujeito expresso, há a possibilidade de dupla colocação pronominal.

CAPÍTULO 3

Morfologia 3

Pronomes demonstrativos

Os **pronomes demonstrativos,** como o próprio nome sugere, demonstram a posição de um elemento qualquer em relação às pessoas do discurso, situando-os no espaço, no tempo ou no próprio discurso.

▸ PRONOMES DEMONSTRATIVOS		
	Variáveis	**Invariáveis**
1ª pessoa	aquele (s), aquela (s)	isto
2ª pessoa	esse (s), essa (s)	isso
3ª pessoa	seu (s), sua (s)	aquilo

Os **demonstrativos** são importantes conectivos da língua portuguesa. Com muita frequência criam-se questões de interpretação ou compreensão com base em seu emprego. Veja os casos seguintes.

✦ *O resultado está demorando a sair e **isso** desagrada aos candidatos.*

↳ Isso = a demora do resultado.

✦ ***Isto** desagrada aos candidatos: a demora da divulgação dos resultados.*

↳ Isto = a demora da divulgação dos candidatos.

O problema é que, quando se vai fazer uma redação e se utilizam os demonstrativos, muitas vezes vem a dúvida: com "s" ou com "t"? Existem critérios de emprego dos demonstrativos. Vejamos:

1. **Dupla referência** – muitas vezes, temos de retomar dois elementos expressos em um mesmo contexto; por isso precisaremos de dois demonstrativos diferentes.

✦ *O **pai** e o **filho** se candidataram embora **este** tenha sido eleito, e **aquele** não.*

↳ Observe que são dois os elementos destacados: "pai" e "filho". Um deles foi retomado por "este" e outro, por "aquele". Nesse caso, a convenção é a seguinte:

- **ESTE(A)-ISTO:** sempre retomam o último dos termos que foi citado – na frase em questão, o "filho".

X

- **AQUELE(A)-AQUILO:** sempre retomam o primeiro termo citado – na frase do exemplo, o "pai".

A dúvida costuma ser: "e se eu quiser retomar três termos"? Uso **ESTE** para o citado por último, **AQUELE** para o primeiro e **ESSE** para o "do meio"? Na verdade, por uma questão de objetividade e clareza, prefira não retomar três elementos com demonstrativos. O raciocínio nem sempre vai ser claro para o leitor da frase.

2. **Localização espacial** - é quando se utiliza um pronome para apontar um determinado objeto situado em determinada posição, levando-se em conta o referencial das pessoas do discurso.

   ✦ ***Este** meu sapato é apertado, mas ainda assim gosto de usá-lo em ocasiões especiais.*

   ↳ Na frase acima, o pronome possessivo "meu" dá uma pista de que se trata de "sapato pertencente ao **emissor** da mensagem . Quando isso ocorrer, usa-se **ESTE(A) - ISTO.**

   ✦ *O que é **isso** no seu cabelo? Parece um inseto, não se mexa.*

   ↳ Agora o possessivo "seu", indica claramente que o "cabelo" é do **receptor** da mensagem. Quando isso ocorrer, usa-se **ESSE(A) - ISSO.**

   ✦ *Quem era **aquela** garota que estava ontem com você na festa?*

   ↳ Veja que, desta vez, a "garota" não está com o emissor nem com o receptor da mensagem. Trata-se de uma terceira pessoa - **distante do emissor e do receptor**. Nesse caso, deve-se usar **AQUELE(A)-AQUILO.**

Em síntese:

- **ESTE - ESTA - ISTO:** associados ao advérbio **AQUI.**
- **ESSE - ESSA - ISSO:** associados ao advérbio **AÍ.**
- **AQUELE - AQUELA - AQUILO:** associados ao advérbio **LÁ.**

3. **Retomada X Antecipação** - As gramáticas definem o processo de retomada como "anáfora" e o de antecipação como "catáfora". No entanto, os concursos não têm cobrado com essa nomenclatura. Para realizar o processo da coesão textual, usam-se os demonstrativos de referência (como são chamados) da seguinte maneira:

   ✦ *A gripe suína preocupa muita gente. **Esse** mal está sendo combatido por meio de campanhas.*

   ↳ Observe que a expressão "Esse mal" refere-se à "gripe suína", já apresentada anteriormente.

Por isso, diz-se que o anafórico é o termo da retomada, da recuperação do "já dito".

   ✦ *Só preciso **disto**: sossego, um bom emprego e muito amor no coração.*

   ↳ Desta vez, o demonstrativo (fundido a uma preposição) "disto" é um termo genérico, que vai ser especificado pelo termo subsequente. O catafórico, portanto, é um termo que antecipa uma ideia a ser detalhada posteriormente. Ele se refere a algo que ainda vai "ser dito". Todo catafórico nessas condições é detalhado, ou especificado por um termo que aparecerá isolado sintaticamente por um sinal de pontuação (geralmente os dois pontos). Esse termo funciona sintaticamente como um aposto.

Resumindo:

- **ESSE(A) - ISSO:** usados para resgatar um termo antecedente na estrutura oracional.
- **ESTE(A) - ISTO:** usados para antecipar um ideia genérica, a ser detalhada após o pronome.

4. **Localização temporal** - o demonstrativo poderá ser usado também para fazer a referenciação ligada ao fator "tempo".

✦ *Durante* ***este*** *ano de 2011, os alunos terão alguns descontos.*

↳ Para que o pronome "este" esteja correto, é necessário que a frase esteja sendo emitida no ano de 2011, já que o demonstrativo grafado com "t" refere-se a ações **presentes.** Por isso, deve-se considerar que:

✦ *Durante* ***esta*** *semana* – a semana atual.

✦ ***Esta*** *terça-feira* – o dia de hoje.

✦ ***Neste*** *dia tão especial* – o dia de hoje.

✦ ***Neste*** *momento* – o tempo de agora.

✦ ***Neste*** *mês* – o mês em que se está.

Agora veja:

✦ ***Nesse*** *sábado houve festa no clube, com a presença de duas bandas excelentes.*

↳ Se se reparar o período, ficará claro que a "festa" já ocorrera no sábado anterior, o que pode ser confirmado pela presença da forma verbal "houve", no pretérito perfeito. Quando o tempo se situar no **passado**, o demonstrativo será grafado com "s".

Com relação ao emprego no futuro, os gramáticos mostram-se reticentes. Fala-se apenas que, para **futuro próximo**, deve-se usar ESTE(A), como em:

✦ *Daqui a dois anos, ele* ***se formará.*** *A partir* ***desta*** *data, será dono dos próprios passos.*

É comum, também, que quando se trata de um **passado remoto**, têm-se a preferência por AQUELE(A). Observe:

✦ Na Idade Média, *a sociedade era mais rígida quanto à mobilidade social.* ***Naquele*** *tempo, predominava um controle teocêntrico sobre a humanidade.*

PRONOMES RELATIVOS

O pronome relativo é uma classe de pronomes que servem para substituir um termo da oração anterior e estabelecer relação entre duas orações. Por isso, o pronome relativo funciona como "conjunção" todas as vezes que se iniciar uma oração subordinada adjetiva.

✦ *Não estudamos **o conteúdo de Direito Penal.***

✦ ***O conteúdo de Direito Penal** caiu na prova.*

↳ Veja que há uma expressão comum nas duas orações. Por isso, ao se unirem as duas, pode-se trocar o termo repetido por um pronome relativo. Veja:

✦ *Não estudamos o conteúdo de Direito Penal **que** caiu na prova.*

↳ O "que" está substituindo "o conteúdo de Direito Penal" e introduzindo nova oração.

Eis a lista dos pronomes relativos:

▶ VARIÁVEIS	▶ INVARIÁVEIS
o qual, a qual os quais, as quais cujo, cuja cujos, cujas quanto, quanta quantos, quantas	que (quando equivale a *o qual* e flexões) quem (quando equivale a *o qual* e flexões) onde (quando equivale a *no qual* e flexões)

Vamos, inicialmente, fazer algumas observações sobre a palavra **"QUE":**

Dentre as várias funções da palavra **"QUE"**, duas nos interessam neste capítulo:

- **PRONOME RELATIVO:** elemento coesivo de retomada.
- **CONJUNÇÃO INTEGRANTE:** elemento coesivo de ligação.

Observe os exemplos e analise os comentários:

✦ *O prédio **que** demoliram na semana passada era histórico e tinha 100 anos.*

↳ O "que" tem como antecedente a palavra "prédio"

↳ "Prédio" é substantivo já que é determinado por artigo.

↳ O "que" é um pronome relativo quando tem como antecedente um substantivo.

↳ O "que", como pronome relativo, retoma esse antecedente " prédio".

Desmembrando o período composto, teríamos:

✦ ***O prédio** era histórico e tinha 100 anos.*

✦ *Demoliram **o prédio** na semana passada.*

Mais um exemplo:

✦ *O tempo de **que** preciso para organizar minha mudança nem é tão grande*

↳ Veja que, desta vez, antes do "que" há uma preposição, que é obrigatória ("de")- "preciso **de**". Essa preposição, assim como qualquer uma que venha antes de um "que", se define pelo verbo que aparece na oração seguinte.

↳ "Tempo" é substantivo antecedente do "que", um pronome relativo, portanto.

↳ O pronome relativo pode ser precedido de preposição (de que, em que, a que, etc.)

Desmembrando o período, teríamos:

✦ *O **tempo** nem é tão grande.*

✦ *Preciso de **tempo** para organizar minha mudança.*

Mais um período:

✦ *Não me contaram até hoje **o** que houve ali.*

↳ Antes do "que" aparece o termo "o" - que não é artigo, nem preposição.

↳ Esse "o" pode ser substituído por "aquilo", um pronome demonstrativo.

↳ O "que" após **"o"** é sempre um pronome relativo.

↳ Conclusão: o pronome relativo pode ter como antecedente um pronome demonstrativo.

Veja mais:

✦ *Não sei quem era* aquele ***que** estava ontem com ela na festa.*

✦ Isso ***que** você está me pedindo é algo impossível de acontecer.*

↳ Os dois termos destacados são pronomes relativos, porque têm como antecedente um pronome demonstrativo.

Prosseguindo:

✦ *Os alunos do TRT não queriam **que** o curso terminasse.*

↳ Antes do "que" , desta vez, aparece um verbo.

↳ O "que" , nesse caso, é uma conjunção integrante e não retoma o antecedente. Apenas serve de elo entre a primeira e a segunda oração.

✦ *É claro **que** eles reclamaram do serviço ordinário prestado pelo hotel.*

↳ "Claro", o termo antecedente, é um adjetivo.

↳ Não sendo substantivo nem pronome, faz com que o termo "que" seja uma conjunção integrante.

Detalhemos, portanto, os pronomes relativos, começando pelo "que".

O relativo "que"

O relativo "que", ao contrário do que muitos pensam, pode se referir a "pessoas". Assim, é termo que resgata "coisas" e "pessoas". Observe:

- *O curso de **que** lhe falei ocorre à noite. Durante todo o mês de junho.*
  - ↳ O relativo "que" retoma "curso" (que não é "pessoa")
  - ↳ A preposição "de", obrigatória, é decorrente da regência de "falar" (falei"de")
- *A moça a **que** me referi durante a reunião não veio hoje.*
  - ↳ O relativo "que" retoma "moça" (que é "pessoa")
  - ↳ A preposição "a", obrigatória, é decorrente da regência de "referir-se" (eu me referi "a")

O relativo "qual"

O relativo "qual", assim como o "que", pode se referir a "coisas" ou a "pessoas"; por isso é que se diz que em lugar de um dos pronomes sempre pode entrar o outro.

Observe a correlação:

- *O livro em **que** me baseei está esgotado desde o ano passado.*
  - ↳ A preposição que está antes do "que" depende do verbo da oração seguinte: "basear-se" **em.**
  - ↳ Veja que se trata de uma preposição "neutra", isto é, não flexionada em gênero ou em número.
  - ↳ No entanto, preposição que antecede o "qual" deve se flexionar em gênero (masculino ou feminino) e número (singular ou plural), de acordo com o antecedente. Assim, usado o "qual", teríamos:
- *O livro **no qual** me baseei está esgotado desde o ano passado.*
  - ↳ Veja que a preposição "em" assumiu o gênero e o número do antecedente "livro", que é masculino singular.

Se, em lugar de "livro", tivéssemos "coleções", o período assumiria a seguinte forma:

- *As coleções **em que** me baseei estão esgotadas desde o ano passado.*
- *As coleções **nas quais** me baseei estão esgotadas desde o ano passado.*
  - ↳ A preposição "em", antes do "qual" flexionou-se no gênero e no número do antecedente; veja que antes do "que" a preposição se manteve neutra.

Mais um exemplo:

- *A moça a **que** me dirigi na recepção foi grosseira.*
  - ↳ A preposição que está antes do "que" depende do verbo da oração seguinte: "dirigir-se" **a.**

↳ Veja que se trata de uma preposição "neutra", isto é, não flexionada em gênero ou em número.

↳ No entanto, preposição que antecede o "qual" deve se flexionar em gênero (masculino ou feminino) e número (singular ou plural), de acordo com o antecedente. Assim, usado o "qual", teríamos:

+ *A moça **à qual** me dirigi na recepção foi grosseira.*

↳ Veja que a preposição "a" assumiu o gênero e o número do antecedente "moça", que é feminino singular; por isso, ganhou o acento indicativo de crase.

Se, em lugar de "moça", tivéssemos "rapazes", o período assumiria a seguinte forma:

+ *Os rapazes **a que** me dirigi na recepção foram grosseiros.*

+ *Os rapazes **aos quais** me dirigi na recepção foram grosseiros.*

↳ A preposição "a", antes do "qual" flexionou-se no gênero e no número do antecedente; veja que antes do "que" a preposição se manteve neutra.

O relativo "quem"

Ao contrário dos outros dois, pode retomar apenas pessoas.

+ *O médico de **que** me falaram é bom e muito calmo.*

↳ O "de" antes do "que" é obrigatório em função da regência do verbo "falar": falaram "de".

Substituindo-se o relativo "que", pelo "qual", teríamos:

+ *O médico **do qual** me falaram é bom e muito calmo.*

↳ O "de" antes do "qual" deve adquirir o gênero e o número do antecedente, conforme já falamos.

Como o antecedente é uma "pessoa", é possível também a seguinte construção:

+ *O médico **de quem** me falaram é bom e muito calmo.*

↳ Note que a preposição que precede o "quem" também é neutra, como a que precede o "que".

O relativo "onde"

É um dos maiores problemas da linguagem oral. Usa-se o relativo "onde" em ambientações sintáticas em que ele é incorreto. A peculiaridade desse pronome é o fato de que ele deve ter um "lugar" como antecedente.

Sempre é preferível em vez de usar "onde" que se use "em que" , isto é, cabe "em que" sempre que couber "onde". Mas o contrário não é recíproco. Isso quer dizer que o relativo "onde" só pode se relacionar a verbos cuja regência exija a preposição "em".

Observe:

- *O colégio em que me matriculei fica numa praça arborizada.*
  - ↳ A preposição "em" é determinada pela regência do verbo "matricular".
- *O colégio no qual me matriculei fica numa praça arborizada.*
  - ↳ A preposição "em" antes do relativo "qual" assume o gênero e o número do antecedente, isto é, masculino singular.

Como esse antecedente ("colégio") é substantivo indicativo de LUGAR, admite-se a forma

- *O colégio **onde** me matriculei fica numa praça arborizada.*

Assim,

- *Se se faz musculação **em** uma academia, é a academia **onde** se faz musculação.*
- *Se se nada **em** um clube , é o clube **onde** se nada.*
- *Se se está **em** uma rodoviária, é a rodoviária **onde** se está.*

Mas cuidado:

Não se pode dizer:

- *É um momento onde todos ficam bastante tensos.*
- *A prova onde me saí melhor foi a de Matemática.*
- *O governo proporá propostas onde todos possam receber mais incentivos.*
  - ↳ Em nenhuma das frases apresentadas, o antecedente é indicativo de LUGAR. Cuidado para não cair em armadilhas em provas.

Compare estas duas orações:

- *A empresa **onde** trabalho dedica-se à exploração de petróleo.*
- *Moro **onde** existe um terreno baldio, no qual há um lixão.*
  - ↳ No primeiro exemplo, o termo destacado é um **pronome relativo**, já que o antecedente ("empresa") é um substantivo indicador de lugar.
  - ↳ No segundo exemplo, o termo destacado é um **advérbio de lugar**, já que o antecedente é um verbo.

Portanto:

- **ONDE – PRONOME RELATIVO:** antecedente: substantivo
- **ONDE – ADVÉRBIO DE LUGAR:** antecedente: verbo

O relativo "aonde"

A peculiaridade desse pronome é também o fato de que ele deve ter um "lugar" como antecedente.

Sempre é preferível em vez de usar "aonde" que se use "a que" , isto é, cabe "a que" sempre que couber "aonde". Mas o contrário não é recíproco. Isso quer dizer que o relativo "aonde" só pode se relacionar a verbos cuja regência exija a preposição "a".

✦ *O prédio **a que** me dirigi tem 18 andares e está totalmente desocupado.*

↳ Antes do "que" colocou-se um "a" , preposição que foi determinada pela regência do verbo que está na oração seguinte: "dirigir-se a".

✦ *O prédio **ao qual** me dirigi tem 18 andares e está totalmente desocupado.*

↳ A preposição "a" antes do relativo "qual" assume o gênero e o número do antecedente, isto é, masculino singular.

Como esse antecedente ("prédio") é substantivo indicativo de LUGAR, admite-se a forma:

✦ *O prédio **aonde** me dirigi tem 18 andares e está totalmente desocupado.*

↳ O relativo "aonde" sempre denota ideia de movimento - movimento em direção "a" .

O relativo "cujo"

Talvez seja o pronome que cause mais problemas de norma culta. O brasileiro definitivamente não tem o hábito de usar esse pronome, a não ser em construções como "o dito cujo", "a dita cuja"... Em redações é melhor evitar o uso desse relativo.

Vamos a alguns detalhes:

- Não pode ser seguido de artigo. Não existe *cujo o, cuja a, cujos os, cujas as.*
- É um pronome flexionável, isto é, tem feminino e tem plural.
- Se um pronome se flexiona, quer dizer que ele concorda com determinado termo. No caso, trata-se do substantivo que o segue.
  - Se for pessoa: *cuja pessoa;*
  - Se for cargo - *cujo cargo;*
  - Se for situação - *cuja situação;*
  - Se for homens - *cujos homens.*
- Pode ser precedido de preposição, como os outros relativos: *a cujo, de cujo, em cujo.* preposições dependem do verbo que está depois.
- Estabelece o que se define como uma relação de posse.

Veja os períodos:

✦ *O livro* de ***cujo*** *autor lhe falei no sábado é ótimo.*

↳ "CUJO" concorda com o substantivo seguinte, que é masculino singular.

↳ É precedido de preposição "de", em função da regência de "falar" (falar de).

↳ A relação de posse: "livro do autor" (isto é, "livro dele").

✦ *A pessoa **a cujos** trabalhos nos referimos é um ilustre professor universitário.*

↳ "CUJOS" concorda com o substantivo seguinte, que é masculino plural.

↳ É precedido de preposição "a", em função da regência de "nos referimos" (referir-se a).

↳ A relação de posse: "trabalhos da pessoa" (isto é, "trabalhos dela").

O relativo "quanto"

O relativo "quanto" é pronome relativo quando tem por antecedente um pronome indefinido: **tanto** (ou variações) e **tudo**:

Por exemplo:

✦ *Recrutamos*	*tantos soldados* (antecedente)	*quantos*	*foram necessários.*
✦ *Mariana doou*	*tudo*	*quanto*	*recebera de herança.*

PRONOMES POSSESSIVOS

O PRONOME POSSESSIVO é aquele que indica a que pessoa do discurso pertence o elemento ao qual se refere.

✦ ***Meu** quarto está uma verdadeira bagunça.*

↳ Observe que o termo destacado indica a quem pertence o "quarto". No caso, a quem fala, isto é, o emissor.

Quadro dos pronomes possessivos

Número	Pessoa	Pronomes possessivos
Singular	primeira	meu, minha, meus, minhas
	segunda	teu, tua, teus, tuas
	terceira	seu, sua, seus, suas
Plural	primeira	nosso, nossa, nossos, nossas
	segunda	vosso, vossa, vossos, vossas
	terceira	seu, sua, seus, suas

Todas as vezes em que o pronome possessivo determinar mais de um substantivo, ele deverá concordar em **gênero** e **número** com o substantivo mais próximo.

✦ *Vou levar **minhas** revistas e livros na próxima viagem ao sítio.*

↳ Observe que o termo destacado refere-se a dois substantivos de gêneros diferentes ("revistas" e "livros"); no entanto, não se realiza a concordância nominal lógica. Apenas a atrativa.

Emprego dos pronomes possessivos

O pronome "seu" : esse pronome, bem como suas flexões, pode gerar frases de duplo sentido (ambíguas). Algumas vezes, fica-se em dúvida quanto ao possuidor.

Observe:

✦ *A secretária disse ao novo funcionário que não concordava com **sua** reprovação.*

↳ Não há como garantir a que "reprovação" se refere a frase: da secretária ou do novo funcionário?

Em redações, para evitar esse tipo de ambiguidade, deve ser usado o equivalente **dele** (dela, deles, delas).

✦ *A secretária disse ao novo funcionário que não concordava com **a reprovação dela**.*

↳ A reprovação dela (**da secretária)**

✦ *A secretária disse ao novo funcionário que não concordava com **a reprovação dele.***

↳ A reprovação dele (**do novo funcionário)**

Em algumas situações, o pronome possessivo não exprime necessariamente ideia de posse. Analise os exemplos:

✦ *Minha tia já deve ter **seus** 75 anos de idade. → A ideia neste caso é de "aproximação".*

✦ ***Meu** querido amigo, não seja tão intolerante. → A ideia neste caso é de "afetividade".*

✦ *Por aqui, por favor, **meu** senhor. → A ideia neste caso é de "respeito".*

O pronome **seu** quando colocado antes nomes próprios não é possessivo, mas uma alteração fonética de *senhor*.

✦ ***Seu** Joaquim, quando posso mandar buscar a encomenda?*

Pronomes indefinidos

O pronome indefinido é termo que se refere à terceira pessoa do discurso, dando-lhe sentido vago (impreciso) ou expressando quantidade indeterminada.

✦ ***Alguém** está chamando à porta de entrada da casa.*

↳ O termo destacado, um pronome indefinido, está substituindo uma pessoa, que, no contexto, não se sabe de quem se trata.

↳ Na frase em questão o valor desse pronome é substantivo, já que exerce a função sintática que o nome teria no contexto.

Os indefinidos se dividem em dois grupos:

Pronomes Indefinidos Substantivos: são os que tomam o lugar do ser ou da quantidade aproximada de seres na frase.

algo, alguém, fulano, sicrano, beltrano,
nada, ninguém, outrem, quem, tudo.

✦ *Há **algo** pobre no Reino da Dinamarca.*

✦ ***Quem** mexeu no meu queijo?*

✦ ***Nada** dura para sempre.*

Pronomes Indefinidos Adjetivos: são os que qualificam um ser expresso na frase, conferindo-lhe a noção de quantidade aproximada.

cada, certo(s), certa(s).

✦ ***Cada** macaco no seu galho.*

✦ ***Certas** profissões correm muito risco de acidente.*

Os pronomes indefinidos se classificam como flexionáveis (**variáveis)** e não flexionáveis (**invariáveis)**. Observe o quadro:

▶ VARIÁVEIS				▶ INVARIÁVEIS
Singular		**Plural**		
Masculino	**Feminino**	**Masculino**	**Feminino**	
algum nenhum todo muito pouco vário tanto outro quanto	alguma nenhuma toda muita pouca vária tanta outra quanta	alguns nenhuns todos muitos poucos vários tantos outros quantos	algumas nenhumas todas muitas poucas várias tantas outras quantas	alguém ninguém outrem tudo nada algo cada
qualquer		quaisquer		

CAPÍTULO 4

Morfologia 4

Verbo

Chama-se **verbo** a palavra que expressa processos, ação, estado, mudança de estado, fenômeno da natureza, conveniência, desejo e existência. Assim, ao passo que os nomes (substantivo, adjetivo) indicam propriedades estáticas dos seres, o verbo associa-se aos seus movimentos, tendo uma característica de *dinamicidade*.

Exemplos:

+ 1. *Um aluno já **tropeçou** neste paralelepípedo e deixou cair seu material escolar.*

 ↳ **TROPEÇAR:** verbo = ação que expressa a dinamicidade de "aluno".

+ 2. *Até agora as crianças **continuam** indefesas.*

 ↳ **CONTINUAR:** verbo = estado que expressa a dinamicidade de "crianças".

+ 3. ***Anoitecia** mais cedo no inverno.*

 ↳ **ANOITECER:** verbo = fenômeno dinâmico da natureza.

+ 4. ***Convém** esperar alguns meses pelo resultado.*

 ↳ **CONVIR:** verbo = conveniência que expressa a dinamicidade de "esperar".

+ 5. *Todos os candidatos **anseiam** uma vaga neste concurso.*

 ↳ **ANSIAR:** verbo = desejo que expressa a dinamicidade de "todos os candidatos".

+ 6. ***Houve** confusão durante a divulgação dos resultados da eleição.*

 ↳ **HAVER:** verbo = existência que expressa a dinamicidade de "CONFUSÃO".

Relativamente à sintaxe, os verbos exercem a função de **núcleo da predicação** nos predicados verbais. Isso quer dizer que o verbo é o constituinte essencial do que se chama de predicado verbal. E mais: os verbos também são fundamentais para a existência das orações. Contrariamente ao sujeito, que pode não existir na oração, sem verbo *não há* oração. Aliás, classificam-se as orações conforme o número de núcleos verbais existentes.

Observe:

+ 1. ***É** fato bastante corriqueiro, em muitas escolas, **suspender** crianças de aula, por mau comportamento.*

 ↳ **É:** verbo = núcleo do predicado "é fato bastante corriqueiro";

 ↳ **SUSPENDER:** verbo = núcleo do predicado "suspender crianças de aula, por mau comportamento".

✦ 2. *Se a garota puder me **aguadar**$_1$, **vou** até minha casa$_2$, **procuro** a agenda de endereços$_3$ e **trago**-a ao escitório$_4$.*

↳ Veja que há quatro orações. Também é quatro o número de núcleos verbais. Por isso, pode-se afirmar que o número de orações de um período corresponde ao número de núcleos verbais.

✦ 3. ***Vamos sair** por este portão$_1$ e **resolvemos abandonar** tudo$_2$ como você **havia avisado**$_3$.*

↳ O número de orações é três, já que existem três núcleos verbais. Cada núcleo, no exemplo cima, é representado por uma expressão verbal.

A classe gramatical dos verbos apresenta variados tipos de flexões. Essa classe pode variar em número, pessoa, tempo, modo, aspecto e voz. Tais variações se agrupam em conjuntos flexionais chamados de **conjugação**. É importante, portanto, algumas peculiaridades acerca dos verbos. Vamos dividir este capítulo em tópicos. Bom estudo!

1. VOCÊ SE LEMBRA DO "CREDELEVÊ"?

Na verdade, essa é uma palavra "mnemônica", isto é, feita para que se possa facilmente guardar na memória. E ela é formada pela terceira pessoa do singular de quatro verbos: "crer", "dar", "ler" e "ver". Observe as frases:

✦ *O homem comum **crê** nas coisas que lhe interessam.*

✦ *O bom estudante **tem** o hábito de estudar algumas horas por dia.*

✦ *Ele **lê** tudo o que lhe dão de presente.*

✦ *Ele **vem** de táxi para a escola todos os dias.*

✦ *Quero que você **dê** prioridade aos trabalhos de mestrado.*

✦ *O trabalhador **vê** todos os problemas existentes na fábrica onde trabalha.*

O problema que as pessoas costumam ter é na hora de flexionar as formas verbais para a terceira pessoa do plural. Alguns dos verbos ficam com dois "ee" e outros com apenas um. Como fazer? Muito simples: normalmente, a marca terceira pessoa do plural é um "-m" final ("dizem",. "falavam", escreviam", etc.).

Observe que, dentre os seis exemplos, duas formas de singular já apresentam "-m" mesmo no singular ("tem" e "vem"). Quando isso ocorre, veja o que acontece na flexão de plural:

✦ *Os bons estudantes **têm** o hábito de estudar algumas horas por dia.*

✦ *Eles **vêm** de táxi para a escola todos os dias.*

↳ Observe que se manteve a mesma forma do singular, porém acrescentou-se um acento circunflexo (^), indicativo de plural.

Nos outros casos em que não havia o "-m" no singular, veja o que acontecia:

- *O homens comuns **crêem** nas coisas que lhes interessam.*
- *Eles **lêem** tudo o que lhes dão de presente.*
- *Quero que vocês **dêem** prioridade aos trabalhos de mestrado.*
- *Os trabalhadores **vêem** todos os problemas existentes na fábrica onde trabalham.*

↳ Repetia-se a forma singular tal qual era escrita e acrescentava-se uma sílaba ("-em").

Mas por que estamos afirmando que "**era** assim"? Ocorre que, a partir de janeiro de 2009, entrou em vigor o acordo ortográfico, que fez algumas mudanças na grafia de algumas palavras da língua. E uma delas atingiu os verbos do "credelevê": após a Reforma, o acento foi suprimido. Então, temos agora:

- *O homens comuns **creem** nas coisas que lhes interessam.*
- *Eles **leem** tudo o que lhes dão de presente.*
- *Quero que vocês **deem** prioridade aos trabalhos de mestrado.*
- *Os trabalhadores **veem** todos os problemas existentes na fábrica onde trabalham.*

E por que essa seção com o nome de "credelevê"? Apenas para lembrar que os verbos que são grafados com dois "ee" no plural são as formas de CRER - DAR - LER e VER e seus derivados. Os demais ficam com apenas um "e" acentuado na forma plural.

2. VERBOS E MARCAS: CORRELAÇÃO ENTRE TEMPOS E MODOS VERBAIS

Os tempos e modos verbais apresentam, junto ao seu radical, algumas "marcas", chamadas de desinências. O tempo verbal denominado pretérito imperfeito do subjuntivo, por exemplo, indica hipótese, condição, e é iniciado pela conjunção "se" ou pela conjunção "caso"; caracteriza-se pela desinência "sse" e geralmente é acompanhado de outro verbo no futuro do pretérito do indicativo, tempo caracterizado pela desinência "ria":

- Se eu ***recebesse*** os meus salários atrasados, ***poderia*** viajar no próximo feriado.
- Caso ***chegássemos*** na cidade antes das 21h, ***assistiríamos*** ao show na Praça.

↳ Temos, nos dois exemplos acima, a marca da correlação verbal que mais aprece em questões de prova. Ao observar as questões resolvidas e depois as propostas, você confirmará essa dica.

O tempo verbal denominado futuro do subjuntivo indica possibilidade futura. Ele é iniciado pela conjunção "quando" ou pela conjunção "se", e se caracteriza pela desinência "ar", "er" ou "ir" Geralmente vem acompanhado de outro verbo no futuro do presente do indicativo:

✦ *Se eu me **concentrar** no trabalho, **terei** melhores resultados ao fim do dia.*

✦ *Quando **bebermos** menos, **evitaremos** os males que temos sentido ultimamente.*

↳ Fique atento a essa outra correlação verbal, nas questões realtivas a verbo em provas de concursos.

Esses dois tempos verbais são formados a partir de outro tempo denominado pretérito perfeito do indicativo, que indica ação ocorrida no passado em determinado momento:

✦ *Na semana passado eu me **deparei** com um pequeno obstáculo em minha pesquisa.*

↳ O verbo "deparar", no pretérito perfeito, mostra essa ação já ocorrida.

A terceira pessoa do plural desse tempo é caracterizada pela desinência "ram":

✦ *Na semana passada eles se **depararam** com um pequeno obstáculo em sua pesquisa.*

Se fossem retiradas as duas últimas letras dessa desinência ("a" e "m"), estaria pronta a base para o futuro do subjuntivo. Se se retirasse também a letra "r" e se acrescentasse a desinência "sse", estaria pronta a base para o pretérito imperfeito do subjuntivo. Vejamos, então:

✦ *"Ontem eles se depararam" é o verbo encontrar-se no pretérito perfeito do indicativo; "Quando ele se deparar", no futuro do subjuntivo; "Se ele se deparasse", no pretérito imperfeito do subjuntivo.*

Correlações verbais corretas: já comentamos as duas correlações verbais mais frequentes em provas. Listaremos, a seguir, outras que devem também ser estabelecidas:

- **presente do indicativo + presente do subjuntivo:**

  ✦ *O professor **exige** que seus alunos **façam** os trabalhos com critério.*

- **pretérito perfeito do indicativo + pretérito imperfeito do subjuntivo:**

  ✦ *O professor **exigiu** que seus alunos **fizessem** os trabalhos com critério.*

- **presente do indicativo + pretérito perfeito composto do subjuntivo:**

  ✦ ***Espero** que todos **tenham recebido** os comprovantes pelo correio.*

- **futuro do pretérito do indicativo + mais-que-perfeito composto do subjuntivo:**

  ✦ ***Gostaria*** *de que ele* ***tivesse participado*** *do concurso.*

- **pretérito mais-que-perfeito composto do subjuntivo + futuro do pretérito composto do indicativo:**

  ✦ *Se todos* ***tivessem devolvido*** *os livros, a biblioteca* ***teria renovado*** *o cadastro.*

- **futuro do subjuntivo + futuro do presente composto do indicativo:**

  ✦ *Quando o pai* ***chegar*** *do trabalho, o filho já* ***terá dormido.***

3. TEMPOS VERBAIS

Os verbos indicam um processo localizado no tempo. Podem-se distinguir três tempos: presente, pretérito e futuro.

Tempo presente: exprime um fato que ocorre no momento da fala.

✦ ***Estamos escrevendo*** *um artigo para o jornal da Escola.*

Tempo passado: exprime um fato que ocorreu antes do momento da fala.

✦ *Ontem o time* ***jogou*** *duas partidas amistosas.*

Tempo futuro: exprime um fato que irá ocorrer depois do ato da fala.

✦ *Daqui a um mês* ***faremos*** *a viagem de férias com nossos tios.*

O pretérito (ou passado) subdivide-se em:

- **Pretérito perfeito:** indica um fato passado totalmente concluído.

  ✦ *O curso* ***ensinou*** *alguns métodos de defesa pessoal.*

- **Pretérito imperfeito**: indica um processo passado não totalmente concluído, revela o fato em sua duração.

  ✦ *Os antigos* ***caçavam*** *para o sustento de sua família.*

- **Pretérito mais-que-perfeito**: indica um processo passado anterior a outro também passado.

  ✦ *Sempre nos* ***faltara*** *um senso mais crítico diante dos problemas escolares.*

O futuro subdivide-se em:

- **Futuro do presente**: indica um fato posterior ao momento em que se fala.

  ✦ *Assim que tudo se esclarecer,* ***apresentarei*** *minha conclusão sobre o caso.*

- **Futuro do pretérito**: indica um processo futuro tomado em relação a um fato passado.

  ✦ *O processo* ***terminaria*** *quando as partes chegassem a um acordo.*

Empregos especiais

- **Presente:**

Em alguns casos, pode ocorrer com valor de perfeito, indicando um processo já ocorrido no passado (é o que se chama de *presente histórico*).

> ✦ *Em meados de 1950, Getúlio Vargas **assina** algumas medidas importantes para o país.*

Em outras situações, pode indicar futuro próximo.

> ✦ *Amanhã eu **decido** que rumo será dado a esses entulhos.*

O tempo presente também pode indicar um processo habitual, ininterrupto.

> ✦ *Os animais **nascem, crescem, reproduzem** e **morrem**.*

- **Imperfeito:**

Num registro mais coloquial, pode ocorrer com valor de futuro do pretérito.

> ✦ *Pode ter certeza de que, se ele pudesse, **ajudava** a mãe.*

- **Mais-que-perfeito:**

O mais-que-perfeito pode ser usado no lugar do futuro do pretérito ou do imperfeito do subjuntivo.

> ✦ *Mais **realizara** se não fora pouco o dinheiro que possuía.*

Também pode ser usado em orações optativas, isto é, aquelas que exprimem desejo:

> ✦ *Quem me **dera** conseguir aquele emprego!*

- **Futuro do presente:**

O tempo pode exprimir ideia de dúvida, incerteza.

> ✦ *O rapaz que processou a empresa por danos morais, **receberá** uns trinta mil de indenização.*

Também pode ser usado com valor de imperativo.

> ✦ *Não **cobiçarás** a mulher do próximo.*

- **Futuro do pretérito:**

É tempo que pode ocorrer com valor de presente, exprimindo polidez ou cerimônia.

> ✦ *Você me **receberia para uma entrevista em seu escritório**?*

4. MODOS VERBAIS

Assim como os tempos, os modos verbais também são três:

- **Modo indicativo:** exprime certeza, precisão do falante perante o fato.

  ✦ *Os pedreiros **terminaram** a obra em menos de quinze dias.*

- **Modo subjuntivo:** exprime atitude de incerteza, dúvida, imprecisão do falante perante o fato.

  ✦ *Talvez eles **estejam** precisando de um dinheiro ainda esta semana.*

- **Modo imperativo:** exprime atitude de ordem, solicitação, convite ou conselho.

  ✦ *Não **desobedeça** aos regulamentos estabelecidos.*

  ✦ ***Cuide** da sua vida, que é o melhor a ser feito!*

5. VERBOS "DERIVADOS"

Alguns verbos são provenientes de outros, havendo apenas o acréscimo de algum prefixo. E esses verbos normalmente são presença constante em provas de concurso. Veja alguns exemplos:

- **ENTRETER:** perceba que, dentro da forma verbal, existe o verbo "ter", precedido de "entre". Observe o que ocorre:

  ✦ *O empresário **tinha** um enorme talento para as artes plásticas.*

  ↳ O verbo "ter" aparece acima numa forma do pretérito imperfeito do indicativo. Se fosse usado o verbo "entreter", no mesmo tempo e modo, teríamos:

  ✦ *O mágico **entretinha** as crianças com seus truques.*

  ↳ A forma de "entreter" deve apresentar apenas o acréscimo do "entre", que se fez ao radical de "ter".

- **REAVER:** perceba que, dentro da forma verbal, existe o verbo "haver", precedido de "re". É claro que o "h" foi eliminado, por não existir "h" intervocálico na língua portuguesa. Observe o que ocorre:

  ✦ *Se **houvesse** mais um encontro de casais, os dois apreciariam certamente.*

  ↳ O verbo "haver" aparece acima numa forma do pretérito imperfeito do subjuntivo Se fosse usado o verbo "reaver", no mesmo tempo e modo, teríamos:

  ✦ *Se **reouvesse** os documentos, o rapaz não teria de fazer o boletim de ocorrência.*

  ↳ A forma de "reaver" deve apresentar apenas o acréscimo do "re", que se fez ao radical de "haver".

- **INTERVIR:** perceba que, dentro da forma verbal, existe o verbo "vir", precedido de "inter". Observe o que ocorre:

✦ *O porteiro **veio** até o síndico, para conversar sobre a encomenda extraviada.*

↳ O verbo "vir" aparece acima numa forma do pretérito perfeito do indicativo. Se fosse usado o verbo "intervir", no mesmo tempo e modo, teríamos:

✦ *O pai não **interveio** da discussão dos adolescentes, para evitar mais confusão.*

↳ A forma de "intervir" deve apresentar apenas o acréscimo do "inter", que se fez ao radical de "vir".

▶ **ATENÇÃO:**

Muitas questões de prova trazem uma armadilha. Pensando em realizar a mesma estratégia, o candidato faz o mesmo processo com as formas de "requerer". No entanto, REQUERER não se conjuga como QUERER. Veja:

✦ *Se ele **quisesse,** poderia participar dos jogos olímpicos da próxima temporada.*

✦ *Se ele **requeresse** a aposentadoria, conseguiria uma maior estabilidade para a família.*

6. "VER" E "VIR"

Os dois verbos têm apenas uma letra diferente na forma de infinitivo. No entanto, causam algumas dúvidas. Vamos ver o que mais aparece em termos da cobrança desses verbos em provas.

Qual a forma correta de pronunciarmos o **futuro** do subjuntivo do verbo "ver"?

✦ *Se ela me "ver", é capaz de brigar comigo novamente.*

ou

✦ *Se ela me "vir", é capaz de brigar comigo novamente.*

Os verbos **"ver" e "vir"** nos causam dúvidas quando empregados no futuro do subjuntivo. Um assume a forma do outro. Caso semelhante ocorre com os derivados de ver: antever, entrever, prever e rever e com os derivados de vir: advir, convir, intervir, provir, sobrevir, entre outros.

A resposta correta para a questão proposta muitos sabem: é a segunda opção. O problema é que nos lembramos disso quando fazemos questões de provas, mas dificilmente conseguimos transpor essa construção para nossa prática. Pode- se extrair o futuro do subjuntivo da terceira pessoa do plural do pretérito perfeito do indicativo.

Vejamos a seguir:

- Do verbo "ver" – eles viram – tira-se o sufixo (AM) e obtém-se a primeira pessoa do futuro do subjuntivo: "vir".
- Do verbo "vir" – eles vieram; menos a terminação "AM": "vier". A conjugação de verbos terminados em ver ou vir (como prover e intervir) também obedecem ao esquema geral aplicado a eles no futuro do subjuntivo:

▶ VER	▶ VIR
vir	vier
vires	vieres
vir	vier
virmos	viermos
virdes	vierdes
virem	vierem

- O verbo "prover", entretanto, difere-se do verbo "ver". Conjuga-se como "ver", mas é regular no perfeito (provi, proveste, proveu, provemos, provestes, proveram). No mais-que-perfeito (provera), no imperfeito do subjuntivo (provesse), no futuro do subjuntivo (prover, proveres, prover, provermos, proveres, proverem). No particípio (provido).

Então fique atento. Por mais feias que sejam as frases aos seus ouvidos, devemos dizer:

+ *Quando o professor **revir** as notas, talvez me atribua mais um ponto.*
+ *Se a cigana **previr** um destino incerto, ficarei inseguro.*

↳ Lembre-se sempre de que o futuro do verbo "ver" (e seus derivados) é grafado com "i".

Outras "pegadinhas" típicas de provas:

+ *Ontem, nós **vimos** um filme muito bom no cinema.*
+ *Ontem, nós **viemos** aqui par participar de um simulado.*

↳ As duas frases acima não são o problema para a maioria das pessoas. Sabe-se que há o pretérito de "ver" e "vir", respectivamente, na primeira pessoa do plural, do pretérito perfeito do indicativo.

O que nos soa mal é:

+ *Hoje nós **vimos** ao curso e não houve aula.*

↳ O que ocorre é a forma de "vir", desta vez no presente do indicativo. Observe que ela assume a mesma forma de "vir" (pretérito).

▶ ATENÇÃO!

Na primeira pessoa do plural do pretérito perfeito, VER e VIR assumem a mesma forma.

7. FORMAS NOMINAIS DO VERBO

As chamadas formas nominais, assim como os tempos e modos, são divididas em três:

- Particípio,
- Gerúndio,
- Infinitivo.

Particípio expressa ações que já foram concluídas, e pode ser empregado com ou sem verbo auxiliar.

✦ ***Acabado*** *o curso, os alunos saíram do auditório.*

↳ A forma de particípio não veio acompanhada de outro verbo, que seria denominado auxiliar. Veja que a noção de futuro (ação terminada) se estabeleceu no período.

✦ *O pai* ***tinha recomendado*** *muito cuidado com o novo carro, mas o filho nem ouviu.*

↳ Desta vez, o particípio foi acompanhado pelo auxiliar "ter". Prevalece aqui também a noção de ação já ocorrida.

Emprego do particípio

Muitas vezes, ficamos na dúvida se devemos usar "tinha pagado" ou "tinha pago". Há um critério para o uso das formas de particípio:

Emprega-se a **forma regular** do particípio (terminada em "ado" ou "ido") na voz ativa, formando os tempos compostos com os auxiliares **"ter"** ou **"haver"**. Assim,

✦ *Andamos depressa para deter o fugitivo, mas ele já* ***tinha pegado*** *o ônibus.*

✦ *Estavam cobrando multa, mas já eu já* ***havia pagado*** *a conta.*

Por sua vez, a **forma irregular** (tendo diversas terminações) é utilizada na voz passiva, ao lado dos auxiliares **"ser"**, **"estar"** ou **"ficar"**. Observe:

✦ *Andamos depressa para deter o fugitivo, mas ele* ***fora pego*** *pelo policial da esquina.*

✦ *O carnê já* ***estava pago****, quando chegou ao viso de cobrança.*

Observações

1) No caso de um verbo apresentar um só particípio, este poderá ser empregado com qualquer auxiliar.

✦ ***Tinha feito*** *uma promessa a São Judas Tadeu.*

✦ ***Havia feito*** *um escândalo quando soube da gravidez da filha.*

- *O trabalho que foi encomendado pela gerência já **está feito**.*
- *Todo o procedimento **foi feito** como solicitou o gerente.*
- *A empresa aérea **tinha aberto** mais vagas para comissários de bordo.*
- *A loja, mesmo durante o feriado de finados **havia aberto** as portas.*
- *O livro **está aberto** na página em que você encontrará os resultados.*
- *O concurso **foi aberto** a todas as unidades federativas.*

2) Na língua clássica, não há registro da forma "pego" como particípio do verbo PEGAR, encontrando-se apenas a forma "pegado", com qualquer auxiliar. No entanto, na chamada língua moderna, parece não haver problema no emprego da forma "pego", com os verbos "ser" e "estar" como auxiliares.

- *O ladrão **foi pego** quando arrombava a porta da joalheria.*
- *O ladrão **está pego** e já foi mandado à chefatura de polícia.*

3) Quanto aos particípios dos verbos "ganhar" (ganhado/ganho), "gastar" (gastado/gasto) e "pagar" (pagado/pago), existem duas opções PARA O SEU EMPREGO: ou você segue a regra acima, usando o particípio regular com "ter" e "haver" (tinha/havia ganhado, tinha/havia gastado, tinha/havia pagado), e o particípio irregular com "ser" e "estar" (foi/está ganho, foi/está gasto, foi/está pago); ou, então, você se vale da Língua moderna para usar sempre o particípio irregular com qualquer auxiliar: tinha/havia ganho, tinha/havia gasto, tinha/havia pago.

Lista de alguns verbos que têm dois particípios (abundantes)

Aceitar	Aceitado e aceito
Eleger	Elegido e eleito
Entregar	Entregado e entregue
Expulsar	Expulsado e expulso
Extinguir	Extinguido e extinto

Prender	Prendido e preso
Salvar	Salvado e salvo
Soltar	Soltado e solto
Suspender	Suspendido e suspenso

Alguns verbos que possuem apenas um particípio:

Abrir	Aberto
Beber	Bebido
Cancelar	Cancelado
Chegar	Chegado
Escrever	Escrito

Esquecer	Esquecido
Estudar	Estudado
Fazer	Feito
Permitir	Permitido
Trazer	Trazido

Gerúndio expressa ações que ainda estão em andamento, ou simplesmente uma ação que está sendo feita no mesmo momento que a outra, para dar assim a ideia de indefinido

✦ *O professor **está escrevendo** um livro pra a Universidade onde leciona.*

↳ Veja que a ação de escrever está em curso, denotando essa ideia de presente em andamento.

O gerundismo

O que se chama "gerundismo" é uma nova maneira de uso do gerúndio. Essa forma é considerada, pelo prisma da norma culta, um erro. Tudo começou com o famoso: "Um minutinho, que vou estar transferindo a sua ligação".Alguns chegam a apontar como causa do fenômeno a má tradução e/ou adaptação da construção inglesa "I will be + gerúndio" - muito usada nos manuais de *telemarketing*.

Em uma de suas provas de vestibular, a Fuvest transcreveu o seguinte fragmento de uma crônica:

Quando a teleatendente diz: "O senhor pode estar aguardando na linha, que eu vou estar transferindo sua ligação", ela pensa que está falando bonito. Por sinal, ela não entende por que "eu vou estar transferindo" é errado e "ela está falando bonito" é certo.

Em seguida, veio a pergunta: Você concorda com a afirmação do jornalista sobre o que é certo e o que é errado no emprego do gerúndio? Justifique sucintamente sua resposta.

Em muitos contextos a construção **ir + estar + gerúndio** é perfeitamente correta. Isso ocorre quando se apresenta uma ação a ser praticada no futuro, que deverá ocorrer simultaneamente a outra ação, também futura, é claro. Por exemplo:

✦ *Amanhã, enquanto você estiver dormindo, eu **vou estar viajando** para o Rio.*

↳ Observe que o "vou estar viajando" é uma ação em processo, marca normal para o gerúndio.

O erro se verifica quando construções como *vou estar viajando* são empregadas para substituir o simples futuro do presente. Veja:

✦ *Amanhã **vou estar viajando** para o Rio*

↳ Aqui, o caso é outro: como se quer marcar um evento a ocorrer (no futuro), dever-se-ia usar o infinitivo e obter-se:

✦ *Amanhã **vou viajar** para o Rio.*

✦ *Amanhã **viajarei** para o Rio.*

Infinitivo expressa um verbo sem sua conjugação. O verbo que está na frase e que não aparece conjugado é chamado de verbo no infinitivo.

✦ *Nós **vamos viajar** para o Rio de Janeiro na sexta-feira de madrugada.*

↳ Perceba que a ação de viajar ainda não ocorreu. Por isso o infinitivo associa-se a uma noção de futuro.

8. IMPERATIVO

O modo imperativo, como já definimos, não apenas expressa ORDEM. Ele pode ser suave, se dito com um sorriso. Pode indicar apelo, pedido, conselho, orientação. Enfim, o imperativo ocorre sempre que alguém procurar estabelecer uma interlocução. Vamos à formação do IMPERATIVO. Para formar esse modo verbal, partimos do presente do indicativo e do presente do subjuntivo. Primeiramente, é bom lembrar que NÃO existe a primeira pessoa do singular, já que formalmente ninguém, "dá ordem" a si mesmo.

O **imperativo afirmativo** é assim formado: a segunda pessoa do singular e a segunda pessoa do plural são tomadas do presente do indicativo, menos a letra s final; as demais pessoas são as mesmas do presente do subjuntivo.

▶ FAZER

Presente do indicativo	Presente do subjuntivo	Imperativo afirmativo	Imperativo negativo
Faço	Faça		
Fazes	Faças	Faze tu (= fazes, menos o "s")	Não faças tu
Faz	Faça	Faça você	Não faça você
Fazemos	Façamos	Façamos nós	Não façamos nós
Fazeis	Façais	Fazei vós (= fazeis, menos o "s")	Não façais vós
Fazem	Façam	Façam vocês	Não façam vocês

9. VOZES VERBAIS

Mais uma vez, temos uma "tripartição", já que em relação ao que se denomina "voz", o verbo pode ser ativo, passivo, reflexivo.

Voz ativa

O verbo de uma oração está na voz ativa quando a ação é praticada pelo sujeito.

✦ *O professor **explicou** o conteúdo para a classe interessada.*

↳ Observe que o sujeito ("O professor") é que realizou a ação de explicar.

Voz passiva

O verbo de uma oração está na voz passiva quando a ação é sofrida pelo sujeito.

✦ *O conteúdo **foi explicado** para a classe interessada pelo professor.*

↳ Desta vez, quem pratica a ação de verbal continua sendo “o professor”. No entanto, o sujeito da oração é “O conteúdo”. Assim, pode-se falar em voz passiva.

A voz passiva é indicada de duas maneiras:

- **Passiva Analítica** - Ocorre sempre com o uso dos verbos auxiliares *ser* e *estar* e o particípio de certos verbos ativos. Na maioria absoluta dos casos, tem-se o verbo ser+ particípio.

✦ *O bandido **foi surpreendido** em flagrante pelo agente penitenciário.*

↳ Observe que ocorrem a forma do verbo “ser” no pretérito perfeito do indicativo, seguida do particípio do verbo “surpreender”.

Observe outro exemplo:

✦ *O preso **vinha escoltado** pelo policial.*

↳ O exemplo acima é uma caso mais raro de construção passiva. O particípio ocorre, mas o auxiliar não é o verbo “ser” nem o “estar”. O que vale é perceber que a ação verbal não é praticada pelo sujeito (“o preso”).

É importante observar que o tempo verbal da voz ativa deverá ser seguido pelo verbo auxiliar da voz passiva.

Assim, a transformação das duas frases acima ficaria da seguinte forma:

✦ *O agente penitenciário **surpreendeu** o preso em flagrante.*

↳ O pretérito perfeito se manteve.

✦ *O policial **escoltava** o preso.*

↳ O pretérito imperfeito, já usado na voz passiva, manteve-se.

▸ TRANSFORMAÇÃO DE VOZES

Ativa	Passiva
Sujeito	Agente da passiva
Uma forma verbal	Duas formas verbais
Duas formas verbais	Três formas verbais
OD	Sujeito

Confira:

✦ *O arquiteto realizou o projeto de reforma do prédio.* (ATIVA)

✦ *O projeto de reforma do prédio foi realizado pelo arquiteto.* (PASSIVA)

↳ O sujeito da ativa virou o agente da passiva (“O arquiteto”)

↳ Uma forma verbal ("realizou") deu origem a duas ("foi realizada")

↳ O OD da ativa virou o sujeito da passiva ("o projeto de reforma do prédio")

✦ *O corretor de imóveis ia vender os dois apartamentos de meu pai.*

✦ *Os dois apartamentos de meu pai iam ser vendidos pelo corretor.*

↳ O sujeito da ativa virou o agente da passiva ("O corretor de imóveis")

↳ Duas formas verbais ("ia vender") deram origem a três ("iam ser vendidos")

↳ O OD da ativa virou o sujeito da passiva ("os dois apartamentos de meu pai")

▸ **ATENÇÃO:**

Não se converte uma frase da voz ativa com verbo transitivo indireto para a voz passiva, embora isso seja muito comum na mídia impressa.

✦ *Uma multidão de fãs* ***assistiu*** *ao show dos ídolos do pop rock. (VTI)*

✦ *O show dos ídolos do pop rock* ***foi assistido*** *por uma multidão de fãs.*

↳ Embora seja muito comum a transformação, e apesar de aparentemente ter o mesmo sentido, gramaticalmente a conversão é INCORRETA.

- **Passiva sintética ou pronominal** - Chamada de pronominal, já que é formada mediante o uso do pronome SE (pronome apassivador). Neste caso, o sujeito agente desaparece, porque não interessa ao narrador mencioná-lo.

✦ *"Cobrem-se botões" – era a placa que estava na porta do ateliê.*

↳ Perceba que "botões" não pratica a ação de cobrir, e, sim, recebe, sofre essa ação. Portanto, "botões" não é o agente da ação verbal, sendo o sujeito paciente. Essa mesma oração pode ser expressa por "Botões são cobertos" (passiva analítica), continuando o sujeito a ser botões, que, por estar no plural levará o verbo também para o plural.

Voz Reflexiva

Na voz reflexiva, o sujeito pratica e sofre a ação ao mesmo tempo. A voz reflexiva é formada de um verbo seguido de um pronome reflexivo (ME, TE, SE, NOS, VOS, SE). Muitas vezes, para se evitar ambiguidade, temos que, ao usar a voz reflexiva empregar outro recurso além do uso desses pronomes, como ocorre no exemplo seguinte:

✦ *João Victor e Paulo Henrique feriram-se.*

↳ Perceba que podemos ter um verbo passivo equivalente a "João Victor e Paulo Henrique foram feridos".

↳ Podemos igualmente ter um verbo reflexivo equivalente a "João Victor e Paulo Henrique feriram a si próprios".

↳ Podemos ainda ter um índice de reciprocidade de ação, significando que "João Victor feriu a Paulo Henrique e Paulo Henrique feriu a João Victor".

Para que o verbo possa ser considerado reflexivo nesse exemplo, sem ambiguidades, temos que acrescentar alguma expressão de reciprocidade: "João Victor e Paulo Henrique feriram-se reciprocamente / um ao outro / a si próprios" etc.

10. VERBOS DEFECTIVOS

O que se classifica como verbos defectivos são aqueles que apresentam conjugação incompleta, isto é, não se conjugam em todos os modos, tempos e pessoas. Podem ser conjugados apenas nas formas cuja vogal tônica permanece fora do radical. Alguns desses verbos, caso fossem conjugados, iriam se confundir com outros, como é o caso de "falar" e "falir", os quais na 1ª pessoa do indicativo ficariam do mesmo modo "falo". Assim, somente o verbo "falar" tem conjugação na primeira pessoa do singular do presente do indicativo.

São exemplos de alguns verbos defectivos: adequar, falir, doer, reaver, abolir, banir, brandir, carpir, colorir, delir, explodir, ruir, exaurir, demolir, puir, delinquir, fulgir (resplandecer), feder, aturdir, bramir, esculpir, extorquir, retorquir, soer (costumar: ter costume de), etc.

Os verbos listados, em sua maioria, são conjugados apenas na primeira e segunda pessoa do plural do modo indicativo, na segunda pessoa do plural do modo imperativo e não possuem flexões no presente do subjuntivo.

Exemplos:

- ***Adequamos*** *o programa às necessidades do alunado.*
  ↳ 1ª pessoa do plural; presente do indicativo.
- ***Esculpi*** *a obra com todo o vosso empenho.*
  ↳ 2ª pessoa do plural do imperativo afirmativo.

CAPÍTULO 5

Exercícios

Vimos, até agora, quatro capítulos de exposição teórica. Precisamos praticar e testar o que de fato aprendemos e o que precisa ser reforçado. Assim, vamos dar uma pausa na teoria e praticar. Inicialmente apresentaremos uma série de questões comentadas, para, de certa forma, revermos alguns tópicos e percebermos como se cobra cada conteúdo especificamente e em cada instituição organizadora. Bons estudos!

1. QUESTÕES COM GABARITO COMENTADAS

01. **(FCC – Analista Judiciário – TRF da 4ª. Região – 2010)** Houve muitas discussões sobre medidas para se minimizar o aquecimento global, já que todos consideram o aquecimento global uma questão crucial para a humanidade, embora poucos tomem medidas concretas para reduzir o aquecimento global, não havendo sequer consenso quanto às verbas necessárias para mitigar os efeitos do aquecimento global.

    Evitam-se as viciosas repetições do período acima substituindo- se os elementos sublinhados, na ordem dada, por:

(A) lhe consideram – reduzi-lo – mitigá-los aos efeitos

(B) o consideram – reduzi-lo – mitigar-lhe os efeitos

(C) consideram-no – reduzir-lhe – mitigar-lhes os efeitos

(D) o consideram – reduzir-lhe – mitigar-lhe os efeitos

(E) consideram-lhe – o reduzir – mitigar-lhe seus efeitos

► *Comentários:*

Resposta correta: (B) – *Na primeira ocorrência, o termo "o aquecimento global" é um objeto direto, já que não se encontra preposicionado. O pronome "o" é que exerce a função de objeto direto e não o "lhe". Dessa forma, ficaríamos restritos às alternativas (B) e (D). A mesma expressão, na segunda ocorrência, é também objeto direto. Desta vez, ligado a um verbo terminado em "-r". Nesse caso, o objeto direto é o pronome "lo". E, mesmo sem conferir a terceira ocorrência, já temos a resposta na alternativa (B). Quanto à expressão "do aquecimento global", verifica-se nela uma relação de posse. São os efeitos "dele". O pronome "lhe", quando adjunto adnominal, tem valor possessivo.*

02. **(CESPE- Todos os cargos de Analista – TRE-BA – 2010)** É rara, na documentação, referência tão explícita à convivência interétnica no nível privado bem como às normas de comportamento e tensões que implicava, consubstanciadas no sentido pejorativo que a qualificação negro, dada por Isabel ao seu convidado, tinha para os que conviviam com eles, ou seja, não foi o convite de Lisboa e Isabel para que Ramos jantasse em sua casa — um homem livre, ao

que tudo indica, descendente de africanos — que causou estranheza às testemunhas, mas o fato de que, nessa situação, a anfitriã **o** tivesse chamado de negro, desqualificando-**o**, desse modo, como hóspede à mesa do casal.

No trecho "a anfitriã o tivesse chamado de negro, desqualificando-o" ,a forma pronominal "o" tem o mesmo referente nas duas ocorrências.

GAB: ☐ Certo ☐ Errado

▶ *Comentários:*

Reposta: Correto - *O pronome pessoal "o"! retoma, nos dois casos, o substantivo "Ramos", esse "homem livre", "descendente de africanos".*

03. **(CESPE- Todos os cargos de Analista - TRE-BA - 2010)**

Rio de Janeiro, 15 de dezembro de 1904.

Meu caro Paz,

Obrigado pelas tuas palavras e pelo teu abraço. Ainda que de longe, **senti-lhes** o afeto antigo, tão necessário nesta minha desgraça. Não sei se resistirei muito. Fomos casados durante 35 anos, uma existência inteira; por isso, se a solidão me abate, não é a solidão em si mesma, é a falta da minha velha e querida mulher. Obrigado. Até breve, segundo me anuncias, e oxalá concluas a viagem sem as contrariedades a que aludes. Abraça-te o velho amigo

Machado de Assis.

Machado de Assis. Obra completa. vol. 3. Rio de Janeiro: Nova Aguilar, 1994, p. 1.072 (com adaptações).

Em "senti-lhes o afeto antigo", a forma pronominal "lhes" refere-se às expressões "tuas palavras" e a "teu abraço" .

GAB: ☐ Certo ☐ Errado

▶ *Comentários:*

Resposta: Certo - *O pronome oblíquo "lhes" está no plural, exatamente por se referir a dois termos. No caso, não se trata de um pronome com função de objeto indireto, mas funciona como adjunto adverbial. A ideia é a de dizer que o signatário da carta sentiu o "afeto antigo" nas "palavras" e "no abraço".*

04. **(FCC - Analista Judiciário - TJPI - 2010)** A substituição do elemento grifado pelo pronome correspondente, com os necessários ajustes no segmento, foi realizada de modo INCORRETO em:

(A) *demonstrou um entusiasmo extremado* = demonstrou-o.

(B) *Tais ações se enquadravam no programa* = Tais ações nele se enquadravam.

(C) *escreveu ao professor* = escreveu-lhe.

(D) *se recusou a assinar um manifesto* = se recusou a assiná-lo.

(E) *atacando de um só golpe a música* = lhe atacando de um só golpe.

▶ *Comentários:*

Reposta a ser assinalada: (E) - *O termo destacado é um objeto direto. "Lhe" só serve a complemento INDIRETO. A forma correta seria:* **atacando-a**.

(A) *O termo destacado é um objeto direto ligado a um verbo terminado em vogal. Como o termo é masculino, usou-se o pronome "o".*

(B) O termo destacado não é complemento verbal, mas adjunto adverbial, precedido da preposição "em", Por isso, assumiu a forma "nele", com a mesma preposição.

(C) O termo destacado é um objeto indireto; daí a forma "lhe".

(D) O termo destacado é um objeto direto de verbo terminado em "-r"; nesse caso, a consoante final é excluída e em seu lugar o pronome recebe o acréscimo de um "l".

05. (FUNDEP - Técnico Judiciário - TJMG - 2010) Analise as seguintes frases.

I. " subir-lhe o tronco."

II. "[...] alguns fios elétricos lhe atravessam a fronde, [...]."

III. "Nenhum desses incômodos lhe afeta a placidez de árvore [...]."

IV. "[...] a árvore pareceu explicar-lhe: - Não vês?"

A análise permite concluir que o termo **lhe** exerce a mesma função apenas nas frases

(A) I e II.

(B) III e IV.

(C) II, III e IV.

(D) I, II e III.

► *Comentários:*

Resposta correta: (D) - *O pronome lhe, nas três ocorrências, tem valor possessivo, funcionando como adjunto adnominal. "Subir no seu tronco", "atravessar a sua fronde", "afetar a sua placidez". Na frase IV, ao contrário, o LHE tem a função de objeto indireto: "explicar a ele".*

06. (FCC - Técnico Judiciário - TRT da 20ª. Região - 2010)... ela se opõe à chamada família estendida, em que os animais andam em bandos ... (1º parágrafo)

A expressão pronominal grifada acima preenche corretamente a lacuna da frase:

(A) A noção ...... o núcleo familiar garantiria a sobrevivência da prole propiciou um vínculo pessoal mais forte e duradouro.

(B) As hipóteses ...... se referiam os pesquisadores ainda não haviam sido confirmadas, apesar de todo o material recolhido.

(C) Ainda não foi possível obter os resultados dos estudos antropológicos ...... os pesquisadores sonhavam.

(D) Arqueólogos concluíram, a partir de estudos recentes, ... é bastante remota a origem da família nuclear.

(E) Estudos permitem datar de muito tempo atrás a época ...... se consolidou a ideia de família nuclear.

► *Comentários:*

Resposta correta: (E) - *A expressão "em que" deve-se à ideia que sugere que a família nuclear foi consolidada EM uma determinada época.*

(A) A expressão adequada seria "de que", já que se tem noção "de" algo.

(B) A expressão correta seria "a que", por causa da regência do verbo seguinte "se referiam", que pede a preposição "a".

(C) A expressão correta seria "com que", em função da regência do verbo "sonhar", que pede a preposição "com".

(D) Apenas se usaria o "que", já que a expressão verbal "permitem datar" não pede preposição.

07. (FCC – Analista Judiciário – TRF da 4ª. Região – 2010) Está correto o emprego do elemento sublinhado em:

(A) A obra de ficção **A guerra dos mundos**, em cuja Orson Welles se baseou, ganhou dramática adaptação radiofônica.

(B) A tecnologia de ponta, sobre a qual por vezes pairam desconfianças, leva-nos apenas aonde queremos ir.

(C) O cotidiano contemporâneo deixa-se afetar pelas conquistas técnicas, de cujas muita gente alimenta sérias desconfianças.

(D) A segunda metade da década de 90, aonde se consolidou a multimídia, foi um marco na vida contemporânea.

(E) O homem do nosso tempo, diante dos admiráveis recursos nos quais jamais sonhou alcançar, é por vezes um deslumbrado.

▶ *Comentários:*

Resposta correta: (B) – *O relativo "qual" é flexionado no feminino por se referir e retomar "A tecnologia de ponta". O uso da preposição "sobre", que antecede o relativo, se dá pela regência exigida por "pairam desconfianças". O que se pretende dizer é que "pairam desconfianças" SOBRE a "tecnologia de ponta".*

(A) *A forma correta seria: "A obra de ficção* **A guerra dos mundos, em que** *Orson Welles se baseou, ganhou dramática adaptação radiofônica".*

(C) *A forma correta seria: "O cotidiano contemporâneo deixa-se afetar pelas conquistas técnicas, sobre as quais muita gente alimenta sérias desconfianças".*

(D) *A forma correta seria: "A segunda metade da década de 90, quando se consolidou a multimídia, foi um marco na vida contemporânea".*

(E) *A forma correta seria: "O homem do nosso tempo, diante dos admiráveis recursos que jamais sonhou alcançar, é por vezes um deslumbrado".*

08. (FCC – Analista Judiciário – TJPI – 2010) *... além do que lhes permitem os recursos de que dispõem...*

A expressão pronominal grifada acima deverá preencher corretamente a lacuna da frase:

(A) A nova classe média desenvolveu padrões de consumo ...... só serão sustentáveis se houver salários dignos.

(B) Os novos valores sociais, ... se deparam os autores do estudo incluem a valorização da educação.

(C) As oscilações de renda familiar, ... o estudo se refere, oferecem riscos à manutenção dos padrões de consumo.

(D) Foi realizado um estudo recente, ... se encontram informações importantes sobre a mobilidade social brasileira.

(E) A amplitude da ascensão social ...... se fala é condizente com a redução das desigualdades de renda da população.

▶ *Comentários:*

Resposta correta: (E) – *A expressão "de que" é a indicada na lacuna, em função da regência do verbo "falar-se", presente na oração seguinte. A ideia é de se dizer que quem "fala", "fala DE".*

(A) *O pronome "que" deve ser usado sem preposição, já se funcionará como sujeito do verbo "ser" da oração seguinte.*

(B) *A expressão deveria ser "com que", em função da regência do verbo "deparar-se", presente na oração seguinte.*

(C) *A expressão "a que" deveria ser utilizada, em função da regência do verbo "referir-se", presente na oração seguinte.*

(D) *A expressão "em que" deveria ser utilizada, em função da regência do verbo "encontrar-se", presente na oração seguinte.*

09. **(FCC - Analista Judiciário - TRT da 9ª. Região - 2010)** Está INADEQUADA a correlação entre os tempos e modos verbais nesta reconstrução de uma frase do texto:

(A) Cercar-nos-íamos de inimigos reais ou virtuais e precisaríamos proteger nosso país.

(B) O pacto que acabássemos por realizar com o poder teria um preço muito alto.

(C) A menos que as coisas venham a mudar profundamente, será difícil ver essa estabilidade ameaçada.

(D) Tivesse sido assim, será que possamos contemplar um mundo com futuro?

(E) Teria sido bom se nos houvéssemos perguntado como chegamos até aqui.

▶ *Comentários:*

RESPOSTA: (D) - *Teríamos uma correlação adequada se a frase ficasse assim: "Tivesse sido assim, será que PODERÍAMOS contemplar um mundo com futuro?". O imperfeito do subjuntivo TIVESSE correlaciona-se com o futuro do pretérito PODERÍAMOS.*

(A) *Ocorre um paralellismo verbal, quando se tem duas vezes o futuro do pretérito: CERCAR-NOS-ÍAMOS e PRECISARÍAMOS.*

(B) *Há a correlação que faltou na alternativa (D) ACABÁSSEMOS (imperfeito do subjuntivo) e TERIA (futuro do pretérito)*

(C) *A correlção está na associação de noções futuras: VENHAM A MUDAR e SERÁ.*

(E) *Novamente o futuro do pretérito TERIA se correlaciona com o imperfeito do subjuntivo HOUVÉSSEMOS.*

10. **(FCC - Analista Judiciário - TRT da 9ª. Região - 2010)** A construção que NÃO admite transposição para voz passiva é:

(A) *os que vivem na expectativa da felicidade absoluta.*

(B) *Os pensadores da antiguidade clássica deixaram-nos um tesouro.*

(C) *sigamos as coisas próximas*

(D) *E não invejemos os que estão mais alto*

(E) *favorecem nossa esperança.*

▶ *Comentários:*

RESPOSTA: (A) *não se admite a transposição para a voz passiva de verbos que não sejam transitivos diretos. O verbo "vivem", no contexto,é intransitivo.*

Todos os demais verbos, em cada opção, são transitivos diretos e admitem, portanto a voz passiva: DEIXAR (B), SEGUIR (C), INVEJAR(D), FAVORECER(E).

11. **(FCC - Técnico Judiciário - TRT da 20ª. Região - 2010)** Os túmulos abrigavam treze ossadas... (2º parágrafo)

O verbo flexionado nos mesmos tempo e modo em que se encontra o grifado acima está na frase:

(A) ... que só apareciam de vez em quando.
(B) A relação estável também ganhou espaço ...
(C) ... e as relações entre membros consanguíneos se dão de outras formas.
(D) O achado constitui a mais antiga evidência arqueológica de família nuclear...
(E) Várias hipóteses apontam nesse sentido.

► *Comentários:*

Resposta correta: (A) *"Abrigavam" é verbo no pretérito imperfeito do indicativo, assim como "apareciam". Ambos estão na terceira pessoa do plural.*

(A) *"ganhou" está no pretérito imperfeito do indicativo.*
(B) *"dão" está no presente do indicativo.*
(C) *"constitui" também é presente do indicativo.*
(D) *"apontam" é mais um verbo no presente do indicativo.*

12. **(FCC – Técnico Judiciário – TRT da 20ª. Região – 2010)** O estudo foi feito com base num conjunto de quatro túmulos coletivos ... (2º parágrafo)

O verbo que admite a transposição grifada acima está na frase:

(A) Massacres de famílias inteiras eram aparentemente comuns em épocas remotas da história da humanidade.
(B) Segundo os arqueólogos, machos aventureiros ficavam em desvantagem em relação àqueles mais constantes junto às fêmeas.
(C) Uma vantagem evolutiva foi a consolidação de uma família com presença constante do pai, como guardião da prole.
(D) A existência de uma família nuclear garantiu a separação entre a espécie humana e a dos demais primatas.
(E) Entre algumas espécies de primatas os cuidados com a prole competem exclusivamente à fêmea.

► *Comentários:*

Resposta correta: (D) *O termo grifado é uma forma de voz passiva, já que apresenta o verbo "ser" + particípio. Para que exista voz passiva, é preciso que o verbo da voz ativa seja transitivo direto. "Garantiu", na alternativa a ser assinalada, é verbo transitivo direto e, por isso, admite a transposição.*

(A) *"eram" não admite transposição para a voz passiva, porque se trata de um verbo de ligação.*
(B) *"ficavam", no contexto é verbo intransitivo, por estar seguido de adjunto adverbial.*
(C) *"foi", como verbo de ligação, não admite voz passiva.*
(E) *"competem" é verbo transitivo indireto.*

13. **(FCC – Analista Judiciário – TRF da 4ª. Região – 2010)** *"O que temos de alcançar no México é tudo o que deveríamos ter alcançado aqui."*

Transpondo-se a frase acima para a voz passiva, as formas sublinhadas devem ser substituídas, na ordem dada, por:

(A) tem de ser alcançado – deveria ter sido alcançado
(B) será alcançado – devia ser alcançado

(C) tinha de ser alcançado - deveria ser alcançado

(D) tem de alcançar-se - deverá alcançar-se

(E) teremos alcançado - devia ser alcançado

► *Comentários:*

Resposta correta: (A) - *Observe que a primeira sequência sublinhada tem dois verbos e a segunda tem três. Já dissemos que, na transposição da voz ativa para a voz passiva, "aumenta" o número de verbos. Por isso, deveremos escolher a opção em que haja, respectivamente, três e quatro verbos. Somente por essa observação, já devemos escolher a alternativa (A). Na voz passiva, deve haver uma forma de verbo "ser" e uma forma de particípio, o que se pode perceber em "ser alcançado" e "sido alcançado". Na voz ativa "temos" está no presente do indicativo, gerando o correspondente "tem de" na passiva. No outro trecho, "deveríamos" está no futuro do pretérito, gerando o correspondente "deveria ter".*

14. **(CESPE - Todos os cargos de Analista - TRE-BA - 2010)**

Rio de Janeiro, 15 de dezembro de 1904.

Meu caro Paz,

Obrigado pelas tuas palavras e pelo teu abraço. Ainda que de longe, senti-lhes o afeto antigo, tão necessário nesta minha desgraça. Não sei se resistirei muito. Fomos casados durante 35 anos, uma existência inteira; por isso, se a solidão me abate, não é a solidão em si mesma, é a falta da minha velha e querida mulher. Obrigado. Até breve, segundo **me anuncias**, e oxalá **concluas** a viagem sem as contrariedades a que **aludes**. Abraça-te o velho amigo

Machado de Assis.

Machado de Assis. Obra completa. vol. 3. Rio de Janeiro: Nova Aguilar, 1994, p. 1.072 (com adaptações).

As formas verbais "anuncias" , "concluas" e "aludes" estão conjugadas na segunda pessoa do singular do mesmo tempo e do mesmo modo verbal.

GAB: ☐ Certo ☐ Errado

► *Comentário:*

Errado - *As três formas verbais estão conjugadas na segunda pessoa do singular. "tu", como se pode verificar pela desinência "-s", presente em cada uma delas. No entanto, o modo verbal é diferente: "anuncias" e "aludes" estão no presente do indicativo. "Concluas", por sua vez, está no presente do subjuntivo. Perceba que a vogal temática "i" (de "concluir") foi alterada para "a", como ocorre na transição de indicativo para subjuntivo.*

15. **(FCC - Analista Judiciário - TJPI - 2010) Todos os verbos** estão corretamente flexionados na frase:

(A) Aqueles que preveram dificuldades trazidas pela globalização devem reconhecer que ela trouxe também alguns benefícios.

(B) Alguns especialistas crêm na redução dos bolsões de pobreza no país, pois boa parte da população brasileira obteu mais renda.

(C) Pesquisas feitas sobre a distribuição de renda indicam ter havido redução das desigualdades, fato que constitui motivo de comemoração.

(D) O governo de muitos países interviu na economia para controlar os maus resultados trazidos ao comércio pela crise mundial.

(E) Para que se mantessem os níveis sustentáveis de consumo, seria preciso garantir renda suficiente às famílias de classe média.

▶ *Comentários:*

Resposta correta: (C)

(A) *O futuro do verbo "prever", assim como o do verbo "ver" é grafado com "i". Dessa maneira, o correto seria dizer "previram"*

(B) *O verbo "crer", na terceira pessoa do plural, deve ser grafado com dois "ee". Assim, o correto seria dizer "creem" (sem acento, como exige a nova ortografia).*

(D) *"Intervir" é verbo derivado de "vir". O pretérito perfeito de "ver" é "veio" e, por conseguinte, a forma "interveio" é que seria a correta.*

(E) *"Manter" conjuga-se como o verbo "ter". O imperfeito do subjuntivo de "ter" é "tivessem"; da mesma forma, seria correto usar "mantivessem".*

16. **(FCC – Analista Judiciário – TJPI – 2010)** *Com efeito, agentes do serviço de inteligência do Afeganistão [...] prenderam nove funcionários da Emergency.*

Transpondo-se a frase acima para a voz passiva, a forma verbal resultante é:

(A) haviam sido presos.

(B) prendeu-se.

(C) seria preso.

(D) foram presos.

(E) estão presos.

▶ *Comentários:*

Resposta correta: (D)- *Na voz ativa, temos um verbo ("prenderam"). Na transposição para a passiva, esse verbo "transforma-se" em dois: uma forma do verbo SER e um PARTICÍPIO. O verbo SER assume o tempo e o modo do verbo da voz ativa, no caso o pretérito perfeito. Assim, temos a resposta na alternativa (D). O termo "Nove funcionários da Emergency" era OD na voz ativa e, por isso, passou a sujeito da passiva, determinando o plural.*

17. **(FCC – Analista Judiciário – TJPI – 2010)** *Enquanto isso, Karzai* falava *que os serviços de inteligência...*

A frase cujo verbo está flexionado nos mesmos tempo e modo que o grifado acima é:

(A) *Não sabia o coronel Vician que, imediatamente, Stada...*

(B) *Durante oito dias, os funcionários da Emergency ficaram incomunicáveis.*

(C) *O flagrante preparado consistiu numa blitz em sala da administração...*

(D) *O móvel dessa urdidura remonta a março de 2007...*

(E) *A ligação completou-se com um soldado britânico...*

▶ *Comentários:*

Resposta correta: (A) – *"Falava" é verbo no pretérito imperfeito do indicativo. O mesmo ocorre com a forma "sabia" na alternativa a ser assinalada.*

(B) "Ficaram": pretérito perfeito.

(C) "Consistiu": pretérito perfeito.

(D) "Remonta": presente do indicativo.

(E) "Completou-se": pretérito perfeito.

18. (FUNDEP - Técnico Judiciário - TJMG - 2010) "— Não vês? Começo a outonear. É 21 de março, data em que as folhinhas assinalavam o equinócio do outono. Cumpro meu dever de árvore [...]"

É ***CORRETO*** afirmar que no trecho acima

(A) o último verbo pertence à 2ª conjugação.

(B) há seis verbos.

(C) o verbo "ser" se apresenta no modo subjuntivo.

(D) a frase inicial está no imperativo negativo.

► *Comentários:*

Resposta correta: (B) - *Há, de fato, seis verbos: "ver", "começar", "outonear", "ser", "assinalar", e "cumprir".*

(A) O último verbo é "cumprir" que, pela terminação em "ir" é da terceira conjugação.

(C) O verbo "ser" está no presente do indicativo.

(D) A frase está no presente do indicativo.

19. (FUNDEP - Técnico Judiciário - TJMG - 2010) "Pequenas amêndoas atestavam o seu esforço, e também elas se <u>preparavam</u> para <u>ganhar</u> coloração dourada, e [...] <u>completado</u> o ciclo, <u>tombar</u> sobre o meio-fio, [...]."

É ***CORRETO*** afirmar que, dentre as formas verbais destacadas no período acima

(A) há um verbo na voz passiva.

(B) há um verbo no particípio.

(C) apenas um verbo se apresenta no infinitivo.

(D) os dois primeiros verbos estão flexionados no pretérito perfeito.

► *Comentários:*

Resposta correta: (B) - *"completado" é uma forma de particípio do verbo "completar".*

(A) As formas verbais são de voz ativa.

(C) Há dois verbos no infinitivo: "ganhar" e "tombar".

(D) O primeira está no pretérito perfeito, mas o segundo é forma de infinitivo.

20. (FUNDEP - Técnico Judiciário - TJMG - 2010) Leia os seguintes trechos do texto.

"[...] - **fala**, amendoeira - [...]."

" Não **me entristeças.**"

"**Outoniza-te** com dignidade, meu velho."

"**Repara** que o outono é mais estação da alma que da natureza."

Em relação ao que há de comum entre os verbos destacados nos trechos acima, assinale a alternativa ***CORRETA.***

(A) O modo
(B) A voz
(C) A conjugação
(D) A transitividade

▶ *Comentários:*

Resposta correta: (A) *Todas as formas verbais destacadas estão no modo IMPERATIVO.*

21. **(FCC - Técnico Judiciário - TRT - 3ª Região - 2010)** Observando-se as formas verbais e as de tratamento, deve-se considerar INCORRETA a seguinte frase:

(A) Peça a Sua Senhoria que divulgue até amanhã seu parecer sobre o texto da LRF.
(B) Meu caro deputado, vimos pedir-te que te pronuncies sem demora sobre a redação da LRF.
(C) Lê com atenção a LRF, por favor, e dize-nos se estás de acordo com todos os seus dispositivos.
(D) Queremos encarecer-lhe a importância de sua opinião sobre a forma definitiva que a LRF deverá adotar.
(E) Solicitamos que Vossa Senhoria vos manifesteis sobre o texto da LRF, que logo entrará em votação.

▶ *Comentários:*

Resposta a ser marcada: (E) - *"Vossa senhoria" é pronome singular, de tratamento, e faz com que a concordância assuma a terceira pessoa. Assim, não se poderia usar "vos manifesteis". O correto seria: "Solicitamos que Vossa Senhoria se manifeste sobre o texto da LRF, que logo entrará em votação."*

22. **(FCC - Analista Judiciário - TJPA - 2009)** Atente para as frases abaixo.

I. Todos queremos defender nossa liberdade, tornar-lhe imune a qualquer restrição, proclamar-lhe aos quatro ventos.
II. Sim, o egoísmo é uma inclinação natural, mas acatar-lhe é curvar-se a um instinto primitivo; cumpre, a todo custo, restringi-lo a violência.
III. As palavras daquela frase ressoaram fortemente em nossa consciência arrogante, abalaram-na, retiraram-lhe o falso triunfalismo.

Está plenamente adequado o emprego de pronomes em

(A) I, II e III.
(B) I e II, apenas.
(C) II e III, apenas.
(D) I e III, apenas.
(E) III, apenas.

▶ *Comentários:*

Resposta correta: (E) - *O termo retomado pelo pronome é "nossa consciência arrogante". Ao complementar uma forma verbal terminada em "-m", ela assume a forma nasal "-na". Quanto ao "lha", tem valor possessivo: retiraram* **dela** *o falso triunfalismo. Já sabemos que LHE tem valor possessivo.*

Na frase (I), o termo retomado pelos pronomes é a expressão "nossa liberdade" - não preposicionado. Por isso, não se poderia usar o "lhe" em seu lugar. O correto seria: **torná-la imune** *e* **proclamá-la.**

Na frase (II). O termo retomado é "o egoísmo" - sem preposição. Dessa forma também não caberia o pronome "lhe". O correto seria: **acatá-lo.**

23. **(FRAMINAS - Técnico Judiciário - TJ-MG - 2009)** Nas alternativas abaixo, assinale a correta:

(A) O gerente da empresa nos concedeu um prazo de 03 dias para a elaboração do relatório. Entregamos-o em apenas 24 horas.

(B) Amanhã encontrar-te-ei na festa de Eduarda.

(C) - VV. AA. desejam algo mais? Perguntou o criado aos príncipes.

(D) Vossa Santidade não poderá comparecer ao encontro de amanhã, informou o secretário do Papa aos convidados.

▶ *Comentários:*

Resposta correta: (C) - *A abreviatura VV.AA é de Vossas Altezas, tratamento dispensado a príncipes.*

(A) O correto seria dizer "Entregamo-lo", já que o objeto direto de verbo terminado em "-s" é "lo".

(B) O advérbio é uma classe gramatical que atrai pronomes. "Amanhã" é advérbio de tempo; daí o correto seria: "Amanhã te encontrarei".

(D) O correto seria "Sua Santidade", uma vez que não se está falando diretamente ao Papa, mas sim a respeito dele.

24. **(FCC - Analista Judiciário - TRT da 18ª. Região - 2009)** Sempre gostei das viagens de ônibus, mas atualmente considero as viagens de ônibus uma verdadeira provação, pois o que vem caracterizando as viagens de ônibus é uma profusão de ruídos de toda espécie, o que torna as viagens de ônibus um desafio aos nervos de um pacato passageiro.

Evitam-se as viciosas repetições do texto acima substituindo-se os elementos sublinhados, na ordem dada, por:

(A) considero-as - as vem caracterizando - as torna

(B) considero-as - vem-nas caracterizando - lhes torna

(C) as considero - vem-lhes caracterizando - torna-las

(D) considero-lhes - lhes vem caracterizando - as torna

(E) considero-lhes - vem caracterizando-as - torna-as

▶ *Comentários:*

Resposta correta: (A)

No primeiro caso, "considero" é VTD, por isso o pronome adequado a essa função é o "as" (no feminino plural porque se refere a "viagens"); no segundo caso, "caracterizando" também é VTD e o pronome adequado é o "as", proclítico, porque o "que" atrai pronome; no terceiro caso, "torna" é VTD também e, assim, tem-se o pronome "as" - proclítico pela atração do "que".

25. **(FCC - Analista Judiciário - TRT da 7ª. Região - 2009)** Trabalho infantil? Há quem considere o trabalho infantil uma excrescência social, mas há também quem veja no trabalho infantil uma

saída para muitas crianças, porque atribui ao trabalho infantil a vantagem de representar a inserção dos menores carentes.

Evitam-se as viciosas repetições do texto acima substituindo- se os elementos sublinhados, na ordem dada, por:

(A) lhe considere - lhe veja - lhe atribui

(B) a ele considere - nele veja - atribui-no

(C) o considere - nele veja - lhe atribui

(D) o considere - lhe veja - o atribui

(E) lhe considere - o veja - lhe atribui

▶ *Comentários:*

Resposta correta: (C) - *Na primeira ocorrência, "o trabalho infantil" é um OD. Por isso deve ser substituído pelo pronome "o", que, no caso, deve ficar antes do verbo pela atração exercida pelo pronome "quem". A segunda ocorrência ("no trabalho infantil"), por ter a preposição "em", determina que se use a forma "nele" - também com a preposição "em". A terceira ocorrência ("ao trabalho infantil"), a preposição permite classificar o termo com o OI - a ser substituído, portanto, pelo "lhe".*

26. **(AOCP - Analista Judiciário - TER-RO - 2009)** Assinale a alternativa cuja expressão destacada NÃO é um pronome.

(A) "Sandro tenta cutucá-la, arrisca até **uns** tapinhas de alerta."

(B) "'E quem ouve o ronco sofre os mesmos efeitos de **quem** dorme mal cronicamente.'"

(C) "...e desenvolvem algum problema de saúde em decorrência **dessas** noites insones."

(D) "'Casais **que** se entendem bem sentem falta se cada um dorme sozinho.'"

(E) "'Boa parte da **minha** família sofre com o problema", afirma Renata.'"

▶ *Comentários:*

Resposta correta: (A) - *O termo destacado é um artigo indefinido, já que precede um substantivo.*

(B) *"'E quem ouve o ronco sofre os mesmos efeitos de* **quem** *dorme mal cronicamente.'" → O termo destacado é um pronome pessoal.*

(C) *"...e desenvolvem algum problema de saúde em decorrência* **dessas** *noites insones." → O termo destacado é um pronome demonstrativo.*

(D) *"Casais* **que** *se entendem bem sentem falta se cada um dorme sozinho." → O termo destacado é um pronome relativo.*

(E) *"'Boa parte da* **minha** *família sofre com o problema", afirma Renata.'" → O termo destacado é um pronome possessivo.*

27. **(FCC - Analista Judiciário - TRT da 16ª. Região - 2009)** Está correto o emprego de **ambos** os elementos sublinhados em:

(A) Enfraquecida, a cultura caipira **cujos** valores tanta gente se encantou, cede lugar às modas citadinas, **de que** quase todos tomam como parâmetro.

(B) A moda sempre existiu, sempre haverá quem **a** adote, assim como sempre haverá quem não **lhe** poupe o aspecto de superficialidade.

(C) A moda, **cujos** os valores são sempre efêmeros, define as maneiras de vestir e pensar **de que** se comprazem os citadinos.

(D) Vive-se num tempo **onde** as mudanças são tão rápidas que fica difícil acompanhar-**lhes** em sua velocidade.

(E) Os modos de ser **com que** se apropria a gente da cidade são os que **lhes** parecem mais civilizados.

▶ *Comentários:*

Resposta correta: (B) *A moda sempre existiu, sempre haverá quem* **a** *adote, assim como sempre haverá quem não* **lhe** *poupe o aspecto de superficialidade. → "Adotar" é VTD e, por isso, aceita o pronome "a". O "lhe" usado tem valor possessivo: "poupar o aspecto de superficialidade dela (da moda)."*

(A) Enfraquecida, a cultura caipira **por cujos** *valores tanta gente se encantou, cede lugar às modas citadinas,* **que** *quase todos tomam como parâmetro. → Tanta gente se encantou* **POR** *algo; daí a necessidade da preposição antes do "cujos". Todos tomam como parâmetro ALGO (sem preposição); daí a exclusão da preposição.*

(C) A moda, **cujos** *valores são sempre efêmeros, define as maneiras de vestir e pensar* **com que** *se comprazem os citadinos. → Não se admite artigo depois do relativo "cujo". Os citadinos se comprazem COM algo; daí a mudança da preposição.*

(D) Vive-se num tempo **em que** *as mudanças são tão rápidas que fica difícil* **acompanhá-las** *em sua velocidade. → "Onde" não pode ser usado se não retomar lugares; daí a mudança para "em que". O verbo "acompanhar" é VTD; daí a eliminação do pronome "lhe".*

(E) Os modos de ser **de que** *se apropria a gente da cidade são os que* **lhes** *parecem mais civilizados. → A gente da cidade se apropria DE algo; daí a troca da preposição anteriormente colocada.*

28. (FCC – Analista Judiciário – TRT da 7ª. Região – 2009) Está correto o emprego do elemento sublinhado na frase:

(A) As propostas políticas, **de cuja** falta sentiu Mario Capanna, eram, na verdade, inúmeras e contrastantes.

(B) As posições dos jovens manifestantes, **das quais** o autor se congratulou, eram as mais díspares possíveis.

(C) As ruas de Gênova, **aonde** se fixaram grupos de manifestantes, ganharam uma nova animação.

(D) Os restos de esperanças socialistas, **por cujas** o autor já demonstrara simpatia, misturam-se a outras convicções.

(E) Os impulsos missionários, **de que** o autor não se mostra carente, poderiam levá-lo a combater a fome do mundo.

▶ *Comentários:*

Resposta correta: (E) *Os impulsos missionários,* **de que** *o autor não se mostra carente, poderiam levá-lo a combater a fome do mundo. → O autor se mostra carente "de" algo; daí a preposição a ser usada.*

(A) As propostas políticas, **cuja** *falta sentiu Mario Capanna, eram, na verdade, inúmeras e contrastantes.*

(B) *As posições dos jovens manifestantes,* **com as quais** *o autor se congratulou, eram as mais díspares possíveis.*

(C) *As ruas de Gênova,* **onde** *se fixaram grupos de manifestantes, ganharam uma nova animação.*

(D) *Os restos de esperanças socialistas,* **pelas quais** *o autor já demonstrara simpatia, misturam-se a outras convicções.*

29. (FCC – Técnico Judiciário – TJSE – 2009) *O entusiasmo, que levava a citações...*

O verbo flexionado nos mesmos tempo e modo que o grifado acima está na frase:

(A) *... pouco a pouco se agrupam diante do homem baixo ...*

(B) *... que se arrasta cantante.*

(C) *... que a voz do governador se fazia mais forte...*

(D) *... imaginou o boi fincado na paisagem ...*

(E) *Os ouvintes (...) começaram a mexer-se ..*

► *Comentários:*

Resposta correta: (C) – *"Levava" expressa uma ação passada, estando no pretérito imperfeito do indicativo. O mesmo ocorre com "fazia".*

(A) *"agrupam" é verbo flexionado no presente do indicativo.*

(B) *"arrasta" também está no presente do indicativo.*

(D) *"imaginou" está no pretérito perfeito do indicativo.*

(E) *"começaram" também está no pretérito perfeito.*

30. (FRAMINAS – Técnico Judiciário – TJMG – 2009) Transpondo para a voz passiva a frase "Os presentes de Natal despertavam a fantasia das crianças", obtém a forma verbal:

(A) fora despertada

(B) ia sendo despertada

(C) foi despertada

(D) era despertada

► *Comentários:*

Resposta correta: (D) – *Na conversão de vozes, o objeto direto da voz ativa transforma-se em sujeito da voz passiva. O novo sujeito, então, passa a ser "A fantasia das crianças" – expressão que levará o particípio "despertada" para o feminino singular. Ao se transpor um verbo para a passiva, este se transforma em "dois": uma forma do verbo "ser" e um "particípio". "Despertavam" está no pretérito imperfeito, fazendo com que a forma correspondente do verbo "ser" também esteja. Por isso, encontramos "era".*

31. (FRAMINAS – Técnico Judiciário – TJMG – 2009) Assinale a alternativa que preenche corretamente as lacunas nas orações abaixo:

I. Quando você __________, estaremos a seu dispor.

II. Quando você __________ nosso colega de faculdade, convide-o para o churrasco.

(A) vir e ver

(B) vier e vir

(C) ver e vir

(D) vir e vir

► *Comentários:*

Resposta correta: (B) - *O sentido da frase I permite perceber que se trata do futuro do verbo "vir", que é "vier". O sentido da fase II permite perceber que se trata do suturo do verbo "ver" - caso especial, já que nesse caso a forma verbal deve ser grafada com "i".*

32. (FCC - Analista Judiciário - TRT da 19ª. Região - 2008)

Está correto o emprego de ambos os elementos sublinhados na frase:

(A) O moralizador está carregado de imperfeições de que ele não costuma acusar em si mesmo.

(B) Um homem moral empenha-se numa conduta cujo o padrão moral ele não costuma impingir na dos outros.

(C) Os pecados aos quais insiste reincidir o moralizador são os mesmos em que ele acusa seus semelhantes.

(D) Respeitar um padrão moral das ações é uma qualidade da qual não abrem mão os homens a quem não se pode acusar de hipócritas.

(E) Quando um moralizador julga os outros segundo um padrão moral de cujo ele próprio não respeita, demonstra toda a hipocrisia em que é capaz.

► *Comentários:*

Resposta correta: (D) - *Respeitar um padrão moral das ações é uma qualidade da qual não abrem mão os homens a quem não se pode acusar de hipócritas. → A preposição "da" deve-se à regência de "abrir mão"; o gênero feminino ocorre pelo fato de o pronome relativo retomar "qualidade".*

(A) O moralizador está carregado de imperfeições de que ele não costuma acusar em si mesmo. → O correto seria usar apenas o relativo "que", já que o verbo da oração seguinte é "acusar", que não pede a preposição "de".

(B) Um homem moral empenha-se numa conduta cujo o padrão moral ele não costuma impingir na dos outros. → Não se pode usar artigo após o relativo "cujo".

(C) Os pecados aos quais insiste reincidir o moralizador são os mesmos em que ele acusa seus semelhantes. → O correto deveria ser "nos quais", por causa do verbo "reincidir", que exige a preposição "em".

(E) Quando um moralizador julga os outros segundo um padrão moral de cujo ele próprio não respeita, demonstra toda a hipocrisia em que é capaz. → A forma correta deveria ser "que". Não se usa "cujo" a não ser quando o termo subsequente a ele seja um substantivo.

33. (FCC - Analista Judiciário - TRF da 5ª. Região - 2008) A frase que admite transposição para a voz passiva é:

(A) *A prova de que não somos uma coisa só está em cada dia que amanhece.*

(B) *Outro dia recortei da Internet este fragmento de um blog (...).*

(C) *A humanidade não tem jeito.*

(D) *O pessimista não é inimigo das idealizações, muito pelo contrário.*

(E) *Nem tudo está perdido.*

▶ *Comentários:*

Resposta correta: (B) – *O verbo "recortar" é transitivo direto e, por isso, admite a voz passiva. No caso, teríamos: Este fragmento foi recortado por mim outro dia, de um blog.*

(A) "somos" é verbo de ligação; só se admite voz passiva para VTD.

(C) Apesar de o verbo "ter" ser transitivo direto, ele foi usado de modo coloquial e, por isso, não há como se dizer "jeito não é tido".

(D) "é", verbo de ligação, não admite voz passiva.

(E) "está" também é verbo de ligação.

34. **(CESGRANRIO – Analista Judiciário – TJRO – 2008)** Indique a opção em que a expressão em destaque pode ser substituída por "lhe", assim como em "...uma parte do mérito lhe cabe,"

(A) O economista chamou **o colega** de benfeitor da natureza.

(B) A Fundação convidou **o professor** para o cargo de diretor.

(C) O projeto pertence **ao renomado cientista.**

(D) O governo criou recentemente **o Bolsa-Floresta.**

(E) A diretora gosta muito **de sua assistente.**

▶ *Comentários:*

Resposta correta: (C) – *O pronome "lhe", quando objeto, é um complemento "indireto". Na alternativa, o termo destacado é preposicionado, sendo, portanto, um OI.*

(A) O economista chamou **o colega** *de benfeitor da natureza. = "chamou-o".*

(B) A Fundação convidou **o professor** *para o cargo de diretor. = " convidou-o"*

(D) O governo criou recentemente **o Bolsa-Floresta.** *= "criou-o"*

(E) A diretora gosta muito **de sua assistente.**= *"gosta dela"*

35. **(CESGRANRIO – Analista Judiciário – TJRO – 2008)** Assinale a afirmativa em que a palavra = "onde" está usada corretamente.

(A) Trabalhamos com o conceito de serviços onde o fator ambiental é preponderante.

(B) Durante a discussão dos técnicos foi levantado um novo argumento onde o diretor não gostou.

(C) Nas áreas próximas às reservas, onde estão instaladas famílias, haverá grandes investimentos.

(D) Alguns estudos apontam o ano de 2050 como decisivo, onde ocorrerá uma grande devastação.

(E) As propostas onde se encontram as soluções mais econômicas para a melhoria do ambiente serão aprovadas.

▶ *Comentários:*

Resposta correta: *(C) – O relativo "onde" só pode ser usada quando o antecedente indicar lugar. No caso, "áreas próximas "as reservas" é expressão indicativa de lugar,*

(A) Trabalhamos com o conceito de serviços **em que** *o fator ambiental é preponderante.*

(B) Durante a discussão dos técnicos foi levantado um novo argumento **de que** *o diretor não gostou.*

(D) Alguns estudos apontam o ano de 2050 como decisivo, **quando** *ocorrerá uma grande devastação.*

(E) *As propostas* **em que** *se encontram as soluções mais econômicas para a melhoria do ambiente serão aprovadas.*

36. (FCC – Analista Judiciário – TRF da 3ª. Região – 2007) Devaneios, quem não tem devaneios? Têm devaneios as crianças e os jovens, dão aos devaneios menos crédito os adultos, mas é impossível abolir os devaneios completamente. Evitam-se as indesejáveis repetições da frase acima substituindo- se os elementos sublinhados, na ordem dada, por:

(A) os tem – Têm-lhes – dão-lhes – abolir-lhes

(B) tem eles – Têm-nos – dão-lhes – abolir-lhes

(C) os tem – Têm eles – dão-nos – aboli-los

(D) tem a eles – Os têm – dão a eles – abolir a eles

(E) os tem – Têm-nos – dão-lhes – aboli-los

▶ *Comentários:*

Resposta correta: (E) – *"devaneios", na primeira ocorrência, nãos e liga ao verbo por intermédio de preposição é, portanto, um OD. Ocorre que existe a partícula atrativa "não"; assim, a forma correta é "Não os tem". Na segunda ocorrência, tem-se também OD; desta vez, de verbo terminado com "-m". Nesse caso, deve-se usar a forma com "-n": "nos" (masculino plural como "devaneios"). Na terceira ocorrência, o complemento é um OI; daí a escolha de "lhes". A última ocorrência tem OD, de verbo terminado em "-r". Nesse caso, usa-se a forma com "l": no caso "los" (masculino plural, como "devaneios").* **Atenção:** *Há gramáticas que afirma que o OI "lhe" só serve a "pessoas" – o que tornaria a resposta oficial questionável. Como "devaneios" não se trata de pessoas, para essa gramáticas, deveria ser escolhida a forma "a eles". Se isso fosse feito, não haveria opção.*

37. (FUNDEP – Técnico Judiciário – TJMG – 2007) O pronome utilizado na expressão entre parênteses está CORRETO e corresponde ao termo destacado em

(A) "A maioria [...] assistindo **a 'reality shows'** [...]" (ASSISTINDO-OS)

(B) "Algumas de suas vítimas [...] comprometem **o futuro do marido ou da mulher e dos filhos.**" (COMPROMETEM-NOS)

(C) "Seja como for, nem esta nem soluções tradicionais [...] resolverão **seus impasses."**(RESOLVER-LHES-ÃO)

(D) "[...] os quais [...] tornam interessante para seu público **a vida comum de estranhos** [...]" (TORNAM-NA INTERESSANTE PARA SEU PÚBLICO)

▶ *Comentários:*

Resposta correta: (D) – *O termo destacado na alternativa é um OD, já que não se trata de expressão preposicionada. Um OD de verbo com som nasal (terminado em –m) é o no, na, nos, nas. No caso, a forma feminina plural foi usada, por substituir "a vida",*

(A) *"A maioria [...] assistindo* **a 'reality shows'** *[...]" (ASSISTINDO A ELES)*

(B) *"Algumas de suas vítimas [...] comprometem* **o futuro do marido ou da mulher e dos filhos.**" *(COMPROMETEM-NO)*

(C) *"Seja como for, nem esta nem soluções tradicionais [...] resolverão* **seus impasses."** *(RESOLVÊ-LOS-ÃO)*

38. **(FUNDEP - Técnico Judiciário - TJMG - 2007)** A expressão entre parênteses NÃO corresponde ao termo destacado em

(A) "[...] aos membros privilegiados de sociedades **que**, organizadas e avançadas, transformavam a faina abusiva da maioria [...]" (MEMBROS PRIVILEGIADOS DE SOCIEDADES)

(B) "E, todavia, os pais se vêem cada vez mais compelidos a inventar maneiras de distrair seus filhos durante as horas ociosas **destes**, [...]" (DE SEUS FILHOS)

(C) "O mal ataca hoje em dia faixas etárias que, uma ou duas gerações atrás, julgávamos naturalmente imunizadas a **seu** contágio." (O MAL)

(D) "Se não existisse, não haveria, por exemplo, tantas empresas de entretenimento e tantas fortunas decorrentes **delas**." (DE TANTAS EMPRESAS DE ENTRETENIMENTO)

► *Comentários:*

Resposta correta: (A) - *Pelo sentido da frase, o relativo "que" só retoma o último substantivo, isto é, "sociedades". Elas é que podem ser "organizadas" e "avançadas".*

39. **(FCC - Analista Judiciário - TRF da 4ª. Região - 2007)** A frase *Cresci numa família* em que *ler romances e assistir a filmes (...) não era considerado uma perda de tempo* permanecerá formalmente correta caso se substitua a expressão sublinhada por

(A) *aonde.*

(B) *para a qual.*

(C) *em cuja.*

(D) *dentre à qual.*

(E) *da qual.*

► *Comentários:*

Resposta correta: (B) - *O antecedente do pronome relativo é a expressão feminina "família"; daí a escolha de "a qual", também no feminino. Quanto á preposição "para", justifica-se pelo seguinte: "para" a família, ler não era perda de tempo.*

40. **(FCC - Analista Judiciário - TRF da 4ª. Região - 2007)** Está correto o emprego da forma sublinhada na frase:

(A) Na família do autor, romances eram lidos livremente; quanto aos filmes, todos também assistiam-nos com grande interesse.

(B) Quando o autor leu o romance "O Caçador de Pipas", de cujas páginas tanto se agradou, absorveu o sentido universal da história narrada.

(C) Muitos depreciam as ficções - não o autor do texto, que lhes considera essenciais para a formação de um indivíduo.

(D) Admirar um romance de Dostoiévski, de cujo valor ninguém contesta, não exclui a possibilidade de se admirar o gênero policial.

(E) Rememorando os hábitos de sua família, louva-lhes o autor como estímulos essenciais para a sua formação de leitor.

► *Comentários:*

Resposta correta: (B) - *A regência do verbo "agradar" pede a preposição "de" (agradar DE algo); além disso, o "cujas" estabelece uma relação de posse ("páginas do livro").*

(A) *"... todos também assistiam a eles...: "→ "Assistir", no sentido de "ver" é transitivo indireto; o pronome "nos" é OD.*

(C) *"... que as considera essenciais..." → "Considerar" é VTD; o pronome "lhes" é OI.*

(D) *"... cujo valor ninguém contesta..." → O verbo "contestar" é VTD; por isso, a preposição é dispensável.*

(E) *"..., louva-os o autor..."→ "louvar" é VTD; o pronome "lhes" é OI.*

41. **(FCC – Analista Judiciário – TRF da 4ª. Região – 2007)** Existe a ideia (comum) segundo a qual *a ficção é uma "escola de vida" (...)*

Não haverá prejuízo para a correção e a coerência da frase acima caso se substitua o segmento sublinhado por

(A) Comumente tem-se a idéia diante da qual.

(B) Conforme a idéia corrente, é a de que.

(C) Tem-se em comum a idéia na qual.

(D) Há a idéia corrente em cuja.

(E) É corrente a idéia de que.

▶ *Comentários:*

Resposta correta: (E) – *A "ideia" que é existe é "com", sujo sinônimo é "corrente". Essa representação está presente em (B), (D) e (E). NA alternativa (A), o "conforme" não é elemento que deixa correta a coesão textual; o relativo "cuja" não pode ocupar a posição sugerida pela alternativa (C). Portanto, a resposta é a alternativa (E).*

42. **(FCC – Analista Judiciário – TRF da 3ª. Região – 2007)** Está correto o emprego de **ambas** as expressões sublinhadas em:

(A) As áreas aonde os homens se concentravam exibiam edifícios em cujos não havia arejamento.

(B) Em cortiços de cimento, a que faltavam espaço e arejamento, comprimiam-se milhões de indivíduos para quem a natureza parecia representar uma ameaça.

(C) Esse texto, de cujo o autor era também poeta, promove um típico exercício de imaginação em que muitos autores de ficção são tentados.

(D) Os mistérios porque somos atraídos na ficção costumam impressionar os leitores em cujos também não falta a liberdade da imaginação.

(E) Os espaços urbanos pelos quais se espanta o imaginário narrador seriam testemunho de uma civilização à qual eram frouxos os laços com a natureza.

▶ *Comentários:*

Resposta correta: (B) – *"a que": a preposição se justifica pela regência de "falta espaço a"; "para quem": a preposição se justifica pela regência de "parecia representar uma ameaça para".*

(A) *As áreas onde os homens se concentravam exibiam edifícios em que não havia arejamento.*

(C) *Esse texto, cujo autor era também poeta, promove um típico exercício de imaginação a que muitos autores de ficção são tentados.*

(D) *Os mistérios por que somos atraídos na ficção costumam impressionar os leitores em quem também não falta a liberdade da imaginação.*

(E) *Os espaços urbanos com os quais se espanta o imaginário narrador seriam testemunho de uma civilização na qual eram frouxos os laços com a natureza.*

43. **(FUNDEP – Técnico Judiciário – TJMG – 2007)** "Falamos do homem cujas refeições da semana dependiam do que conseguiria caçar na segunda-feira, antes de, na terça, [...]"

A redação que NÃO apresenta erro gramatical é

(A) as refeições da semana do homem do qual falamos dependiam do que ele conseguiria caçar na segunda-feira, antes de, na terça, [...]

(B) das refeições da semana do qual homem falamos dependia aquilo que conseguiria caçar na segunda-feira, antes de, na terça, [...]

(C) falamos do homem de cujas as refeições da semana dependia aquilo que conseguiria caçar na segunda-feira, antes de, na terça [...]

(D) falamos do homem que as refeições dele da semana dependiam do que ele conseguiria caçar na segunda-feira, antes de, na terça [...]

► *Comentários:*

Resposta correta: (A) *as refeições da semana do homem do qual falamos dependiam do que ele conseguiria caçar na segunda-feira, antes de, na terça, [...]*

(B) *das refeições da semana do homem* **do qual** *falamos dependia aquilo que conseguiria caçar na segunda-feira, antes de, na terça, [...]*

(C) *falamos do homem* **de cujas** *refeições da semana dependia aquilo que conseguiria caçar na segunda-feira, antes de, na terça [...]*

(D) *falamos do homem* **de cujas** *refeições da semana dependiam do que ele conseguiria caçar na segunda-feira, antes de, na terça [..}*

44. **(FCC – Analista Judiciário – TRF da 5ª. Região – 2007)** Transpondo a frase *os extraordinários acontecimentos pareciam dividir nitidamente o mundo entre os defensores e os inimigos da liberdade e do progresso social* para a voz passiva, a forma verbal corretamente obtida é:

(A) parecia ser dividido.

(B) pareciam ter sido divididos.

(C) tinha sido dividido.

(D) tinha parecido dividir.

(E) pareciam dividirem.

► *Comentários:*

Resposta correta: (A) – *Na transposição de voz ativa para voz passiva, o objeto direto da ativa transforma-se em sujeito. Como o período na voz ativa tem duas formas verbais, elas devem passar a ser três. Isso nos deixaria entre as alternativas (A), (C) e (D). Ocorre que, na voz passiva, além de um verbo no particípio, é necessária a presença de uma forma do verbo "ser". Assim, restam duas: (A) e (C). Como na voz ativa, a expressão verbal tem o verbo "parecer", resta apenas a letra (A). O resultado seria: "O mundo parecia ser dividido pelos extraordinários acontecimentos entre os defensores e os inimigos da liberdade e do progresso social".*

45. **(FCC – Analista Judiciário – TRF da 4ª. Região – 2007)** Estão inteiramente corretas a forma e a flexão dos verbos na frase:

(A) A boa ficção não institue fantasias gratuitas; ela aprende o real por meio da mais fecunda imaginação.

(B) Embora muitos diverjam, não há por que não admitir que um romance policial reuna vários atributos estéticos.

(C) Embora não sejam propriamente ficções, os bons documentários propisciam a abertura de novos horizontes do real.

(D) Se achamos que a vida dos afegãos não tem nada haver com a nossa, o autor lembra que a história de Amir conflue para a de muita gente.

(E) Muitos autores entremeiam realidade e imaginação em suas narrativas para proverem a ficção dos mais estimulantes atrativos.

▶ *Comentários:*

Resposta correta: (E)

(A) A boa ficção não **institui**..

(B) Embora muitos **divirjam**, *não há por que não admitir que um romance policial* **reúna** *vários atributos estéticos.*

(C) Embora não sejam propriamente ficções, os bons documentários **propiciam** *a abertura...*

(D) Se achamos que a vida dos afegãos não tem nada haver com a nossa, o autor lembra que a história de Amir **conflui**...

46. **(FCC – Analista Judiciário – TRF da 3ª. Região – 2007)** Está adequada a correlação entre os tempos e os modos verbais na frase:

(A) Fosse qual fosse a qualidade dos professores, a escola despertaria interesse quando carregasse consigo uma promessa de futuro.

(B) A capacidade de os adolescentes virem a inventar seu futuro teria dependido dos sonhos aos quais nós renunciaremos.

(C) Seria desejável que a escola não apenas dê ressonância aos anseios pelo mercado de trabalho, mas que também alimente as aspirações dos estudantes.

(D) À medida que os adolescentes procurassem, nas entrelinhas das nossas falas, as aspirações que ocultaríamos, irão se deparar com sonhos frustrados.

(E) Quem vier a comparar os jovens de hoje com os da geração passada haveria de concluir que os adolescentes de agora devam sonhar muito menos.

▶ *Comentários:*

Resposta Correta: (A) – *Uma das formas de correlação entre tempos e modos verbais associa o IMPERFEITO DO SUBJUNTIVO (-se) ao FUTURO DO PRETÉRIOTO DO INDICATIVO (-ria). Assim, "a escola* **despertaria"** *quando* **"carregasse** *consigo uma promessa".*

(B) A capacidade de os adolescentes virem a inventar seu futuro **dependerá** *dos sonhos aos quais nós renunciaremos. → Devem-se relacionar duas informações no futuro: "virem a inventar" e "dependerá".*

(C) Seria desejável que a escola não apenas **desse** *ressonância aos anseios pelo mercado de trabalho, mas que também* **alimentasse** *as aspirações dos estudantes. → A correlação deveria ser a ocorrida na alternativa que é a resposta correta: -sse e –ria.*

(D) À medida que os adolescentes procurassem, nas entrelinhas das nossas falas, as aspirações que **ocultamos, iriam** *se deparar com sonhos frustrados. → Se ocorre a forma "procurassem", deve ocorrer um verbo no futuro do pretérito ("iriam).*

(E) Quem vier a comparar os jovens de hoje com os da geração passada **haverá** *de concluir que os adolescentes de agora devam sonhar muito menos. → Devem-se usar dois verbos com noção de futuro: "vier a comparar" e "haverá".*

47. **(FUNDEP – Técnico Judiciário – TJMG – 2007)** "[...] o tédio [...] pressupõe ócio abundante e sistemático [...]"

O verbo pressupor está utilizado de forma errada em

(A) O tédio pressupôs ócio abundante e sistemático.
(B) O tédio pressupusera ócio abundante e sistemático.
(C) Quando o tédio pressupor ócio abundante e sistemático.
(D) Se o tédio pressupusesse ócio abundante e sistemático.

► *Comentários:*

Resposta correta: (C) – *"Pressupor" é forma derivada de "pôr". O futuro desse verbo é "puser". Daí, "Quando o tédio pressupuser ócio abundante e sistemático."*

48. **(FCC – Analista Judiciário – TRF – 2006)** O editorial foi considerado um desrespeito à soberania de Cuba, trataram a soberania de Cuba como uma questão menor, pretenderam reduzir a soberania de Cuba a dimensões risíveis, como se os habitantes do país não tivessem construído a soberania de Cuba com sangue, suor e lágrimas.

Evitam-se as viciosas repetições acima substituindo-se os segmentos sublinhados, respectivamente, por

(A) trataram a ela – reduzir-lhe – a tivessem construído.
(B) trataram-na – reduzi-la – tivessem construído.
(C) a trataram – a reduziram – tivessem-na construído.
(D) trataram-lhe – reduziram-lhe – lhe tivessem construído.
(E) trataram-na – reduziram-lhe – lhe tivessem construído.

► *Comentários:*

Resposta correta: (B) – *As expressões destacadas ("a soberania de Cuba") são objetos diretos, já que não se apresentam preposicionadas, No primeiro caso, o objeto direto refere-se a um verbo terminado em "-m". Quando isso ocorre, o pronome deve assumir a forma nasal "na" (no feminino, porque substitui palavra feminina). No segundo caso, a expressão se refere a um verbo terminado em "-r". Quando isso ocorre, deve-se optar pela forma "la". No último caso, o pronome ficou em posição de próclise (antes de verbo) devido à presença de palavra negativa, que atrai pronome.*

49. **(FCC – Analista Judiciário – TRE-SP – 2006)** São evidentes os avanços tecnológicos, ninguém duvida dos avanços tecnológicos, mas não se deve atribuir aos avanços tecnológicos a propriedade de já representarem aquele pleno desenvolvimento social que não cabe aos avanços tecnológicos produzir.

Evitam-se as abusivas repetições da frase acima substituindo- se os segmentos sublinhados, respectivamente, por:

(A) duvida deles / não se os deve atribuir-se / não lhes cabe
(B) deles duvida / não se lhes deve atribuir / não lhes cabe
(C) os duvida / não se deve atribuí-los / não lhes cabe
(D) duvida deles / não se deve atribuí-los / não os cabe
(E) deles duvida / não se deve atribuir-lhes / não os cabe

▶ *Comentários:*

***Resposta correta:* (B)**

São evidentes os avanços tecnológicos, ninguém duvida dos avanços tecnológicos, → A preposição "de" no termo grifado é que determina o pronome "deles". Assim, seria excluída, de imediato, a alternativa (C).

...mas não se deve atribuir aos avanços tecnológicos → A preposição "aos" determina a presença de um objeto indireto. O pronome "lhe" pode funcionar como objeto indireto. Assim, excluem-se as alternativas (A) e (D).

...a propriedade de já representarem aquele pleno desenvolvimento social que não cabe aos avanços tecnológicos produzir. → A preposição "aos" determina a presença de um objeto indireto. O pronome "lhe" pode funcionar como objeto indireto. Por fim, elimina-se a alternativa (E).

2. QUESTÕES DE CONCURSO

01. (VUNESP – 2023 – TJ-SP – Escrevente) Assinale a alternativa em que o substantivo destacado forma, com a preposição que o acompanha, uma expressão com valor de adjetivo.

(A) ... fez-se pajem, ia comigo à rua.

(B) ... perguntava ao padre...

(C) ... meio sério para dar autoridade à lição...

(D) ... gostava do elogio; era um elogio.

(E) José Dias tratava-me com extremos de mãe...

02. (FGV – 2023 – TJ-RN – Analista Judiciário – Administrativa – Contabilidade) Todos os pensamentos abaixo trazem orações adjetivas destacadas; a opção em que essa oração foi substituída por um adjetivo de forma adequada, é:

(A) Uma ideia medíocre que desperta entusiasmo irá mais longe que uma grande ideia que não inspira entusiasmo algum / motivadora;

(B) Nosso grande erro é tentar obter de cada um as virtudes que não possuem e desdenhar o aprimoramento das que possuem / encarecedoras;

(C) A única coisa que vem sem esforço é a idade / inevitável;

(D) Há mais pessoas que desistem do que pessoas que fracassam / desestimuladas;

(E) Não se pode confiar em quem não confia em ninguém / nos confiantes.

03. (FCC – 2022 – TRT – 17ª Região (ES) – Técnico Judiciário – Área Apoio Especializado Especialidade – Tecnologia da Informação) É invariável quanto a gênero e a número o termo sublinhado em:

(A) Seus companheiros talvez nem soubessem que se chamasse Nestor

(B) Foi este último um dos mais divertidos e perigosos brinquedos da nossa infância

(C) Nestor, em suma, teve a meninice normal de um filho de funcionário público

(D) um riso de fato diminutivo, nascido de reservados solilóquios

(E) sendo-lhe vetado por lei castigar-nos com o bastão

04. (VUNESP – 2023 – TJM-SP – Escrevente Técnico Judiciário) Se os parceiros desejarem, um advogado pode ______na redação do contrato, no qual requisitos legais devem ser preenchidos.

Uma vez que no texto final o advogado ______, o juiz valida o contrato que _______ socialmente um negócio jurídico.

Segundo a norma-padrão de emprego e de colocação dos pronomes, as lacunas do texto devem ser preenchidas, respectivamente, por:

(A) orientá-los ... tenha-os preenchido ... confirma-se

(B) orientá-los ... os tenha preenchido ... se confirma

(C) os orientar ... tenha preenchido-os ... se confirma

(D) orientar-lhes ... os tenha preenchido ... confirma-se

(E) lhes orientar ... tenha preenchido-os ... se confirma

05. **(VUNESP – 2023 – TJM-SP – Escrevente Técnico Judiciário)** O Contrato de Namoro,________ registro poderá ser feito em cartório;______ duas testemunhas são necessárias; e______ fazem parte cláusulas específicas, atende às expectativas ______não quer os vínculos de um casamento convencional.

De acordo com o sentido do texto e com a norma-padrão da língua portuguesa, as lacunas dessa frase devem ser preenchidas, respectivamente, por:

(A) cujo ... para o qual ... do qual ... de quem

(B) cujo ... pelo qual ... ao qual ... a quem

(C) em que o ... ao qual ... do qual ... com quem

(D) onde o ... pelo qual ... ao qual ... de quem

(E) onde o ... para o qual ... no qual ... com quem

06. **(FGV – 2023 – TJ-BA – Juiz Leigo)** "Até então acreditava-se o contrário, pois, quando elas eram bloqueadas por fármacos, os sintomas do Parkinson eram mitigados." (Texto 1, 5º parágrafo)

A frase em que a partícula "se" serve à mesma função comunicativa do "se" presente na passagem acima é:

(A) Dentre os presentes, cerca de 20% se animaram com o plano descrito pelo anfitrião.

(B) Você não vai se arrepender de ter tentado.

(C) Desta vez, eles se viram muito rapidamente.

(D) Depois que Marcelo se acabou de chorar é que eu entendi o tamanho do problema.

(E) Aqui, sempre se procede a uma fiscalização rigorosa no início da semana.

07. **(FGV – 2023 – TJ-BA – Juiz Leigo)** "Esse conhecimento é promissor principalmente para a pequena parcela de casos de Parkinson e Alzheimer que tem causas genéticas, um total de 5% a 7% dos diagnósticos." (Texto 1, 10º parágrafo)

Na passagem acima, o pronome relativo é empregado para retomar o substantivo:

(A) conhecimento;

(B) promissor;

(C) parcela;

(D) casos;

(E) Parkinson.

08. (VUNESP – 2023 – TJ-SP – Escrevente) Assinale a alternativa em que o enunciado atende à norma-padrão de colocação pronominal.

(A) Se engana quem pensa que a internet é terra sem lei, pois as plataformas têm responsabilidade na propagação de crimes.

(B) A sociedade não surpreende-se com o fato de as atenções se voltarem para as plataformas digitais e para a sua responsabilidade.

(C) Parte importante da responsabilidade sobre as mensagens evidentemente se estende às plataformas, que podem e devem agir mais.

(D) Por mais que promovam-se aperfeiçoamentos legislativos sempre bem-vindos, o País dispõe de um marco legal sobre o tema.

(E) A covardia e a barbárie dos recentes ataques a escolas no País jogaram luz sobre a violência que tem propagado-se na internet.

09. (FGV – 2023 – TJ-RN – Analista Judiciário – Administrativa – Contabilidade) Entre as opções abaixo há um termo destacado cujo referente se encontra após a sua enunciação, exemplificando o que se chama de "catáfora"; a opção em que isso ocorre, é:

(A) Todos aqueles que <u>os</u> citam são admiradores dos ministros;

(B) O quadro, <u>ele</u> foi adquirido ontem;

(C) Choveu muito e <u>isso</u> não surpreende mais;

(D) Não vi o buraco <u>onde</u> caíram os óculos;

(E) A semana <u>em que</u> ele chegou foi no início do mês.

10. (FCC – 2023 – TRT – 18ª Região (GO) – Analista Judiciário – Área Administrativa) Está plenamente adequado o emprego do elemento sublinhado na frase:

(A) As reações hostis <u>com que</u> são vítimas os imigrantes constituem um crime contra a humanidade.

(B) Os preconceitos culturais <u>aos quais</u> tantos povos que se dizem superiores se nutrem são abomináveis.

(C) Os valores <u>por cujos</u> algumas culturas se afirmam podem ser perfeitamente contraditados por outras.

(D) Os critérios de valor <u>dos quais</u> algumas civilizações não prescindiram acabaram por se tornar anacrônicos.

(E) A diversidade de valores, <u>da qual</u> tantos fazem questão de ignorar, deveria ser vista como natural num mundo globalizado.

11. (FCC – 2023 – TRT – 18ª Região (GO) – Analista Judiciário – Área Judiciária) Ao tratar da morte, o cronista atribui <u>à morte</u> um poder de imantação tal que acaba por identificar <u>a morte</u> como uma força que, paradoxalmente, exerce uma estranha atração até mesmo sobre os que temem <u>a morte</u>.

Evitam-se as viciosas repetições do período acima substituindo-se os elementos sublinhados, na ordem dada, por:

(A) atribui-lhe – identificá-la – a temem

(B) lhe atribui – identificar a ela – lhe temem

(C) atribui-lhe – a identificar – temem-lhe

(D) atribui nela - lhe identificar - temem-na

(E) a atribui - identificar-lhe - a temem

12. **(FCC - 2022 - TRT - 5ª Região (BA) - Analista Judiciário - Área Administrativa)** A frase *Há uma grande quantidade de pessoas* ***em cuja*** *existência sequer reparamos* continuará gramaticalmente correta caso se substitua o elemento sublinhado por:

(A) de cujo valor jamais damos crédito.

(B) à quem não dedicamos atenção.

(C) por cuja importância não nos damos conta.

(D) onde não discriminamos virtudes próprias.

(E) para cujos méritos não atentamos.

13. **(FCC - 2022 - TRT - 19ª Região (AL) - Técnico Judiciário - Área Apoio Especializado Especialidade: Tecnologia da Informação)** Nós o amávamos desse amor vagaroso e distraído com que enquadramos um bichinho em nossa órbita afetiva.

O período acima permanecerá correto, conservando seu sentido básico, substituindo-se o segmento sublinhado por

(A) pelo qual resumimos o pássaro por conta do seu afeto.

(B) de que colocamos o bichinho como consequência do nosso amor.

(C) pelo qual integramos um animalzinho ao nosso círculo de afetos.

(D) com cujo se passa a recortar melhor o afeto de um pequeno animal.

(E) aonde emolduramos o bichinho num quadro de muito afeto.

14. **(FCC - 2022 - TRT - 19ª Região (AL) - Técnico Judiciário - Área Apoio Especializado Especialidade: Tecnologia da Informação)** É inteiramente adequado o emprego do elemento sublinhado na frase:

(A) Não parece ter mesmo limites o consumismo desenfreado à que tantos se entregam.

(B) Existem mercadorias às quais se dedica um culto similar ao das experiências religiosas.

(C) Os mitos românticos se agregaram nos mitos do consumo como se fossem inseparáveis.

(D) A felicidade trazida pelo mercado é um mito onde muita gente teima em cultuar.

(E) Muitos turistas vivem em Paris os sentimentos em que as agências já padronizaram.

15. **(FCC - 2022 - TRT - 19ª Região (AL) - Analista Judiciário - Área Apoio Especializado Especialidade: Tecnologia da Informação)** É inteiramente regular o emprego do elemento sublinhado na frase:

(A) Ele se mostra plenamente confiante às ideias que propaga com tanta convicção.

(B) É grande a convicção de cuja ele se vale ao propagar suas ideias.

(C) As ideias nas quais ele se dedica a divulgar traduzem um certo fanatismo.

(D) A convicção com a qual suas ideias são defendidas espanta seus rivais.

(E) As ideias de que ele faz questão de propagar dificilmente são bem aceitas.

16. **(FCC - 2022 - TRT - 19ª Região (AL) - Analista Judiciário - Área Apoio Especializado Especialidade: Tecnologia da Informação)** Era um artista do cinismo, e sua momice de inocência era de tal arte que até mesmo seu Demóstenes não conseguia conter o riso. Como também somente

ele já arrancara uma gargalhada do padre-prefeito, um alemão da altura da catedral de Colônia, num dia em que vinha caminhando lento e distraído, fora de forma. (7º parágrafo)

O termo sublinhado no trecho acima refere-se

(A) Risadinha.

(B) dia.

(C) Demóstenes.

(D) padre-prefeito.

(E) alemão.

17. **(FCC – 2022 – TRT – 17ª Região (ES) – Analista Judiciário – Área Administrativa – Especialidade Contabilidade)** Deve haver inúmeras questões quanto às quais demonstro ignorância.

A frase acima permanecerá gramaticalmente correta caso se substitua o segmento sublinhado por

(A) com as quais preciso me restringir

(B) por cujas não devo me manifestar

(C) sobre as quais não tenho domínio

(D) à que não me cabe opinar

(E) a propósito de cujas tenho incompetência

18. **(IDECAN – 2022 – TJ-PI – Psicólogo)** Em noites escuras, quem se embrenha mato adentro no Quilombo de Canelatiua sente-se como se estivesse caminhando no espaço. (linhas 1 e 2)

A respeito das três ocorrências do SE no período acima, analise as afirmativas a seguir:

I. Há dois casos de pronome reflexivo.

II. Uma das ocorrências se classifica diferentemente das demais, que apresentam, por sua vez, a mesma classificação.

III. Em uma das ocorrências, o SE tem papel apassivador.

Assinale

(A) se apenas a afirmativa I estiver correta.

(B) se apenas a afirmativa II estiver correta.

(C) se apenas a afirmativa III estiver correta.

(D) se apenas as afirmativas I e II estiverem corretas.

(E) se todas as afirmativas estiverem corretas.

19. **(FCC – 2022 – TRT – 14ª Região (RO e AC) – Analista Judiciário – Área Judiciária)** E o fogo pode ser a luz ofuscante que os olhos não podem fixar.

Numa nova redação, a frase acima permanecerá gramaticalmente correta ao se substituir o segmento sublinhado por

(A) aonde os olhos não podem mirar.

(B) em que os olhos não podem se deter.

(C) em cuja os olhos nada podem distinguir.

(D) à qual os olhos nunca podem se evadir.

(E) de que os olhos não podem encarar

20. **(FCC – 2022 – TRT – 5ª Região (BA) – Técnico Judiciário – Tecnologia da Informação)** O pronome sublinhado tem valor possessivo em:

(A) a prefeitura não lhe sente a falta. (7º parágrafo).

(B) Ponderam-lhe: (7º parágrafo).

(C) Espanta-se com os direitos concedidos às empregadas (13º parágrafo).

(D) diz-me uma das filhas, sorrindo (26º parágrafo).

(E) Vocês me deixam esbodegado (25º parágrafo).

21. **(VUNESP – 2023 – TJM-SP – Escrevente Técnico Judiciário)** Os verbos empregados nas frases elaboradas a partir do texto seguem a norma-padrão na alternativa:

(A) Enquanto o cargueiro mantiver suas viagens até a cidade, sempre chegarão bons artigos para os habitantes.

(B) Alguns trabalhadores da fazenda preveram que o cargueiro e seus animais chegariam no fim da semana.

(C) As lojas da cidade que disporem de produtos recém-chegados serão as mais procuradas pelas mulheres.

(D) Quando o cargueiro vir com a tropa carregada de novas mercadorias, as negociações de compra e venda vão aumentar.

(E) Se tempestades e estradas lamacentas reterem o cargueiro em outros paragens, talvez falte açúcar na cidade.

22. **(FGV – 2023 – TJ-BA – Conciliador)** "A iniciativa inclui campanhas educativas e a regulação da publicidade e da venda de produtos não saudáveis a crianças. São ações que beneficiariam largamente a alimentação e a saúde no Brasil." (Texto 1, 9º parágrafo)

Na passagem acima, o futuro do pretérito (em "beneficiariam") indica que o evento expresso pelo verbo é dependente de uma condição.

Dentre as alternativas abaixo, aquela em que o futuro do pretérito veicula esse mesmo significado é:

(A) O réu pediu redução da pena sob o argumento de que o crime teria sido cometido de forma não intencional.

(B) Paulo garantiu que acabaria o trabalho antes das 18h.

(C) O plano daria certo, caso vocês fossem mais persistentes.

(D) Ontem, ele comentou que viria à festa hoje.

(E) O senhor teria como me conceder uma extensão do prazo?

23. **(FGV – 2023 – TJ-BA – Juiz Leigo)** "O grupo que manteve essas células registrou perdas menos significativas de neurônios e de movimento [...]" (Texto 1, 3º parágrafo)

Dentre as alternativas a seguir, a única em que a conversão da oração sublinhada para a voz passiva NÃO acarreta desvio em relação à norma padrão é:

(A) O grupo no qual essas células foram mantidas registrou menos perdas significativas de neurônios e de movimento.

(B) O grupo em que essas células havia sido mantidas registrou menos perdas significativas de neurônios e de movimento.

(C) O grupo em que essas células se manteram registrou menos perdas significativas de neurônios e de movimento.

(D) O grupo em que mantiveram-se essas células registrou menos perdas significativas de neurônios e de movimento.

(E) O grupo que essas células foram mantidas registrou menos perdas significativas de neurônios e de movimento.

24. **(FGV – 2023 – TJ-BA – Juiz Leigo)** No discurso científico, é comum o emprego do chamado presente atemporal. Nesse tipo de uso, um verbo flexionado no presente expressa um fato que é apresentado como válido em qualquer tempo (e não apenas no tempo presente, passado ou futuro).

O único caso em que NÃO se verifica o emprego do presente atemporal é:

(A) "a micróglia, um tipo de célula imunológica presente no sistema nervoso central, ajuda a limitar a perda de neurônios" (Texto 1, Intertítulo);

(B) "um tipo de célula imunológica do sistema nervoso que compõe a chamada glia" (Texto 1, 2º parágrafo);

(C) "Uma característica, a positiva, que protege contra a perda neuronal, talvez se manifeste no início da doença" (Texto 1, 6º parágrafo);

(D) "Pois trata-se de doenças que podem estar ativas durante décadas antes do diagnóstico" (Texto 1, 7º parágrafo);

(E) "O Laboratório de Neurobiologia Celular agora se aprofunda nos resultados obtidos e nas hipóteses levantadas" (Texto 1, 11º parágrafo).

25. **(VUNESP – 2023 – TJ-SP – Escrevente)** Assinale a alternativa em que a forma verbal destacada está flexionada em conformidade com a norma-padrão.

(A) Os ataques às escolas são uma realidade inconteste e, para evitar novas ocorrências, a autoridade pública já interviu com rigor.

(B) Se as plataformas se manterem omissas em relação à violência virtual, provavelmente as agressões no mundo real aumentarão.

(C) Se as plataformas fazerem de conta que a violência não existe no mundo virtual, dará condições de elas aumentarem ainda mais.

(D) Para enfrentar as dificuldades que sobrevierem no combate à violência, as redes sociais devem valer-se do Marco Civil da Internet.

(E) Quando uma pessoa ver um conteúdo criminoso nas redes sociais, deverá comunicar as autoridades imediatamente.

26. **(FGV – 2023 – TJ-RN – Analista Judiciário – Administrativa – Contabilidade)** A opção abaixo em que a forma verbal destacada mostra fatos anteriores em relação aos outros é:

(A) Quando a guerra da Ucrânia terminar, muitos vão voltar ao país;

(B) Ela já terminara os exercícios quando os pais chegaram para levá-la;

(C) O diretor entrou em sala quando a maioria já saíra;

(D) O professor estava no quadro quando o aluno entrou;

(E) Todos vão saber o resultado amanhã à tarde.

27. **(CESPE / CEBRASPE – 2023 – TJ-CE – Técnico Judiciário – Área: Judiciária)** No terceiro período do segundo parágrafo do texto , a forma verbal "levara" está flexionada no

(A) tempo pretérito perfeito do modo indicativo, expressando que a ação de levar acontecia com frequência no passado.

(B) tempo futuro do modo indicativo, expressando que a ação de levar ainda acontecerá.

(C) tempo presente do modo indicativo, expressando que a ação de levar acontece naquele momento.

(D) tempo futuro do modo subjuntivo, expressando que há grande probabilidade de que a ação de levar aconteça.

(E) tempo pretérito mais-que-perfeito do modo indicativo expressando que a ação de levar aconteceu anteriormente ao momento em que os compadres viam "o céu escurecer bonito"

28. **(FCC – 2023 – TRT – 18ª Região (GO) – Analista Judiciário – Área Administrativa)** Está correto o emprego de todas as formas verbais na frase:

(A) Quem se propor a recuperar a visão de sua cidade natal, municie-se de muita tolerância.

(B) Para que se revejem vestígios da nossa antiga cidade, urge alimentar a imaginação.

(C) Conter-se-ia nossa decepção caso déssemos, de súbito, com uma casinha poupada?

(D) A menos que retêssemos na memória uma imagem fiel, nada escaparia a tal devastação.

(E) Ele havia salvo da devastação da cidade alguns vestígios que se manteram vivos.

29. **(FCC – 2023 – TRT – 18ª Região (GO) – Analista Judiciário – Área Administrativa)** Transpondo-se para a voz passiva a frase O fenômeno mundial da imigração põe à prova a diversidade de valores e os preconceitos, obtém-se a forma verbal

(A) são postos à prova

(B) provam

(C) têm provado

(D) terão sido postos à prova

(E) provam-se

30. **(FCC – 2023 – TRT – 18ª Região (GO) – Analista Judiciário – Área Judiciária)** Está plenamente adequada a correlação entre os tempos e os modos verbais na frase:

(A) A moça fora visitar o soberbo escritor em respeito à amizade que desde os tempos de sua meninice cultivasse com ele.

(B) Foi tocante a sinceridade das palavras que o grande escritor Machado de Assis houvera dito assim que a moça lhe fez aquela confissão.

(C) Caso não houvesse entre ambos uma antiga e sólida amizade, a cena de despedida não viesse a despertar a comoção final.

(D) Mal faz a moça sua declaração de saudades e já ouve do mestre as palavras gratas e melancólicas de quem da vida se despede.

(E) A moça disfarçaria sua emoção inventando uma alegria que o escritor recebera com a melancólica consciência de quem esteja à morte.

31. **(FCC – 2023 – TRT – 18ª Região (GO) – Técnico Judiciário Área Administrativa)** o meu ser denuncia minha falsa condição de morador do Rio de Janeiro. (2º parágrafo)

Ao se transpor o trecho acima para a voz passiva, a forma verbal resultante será:

(A) foi denunciado
(B) denunciaria
(C) fora denunciada
(D) denunciara
(E) é denunciada

32. **(FCC – 2022 – TRT – 19ª Região (AL) – Técnico Judiciário – Área Apoio Especializado Especialidade: Tecnologia da Informação)** Transpondo-se para a voz passiva a frase *A menina manteve a possessão do canário*, obtém-se a forma verbal

(A) fora mantido.
(B) tinha mantido.
(C) terá mantido.
(D) foi mantida.
(E) teria sido mantida.

33. **(FCC – 2022 – TRT – 19ª Região (AL) – Técnico Judiciário – Área Apoio Especializado Especialidade: Tecnologia da Informação)** ele [cão] começou a implorar ao lobo que não o sacrificasse naquele momento.

Ao se transpor o trecho acima para o discurso direto, o verbo sublinhado assume a seguinte forma:

(A) sacrifica
(B) sacrificava
(C) sacrificaria
(D) sacrifique
(E) sacrificou

34. **(FCC – 2022 – TRT – 17ª Região (ES) – Técnico Judiciário – Área Apoio Especializado Especialidade – Tecnologia da Informação)** ele já arrancara uma gargalhada do padre-prefeito. (7º parágrafo)

Transpondo-se o trecho acima para a voz passiva, a forma verbal resultante será:

(A) teria sido arrancado.
(B) era arrancada.
(C) tinha sido arrancada.
(D) teria arrancado
(E) foi arrancada.

35. **(FCC – 2022 – TRT – 17ª Região (ES) – Analista Judiciário – Área Administrativa – Especialidade Contabilidade)** Considera-se a mesma pessoa verbal nas flexões dos verbos fazer, cantar e dizer em:

(A) faz – cante – dize
(B) faça – cantes – digas
(C) fazei – cantai – digam

(D) fazei - cante - diga

(E) faz - canta - diz

36. **(FCC - 2022 - TRT - 17ª Região (ES) - Analista Judiciário - Área Administrativa - Especialidade Contabilidade)** [...] esse nomadismo elementar do homem encontra satisfação nas inúmeras possibilidades que lhe oferecem trens, aviões e navios.

Transpondo-se o período acima para a voz passiva, as formas verbais deverão ficar

(A) terá encontrado - terá oferecido

(B) é encontrada - são oferecidas

(C) será encontrado - serão oferecidas

(D) vem a encontrar - oferecer-se-ão

(E) é encontrado - têm oferecido

37. **(FCC - 2022 - TRT - 14ª Região (RO e AC) - Analista Judiciário - Área Judiciária)** Transpondo-se para a voz passiva a frase utilizo instrumentos que me são conhecidos, a forma verbal resultante deverá ser

(A) tenho utilizado.

(B) venho utilizando.

(C) tem sido utilizado.

(D) vêm utilizando.

(E) são utilizados.

38. **(FGV - OFICIAL DO MP - MPE-RJ - 2019)** *Os velhos estão sempre aconselhando os jovens a guardar dinheiro. Digo que este é um mau conselho. Não guardem um centavo; invistam em si mesmo apenas. Eu nunca economizei um dólar sequer antes dos 40 anos de idade.* (Henry Ford)

Velhos e *jovens* no texto 3 são originalmente adjetivos que se encontram substantivados; o mesmo ocorre na seguinte frase:

(A) Os homens realmente educados são os autodidatas;

(B) O que a escultura faz ao mármore, a instrução faz à alma humana;

(C) Você é único. Se isso não é suficiente, algo se perdeu;

(D) É difícil uma pessoa sentir-se confortável sem ter a própria aprovação;

(E) O homem sem educação é a caricatura de si mesmo.

39. **(FGV - TÉCNICO JUDICIÁRIO - TJ-AM - 2019)** O vocábulo "maior" se refere prioritariamente a realidades que tenham uma extensão física; nesse caso, a frase abaixo em que esse vocábulo foi bem empregado é:

(A) Para maiores informações, leia o Código Penal;

(B) Um dos maiores freios aos delitos não é a crueldade das penas;

(C) Não é a intensidade da pena, mas sua extensão, que traz os maiores resultados;

(D) A maior punição de um crime não provém da lei;

(E) Já está lotada a maior prisão do país.

40. **(FGV – TÉCNICO JUDICIÁRIO – TJ-AM – 2019)** "Há uma espécie de conforto na autocondenação. Quando nos condenamos, pensamos que ninguém mais tem o direito de fazê-lo". A frase abaixo em que o vocábulo "mais" mostra o mesmo valor que na frase acima é:

(A) A certeza de um castigo é sempre mais intensa que o temor de outro mais severo;

(B) A certeza de um castigo é sempre mais intensa que o temor de outro mais severo;

(C) Quanto mais a pena for rápida e próxima do delito, tanto mais justa e útil ela será;

(D) Não se enforca um homem por ele ter roubado cavalos, mas para que cavalos não sejam mais roubados;

(E) A leitura de um livro mais não modificará a visão que temos da Justiça.

41. **(FGV – OFICIAL DE JUSTIÇA – TJ-SC – 2019)** Atribuições do oficial de justiça: "Cumprir mandados judiciais; preparar salas com livros e materiais necessários ao funcionamento das sessões de julgamento; buscar, na Secretaria e nos Gabinetes, os processos de cada Relator, separando-os e ordenando-os, colhendo assinaturas, quando for o caso; atender e dar informações aos advogados, partes e estagiários presentes na sessão, anotando os pedidos de preferência pela ordem de chegada dos interessados; auxiliar na manutenção da ordem e efetuar prisões, quando determinado; auxiliar o Secretário de Câmara, quando solicitado o auxílio; cumprir as demais atribuições previstas em lei ou regulamento". Em cada opção a seguir foi destacado um substantivo do texto acima; a opção em que o adjetivo referente ao substantivo destacado está INCORRETO é:

(A) livros e materiais / necessários;

(B) advogados, partes e estagiários / presentes;

(C) pedidos / interessados;

(D) auxílio / solicitado;

(E) atribuições / previstas.

42. **(FGV – OFICIAL DE JUSTIÇA – TJ-SC – 2019)** A frase em que a substituição do termo sublinhado foi feita de forma adequada ao sentido original é:

(A) Remédio sem efeito / Remédio ineficiente;

(B) Poço sem água / Poço árido;

(C) Livro sem autor / Livro desautorizado;

(D) Carro sem direção / Carro indireto;

(E) Flor sem perfume / Flor fedorenta.

43. **(FGV – OFICIAL DE JUSTIÇA – TJ-SC – 2019)** A frase abaixo em que a substituição do segmento sublinhado por um advérbio foi feita de forma adequada é:

(A) Sem que se entendesse o motivo, o convidado aborreceu-se na festa / irresponsavelmente;

(B) Ia à academia poucas vezes / habitualmente;

(C) Dirigia com toda a atenção / atenciosamente;

(D) Mesmo sem estudo realizou a tarefa a contento / Intuitivamente;

(E) Enfrentou as dificuldades com coragem / ferozmente.

44. **(AOCP – ANALISTA JUDICIÁRIO – PREFEITURA DE BETIM – 2020)** No trecho "Leve sua garrafa reutilizável", o vocábulo "reutilizável" funciona como

(A) advérbio.

(B) adjetivo.

(C) substantivo.

(D) verbo

(E) interjeição.

45. **(VUNESP - MÉDICO JUDICIÁRIO - TJ-SP - 2019)** No trecho do último parágrafo - quem controla o robô **ainda é** o ser humano -, o termo destacado apresenta circunstância adverbial de

(A) tempo, como em: "**Hoje** médicos pedem muitos exames".

(B) afirmação, com em: "progressão tecnológica, **claro**, mas mais importante".

(C) intensidade, como em: "tornando-a **mais** esperta".

(D) afirmação, como em: "tende a recuperar cada vez mais sua importância".

(E) tempo, como em: "pode discutir, **remotamente**, diversos casos"

46. **(CEBRASPE - ASSISTENTE JUDICIÁRIO - TJ-AM - 2019)** O vocábulo "que" poderia ser substituído por **o qual**, sem alteração dos sentidos e da correção gramatical do texto.

Os principais avanços ocorreram com a entrada em vigor da Lei da Ação Civil Pública, em 1985, e do Código de Defesa do Consumidor, em 1990, que, conjuntamente, formaram o microssistema processual para assegurar os interesses da população.

47. **(FGV - OFICIAL DE JUSTIÇA - TJ-SC - 2019)** Uma outra estratégia para evitar-se a repetição de palavras consiste na substituição da segunda ocorrência da palavra por um pronome pessoal. A frase em que isso foi feito de forma adequada é:

(A) Os meninos procederam mal, por isso lhes condenaram;

(B) Comprei o livro ontem, mas vou revendê-lo;

(C) Os chefes deram as ordens, por isso os obedeci;

(D) João estava na festa, mas não no viram sair;

(E) As meninas estavam no shopping, mas não encontrei-las.

48. **(FGV - OFICIAL DE JUSTIÇA - TJ-SC - 2019)** Também pode evitar-se a repetição de palavras idênticas, substituindo a segunda ocorrência do vocábulo por um pronome demonstrativo; a frase abaixo em que isso foi feito de forma adequada é:

(A) Amazonas e Sergipe são estados brasileiros; este tem enorme território e aquele, pequeno; (B) Meu carro é mais elegante que esse que você está comprando;

(C) Teu jornal abordou o tema de forma interessante, mas aquele, em minhas mãos, é mais justo;

(D) Brasil e Rússia jogaram várias vezes, mas aqueles jogos nunca foram violentos;

(E) O terremoto de Lisboa foi violentíssimo, mas aquele de agora matou mais gente.

49. **(FGV - OFICIAL DE JUSTIÇA - TJ-SC - 2019)** Observe as frases a seguir. Comprei calças de lã na Europa. O preço das calças foi baixo. A forma adequada de juntar essas duas frases numa só, de modo a evitar a repetição da palavra calças, é:

(A) Comprei calças de lã na Europa, que o preço foi baixo;

(B) Comprei calças de lã na Europa, onde o preço foi baixo;

(C) Comprei calças de lã na Europa, cujo preço foi baixo;

(D) Comprei calças de lã na Europa em que o preço foi baixo;

(E) Comprei calças de lã na Europa em onde o preço foi baixo.

50. **(AOCP – ANALISTA JUDICIÁRIO – PREFEITURA DE BETIM – 2020)** Em "Nele, os países se comprometeram, em 1987, à proteção da camada de ozônio [...]", no Texto 1, qual é a classe morfológica da partícula "se"?

(A) Índice de indeterminação do sujeito.

(B) Pronome apassivador.

(C) Pronome reflexivo.

(D) Parte integrante do verbo.

(E) Partícula expletiva.

51. **(AOCP – ANALISTA JUDICIÁRIO – PREFEITURA DE BETIM – 2020)** Observe a construção verbal do enunciado a seguir: "Tratar-se-ia apenas de amor próprio.´ Quanto à norma de colocação pronominal utilizada, assinale a alternativa correta.

(A) Mesóclise – uso do pronome no interior do verbo no futuro do pretérito.

(B) Mesóclise – uso do pronome no interior do verbo no futuro mais-que-perfeito.

(C) Próclise – uso do pronome no interior do verbo no futuro do presente.

(D) Mesóclise – uso do pronome no interior do verbo no pretérito imperfeito.

52. **(CESPE – ANALISTA JUDICIÁRIO – TJ-PA – 2020)** Seria mantida a correção gramatical do texto se o segmento "em que" fosse substituído, respectivamente, por

TRECHO:

"(...) não se adéqua à realidade social do momento, em que as relações são caracterizadas(...) "

"(...) garante a estabilidade do lugar em que são educadas as crianças(...)

(A) **onde** e **onde.**

(B) **onde** e **que.**

(C) **a qual** e o **qual.**

(D) **no qual** e **onde.**

(E) **que** e **no qual.**

53. **(VUNESP – MÉDICO JUDICIÁRIO – TJ-SP – 2019)** Considere os trechos do texto.

- Médicos sempre **ocuparam uma posição de prestígio na sociedade.** (1º parágrafo)
- Já o lado humanístico, que **perdeu espaço para os exames e as máquinas...** (2º parágrafo)
- Esses doutores **teriam uma função diferente**, atuando na interface... (7º parágrafo)

De acordo com a norma-padrão de emprego e colocação de pronomes, as expressões destacadas podem ser substituídas por:

(A) ocuparam-lhe; o perdeu; a teriam.

(B) ocuparam-na; perdeu-lhe; a teriam.

(C) ocuparam-na; perdeu-o; teriam-na.

(D) a ocuparam; o perdeu; a teriam.

(E) a ocuparam; o perdeu; teriam-na.

54. **(VUNESP - MÉDICO JUDICIÁRIO - TJ-SP - 2019)** Os resultados da atuação dos clubes de leitura,_______________, apresentaram ganhos mais concretos do que se pode imaginar. Para estar de acordo com a norma-padrão de regência, a lacuna dessa frase deve ser preenchida por:

(A) com que os pesquisadores centraram a atenção

(B) de que os pesquisadores pormenorizaram

(C) a que os pesquisadores deram realce

(D) com que os pesquisadores se debruçaram

(E) a que os pesquisadores realizaram um detalhamento

55. **(VUNESP - MÉDICO JUDICIÁRIO - TJ-SP - 2019)** O pronome relativo **onde** foi empregado corretamente na alternativa:

(A) Desde 2013, onde o Conselho Nacional de Justiça autorizou a remição de pena pela leitura, vários detentos se inseriram no projeto.

(B) As benesses da leitura, onde muitas vezes não é fácil mensurar, são evidentes tanto fora como dentro da prisão.

(C) A cada livro lido, onde é necessário fazer um resumo e submetê-lo a um parecerista, reduzem-se quatro dias da pena.

(D) A recomendação do CNJ, onde determina que a cada livro lido é possível reduzir a pena, desencadeou debates.

(E) No ambiente prisional, onde se vive privado da liberdade, os dados revelam maior autoestima entre os participantes do projeto.

56. **(FCC - TÉCNICO JUDICIÁRIO - 3ª. REGIÃO - 2019)** O cérebro humano exibe diferentes padrões de atividade para diferentes experiências. Transpondo-se a frase acima para a voz passiva, a forma verbal resultante será:

(A) são exibidas

(B) são exibidos

(C) exibe-se

(D) é exibido

(E) exibiam-se

57. **(AOCP - ANALISTA JUDICIÁRIO - PREFEITURA DE BETIM - 2020)** Analise os tempos e modos verbais empregados e assinale a alternativa incorreta.

(A) "A vida é singular ao tempo". (Presente do indicativo).

(B) [...] "por que razão deveria" [...] (Futuro do pretérito do indicativo).

(C) [...] "tenho no plenilúnio um desejo imarcescível. (Presente do indicativo).

(D) "Talvez, após o decesso, eu possa lá estabelecer morada". (Futuro do presente do indicativo).

58. **(AOCP - ANALISTA JUDICIÁRIO - TRT-1ª.REG. - 2018)** Os advérbios, por meio das circunstâncias que exprimem, contribuem na intenção do falante referente ao que ele deseja expressar, recebendo diferentes classificações quanto a tais circunstâncias. Assinale a alternativa que apresenta corretamente, entre parênteses, a circunstância expressa pelo advérbio em destaque.

(A) "Mal falei, mal agi e o que acabei de fazer virou passado [...]" (negação).

(B) "[...] para que uma faísca de felicidade pudesse viver alguns momentos mais longos [...]" (afirmação).

(C) "Apenas um mês e... férias! [...]" (inclusão).
(D) "[...] perceber o quanto ele ainda é presente [...]" (tempo).
(E) "[...] estocamos papéis e contas já pagas, documentos. [...]" (modo).

59. (VUNESP – ESCREVENTE TÉCNICO – TJSP – 2018) Considere as passagens:

- ... os personagens **se** expressam de maneira correta e erudita. (1° parágrafo)
- Compartilhou-**lhe** o sentimento Jayme Monjardim... (4° parágrafo)
- "... para que o telespectador consiga **se** sentir em outra época"... (4°parágrafo)

Os pronomes, em destaque, assumem nos enunciados, correta e respectivamente, os sentidos:

(A) recíproco, possessivo e reflexivo.
(B) recíproco, reflexivo e reflexivo.
(C) reflexivo, possessivo e reflexivo.
(D) reflexivo, demonstrativo e enfático.
(E) reflexivo, enfático e possessivo.

60. (VUNESP – ESCREVENTE TÉCNICO – TJSP – 2018) Assinale a alternativa que atende à norma-padrão de colocação pronominal.

(A) A prosódia, já disse-o alguém, não é mais que função do estilo.
(B) Se consubstancia o transitivo de criação com o intransitivo de identificação na frase: – Ó universo, eu *sou-te*.
(C) Tendo referido-me a Deus simultaneamente como o Criador e a Alma do mundo, recorri à frase: – Ó universo, eu *sou-te*.
(D) Sirvamo-nos da linguagem para quaisquer efeitos, sejam eles lógicos ou artísticos.
(E) Para expressar minha ideia, juntariam-se o transitivo de criação com o intransitivo de identificação na frase.

61. (FCC – CONTADOR – TCE-RS – 2018) *A educação para a cidadania é um objetivo essencial, mas comprometem essa educação para a cidadania os que pretendem praticar a educação para a cidadania sem dotar a educação para a cidadania da visibilidade das atitudes públicas.*

Evitam-se as repetições viciosas da frase acima substituindo-se os segmentos sublinhados, respectivamente, por:

(A) comprometem a ela – lhe praticar – a dotar
(B) comprometem-lhe – praticá-la – dotar-lhe
(C) comprometem ela – praticar-lhe – dotá-la
(D) comprometem-na – praticá-la – dotá-la
(E) comprometem a mesma – a praticar – lhe dotar

62. (AOCP – TÉCNICO DE ENFERMAGEM – TRT-1ª. REG. – 2018) Referente às regras de colocação pronominal, assinale a alternativa em que é obrigatório o uso de ênclise.

(A) "[...]a pessoa se movimenta para participar de um grupo que lhe procure outra necessidade.".
(B) "[...] um egoísmo raivosamente autorreferencial que, pelo caminho, veio alterar o famoso equilíbrio altino de *mens sana in corpore sano*, desviando-o descaradamente para o corpo.".
(C) "Ao longo da história da humanidade o objetivo havia sido tornar-se mais inteligente à medida que se envelhecia [...]".

(D) "[...] e deixam a sabedoria nas mãos do primeiro iluminado que se preste a dar cursos.".
(E) "Parece que o requisito para se salvar no século XXI é inscrever-se em um curso [...]".

63. **(FGV – ANALISTA JUDICIÁRIO – TJAL – 2018)** "O flagrante de dois assessores trocando figurinhas durante uma sessão foi divulgado pelas redes sociais e a cena se espalhou".

O segmento "foi divulgado pelas redes sociais" do texto 2 é exemplo de voz passiva; se a mesma frase fosse colocada na voz ativa, a forma verbal adequada seria:

(A) divulgaram;
(B) divulgaram-se;
(C) divulgou-se;
(D) divulgam-se;
(E) divulga-se.

64. **(FGV – ANALISTA JUDICIÁRIO – TJAL – 2018)** "Se eu falasse, ninguém acreditaria".

O emprego de tempos verbais nesse segmento do texto 2 está correto, segundo a norma culta; a frase abaixo em que se mantém a correção gramatical é:

(A) Se eu falasse, ninguém acreditava;
(B) Se eu falo, ninguém acreditaria;
(C) Caso eu falasse, ninguém acreditava;
(D) Caso eu fale, ninguém acredita;
(E) Se eu falava, ninguém acreditaria.

65. **(FAURGS – TÉCNICO EM ELETRÔNICA – TJRS – 2018)** Qual das alternativas abaixo apresenta uma oração na voz passiva?

(A) ***Já não dá mais para escapar*** (l. 01)
(B) ***Foi Rubem Braga quem cunhou a expressão*** (l. 02)
(C) ***Expõem-se ali todos*** (l. 08)
(D) ***Sempre gostei de ver o Carnaval dos outros*** (l. 19)
(E) ***até para a festa dos tímidos eu era tímido demais*** (l. 20)

66. **(VUNESP – JUIZ DE DIREITO – TJRS – 2018)** Leia as frases.

- Observe-se que, na ditadura do general Franco, o governo não ________ para que as escolas particulares deixassem de oferecer o catalão em seus currículos.
- Ainda que ________ bandeiras independencistas espalhadas por Barcelona, é fato que muitos catalães se __________ à ideia de separação.
- Se a Catalunha ________ a se tornar independente, como ficará sua relação com a Espanha?

Em conformidade com a norma-padrão, as lacunas dos enunciados devem ser preenchidas, correta e respectivamente, com:

(A) interveio ... haja ... opõem ... vier
(B) interviu ... hajam ... oporam ... vim
(C) intervinha ... haja ... opuseram ... vir
(D) interviu ... haja ... opõem ... vier
(E) interveio ... hajam ... opuseram ... vir

67. **(FGV - ANALISTA ADMINISTRATIVO - TJSC - 2018)** A frase do texto 2 que NÃO exemplifica a voz passiva é:

(A) "Vivemos em uma sociedade onde a eficiência e os resultados são valorizados";

(B) "Aparentemente, apenas os mais inteligentes estão destinados a obter sucesso";

(C) "Eles devem ser observados, analisados e desconstruídos";

(D) "Eles são guiados por valores e preocupados em fazer uso da bondade";

(E) "Se procurarmos agora no dicionário o termo sabedoria, será encontrada uma definição simples".

68. **(FCC - AUDITOR - TCE-RS - 2018)** Transpondo-se para a voz **passiva** o segmento sublinhado em: **É possível que os tempos modernos** tenham começado a desfavorecer **a solução do jeitinho,** a forma obtida deverá ser:

(A) tenha começado a ser desfavorecida.

(B) comecem a desfavorecer.

(C) terá começado a ser desfavorecida.

(D) comecem a ser desfavorecidos.

(E) estão começando a se desfavorecer.

69. **(FCC - AUDITOR - TCE-RS - 2018)** Todas as formas verbais estão corretamente flexionadas na frase:

(A) Se nos dispormos a ler velhas cartas, surpreenderemo-nos com elas.

(B) Não há nada que detenhe o ímpeto da curiosidade quando passamos a reler cartas antigas.

(C) Quem dá com um velho maço de cartas já intue que ali haverá matéria de muito interesse.

(D) Que mais quererá um leitor das velhas cartas senão que reconstituam um tempo já morto?

(E) Não conteram o espanto quando deram com cartas que julgavam para sempre perdidas.

70. **(FCC-AUDITOR-TCE-RS-2018)** *Por mais que os mais velhos afirmemos que a educação para a cidadania "supõe a boa convivência no espaço público", não temos conseguido praticar tal ensinamento.* Os tempos e os modos verbais manterão entre si uma correlação adequada caso as formas sublinhadas sejam substituídas, na ordem dada, por:

(A) afirmássemos - supusesse - teremos

(B) afirmamos - suponha - teríamos

(C) afirmamos - suporia - teremos

(D) tenhamos afirmado - supusesse - tínhamos

(E) afirmássemos - suporia - teríamos

71. **(FCC - CONTADOR - TCE-RS - 2018)** Transpondo-se para a voz **passiva** o segmento sublinhado em: **É possível que os tempos modernos tenham começado a desfavorecer a solução do jeitinho**, a forma obtida deverá ser:

(A) estão começando a se desfavorecer.

(B) tenha começado a ser desfavorecida.

(C) comecem a desfavorecer.

(D) terá começado a ser desfavorecida.

(E) comecem a ser desfavorecidos.

72. (CESPE – AUDITOR – TCM-BA – 2018) No texto, com o emprego da forma verbal "assumira" (l.9), exprime-se

(A) a continuidade de uma ação ocorrida no passado.
(B) a concomitância de uma ação em relação a outra.
(C) o resultado presente de ação ocorrida no passado.
(D) o ponto inicial de ação ocorrida no passado.
(E) a anterioridade de uma ação em relação a outra

73. (AOCP – ANALISTA JUDICIÁRIO – TRT-1ª. REG. – 2018) "O tempo escasseia e os mesmos exatos 60 minutos que a física diz que uma hora contém viram uma fração ínfima do tempo de que precisamos."

O verbo empregado nos mesmos tempo e modo que o verbo grifado na frase apresentada está grifado em

(A) "O tempo é uma grandeza física.".
(B) "Ah, se pudéssemos ao menos ver o tempo [...]".
(C) "[...] efetivamente estou me lembrando da situação".
(D) "[...] como se os ponteiros do relógio (alguém ainda usa modelo analógico?) parecessem pesados.".
(E) "[...] você estará no Largo do Boticário, no Rio de Janeiro [...]".

74. (AOCP – ANALISTA JUDICIÁRIO – TRT-1ª. REG. – 2018) O seguinte excerto "[...] um dia vai talvez reivindicar o direito ao grito.", ao ser transposto para a voz passiva analítica, terá como resultado:

(A) o direito ao grito vai talvez ser reivindicado.
(B) o direito ao grito será talvez reivindicado.
(C) o direito ao grito talvez reivindicar-se-á.
(D) reivindicará o direito ao grito.
(E) irá talvez reivindicar o direito ao grito.

75. (AOCP – TÉCNICO DE ENFERMAGEM – TRT-1ª. REG. – 2018) Sobre o emprego dos modos e dos tempos verbais no texto "A indústria do espírito", assinale a alternativa correta.

(A) Em "O filósofo Daniel Dennett propõe uma fórmula para alcançar a felicidade [...]", o verbo em destaque é utilizado no presente do indicativo e expressa a ideia de ação que acontece ao mesmo tempo em que se fala.
(B) Tanto em "Procure algo mais importante que você e dedique sua vida a isso." quanto em "[...] a pessoa se movimenta para participar de um grupo que lhe procure outra necessidade.", os verbos em destaque são utilizados para indicar uma ordem.
(C) Em "[...] não há felicidade maior do que essa que sai de dentro de si mesmo, o que pode ser verdade no caso de um monge tibetano [...]", a expressão em destaque pode ser substituída por "é", sem que isso cause prejuízo sintático ou semântico, uma vez que ambas as formas estão flexionadas no presente.
(D) Em "[...] o objetivo principal dessas sessões [é] manter estável a economia do espírito que, sem seus milhões de subscritores, regressaria ao nível que tinha no século XX [...]", a flexão do verbo "regressaria" no futuro do pretérito do indicativo indica que a realização dessa ação depende da satisfação de determinada condição.
(E) Em "A indústria do espírito [...] cresceu exponencialmente nos últimos anos [...]", o verbo

em destaque poderia ser substituído tanto por "tinha crescido" quanto por "crescera", pois ambas as formas estão flexionadas no mesmo tempo verbal e conferem ao excerto o mesmo grau de formalidade.

76. **(FCC -ANALISTA JUDICIÁRIO- TRT-2ª.REG. - 2018)** *Não faças aos outros o que não queres que te façam a ti.*

A frase acima permanecerá correta caso se substituam os elementos sublinhados, respectivamente, por

(A) fazei - queireis - vos façam a vós

(B) faça - queiras - a ti te façam

(C) façais - queirais - vos façam a vós

(D) faça - quiseres - que a você lhe façam

(E) faze - queirais - que se lhe faça

77. **(FCC -ANALISTA JUDICIÁRIO- TRT-2ª.REG. - 2018)** Alterando-se os tempos e modos verbais de um segmento do texto, mantém-se uma coerente e adequada articulação entre eles, na seguinte frase:

(A) Era uma conhecida frase, que sucessivas gerações viessem a frequentar.

(B) Ela logo surgiria a propósito de qualquer coisa que se houver considerado uma novidade despropositada.

(C) A ideia seria sempre demonstrar que a vida e o mundo já tivessem sido muito melhores.

(D) Algo de muito melhor haverá de ficar para trás e se perdera.

(E) Vindo a ser tudo uma repetição conservadora, nenhuma descoberta houvera de se dar.

78. **(FCC -TÉCNICO JUDICIÁRIO- TRT-2ª.REG. - 2018)** *Depois **se atirou** na lagoa Rodrigo de Freitas e **morreu** afogado.*

Ao trocar a pessoa do discurso do poema pela segunda pessoa do plural, as formas pronominal e verbais do último verso devem ser substituídas, respectivamente, por:

(A) vos atirasteis; morresteis.

(B) te atirastes; morrestes.

(C) se atiraste; morreste.

(D) vos atirastes; morrestes.

(E) te atiraste; morreste.

79. **(FCC -TÉCNICO JUDICIÁRIO- TRT-2ª.REG. - 2018)** *A análise foi realizada por pesquisadores dos Estados Unidos e da China...* (2º parágrafo)

A frase indicada acima fica com a forma verbal correta na **voz ativa** correspondente em:

(A) Pesquisadores dos Estados Unidos e da China realizam a análise.

(B) Foi pesquisadores dos Estados Unidos e da China que realizaram a análise.

(C) É que pesquisadores dos Estados Unidos e da China realizaram a análise.

(D) Realizou-se a análise pesquisadores dos Estados Unidos e da China.

(E) Pesquisadores dos Estados Unidos e da China realizaram a análise.

80. **(FCC –ANALISTA JUDICIÁRIO– TRT-6ª.REG. – 2018)** Há construção na voz passiva e adequada articulação entre os tempos verbais na frase:

(A) Os que apreciarem as instalações, no futuro, talvez poderiam emprestar-lhes o sentido que hoje não parecem ter.

(B) Ao serem visitadas, as instalações costumam impressionar o público que se deixa levar pela significação que o próprio autor lhes atribui.

(C) Se fosse para levar a sério a materialidade das instalações, nenhuma delas necessita da justificativa a ser dada pelo criador.

(D) Nunca a linguagem das grandes obras de arte teria necessidade de alguma explicação que venha a se tornar indispensável.

(E) Por mais que nos esforcemos para perscrutar o sentido de uma instalação, este sempre dependeria das razões alegadas pelo autor.

81. **(FCC –ANALISTA JUDICIÁRIO– TRT-6ª.REG. – 2018)** *Essas visitas dos turistas "em busca de distrações" desnaturam o significado real desses museus e monumentos.* (2º parágrafo) Transpondo-se a frase acima para a **voz passiva**, a forma verbal resultante será:

(A) desnaturam-se.

(B) é desnaturado.

(C) são desnaturadas.

(D) foi desnaturada.

(E) tenham desnaturado.

82. **(FCC –TÉCNICO JUDICIÁRIO– TRT-6ª.REG. – 2018)** *Primeiro, **institucionalizar** a aliança entre Olinda e Recife.* (4° parágrafo)

Se essa frase for iniciada com ***Primeiro, será necessário que***, a forma verbal destacada deve ser substituída por

(A) se institucionalizarão.

(B) se institucionaliza.

(C) se institucionalizavam.

(D) se institucionalize.

(E) se institucionalizara.

83. **(FCC –ANALISTA JUDICIÁRIO– TRT-15ª.REG. – 2018)** A frase *Ao recriar o mundo matematicamente, o cientista reinventa a realidade à sua volta, representando-a com símbolos universais* permanecerá correta e preservará seu sentido caso se substituam as formas sublinhadas, respectivamente, por

(A) Se recriasse – reinventara – representá-la-á

(B) Para recriar – há de reinventar – representá-la

(C) Uma vez que recriasse – terá de reinventá-la – quando a representará

(D) Vindo a recriar – reinventaria – tendo-a representado

(E) Caso venha a recriar – reinventará – ao representá-la

84. **(TRT- 24ª.REGIÃO – TÉCNICO JUDICIÁRIO – 2017 – FCC)** Está correto o emprego de **ambos** os elementos sublinhados na frase:

(A) O bom leitor, em cuja atenção um texto depende para ser bem compreendido, não hesita dereconhecer a perspectiva de quem redige uma notícia.

(B) Quando se pensa nos bons leitores, imagina-se que nunca lhe escapa a necessidade de levar em conta, na leitura de uma notícia, o ponto de vista de quem as elaborou.

(C) Falta à muita gente o cuidado essencial de detectar numa notícia não apenas o que ela diz, mas sobretudo o modo ao qual ela se determina retratar uma situação.

(D) A interpretação de uma notícia, aonde o bom leitor deve estar comprometido, é fundamental para que não sejamos levados à imaginar que tudo o que se publica é uma verdade definitiva.

(E) Os leitores de jornal, caso não lhes ocorra levar em conta o valor da perspectiva de quem redige uma notícia, não estão imunes à manipulação maliciosa das palavras.

85. (TRT- 24ª.REGIÃO – TÉCNICO JUDICIÁRIO – 2017 – FCC) No trecho Os bancos e as empresas que efetuam pagamentos, no início do primeiro parágrafo, o "que" exerce função pronominal. Outro trecho do texto em que essa palavra exerce a mesma função é:

(A) *De acordo com os resultados, cerca de metade das organizações **que** atuam no campo de pagamentos eletrônicos...* (3º parágrafo)

(B) *Mais de um terço (38%) das organizações reconhece **que** é cada vez mais difícil detectar se uma transação é fraudulenta ou verdadeira...* (1º parágrafo)

(C) *O estudo revela **que** o índice de fraudes on-line acompanha o aumento do número de transações on-line...* (2º parágrafo)

(D) *Também vale notar **que** o desvio de pagamentos pode causar perda de clientes...* (3º parágrafo)

(E) *Conclui-se **que** a fraude não é o único obstáculo a ser superado...* (4º parágrafo)

86. (TRT- 21ª.REGIÃO – TÉCNICO JUDICIÁRIO – 2017 – FCC) *Natal mudou em 1942. A chegada das tropas norte-americanas à capital potiguar trouxe dinheiro e desenvolvimento. Em troca, a cidade cedeu sua posição geográfica, considerada estratégica para o poderio militar dos EUA. Afinal, na América do Sul, Natal é o ponto mais próximo dos continentes europeu e africano.*

"Os EUA precisavam de um ponto de apoio que permitisse abastecer e seguir direto para a África", explicou o professor de história Luís Eduardo Suassuna. Foi por suprir esta necessidade que Natal se transformou no "trampolim da vitória" para os EUA. Os aviões vinham deste país, abasteciam em Natal e ficavam prontos para fazer a travessia do Atlântico.

(Adaptado de: HOLDER, Caroline. Disponível em: **g1.globo.com**)

"Os EUA precisavam de um ponto de apoio que permitisse abastecer e seguir direto para a África"...

Sem prejuízo da correção e do sentido, o segmento sublinhado acima pode ser substituído por:

(A) em que possibilitasse

(B) cujo possibilitasse

(C) onde fosse possível

(D) do qual possibilitasse

(E) ao qual fosse possível

87. **(TRT- 21ª.REGIÃO – ANALISTA JUDICIÁRIO – 2017 – FCC)** *A correlação dos gestos com os centros cerebrais, ativando-lhes a capacidade criadora, e não esses àqueles, possui, presentemente, alto número de defensores.* (3° parágrafo)

Os pronomes sublinhados referem-se, respectivamente, a:

(A) gestos – centros cerebrais – gestos
(B) centros cerebrais – gestos – gestos
(C) centros cerebrais – centros cerebrais – gestos
(D) centros cerebrais – gestos – centros cerebrais
(E) gestos – gestos – centros cerebrais

88. **(TRT- 12ª.REGIÃO – TÉCNICO JUDICIÁRIO – 2017 – FCC)** *"Uma mãe solteira aparece morta no rio que atravessa a cidade. Pouco tempo antes, uma adolescente vulnerável teve o mesmo destino. Embora não sejam as primeiras mulheres perdidas para estas águas escuras, suas mortes causam uma perturbação no rio e em sua história, dragando dele segredos há muito submersos.*

(...) um novo e viciante suspense psicológico em que a verdade é escorregadia e pode afogar as pessoas em seus próprios mistérios".

No texto 1 há um conjunto de palavras que se refere a elementos anteriores do mesmo texto. O caso abaixo em que a palavra sublinhada se refere a toda uma oração é:

(A) que;
(B) o mesmo;
(C) suas;
(D) sua;
(E) dele.

89. **(TRT- 11ª.REGIÃO – TÉCNICO JUDICIÁRIO – 2017 – FCC)** Uma criança pode revelar grande interesse por uma profissão ...... os pais sonharam, mas nunca exerceram.

Preenche corretamente a lacuna da frase acima o que está em:

(A) por que
(B) de que
(C) à qual
(D) na qual
(E) com que

90. **(TRT- 11ª.REGIÃO – TÉCNICO JUDICIÁRIO – 2017 – FCC)** *Freud uma vez recebeu carta de um conhecido pedindo conselhos...*

Sem prejuízo da correção e do sentido, o elemento sublinhado acima pode ser substituído por:

(A) através de que se pedia
(B) que lhe pedia
(C) da qual pedia-lhe
(D) onde pedia-se
(E) em que se pedia

91. **(TRF – 2ª REGIÃO – TÉCNICO JUDICIÁRIO – 2017 – CONSULPLAN)** "Atualmente, já está muito claro que nossas experiências mentais estão sempre criando estruturas cerebrais que facilitam a resposta rápida a futuras demandas semelhantes. O tema mais importante, no entanto, não é que as estruturas se ampliem sempre, é a liberdade natural da mente, que opera além das estruturas." (1º§) Sobre as ocorrências do vocábulo "que" presentes nesse segmento, a afirmação correta é a de que

(A) a segunda ocorrência pertence à mesma classe da primeira.

(B) a última ocorrência pertence à classe diferente de todas as demais.

(C) a segunda e a quarta ocorrências pertencem à mesma classe gramatical.

(D) a primeira e a quarta ocorrências pertencem à mesma classe gramatical.

92. **(TJPE – ANALISTA JUDICIÁRIO – 2017 – IBFC)** Assinale a opção em que o vocábulo "que" em destaque, embora também cumpra papel coesivo, exerça função morfossintática distinta da dos demais.

(A) "ou situação **que** ela representa" (3º§).

(B) "posso garantir **que** se trata de uma verdade" (1º§).

(C) "para quem quer saber o **que** é e como funciona" (1º§).

(D) "está sempre presente nas piadas **que** circulam" (1º§).

(E) "porque se trata de um *corpus* **que**, além de expor traços" (2º§).

93. **(TRT – 24ª REGIÃO – ANALISTA JUDICIÁRIO – 2017 – FCC)** *Esta poderia ser uma preocupação relativamente menor, estivesse a ambiguidade de escolha limitada à preferência direta por bem ou mal...* (3º parágrafo)

Ao reescrever-se o trecho acima com o verbo *poder* flexionado no futuro do presente do indicativo, a forma verbal "estivesse" deverá ser substituída, conforme a norma-padrão da língua, por

(A) estar.

(B) estará.

(C) estiver.

(D) está.

(E) esteja.

94. **(TRT – 24ª REGIÃO – ANALISTA JUDICIÁRIO – 2017 – FCC)** A construção que pode ser reescrita com o verbo na voz passiva é:

(A) *... a foto chega tinindo aos amigos...* (4º parágrafo)

(B) *A criação saía da cozinha...* (3º parágrafo)

(C) *... interajo com muita gente...* (2º parágrafo)

(D) *... publico ativamente fotos de minhas fornadas...* (2º parágrafo)

(E) *Não está na rede?* (1º parágrafo)

95. **(TRT – 24ª REGIÃO – TÉCNICO JUDICIÁRIO – 2017 – FCC)** Está na voz passiva o verbo do seguinte fragmento do texto:

(A) *É produzido com matérias primas da própria região...* (2º parágrafo)

(B) *Essa cultura estadual retrata, também, uma mistura de várias outras contribuições das muitas migrações...* (1º parágrafo)

(C) *A cultura de Mato Grosso do Sul é o conjunto de manifestações artístico-culturais...* (1º parágrafo)

(D) *O artesanato, uma das mais ricas expressões culturais de um povo, no Mato Grosso do Sul, evidencia crenças, hábitos, tradições e demais referências culturais do Estado.* (2º parágrafo)

(E) *As peças em geral trazem à tona temas referentes ao Pantanal e às populações indígenas...* (3º parágrafo)

96. (TRT- 21ª.REGIÃO – ANALISTA JUDICIÁRIO – 2017 – FCC) *... que faz com que os estúdios apostem em histórias já testadas e aprovadas por leitores.*

O verbo flexionado nos mesmos tempo e modo que o sublinhado acima encontra-se em:

(A) *... as adaptações também viraram moda...*

(B) *A razão para que haja uma alta sem precedentes das adaptações...*

(C) *A indústria da adaptação tornou-se tão forte...*

(D) *... que essa tendência aparece com maior força.*

(E) *... programas de TV que fizeram sucesso.*

97. (TRF – 2ª REGIÃO – ANALISTA JUDICIÁRIO – 2017 – CONSULPLAN) Em "***Duzentos mil sírios somaram-se aos 4,5 milhões que já*** haviam deixado ***o país nos anos anteriores.***" (3º§) na expressão destacada o verbo haver possui características equivalentes quanto a sua aplicação e formação também vistas na forma destacada em:

(A) De súbito foram rodeados por todas aquelas pessoas.

(B) Tratava-se de dois oradores conceituados da instituição.

(C) Deve haver alguns neste lugar que querem expressar suas opiniões.

(D) Soube que aqueles homens tinham viajado tanto quanto "*Phileas Fogg*".

98. (TJPE – TÉCNICO JUDICIÁRIO – 2017 – IBFC) "*A resposta que* **lhe** *daria seria: "Essa estória não aconteceu nunca para que aconteça sempre..."*(5º§)

O emprego do futuro do pretérito do indicativo cumpre um papel expressivo no trecho. Isso porque, no contexto, sinaliza ações:

(A) passadas ocorridas em um momento específico.

(B) do presente que se relacionam com o passado.

(C) presentes apontando para o futuro.

(D) do passado que continuam até o presente.

(E) futuras que não serão realizadas.

99. (TJPE – ANALISTA JUDICIÁRIO – 2017 – IBFC) A análise do emprego dos tempos verbais em "Há algum tempo, venho estudando as piadas"(1º§) revela que, semanticamente, as duas formas em destaque indicam, nessa ordem, as noções de:

(A) passado e continuidade.

(B) presente e projeto futuro.

(C) simultaneidade e presente.

(D) ordem e suposição.

(E) futuro e constatação.

100. **(TRF – 2ª REGIÃO – ANALISTA JUDICIÁRIO – 2017 – CONSULPLAN)** O verbo "inserir", utilizado no trecho "*– e da própria realidade em que estão inseridos –*" (3º§), aparece na lista de verbos classificados como "abundantes", ou seja, que apresentam duas ou três formas de igual valor e função. As orações a seguir apresentam duas possibilidades admitidas pela norma padrão da língua para o particípio do verbo, com EXCEÇÃO de:

(A) O trabalho foi desenvolvido/desenvolto pelo melhor profissional da região nesta área.

(B) Disse que já havia limpado/limpo todo o pátio exterior, conforme havia sido orientado.

(C) Tendo ganhado/ganho a competição, estabeleceu-se como o novo nome do atletismo regional.

(D) O processo foi trazido/trago a tempo para a devida apreciação sem que houvesse qualquer prejuízo.

101. **(TRT – 21ª REGIÃO – TÉCNICO JUDICIÁRIO – 2017 – FCC)** *Sessenta anos de história marcam, assim, a trajetória da utopia no país.*

Transpondo-se a frase acima para a **voz passiva**, a forma verbal resultante será:

(A) foram marcados.

(B) foi marcado.

(C) são marcados.

(D) foi marcada.

(E) é marcada.

102. **(FCC – Analista de Controle Externo /TCE-CE– 2015)** As leis? Ora, como são os homens que elaboram as leis, eles usam essas leis a seu favor, dão a essas leis um caráter coercitivo, tornam essas leis um instrumento de penalização das mulheres adúlteras.

Evitam-se as viciosas repetições da frase acima substituindo-se os elementos sublinhados, na ordem dada, por:

(A) elaboram-nas – usam-lhes – dão-lhes – tornam-lhes

(B) as elaboram – usam-nas – dão-nas – as tornam

(C) elaboram-lhes – as usam – lhes dão – lhes tornam

(D) elaboram-nas – lhes usam – dão a elas – tornam-lhes

(E) as elaboram – usam-nas – dão-lhes – tornam-nas

103. **(FCC – Técnico Judiciário /TRE – AP– 2015)** Michelangelo resistiu a pintar a capela... ...que afligem os seres humanos... O jovem Michelangelo penou para demonstrar o valor de seu gênio...

Fazendo-se as alterações necessárias, os elementos sublinhados acima foram corretamente substituídos por um pronome, respectivamente, em:

(A) lhe pintar – lhes afligem – o demonstrar

(B) pintar-lhe – afligem-nos – demonstrar-lhe

(C) pintá-la – afligem-lhes – demonstrá-lo

(D) pintá-la – os afligem – demonstrá-lo

(E) pintar-lhe – os afligem – lhe demonstrar

104. **(FCC – Analista Judiciário /TRT – 9ª. região– 2015)** os segmentos sublinhados: atrair turistas que compõem "O imitador de vozes". a obra mantém intactas a linguagem e a verve

Fazendo-se as alterações necessárias, os segmentos sublinhados acima foram corretamente substituídos por um pronome em:

(A) atraí-los - lhe compõem - lhes mantém

(B) atrair-lhes - o compõem - mantém-nas

(C) atrair-lhes - compõem-no - mantém-lhes

(D) atraí-los - o compõem - mantém-nas

(E) atrair-lhes - lhe compõem - as mantém

105. **(FCC – Analista Judiciário /TRT – 15ª. região– 2015)** Mas é possível retirar uma segunda conclusão... (8º parágrafo) ... pode relembrar ao mundo algumas vergonhas... (último parágrafo) ... não têm final feliz. (último parágrafo)

Os segmentos sublinhados acima são corretamente substituídos por pronomes em:

(A) retirá-la - relembrar-lhe - o têm

(B) retirá-la - relembrá-las - têm-no

(C) retirar-lhe - lhe relembrar - têm-no

(D) a retirar - relembrá-lo - o têm

(E) lhe retirar - o relembrar - o têm

106. **(FCC – Técnico Judiciário /TRE – SE– 2015)** A frase redigida corretamente, conforme a norma-padrão da língua portuguesa, é:

(A) Santo Souza, membro da Academia Sergipana de Letras, nunca esqueceu-se de sua cidade natal, Riachuelo, à 23 km de Aracaju.

(B) Santo Souza sempre identificou-se com a poesia, mas ainda garoto teve de abandonar os estudos e começou à trabalhar em uma farmácia.

(C) Segundo alguns críticos, a obra de Santo Souza destacaria-se devido à uma linguagem universal, com elementos da cultura clássica.

(D) Santo Souza começou a escrever cedo, mas foi com o livro Ode Órfica, vindo à público em 1955, que notabilizou-se entre os poetas brasileiros.

(E) O sergipano Santo Souza, natural de Riachuelo, dedicou-se à poesia e também à música, além de escrever crônicas e novelas para o rádio.

107. **(FCC – Técnico de Controle Externo /TCE-CE– 2015)** Empregam-se corretamente as expressões destacadas em:

(A) O crime racial constitui uma maneira de penalizar aqueles de que se deixam levar por atitudes que rejeitam um outro a quem se é diferente.

(B) As ações movidas por preconceito, aonde se observa um juízo prévio de um indivíduo de que não se conhece muito bem, devem ser repreendidas.

(C) A propagação de preconceitos, fenômeno pelo qual todos podemos ser responsáveis, deve ser abrandada por penalizações rigorosas, às quais os infratores estejam sujeitos.

(D) O preconceito é uma maneira com que os grupos sociais encontraram para excluir aqueles que são considerados estranhos e de quem não se confia.

(E) As leis são um meio ao qual o preconceito pode ser contido, mas não extinto, pois ele estará presente mesmo nas culturas às quais o punem com rigor.

108. **(FCC – Analista de Controle Externo /TCE-CE– 2015)** Está plenamente adequado o emprego de ambos os elementos sublinhados na seguinte frase:

(A) A perspectiva ética aonde Coutinho manifesta todo o respeito pela pessoa que retrata é uma das características nas quais seus filmes se distinguem.

(B) O paternalismo e o sentimentalismo, posições das quais muitos se agarram para tratar o outro, não são atitudes por onde Coutinho tenha mostrado qualquer inclinação.

(C) As expressões coletivistas, com cujas Coutinho jamais se entusiasmou, são chavões em que se deixam impressionar as pessoas de julgamento mais apressado.

(D) As pessoas por quem Coutinho se interessasse eram retratadas de modo a ter destacados os atributos pelos quais ele se deixara atrair.

(E) Os paradigmas já mecanizados, nos quais muitos se deixam nortear, não mereciam de Coutinho nenhum crédito, pois só lhe importava a singularidade de cuja as pessoas são portadoras

109. **(FCC – Técnico Ministerial /MPE- PB– 2015)** O elemento que NÃO é um pronome está sublinhado em:

(A) *E a fortuna daqueles que a encontram*

(B) *Porque o Tejo não é o rio que corre...*

(C) *Para aqueles que veem em tudo...*

(D) *Ninguém nunca pensou no que há...*

(E) *O Tejo é mais belo que o rio...*

110. **(FCC – Analista Judiciário /TRE – SE– 2015)** Está plenamente adequado o emprego de ambas as expressões sublinhadas na frase:

(A) Há vocábulos estrangeiros em cujo emprego se faz desnecessário, uma vez que nossa língua conta com termos de que o sentido traduz plenamente o daqueles.

(B) O abuso no emprego de estrangeirismos, ao qual o autor se bate, é um mal em cujo reconhecimento pouca gente é capaz.

(C) Nossas exportações de café, às quais tanto devemos, levaram a outros países um hábito cujo cultivo tornou-se parte de nossa identidade.

(D) Um hábito ridículo, do qual muita gente se curva, está no emprego abusivo de palavras estrangeiras, nas quais se atribui um prestígio maior.

(E) Há expressões estrangeiras, como "shopping center", onde o uso se justifica plenamente, uma vez que nomeiam realidades em que o estabelecimento se deu em outros países.

111. **(FCC – Analista Judiciário /TRE – RR– 2015)** Não impressionou ao conde Afonso Celso, de quem contam que respondeu assim a um sujeito ... A expressão sublinhada acima preenche corretamente a lacuna existente em:

(A) Aqueles ...... caberia manifestar apoio aos defensores da causa em discussão ainda não haviam conseguido chegar à tribuna.

(B) O acadêmico, ... todos esperavam um vigoroso aparte contrário ao pleito, permaneceu em silêncio na tumultuada sessão.

(C) Em decisão unânime, os acadêmicos ofereceram dados da agremiação ...... desejasse participar da discussão daquele dia.

(D) O novo acadêmico demonstrou grande afeição ...... compartilha das mesmas ideias literárias e aborda os mesmos temas.

(E) O discurso de recepção do novo integrante do grupo deveria ser pronunciado ...... apresentasse maior afinidade entre ambos.

112. **(FCC – Técnico Judiciário /TRT – 9ª. região– 2015)** ... desrespeitando interlocutores. Enxurradas de fotos invadem o espaço virtual... ... que caracteriza a obsessão pelos "cliques". Fazendo-se as alterações necessárias, os elementos sublinhados nos segmentos acima foram corretamente substituídos por um pronome, na ordem dada, em:

(A) desrespeitando-os – invadem-no – a caracteriza

(B) desrespeitando-lhes – o invadem – caracteriza-lhe

(C) desrespeitando-os – lhe invadem – a caracteriza

(D) desrespeitando-nos – invadem-no – lhe caracteriza

(E) desrespeitando-lhes – invadem-no – caracteriza-a

113. **(FCC – Técnico Judiciário /TRT – 15ª. região– 2015)** No uso popular e poético emprega-se o termo com frequência para exprimir a aspiração a estados ou objetos desconhecidos e apenas pressentidos ou vislumbrados, os quais, no entanto, se julgam mais perfeitos que os conhecidos e os quais se espera alcançar ou obter no futuro. (3º parágrafo)

Os elementos sublinhados acima podem ser substituídos, sem prejuízo da clareza e da correção gramatical, respectivamente, por:

(A) que – onde

(B) que – que

(C) onde – cujos

(D) cujos – que

(E) onde – de que

114. **(FCC – Técnico de Controle Externo /TCE-CE– 2015)** A articulação entre os tempos e os modos verbais está adequada na frase:

(A) Uma vez que o preconceito se revelasse inevitável será oportuna a criação de leis com o intuito de que foram coibidas atitudes preconceituosas.

(B) É natural que há preconceito nas relações interpessoais: mesmo que percebemos tenhamos externado uma avaliação preconceituosa.

(C) Qualquer sociedade tem preconceitos, mas era importante que existissem leis para que pessoas preconceituosas forem exemplarmente julgadas e punidas.

(D) É preciso que se tenha cautela com nosso comportamento em sociedade, pois seria possível que reações preconceituosas surjam mesmo sem que nós possamos perceber.

(E) O preconceito teria raízes sociais fundas: ele se disseminaria pelas pessoas e, quando déssemos por nós, estaríamos repetindo algo que sequer teríamos investigado.

115. **(FCC – Analista de Controle Externo /TCE-CE– 2015)** Ocorre a transposição correta da voz ativa para a passiva, preservando-se a concordância adequada, no segmento:

I. Em vez de contemplar a distância grupos, classes ou segmentos = em vez de ser contemplado a distância por grupos e segmentos

II. para conhecer a história de cada um = para se conhecer a história de cada um

III. fixa a câmera, abre os olhos e os ouvidos = a câmera é fixada, os olhos e os ouvidos são abertos

Atende ao enunciado APENAS o que está em

(A) I.

(B) II.

(C) III.

(D) I e II.

(E) II e III.

116. (FCC – Analista de Controle Externo /TCE-CE– 2015) Os tempos e os modos verbais estarão corretamente articulados na frase:

(A) Eduardo Coutinho, morto em 2014, destacara-se como um mestre dos documentários, cuja arte contemplasse o depoimento vivo, sempre que rejeitava o retrato estereotipado das pessoas.

(B) A exemplo do que houvesse na arte de Eduardo Coutinho, o primeiro passo de toda política deveria ter levado em conta o respeito pela condição singular do outro, conquanto, para isso, surgiam dificuldades.

(C) Caso não fizesse dessa obsessão um eixo de sua trajetória, Coutinho não viveria como um artista crítico, para quem já houvesse arte encarnada no corpo e suspensa no espírito do outro.

(D) Em seu processo criativo, Coutinho saberia ver e ouvir e, consequentemente, havia se acercado da história de cada um como um processo sensível e inacabado, sem que fosse necessário ajustar conceitos.

(E) A obsessão que Coutinho demonstraria pela cena da vida era similar à que tivesse pela arte, e isso fez com que seja quase impossível, para Coutinho, opor personagem a pessoa.

117. (FCC – Técnico Judiciário /TRE – SE– 2015) Ocorre o emprego da voz passiva na seguinte construção:

(A) O estudo foi realizado com pessoas de 9 a 16 anos... (segundo parágrafo).

(B) As crianças aprendem a navegar na web... (primeiro parágrafo).

(C) As informações são do relatório mais recente... (segundo parágrafo).

(D) ... as crianças mais acessam a internet por dispositivos móveis (segundo parágrafo).

(E) ... 57% dos pequenos de até 5 anos sabem usar aplicativos... (primeiro parágrafo).

118. (FCC – Analista Judiciário /TRE – SE– 2015) Está plenamente adequada a correlação entre os tempos e modos verbais na frase:

(A) A menos que sejam absolutamente indispensáveis, não se devia empregar palavras estrangeiras quando houver no vernáculo termos equivalentes.

(B) A menos que encontre forte justificativa, o emprego de palavras estrangeiras deve ser evitado, até porque é ridículo atribuir mecanicamente prestígio ao que vem de fora.

(C) Não fosse o café, nossa economia não terá se beneficiado com as volumosas exportações, e o nosso desenvolvimento social estaria ocorrendo em outro ritmo.

(D) Seria um tolo complexo de inferioridade a razão pela qual muitos de nós emprestássemos mais prestígio a termos estrangeiros do que aos que pertencessem ao nosso idioma.

(E) Muitos ainda julgam que a simplicidade de uma palavra como "cafezinho" não esteja à altura de eventos a que se pretendesse conferir grandeza e solenidade.

119. (FCC - Técnico Judiciário /TRE - SE- 2015) A frase em que a correlação entre tempos e modos verbais está correta, de acordo com a norma-padrão da língua portuguesa, é:

(A) Facebook, Instagram, WhatsApp possibilitaram que pessoas, nos lugares mais díspares, se comunicarem com mais agilidade.

(B) Hoje, com a tecnologia digital, podemos ouvir música com muito mais praticidade do que quando usávamos fitas K-7.

(C) Era comum, em um passado recente, que as pessoas prestassem visita aos amigos e parentes sem que lhes avisariam com antecedência.

(D) Uma visita de cortesia, atualmente, não ocorrerá antes que os amigos trocaram vários e-mails e mensagens de celular.

(E) O autor lembra-se das situações em que sua mãe se questionara a respeito de quem poderá estar tocando a campainha para visitá-los.

120. (FCC - Analista Judiciário /TRE - AP- 2015) ... o encantado interesse com que na fazenda dos seus avós devorava, adolescente, as páginas das Viagens.

O verbo empregado nos mesmos tempo e modo que o verbo grifado acima está em:

(A) Escrevia sem sombra de ênfase nem pedantismo.

(B) ... como se fossem romances de aventuras...

(C) ... o seu nome não figura, como o do outro, em todas as enciclopédias...

(D) E assinala o grande carinho, a bondade...

(E) Essa obra formidável do sábio francês representa seis anos de viagens...

121. (FCC - Analista Judiciário /TRE - AP- 2015) ... onde percorreu as regiões mal-afamadas do rio Doce...

A forma verbal resultante da transposição da frase acima para a voz PASSIVA é:

(A) foi percorrido.

(B) percorreu-se.

(C) foram percorridas.

(D) eram percorridas.

(E) percorreram.

122. (FCC - Técnica Judiciário /TRE - AP- 2015) ...aquela que vislumbrava como a obra de sua vida.

O verbo flexionado nos mesmos tempo e modo do sublinhado acima se encontra também sublinhado em:

(A) ... quando lhe pediam uma pintura....

(B) ... o criador do teto da Capela Sistina possa ter resistido...

(C) ... questões que afligem os seres humanos...

(D) Relatos indicam que...

(E) ... o Davi tem musculatura de homem adulto...

123. (FCC –Técnico Judiciário /TRT – 3ª. região– 2015) Há ocorrência de verbos na voz passiva na seguinte frase:

(A) Antigamente, os empregadores solicitavam aos funcionários que se empenhassem em concluir suas tarefas dentro da empresa.

(B) Antigamente, os trabalhadores detinham-se em suas tarefas em um horário fixo e só deveriam operar dentro da empresa.

(C) Antigamente, os trabalhadores dedicavam-se às suas tarefas somente enquanto estavam dentro da empresa, e não fora dela.

(D) Antigamente, perdiam-se horas dentro da empresa, visto que o trabalho não podia ser feito em outro ambiente.

(E) Antigamente, operar fora da empresa era incomum e os trabalhadores orgulhavam-se de concluir seu trabalho em um horário fixo.

124. (FCC – Analista Judiciário /TRT – 9ª. região– 2015) A frase que admite transposição para a voz passiva encontra-se em:

(A) ...que, hoje, subsidia a tradução de seus livros para o resto do mundo.

(B) A Áustria entrou para a história da inteligência do século 20...

(C) Sigmund Freud, o criador da psicanálise, e o pintor expressionista Egon Schiele são alguns deles.

(D) Em outra face, menos vistosa, foi também um dos berços mentais do nazismo.

(E) Lá viveu, também, Thomas Bernhard...

125. (FCC – Técnico Judiciário /TRT – 9ª. região– 2015) Muitas vezes perdemos a serenidade quando...

Transpondo-se o segmento acima para a voz passiva, a forma verbal resultante será:

(A) é perdida

(B) tem-se perdido

(C) haverá de ser perdida

(D) havíamos perdido

(E) perdem-se

126. (FCC – Técnico Judiciário /TRT – 15ª. região– 2015) Embora M. Rodrigues Lapa [...] <u>empregue</u> esse termo como "ânsia do infinito"... (1º parágrafo)

O verbo flexionado nos mesmos tempo e modo que o grifado acima está empregado em:

(A) ... que Rodrigues Lapa atribuiu à saudade. (3º parágrafo)

(B) ... e para os conteúdos perdidos que o passado abrigava. (1º parágrafo)

(C) ... sem que, contudo, lhe seja inerente toda a escala cromática de valores... (2º parágrafo)

(D) ... que relembra os tempos idos... (4º parágrafo)

(E) ... ao passo que a "sehnsucht" seria a expressão da adolescência... (4º parágrafo)

127. (FCC – Técnico Judiciário /TRT – 9ª. região– 2015) ... é preciso cautela para que nossos planos não se transformem em fontes de tensão. Alterando-se as formas verbais da frase acima, a correla- ção entre as novas formas, considerando a norma culta, está correta em:

(A) era - transformaram
(B) seria - transformassem
(C) fosse - transformaram
(D) seria - transformavam
(E) seja - transformariam

128. (FCC - Técnico Judiciário /TRT - 4ª. região- 2015) ... Antes mesmo que tu lhe saibas o misterioso sentido:

O verbo flexionado nos mesmos tempo e modo em que se encontra o verbo sublinhado acima está em:

(A) Cujas palavras sumarentas escorram
(B) Não se metem com ninguém.
(C) Bastam-se.
(D) João vem!
(E) Morre, João...

129. (FCC - Analista de Controle Externo - TCE-CE - 2015) As leis? Ora, como são os homens que elaboram as leis, eles usam essas leis a seu favor, dão a essas leis um caráter coercitivo, tornam essas leis um instrumento de penalização das mulheres adúlteras.

Evitam-se as viciosas repetições da frase acima substituindo-se os elementos sublinhados, na ordem dada, por:

(A) elaboram-nas - usam-lhes - dão-lhes - tornam-lhes
(B) as elaboram - usam-nas - dão-nas - as tornam
(C) elaboram-lhes - as usam - lhes dão - lhes tornam
(D) elaboram-nas - lhes usam - dão a elas - tornam-lhes
(E) as elaboram - usam-nas - dão-lhes - tornam-nas

130. (FCC - Técnico Judiciário - TRE - AP - 2015) Michelangelo resistiu a pintar a capela... ...que afligem os seres humanos... O jovem Michelangelo penou para demonstrar o valor de seu gênio...

Fazendo-se as alterações necessárias, os elementos sublinhados acima foram corretamente substituídos por um pronome, respectivamente, em:

(A) lhe pintar - lhes afligem - o demonstrar
(B) pintar-lhe - afligem-nos - demonstrar-lhe
(C) pintá-la - afligem-lhes - demonstrá-lo
(D) pintá-la - os afligem - demonstrá-lo
(E) pintar-lhe - os afligem - lhe demonstrar

131. (FCC - Analista Judiciário - TRT - 9ª. Região - 2015) os segmentos sublinhados: atrair turistas que compõem "O imitador de vozes". a obra mantém intactas a linguagem e a verve

Fazendo-se as alterações necessárias, os segmentos sublinhados acima foram corretamente substituídos por um pronome em:

(A) atraí-los - lhe compõem - lhes mantém
(B) atrair-lhes - o compõem - mantém-nas

(C) atrair-lhes - compõem-no - mantém-lhes

(D) atraí-los - o compõem - mantém-nas

(E) atrair-lhes - lhe compõem - as mantém

132. (FCC - Analista Judiciário - TRT - 15ª. Região - 2015) Mas é possível retirar uma segunda conclusão... (8º parágrafo) ... pode relembrar ao mundo algumas vergonhas... (último parágrafo) ... não têm final feliz. (último parágrafo)

Os segmentos sublinhados acima são corretamente substituídos por pronomes em:

(A) retirá-la - relembrar-lhe - o têm

(B) retirá-la - relembrá-las - têm-no

(C) retirar-lhe - lhe relembrar - têm-no

(D) a retirar - relembrá-lo - o têm

(E) lhe retirar - o relembrar - o têm

133. (FCC - Técnico Judiciário - TRE - SE - 2015) A frase redigida corretamente, conforme a norma-padrão da língua portuguesa, é:

(A) Santo Souza, membro da Academia Sergipana de Letras, nunca esqueceu-se de sua cidade natal, Riachuelo, à 23 km de Aracaju.

(B) Santo Souza sempre identificou-se com a poesia, mas ainda garoto teve de abandonar os estudos e começou à trabalhar em uma farmácia.

(C) Segundo alguns críticos, a obra de Santo Souza destacaria-se devido à uma linguagem universal, com elementos da cultura clássica.

(D) Santo Souza começou a escrever cedo, mas foi com o livro Ode Órfica, vindo à público em 1955, que notabilizou-se entre os poetas brasileiros.

(E) O sergipano Santo Souza, natural de Riachuelo, dedicou-se à poesia e também à música, além de escrever crônicas e novelas para o rádio.

134. (FCC - Técnico de Controle Externo - TCE-CE - 2015) Empregam-se corretamente as expressões destacadas em:

(A) O crime racial constitui uma maneira de penalizar aqueles de que se deixam levar por atitudes que rejeitam um outro a quem se é diferente.

(B) As ações movidas por preconceito, aonde se observa um juízo prévio de um indivíduo de que não se conhece muito bem, devem ser repreendidas.

(C) A propagação de preconceitos, fenômeno pelo qual todos podemos ser responsáveis, deve ser abrandada por penalizações rigorosas, às quais os infratores estejam sujeitos.

(D) O preconceito é uma maneira com que os grupos sociais encontraram para excluir aqueles que são considerados estranhos e de quem não se confia.

(E) As leis são um meio ao qual o preconceito pode ser contido, mas não extinto, pois ele estará presente mesmo nas culturas às quais o punem com rigor.

135. (FCC - Analista de Controle Externo - TCE-CE - 2015) Está plenamente adequado o emprego de ambos os elementos sublinhados na seguinte frase:

(A) A perspectiva ética aonde Coutinho manifesta todo o respeito pela pessoa que retrata é uma das características nas quais seus filmes se distinguem.

(B) O paternalismo e o sentimentalismo, posições das quais muitos se agarram para tratar o outro, não são atitudes por onde Coutinho tenha mostrado qualquer inclinação.

(C) As expressões coletivistas, com cujas Coutinho jamais se entusiasmou, são chavões em que se deixam impressionar as pessoas de julgamento mais apressado.

(D) As pessoas por quem Coutinho se interessasse eram retratadas de modo a ter destacados os atributos pelos quais ele se deixara atrair.

(E) Os paradigmas já mecanizados, nos quais muitos se deixam nortear, não mereciam de Coutinho nenhum crédito, pois só lhe importava a singularidade de cuja as pessoas são portadoras

136. (FCC – Técnico Ministerial – MPE- PB – 2015) O elemento que NÃO é um pronome está sublinhado em:

(A) *E a fortuna daqueles que a encontram*

(B) *Porque o Tejo não é o rio que corre...*

(C) *Para aqueles que veem em tudo...*

(D) *Ninguém nunca pensou no que há...*

(E) *O Tejo é mais belo que o rio...*

137. (FCC – Analista Judiciário – TRE – SE – 2015) Está plenamente adequado o emprego de ambas as expressões sublinhadas na frase:

(A) Há vocábulos estrangeiros em cujo emprego se faz desnecessário, uma vez que nossa língua conta com termos de que o sentido traduz plenamente o daqueles.

(B) O abuso no emprego de estrangeirismos, ao qual o autor se bate, é um mal em cujo reconhecimento pouca gente é capaz.

(C) Nossas exportações de café, às quais tanto devemos, levaram a outros países um hábito cujo cultivo tornou-se parte de nossa identidade.

(D) Um hábito ridículo, do qual muita gente se curva, está no emprego abusivo de palavras estrangeiras, nas quais se atribui um prestígio maior.

(E) Há expressões estrangeiras, como "shopping center", onde o uso se justifica plenamente, uma vez que nomeiam realidades em que o estabelecimento se deu em outros países.

138. (FCC – Analista Judiciário – TRE – RR – 2015) Não impressionou ao conde Afonso Celso, de quem contam que respondeu assim a um sujeito ... A expressão sublinhada acima preenche corretamente a lacuna existente em:

(A) Aqueles ...... caberia manifestar apoio aos defensores da causa em discussão ainda não haviam conseguido chegar à tribuna.

(B) O acadêmico, ... todos esperavam um vigoroso aparte contrário ao pleito, permaneceu em silêncio na tumultuada sessão.

(C) Em decisão unânime, os acadêmicos ofereceram dados da agremiação ...... desejasse participar da discussão daquele dia.

(D) O novo acadêmico demonstrou grande afeição ...... compartilha das mesmas ideias literárias e aborda os mesmos temas.

(E) O discurso de recepção do novo integrante do grupo deveria ser pronunciado ...... apresentasse maior afinidade entre ambos.

139. (FCC – Técnico Judiciário – TRT – 9ª. Região – 2015) ... desrespeitando interlocutores. Enxurradas de fotos invadem o espaço virtual... ... que caracteriza a obsessão pelos "cliques". Fazendo-se as alterações necessárias, os elementos sublinhados nos segmentos acima foram corretamente substituídos por um pronome, na ordem dada, em:

(A) desrespeitando-os – invadem-no – a caracteriza

(B) desrespeitando-lhes – o invadem – caracteriza-lhe

(C) desrespeitando-os – lhe invadem – a caracteriza

(D) desrespeitando-nos – invadem-no – lhe caracteriza

(E) desrespeitando-lhes – invadem-no – caracteriza-a

140. (FCC – Técnico Judiciário – TRT – 15ª. Região – 2015) No uso popular e poético emprega-se o termo com frequência para exprimir a aspiração a estados ou objetos desconhecidos e apenas pressentidos ou vislumbrados, os quais, no entanto, se julgam mais perfeitos que os conhecidos e os quais se espera alcançar ou obter no futuro. (3º parágrafo)

Os elementos sublinhados acima podem ser substituídos, sem prejuízo da clareza e da correção gramatical, respectivamente, por:

(A) que – onde

(B) que – que

(C) onde – cujos

(D) cujos – que

(E) onde – de que

141. (FCC – Técnico de Controle Externo – TCE-CE – 2015) A articulação entre os tempos e os modos verbais está adequada na frase:

(A) Uma vez que o preconceito se revelasse inevitável será oportuna a criação de leis com o intuito de que foram coibidas atitudes preconceituosas.

(B) É natural que há preconceito nas relações interpessoais: mesmo que percebemos tenhamos externado uma avaliação preconceituosa.

(C) Qualquer sociedade tem preconceitos, mas era importante que existissem leis para que pessoas preconceituosas forem exemplarmente julgadas e punidas.

(D) É preciso que se tenha cautela com nosso comportamento em sociedade, pois seria possível que reações preconceituosas surjam mesmo sem que nós possamos perceber.

(E) O preconceito teria raízes sociais fundas: ele se disseminaria pelas pessoas e, quando déssemos por nós, estaríamos repetindo algo que sequer teríamos investigado.

142. (FCC – Analista de Controle Externo – TCE-CE – 2015) Ocorre a transposição correta da voz ativa para a passiva, preservando-se a concordância adequada, no segmento:

I. Em vez de contemplar a distância grupos, classes ou segmentos = em vez de ser contemplado a distância por grupos e segmentos

II. para conhecer a história de cada um = para se conhecer a história de cada um

III. fixa a câmera, abre os olhos e os ouvidos = a câmera é fixada, os olhos e os ouvidos são abertos

Atende ao enunciado APENAS o que está em

(A) I.

(B) II.

(C) III.

(D) I e II.

(E) II e III.

143. **(FCC – Analista de Controle Externo – TCE-CE – 2015)** Os tempos e os modos verbais estarão corretamente articulados na frase:

(A) Eduardo Coutinho, morto em 2014, destacara-se como um mestre dos documentários, cuja arte contemplasse o depoimento vivo, sempre que rejeitava o retrato estereotipado das pessoas.

(B) A exemplo do que houvesse na arte de Eduardo Coutinho, o primeiro passo de toda política deveria ter levado em conta o respeito pela condição singular do outro, conquanto, para isso, surgiam dificuldades.

(C) Caso não fizesse dessa obsessão um eixo de sua trajetória, Coutinho não viveria como um artista crítico, para quem já houvesse arte encarnada no corpo e suspensa no espírito do outro.

(D) Em seu processo criativo, Coutinho saberia ver e ouvir e, consequentemente, havia se acercado da história de cada um como um processo sensível e inacabado, sem que fosse necessário ajustar conceitos.

(E) A obsessão que Coutinho demonstraria pela cena da vida era similar à que tivesse pela arte, e isso fez com que seja quase impossível, para Coutinho, opor personagem a pessoa.

144. **(FCC – Técnico Judiciário – TRE – SE – 2015)Ocorre o emprego da voz passiva na seguinte construção:**

(A) O estudo foi realizado com pessoas de 9 a 16 anos... (segundo parágrafo).

(B) As crianças aprendem a navegar na web... (primeiro parágrafo).

(C) As informações são do relatório mais recente... (segundo parágrafo).

(D) ... as crianças mais acessam a internet por dispositivos móveis (segundo parágrafo).

(E) ... 57% dos pequenos de até 5 anos sabem usar aplicativos... (primeiro parágrafo).

145. **(FCC – Analista Judiciário – TRE – SE – 2015)** Está plenamente adequada a correlação entre os tempos e modos verbais na frase:

(A) A menos que sejam absolutamente indispensáveis, não se devia empregar palavras estrangeiras quando houver no vernáculo termos equivalentes.

(B) A menos que encontre forte justificativa, o emprego de palavras estrangeiras deve ser evitado, até porque é ridículo atribuir mecanicamente prestígio ao que vem de fora.

(C) Não fosse o café, nossa economia não terá se beneficiado com as volumosas exportações, e o nosso desenvolvimento social estaria ocorrendo em outro ritmo.

(D) Seria um tolo complexo de inferioridade a razão pela qual muitos de nós emprestássemos mais prestígio a termos estrangeiros do que aos que pertencessem ao nosso idioma.

(E) Muitos ainda julgam que a simplicidade de uma palavra como "cafezinho" não esteja à altura de eventos a que se pretendesse conferir grandeza e solenidade.

146. **(FCC – Técnico Judiciário – TRE – SE – 2015)** A frase em que a correlação entre tempos e modos verbais está correta, de acordo com a norma-padrão da língua portuguesa, é:

(A) Facebook, Instagram, WhatsApp possibilitaram que pessoas, nos lugares mais díspares, se comunicarem com mais agilidade.

(B) Hoje, com a tecnologia digital, podemos ouvir música com muito mais praticidade do que quando usávamos fitas K-7.

(C) Era comum, em um passado recente, que as pessoas prestassem visita aos amigos e parentes sem que lhes avisariam com antecedência.

(D) Uma visita de cortesia, atualmente, não ocorrerá antes que os amigos trocaram vários e-mails e mensagens de celular.

(E) O autor lembra-se das situações em que sua mãe se questionara a respeito de quem poderá estar tocando a campainha para visitá-los.

147. **(FCC – Analista Judiciário – TRE – AP – 2015)** ... o encantado interesse com que na fazenda dos seus avós devorava, adolescente, as páginas das Viagens.

O verbo empregado nos mesmos tempo e modo que o verbo grifado acima está em:

(A) Escrevia sem sombra de ênfase nem pedantismo.

(B) ... como se fossem romances de aventuras...

(C) ... o seu nome não figura, como o do outro, em todas as enciclopédias...

(D) E assinala o grande carinho, a bondade...

(E) Essa obra formidável do sábio francês representa seis anos de viagens...

148. **(FCC – Analista Judiciário – TRE – AP – 2015)** ... onde percorreu as regiões mal-afamadas do rio Doce...

A forma verbal resultante da transposição da frase acima para a voz PASSIVA é:

(A) foi percorrido.

(B) percorreu-se.

(C) foram percorridas.

(D) eram percorridas.

(E) percorreram.

149. **(FCC – Técnica Judiciário – TRE – AP – 2015)** ...aquela que vislumbrava como a obra de sua vida.

O verbo flexionado nos mesmos tempo e modo do sublinhado acima se encontra também sublinhado em:

(A) ... quando lhe pediam uma pintura....

(B) ... o criador do teto da Capela Sistina possa ter resistido...

(C) ... questões que afligem os seres humanos...

(D) Relatos indicam que...

(E) ... o Davi tem musculatura de homem adulto...

150. **(FCC – Técnico Judiciário – TRT – 3ª. Região – 2015)** Há ocorrência de verbos na voz passiva na seguinte frase:

(A) Antigamente, os empregadores solicitavam aos funcionários que se empenhassem em concluir suas tarefas dentro da empresa.

(B) Antigamente, os trabalhadores detinham-se em suas tarefas em um horário fixo e só deveriam operar dentro da empresa.

(C) Antigamente, os trabalhadores dedicavam-se às suas tarefas somente enquanto estavam dentro da empresa, e não fora dela.

(D) Antigamente, perdiam-se horas dentro da empresa, visto que o trabalho não podia ser feito em outro ambiente.

(E) Antigamente, operar fora da empresa era incomum e os trabalhadores orgulhavam-se de concluir seu trabalho em um horário fixo.

151. **(FCC – Analista Judiciário – TRT – 9ª. Região – 2015)** A frase que admite transposição para a voz passiva encontra-se em:

(A) ...que, hoje, subsidia a tradução de seus livros para o resto do mundo.

(B) A Áustria entrou para a história da inteligência do século 20...

(C) Sigmund Freud, o criador da psicanálise, e o pintor expressionista Egon Schiele são alguns deles.

(D) Em outra face, menos vistosa, foi também um dos berços mentais do nazismo.

(E) Lá viveu, também, Thomas Bernhard...

152. **(FCC – Técnico Judiciário – TRT – 9ª. Região – 2015)** Muitas vezes perdemos a serenidade quando...

Transpondo-se o segmento acima para a voz passiva, a forma verbal resultante será:

(A) é perdida

(B) tem-se perdido

(C) haverá de ser perdida

(D) havíamos perdido

(E) perdem-se

153. **(FCC – Técnico Judiciário – TRT – 15ª. Região – 2015)** Embora M. Rodrigues Lapa [...] <u>empregue</u> esse termo como “ânsia do infinito”... (1º parágrafo)

O verbo flexionado nos mesmos tempo e modo que o grifado acima está empregado em:

(A) ... que Rodrigues Lapa atribuiu à saudade. (3º parágrafo)

(B) ... e para os conteúdos perdidos que o passado abrigava. (1º parágrafo)

(C) ... sem que, contudo, lhe seja inerente toda a escala cromática de valores... (2º parágrafo)

(D) ... que relembra os tempos idos... (4º parágrafo)

(E) ... ao passo que a “sehnsucht” seria a expressão da adolescência... (4º parágrafo)

154. **(FCC – Técnico Judiciário – TRT – 9ª. Região – 2015)** ... é preciso cautela para que nossos planos não se transformem em fontes de tensão. Alterando-se as formas verbais da frase acima, a correlação entre as novas formas, considerando a norma culta, está correta em:

(A) era – transformaram

(B) seria – transformassem

(C) fosse – transformaram

(D) seria – transformavam

(E) seja – transformariam

155. **(FCC – Técnico Judiciário – TRT – 4ª. Região – 2015)** ... Antes mesmo que tu lhe <u>saibas</u> o misterioso sentido:

O verbo flexionado nos mesmos tempo e modo em que se encontra o verbo sublinhado acima está em:

(A) Cujas palavras sumarentas escorram

(B) Não se metem com ninguém.

(C) Bastam-se.

(D) João vem!

(E) Morre, João...

156. **(FCC – TRT 19ª Região – Analista Judiciário – 2014)** cruzando os desertos do oeste da China – que contornam a Índia – adotam complexas providências

Fazendo-se as alterações necessárias, os segmentos grifados acima foram corretamente substituídos por um pronome, respectivamente, em:

(A) os cruzando – que contornam-lhe – adotam-as

(B) cruzando-lhes – que contornam-na – as adotam

(C) cruzando-os – que lhe contornam – adotam-lhes

(D) cruzando-os – que a contornam – adotam-nas

(E) lhes cruzando – que contornam-a – as adotam

157. **(FCC – TRT 19ª Região – Técnico Judiciário – 2014)** E são estes poemas mesmo um canto comovido à terra de que ele esteve segregado. (**Texto III**, 1º parágrafo)

A expressão grifada acima deverá preencher corretamente a lacuna existente em:

(A) Na época ...... o poeta esteve preso a regras, seus versos perderam muito em emoção lírica.

(B) O artificialismo ...... se prendem alguns poetas compromete a sincera expressão de seus sentimentos.

(C) A obra ...... se fala contém versos que demonstram o verdadeiro lirismo de seu autor.

(D) Os estímulos ...... um poeta compõe sua obra se originam na realidade vivida e transformada por ele.

(E) Despertam emoção aqueles versos ...... traduzem a sensibilidade de um reconhecido poeta.

158. **(FCC – TRF 3ª Região – Técnico Judiciário – 2014)**

As sereias então devoravam impiedosamente os tripulantes.

... ele conseguiu impedir a tripulação de perder a cabeça...

... e fez de tudo para convencer os tripulantes...

Fazendo-se as alterações necessárias, os segmentos grifados acima foram corretamente substituídos por um pronome, na ordem dada, em:

(A) devoravam-lhe – impedi-las – convencer-lhes

(B) devoravam-no – impedi-las – convencer-lhes

(C) devoravam-nos – impedir-lhe – convencê-los

(D) devoravam-lhes – impedi-la – convencê-los

(E) devoravam-nos – impedi-la – convencê-los

159. **(FCC – TRF 3ª Região – Técnico Judiciário – 2014)** Quando a embarcação na qual ele navegava entrou inadvertidamente no raio de ação das sereias... (4º parágrafo)

Sem prejuízo para a correção e o sentido original, o segmento grifado acima pode ser corretamente substituído por:

(A) à qual
(B) em que
(C) cuja
(D) a que
(E) da qual

160. **(FCC – TRT 2ª Região – Técnico Judiciário – 2014)** Quando se dizia "livro", todos entendiam um objeto de peso e volume, composto de folhas encadernadas, protegidas por papelão ou couro, nas quais se gravavam a tinta palavras ou imagens. (3º parágrafo)

A expressão acima destacada é equivalente à sublinhada na seguinte frase:

(A) As folhas rubricadas, as quais entreguei à secretária, foram anexadas ao prontuário.
(B) As urnas em que foram depositados os votos foram lacradas pela diretoria do clube.
(C) Os rapazes de quem foram gravados os depoimentos foram entrevistados ontem.
(D) O livro de onde retirei a citação está emprestado.
(E) As janelas sob as quais foram gravadas as cenas eram pintadas de verde.

161. **(FCC – TRT 2ª Região – Analista Judiciário – 2014)** A construção da frase eu pressuponho esse futuro com o qual nada me autoriza a contar permanecerá correta caso se substitua o elemento sublinhado por

(A) de cujo pouco posso prever.
(B) por quem nada posso antecipar.
(C) do qual nada me é dado esperar.
(D) perante o qual não sei avaliar.
(E) em cujo nada posso desconfiar

162. **(FCC – TRT 2ª Região – Analista Judiciário – 2014)** Muita gente não enfrenta uma argumentação, prefere substituir uma argumentação pela alegação do gosto, atribuindo ao gosto o valor de um princípio inteiramente defensável, em vez de tomar o gosto como uma instância caprichosa.

Evitam-se as viciosas repetições da frase acima substituindo-se os elementos sublinhados por, respectivamente,

(A) substituir-lhe – atribuindo-o – tomá-lo
(B) substituí-la – atribuindo-lhe – tomá-lo
(C) substituí-la – lhe atribuindo – tomar-lhe
(D) substituir a ela – atribuindo a ele – lhe tomar
(E) substituir-lhe – atribuindo-lhe – tomar-lhe

163. **(FCC – TRT 2ª Região – Técnico Judiciário – 2014)** Nunca precisaram de adjetivos para distingui-los dos astrolábios... (3º parágrafo)

A forma pronominal acima, em negrito, será também encontrada em uma das frases abaixo, quando o termo nela sublinhado for substituído pelo pronome que lhe corresponde. Essa frase é:

(A) Convocou todos os funcionários para agradecer a eles a especial colaboração.
(B) O sagaz lutador tem enfrentado seu adversário com coragem.

(C) Viu o filho da vizinha e não cumprimentou o menino pelo seu aniversário.

(D) Sabia que os nadadores estariam lá e realmente chegou a encontrar os rapazes.

(E) Reconheceram o valor do auxiliar e indicaram o jovem para promoção.

164. **(FCC – TRT 16ª Região – Analista Judiciário – 2014)** As lacunas da frase ***Um prefácio ...... nossa inteira atenção esteja voltada certamente conterá qualidades ......força é impossível resistir*** preenchem-se adequadamente, na ordem dada, pelos seguintes elementos:

(A) para o qual – a cuja

(B) ao qual – de cuja a

(C) com o qual – por cuja

(D) aonde – de que a

(E) por onde – das quais a

165. **(FCC – TRT 16ª Região – Técnico Judiciário – 2014)** O elemento em destaque está empregado corretamente em:

(A) Mais que o luxo do produto, é a aparência de luxo de que conta para os consumidores.

(B) Os produtos e as marcas permitem com que as pessoas adquiram a visibilidade desejada.

(C) A visibilidade é uma das características pelas quais se estrutura a sociedade de consumo.

(D) Quanto mais se tem a impressão em que se é visto com os novos produtos, mais se quer adotá-los.

(E) Nas sociedades por cuja ordem social é abalada com guerras, a ostentação é particularmente visível.

166. **(FCC – TRF 4ª Região – Analista Judiciário – 2014)** De acordo com o contexto, o elemento que introduz uma oração em que se restringe o sentido do antecedente está grifado em:

(A) ... ou de afirmar **que** os franceses só consigam... (4º parágrafo)

(B) ... pela presunção, **que** lhes era opressiva, da superioridade do latim e do francês. (2º parágrafo)

(C) ... já **que** a França se portava como a herdeira de Roma... (3º parágrafo)

(D) um privilégio (...), **que** é a distinção entre ser e estar... (2º parágrafo)

(E) ... os versos **que** se encontram no interior de uma canção... (2º parágrafo)

167. **(FCC – TRF 4ª Região – Técnico Judiciário – 2014)**

... esquecer as pequenas misérias da vida...

Quero dizer que, num folhetim ou num romance...

... os românticos perdiam terreno em proveito dos naturalistas.

Com as alterações necessárias, na ordem dada, os complementos verbais dos segmentos acima são corretamente substituídos por pronomes em:

(A) esquecer-lhes – dizer-lhes – perdiam-lhes

(B) esquecê-las – dizê-lo – perdiam-no

(C) esquecê-la – dizê-los – perdiam-nos

(D) esquecê-las – dizer-lhes – perdiam-no

(E) esquecer-lhes – dizê-los – perdiam-no

168. (FCC – TRF 1ª Região – Analista Judiciário – 2014) No período ***O livro explica os espíritos chamados 'xapiris',*** que ***os ianomâmis creem serem os únicos capazes de cuidar das pessoas e das coisas*** (quarto parágrafo), a palavra grifada tem a função de pronome relativo, retomando um termo anterior. Do mesmo modo como ocorre em:

(A) Os ianomâmis acreditam **que** os xamãs recebem dos espíritos chamados "xapiris" a capacidade de cura.

(B) Eu queria escrever para os não indígenas não acharem **que** índio não sabe nada.

(C) O branco está preocupado **que** não chove mais em

(D) Gravou 15 fitas em **que** narrou também sua própria trajetória.

(E) Não sabia **o** que me atrapalhava o sono.

169. (FCC – TRT 13ª Região – Técnico Judiciário – 2014)

Durante toda a era moderna, nossos ancestrais avaliaram a virtude de suas realizações...

... cessem de obedecer à sentença de Steiner.

Esse novo espectro comprova a novidade...

Fazendo-se as alterações necessárias, os segmentos sublinhados acima foram corretamente substituídos por um pronome, na ordem dada, em:

(A) avaliaram-nas – obedecê-la – comprova-na

(B) avaliaram-na – obedecer-lhe – comprova-a

(C) avaliaram-lhe – a obedecer – lhe comprova

(D) as avaliaram – obedece-a – comprova-lhe

(E) lhes avaliaram – obedece-lhe – a comprova

170. (FCC – TCE-PI – JORNALISTA – 2014) Atente para a seguinte frase:

O autor pesquisou palavras ...... sentido não tinha conhecimento, ainda que ...... suspeitasse, tal como ocorreu com a palavra inexorável, ... passou a utilizar em seus textos.

Preenchem corretamente as lacunas dessa frase, na ordem dada:

(A) de cujo – dele – da qual

(B) cujo – lhe – da qual

(C) do qual – dele – onde

(D) em que o – o – com a qual

(E) de onde – lhe – de que

171. (VUNESP – TJ PA – Analista Judiciário – 2014) Considere as seguintes passagens do texto.

- [Viu **a moça** sorrir] com a borboleta e começar a dançar como uma bailarina.
- Viu quando ela, cheia de alegria, mandou beijos para uma andorinha [que sobrevoava **um jardim**].
- Caía a tarde quando sua mãe retornou do trabalho e [entregou **à filha** um presente]...

Assinale a alternativa que apresenta os trechos entre colchetes correta e respectivamente reescritos, com as expressões em negrito substituídas por pronomes, de acordo com a norma-padrão da língua portuguesa no que se refere ao uso e à colocação pronominal.

(A) Viu-a sorrir ... que o sobrevoava ... entregou-lhe um presente

(B) A viu sorrir ... que sobrevoava-o ... entregou-lhe um presente

(C) Viu-a sorrir ... que lhe sobrevoava ... entregou-a um presente

(D) Lhe viu sorrir ... que sobrevoava-lhe ... entregou-a um presente

(E) Viu-lhe sorrir ... que sobrevoava-lhe ... entregou-lhe um presente

172. **(VUNESP - TJ PA - Analista Judiciário - 2014)** Leia o seguinte fragmento de um ofício, citado do Manual de Redação da Presidência da República, no qual expressões foram substituídas por lacunas.

Senhor Deputado

Em complemento às informações transmitidas pelo telegrama n.º 154, de 24 de abril último, informo_______________ de que as medidas mencionadas em _________carta n.º 6708, dirigida ao Senhor Presidente da República, estão amparadas pelo procedimento administrativo de demarcação de terras indígenas instituído pelo Decreto n.º 22, de 24 de fevereiro de 1991 (cópia anexa). (http://www.planalto.gov.br. Adaptado)

A alternativa que completa, correta e respectivamente, as lacunas do texto, de acordo com a norma-padrão da língua portuguesa e atendendo às orientações oficiais a respeito do uso de formas de tratamento em correspondências públicas, é:

(A) Vossa Eminência ... vossa

(B) Vossa Excelência ... sua

(C) Vossa Senhoria ... tua

(D) Vossa Magnificência ... sua

(E) Sua Senhoria ... vossa

173. **(VUNESP - TJ PA - Auxiliar Judiciário - 2014)** Assinale a alternativa em que a expressão em destaque está corretamente substituída pelo pronome.

(A) ... e ali está a embelezar sua vista e purificar o ar da cidade / purificar-lhe.

(B) ... encasquetou que a planta deixa sua casa úmida e que o Ivo precisa arrancá-la / deixa-na úmida e que Ivo precisa arrancá-la.

(C) Adamastor está levando a trepadeira aos tribunais / levando-a aos tribunais.

(D) Este ano o verão demorou a chegar e parece querer compensar o atraso / compensar-lhe.

(E) Ofereço uma carona / Ofereço-na.

174. **(VUNESP - TJ PA - Auxiliar Judiciário - 2014)** Considere as frases.

A trepadeira ....qual o vizinho sempre reclamava tornou-se motivo para uma disputa judicial.

Os engenheiros ....quem Ivo recorreu confirmaram que a planta não era responsável pela umidade.

O muro ....o qual se estendia a trepadeira separava as duas casas.

As preposições que preenchem, correta e respectivamente, as frases são:

(A) da ... para ... sob

(B) da ... a ... sobre

(C) a ... a ... sobre

(D) a ... para ... sobre

(E) com ... por ... sob

175. **(VUNESP – TJ PA – Auxiliar Judiciário – 2014)** Assinale a alternativa em que a colocação pronominal está de acordo com a norma-padrão da língua portuguesa.

(A) Ter segurança para expressar os próprios pensamentos frequentemente facilita-nos a convivência.

(B) Nos ensinaram que é imprescindível saber dizer não aos colegas que agem como braços-curtos.

(C) As situações desconfortáveis em que nos colocam os horácios demandam respostas assertivas.

(D) Exigir a participação dos mãos-curtas tem ajudado-nos a evitar sobrecarga de trabalho.

(E) Segundo a autora, ameaças e práticas autoritárias conduziriam-nos a resultados negativos.

176. **(CIEE – TJ GO – Estagiário de nível médio – 2014)** De acordo com a norma-padrão da Língua Portuguesa e com relação à colocação pronominal, assinale a alternativa correta.

(A) Quem nunca falou-lhe mentiras?

(B) Queria muito que dessem-me o cargo na fábrica.

(C) Comprarei-lhe muitos e muitos presentes.

(D) Vou lhe contar um segredo daqueles.

177. **(FCC – TRT 19ª Região – Analista Judiciário – 2014)** ... *e então* percorriam *as pouco povoadas estepes da Ásia Central até o mar Cáspio e além.* (5º parágrafo)

O verbo flexionado nos mesmos tempo e modo que o grifado acima está em:

(A) ... e de lá por navios que contornam a Índia...

(B) ... era a capital da China.

(C) A Rota da Seda nunca foi uma rota única...

(D) ... dispararam na última década.

(E) ... que acompanham as fronteiras ocidentais chinesas...

178. **(FCC – TRT 19ª Região – Técnico Judiciário – 2014)** – *que converte grandes extensões de floresta em pastagens* (**Texto I**, 3º parágrafo)

Transpondo a frase acima para a voz passiva, a forma verbal passará a ser:

(A) tinham convertido.

(B) foi convertida.

(C) são convertidas.

(D) deveria converter.

(E) foram convertidos.

179. **(FCC – TRT 19ª Região – Técnico Judiciário – 2014)** *O Nordeste não* vem *em sua poesia como um tema ou uma imposição doutrinária...* (Texto III, 3º parágrafo)

Nos segmentos transcritos do **Texto III**, o verbo flexionado nos mesmos tempo e modo em que se encontra o grifado acima está em:

(A) ... fez como um desterrado...

(B) ... "as impressões dum homem que esteve no cárcere".

(C) ... que tudo via em névoa...

(D) ... a que sai das fontes mais preciosas do coração.

(E) E que voltasse com todos os sentidos atacados de fome.

180. **(FCC – TRF 3ª Região – Analista Judiciário – 2014)** Tinham seus prediletos ... (4º parágrafo)

O verbo flexionado nos mesmos tempo e modo que o grifado acima está em:

(A) Dumas consentiu.

(B) ... levaram com eles a instituição do "lector".

(C) ... enquanto uma fileira de trabalhadores enrolam charutos...

(D) Despontava a nova capital mundial do Havana.

(E) ... que cedesse o nome de seu herói...

181. **(FCC – TRF 3ª Região – Técnico Judiciário – 2014)** Estão flexionados nos mesmos tempo e modo os verbos que se encontram em:

(A) ... os navios batiam nos recifes submersos da beira-mar... / ... a escolha diante do herói era clara...

(B) Quando chegou a hora... / As versões da fábula variam...

(C) ... que ele e seus homens não teriam firmeza... / ... que todos os tripulantes tapassem os ouvidos...

(D) ... e fez de tudo para... / ... até que estivessem longe da zona de perigo.

(E) Ulisses sabia que ele e seus homens... / O navio atravessou incólume a zona de perigo.

182. **(FCC – TRT 2ª Região – Analista Judiciário – 2014)** Está plenamente adequada a correlação entre tempos e modos verbais em:

(A) Caso um de nós a tome em sentido absoluto, a questão de gosto acabará por impedir que debatamos com alguma seriedade.

(B) Caso sejam levadas a sério, suas ponderações teriam soterrado as tais razões de gosto que alegassem os seus interlocutores.

(C) Somente nos restaria engolir em seco, se admitirmos que a tal da questão de gosto tivesse alguma relevância.

(D) Se alguém apelasse para a tal "questão de gosto", dificilmente nós, reputados polemistas, haveremos de concordar.

(E) Seria necessário que todos gostassem das fórmulas ditatoriais do gosto para que se impeça um debate calcado em princípios argumentativos.

183. **(FCC – TRT 2ª Região – Analista Judiciário – 2014)** Na passagem da voz ativa para a passiva, NÃO houve a devida correspondência quanto ao tempo verbal na seguinte construção:

(A) A questão de gosto dispensaria as razões = As razões teriam sido dispensadas pela questão de gosto.

(B) O autoritarismo apagava as diferenças reais = As diferenças reais eram apagadas pelo autoritarismo.

(C) Os acomodados têm proclamado a servidão ao capricho = A servidão ao capricho tem sido proclamada pelos acomodados.

(D) Será que ele apreciará tais formas ditatoriais? = Será que tais fórmulas ditatoriais serão apreciadas por ele?

(E) Haveremos de enfrentar esse e outros desafios = Esse e outros desafios haverão de ser enfrentados por nós.

184. (FCC – TRT 16ª Região – Analista Judiciário – 2014) Transpondo-se para a voz passiva a frase vou glosar uma observação de Machado de Assis, a forma verbal resultante deverá ser

(A) terei glosado
(B) seria glosada
(C) haverá de ser glosada
(D) será glosada
(E) terá sido glosada

185. (FCC – TRT 16ª Região – Analista Judiciário – 2014) Está inteiramente adequada a correlação entre os tempos e os modos verbais da frase:

(A) Os prefácios correriam o risco de serem inúteis caso tenham sido escritos segundo as instruções convencionais.
(B) Houvesse enorme interesse pela leitura de prefácios e as editorias certamente cuidariam que fossem mais criativos.
(C) Quando se fizesse uma glosa de frase de um grande autor deve-se citar a fonte original: esse é um dever ético.
(D) Caso o autor viesse a infirmar tanto o nome do grande poeta como o da frágil poetisa, muitos o acusarão de indiscreto.
(E) Menos que seja objeto de preconceito, um bom prefácio sempre resistiria aos critérios de um crítico rigoroso.

186. (FCC – TRT 16ª Região – Técnico Judiciário – 2014) Antigamente, a forma de jogar de um time ...... uma década. Vários jogadores entravam e saíam, mas alguma coisa ......, uma verdade de fundo, parecida com aquela que num artista podemos chamar de "estilo". Isso ...... definitivamente nos anos 90.

(Adaptado de DAMATTA, Roberto. Trechos dos ensaios "O futebol como filosofia" e "Antropologia do óbvio". Disponíveis em **estadao.com.br** e **usp.br – revistausp**. Acesso em 10/05/2014)

Preenchem corretamente as lacunas da frase acima, na ordem dada:

(A) durou – permanece – terminasse
(B) durava – permanecia – termina
(C) durara – permanecera – terminaria
(D) durava – permanece – terminara
(E) durou – permanecesse – terminava

187. (FCC – TRT 16ª Região – Técnico Judiciário – 2014) O trecho que admite transposição para a voz passiva encontra-se em:

(A) ... que estão no nível dos olhos do comprador...
(B) ... o consumidor já não precisa do vendedor...
(C) ... na história houve tal concentração de imagens...
(D) ... as mercadorias são não apenas visíveis...
(E) ... a publicidade invadiu as revistas...

188. (FCC – TRF 4ª Região – Técnico Judiciário – 2014) O segmento que pode ser transposto para a voz passiva encontra-se em:

(A) O leitor ingênuo é simplesmente ator.

(B) Há dentro dele uma floração de virtualidades recalcadas...
(C) ... educação sentimental, que parecia inevitável como as espinhas...
(D) De vez em quando passam passos.
(E) ... de modo geral, nós nos lemos através dos livros.

189. **(FCC – TRF 1ª Região – Analista Judiciário – 2014)** No período É possível que eu o diga de um modo que provavelmente pareça patético, o autor utiliza os verbos dizer e parecer no presente do subjuntivo. Encontram-se estes mesmos tempo e modo verbais em:

(A) é a criação poética, ou o que chamamos de criação.
(B) mistura de esquecimento e lembrança do que lemos.
(C) quero que seja uma confidência.
(D) com uma letra gótica que não posso ler.
(E) uma felicidade de que dispomos.

190. **(FCC – TRF 1ª Região – Técnico Judiciário – 2014)** A atual revolução global tem por alicerce os rápidos avanços tecnológicos ... (2º parágrafo)

Hoje, os líderes políticos têm menos liberdade ... (3º parágrafo)

Os verbos sublinhados acima estão flexionados nos mesmos tempos e pessoas dos que se encontram em:

(A) diminui – diminuíram
(B) cabe – cabiam
(C) preocupou – preocuparam
(D) reduz – reduzem
(E) transmitia - transmitiam

191. **(FCC – TRT 13ª Região – Técnico Judiciário – 2014)** A frase que pode ser corretamente transposta para a voz passiva encontra-se em:

(A) Boa parte da ciência em A Vida Secreta das Plantas caiu em descrédito.
(B) ... provavelmente sempre haverá uma veia sentimentalista...
(C) Isso pode parecer inofensivo...
(D) ... de qualquer estudo que sugerisse paralelos entre sentidos...
(E) ... que as plantas são seres sencientes...

192. **(FCC – TCE-PI – JORNALISTA – 2014)** Transpondo-se para a voz ativa a frase Aquele compositor teria sido brindado pelas mais inspiradas musas, a forma verbal resultante será

(A) brindariam.
(B) teria brindado.
(C) fora brindado.
(D) brindaria.
(E) teriam brindado

193. **(FCC – TCE-PI – JORNALISTA – 2014)** Quanto ao tempo e ao modo, todas as formas verbais encontram-se adequadamente articuladas na seguinte construção:

(A) Não será difícil encontrarmos em nosso cancioneiro outros exemplos que viessem a demonstrar a tese que defendamos.

(B) Fizéssemos uma ampla pesquisa e haveremos de encontrar inúmeros versos poéticos nas canções brasileiras.

(C) Quando nos empenharmos em avaliar nossas canções populares sem qualquer preconceito, surpreender-nos-emos com a riqueza poética que delas emanará.

(D) Caso tenha interesse em pesquisar o nosso folclore, o estudioso estrangeiro encontraria nele um belo repertório de achados poéticos.

(E) A menos que desapareçam todos os preconceitos, sempre houve quem negasse poesia às nossas canções populares.

194. (FCC – TCE-PI – JORNALISTA – 2014) *Considere a frase.*

Em razão das reclamações, ...um acordo entre peladeiros e condôminos, e a administração ....por instalar as placas informando a nova regra.

As expressões que preenchem, correta e respectivamente a frase, mantendo a correta relação entre os tempos verbais, são:

(A) se fará ... se responsabilizava

(B) fez-se ... se responsabilizaria

(C) seria feito ... terá se responsabilizado

(D) se faria ... se responsabilizará

(E) foi feito ... teria se responsabilizado

195. (CIEE – TJ GO – Estagiário de nível médio – 2014) De acordo com a norma-padrão da Língua Portuguesa e com relação às vozes do verbo, assinale a alternativa que em que o verbo destacado esteja na voz reflexiva.

(A) PENTEOU-SE com todo o cuidado.

(B) Ela FOI PROMOVIDA ontem.

(C) SENTE-SE aqui, minha filha.

(D) Ela COMEU macarrão com queijo.

196. (FCC – Analista Judiciário – TRT – 12ª Região – 2013) A frase em que o elemento sublinhado NÃO é um pronome está em:

(A) As informações sensíveis a que temos acesso...

(B) Mas o que aconteceria se tivéssemos de passar a lidar...

(C) O mais provável é que essa súbita mutação...

(D) ... uma fração diminuta do que há.

(E) Os órgãos sensoriais que nos ligam ao mundo...

197. (FCC – Analista Judiciário – TRT – 12ª Região – 2013)*Aquilo* **de que** *o nosso aparelho perceptivo nos faz cientes...*

O elemento sublinhado na frase acima preenche correta mente a lacuna da frase

(A) A luz do sol ...... os objetos refletem leva cerca de oito minutos e dezoito segundos para atingir a superfície da Terra.

(B) A correnteza ligeira do tempo nos dá a impressão ...... estamos em contato com o mundo em tempo real.

(C) Aquilo ...... chamamos presente depende do lugar que ocupamos no espaço.

(D) As sensações ...... os seres humanos experimentam advêm de sua percepção do mundo exterior.

(E) A memória faz ...... tenhamos a possibilidade de estabelecer relações de causa e efeito entre eventos do passado.

198. (FCC – Analista Judiciário – TRT – 12ª Região – 2013)

... que merecia o primeiro lugar...

O tempo haveria de corrigir esse equívoco...

... deve ter ultrapassado a capacidade de apreciação do júri...

A substituição dos elementos sublinhados pelo pronome correspondente, com os necessários ajustes, foi efetuada de modo correto, respectivamente, em:

(A) que lhe merecia – O tempo haveria de corrigi-lo – deve ter-lhe ultrapassado

(B) que o merecia – O tempo haveria de corrigi-lo – deve tê-la ultrapassado

(C) que merecia-o – O tempo haveria de corrigir-lhe – deve ter-lhe ultrapassado

(D) que merecia-lhe – O tempo haveria de o corrigir – deve ter ultrapassado-a

(E) que o merecia – O tempo haveria de lhe corrigir – deve ter ultrapassado-na

199. (FCC – Analista Judiciário – TRT – 12ª Região – 2013) *Há quem faça canções com acurado conhecimento de causa musical, ... o trato de harmonias complexas concilia-se com o gosto popular. Há outros que trabalham apenas com um violão ...... não dominam mais do que dois ou três acordes. No entanto, como a canção popular é campo fértil para as relações entre o sofisticado e o elementar, soluções muito simples dispõem às vezes de uma orça criativa genuína.*

(Adaptado do ensaio de Jose Miguel Wisnick, em Paulo Leminski, **Toda Poesia**, São Paulo, Cia. das Letras, 2013. p. 387 e 388)

Preenchem corretamente as lacunas da frase acima, na ordem dada:

(A) na qual – a que

(B) nas quais – do qual

(C) às quais – que

(D) a qual – de que

(E) as quais – onde

200. (FCC – Analista Judiciário – TRT – 1ª Região – 2013) "Ruibarbosismo" é um neologismo do qual se valeu o autor do texto para lembrar o estilo retórico pelo qual se notabilizou o escritor baiano.

Não haverá prejuízo para a correção da frase acima ao se substituírem os segmentos sublinhados, na ordem dada, por:

(A) a que recorreu – que fez notável.

(B) do qual incorreu – com que se afamou.

(C) a cujo recorreu – o qual celebrizou.

(D) em que fez uso – em cujo deu notabilidade.

(E) em cujo incorreu – com o qual se propagou.

201. (FCC – Analista Judiciário – TRT – 9ª Região – 2013)

. ... tinham nascido para usar coroas.

Ele trouxe estabilidade e prosperidade a todos ...

... que inspirou as revoluções do século XIX ...

A substituição dos elementos sublinhados pelo pronome correspondente, com os necessários ajustes, tem como resultado correto, na ordem dada:

(A) tinham nascido para as usar – Ele lhes trouxe estabilidade e prosperidade – que lhes inspirou
(B) tinham nascido para lhes usar – Ele trouxe-os estabilidade e prosperidade – que inspirou-as
(C) tinham nascido para usá-las – Ele lhes trouxe estabilidade e prosperidade – que as inspirou
(D) tinham nascido para usá-las – Ele os trouxe estabilidade e prosperidade – que lhes inspirou
(E) tinham nascido para as usar – Ele trouxe-os estabilidade e prosperidade – que as inspirou

202. (FCC – Técnico Judiciário – TRT – 1ª Região – 2013) A substituição do elemento grifado pelo pronome correspondente, com os necessários ajustes, foi realizada de modo INCORRETO em:

(A) *acreditava incutir o ardor* = acreditava incuti-lo
(B) *Nada superará a beleza* = Nada lhe superará
(C) *não correspondera a seu sonho* = não lhe correspondera
(D) *resolve o problema da vida* = resolve-o
(E) *para ilustrar essa perplexidade* = para ilustrá-la

203. (FCC – Analista Judiciário – TRT – 9ª Região – 2013)*Em 1992, a indústria cinematográfica do país entrou numa crise ...... só começou a se recuperar na segunda metade da década de 1990.* **(Adaptado de Eduardo Bueno,** *op.cit.***)**

Preenche corretamente a lacuna da frase acima:

(A) *a qual*
(B) *a que*
(C) *na qual*
(D) *onde*
(E) *da qual*

204. (FCC – Analista Judiciário – TRT – 18ª Região – 2013) *... embutir ao longo dos oito lados da cúpula* nove anéis circulares horizontais *– referência aos círculos que compõem* o Paraíso *na Divina Comédia de Dante Alighieri. Os anéis neutralizam* as forças de tensão...

Fazendo-se as alterações necessárias, os segmentos sublinhados acima foram corretamente substituídos por um pronome, na ordem dada, em:

(A) os embutir – compõem-lhe – as neutralizam
(B) embuti-los – compõem-no – neutralizam-nas
(C) embutir-lhes – o compõem – lhe neutralizam
(D) embuti-los – lhe compõem – as neutralizam
(E) embutir-lhes – compõem-o – neutralizam-nas

205. (FCC – Técnico Judiciário – TRT – 12ª Região – 2013)

A substituição do elemento grifado pelo pronome correspondente, com os necessários ajustes, foi realizada corretamente em:

(A) *que cria laços* = que nos cria (2º parágrafo)
(B) *Não impostava a voz* = Não lhe impostava (3º pará grafo)

(C) *manejar a lâmina* = manejá-la (3º parágrafo)

(D) *tratam o forasteiro* = tratam-lo (2º parágrafo)

(E) *espiava o Brasil* = espiava-lhe (4º parágrafo)

206. (FCC – Técnico Judiciário – TRT – 12ª Região – 2013) *Estas inovações serão discutidas ao longo do desenvolvimento da nona edição, cuja data de realização já foi definida...*

Mantém-se a correção da frase acima caso, sem qualquer outra alteração, os segmentos grifados sejam substituídos, respectivamente, por:

(A) de cuja – foi dada notícia

(B) na qual – se divulgou

(C) a cuja – foi noticiada

(D) pela qual – foi feita divulgação

(E) a qual – se noticiou

207. (FCC – Técnico Judiciário – TRT – 9ª Região – 2013) A substituição do segmento grifado por um pronome, com os necessários ajustes, foi realizada corretamente em:

(A) *influenciam comportamentos e crenças* = influenciam-lhes

(B) *moldaram o pensamento e as ações das civilizações antigas e das nações modernas* = moldaram-os

(C) *alteram crenças e comportamentos humanos* = alteram-nos

(D) *trocar ideias* = trocar-nas

(E) *homogeneizar crenças* = lhes homogeneizar

208. (FCC – Técnico Judiciário – TRT – 9ª Região – 2013) *Em artigo a respeito das várias redes sociais existentes, o colunista Alexandre Matias exprime-se com franqueza: "entrei em redes sociais ...... nem mais lembro a senha".*

(http://**blogs.estadao.com.br**/alexandre-matias/2012/10/07/o-primeiro-bilhao-do-facebook--e-o-futuro-das-redes-sociais)

Preenche corretamente a lacuna da frase acima o que consta em:

(A) a qual

(B) a que

(C) aonde

(D) de que

(E) na qual

209. (FCC – Técnico Judiciário – TRT – 18ª Região – 2013) A substituição do elemento grifado pelo pronome correspondente, com os necessários ajustes, foi realizada de modo INCORRETO em:

(A) *contratar jovens efebos* = contratar-lhes

(B) *não possui mecanismos* = não os possui

(C) *resolver problemas* = resolvê-los

(D) *compromete a qualidade* = compromete-a

(E) *rejuvenescem seus quadros* = rejuvenescem-nos

210. (FCC – Técnico Judiciário – TRT – 18ª Região – 2013)

a cidade acabou por assumir um ar romântico muros de pedra que alimentaram as lendas costume de os mais velhos contarem casos às crianças

A substituição dos elementos grifados nos segmentos acima pelos pronomes correspondentes, com os ajustes necessários, foi realizada de modo correto em:

(A) a cidade acabou por assumir-lhe – muros de pedra que lhes alimentaram – costume de os mais velhos as contarem casos

(B) a cidade acabou por o assumir – muros de pedra que lhes alimentaram – costume de os mais velhos contarem-lhes casos

(C) a cidade acabou por assumi-lo – muros de pedra que as alimentaram – costume de os mais velhos lhes contarem casos

(D) a cidade acabou por assumi-lo – muros de pedra que as alimentaram – costume de os mais velhos as contarem casos

(E) a cidade acabou por assumir-lhe – muros de pedra que alimentaram-as – costume de os mais velhos lhes contarem casos

211. (FCC – Analista – MP – SE – 2013) A frase em que o elemento sublinhado NÃO é um pronome está em:

(A) *... chegam a decretar a morte dos subúrbios, que consideram insustentáveis...*

(B) *... em ruas que podem ser frequentadas por pedestres...*

(C) *... já que está em estudo a ressurreição de um sistema de bondes.*

(D) *... nas grandes cidades em torno das quais eles gravitam.*

(E) *É uma metáfora que faz ainda mais sentido quando...*

212. (FCC – Analista – MP – SE – 2013) Fazendo-se as alterações necessárias, os elementos sublinhados foram corretamente substituídos por um pronome, na ordem dada, em:

que ocorre a ela / decodificamos tais experiências / influenciar [...] seus descendentes

(A) que a ocorre / lhes decodificamos / influenciá-los

(B) que ocorre-na / as decodificamos / lhes influenciar

(C) que ocorre-lhe / decodificamos-nas / os influenciar

(D) que lhe ocorre / decodificamo-las / influenciá-los

(E) que lhe ocorre / lhes decodificamos / os influenciar

213. (FCC – Técnico – MP – SE – 2013) Nas empresas ...... houve "enxugamento", algumas secretárias, ... trabalhos auxiliavam seus superiores, foram demitidas. Elas corrigiam ...... a redação dos textos, encaminhando ..... para assinatura e remetiam as correspondências para ...... destinatários.

As lacunas são, correta e respectivamente, preenchidas com:

(A) onde – da qual – nos – lhes – seus

(B) que – cujo os – lhe – os – seus

(C) em que – cujos os – neles – lhe – seu

(D) que – cujos – nos – lhes – seu

(E) em que – cujos – lhes – os – seus

214. (FCC – Técnico – MP – SE – 2013) Os pronomes estão empregados corretamente em:

(A) Causou-lhes admiração, quando comentou-se que se contratariam novos funcionários que dedicar-se-iam a serviços externos.

(B) Admiraram-se porque ninguém se convenceu de que o chefe do setor, para se eximir de responsabilidade, preferiria demitir-se.

(C) Se recordando dos problemas do colega, lhe disse que podia conversar com os demais para socorrê-lo, se precisasse.

(D) Saiu cedo do trabalho, tudo ajeitara-se com a secretária, se limitaria a passar na farmácia, pois encontraria a esposa para levar-lhe ao teatro.

(E) Tivesse habilitado-se para disputa esportiva que realizaria-se durante as férias, não se estaria sobrecarregando com o acúmulo de treinos.

215. (FCC – Analista Judiciário – TRT – 12ª Região – 2013) Admite transposição para a **voz passiva** o que se encontra em:

(A) *Aquilo [...] não passa, portanto, de uma fração diminuta...*

(B) *... cada um atua dentro de sua faixa de registro...*

(C) *Há mais coisas entre o céu e a terra do que nossos cinco sentidos...*

(D) *O ganho de sensibilidade seria patente.*

(E) *As certezas sensíveis dão cor e concretude ao presente vivido.*

216. (FCC – Analista Judiciário – TRT – 12ª Região – 2013)

... que uma mutação genética reduza drasticamente a seletividade natural dos nossos sentidos.

O verbo flexionado nos mesmos tempo e modo que o grifado acima está em:

(A) *... sugeria William Blake...*

(B) *Aquilo de que o nosso aparelho perceptivo nos faz cientes...*

(C) *O grande problema é saber se estaríamos aptos...*

(D) *... ainda que o grau de sensibilidade dos indivíduos varie de acordo com idade...*

(E) *... não comprometeram nossa sobrevivência...*

217. (FCC – Analista Judiciário – TRT – 12ª Região – 2013)

Se o mundo desaba, o caos impera.

Mantém-se correta correlação entre os tempos verbais da frase acima substituindo-se os verbos grifados, respectivamente, por:

(A) desabasse – imperaria

(B) desabe – imperava

(C) desaba – imperara

(D) desabar – imperaria

(E) desabava – imperara

218. (FCC – Analista Judiciário – TRT – 12ª Região – 2013)

aquela mágoa sem remédio é considerada nula

Transpondo-se a frase acima para a **voz ativa**, a forma verbal resultante será:

(A) considerava.

(B) consideram-se.

(C) considerou.
(D) consideraram.
(E) considera.

219. (FCC – Analista Judiciário – TRT – 9ª Região – 2013) *Sem dúvida, os britânicos se viam como lutadores pela causa da liberdade contra a tirania ...*

O verbo empregado nos mesmos tempo e modo que o verbo grifado acima está em:

(A) *Todos os homens comuns ficavam excitados pela visão ...*
(B) *O mito napoleônico baseia-se menos nos méritos de Napoleão ...*
(C) *... exceto para os 250 mil franceses que não retornaram de suas guerras ...*
(D) *Ele destruíra apenas um coisa ...*
(E) *... os próprios clichês o denunciam ...*

220. (FCC – Analista Judiciário – TRT – 9ª Região – 2013) A frase em que todos os verbos estão corretamente flexionados é:

(A) Quem se dispor a ler a obra seminal de Hobsbawm sobre as revoluções do final do século XVIII à primeira metade do XIX jamais protestará contra o tempo gasto e o esforço despendido.
(B) As reflexões sobre a Revolução Francesa de 1789 requerem muito cuidado para que não se perca de vista a complexidade que as afirmações categóricas tendem a desconsiderar.
(C) Os revolucionários de 1789 talvez não prevessem, ou sequer imaginassem, o impacto que o movimento iniciado na França teria na história de praticamente toda a humanidade.
(D) Se as pessoas não se desfazerem da imagem que cultivam de Napoleão, nunca deixarão de acreditar que o talento pessoal é o principal ou mesmo a único requisito para a obtenção do sucesso.
(E) Quando se pensa na história universal, nada parece tão disseminado no imaginário popular, sobretudo no ocidente, do que as imagens que adviram da Revolução Francesa de 1789.

221. (FCC – Analista Judiciário – TRT – 9ª Região – 2013) *Em outubro de 1967, quando Gilberto Gil e Caetano Veloso apresentaram as canções* Domingo no parque *e* Alegria, Alegria, *no Festival da TV Record, logo houve quem percebesse que as duas canções eram influenciadas pela narrativa cinematográfica ...*

Transpondo-se a primeira das frases grifadas acima para a **voz passiva** e a segunda para a **voz ativa**, as formas verbais resultantes serão, respectivamente:

(A) se apresentaram – influencia
(B) foi apresentado – se influenciaram
(C) eram apresentadas – influenciou
(D) foram apresentadas – influenciava
(E) são apresentadas – influenciou

222. (FCC – Analista Judiciário – TRT – 18ª Região – 2013) A frase em que se admite transposição para a voz passiva está em:

(A) *Passava um pouco das 5 da tarde daquela sextafeira...*
(B) *Em 8 de outubro de 2010 a terra tremeu como...*
(C) *... e sua equipe instalaram sismógrafos em Mara Rosa...*

(D) *Mas nem todos concordam.*

(E) *... a localização dos tremores não coincide com a desse conjunto de falhas...*

223. (FCC – Analista Judiciário – TRT – 18ª Região – 2013) *A dificuldade mais monumental [...] provinha dos desafios técnicos do projeto...*

O verbo que exige o mesmo tipo de complemento que o grifado acima está empregado em:

(A) *Ele inventou um guindaste capaz de...*

(B) *... os governantes da cidade italiana iniciavam uma empreitada épica...*

(C) *... ele fazia seus projetos em código.*

(D) *Em outra ocasião, armou uma farsa para...*

(E) *O gênio de Brunelleschi residia em seu domínio da dinâmica dos materiais...*

224. (FCC – Analista Judiciário – TRT – 18ª Região – 2013) *A narrativa medieval descreve essa "doença do pensamento, do espírito" como um modo de obsessão que ...... o homem e a mulher, fazendo com que ...... presos no desejo de estar um com o outro e atormentados quando não podem se encontrar. A estrutura ideal ...... o amor impossível.*

(Adaptado de: Luiz Felipe Pondé. **Folha de S. Paulo**, 11/02/2013)

Preenchem corretamente as lacunas da frase acima, na ordem dada:

(A) *arrastaria – ficassem – suponha*

(B) *arrastava – ficam – supôs*

(C) *arraste – ficassem – suponha*

(D) *arrastaria – ficariam – supunha*

(E) *arrasta – fiquem – supõe*

225. (FCC – Analista Judiciário – TRT – 1ª Região – 2013) É exemplo de construção na voz **passiva** o segmento sublinhado na seguinte frase:

(A) Ainda ontem fui tomado de risos ao ler um trechinho de crônica.

(B) A Solange toma especial cuidado com a escolha dos vocábulos.

(C) D. Glorinha e sua filha não partilham do mesmo gosto pelo requinte verbal.

(D) O enrubescimento da mãe revelou seu desconforto diante da observação da filha.

(E) Lembro-me de uma visita que recebemos em casa, há muito tempo.

226. (FCC – Técnico Judiciário – TRT – 1ª Região – 2013) *Assim pensava o maior arquiteto e mais invocado sonhador do Brasil.*

O verbo empregado nos mesmos tempo e modo que o verbo grifado acima está em:

(A) *Houve um sonho monumental...*

(B) *... descolara-se dela, na companhia de seu líder, em 1990.*

(C) *... com que a vida seja mais justa.*

(D) *... Niemeyer tinha "as montanhas do Rio dentro dos olhos"...*

(E) *... este continua desprotegido, entregue à sorte que o destino...*

227. (FCC – Técnico Judiciário – TRT – 1ª Região – 2013) *... aquelas que um observador pode vislumbrar a partir do Museu de Arte Contemporânea de Niterói...*

Transpondo-se a frase acima para a voz **passiva**, a forma verbal resultante será:

(A) pode ser vislumbrado.
(B) vislumbra-se.
(C) podem ser vislumbradas.
(D) pode-se vislumbrar.
(E) podem vislumbrar.

228. (FCC – Técnico Judiciário – TRT – 12ª Região – 2013) *Muito antes do modismo conservacionista, pleiteou a causa do macaco carvoeiro e de todo e qualquer ser ameaçado.*

A transposição para a **voz passiva** da frase acima resultará na forma verbal:

(A) foi pleiteado.
(B) pleitearam-se.
(C) era pleiteada.
(D) foram pleiteados.
(E) foi pleiteada.

229. (FCC – Técnico Judiciário – TRT – 12ª Região – 2013) Fugia *da cilada sentimental, ou da emoção, pelo atalho do senso de humor.*

O verbo empregado nos mesmos tempo e modo que o verbo grifado acima está em:

(A) *... a quase avareza com que os mineiros tratam o forasteiro.*
(B) *... você dava logo de cara com um azulejo na parede...*
(C) *Talvez tivesse qualquer coisa de bicho...*
(D) *... uma ponta de hipocrisia que se debita à polidez social.*
(E) *Nunca vi solitário de porta tão aberta.*

230. (FCC – Técnico Judiciário – TRT – 12ª Região – 2013). A frase que NÃO admite transposição para a voz passiva é:

(A) *... com que um compositor organiza suas concepções...*
(B) *... eles (...) beberam nas mesmas fontes...*
(C) *... compositores que exerceram influência...*
(D) *Cada um deles (...) efetua um milagre totalmente pessoal.*
(E) *... a indumentária musical (...) deixa sua marca...*

231. (FCC – Técnico Judiciário – TRT – 12ª Região – 2013) *Essa linguagem musical* é *o elemento comum a compositores de uma determinada escola ou época.*

... embora seja *fácil aos que estão familiarizados com a linguagem do período distingui-los.*

Os verbos que estão conjugados na terceira pessoa do singular e nos mesmos tempos e modos em que o verbo "ser" aparece grifado nas frases acima são, respectivamente:

(A) faz – faça
(B) tem – tivesse
(C) pôde – puder
(D) deixe – deixou
(E) saía – saia

232. **(FCC – Técnico Judiciário – TRT – 9ª Região – 2013)** *... além de poeta, traduzia...*

O verbo empregado nos mesmo tempo e modo que o grifado acima está em:

(A) *Numa homenagem aos 80 anos de Edgard Braga, escreveu ...*

(B) *Paulo Leminski foi um escritor múltiplo ...*

(C) *... Leminski é o nome mais representativo ...*

(D) *Em seguida, publicaria ...*

(E) *... considerava que os grandes poetas ...*

233. **(FCC – Técnico Judiciário – TRT – 9ª Região – 2013)** *Em seguida, publicaria, em dois exemplares da revista* Invenção, *alguns poemas ...*

Transpondo-se a frase acima para a **voz passiva**, a forma verbal resultante será:

(A) eram publicados.

(B) viria a publicar.

(C) seria publicado.

(D) seriam publicados.

(E) havia publicado.

234. **(FCC – Técnico Judiciário – TRT – 9ª Região – 2013)**

esta vida é uma viagem
pena eu estar
só de passagem

(Paulo Leminski, **La vie em close**. 5a ed. S.Paulo: Brasiliense, 2000, p.134)

esta vida é uma viagem / pena eu estar / só de passagem

O segmento em destaque nos versos acima transcritos equivale a: **que eu**

(A) **estivera**.

(B) **esteja**.

(C) **estaria**.

(D) **estivesse**.

(E) **estava**.

235. **(FCC – Técnico Judiciário – TRT – 18ª Região – 2013)** . *... e perca o contato com as mudanças em seu ambiente de negócios.*

O verbo empregado nos mesmos tempo e modo que o verbo grifado acima está em:

(A) *... modelos de gestão de carreira que facilitem os processos...*

(B) *Alguns observadores batizaram o processo de "juniorização".*

(C) *... menos de 40% das organizações pesquisadas reconhecem que...*

(D) *... e uma horda juvenil se estabeleceu.*

(E) *... a juniorização segue na contramão da demografia.*

236. **(FCC – Técnico Judiciário – TRT – 18ª Região – 2013)** Os verbos de ambas as frases estão empregados nos mesmos tempo e modo:

(A) *... que até o ano de 1933 ostentou a condição de capital do Estado... / ... as lendas sobre os escravos que os construíram...*

(B) *Lendas que provocavam a imaginação das crianças... / ... a aparente simplicidade que caracteriza a sua obra poética.*

(C) *... a cidade atingiu o auge durante o século XVIII. / ... que ainda hoje conserva...*

(D) *Esses mesmos muros de pedra que alimentaram as lendas... / ... juntamente com os outros casos que os mais velhos contavam...*

(E) *... surgiu das povoações fundadas, em 1926, pelo explorador paulista Bartolomeu Bueno, o filho. /... é um fato psicológico que...*

237. (FCC – Técnico Judiciário – TRT – 18ª Região – 2013) A frase que NÃO admite transposição para a **voz passiva** é:

(A) *Em seus poemas encontramos o estilo oral desses "casos"...*

(B) *A cidade de Goiás [...] surgiu das povoações...*

(C) *... que alimentaram as lendas sobre os escravos...*

(D) *Lendas que provocavam a imaginação das crianças...*

(E) *... a cidade atingiu o auge durante o século XVIII.*

238. (FCC – Técnico Judiciário – TRT – 18ª Região – 2013)

Não te ...... destruir...

Ajuntando novas pedras

E construindo novos poemas.

...... tua vida, sempre, sempre.

...... pedras (...)

(Cora Coralina. "Aninha e suas pedras", **Op. cit.**, p.148)

Preenchem corretamente as lacunas dos versos acima, na ordem dada:

(A) *deixas – Recrie – Remove*

(B) *deixe – Recrie – Remova*

(C) *deixes – Recria – Remova*

(D) *deixes – Recria – Remove*

(E) *deixe – Recria – Remove*

239. (FCC – Técnico – MP – MA – 2013)

... só a palavra falada <u>estimulava</u> o questionamento e a memória... (1º parágrafo)

O verbo flexionado nos mesmos tempo e modo em que se encontra o grifado acima está na frase:

(A) ... explica a neurocientista Maryanne Wolf...

(B) ... que permitiu o mais esplêndido salto intelectual da civilização ocidental.

(C) A forma física que o texto adquire num papiro...

(D) ... que o universo digital (...) roube dos jovens a leitura profunda...

(E) ... o livro não recebia intervenção tecnológica...

240. (FCC – Analista – MP – SE – 2013) Estão flexionados nos mesmos tempo e modo os verbos em:

(A) *... cada criança conclui de modo próprio... / ... nos sentimos profundamente solitários...*

(B) *Mesmo que as famílias queiram... / ... e deveríamos nos orgulhar disso.*

(C) *nos faz menos insignificantes... / ... pela família que tivemos...*

(D) *... todo empenho de comunicação entre duas mentes esbarrará com... /... as formas como registra mos...*

(E) *... pela família que tivemos... / ... e influirão em seus pensamentos subsequentes.*

241. (FCC – Analista – MP – SE – 2013) *Aristóteles, no ano 335 a.C., dissecou princípios e práticas da arte dramática em sua* Poética.

Transpondo-se a frase acima para a **voz passiva**, a forma verbal resultante será:

(A) eram dissecados.

(B) foi dissecada.

(C) foram dissecados.

(D) são dissecadas.

(E) dissecam-se.

242. (FCC – Técnico – MP – SE – 2013) A frase em que se empregam os tempos e os modos verbais corretamente correlacionados é:

(A) Quando a maior parte das escolas se limitaram a cumprir o número mínimo de aulas de português, estabelecido por lei, o jovem terminará o segundo grau com deficiências graves e as carregava para a vida profissional.

(B) Se a maior parte das escolas se limitarem a cumprir o número mínimo de aulas de português, estabelecido por lei, o jovem terminará o segundo grau com deficiências graves e as carregará para a vida profissional.

(C) Porque a maior parte das escolas se limitaram a cumprir o número mínimo de aulas de português, estabelecido por lei, o jovem terminaria o segundo grau com deficiências graves e as carregaria para a vida profissional.

(D) Embora a maior parte das escolas se limitarão a cumprir o número mínimo de aulas de português, estabelecido por lei, o jovem terminará o segundo grau com deficiências graves e as carregará para a vida profissional.

(E) Se a maior parte das escolas se limitaram a cumprir o número mínimo de aulas de português, estabelecido por lei, o jovem terminaria o segundo grau com deficiências graves e as carregava para a vida profissional.

243. (FCC – Técnico – MP – SE – 2013) A frase em que se emprega a voz reflexiva é:

(A) Aprende-se no dia a dia do trabalho, por meio das situações e problemas que surgem.

(B) Assim nos desenvolvemos enquanto trabalhamos e buscamos atualizações.

(C) Reflexões contínuas e autoavaliação são atitudes que devem ser desenvolvidas.

(D) Trata-se de uma busca e isso implica tirar o melhor proveito das experiências.

(E) Pense se a relação com seu superior é produtiva, se o clima com os colegas é colaborativo.

244. (FCC – TRE-SP – Analista Judiciário – 2012) Está correto o emprego de ambos os elementos sublinhados na frase:

(A) A argumentação na qual se valeu o ministro baseava- se numa analogia em cuja pretendia confundir função técnica com função política.

(B) As funções para cujo desempenho exige-se alta habilitação jamais caberão a quem se promova apenas pela aclamação do voto.

(C) Para muitos, seria preferível uma escolha baseada no consenso do voto do que a promoção pelo mérito onde nem todos confiam.

(D) A má reputação de que se imputa ao "assembleísmo" é análoga àquela em que se reveste a "meritocracia".

(E) A convicção de cuja não se afasta o autor do texto é a de que a adoção de um ou outro critério se faça segundo à natureza do caso.

245. (FCC – TRT – 11ª Região – 2012) Está correto o emprego da expressão sublinhada em:

(A) Os dicionários são muito úteis, sobretudo para bem discriminarmos o sentido das palavras em cujas resida alguma ambiguidade.

(B) O texto faz menção ao famoso caso das *cotas*, pelas quais muitos se contrapuseram por considerá-las discriminatórias.

(C) Por ocasião da defesa de *políticas afirmativas*, com as quais tantos aderiram, instaurou-se um caloroso debate público.

(D) Um dicionário pode oferecer muitas surpresas, dessas em que não conta quem vê cada palavra como a expressão de um único sentido.

(E) Esclarece-nos o texto as acepções da palavra *discriminação*, pela qual se expressam ações inteiramente divergentes.

246. (FCC- TRE-CE – Analista Judiciário – 2012) ... em especial uma comédia em que atuo...

O segmento grifado acima preenche corretamente a lacuna da frase:

(A) A trilha sonora ...... Philip Glass compôs para o filme *Sonho de Cassandra* é carregada de tensão.

(B) O estúdio musical ...... as trilhas sonoras de Woody Allen são gravadas já abrigou uma = galeria de arte.

(C) A crítica ...... os cineastas deparam a cada filme costuma ser inócua para suas obras.

(D) Um filme ...... Woody Allen deve se orgulhar é *Match Point.*

(E) Diane Keaton é uma atriz ...... Woody Allen pôde contar diversas vezes.

247. (FCC- TJRJ – Analista Judiciário- 2012) ... e que vem de certa harmonia misteriosa a que tendem o branco, o preto, o roxo e o moreno ...

O segmento grifado preenche corretamente a lacuna da frase:

(A) As autoridades contavam ...... se fizessem consultas à população para definir os projetos de melhoria de toda a área.

(B) As transformações ...... se refere o historiador descaracterizaram toda a área destinada, de início, a pesquisas.

(C) A necessidade de inovações foi o argumento ...... se valeram os urbanistas para defender o projeto apresentado.

(D) A ninguém ocorreu demonstrar ...... não seria possível impedir a derrubada de algumas antigas construções.

(E) Seriam necessários novos e diferentes projetos urbanísticos, ... permanecessem intocadas as construções originais.

248. (FCC- TJRJ – Analista Judiciário- 2012) Está INADEQUADO o emprego do elemento sublinhado na frase:

(A) A traição a que por vezes está sujeita nossa audição pode ter resultados divertidos.

(B) Os sons das palavras, a cujos poucas vezes dedicamos plena atenção, podem ser bastante enganosos.

(C) A melodia e o ritmo de uma frase, em cujo embalo podemos nos equivocar, valem pelo efeito poético.

(D) E afinal, por onde andará dona Ondirá, senhora misteriosa de quem o leitor foi fã cativo, quando menino?

(E) E dona Quiçás, a quem Nat King Cole jamais teve a honra de ser apresentado, morará ainda em Madri?

249. (FCC – TJ-RJ – Técnico de Atividade Judiciária – 2012) O segmento grifado está empregado corretamente em:

(A) O Cais do Valongo, cujas cenas deprimentes ficaram registros históricos, foi transformado no Cais da Imperatriz.

(B) A exposição de escravos destinados à venda constituía um espetáculo degradante, onde incomodava as autoridades.

(C) Os fatos relacionados ao tráfico de escravos durante a época colonial comprovam com que eles eram tratados como animais.

(D) As pesquisas realizadas com base em documentos da época mostraram as razões por que se construiu o Cais do Valongo.

(E) Navios negreiros aportavam no Cais do Valongo e ali deixavam os escravos expostos de quem se interessasse.

250. (FCC – TRT – 11ª Região – Técnico Judiciário – 2012) A substituição do elemento grifado pelo pronome correspondente, com os necessários ajustes, foi corretamente realizada em:

(A) *Duas figuras merecem atenção* = Duas figuras merecem-na

(B) *poderá atingir a purgação* = poderá lhe atingir

(C) *dissecando a estrutura* = dissecando-la

(D) *provocar compaixão e terror* = provocá-las

(E) *mandou organizar as festas* = mandou organizar-lhes

251. (FCC – TRE-SP – Técnico Judiciário -2012) A substituição do elemento grifado pelo pronome correspondente, com os necessários ajustes no segmento, foi realizada de modo INCORRETO em:

(A) *único veículo que mandava repórteres* = único veículo que os mandava

(B) *Impunha logo respeito* = Impunha-o logo

(C) *fazia questão de anunciar minha presença* = fazia questão de anunciá-la

(D) *um telefone para passar a matéria* = um telefone para passar-lhe

(E) *sugerir caminhos para as etapas seguintes* = sugeri-los

252. (FCC – TRE-SP – Técnico Judiciário -2012) Está empregado corretamente o elemento grifado na frase:

(A) Adoniran Barbosa, a qual primeira tentativa de entrar para o rádio foi malsucedida, tornou-se um grande sucesso nesse veículo.

(B) Em 1935, Adoniran ganhou um concurso com uma marchinha carnavalesca, pela qual foi eleita a melhor marcha do ano.

(C) Nas canções de Adoniran, a linguagem, cujos traços coloquiais são facilmente percebidos, reproduz o modo de falar de certas camadas sociais.

(D) Adoniran Barbosa, o qual verdadeiro nome era João Rubinato, foi considerado pela crítica o maior sambista paulista.

(E) Certas composições de Adoniran, nas quais incluem "Trem das onze" e "Saudosa Maloca", são conhecidas pela maioria dos brasileiros.

253. (FCC – TRE-PR- Técnico Judiciário-2012) O segmento grifado está sendo substituído pelo pronome de modo INCORRETO em:

(A) *teve um impacto ambiental positivo* = teve-o

(B) *que forneciam o óleo dos lampiões e lamparinas* = que o forneciam

(C) *teriam custos proibitivos* = tê-los-iam

(D) *que têm as moléculas* = que têm-las

(E) *já que eles aumentam, o nosso conforto* = já que eles o aumentam

254. (FCC- Tribunal de Contas AP- Analista de controle externo – 2012) *Direitos, por isso, sustentam uma espécie de argumentação pública permanente* [...]

Transpondo a frase acima para a voz passiva, a forma verbal obtida é:

(A) sustentam-se.

(B) é sustentada.

(C) foi sustentada.

(D) sustentara-se.

(E) haviam sido sustentadas.

255. (FCC- Tribunal de Contas AP- Analista de controle externo – 2012) A frase que está em conformidade com a ortografia oficial é:

(A) Não interessa recaptular a indesejável dissensão, mas sim aliviar as tensões agudizadas pelo desnecessário enxerto de questões polêmicas.

(B) Sempre quis ser assessora de moda em lojas, mas eram tantos os empecilhos, que acabou por vencer a ojeriza de coser sob encomenda e, com isso, tornou-se grande costureira.

(C) Endoidescia o marido com seus gastos extravagantes, pois acreditava que o tão desejado charme era questão de plumas e brilhos esplendorosos, de preferência, vindos do exterior.

(D) Quando disse que não exitaria em abandonar o emprego de sopetão e ir relaxar numa praia distante, lhe disseram que seria sandice, mas não conseguiram vencer o fascínio da aventura.

(E) Representava na peça um cafageste que tratava a todos com escárneo, mas sua atuação era sempre tão fascinante que diariamente angariava a simpatia de toda a platéia.

256. (FCC- TRE-SP – Analista Judiciário – 2012) Está **inadequada** a correlação entre tempos e modos verbais no seguinte caso:

(A) Muitos se lembrariam da alegria voraz com que eram disputadas as toneladas da vítima.

(B) Foi salva graças à religião ecológica que andava na moda e que por um momento estabelecera uma trégua entre todos.

(C) Um malvado sugere que se dê por perdida a batalha e comecemos logo a repartir os bifes.

(D) Depois de se haver debatido por três dias na areia da praia a jubarte acabara sendo salva por uma traineira que vinha socorrê-la.

(E) Já informado do salvamento da baleia, o cronista teve um sonho em que o animal lhe surgiu com a força de um símbolo.

257. (FCC- TRT – 11ª Região – 2012) Existe transposição de uma voz verbal para outra em:

(A) Variam os níveis de percepção de uma fotografia = São vários os níveis de percepção de uma fotografia.

(B) As fotografias são uma espécie de espelhos = As fotografias tornam-se uma espécie de espelhos.

(C) A percepção de uma imagem muda com o passar do tempo =0 passar do tempo muda a percepção de uma imagem.

(D) Os olhares hão de descongelar cada imagem = Cada imagem há de ser descongelada pelos olhares.

(E) Certas fotos se assemelham a espelhos = Há espelhos aos quais certas fotos se tornam semelhantes.

258. (FCC- TRT – 11ª Região – 2012) *Estamos vivendo uma época em que a bandeira da discriminação se apresenta em seu sentido mais positivo: trata-se de aplicar políticas afirmativas para promover aqueles que vêm sofrendo discriminações históricas.*

Mantém-se adequada correlação entre tempos e modos verbais com a substituição das formas sublinhadas no trecho acima, na ordem dada, por:

(A) Estávamos – apresentava – tratava-se – vinham

(B) Estaríamos – apresentara – tratava-se – viessem

(C) Estaremos – apresente – tratar-se-ia – venham

(D) Estávamos – apresentou – tratar-se-á – venham

(E) Estaremos – apresentara – tratava-se – viessem

259. (FCC- TRE-CE – Analista Judiciário – 2012) *As demandas, a tensão, a pressa da existência moderna perturbam esse precioso repouso.*

Transpondo-se a frase acima para a voz passiva, a forma verbal resultante será:

(A) tem sido perturbado.

(B) são perturbadas.

(C) perturbam-no.

(D) perturbam-se.

(E) é perturbado.

260. (FCC- TRE-CE – Analista Judiciário – 2012) ... *e ele* pretendia *fazer o terceiro filme seguido lá...*

O verbo flexionado nos mesmos tempo e modo que o grifado acima está em:

(A) *Houve um tempo em que eu...*

(B) *... o sucesso crítico e financeiro de* Match Point *deu origem a outras possibilidades.*

(C) *... mas você gostaria de fazer alguma observação?*

(D) *... estava ligado em comédia...*

(E) *Mas não sinto mais a mesma coisa.*

261. (FCC- TJRJ – Analista Judiciário – 2012) A frase que admite transposição para a voz PASSIVA é:

(A) *Quando a Bem-amada vier com seus olhos tristes...*

(B) *O chapéu dele está aí...*

(C) *... chegou à conclusão de que o funcionário...*

(D) *Leio a reclamação de um repórter irritado...*

(E) *... precisava falar com um delegado...*

262. (FCC- TJRJ – Analista Judiciário- 2012) Está adequada a correlação entre tempos e modos verbais em:

(A) Os cientistas devem, a partir de agora, tratar de mudar o ser humano, mesmo que até hoje não revelariam mais do que um pálido esforço ao buscar compreendê-lo.

(B) O que for de esquerda ou de direita teria sido agora relativizado pelas descobertas do DNA, cujas projeções têm esvaziado essa clássica divisão.

(C) Se os cientistas vierem a se preocupar com as questões ideológicas de que as futuras descobertas se revestissem, terão corrido o risco de partidarizar a ciência.

(D) Felizes são as moscas, que nem precisavam saber nada de política ou de DNA para irem levando sua vida em conformidade com o que a natureza lhes determinasse como destino.

(E) A esquerda já chegou a glorificar a ação de líderes personalistas, cujo autoritarismo obviamente excedia os limites de uma sociedade que se queria justa e igualitária.

263. (FCC- TJRJ – Analista Judiciário- 2012) *... dia em que a circulação* duplicava.

O verbo flexionado nos mesmos tempo e modo em que se encontra o grifado acima está em:

(A) *... e já fez muitas moçoilas e rapazes barbados chorarem.*

(B) *... editaria a obra às próprias custas ...*

(C) *... a produção jornalística é pouco divulgada.*

(D) *Macedo era mesmo um agitador.*

(E) *Nosso escritor usaria de suas boas relações ...*

264. (FCC – TRE-PR – Analista Judiciário – 2012) *Há 40 anos,* a mais célebre crítica de cinema dos Estados Unidos, Pauline Kael (1919-2001), publicava seu artigo mais famoso.

Transpondo a frase destacada para a voz passiva, a forma verbal encontrada é:

(A) publicaram.

(B) havia sido publicado.

(C) publicou-se.

(D) tinha publicado.

(E) era publicado.

265. (FCC – TJ-RJ – Técnico de Atividade Judiciária – 2012) Fomos *uma geração de bons meninos.*

O verbo empregado nos mesmos tempo e modo que o grifado acima está em:

(A) *Nos anos de 1970 e 80 ainda surgiram heróis interessantes...*

(B) *Os heróis eram o exemplo máximo de bravura, doação pessoal e virtude.*

(C) *Atualmente não sei.*

(D) *Gibis abasteciam de ética o vasto campo da fantasia infantil...*

(E) *... mas alguns parecem cheios de rancor...*

266. (FCC – TJ-RJ – Técnico de Atividade Judiciária – 2012) *... justamente onde funcionavam as principais repartições públicas da Colônia.*

O verbo flexionado nos mesmos tempo e modo em que se encontra o grifado acima está em:

(A) *O tráfico negreiro, por si só, era um dos setores mais dinâmicos da economia.*

(B) *O Valongo deixou de ser porto negreiro em 1831 ...*

(C) *Os historiadores estimam ...*

(D) *... a prefeitura pôs em execução uma ampla reforma da decadente zona portuária.*

(E) *... os burocratas começaram a ficar perturbados ...*

267. (FCC – TJ-RJ – Técnico de Atividade Judiciária – 2012) O verbo que NÃO admite transposição para a voz passiva está em:

(A) *... a República aterrou aquela zona ...*

(B) *O Cais do Valongo ficava longe da vista dos cariocas ...*

(C) *... a prefeitura pôs em execução uma ampla reforma...*

(D) *... uma equipe de pesquisadores do Museu Nacional encontrou o piso do Cais do Valongo.*

(E) *... e a cobriu com ruas e praças.*

268. (FCC – TJ-RJ – Técnico de Atividade Judiciária – 2012) Está adequada a flexão de todos os verbos da frase:

(A) É possível que ele requera imediatamente sua aposentadoria; otimista, espera que o pedido não lhe seja denegado.

(B) O autor estaria disposto a trabalhar no que lhe conviesse, depois de aposentado, para assim imunizar-se contra os males do ócio.

(C) Se o autor manter com disciplina o cômputo diário do que resta para aposentar-se, fará contas pelos próximos seis meses e 28 dias.

(D) Se nos propormos a trabalhar depois de aposentados, evitaremos os males que costumam acometer os ociosos.

(E) Os que haverem de se aposentar proximamente serão submissos a uma averiguação, a fim de serem saldadas as dívidas pendentes.

269. (FCC – TJ-RJ – Técnico de Atividade Judiciária – 2012) *As ruas estavam ocupadas pela multidão...*

A forma verbal resultante da transposição da frase acima para a **voz ativa** é:

(A) ocupava-se.

(B) ocupavam.

(C) ocupou.

(D) ocupa.

(E) ocupava.

270. (FCC – TRT – 11ª Região – Técnico Judiciário – 2012) ... acentua *seu significado estético, cívico e moral.*

O verbo conjugado nos mesmos tempo e modo que o grifado na frase acima está em:

(A) *Ainda que existam estudos modernos levantando a hipótese...*

(B) *Duas figuras merecem atenção na fase primitiva do teatro grego...*

(C) *De forma competitiva, passaram a ser realizadas durante seis dias na primavera.*

(D) *Aristóteles deixou-nos o primeiro documento básico de teoria teatral...*

(E) *... de que a tragédia grega teria tido sua origem em rituais fúnebres...*

271. (FCC – TRT – 11ª Região – Técnico Judiciário – 2012) *... uma cena da vida cotidiana, uma paisagem ou natureza morta poderiam constituir uma grande pintura tanto quanto uma imagem da história ou do mito.*

Transpondo-se a frase acima para a voz passiva, a forma verbal resultante será:

(A) poderiam serem constituídas.

(B) poderia vir a ser constituída.

(C) teria podido constituir.

(D) poderia ser constituída.

(E) poderiam ter sido constituídas.

272. (FCC – TRE-SP – Técnico Judiciário – 2012) *Muitos anos depois, ele morreria num acidente de helicóptero, em Angra dos Reis, no Rio, e seu corpo desapareceria no mar para sempre.*

Com relação aos verbos grifados acima, é correto dizer que o emprego do tempo e modo em que estão conjugados indica

(A) ação posterior à época de que se fala.

(B) incerteza sobre fato passado.

(C) ação ocorrida antes de outra passada.

(D) fato que depende de certa condição.

(E) forma polida de abordar um fato trágico.

273. (FCC – TRE-SP – Técnico Judiciário -2012) Ainda que os modernistas de 1922 não se ...... componentes de uma escola, nem ...... ter postulados rigorosos em comum, um grande desejo de expressão livre os unificava.

Na frase acima, com que se reescreve parte do início do texto, a correção será mantida caso a conjugação dos verbos originalmente empregados ***consideraram*** e ***afirmaram*** for modificada de modo que as formas verbais resultantes sejam, respectivamente:

(A) considerarem e afirmarem.

(B) considerassem e afirmassem.

(C) consideravam e afirmavam.

(D) considerariam e afirmariam.

(E) considerar e afirmar.

274. (FCC – TRE-SP – Técnico Judiciário -2012) *... ao fazer isto, ele exprimiu a realidade tão paulista do italiano recoberto pela terra e do brasileiro das raízes europeias.*

Transpondo-se a frase acima para a voz passiva, a forma verbal resultante será:

(A) foi expressa.

(B) exprimia-se.

(C) é exprimida.
(D) vem sendo exprimida.
(E) era expressa.

275. **(FCC - TRE-SP - Técnico Judiciário -2012)** *Já* tenho lido *que ele usa uma língua misturada de italiano e português.*

No segmento grifado acima, Antonio Candido usou determinada forma verbal que poderia ser substituída, sem prejuízo para correção e a lógica, por:

(A) li.
(B) lia.
(C) lera.
(D) leria.
(E) leio.

276. **(FCC - TRE-SP - Técnico Judiciário -2012)** *... em que as melhores cadências do samba e da canção* se aliaram *com naturalidade às deformações normais de português brasileiro...*

O verbo flexionado nos mesmos tempo e modo que o grifado acima está em:

(A) *São Paulo muda muito...*
(B) *... para nos porem no Alto da Mooca...*
(C) *Talvez João Rubinato não exista...*
(D) *... Adoniran não a deixará acabar...*
(E) *Mas a cidade que nossa geração conheceu...*

277. **(FCC - TRE-SP - Técnico Judiciário -2012)** Se eu perder esse trem, que sai agora às onze horas, só. .... pegar outro trem amanhã de manhã.

A forma verbal que preenche corretamente a lacuna da frase acima, em que foram reescritos em prosa alguns versos de Adoniran, é:

(A) conseguiria.
(B) conseguirei.
(C) conseguia.
(D) consegui.
(E) consiga.

278. **(FCC - TRE-PR- Técnico Judiciário-2012)** *Na Antiguidade, os egípcios* tinham *nas letras um objeto sagrado, inventado pelos deuses.*

O verbo flexionado nos mesmos tempo e modo em que se encontra o grifado acima está em:

(A) *Por meio da observação do cérebro de crianças e adultos, verificou-se de forma bastante clara ...*
(B) *... que o ato de escrever desencadeia ligações entre os neurônios ...*
(C) *Com a digitação, essa área fica inativa.*
(D) *... a caligrafia constava entre as habilidades avaliadas nos exames de admissão do antigo ginásio até a década de 70 ...*
(E) *... entre as gerações que chegam aos bancos escolares*

279. **(FCC - TRE-PR- Técnico Judiciário-2012)** *... do antigo ginásio até a década de 70, e* era ensinada *com esmero na sala de aula.*

A forma verbal que mantém o sentido e a correção da que está grifada acima é:

(A) ensinavam.

(B) se ensinava.

(C) foi se ensinando.

(D) tinham-se ensinado.

(E) teria sido ensinado.

280. (FCC – TRE-PR- Técnico Judiciário-2012) ... *que forneciam o óleo dos lampiões e lamparinas, caiu drasticamente.*

O emprego das formas verbais grifadas acima indica, respectivamente,

(A) ação contínua no passado e fato consumado.

(B) hipótese que pode ser comprovada e declaração prolongada no tempo.

(C) ideia aproximada e fato que acontece habitualmente.

(D) fato anterior a outro também passado e ação repetida.

(E) fato terminado e declaração enfática de um fato.

281. (FCC – Analista Judiciário – TRT-2011) Está adequado o emprego de **ambos** os elementos sublinhados na frase:

(A) Os recursos da internet, dos quais podemos nos valer a qualquer momento, permitem veicular mensagens por cujo conteúdo seremos responsáveis.

(B) Artistas plásticos, que suas obras lhes interessa divulgar, frequentam os espaços da internet, mediante aos quais promovem a divulgação de seu trabalho.

(C) Jornalistas veteranos, de cujas colunas tantos leitores já frequentaram, passaram a criar seus próprios *blogs*, pelos quais acrescentam uma dose de subjetivismo.

(D) É comum que, num *blog*, os assuntos públicos, a cujo interesse social ninguém duvida, coabitem aos assuntos particulares, que a poucos interessará.

(E) As múltiplas formas de linguagem com que o autor de um *blog* pode lançar mão obrigam-no a se familiarizar com técnicas de que jamais cogitou dominar.

282. (FCC – Analista Judiciário – TRT-2011) Transpondo-se para a voz passiva a frase *Hoje a autoria institucional enfrenta séria concorrência dos autores anônimos*, obter-se-á a seguinte forma verbal:

(A) são enfrentados.

(B) tem enfrentado.

(C) tem sido enfrentada.

(D) têm sido enfrentados.

(E) é enfrentada.

283. (FCC – Analista Judiciário – TRT-2011) Está plenamente adequada a correlação entre tempos e modos verbais na frase:

(A) As leis de perfeição teriam por objeto mais a bondade do homem que as seguisse do que a da sociedade na qual fossem observadas.

(B) As leis de perfeição tinham por objeto mais a bondade dos homens que as seguir do que a da sociedade na qual serão observadas.

(C) As leis de perfeição terão por objeto mais a bondade dos homens que as tivessem seguido do que a da sociedade na qual terão sido observadas.

(D) As leis de perfeição teriam por objeto mais a bondade do homem que as siga do que a da sociedade na qual têm sido observadas.

(E) As leis de perfeição terão tido por objeto mais a bondade do homem que viesse a segui-las do que a da sociedade na qual fossem observadas.

284. **(FCC – Técnico Judiciário – TRT – 3ª Região – 2010)** Está adequada a correlação entre tempos e modos verbais na frase:

(A) Se alguém vier a desobedecer a LRF arriscar-se-ia a perder o mandato, a ter os direitos políticos cassados ou mesmo a ser preso.

(B) Pretende-se que a lei represente um sério obstáculo para quem se propuser a fazer despesas sem qualquer critério.

(C) Deve-se entender que a LRF tivesse representado sérios entraves a quem desejar envolver-se com a corrupção.

(D) Muitos prefeitos teriam alegado que as verbas de que dispusessem estão sendo utilizadas para cobrir dívidas passadas.

(E) A partir de sua promulgação, a LRF tem permitido que os membros da oposição passariam a ter acesso à fiscalização das contas públicas.

285. **(FCC – Técnico Judiciário – TRT – 3ª Região – 2010)** *Agrotóxicos despejados por avião são levados pelo vento...* (4º parágrafo)

Há também emprego de voz passiva no segmento que se encontra em:

(A) *... que donde só se tira e não se põe ...*

(B) *... os habitantes da comunidade quilombola de Mumbuca descobriram o capim-dourado ...*

(C) *... o Cerrado do "seo" Samuca está minguando e tende a desaparecer.*

(D) *... é que entra governo e sai governo ...*

(E) *... se abandonarmos nosso conformismo e nossa proverbial omissão.*

286. **(FCC – Técnico Judiciário – TRT – 3ª Região – 2010)** *Pena que todo o entorno do parque foi drenado para permitir a plantação de soja.* (4º parágrafo)

Para ser respeitado o padrão culto da Língua, o emprego da forma verbal grifada acima passaria a

(A) se drenou.

(B) tinham drenado.

(C) fora drenado.

(D) tenha sido drenado.

(E) havia sido drenado.

287. **(FCC – Analista Judiciário – TJAP – 2009)** O pessimismo não é raro, nem difícil; encontramos o pessimismo por toda parte, pois não faltam, em nosso cotidiano, razões para que se alimente o pessimismo em suas versões mais drásticas, assim como não fazem questão de abandonar o pessimismo aqueles que acabaram se acostumando com ele.

Evitam-se as viciosas repetições do texto acima substituindo- se os elementos sublinhados, na ordem dada, por:

(A) encontramo-lo – se o alimente – abandoná-lo

(B) encontramo-lo – se lhe alimente – o abandonar

(C) o encontramos - se alimente-o - lhe abandonar

(D) encontramos-lhe - alimente-se a ele - abandoná-lo

(E) lhe encontramos - se o alimente - abandonar-lhe

288. (FCC - Analista Judiciário - TJSE - 2009) Invenções? Sempre houve invenções, assim como sempre houve quem interpretasse as invenções como lampejos de gênio, porém é mais sensato que não se atribuam às invenções características milagrosas.

Evitam-se as viciosas repetições do texto acima substituindo-se os elementos sublinhados, na ordem dada, por:

(A) houve elas / lhes interpretasse / não se as atribuam

(B) houve-as / as interpretasse / não atribuam-se-lhes

(C) houve estas / lhes interpretasse / não lhes atribuam

(D) as houve / intepretasse-lhes / se não lhes atribuam

(E) as houve / as interpretasse / não se lhes atribuam

289. (IESES - Analista Judiciário - TJMA - 2009) Considere as frases abaixo.

I. Desenvolveu-se o Maranhão, de 1889 a 1930, sobretudo nos setores têxtil e do beneficiamento do arroz e da cana-de-açúcar.

II. Nas primeiras décadas do século XIX entraram no Maranhão levas de migrantes que se estabeleceram nos vales dos rios Mearim e Pandaré.

III. Em 1641 os holandeses invadiram São Luís; não se demoraram ali por mais de três anos.

IV. Quem teria lhe falado sobre a nova invasão holandesa no Maranhão, agora de turistas?

Assinale a alternativa **INCORRETA**, em relação ao emprego dos pronomes, tendo em vista a norma culta da língua.

(A) A negação sempre atrai pronome; o item III está correto.

(B) A ênclise é obrigatória, quando o verbo inicia oração; o item I está correto.

(C) O item II está correto, pois o que sempre atrai pronome.

(D) O futuro do indicativo admite ênclise; o item IV está correto.

290. (FCC - Analista Judiciário - TJPI - 2009) Está correto o emprego do elemento sublinhado na frase:

(A) Os operadores controlam um capital especulativo, em cujos rendimentos representam uma incógnita.

(B) São impulsos eletrônicos, sobre os quais há pouco ou nenhum controle, que comandam as operações das bolsas.

(C) Os operadores das bolsas preferem apostar do que investir dinheiro em empreendimentos mais produtivos.

(D) A idade dos operadores das bolsas sugere o ímpeto de que as operações de investimento são executadas.

(E) Os adeptos da física quântica julgam que o acaso é também um princípio, do qual o comportamento da matéria não é alheio.

291. (FCC - Analista Judiciário - TJAP - 2009) Está correto o emprego de **ambos** os elementos sublinhados na frase:

(A) Otário é você, que confia de que Obama faça um governo competente, de cujo não há ainda qualquer indício.

(B) Prefira-se morar em Beverly Hills do que morar em Darfur; a esta região falta tudo o que aquela não falta.
(C) Esses doutores, de cujo pessimismo todos conhecem, estão sempre aplicados com a difusão fascinada dos horrores.
(D) É como se a barbárie e a crueldade, às quais esses doutores assistem com indiferença, fossem fenômenos cujo horror devesse ser naturalizado.
(E) O autor está convicto que tais doutores representam um radical pessimismo, de cujo parecem orgulhar-se de ostentar.

292. **(FCC – Analista Judiciário – TJSE – 2009)** Há casos de invenção tecnológica ...... se pode perceber uito bem o processo ...... se chega a uma criativa eciclagem.

Preenchem corretamente as lacunas da frase acima, na rdem dada:

(A) em cujos / do qual
(B) aonde / de cujo
(C) aos quais / de onde
(D) nos quais / pelo qual
(E) dos quais / com cujo

293. **(FCC – Analista Judiciário – TJAP – 2009)** Transpondo-se para a voz passiva a construção dada, chega-se à forma verbal indicada entre parênteses em:

(A) *para constatar que vivemos num mundo bárbaro (...)* (***seja constatado***)
(B) *Quanto mais chocarem o pensamento corrente (...)* (***estiver chocando***)
(C) *bom defender a Amazônia (...)* (***tenha sido defendida***)
(D) *virou moda anunciar uma espécie de visão trágica (...)* (***ter anunciado***)
(E) *Ouço um risinho (...)* (***foi ouvido***)

294. **(FCC – Analista Judiciário – TJAP – 2009)** Está adequada a correlação entre tempos e modos verbais na frase:

(A) Será preciso manifestar-se um grande gênio para que se viesse a ter conhecimento dos males que assolam nosso mundo?
(B) Fosse preciso viver em Darfur para depois desfrutar do nível de vida de Beverly Hills, a muita gente ocorreria passar algum tempo naquela região.
(C) Ninguém precisará viver num campo de refugiados, se quisesse conhecer a fundo a miséria humana, com seu repertório de violências.
(D) A vitória de Obama passou a representar, para um sem-número de pessoas, uma perspectiva de mudança com que elas já não contassem.
(E) Aquele que vier a confundir esperança com ingenuidade provavelmente nunca se interessasse em distinguir entre oportunismo e pessimismo.

295. **(FCC – Analista Judiciário – TJSE – 2009)NÃO é possível transpor para a voz passiva a seguinte construção:**

(A) Florença, com seu ciclo artístico, serve como exemplo.
(B) Isaac Newton não descobriu a lei da gravidade por causa de uma maçã.
(C) A pintura florentina ampliou os horizontes da arte.
(D) Gutenberg adaptou a prensa de vinho a uma nova função.
(E) O caso exemplifica uma reciclagem.

296. **(FCC – Analista Judiciário – TJSE – 2009)** Está plenamente adequada a correlação entre tempos e modos verbais na frase:

(A) Muitas pessoas pensavam e escreviam sobre as maneiras pelas quais possam estimular, medir e gerir a inovação.

(B) Algumas pessoas acreditavam que a inovação pudesse ser encorajada por meio da criação de centros de pesquisa.

(C) Suspeitávamos que a visão da era do romantismo continuara a prevalecer até os nossos dias.

(D) Pena que não exista uma visão alternativa da qual poderemos todos ter vindo a compartilhar.

(E) Seria mais esclarecedor se substituirmos a metáfora "onda cerebral" por outra que de fato terá sido mais apropriada.

297. **(IESES – Técnico Judiciário – TJMA – 2009)** Em Quando uma supergripe chegar, serão necessários estoques de vacinas – há correlação (harmonia) entre os tempos verbais empregados: respectivamente, futuro do subjuntivo e futuro do presente do indicativo.

Assinale a alternativa com a frase em que **NÃO EXISTE** correlação entre os tempos verbais apresentados.

(A) Caso fiquemos perto de um infectado que espirrasse ou tossisse, estaríamos infectados.

(B) Se eu não estivesse imunizado contra a gripe, tocasse em alguém ou em um objeto contaminado e levasse a mão ao rosto, poderia ser contaminado.

(C) Desejamos que todos tenham compreendido a importância de combater a gripe suína.

(D) A Vigilância Sanitária alerta a população para que auxilie no combate ao vírus da gripe.

298. **(AOCP – Analista Judiciário – TER-RO – 2009)** "Vale tudo para que o sonho de dormir juntinho não vire um pesadelo."

A forma verbal destacada se encontra conjugada no

(A) futuro do pretérito do modo indicativo.

(B) futuro do presente do modo indicativo.

(C) presente do modo subjuntivo.

(D) presente do modo indicativo.

(E) futuro do presente do modo subjuntivo.

299. **(FCC – Analista Judiciário – TRT da 16ª. Região – 2009)** Está adequada a correlação entre tempos e modos verbais na frase:

(A) O autor nos lembra que as velhas fitas cassetes, com o uso constante, enrolavam-se e mascavam-se, o que logo as tinha tornado obsoletas.

(B) Caso fosse outro o tema do congresso realizado em Veneza, o autor, amante dos livros, provavelmente não o havia tomado para comentar.

(C) Terá sido uma surpresa para muita gente inteirar-se do fato de que, antigamente, livros se confeccionarão com papel feito de trapos.

(D) Talvez a ninguém ocorresse, antes de ler esse texto, que a durabilidade dos velhos livros pudesse ser reconhecidamente superior à dos novos suportes.

(E) A cada vez que surge um novo suporte de informações, ter-se-ia a impressão de que ele se revelasse o mais seguro e mais duradouro.

300. **(FCC – Analista Judiciário – TRT da 16ª. Região – 2009)** *Os suportes modernos parecem criados mais para a difusão do que para a conservação das informações.*

Preserva-se o sentido essencial da frase acima nesta outra correta redação:

(A) Difundir, mas não conservar, eis o que se conclui acerca dos suportes modernos, criados para vincular informações.

(B) Criados os suportes modernos, revelaram-se mais produtivos quanto à difusão do que para conservar as informações.

(C) É na difusão, e não na conservação das informações, que os suportes modernos revelam maior eficácia.

(D) Uma vez que foram criados para difundir informações, os suportes modernos tem sua conservação muito menos eficaz.

(E) Embora criados para difundir e conservar as informações, os suportes modernos não revelam a mesma eficácia.

301. (FCC – Analista Judiciário – TRT da 18ª. Região – 2009) Está adequada a correlação entre os tempos e modos verbais na frase:

(A) Ainda recentemente, não se poderia imaginar que uma viagem de ônibus venha a ser tão atribulada.

(B) A cada vez que se colocar um filme no ônibus, a expectativa seria a de que todos passam a ouvir tiros e gritos.

(C) Os que usam fone de ouvido talvez não imaginem que uma chiadeira irritante fique a atormentar os ouvidos do vizinho.

(D) Quem não quiser conhecer os detalhes da vida doméstica de alguém, há de tapar os ouvidos quando tocava o celular.

(E) Muita gente não distingue a versão eletrônica de uma sinfonia que tocasse no celular da versão original que um Mozart tem criado.

302. (FCC – Analista Judiciário – TRT da 18ª. Região – 2009) Transpondo-se para a voz ativa a frase ***Nossos reveses podem ser consolados pela palavra amiga***, a forma verbal resultante será:

(A) terá consolado.

(B) hão de consolar-se.

(C) poderiam consolar.

(D) pode consolar.

(E) haverá de consolar.

303. (FCC – Analista Judiciário – TRT da 7ª. Região – 2009) Transpondo para a voz passiva a construção *Darcy Ribeiro (...) não admitiria a alternativa*, a forma verbal resultante será

(A) teria sido admitida.

(B) seria admitida.

(C) teria admitido.

(D) fora admitida.

(E) haveria de admitir.

304. (FCC – Analista Judiciário – TRT da 7ª. Região – 2009) Está plenamente adequada a correlação entre tempos e modos verbais na seguinte frase:

(A) Enquanto se davam os protestos contra o G-8, a imprensa entrevistara políticos de esquerda cuja atuação marcou o ano de 1968.

(B) Mario Capanna liderara o movimento estudantil e cobrava agora, dos jovens que se manifestavam, maior clareza nas posições políticas.

(C) O antigo líder estudantil, que se caracterizou por uma posição stalinista, notara que os jovens manifestantes não assumissem novas propostas.

(D) Também eu, afirmou o autor, posso manifestar-me com cada um dos que compusessem essa massa contestária que desfila pelas ruas genovesas.

(E) O autor deixou claro que há ecologistas cujas posições se caracterizariam pela rigidez e radicalismo com que fizessem suas reivindicações.

305. **(FCC – Analista Judiciário – TRT da 7ª. Região – 2009)** Quanto ao emprego das formas verbais e ao tratamento pessoal, está plenamente correta a frase:

(A) Vai, junta-te àquele grupo de manifestantes e depois dize-me o que achaste.
(B) Ide, juntem-se àquele grupo de manifestantes e depois dizei-me o que achastes.
(C) Queremos que Vossas Senhorias vos junteis àquele grupo de manifestantes e depois digai-nos o que acharam.
(D) Queremos que Suas Excelências juntai-vos àquele grupo de manifestantes e depois dizei-nos o que achásseis.
(E) Senhores, vão juntar-se àquele grupo de manifestantes e depois dizei-nos o que acharam

306. **(FCC – Técnico Judiciário – TJPI – 2009)** ... *que o consumidor* desenvolva *a consciência de seu papel e de sua importância para a economia nacional.*

O verbo flexionado nos mesmos tempo e modo que o do grifado acima encontra-se na frase:

(A) ... *diferentemente do que se imaginava no início ...*
(B) ... *vê-se que tanto os consumidores quanto as empresas ...*
(C) ... *para que se tenha um mercado de consumo de qualidade, justo e equilibrado.*
(D) *Mas só isso não basta ...*
(E) ... *precisa mudar seus hábitos de consumo ...*

307. **(FCC – Técnico Judiciário – TJPI – 2009)** ... *e aos poucos* se cobrem *de algas, moluscos e crustáceos.*

A forma verbal que substitui corretamente a grifada acima, respeitando o sentido original, é:

(A) vão cobrir.
(B) tinha coberto.
(C) são cobertos.
(D) vai ser coberto.
(E) estarão cobertos.

308. **(FCC – Analista Judiciário – TRF da 5ª. Região – 2008)** Está adequada a correlação entre tempos e modos verbais na frase:

(A) Nem bem o autor acabou de ler o texto daquele ***blog*** e encontrara nele idéias que se assemelhassem às suas.
(B) Se todos fossem otimistas de coração, não haverá razão para que se lamente o pessimismo que se aloje na consciência.
(C) Por mais que o autor insistiu em sua tese, eu não deixava de manter a clássica divisão entre pessimistas e otimistas.
(D) Se o marido continuasse a insistir em ameaçar a esposa que julgasse traí-lo, certamente os policiais terão tomado enérgicas providências.
(E) Uma vez transmitida a notícia de que o presidente do pequeno país asiático sofrera um atentado, houve grandes e indignados protestos.

309. **(FCC – Analista Judiciário – TRT da 19ª. Região – 2008)** Transpondo-se para a voz passiva a frase *Nesta visão, os valores morais dariam o balizamento do agir*, a forma verbal resultante deverá ser:

(A) seria dado.
(B) teriam dado.
(C) seriam dados.
(D) teriam sido dados.
(E) fora dado.

310. (FCC – Analista Judiciário – TRT da 19ª. Região – 2008) Está correta a articulação entre os tempos e os modos verbais na frase:

(A) Se o moralizador vier a respeitar o padrão moral que ele impusera, já não podia ser considerado um hipócrita.
(B) Os moralizadores sempre haveriam de desrespeitar os valores morais que eles imporão aos outros.
(C) A pior barbárie terá sido aquela em que o rigor dos hipócritas servisse de controle dos demais cidadãos.
(D) Desde que haja a imposição forçada de um padrão moral, caracterizava-se um ato típico do moralizador.
(E) Não é justo que os hipócritas sempre venham a impor padrões morais que eles próprios não respeitam.

311. (CESPE – UNB- Analista Judiciário – TRT da 1ª. Região – 2008) O texto apresenta uma oração na voz passiva no trecho

(A) "A série de dados do CAGED tem início em 1992" .
(B) "o crescimento no número de empregos formais criados foi de 38,7%" .
(C) "'Pode haver uma diminuição na escalada de compra de bens duráveis'" .
(D) 'Os preços dos bens duráveis (...) não estão aumentando'
(E) "No caso da indústria de transformação, por exemplo, foram criadas 146 mil vagas" .

312. (FCC – Técnico Judiciário – TRT da 5ª. Região – 2008) *A floresta de 4,2 milhões de quilômetros quadrados* <u>é habitada</u> *por centenas de milhares de plantas ...*

Transpondo para a voz ativa a frase acima, a forma verbal grifada passará a ser, corretamente:

(A) habitam.
(B) habitou.
(C) habitava.
(D) tinha habitado.
(E) eram habitadas.

313. (CESGRANRIO – Analista Judiciário – TJRO -2008)As formas verbais estão corretamente conjugadas em

(A) Escreve nesta folha o que você achou da proposta.
(B) É indispensável que todos os interessados fazem a sua parte.
(C) Todas as pessoas que veem a Amazônia ficam deslumbradas.
(D) Quando a Fundação propor um programa de preservação, a população aplaudirá.
(E) Espero que as pessoas se precavenham contra a destruição da floresta.

314. (TJ-SC – Técnico em computação – TJSC – 2007) Observando as proposições abaixo, assinale a alternativa em que a ocorrência do pronome oblíquo obedece à norma culta da língua:

I. A cada dia contraem-se novas dívidas.
II. Eu lhe amo muito.
III. – Não entregaram o relatório a Vossa Senhoria?
– Não, não no-lo entregaram.
IV. No processo, não ficou comprovada nenhuma ligação entre tu e ela.
V. Vou-te devolver a caneta após a prova.

(A) II, III, IV

(B) I, IV
(C) II, IV, V
(D) I, III, V

315. (FUNDEP - Técnico Judiciário - TJMG - 2007) A alteração da colocação pronominal acarreta erro em

(A) "E, todavia, os pais se vêem cada vez mais compelidos [...]"
E, todavia, os pais vêem-se cada vez mais compelidos [...]
(B) "[...] que Baudelaire, para, há século e meio, descrevê-lo, comparou-se [...]"
[...] que Baudelaire, para o descrever, há século e meio, comparou-se [...]
(C) "[...] se a família os ocupar com atividades, os filhos terão mais facilidades na vida."
[...] se a família ocupá-los com atividades, os filhos terão mais facilidades na vida.
(D) "[...] sentir o tédio [...] para se manifestar em grande escala."
[...] sentir o tédio [...] para manifestar-se em grande escala.

316. (FCC - Analista Judiciário - TRF 4ª. Região - 2007) A expressão **com que** preenche corretamente a lacuna da frase:

(A) As ficções, sobretudo as da meninice, ... o autor tanto conviveu e se impressionou, marcaram-no para sempre.
(B) O exemplo de "O Caçador de Pipas", ... devemos atentar, é um caso de particularismo cultural que imediatamente se universaliza.
(C) A "mágica da ficção" é um efeito artístico ...... o autor, já em seus primeiros contatos com esse universo, demonstrou sua preferência.
(D) As experiências da vida comum, ... muita gente não atribui valor especial, revelam-se extraordinárias ao ganhar forma artística.
(E) O entusiasmo .... o autor demonstrou pelas ficções prova sua convicção quanto à verdade expressa pelas artes.

317. (FCC - Analista Judiciário - TRF 4ª. Região - 2007) Transpondo-se para a voz passiva a frase *transmiti o respeito de meus pais pelas ficções*, a forma verbal resultante será

(A) fora transmitido.
(B) transmitiram-se.
(C) foi transmitido.
(D) terá sido transmitido.
(E) transmitiram-me.

318. (FCC - Analista Judiciário - TRF 3ª. Região - 2007) Todas as formas verbais estão corretamente flexionadas no contexto da seguinte frase:

(A) Se não nos entretermos com as ficções de nossas telas, dizem algumas pessoas, com que se preencherá nosso tempo ocioso?
(B) Quando finalmente convirmos em que os sonhos são estimulantes e necessários, a eles recorreremos para combater nosso excessivo pragmatismo.
(C) Já que aos adolescentes de ontem aprouve cultivar tantos sonhos, por que os de hoje terão abdicado do direito a todos os devaneios?
(D) Se as ficções não nos provissem de tantas imagens e informações, teríamos mais tempo para criar nossas próprias fantasias.
(E) As sucessivas gerações já muito se contradizeram, por força da diversidade de seus sonhos, ao passo que a de hoje parece ter renunciado a todos eles.

319. (FUNDEP - Técnico Judiciário - TJMG - 2007) "Se não existisse o tédio, não haveria, por exemplo, tantas empresas de entretenimento e tantas fortunas decorrentes delas."

Alterando-se os tempos verbais, haverá erro de coesão em

(A) Não existindo o tédio, não haveria, por exemplo, tantas empresas de entretenimento e tantas fortunas decorrentes delas.
(B) Se não existe o tédio, não terá havido, por exemplo, tantas empresas de entretenimento e tantas fortunas decorrentes delas.
(C) Se não existir o tédio, não vai haver, por exemplo, tantas empresas de entretenimento e tantas fortunas decorrentes delas.
(D) Se não tivesse existido o tédio, não teria havido, por exemplo, tantas empresas de entretenimento e tantas fortunas decorrentes delas.

320. (FUNDEP - Técnico Judiciário - TJMG - 2007) A forma ativa correspondente a "[...] Elas não precisam ser entretidas pelos adultos [...]" é

(A) Não se precisou entreter as crianças.
(B) Os adultos não as entretêm.
(C) Os adultos não as vão entreter.
(D) Os adultos não precisam entretê-las.

321. (FCC - Técnico Judiciário - TJPE - 2007) *... a aceleração é uma escolha que <u>fizemos</u>.*

O verbo flexionado nos mesmos tempo e modo em que se encontra o grifado acima, está em:

(A) *E quem disse que ...*
(B) *... queremos mais velocidade.*
(C) *... deixam as coisas mais rápidas.*
(D) *... cujos sintomas seriam a alta ansiedade ...*
(E) *Os primeiros modelos se moviam a vinte centímetros*

322. (FCC - Técnico Judiciário - TJPE - 2007) . *... que antecipam a chegada do elevador.*

Transpondo-se a frase acima para a voz passiva, a forma verbal correta passa a ser:

(A) antecipa.
(B) é antecipada.
(C) foi antecipada.
(D) tinha antecipado.
(E) foram antecipadas.

323. (FCC - Técnico Judiciário - TJPE - 2007) ... que, sem ele, <u>permaneceriam</u> desconhecidos para sempre ...

O emprego da forma verbal grifada acima indica, no contexto,

(A) prolongamento de um fato que se realiza até o momento presente.
(B) admiração concreta por ter sido possível a realização de um fato.
(C) idéia aproximada a realizar-se num futuro próximo.
(D) possibilidade de realização de um fato, na dependência de uma condição.
(E) declaração real com limites imprecisos de tempo.

324. (FCC - Analista Judiciário - TRF - 2006) A expressão **com que** preenche corretamente a lacuna da frase:

(A) Foi dura, mas justa, a réplica ..... Sergio Pastrana se valeu, em desagravo à dignidade do país.

(B) Foi grande a repercussão ..... obteve o editorial da revista entre pesquisadores latino-americanos.

(C) A muitos cubanos ofenderam os termos ...... o editorial se referiu ao futuro do pais.

(D) As grandes potências costumam ser presunçosas quando analisam o tipo de sociedade ...... os pequenos países escolheram construir.

(E) A revista britânica esqueceu-se de que os cubanos notabilizaram-se pelo sentimento de solidariedade ...... já demonstraram nas últimas décadas.

325. **(FCC – Analista Judiciário – TRE-SP – 2006)** Está correto o emprego de **ambas** as expressões sublinhadas na frase:

(A) O autor do texto, de cuja convicção é que estamos longe do desenvolvimento social, desconfia dos avanços tecnológicos com os quais muita gente demonstra plena admiração.

(B) A modernidade técnica, na qual o autor faz suas restrições, não trouxe consigo o desenvolvimento social pelo qual tantos aspiram.

(C) Muita gente acredita de que a tecnologia serve a todos, quando o que os fatos têm demonstrado é de que ela acaba servindo aos mesmos privilegiados de sempre.

(D) O escritor a cujo nome se faz referência no texto foi um dos expoentes do movimento abolicionista brasileiro, ao qual aderiram muitos outros homens ilustres do século XIX.

(E) É tal a velocidade em cuja vêm ocorrendo os avanços tecnológicos que os homens nem têm tempo para pensar nos excluídos, naqueles para quem essa velocidade não beneficia.

326. **(FCC – Analista Judiciário – TRE-SP – 2006)** Está correto o emprego de **ambas** as expressões sublinhadas na frase:

(A) O autor do texto, **de cuja** convicção é que estamos longe do desenvolvimento social, desconfia dos avanços tecnológicos **com os quais** muita gente demonstra plena admiração.

(B) A modernidade técnica, **na qual** o autor faz suas restrições, não trouxe consigo o desenvolvimento social **pelo qual** tantos aspiram.

(C) Muita gente acredita **de que** a tecnologia serve a todos, quando o que os fatos têm demonstrado é **de que** ela acaba servindo aos mesmos privilegiados de sempre.

(D) O escritor **a cujo** nome se faz referência no texto foi um dos expoentes do movimento abolicionista brasileiro, **ao qual** aderiram muitos outros homens ilustres do século XIX.

(E) É tal a velocidade **em cuja** vêm ocorrendo os avanços tecnológicos que os homens nem têm tempo para pensar nos excluídos, naqueles **para quem** essa velocidade não beneficia.

327. **(FCC – Analista Judiciário – TRF – 2006)** A frase que admite transposição para a voz passiva é:

(A) O país pode chegar a uma situação caótica.

(B) O editorial é um desrespeito à soberania cubana.

(C) A atenção do Estado cubano para com a saúde popular é exemplo para todos.

(D) Houve indignação e protestos contra o editorial da revista.

(E) Cuba tem auxiliado países vítimas de catástrofes.

328. **(FCC – Analista Judiciário – TRF – 2006)** Está adequada a articulação entre os tempos e os modos verbais da frase:

(A) A publicação conclamaria os Estados Unidos a terem providenciado ajuda humanitária para os cubanos.

(B) A publicação teria conclamado os Estados Unidos a que providenciassem ajuda humanitária para os cubanos.

(C) A publicação conclamará os Estados Unidos a que providenciam ajuda humanitária para os cubanos.
(D) A publicação tinha conclamado os Estados Unidos a que providenciariam ajuda humanitária para os cubanos.
(E) A publicação terá conclamado os Estados Unidos a que têm providenciado ajuda humanitária para os cubanos.

329. **(FCC – Analista Judiciário – TRF – 2006)** Estão corretos o emprego e a flexão dos verbos na frase:

(A) A polêmica que o editorial tinha aceso entre os latino-americanos também acerrou os ânimos de intelectuais progressistas europeus.
(B) Atitudes colonialistas costumam insulflar ressentimentos entre os povos que buscam imergir de suas fundas penúrias.
(C) A revista **The Lancer** descriminou os cubanos, tratando-os como bem lhe aprouveu.
(D) Se os cubanos interviessem em outros países do modo como já intervieram as grandes potências, seriam duramente rechaçados.
(E) Que ninguém se surpreenda se os cubanos recomporem seu estilo de vida, após uma eventual ruptura política.

330. **(FCC – Analista Judiciário – TRE-SP – 2006)** Está correta a articulação entre os tempos e modos verbais na frase:

(A) No século XIX, a luta de muitos abolicionistas incluía, entre as metas que perseguiam, a de que viessem a integrar-se os planos da ética, da economia e do progresso social.
(B) Percebeu-se, já na luta dos abolicionistas do século XIX, que eles incluíssem entre suas metas a integração que deverá haver entre os planos da ética, da economia e do progresso social.
(C) Era de se espantar que muitos abolicionistas do século XIX, que têm incluído entre suas metas um progresso em vários níveis, já consideravam o desenvolvimento sob uma ótica mais complexa do que a nossa.
(D) Essa *visão triangular*, que o autor nos recomenda que retomássemos, consiste em que eram atendidas, simultaneamente, as questões sociais, morais e econômicas.
(E) Joaquim Nabuco tinha a convicção de que a almejada *visão triangular* permitisse que tivessem sido plenamente atendidas todas as necessidades humanas.

331. **(TJ-SC – Técnico Judiciário Auxiliar – TJSC – 2005)** Observe os enunciados abaixo com relação à sintaxe de colocação pronominal e assinale a alternativa em que todos os enunciados obedecem à norma culta da língua:

I. Aqui estou; diga-me agora o que a preocupa.
II. Aqui trabalha-se durante a noite.
III. Aqui, trabalha-se durante a noite.
IV. Em se tratando de música, prefiro os Beatles.
V. Quem disse-me que ele não viria?

(A) I, IV, V
(B) II, IV, V
(C) I, III, IV
(D) II, III, V.

▶ GABARITO

01	E	43	D	85	A	127	B	169	B	211	C	253	D	295	A
02	A	44	B	86	C	128	A	170	A	212	D	254	B	296	B
03	A	45	A	87	C	129	E	171	A	213	E	255	B	297	A
04	B	46	E	88	B	130	D	172	B	214	B	256	D	298	B
05	A	47	B	89	E	131	D	173	C	215	E	257	D	299	D
06	E	48	B	90	B	132	A	174	B	216	D	258	A	300	C
07	C	49	B	91	C	133	E	175	C	217	A	259	E	301	C
08	C	50	D	92	B	134	C	176	D	218	D	260	D	302	D
09	A	51	A	93	E	135	D	177	B	219	A	261	D	303	B
10	D	52	D	94	D	136	E	178	C	220	B	262	E	304	B
11	A	53	D	95	A	137	C	179	D	221	D	263	D	305	A
12	E	54	C	96	B	138	B	180	D	222	C	264	E	306	C
13	C	55	E	97	D	139	A	181	A	223	B	265	A	307	C
14	B	56	B	98	E	140	B	182	A	224	E	266	A	308	E
15	D	57	D	99	A	141	E	183	A	225	A	267	B	309	A
16	B	58	D	100	D	142	E	184	D	226	D	268	B	310	E
17	C	59	C	101	E	143	C	185	B	227	C	269	E	311	E
18	B	60	D	102	E	144	A	186	B	228	E	270	B	312	A
19	B	61	D	103	D	145	B	187	E	229	B	271	D	313	C
20	A	62	B	104	D	146	B	188	E	230	B	272	A	314	D
21	A	63	A	105	A	147	A	189	C	231	A	273	B	315	C
22	C	64	D	106	E	148	C	190	D	232	E	274	A	316	A
23	A	65	C	107	C	149	A	191	D	233	D	275	A	317	C
24	E	66	A	108	D	150	D	192	E	234	B	276	E	318	C
25	D	67	B	109	E	151	A	193	C	235	A	277	B	319	B
26	B	68	A	110	C	152	A	194	B	236	A	278	D	320	D
27	E	69	D	111	B	153	C	195	A	237	B	279	B	321	A
28	C	70	E	112	A	154	B	196	C	238	D	280	A	322	B
29	A	71	B	113	B	155	A	197	B	239	E	281	A	323	D
30	D	72	E	114	E	156	D	198	B	240	A	282	E	324	C
31	E	73	A	115	E	157	C	199	B	241	C	283	A	325	D
32	D	74	A	116	C	158	E	200	A	242	B	284	B	326	D
33	D	75	D	117	A	159	B	201	C	243	B	285	A	327	E
34	C	76	C	118	B	160	B	202	B	244	B	286	D	328	B
35	E	77	C	119	B	161	C	203	E	245	E	287	A	329	D
36	B	78	D	120	A	162	B	204	B	246	B	288	E	330	A
37	E	79	E	121	C	163	D	205	C	247	B	289	D	331	C
38	A	80	B	122	A	164	A	206	E	248	B	290	B		
39	B	81	B	123	D	165	C	207	C	249	D	291	D		
40	D	82	D	124	A	166	E	208	D	250	A	292	D		
41	C	83	E	125	A	167	B	209	A	251	D	293	A		
42	A	84	E	126	C	168	D	210	C	252	C	294	B		

Parte 2

CAPÍTULO 6

Sintaxe 1

Concordância nominal

A concordância nominal é o "acordo" que se faz entre um termo de valor substantivo e um termo de valor adjetivo. Assim, todo adjetivo concorda com o substantivo a que se refere.

Observe o exemplo:

- *O rapaz veio de camisa e sapato preto.*

  ↳ Na frase acima, "camisa" e "sapato" são substantivos. A palavra "preto", por ser um termo caracterizador, é um adjetivo. Observe que esse termo está no masculino singular. Por isso, sabemos que ele concordou com o substantivo "sapato". Como eram dois os substantivos que poderiam ser modificados por esse adjetivo e apenas se observou a adequação com o mais próximo, dizemos que se trata de um caso de **concordância atrativa**.

- *O rapaz veio de camisa e sapato pretos.*

  ↳ No segundo exemplo, perceba que o adjetivo "pretos" aparece flexionado no plural, significando que ele concordou com os dois substantivos a que poderia se referir. Assim, temos o padrão chamado de **concordância lógica.** Veja que os substantivos são de gêneros diferentes: um masculino e outro feminino. Nesse caso, o adjetivo ficará sempre no masculino plural.

CASOS ESPECÍFICOS

Levantaremos, a seguir, alguns dos casos mais frequentes nas provas de concurso. Óbvio que, se você consultar uma gramática, encontrará outros tantos. Vamos nos ater ao que é mais corriqueiro.

1. Verbo "ser" + adjetivo

- *É **proibida** a entrada de pessoas estranhas neste recinto.*

  ↳ Na frase acima, temos um caso lógico. "Proibida" é um adjetivo feminino singular porque concordou com o substantivo a que se refere – "entrada". Caso houvesse um substantivo masculino, o adjetivo deveria ser "proibido".

- *É **proibido** entrada de pessoas estranhas neste recinto.*

  ↳ Agora, a lógica deixou de prevalecer. O adjetivo manteve-se no masculino, embora se refira ao mesmo substantivo feminino do primeiro exemplo.

Perceba que há uma diferença entre as duas frases: no último exemplo, eliminou-se o artigo antes de "entrada".

Concluímos que:

a) o adjetivo se flexiona (indo para o feminino) se o substantivo a que se refere vier determinado com um artigo, por exemplo.

+ *É **obrigatória a** apresentação da identidade estudantil.*

b) o adjetivo não se flexiona (ficando no masculino singular) se o substantivo a que se refere não vier determinado.

+ *É **obrigatório** apresentação da identidade estudantil.*

2. Anexo

+ *Enviaremos **anexa** ao processo a cópia da petição inicial.*

↳ Observe que o adjetivo "anexo", na frase acima ou em qualquer outra, concorda com o substantivo a que se refere. Ou seja: é um caso de concordância absolutamente "normal". Veja mais um exemplo:

+ *Todos os documentos já seguiram **anexos**.*

↳ Desta vez, o adjetivo está no masculino plural, porque o substantivo também é masculino plural.

Agora, observe um último exemplo:

+ *As faturas relativas ao mês de julho seguem **em anexo**.*

↳ A expressão "EM ANEXO" , ainda que se refira a "faturas", manteve-se invariável. Trata-se de uma expressão adverbial, que nunca se flexionará. **EM ANEXO**, portanto, é **expressão de forma fixa.**

3. Obrigado

+ *A garota, dona da festa, disse "**obrigada**" aos avós e logo se reuniu aos convidados.*

↳ Se quem agradeceu foi uma "garota" (substantivo feminino), ela ficou agradecid**a** e, portanto, obrigad**a** a retribuir. O adjetivo "obrigado" concorda normalmente com o termo a que se refere. Assim,

+ *Todos, muito gratos, disseram "**obrigados**" aos patrocinadores do evento.*

4. Bastante

+ *Durante o tempo de preparação para o concurso, eles estudaram **bastante**.*

↳ Veja que "bastante" ficou no singular, porque, na frase, refere-se a quanto se estudou. O termo que se refere a um verbo é, como sabemos, um advérbio. Como advérbios, não variam, o termo não se flexionou. Veja que se se colocasse outro termo em substituição, ele também não variaria: ...estudaram **muito**.

✦ ***Bastantes*** *questões foram resolvidas durante o curso de preparação.*

↳ Veja que o termo negritado, desta vez, não é um advérbio. Ele tem valor adjetivo porque se refere ao substantivo "questões". Os termos adjetivo devem concordar com o substantivo a que se referem. Além disso, outro termo colocado no mesmo lugar variaria: **Muitas** questões..., **Diversas** questões..., **Várias** questões....

Resumindo:

- **BASTANTE = MUITO(A)**

  ✦ *Todos os candidatos se cansaram bastante.*

- **BASTANTES = MUITOS (AS)**

  ✦ *Bastantes pessoas desistiram de fazer a prova.*

5. Menos

✦ *Esta semana estudamos* ***menos*** *que na semana passada.*

↳ O termo negritado na frase acima expressa o quanto "estudamos", sendo, assim, uma palavra que se refere ao verbo, isto é, um advérbio. Por isso, ficou invariável.

✦ *Houve* ***menos*** *inscrições para este cargo do que para o de analista.*

↳ Veja que, desta vez, a palavra "menos" referiu-se ao número de "inscrições". No caso, a palavra negritada tem valor de adjetivo, já se que se refere a um substantivo. Por esse motivo, o normal seria que ele se flexionasse. Diríamos **muitas** inscrições, **várias** inscrições, **algumas** inscrições.... No entanto, **MENOS** é um termo **INVARIÁVEL**, mesmo funcionando como um adjetivo.

6. Alerta

✦ *O rapaz encarregado da vigilância esteve* ***alerta*** *a madrugada toda.*

↳ Veja que o termo negritado está no singular. Isso faria com que pensássemos que ele concorda com o "rapaz". Na verdade não é isso que ocorre, porque ele se refere ao verbo "esteve".

✦ *Todas as sentinelas devem manter-se* ***alerta.***

↳ Desta vez, temos "sentinelas" e, entretanto, **alerta** continuou no singular. O termo **ALERTA** é um advérbio de modo e, por isso, é **INVARIÁVEL**.

7. Meio

- *Não sabemos o **meio** mais adequado para conseguir um bom resultado.*

  ↳ Na frase acima, "meio" é um substantivo, já que vem determinado pelo artigo "o". Como todo substantivo, nesse caso ele é variável. Por isso,

- *Os fins justificam os **meios**.*

Veja, agora, um outro caso:

- *Durante o ano estudou **meio** mês apenas e já se sente cansado.*

  ↳ Desta vez, "meio" é uma palavra de valor adjetivo, já que se refere ao substantivo "mês". Sendo assim, ficou no masculino singular para concordar com o termo a que se refere. E poderia variar. Veja:

- *Bebeu o remédio de má vontade, dando **meios** goles, sem coragem.*

  ↳ Como "goles" está no plural, o "meios" seguiu o mesmo caminho. O mesmo ocorreria com outros termos: **alguns** goles, **poucos** goles, **vários** goles...

Veja, ainda um terceiro caso:

- *O tempo anda **meio** esquisito: ora faz calor, ora chega a gear.*

  ↳ ↳ O "meio" aqui refere-se ao adjetivo "esquisito" (que, por sua vez, refere-se ao substantivo "tempo"). Todo termo que se refere a adjetivo é, como dissemos, um advérbio. E os advérbios são invariáveis. Por isso,

- *Durante todo o mês de férias, as três garotas ficaram **meio** gripadas.*

  ↳ Se se substituísse o advérbio por outra palavra teríamos: **um pouco** gripadas... Assim, como advérbio de intensidade **MEIO** é invariável.

8. Caro/barato

- *O preço do curso valeu a pena: foi **barato** para o tempo de aula.*

- *A camiseta que ele comprou é linda e estava **barata**.*

- ***Caro** foi o lanche que tomamos no aeroporto.*

- *Não estava muito **cara** a mensalidade da escola do meu filho.*

  ↳ Em todos os exemplos, percebemos a concordância lógica. "caro" e "barato" flexionando-se de acordo com o substantivo (grifado em cada item) a que se referem. Mas nem sempre os termos se flexionam. Observe:

- *O lote que eles adquiriram custou **caro** para o local em que se encontra.*

✦ *Vendeu **caro** a casa de praia que tinha em Cabo Frio.*

↳ "Caro" manteve-se no singular, apesar de termos "lote" (masculino) na primeira frase e "casa" (feminino) na segunda. É que desta vez o termo não é um adjetivo, mas uma circunstância adverbial indicativa de preço.

Como saber se os termos serão adjetivos ou advérbios? Basta olhar o verbo.

- Junto a verbos de ligação: **ADJETIVOS**

  ✦ *O **preço** do aluguel* continua ***barato.***

- Junto a verbos nocionais (significativos)[1]: **ADVÉRBIOS**

  ✦ *Ela* pagou ***barato*** *a blusa.*

9. Só

✦ *Durante toda a noite, as garotas ficaram **sós**, porque os pais estavam de plantão.*

↳ Na frase do exemplo, "só" é um adjetivo, porque se refere aos substantivo "garotas" e com ele concorda. Se trocássemos por outra palavra, teríamos: **garotas** ficaram **sozinhas.** Por isso, "SÓ" de valor adjetivo é VARIÁVEL.

✦ *Apuradas as notas, percebemos que **só** dois dos nossos alunos não passaram.*

↳ Desta vez, "só" é uma palavra denotativa de exclusão, significando "somente", "apenas". Quando isso acontecer, a palavra fica INVARIÁVEL.

Veja:

✦ *O rapaz, devido ao nervosismo, preferiu ficar **só**. (= **sozinho**)*

✦ *O rapaz. Devido ao nervosismo, preferiu ficar **a sós**.*

↳ A expressão **A SÓS** tem **forma fixa** e sempre se apresenta dessa maneira.

10. O mais possível

✦ *Fez **exercícios** os mais **variados** possíveis, como intuito de praticar a teoria.*

↳ Veja que "variados" é um adjetivo flexionado no plural, para concordar com "exercícios", também no plural. A palavra "possíveis" foi flexionada não em função do restante do período, mas por causa da presença do artigo "os" no plural. Por isso,

1. Geralmente esses verbos expressam uma "noção mercantil": pagar, vender, alugar, negociar, alugar, comercializar, etc.

✦ *Fez **exercícios** o mais **variados** possível, com o intuito de praticar a teoria.*

↳ Desta vez, substantivo e adjetivo continuam em concordância. O "possível", no entanto, ficou no singular, por causa da presença do artigo "o", no singular.

CAPÍTULO 7

Sintaxe 2

Concordância verbal

"Concordar" é estar "de acordo". Estudar a concordância verbal é, basicamente, estudar o sujeito, pois é com este que o verbo concorda. Se todos os casos fossem absolutamente lógicos, observaríamos o seguinte: quando o sujeito estivesse no plural, o mesmo aconteceria com o verbo. Se o sujeito fosse singular, o verbo se comportaria da mesma forma.

Sendo assim, para saber se o verbo deve ficar no singular ou no plural, deve-se procurar o sujeito, perguntando ao verbo Que(m) é que pratica ou sofre a ação? ou Que(m) é que apresenta a qualidade? A resposta indicará como o verbo deverá ficar.

Quando o sujeito é formado por apenas uma palavra, não costumamos ficar em dúvida. Veja:

✦ *Os **estudantes** receberiam o cartão de inscrição em seus domicílios.*

↳ Veja que o núcleo do sujeito ("estudantes") é palavra no plural; por isso, o verbo também se flexionou para o plural.

Algumas vezes, entretanto, o sujeito é uma expressão. Atenção aos exemplos:

✦ *A maioria dos estudantes ____________________ (aprovou/ aprovaram ?) as medidas do governo.*

↳ O sujeito é a expressão 'A maioria dos estudantes". Qual é o núcleo nesse caso? E, dependendo disso, qual seria a forma do verbo: singular? Plural? A palavra "maioria" é o núcleo - toda palavra será um **núcleo** quando for o **primeiro substantivo** que houver na frase. Se não houver substantivo, será o **primeiro pronome**. Saiba também que não se pode ter como núcleo uma palavra preposicionada.

↳ Se se concorda com o núcleo, tem-se a concordância lógica; se com o restante, concordância atrativa. Assim, respondendo à questão inicial, temos duas possibilidades:

✦ *A **maioria** dos estudantes **aprovou** as medidas do governo.*

↳ O núcleo "maioria" gera o singular, no **padrão lógico** de concordância verbal.

✦ *A maioria dos **estudantes aprovaram** as medidas do governo.*

↳ O chamado adjunto adnominal (aquilo que não é o núcleo do sujeito) gera o plural, no padrão atrativo de concordância. Isso é possível, porque podemos dizer que os "estudantes" é que compõem essa "maioria".

Mais um exemplo:

✦ *Alguns de nós ____________ à festa, representando toda a empresa.. (irão ou iremos?)*

↳ O núcleo - "alguns" - é um pronome, primeira palavra significativa. "Nós" está preposicionado, não podendo, como dissemos, ser núcleo. Olhando o raciocínio:

✦ ***Alguns** de nós **irão** à festa, representando toda a empresa.*

✦ *Alguns de **nós iremos** à festa, representando toda a empresa.*

Um outro exemplo:

✦ *Qual de vocês ______ o livro que eu sugeri para a montagem do trabalho? (leu ou leram?)*

↳ Núcleo: o primeiro pronome: "qual". Trata-se de núcleo singular, sem ideia coletiva ou de plural. Sendo assim, ao contrário do que ocorreu nos exemplos anteriores, o verbo só pode ficar no singular.

✦ ***Qual** de vocês **leu** o livro que eu sugeri para a montagem do trabalho?*

Assim, diante da impossibilidade da concordância atrativa quando o núcleo for singular, teremos:

✦ ***Algum** de nós **irá** representar a turma no congresso relativo ao ENEM?*

✦ ***Um** de nós **receberá** o prêmio entregue pela Câmara Municipal.*

✦ ***Quem** de nós **sabe** o que aconteceu com o candidato que se acidentou?*

Observando as questões de provas de concursos, temos alguns casos mais incidentes que outros. A partir de agora, listaremos os principais casos de concordância verbal:

CASOS ESPECÍFICOS

1. Verbo fazer

Classificado na gramática como **impessoal,** quando indicar "**tempo decorrido**" ou quando se relacionar à ideia de "**temperatura**". Um verbo impessoal deve ser usado apenas no singular, tanto quando aparecer sozinho quanto quando compuser uma expressão. Veja:

✦ *Ontem **fez** um ano que ele viajou e nunca mais mandou notícias.*

✦ *Ontem **fez** dois anos que iniciamos um relacionamento mais sério.*

↳ Percebe que, independentemente de ser um ano ou dois anos, o verbo manteve-se no singular, por ser impessoal.

✦ ***Deve fazer*** *um mês que eu trabalho lá, e ainda não conheci o dono da empresa.*

✦ ***Deve fazer*** *dois meses que eles se mudaram para o Rio de Janeiro.*

✦ ***Vai fazer*** *cinco anos que o time não ganha sequer um jogo em campeonatos.*

✦ ***Ia fazer*** *três meses que o padrasto não aparecia em casa com qualquer contribuição monetária.*

↳ Veja que, nas locuções verbais, a impessoalidade do verbo "fazer" contamina o verbo auxiliar. As expressões ficam penas na forma não flexionada.

O mesmo vale para o verbo "fazer" indicando temperatura:

✦ *Durante os primeiros dias,* ***fez*** *cinco graus negativos e o frio era literalmente de doer.*

✦ *Segundo a meteorologia* ***vai fazer*** *12°C amanhã.*

↳ Veja que, estando sozinho ou em uma locução verbal, o verbo "fazer" ligado à noção de temperatura permaneceu no singular.

2. Verbo ser – caso especial

Existe um caso do verbo "ser" considerado especial porque foge à regra geral. Fugir à regra geral significa não necessariamente concordar com o sujeito. Observe:

✦ ***Tudo*** *era preocupações por ali já que o chefe da família não estava bem de saúde.*

↳ Aqui temos um caso "normal": o pronome TUDO, que funciona como o sujeito da frase, determinou a concordância no singular. Nesse caso não temos o tal "caso especial".

Veja agora:

✦ *Tudo eram* ***esperanças*** *por ali, já a garota passara em primeiro lugar no concurso.*

↳ Desta vez, o sujeito ainda é o pronome TUDO. No entanto, foi o termo "esperanças" (o que se classifica como predicativo do sujeito) é que determinou a concordância do verbo. Trata-se de uma "fuga" à regra geral.

Vamos ver o que dizem as gramáticas:

- Sujeito ou predicativo constituído por *nome de pessoa* ou por um *pronome pessoal*, a concordância será feita com a *pessoa gramatical*:

- Carolina **era** as expectativas do time em que jogava.*

- Sujeito ou predicativo for *nome de coisa*, e se um estiver no singular e o outro no plural, o verbo ser concorda com *o plural*:

  - *Os livros de aventuras **são** a minha única diversão na vida.*

ou

- se houver o desejo de enfatizar o sujeito, a concordância se fará com ele:

  - *A vida **é** ilusões, acredite quem quiser.*

- Quando o sujeito é representado por *tudo, isso, isto, aquilo, o*, o verbo **ser** preferencialmente concorda com o *predicativo*:

  - *Naquela casa tudo **eram** planejamentos para o grande dia.*
  - *Aquilo **são** encantos que passarão com o tempo.*
  - *O que mais admiro naquela tela **são** os traços firmes e precisos.*

- Se o verbo ser constituir junto com o predicativo expressões: *é pouco, é muito, é mais de, é menos de, é tanto*, com a expressões de preço, peso, medida, quantidade, ficará *invariável*:

  - *Dois anos de diferença **é pouco**; não se preocupe!*
  - *Cinquenta anos **é muito** para o ritmo de vida que eu levo.*

- Se o sujeito estiver representado por um pronome interrogativo *que* ou *quem*, o verbo ser concorda com o *sujeito*:

  - *Que **eram** aqueles urros que vinham do segundo andar?*
  - *Quem **eram** aqueles alunos que passaram por nós no corredor?*

3. Sujeito composto

Na chamada ordem frasal direta da língua portuguesa, o "normal" é é que o sujeito venha antes do verbo. Mas pode ocorrer o contrário também. O sujeito (seja ele simples ou composto) pode vir anteposto ao verbo ou posposto a ele.

- ***A diretora e o secretário** vieram juntos para o seminário sobre educação.*

  ↳ O sujeito da frase acima é composto e anteposto ao verbo. Quando isso ocorrer, a concordância deve ser a lógica, isto é, o verbo fica no plural. Aliás, o esperado seria que isso ocorresse sempre.

✦ *Vieram* ***o pai e a mãe do aluno****, respondendo ao apelo do diretor da escola.*

↳ Agora, a ordem dos fatores alterou, mas não mudou o produto. Ou seja: o sujeito passou a vir depois do verbo. Ainda assim a lógica prevaleceu: se o sujeito é composto, o verbo ficará no plural.

✦ *Veio* ***o padre e o sacristão*** *para a cerimônia a ser realizada na fazenda.*

↳ Agora a lógica não mais funcionou. Veja que o sujeito continua sendo composto, mas o verbo ficou no singular. Temos, nesse caso, o que se chama de concordância atrativa. O verbo concordou apenas com o mais próximo.

Resumindo:

- **CONCORDÂNCIA LÓGICA** – no plural; válida para sujeito composto anteposto ou posposto ao verbo.
- **CONCORDÂNCIA ATRATIVA** – com o mais próximo; válida apenas para quando houver sujeito composto e posposto ao verbo.

4. Sujeito composto – pessoas diferentes

Existe, ainda, uma especificidade acerca do sujeito composto – quando existem núcleos de pessoas diferentes. Observe as frases:

✦ *Hoje* ***o diretor e eu*** ___________ *juntos (almoçar) para decidir os rumos da empresa.*

↳ Os núcleos do sujeito acima são de pessoas diferentes: "o diretor" (=ele) é da terceira pessoa; "eu", da primeira. Por uma questão de lógica, "eu" juntamente com "alguém" = "nós". Daí a frase ficar como:

✦ *Hoje* ***o diretor e eu*** *almoçamos juntos (almoçar) para decidir os rumos da empresa.*

Mais um exemplo:

✦ ___________ *ela e eu, para um passeio na praia. (Sairemos ou Sairá?)*

↳ Novamente, temos a presença de pessoas diferentes "ela" e "eu". Terceira e primeira pessoa, respectivamente. Se formos fazer a concordância lógica, teremos "nós":

✦ *Sairemos* ***ela e eu****, para um passeio na praia.*

Como falamos na regra anterior, se o sujeito for posposto ao verbo, este poderá concordar apenas com o núcleo mais próximo. E a frase estaria certa da seguinte forma:

✦ *Sairá* ***ela*** *e eu, para um passeio na praia.*

Um último exemplo:

- *Tu e ele sereis; serão escolhidos para o posto de guarda municipal.*

  ↳ A mistura de pessoas agora se dá entre um pronome de segunda pessoa ("tu") e terceira ("ele").

Não podemos dizer que a concordância seja tão espontânea quanto ocorre nos casos anteriores. Que forma escolher? Quando houver a mistura presente na frase acima, podemos ter:

- ***Tu e ele*** *sereis escolhidos para o posto de guarda municipal.*

  ↳ A prevalência da segunda pessoa sobre a terceira é o que prega a maioria das gramáticas. Assim, teremos a segunda pessoa do plural ("vós").

Em um registro mais coloquial e já aceito pela norma culta, podemos ter a terceira pessoa do plural (= vocês). E assim:

- ***Tu e ele*** *serão escolhidos para o posto de guarda municipal.*

Em resumo:

1ª (eu) + 2ª (tu) = 1ª p. pl. (nós)

1ª (eu) + 3ª (ele) = 1ª p. pl. (nós)

2ª (tu) + 3ª (ele) = 2ª p. pl. (vós) ou 3ª p. pl. (vocês)

5. Verbos + se

Talvez seja o caso mais cobrado em questões de múltipla escolha em concursos. E, além de ser objeto de questões, trata-se de uma regra cujo conhecimento é de suma importância na hora de se produzir uma redação. Para se evitar a utilização da primeira pessoa do singular, tão condenada pelos manuais de redação, sugere-se a terceira pessoa: sabe-se, fala-se, acredita-se, entre outros. São construções que dão um tom mais genérico e menos marcado pelo pessoalismo excessivo.

- ***Admitiu-se*** *o erro sem constrangimento, o que foi louvável sem dúvida.*

  ↳ Muitas vezes, ouve-se por aí que a estrutura acima teria sujeito indeterminado, já que "alguém admite", mas não se especifica "quem". Trata-se de um comentário ERRADO. Outro equívoco é dizer: "Quem admite, admite alguma coisa", seguindo-se a pergunta: "O quê?" A maioria das pessoas logo pensará que a "resposta", no caso a expressão "o erro", seria o objeto direto do verbo. Nada disso deve ser considerado.

O verbo "admitiu-se" parece ser transitivo direto, em função de ser seguido por um termo não preposicionado. Saiba que, quando isso acontecer, temos uma estrutura de voz passiva sintética. A frase dada no exemplo equivale a:

✦ *O erro **foi admitido** sem constrangimento, o que foi louvável sem dúvida.*

↳ Desta vez, temos a voz passiva analítica, cujo sentido é exatamente o mesmo da frase a princípio apresentada. Assim, se "O erro" é o sujeito da segunda frase, terá a mesma função na primeira.

Cuidado, então, com a concordância! Veja:

✦ ***Destacaram-se** os pontos-chave logo no início da aula.*

↳ Novamente verbo com "aparência de transitivo direto". Sempre que isso acontecer, o termo que se imagina objeto direto é, na verdade o sujeito passivo. Por isso a estrutura equivale a:

✦ ***Os pontos-chave** foram destacados logo no início da aula.*

↳ Se o sujeito é plural, por isso o verbo é plural. O mesmo deve ocorrer com o verbo com a partícula "se".

Outro exemplo:

✦ ***Necessitava-se** de suporte técnico diante do problema no computador.*

↳ Mais uma vez, um verbo com a partícula "se". Só que desta vez, uma diferença: ele é transitivo indireto. Veja que a expressão que o segue ("de suporte técnico") é preposicionada. Sendo assim, a expressão exerce a função sintática de objeto indireto. Pela regra de concordância, como já dissemos, verbo concorda com o SUJEITO. Assim, mesmo que o objeto indireto fosse plural, o verbo permaneceria no singular. Observe:

✦ ***Precisava-se** de pessoas mais disponíveis para o trabalho doméstico.*

↳ Como "de pessoas mais disponíveis" é um objeto indireto e não um sujeito, o verbo permanece no singular.

Em resumo:

- "VERBO + SE" (sem preposição) → VARIÁVEL

✦ ***Planejou-se** a semana pedagógica na escola.*

✦ ***Distribuíram-se** senhas para o atendimento eletrônico.*

↳ Obs.: O "se" nesses casos é classificado como PRONOME APASSIVADOR.

- "VERBO + SE" (com preposição) → INVARIÁVEL (SÓ SINGULAR)

✦ ***Recorreu-se** ao Supremo Tribunal Federal.*

✦ ***Recorreu-se** a juízes e desembargadores.*

6. Verbo haver = existir

Este é um caso dos mais clássicos em provas. O que ocorre é que se convencionou que o verbo "haver", no sentido de "existir" é impessoal, isto é, sem sujeito. Por isso, não deve ser passado para o plural. O verbo "existir", por sua vez, pode e deve ser flexionado, de acordo com o seu sujeito.

Na hora de se utilizar, sobretudo em redações, percebemos o fenômeno da hipercorreção, isto é, as pessoas acabam pluralizando o "haver", porque julgam ser necessária a flexão.

✦ ***Existiam*** *problemas de relacionamento, mas o casal ia tentando viver bem.*

↳ O sujeito da oração é "problemas de relacionamento". Como o verbo "existir" varia normalmente, é preciso que se flexione o verbo para o plural.

No entanto,

✦ ***Havia*** *problemas de relacionamento, mas o casal ia tentando viver bem.*

↳ O verbo "haver", como se afirmou, não pode ser flexionado, porque está no sentido de "existir".

✦ ***Devem existir*** *tratamentos novos, por isso a esperança não pode se perder.*

↳ Veja que, desta vez, há uma locução verbal que tem o verbo "existir" como principal. Por isso, a expressão deve se flexionar de acordo com o sujeito plural "tratamentos novos".

Mas,

✦ ***Deve haver*** *tratamentos novos, por isso a esperança não pode se perder.*

↳ Perceba que verbo "haver" fica no singular tanto sozinho, quanto "contamina" a expressão em que está, deixando no singular também.

► **ATENÇÃO:**

Normalmente, na linguagem coloquial, usa-se o verbo "ter" ou o verbo "possuir" em lugar de "haver" ou "existir". Observe as seguintes construções, INADEQUADAS:

✦ ***Tem*** *muita gente que não gosta de estudar.*

↳ O correto seria dizer *Há muita gente que não gosta de estudar.*

✦ *Às sextas-feiras, nunca* ***tinha*** *aula de Direito Constitucional.*

↳ O correto seria dizer *Às sextas feiras, nunca havia aula de Direito Constitucional.*

Os verbos "ter" e "possuir", em sua utilização mais culta, devem ser usados apenas para indicar posse material. Por isso, diga:

✦ *O idoso* ***tem*** *cinco apartamentos alugados, que lhe dão uma vida mais digna.*

+ ***Possuem*** *imóveis e carros, patrimônio adquirido durante uma vida inteira.*

Prefira as seguintes construções:

+ *Todas as pessoas* ***sentem*** *medo diante de risco tão grave.*
  ↳ (e não "têm medo", já que não se trata de posse material.)

+ *O garoto* ***demonstra*** *uma inteligência superior à dos colegas de turma.*
  ↳ (e não "tem uma inteligência", já que não se trata também de posse material.)

7. Pronomes de tratamento

Os pronomes pessoais de tratamento, conforme falamos no capítulo relacionado a esse assunto, são expressões formais, destinadas à comunicação escrita - sobretudo oficial. A maioria deles tem a forma "Vossa" (Excelência, Majestade, Reverendíssimas etc.). Isso faz com que, a princípio, se pense em flexionar-se o pronome na segunda pessoa do plural (vós). Ao contrário, os pronomes de tratamento devem levar a concordância para a terceira pessoa do singular.

+ *Vossa Senhoria* ***perdoe*** *minha indelicadeza; não quis ofender* ***seu*** *secretário.*
  ↳ O pronome "Vossa Excelência" foi tomado como "Você". Por isso, o verbo "perdoe" e, posteriormente, o pronome "seu" (e não "vosso").

+ *Sua Santidade, após o sermão na Catedral,* ***seguiu*** *para o hotel, onde faria* ***seu*** *último pronunciamento.*
  ↳ O pronome "Sua Santidade", usado para falar **do** Papa e não **com** o Papa, determinou a concordância do verbo "seguir" e do pronome "seu" na terceira pessoa, equivalendo, portanto, a "ele".

8. Pronomes "que" e "quem"

Os relativos "que" e "quem" são, muitas vezes empregados como sinônimos nas frases em que estão. Cada um determina possibilidades diferentes de concordância. Normalmente o **"que"** é melhor para **coisas** e o **"quem"**, para **pessoas.** Veja os exemplos:

+ *Fomos* ***nós*** *que* ***fizemos*** *a festa, em homenagem ao aniversário do diretor da firma.*
  ↳ O pronome pessoal "nós" determinou a concordância do verbo, já que "fazer a festa" é uma ação realizável por "pessoas".

✦ *Foram **eles** que **beberam** o vinho, apesar de ninguém ter autorizado a abertura da garrafa.*

↳ Novamente foi um pronome pessoal ("eles") o determinante da concordância do verbo, isso se deveu ao mesmo motivo: "beber o vinho" é ação desempenhada por pessoas.

✦ *Fomos **nós** quem **vendemos** o lote, já que o corretor nada fez pela família.*

↳ Perceba que, mesmo com a presença do pronome "quem" (ao contrário dos dois exemplos anteriores, em que havia o pronome "que"), o verbo teve sua concordância determinada pelo pronome pessoal "nós".

Porém, nesse último exemplo, poderia ser feita a seguinte modificação:

✦ *Fomos nós **quem vendeu** o lote, já que o corretor nada fez pela família.*

↳ Agora, a concordância foi determinada pelo pronome "quem" e não pelo pronome pessoal. Isso é possível, já que o "quem" se refere a pessoas e a ação de "vender o lote" é tarefa atribuível a pessoas.

Em resumo:

- Quando houver o pronome **"que"** há apenas **"uma"** possibilidade de concordância; e ela se dá como pronome pessoal que anteceder o relativo.
- Quando houver o pronome **"quem"** haverá **"duas"** possibilidades de concordância: uma com o pronome pessoal e outra com o "quem".

Veja outros exemplos:

✦ *Não fui eu **que** roubei, apesar da injusta acusação contra mim.*

✦ *Não fui eu **quem** roubei, apesar da injusta acusação contra mim.*

✦ *Não fui eu **quem** roubou, apesar da injusta acusação contra mim.*

9. Verbo ser – horas e datas

Observe as frases:

✦ *Eram 17h 23 min quando o acidente aconteceu.*

✦ *É 1h 59min e ainda não estamos no horário marcado.*

✦ *Já era meio-dia, quando o candidato subiu ao palanque para o discurso.*

↳ Observe que, em cada uma delas, o verbo "ser" concordou com o numeral da "hora". Ou seja: a partir de duas horas, a concordância deve ficar sempre no plural.

Veja, a seguir, mais algumas construções:

+ *Hoje são 24 de setembro, dia do aniversário de minha mãe.*

+ *Ontem foram 23/09 e o prazo já se esgotou.*

+ *Amanhã será dia 25 de setembro, um sábado muito especial para nossa família.*

↳ O verbo "ser" relativo a **datas** concorda com o **numeral do dia** ou com a **palavra dia** quando esta vier escrita.

▶ ATENÇÃO:

É comum ouvirmos que é correto dizer "Era 20 de janeiro e o verão estava de derreter!". Argumentam que o singular é correto, já que concorda com a palavra "dia", que está implícita. Mesmo que isso faça sentido, é importante dizer que se trata do nível de concordância IDEOLÓGICA. Esse nível não se considera como "norma culta".

10. Expressões que servem de sujeito

Há algumas expressões que, em um primeiro momento, fazem com que se pense em singular, quando pode também determinar o plural. Ou ainda sinaliza o plural, quando o singular é possível. Vamos a elas:

- **UM E OUTRO** - A princípio a expressão exigiria o plural, já que se trata de duas pessoas. No entanto, pode-se usar o verbo no plural ou no singular, Observe:

+ *José Carlos e Maria Cláudia: um e outro **defenderam** o time com entusiasmo.*

↳ Na quase totalidade dos casos, a expressão leva o verbo ao plural - o que é absolutamente o esperado.

Raramente, vê-se a forma singular, que tem uma carga semântica de situação ou caso esporádico. Veja o seguinte exemplo:

+ *O tumulto a princípio tomou conta do recinto. Ao final das contas, um e outro **reclamou** da decisão.*

↳ Não se trata de dizer que duas pessoas reclamaram, mas pretende-se afirmar que uma pessoa ou outra é que fez a queixa.

- **MAIS DE UM** - Pela lógica, suporíamos que o plural seria a forma mais adequada. No entanto, pode-se usar o verbo no plural ou no singular. A escolha vai depender do tipo de ação sugerida pelo verbo. Perceba:

+ *Mais de um carro **se chocaram** na batida – foi uma catástrofe.*

↳ O plural ocorre já que existe uma ação recíproca. O que se pretendeu dizer foi que um carro se chocou com o outro. Assim, obrigatoriamente o verbo tem de estar no plural; sempre que os verbos indicarem reciprocidade.

✦ *Mais de um aluno **passou** no concurso, trazendo muita honra ao curso.*

↳ O verbo será singular quando não houver reciprocidade. A ação de "passar no concurso" não é recíproca. Não há, como no caso anterior, verbo com pronome reflexivo.

> ▶ **OBSERVAÇÃO**
>
> Sujeito constituído por expressões que indicam quantidade aproximada determina que a concordância se faça com o complemento dessas expressões (nas outras formas, diferentes de "mais de um"). Veja:
>
> ✦ *Cerca de cem **estudantes** participaram do simulado proposto pelo curso.*
>
> ✦ *Menos de **dez pessoas** entraram na lista dos candidatos ao cargo de suplência.*

- **UM DOS QUE** - Expressão que aponta de imediato para o singular, pela presença do "um". No entanto, pode-se usar o verbo no singular ou no plural, indistintamente. Observe:

✦ *Ele foi **um** dos que **jogou** bem, sendo aplaudido pela torcida.*

↳ No caso acima, o uso do singular ressalta a ação individual de que "jogou bem".

✦ *Ela foi uma **das** que **apoiaram** a decisão da família de vender a casa de praia.*

↳ O termo "das" não é uma preposição como pode parecer a muitos. Trata de um pronome demonstrativo, equivalente a "daquelas". No caso, é esse pronome o responsável pela concordância do verbo.

As frases, por admitir singular ou plural, poderiam ficar da seguinte forma:

✦ *Ele foi um **dos** que **jogaram** bem, sendo aplaudido pela torcida.*

✦ *Ela foi **uma** das que **apoiou** a decisão da família de vender a casa de praia.*

- **NEM UM NEM OUTRO** - Expressão que pode levar o verbo tanto para o singular quanto para o plural. As duas formas são corretas, independentemente de qualquer intenção.

✦ *Diretor do curso e professor de Raciocínio Lógico: **nem um nem outro** veio hoje.*

↳ A forma singular é lógica, uma vez que pretende dizer que não houve a presença esperada. Em outras palavras: **Ninguém** veio hoje.

✦ ***Nem um nem outro** falaram de você, como todos estão dizendo.*

↳ A lógica do uso do plural, está na possibilidade de se entender a intenção da seguinte maneira: **Ambos** não falaram de você.

- **UM OU OUTRO**: A escolha da flexão dependerá da semântica contextual.

+ *Pedro e Paulo: **um ou outro** será nosso chefe. Tudo dependerá da eleição.*

↳ Neste caso, a expressão determinou o singular e não pode determinar o plural, já que a ideia é de exclusão: se Paulo for o nosso chefe, Pedro não poderá sê-lo. Apenas UM deles ocupar o posto.

+ *Calor forte e frio intenso: **um ou outro** incomodam. Tudo em excesso é ruim!*

↳ Aqui o plural é obrigatório: o incômodo causado pelo frio ou pelo calor não representa realidades excludentes. No caso, a ideia é de **adição** e, portanto, deve levar à flexão de plural.

11. Locuções verbais

Uma locução verbal é uma expressão formada por um verbo flexionado (chamado de auxiliar) e de infinitivo ou gerúndio (chamados de verbos principais), Em caso de plural, a regra geral é a de que varia apenas o verbo auxiliar. Veja:

+ ***Eles** devem partir pela manhã rumo à turnê pela Europa.*

↳ Confirme que apenas o verbo auxiliar (o primeiro) foi para o plural, para concordar com "eles".

+ ***Os críticos*** parecem gostar *do ator, haja vista os comentários nos jornais.*

↳ A frase acima confirma a regra, ao contrário do que ocorre em:

+ ***Os críticos*** parece gostarem *do ator, haja vista os comentários nos jornais.*

↳ O resultado é "auditivamente" muito ruim; a construção não é corriqueira na linguagem. Além disso, contrariou-se a regra geral, já que se flexionou o verbo auxiliar. Trata-se de uma exceção gramatical: com o verbo "parecer" varia ou o 1º verbo (auxiliar) ou o 2º (principal).

> ▶ ATENÇÃO:
> O que não pode acontecer é a flexão dos dois verbos para o plural.

12. Nomes próprios "no plural"

Alguns nomes próprios de cidades, de obras literárias, embora nomeiem apenas um ser, têm sua forma no plural. Veja os exemplos:

✦ ***Estados Unidos*** *recuperou um pouco sua economia nos últimos doze meses.*

↳ "Estados Unidos" (forma plural) expressa o nome de apenas um país; dai a forma verbal no singular. No entanto,

✦ ***Os*** *Estados Unidos representam uma ameaça aos países em desenvolvimento.*

↳ Os nomes próprios serão representados no plural se vierem determinados por artigo, que expressa por sua flexão o plural.

Assim, teremos:

✦ ***Memórias póstumas de Brás Cubas*** *é uma obra de Machado de Assis que atravessou séculos.*

ou

✦ ***As*** *Memórias póstumas de Brás Cubas representam um clássico da literatura nacional.*

✦ *Os Lusíadas é (ou são) um poema épico de Camões.*

↳ Ao contrário dos substantivos dos exemplos acima, o artigo faz parte do nome da obra. Quando isso ocorrer, o melhor é o uso no singular; mas o plural pode ser usado também.

13. Sujeito composto + palavra resumidora

Se o sujeito for composto e houver palavras que resumam a ideia do núcleo, o verbo concordará com esta palavra.

✦ *Pressão familiar, pedidos da namorada, sugestão do chefe* ***nada*** *o levava a tomar uma atitude diferente.*

↳ *O pronome indefinido "nada", que resume o sujeito em forma de enumeração, determina a concordância no singular.*

Veja outros exemplos:

✦ *Parentes, amigos, vizinhos,* ***ninguém*** *queria visitá-lo durante os momentos difíceis.*

✦ *Beleza, simpatia, elegância, bom trajar,* ***tudo*** *contribui para uma apresentação agradável.*

14. Sujeitos ligados por *como, bem como...*

Dois núcleos de sujeito no singular ligados por *como, bem como, assim como, do mesmo modo que, tanto...como, não só... mas também* requerem análise: se estabelecerem uma ideia de adição, determinam preferencialmente o verbo no plural; se, entretanto, a relação for de comparação, coloca-se o verbo no singular. Compare:

- *A disciplina, assim como a competência, **fizeram** dele um homem bem sucedido na vida.*
  - ↳ O que se pretendeu dizer foi que a "disciplina" e a "competência" (ambas) o fizeram ter sucesso na vida. Sendo adição, prefere-se o plural.
- *O reajuste dos preços em setembro, da mesma forma que o de outubro, não **alterou** a procura do produto nas lojas.*
  - ↳ A ideia desta vez é de comparação: tanto um reajuste quanto o outro. Sendo "comparação", usa-se o singular.

15. Sujeitos ligados por com

Segundo a maioria dos gramáticos, o verbo vai preferencialmente para o plural quando a ideia que se quer transmitir é de adição. Veja:

- ***O chefe do departamento** com **o professor titular da matéria** recorreram a argumentos arbitrários para impor seu ponto de vista.*
  - ↳ *A intenção do uso do plural é dizer que "ambos" recorreram aos argumentos arbitrários; deve-se entender o "com" como sinônimo de "e".*
- *O **gerente**, com todos os jovens da empresa, **resolveu** formar um time para atingir as metas.*
  - ↳ *Se se desejar realçar um dos elementos, o verbo poderá ficar no singular. Veja que, nesse caso, é preciso que se faça uma intercalação, isolando entre vírgulas o termo que poderia sugerir se tratar de um sujeito composto. Há gramáticos que classificariam esse termo intercalado como "adjunto adverbial de companhia".*

CAPÍTULO 8

Sintaxe 3

Regência verbal

Regência é a seção da Gramática Normativa que estuda a relação entre dois termos, observando se um termo serve de complemento a outro.

A palavra ou oração que governa ou rege as outras chama-se regente ou subordinante; os termos ou oração que dela dependem são os regidos ou subordinados.

A complementação pode ser referir a um verbo (o que se chama regência verbal) ou a um nome (o que se chama regência nominal).

REGÊNCIA VERBAL

Inicialmente abordaremos a regência verbal. Posteriormente, falaremos de "crase", já que é muito frequente o mau uso do acento grave - que não se trata de caso de acentuação gráfica, mas de regência.

Um pré-requisito para a regência é o estudo da PREDICAÇÃO VERBAL.

A **predicação verbal** (também chamada de transitividade) trata o modo pelo qual os verbos formam o predicado, isto é, verifica se exigem complementos.

Os verbos podem ser: *intransitivos, transitivos*, de *ligação*. Os transitivos e os intransitivos são também denominados verbos significativos.

VERBOS INTRANSITIVOS

Verbos intransitivos são os que, como afirmam as gramáticas, não necessitam de complementação, pois já apresentam sentido completo. É importante que se ressalte, de início, que "complementos verbais" são os termos denominados OBJETO DIRETO e OBJETO INDIRETO. Veja as seguintes frases:

- *O contrato de locação do imóvel* ***se extinguiu.***
- *O aluno do quinto período* ***chegou*** *cedo à biblioteca.*
- *O menino, fascinado com o novo brinquedo,* ***caiu*** *da bicicleta.*

↳ Note que os verbos dos exemplos não necessitam de algum elemento para complementar seu sentido, pois o que se extingue, extingue; quem chega, chega e quem cai, cai.

Não se deve imaginar que um verbo intransitivo deva terminar um período. Não é um verbo que necessariamente "acaba" a frase. Há certos verbos intransitivos que vêm acompanhados de um termo acessório, que representa alguma circunstância – lugar, tempo, modo, causa, etc.

Na frase:

✦ *O funcionário da empresa, um rapazinho de 18 anos, **estava** perto do balcão.*

↳ Ao longo de seus anos de estudo, certamente já orientaram que você decorasse que o verbo "estar" (presente na frase acima) devia ser classificado como verbo de ligação. No exemplo acima, tal verbo vem seguido por uma expressão indicativa de lugar ("perto do balcão"). As circunstâncias de lugar são os adjuntos adverbiais de lugar. Como dissemos, um verbo intransitivo pode ser seguido de um adjunto adverbial.

▶ **QUEBRANDO UM MITO**

Nem todo verbo que precisa de um complemento de sentido é transitivo. Há verbos intransitivos que precisam ter o sentido completado. Se essa complementação se der por meio de adjunto adverbial, tem-se o VERBO INTRANSITIVO.

Mais um exemplo:

✦ *Os autores do livro da nova coleção foram **ao Rio de Janeiro.***

↳ Numa primeira impressão, acredita-se que o verbo **ir** apresenta complementação, pois o sentido da frase não está pleno. No entanto, a expressão que o completa indica LUGAR. Temos, novamente, um VERBO INTRANSITIVO.

▶ **OBSERVAÇÃO**

Todos os verbos que indicam **destino** ou **procedência** são verbos intransitivos, normalmente acompanhados de um termo de valor adverbial de lugar. Os verbos são os seguintes: **ir, vir, voltar, chegar, cair, comparecer, dirigir-se,** entre outros.

VERBOS TRANSITIVOS

Verbos transitivos são os que necessitam de complementação, uma vez que têm sentido incompleto. Lembre-se de que o que se chama complemento verbal é o OBJETO DIRETO e o OBJETO INDIRETO.

Observe as orações:

✦ *O Flamengo **venceu** o Vasco por três gols a um.*

✦ *O diretor **reclamou** do professor junto à Corregedoria.*

✦ *O grupo do Partido **deu** apoio ao candidato representante na comunidade carente.*

↳ Note que os três verbos utilizados nos exemplos necessitam de complementação, que vez que *quem vence, vence alguém, quem reclama, reclama de algo e quem dá, dá algo a alguém.*

A complementação, no entanto, dá-se de três maneiras diferentes: na primeira, o verbo não exige preposição, mas na segunda, sim, e, na terceira, há dois complementos, um com preposição; outro, sem. Diante dessa situação, os verbos são:

Transitivos diretos: são aqueles que pedem o chamado "objeto direto". Eles apresentam complemento sem preposição obrigatória. O complemento é ligado diretamente ao verbo. Observe:

- *O curso preparatório apresenta **assuntos interessantes.***

  ↳ O verbo"apresentar" foi completado pela expressão "assuntos interessantes", ligado a esse verbo diretamente, sem intermédio de preposição. Compõe-se o termo de um substantivo ("assuntos") e um adjetivo ("interessantes").

Transitivos indiretos: são aqueles que pedem o chamado "objeto indireto". Eles apresentam complemento com preposição obrigatória. O complemento é separado do verbo por essa pequena palavra. Como a ligação é "intermediada" por uma preposição, ela é indireta. Veja:

- *Os funcionários da empresa se referiram **aos problemas com a gerência**.*

  ↳ O verbo "referir" foi complementado por uma expressão iniciada pela preposição "a". Assim, tem-se um objeto indireto.

Transitivos diretos e indiretos: são aqueles que pedem dois complementos: um "objeto direto" e um "objeto indireto". Não é necessário que apareçam nessa ordem. Assim, um deles terá de ser preposicionado (o indireto) e o outro, não (o direto). Vamos ao exemplo:

- *O Reitor da Universidade, pessoalmente, entregou **os diplomas*** aos formandos.

  ↳ O verbo "entregar" é complementado por dois termos: o objeto direto ("os diplomas") é iniciado por um artigo; o objeto indireto ("aos formando") começa pela preposição "a".

VERBOS DE LIGAÇÃO

Os verbos de ligação, como o nome sugere, servem como elementos de ligação entre o **sujeito** e uma **qualidade** ou **estado** ou **modo de ser**, denominado **predicativo do sujeito**.

Como falamos, existe uma "lista" que os alunos são solicitados a decorar ao longo de sua vida escolar. Nela, os principais verbos de ligação são **ser, estar, parecer, permanecer, ficar, continuar**.

É importante ressaltar que um verbo de ligação NÃO indica ação. E, como já mostramos, um verbo pode estar na lista tradicional e não ser de ligação. Se o sentido do verbo não for complementado por um predicativo do sujeito, não se terá o verbo de ligação.

✦ *As provas realizadas no domingo último, na opinião dos candidatos, **foram** fáceis.*

↳ "Foram" é uma forma do verbo "ser", que faz parte da tal "lista". Mas, além disso, observe que ele liga o sujeito ("As provas realizadas no último domingo") e o predicativo ("fáceis"). Por isso, é um verbo de ligação.

✦ *Os cantores indicados ao prêmio **foram** até o saguão do teatro.*

↳ O verbo da frase acima é o mesmo do exemplo anterior. No entanto, no presente caso, ele não está ligando o sujeito ("Os cantores indicados ao prêmio") a um predicativo. A expressão "até o saguão do teatro" é indicativa de lugar, sendo um adjunto adverbial. Assim, o verbo, mesmo pertencente à "lista" e mesmo precisando de uma complementação de sentido, deve ser classificando como INTRANSITIVO.

Veja, por fim, mais um exemplo:

✦ *Piloto de Fórmula 1 **volta** abatido da Alemanha.*

↳ Observe que no exemplo existe um predicativo: "abatido" se refere ao sujeito "piloto". No entanto, não se pode classificar o verbo como de ligação, porque, como dissemos, esse tipo de verbo NÃO pode expressar ação. Quando isso ocorrer, tem-se novamente um verbo INTRANSITIVO.

Como se viu, a questão da predicação verbal é muito relativa. Qualquer classificação deve ser feita a partir de um contexto, de uma situação específica.

Nas questões de concurso, aparecem normalmente os mesmos verbos. Faremos, neste capítulo, o estudo dos principais. No entanto, é impossível saber todas as regências de cor. Assim sendo, uma dica:

Um verbo pode ter:

- Um objeto direto. – VTD
- Um objeto indireto – VTI
- Um objeto direto e um objeto indireto – VTDI

Assim sendo, verifique a seguinte estrutura:

✦ *O instrutor do DETRAN **avisou**-o o dia do exame.*

↳ O verbo "avisar", no exemplo acima, tem dois complementos: "o" e "o dia do exame". Os pronomes "o ", "a", "os", "as" – são objetos diretos. Portanto, ligado ao verbo, já se pode ver um OD. O termo "o dia do exame" não é iniciado por uma preposição. Então, ele deve ser classificado como

OD também. Assim, sabemos que a frase está INCORRETA quanto à regência uma vez que **um mesmo verbo não pode ter dois objetos iguais.**

A frase poderia ser reestruturada da seguinte maneira:

✦ *O instrutor do DETRAN avisou-lhe o dia do exame.*

↳ O pronome "lhe", quando complemento de verbo, é um objeto indireto. A expressão "o dia do exame", não preposicionada, como dissemos é um objeto direto. Desta vez a frase está CORRETA, porque tem-se um VTDI - ou seja: um verbo com dois complementos, sendo um direto e um indireto.

Outra possibilidade:

✦ *O instrutor do DETRAN avisou-o do dia do exame.*

↳ O pronome "o", como já se afirmou, é um objeto direto; a expressão "do dia do exame", começa pela preposição "de" e é, portanto, um objeto indireto. Dessa forma, tem-se dois objetos diferentes, tornando o verbo como um VTDI. A frase, assim, fica CORRETA.

Antes ainda de começarmos o estudo dos verbos específicos, uma outra observação. Veja:

✦ *Como trabalhador desempregado, eu **quero** e **preciso** do dinheiro.*

↳ Observe que se destacaram dois verbos no período acima. Para o segundo, usou-se o complemento "do dinheiro", que, sendo preposicionado, é um objeto indireto. O verbo anterior - "querer" não apareceu seguido de complemento. Pretendeu-se que o complemento único servisse aos dois verbos. Ocorre que "querer" tem regência diferente do verbo seguinte, já que é um VTD. Fique atento: dois verbos de regências diferentes não podem ter um único complemento. A frase está INCORRETA.

A correção geraria a seguinte estrutura:

✦ *Como trabalhador desempregado eu **quero*** o dinheiro *e **preciso*** dele.

↳ Agora, tem-se dois verbos de regência diferente, cada um deles seguido de seu complemento: "o dinheiro" - complemento de "quero" (OD) e "dele" - complemento de "preciso" (OI).

CASOS

Vamos listar, a partir de agora, os principais verbos cuja regência é cobrada em prova:

1. Verbo aspirar

O verbo "aspirar" pode ter duas acepções:

- almejar/objetivar - VTI - nesse caso, ele pede a preposição "a"
- sorver o ar/inalar - VTD - nesse caso, sem preposição.

✦ *Durante todo o tempo em que esteve na Polícia, sempre* ***aspirou*** ao posto de delegado.

↳ A expressão "ao posto de delegado" é iniciada pela preposição "a", sendo um OI. Isso ocorre pela acepção usada no sentido de "almejar".

✦ *O homem honrado, trabalhava exaustivamente, porque sempre* ***aspirou*** à felicidade dos filhos.

↳ Nesse segundo exemplo, o sentido é o mesmo do caso anterior. Por isso, há a necessidade de um OI. Ocorre que o núcleo desse OI é "felicidade", uma palavra feminina. Por isso, o uso do acento grave, indicativo de crase, é obrigatório. Isso comprova que "crase" é aspecto de regência.

✦ *O faxineiro* ***aspirou*** o pó da estante, *para depois passar à cozinha.*

↳ O sentido, desta vez, é outro: "sorver", "sugar". Se um verbo muda o sentido, normalmente ele muda a regência. Então, nesse caso, passa a ser um VTD. Por isso, o complemento "o pó da estante" não é preposicionado.

✦ *O faxineiro* ***aspirou*** *a poeira do sofá, para depois passar à cozinha.*

↳ O mesmo sentido do da frase anterior; a mesma regência (VTD) da outra frase. Por esse motivo, o "a" não é craseado, por ser só um artigo.

2. Verbo assistir

O verbo "assistir" é o que tem mais acepções. Pode ser usado no sentido de:

- dar assistência, socorrer, amparar - VTD - nesse caso, sem preposição.
- ver, presenciar - VTI - nesse caso, com a preposição "a".
- morar, residir - VI - nesse caso, seguido de adjunto adverbial de lugar.
- caber, ter direito - VTI - nesse caso, com a preposição "a".

✦ *Na madrugada do acidente, a equipe de plantão* ***assistiu*** os feridos./ as vítimas.

↳ Na acepção de "socorrer", como comentamos, o verbo é transitivo direto, por isso os complementos (tanto o masculino como o feminino) iniciam-se por artigos.

✦ *Ainda não* ***assistimos*** ao filme/à peça *que estreou na sexta-feira passada.*

↳ Desta vez, a acepção é de "ver", exigindo um complemento indireto. Por isso, os dois objetos (tanto o masculino quanto o feminino) são preposicionados. Note que o "a" craseado, portanto, é a fusão de "a" (artigo que precede o substantivo "peça" + "a", preposição exigida pelo verbo.

✦ *Depois que tomou posse no novo cargo, o deputado agora **assiste** em Brasília.*

↳ O verbo está no sentido de "morar", pedido, portanto, um adjunto adverbial de lugar, representado pela expressão "em Brasília".

✦ *Este direito, apesar de muito desejá-lo, não lhe **assiste**.*

↳ O sentido do verbo destacado é o de "caber". A expressão "não lhe assiste" é, portanto, equivalente a "não cabe a você". O pronome LHE, quando complemento verbal e sinônimo de "a alguém", é o objeto indireto exigido pela regência do verbo.

3. Verbo chamar

O verbo "chamar", dependendo do contexto, pode assumir os seguintes sentidos:

- convocar, seduzir - VTD - nesse caso, sem preposição.
- dar nome, designar, qualificar - VTD ou VTI - sendo aceitos complementos com ou sem preposição.

✦ *O diretor da empresa, depois de ler o relatório, **chamou** o empregado/ a funcionária ao gabinete.*

↳ Na frase acima, o sentido é de "convocar", por isso os complementos (o masculino e o feminino) não aparecem preposicionados.

✦ *Devido a uma crise de stress, **chamou*** o filho *de imbecil.*

↳ Agora o sentido é de "qualificar". No exemplo, o termo "o filho" não foi preposicionado, funcionando como OD. O termo seguinte ("de imbecil"), mesmo estando preposicionado NÃO é um OI. Como qualificador do OD, é o que a gramática classifica como predicativo do objeto.

Agora veja este outro exemplo:

✦ *Quanto à filha, **chamou**-*lhe *de estúpida na frente de todos os convidados.*

↳ O verbo da frase tem a mesma acepção do exemplo anterior. Só que, desta vez, o pronome "lhe" é que complementou o verbo. Por isso, a regência é a de um VTI. Por isso é que afirmamos que o verbo "chamar" nessa acepção pode ter duas regências válidas. A expressão "de estúpida", qualificadora, é também um predicativo do objeto.

4. Verbo custar

O verbo "custar" apresenta as seguintes acepções:

- ser custoso, ser difícil - VTI - nesse caso com a preposição "a".
- acarretar, demandar - VTDI - nesse caso, com um complemento preposicionado e o outro, não.
- levar tempo, tardar - VI - obviamente, sem complemento do tipo objeto.

✦ ***Custou*** ao pai / à mãe *acreditar que seu filho tinha passado no concurso.*

↳ Observe que uma oração ("Acreditar que seu filho tinha passado no concurso") é o sujeito o verbo "custar", usado no sentido de "ser difícil". É como se disséssemos: "Acreditar (=isso) custou ao pai". Veja que os dois complementos sugeridos são preposicionados, como exige a regência dessa verbo nessa acepção.

✦ *A vitória nas urnas* ***custou*** ao candidato muitas provas *de trabalho sério.*

↳ O sentido de "demandar" do verbo deste exemplo exige dois complementos: o objeto direto ("muitas provas" - termo sem preposição) e o objeto indireto ("ao candidato" - termo preposicionado).

✦ *A quarentona, enfim, arranjou um casamento.* ***Custou,*** *mas acertou.*

↳ O verbo, no exemplo, é sinônimo de "demorar", sendo intransitivo. Observe que após a forma verbal, começa outra oração. Assim, o verbo não foi seguido de nenhum complemento.

5. Esquecer/lembrar; esquecer-se/lembrar-se

"Lembrar" e "esquecer" têm comportamento diferente de "lembrar-se" e "esquecer-se". Na linguagem coloquial, usamos indistintamente os complementos. Veja:

- **Lembrei de** você ontem. Objeto indireto
- **Lembrou os** tempos antigos. Objeto direto

↳ Não pode ter o mesmo verbo, com o mesmo sentido duas regências diferentes. Ou se deveria ter usado o objeto direto ou o indireto. Mas não de modo indistinto.

Vamos, portanto, determinar:

- **Lembrar / esquecer** (não pronominais) são verbos **transitivos diretos,** sem preposição.
- **Lembrar-se / esquecer-se** são verbos **transitivos indiretos**, pedindo a preposição "de".

Assim, teríamos:

✦ *Com a confusão, nós* ***nos*** *esquecemos* ***da*** alimentação dos cachorros.

✦ *Durante toda a viagem, ele **se** lembrou **dos** familiares ausentes.*

↳ Observe que os verbos "esquecer" e "lembrar" são pronominais. Por esse motivo, os complementos apareceram preposicionados.

Agora veja os mesmos verbos, na forma NÃO pronominal:

✦ *Com a confusão, nós esquecemos **a** alimentação dos cachorros.*

✦ *Durante toda a viagem, ele lembrou **os** familiares ausentes.*

↳ Temos, desta vez, objetos diretos (sem preposição) para completar os verbos não pronominais.

Existe, ainda, uma terceira possibilidade de regência para esses verbos. Na verdade, é um caso menos frequente, por ser uma construção mais sofisticada e erudita. Ela vai ocorrer, com os verbos significando:

- LEMBRAR = vir à memória
- ESQUECER = fugir da memória

Nesses casos, o complemento será um OBJETO INDIRETO. Veja:

✦ ***Lembrou**-me a data de seu aniversário, mas não pude ligar para você.*

↳ A intenção que se tem é a de dizer que "a data" veio a minha lembrança. Como se "a data" fosse o agente da ação verbal. O verbo, nesse caso, não é pronominal, porque o pronome "me" é de primeira pessoa, ao passo que "lembrou" está na terceira. A forma pronominal equivalente seria: *Lembrei-me da data de seu aniversário.* (Aqui pronome e verbo são de primeira pessoa).

✦ *No momento, **esqueceu**-me seu nome; perdão!*

↳ A intenção que se tem é a de dizer que "seu nome" fugiu da minha lembrança. Como se "seu nome" fosse o agente da ação verbal. O verbo, nesse caso, não é pronominal, porque o pronome "me" é de primeira pessoa, ao passo que "esqueceu" está na terceira. A forma pronominal equivalente seria: *No momento, esqueci-me de seu nome; perdão.* (Aqui pronome e verbo são de primeira pessoa).

6. Verbo implicar

O verbo "implicar" tem os seguintes sentidos:

- acarretar, causar – VTD – nesse caso, sem preposição.
- antipatizar, ter implicância – VTI – nesse, caso com a preposição "com".
- envolver, comprometer – VTI – nesse caso, com dois complementos.

✦ *Os frequentes atos fraudulentos **implicaram** a demissão do gerente.*

↳ No sentido de "acarretar", o verbo pede um objeto direto; por isso, "a demissão do gerente" é termo não preposicionado.

+ *Nos finais de semana, durante almoços de família, o avô sempre* ***implicava*** *com os netos.*

↳ O complemento preposicionado ("com os netos") é o OI exigido pelo verbo na acepção de "ter implicância".

+ ***Implicaram*** *o Senador em crime de lesão corporal.*

↳ Há dois objetos: "o Senador" (OD) - sem preposição - e "em crime de lesão corporal" (OI - com a preposição "em"). Observe que o sentido do verbo é o de "envolver" - VTDI.

7. Verbo ir / chegar

Os verbos "chegar" e "ir" são intransitivos - seguidos, normalmente, de adjunto adverbial de lugar.

+ *Quando* ***chegou*** *ao colégio/ à escola,* ***foi*** *ao banheiro/ à cantina.*

↳ As expressões indicativas de lugar, que complementam semanticamente os verbos "chegar" e "ir" são precedidas da preposição "a". Na linguagem coloquial, costuma-se usar o "em".

8. Verbo obedecer e desobedecer

Os dois verbos, mesmo antônimos, têm a mesma regência e são VTI.

+ *Não se deve* ***desobedecer*** *aos mais velhos/à sinalização.*

↳ Veja que os complementos (masculino e feminino) são preposicionados, atendendo à regência do verbo.

9. Verbos pagar e perdoar

Apesar de serem verbos distintos, o comportamento de suas regências é semelhante. Eles podem ser VTD apenas ou VTI apenas ou, ainda, podem admitir dois complementos, revelando-se VTDI. Observe:

+ *O cliente, muito apressando,* ***pagou*** *a conta ao garçom.*

↳ Ocorrem, no exemplo, dois complementos: um direto ("a conta" - sem preposição) e outro indireto ("ao garçom" - com preposição). Observe que o objeto indireto é uma "pessoa", mas o objeto direto é uma "coisa".

↳ Objeto direto - a conta. "coisa"

↳ Objeto indireto - ao garçom. "pessoa a quem se pagou"

Assim se determinam os complementos dos dois verbos:

São verbos transitivos diretos para coisas.

+ ***Pagou*** *o carnê.*
+ ***Perdoou*** *os pecados.*

São verbos transitivos indiretos para pessoas.

+ ***Pagou*** *ao dentista.*
+ ***Perdoou*** *a quem o ofendeu.*

10. Verbo preferir

O verbo "preferir" é transitivo direto e indireto. E, no complemento indireto, pede a preposição "a": "preferir uma coisa **a** outra".

+ *Temos que reforçar nossa adega, porque o convidado* ***prefere*** *vinho a uísque.*

↳ Os dois objetos completam o sentido de "prefere": o direto ("vinho") e o "indireto" ("a uísque"), iniciado pela preposição "a".

Vícios: Existem certas construções, comuns na linguagem do dia a dia, incorretas. Observe:

+ *Já disse que prefiro* ***mais*** *a praia.*
  ↳ "preferir" já significa "gostar mais".
+ *Prefiro* ***antes*** *ficar parado.*
  ↳ "preferir" já significa "colocar antes de".
+ *Prefiro* ***mil vezes*** *o Raciocínio Lógico* ***do que*** *o Português.*
  ↳ além de ter-se trocado a preposição "a" pela expressão "do que" (incorreta), colocou-se o reforço desnecessário na expressão "mil vezes". Há quem fundamente esse desvio, alegando se tratar de pleonasmo estilístico de ênfase.

11. Verbo proceder

O verbo proceder tem três acepções:

- levar a efeito, executar - VTI - nesse caso, com a preposição "a".
- ter origem, derivar - VTI - nesse caso, com a preposição "de".
- ter procedência, ter fundamento - VI - nesse caso, sem complemento.

+ *Naquele momento, o juiz* ***procedeu*** *ao inquérito/ à leitura da sentença.*
  ↳ O verbo, no sentido de "executar" pede complemento preposicionado (OI), tanto na forma do masculino, quanto na do feminino.

+ *A existência dessa lei* ***procede*** *dos grupos interessados no mercado econômico.*
  ↳ No sentido de "derivar", o complemento é com a preposição "de" (OI).

✦ *Toda a argumentação contrária à medida adotada realmente não **procede**.*

↳ O verbo, desta vez, significa "ter fundamento" e, como verbo intransitivo, não apareceu seguido de qualquer complemento.

12. Verbo querer

O verbo "querer" tem duas acepções - uma mais voltada ao lado material e outra, ao sentimento.

- desejar - VTD - nesse caso, sem preposição.
- querer bem a, amar - VTI - nesse caso, com a preposição "a".

✦ *O executivo **queria** mais dinheiro em caixa.*

↳ "Mais dinheiro", termo sem preposição, completa o verbo, que tem o sentido de "desejar".

✦ *O pai **queria** ao enteado, como a seus próprios filhos.*

↳ O complemento preposicionado ("ao enteado") é o objeto indireto exigido pelo verbo na acepção de "querer bem".

13. Verbo visar

O verbo "visar" pode ser usado no sentido de

- almejar / pretender - VTI - nesse caso, com a preposição "a"
- mirar - VTD - nesse caso, sem preposição
- dar visto - VTD - também sem preposição.

✦ *A candidata entrevistada pela manhã **visa** ao posto máximo/ à presidência.*

↳ O verbo, no sentido de "almejar", sendo VTI pede os complementos preposicionados (no masculino ou no feminino).

✦ *O atirador **visou** o alvo / a presa, mas não conseguiu acertar.*

↳ Veja que os complementos não são preposicionados (OD), já que o sentido é o de "mirar".

✦ *O professor, antes de começar a aula, **visou** os cadernos/ as provas.*

↳ Os complementos para o verbo, no sentido de "dar visto", não podem ser preposicionados.

REGÊNCIA NOMINAL

Regência Nominal é um conteúdo que, apesar da presença nos editais, não tem sido muito cobrado. Chama-se regência nominal à relação existente entre um **nome** (substantivo, adjetivo ou advérbio) e os termos regidos por esse nome. A relação é sempre realizada por uma **preposição.** No estudo da regência nominal, é preciso levar em conta que vários nomes apresentam exatamente o mesmo regime dos verbos de que derivam.

Ao contrário do que foi feito em relação aos caso de regência verbal optamos por apresentar quadros, com vários nomes acompanhados da preposição ou preposições que os regem. Observe-os atentamente e procure, sempre que possível, associar esses nomes entre si ou a algum verbo cuja regência seja conhecida.

▶ SUBSTANTIVOS		
Admiração a, por	Devoção a, para, com, por	Medo a, de
Aversão a, para, por	Doutor em	Obediência a
Atentado a, contra	Dúvida acerca de, em, sobre	Ojeriza a, por
Bacharel em	Horror a	Proeminência sobre
Capacidade de, para	Impaciência com	Respeito a, com, para com, por

▶ ADJETIVOS		
Acessível a	Diferente de	Necessário a
Acostumado a, com	Entendido em	Nocivo a
Afável com, para com	Equivalente a	Paralelo a
Agradável a	Escasso de	Parco em, de
Alheio a, de	Essencial a, para	Passível de
Análogo a	Fácil de	Preferível a
Ansioso de, para, por	Fanático por	Prejudicial a
Apto a, para	Favorável a	Prestes a
Ávido de	Generoso com	Propício a
Benéfico a	Grato a, por	Próximo a
Capaz de, para	Hábil em	Relacionado com
Compatível com	Habituado a	Relativo a
Contemporâneo a, de	Idêntico a	Satisfeito com, de, em, por
Contíguo a	Impróprio para	Semelhante a
Contrário a	Indeciso em	Sensível a
Curioso de, por	Insensível a	Sito em
Descontente com	Liberal com	Suspeito de
Desejoso de	Natural de	Vazio de

▶ ADVÉRBIOS	
Longe de	Perto de

CAPÍTULO 9

Sintaxe 4

Crase

Falar em "crase" não é abordar conteúdo relacionado a acentuação. Na verdade, a crase é um fenômeno indicado pela ocorrência do chamado acento grave sobre o "a". Define-se crase como a junção da preposição "a" com o artigo definido "a(s)". Por isso, o estudo da crase é parte do estudo da regência (verbal ou nominal). Pode-se, ainda, ocorrer a fusão da preposição "a" com as iniciais dos pronomes demonstrativos aquela(s), aquele(s), aquilo ou com o pronome relativo a qual (as quais). Mas são detalhes que apresentaremos a partir de agora:

REGRAS

Por decorrência da definição, podem-se levantar algumas observações:

1) **Não ocorre crase antes de palavra masculina**. O motivo é muito simples: ocorre crase pela presença de artigo "a". Apenas as palavras femininas admitem anteposição de "a". Assim:

   ✦ *A loja não mais vende **a prazo** e, por isso, acaba perdendo muitos clientes.*

   ↳ "Prazo" é uma palavra masculina; não admite, portanto, o artigo "a". Assim, o "a" é apenas uma preposição.

2) O fato de não se admitir a ocorrência de crase antes de masculino não determina a necessidade de sempre se usar antes de feminino. Lembramos, aqui, um "macete" que, certamente, muitos conhecem. Para verificar a ocorrência (ou não) de crase, substitui-se a palavra feminina por uma masculina. Nem é preciso que as palavras sejam sinônimas. Basta que o novo termo se "encaixe" na frase. Poderão ocorrer os seguintes resultados:

▶ FEMININO	▶ MASCULINO
a - artigo	**o** - artigo
a - preposição	**a** - preposição
à - (a + a)	**ao** - (a + o)

Observe os exemplos:

✦ *Ainda não consegui ler **a matéria** apresentada no edital.*

↳ Pode-se, no lugar do termo destacado, usar **"o jornal"**. Se, no masculino, encontrou-se "o", no feminino a forma equivalente é "a". Além disso, o verbo "ler" é transitivo direto e, por isso, não poderá ser preposicionado.

✦ *Nunca me referi **a ela,** desde que houve o desentendimento entre nós.*

↳ Pode-se, no lugar do termo destacado, usar **"a ele"**. Se, no masculino, encontrou-se "a", no feminino a forma equivalente é "a". Além disso, o verbo "referir-se" é transitivo indireto e, por isso, pede a preposição "a".

✦ *Resolveram não ir **à missa,** já que fazia uma semana do falecimento do avô.*

↳ Pode-se, no lugar do termo destacado, usar **"ao culto"**. Se, no masculino, encontrou-se "ao", no feminino a forma equivalente é "à". Além disso, o verbo "ir" pede um adjunto adverbial iniciado com a preposição "a" ("Ir a"). Essa preposição se fundirá com o artigo "a" que pode preceder "missa".

3) **Não ocorre crase antes de pronome**. Observe que não especificamos diante de que tipo de pronomes. Entretanto, genericamente a informação procede, porque não se costuma usar artigo antes de pronome. E, como é necessário o artigo para ocorrer crase, não ocorre crase antes de pronome.

✦ *Quando me dirigi **a ela,** fui bem atendido, como já esperava.*

↳ Pode-se, no lugar do termo destacado, usar **"a ele"**. Se, no masculino, encontrou-se "a", no feminino a forma equivalente é "a". Além disso, o verbo "referir-se" é transitivo indireto e, por isso, pede a preposição "a". Isso o "macete" já garantiria. Ocorre que o termo destacado é um pronome.

Por esse motivo,

✦ *Será que encaminharam **a Vossa Excelência** os artigos que escrevi?*

↳ "Vossa Excelência" é um pronome de tratamento. Além disso, não necessariamente refere-se a "mulher". Crase proibida.

✦ *Farei o elogia **a quem** de direito e não a **qualquer** um.*

↳ "Quem" e "qualquer" são pronomes. Assim, não ocorre crase.

Veja agora outro exemplo:

✦ *Eu disse umas verdades **a** sua mãe e acho que ela não gostou de ouvi-las.*

↳ Pelo que se comentou até agora, não se deve acentuar o "a", porque ele antecede "sua" - um pronome possessivo. Pela regra, antes de pronome não ocorre crase.

✦ *Eu disse umas verdades **ao seu pai** e acho que ela não gostou de ouvi-las.*

↳ No masculino, pelo "macete", admitiu-se a contração "ao". Sob esse aspecto, a forma feminina, poderia ficar: *Eu disse umas verdades **à** sua mãe e acho que ela não gostou de ouvi-las.*

E agora? O que fazer: privilegiar a regra ou seguir pelo "macete"? Claro que a regra deve ter o privilégio. Mas, nesse caso, as duas construções são válidas. **Antes de possessivos femininos, a ocorrência de crase é facultativa.** O motivo é simples: ao contrário dos outros pronomes, os possessivos admitem a anteposição de artigo (ou não).

+ *A minha sala fica no 15º. andar.*
+ *Minha sala fica no 15º. andar.*

Assim, se o uso do artigo antes do possessivo é facultativo, a ocorrência de crase também é.

+ *Vá **a** minha sala para avaliarmos os projetos.*
+ *Vá **à** minha sala para avaliarmos os projetos.*
+ *Mais um exemplo envolvendo pronomes:*
+ *Não mais voltei **a aquela** praia, apesar de gostar muito de lá.*

↳ Já dissemos que não ocorre crase diante de pronomes. "Aquela" é um pronome demonstrativo. Além disso, verifique a substituição por um equivalente masculino:

+ *Não mais voltei **a aquele** cemitério, depois do enterro do meu avô.*

↳ Perceba que a substituição encontrou um "a", o que faz com que no feminino o equivalente seja "a" (sem ocorrência de acento grave).

Assim, percebemos que nem pela regra nem pelo "macete", ocorreu a crase. No entanto, veja:

+ *Não mais voltei **àquela** praia, apesar de gostar muito de lá.*
+ *Não mais voltei **àquele** cemitério, depois do enterro do meu avô.*

↳ Não se trata de uma exceção, como poderão pensar alguns. Não ocorreu crase ANTES de pronome, nem ANTES de masculino. Ocorreu crase "no" pronome ou "no" masculino. A preposição **"a"** ("voltar" a) pode fundir-se ao **"a"** inicial de "aquele", "aquela" ou "aquilo"..

4) Não ocorre crase antes de verbo.

O motivo dessa proibição é muito claro: verbo é uma palavra que não tem gênero. E só ocorre crase antes de palavras do gênero feminino. Assim,

+ *O curso será realizado **a partir** de agosto, se houver um número suficiente de alunos.*
+ *Os pais convidaram para a cerimônia de casamento da filha, **a realizar-se** no dia 12 de março.*

5) Não ocorre crase em "a" singular diante de palavra no plural.

Se o "a" está no singular e a palavra seguinte é plural, significa que não existe ali artigo feminino. Se houvesse, seria "as". Assim, o "a" nesse caso é apenas uma preposição. Veja:

+ *Não costumo ir **a reuniões** de condomínio, pois muito se fala e nada se resolve.*

↳ O "a" que precede "reuniões" deve-se à regência do verbo "ir". "Ir a" algum lugar. Note que "reuniões" é termo plural que exigiria um artigo também no plural. Por isso, tem-se apenas a preposição.

Observe agora:

+ *Não costumo ir **às reuniões** na escola de minha filha, pois são muito longas.*

↳ Desta vez, a crase ocorre, porque o artigo "as" (referente a "reuniões") está presente para se fundir com a preposição "a", exigida por "ir". Além , disso, no masculino teríamos:

+ *Não costumo ir **aos clubes de xadrez** que se realizam na minha cidade nesta época.*

▶ **RESUMO:**

Até agora, listamos as seguintes "proibições".

Não ocorre crase diante de:

- Palavras masculinas
- Pronomes
- Verbo
- Palavras no plural, se o "a" for singular.

Observações específicas

Mesmo que você conheça as regrinhas que acabamos de listar, perceberá que elas são insuficientes, muitas vezes, para resolver as questões de provas. Vamos a mais algumas observações específicas:

1. As expressões adverbiais femininas devem ser craseadas

+ *As aulas ocorrerão **às quartas-feiras**, sempre que o tempo permitir.*

↳ No exemplo, o termo destacado é um adjunto adverbial de tempo, de núcleo feminino. Daí a ocorrência de crase.

+ *Mais **à frente**, você deve virar **à esquerda** e logo encontrará um posto de gasolina.*

↳ As expressões destacadas são adjuntos adverbiais de lugar femininos e, por isso, aparecem craseados.

Polêmica

Existe uma divergência entre gramáticos a respeito da expressão **A VISTA/À VISTA.**

✦ *A loja só vende **à vista** – é um critério que vem desde 1940.*

↳ Pelo critério enunciado, a expressão destacada é adjunto adverbial de modo e, portanto, deveria ser craseada.

As correntes contrárias à ocorrência de crase na expressão destacada, argumentam que, se for feita uma substituição por termo masculino, poderá ser encontrada a seguinte construção:

✦ *A loja só vende **a prazo** – é um critério que vem desde 1940.*

↳ Nesse caso, o masculino originou um "a", cujo correspondente feminino NÃO seria craseado.

O problema se forma porque os concursos, de modo geral, não indicam uma bibliografia. Por isso mesmo, muitos evitam a resposta associada a este caso especifico. É importante ressaltar que a maioria das correntes gramaticais defende a ocorrência de crase por dois motivos: primeiro porque não se pode preterir a regra em detrimento de um macete. E segundo, porque a regência do verbo vender é transitiva direta. Se não se coloca o acento indicativo de crase, passa-se a sugerir que "a vista" é o que se vende e não "como se vende".

Veja:

✦ *Comeram **a francesa** durante aquela cerimônia ruidosa.*

✦ *Comeram **à francesa** durante aquela cerimônia ruidosa.*

↳ No primeiro exemplo, poderíamos ter a impressão de um "banquete canibal", já que a francesa foi o prato principal; no segundo exemplo, é a maneira como se procedeu na cerimônia.

✦ *A loja só vende **a vista.***

✦ *A loja só vende **à vista.***

↳ No primeiro caso, a mercadoria vendida é a vista (o olho); no segundo caso, como se realizam as vendas.

Polêmicas

✦ *Escreve a redação a tinta, porque não haverá revisão de texto.*

↳ Tem-se aqui o mesmo raciocínio de "a vista". Há gramáticos que dizem que deve haver crase. E há gramáticos que dizem que não deve haver porque "a tinta" tem o correspondente "a lápis" e se no masculino usa-se apenas a preposição, no feminino também deve ser assim.

Observe outras frases, que estariam no mesmo caso da anterior:

- *Fez a costura a máquina.*
- *Abriu caminho a foice.*
- *Matou a vítima a faca.*
  - ↳ Os gramáticos que dizem não ocorrer crase antes desses adjuntos adverbiais femininos; dizem que eles fazem parte de um bloco de exceção: expressam instrumento. Assim, defendem que as expressões adverbiais femininas são craseadas, exceto as de instrumento.

2. Nomes de lugar – país, continente, ambiente etc.

- *Não voltaram **a Portugal**, mas já foram **à Espanha** três vezes.*
  - ↳ "Portugal" e "Espanha" são lugares. Os verbos "voltar" e "ir", empregados no exemplo, pedem a preposição "a". No entanto, houve apenas ocorrência de crase em um dos casos. Como determinar?

Existe um outro "macete" de que, certamente, muitos se lembram. Consiste em fazer uma substituição, por exemplo por:

- **Vir / voltar de**
- **Vir / voltar da**

Quando se volta **DE,** retorna-se **A.**

Quando se volta **DA,** retorna-se **À.**

Ainda não entendeu? Pois bem:

- *Vim **de** Portugal.*
  - ↳ preposição pura → *Retornarei a Portugal.* (também com preposição pura)
- *Vim **da** Espanha.*
  - ↳ preposição + artigo. → Retornarei **à** Espanha (também com preposição fundida).
- *"Você já foi **à** Bahia?" – é uma frase que sempre ouço nas agências de turismo.*
  - ↳ O "a" deve ser craseado, porque teríamos a forma: *Vim **da** Bahia.*
- *Iriam **a** Lisboa no verão, porque agora o frio é intenso por lá.*
  - ↳ O "a" não deve ser craseado, porque teríamos a forma: *Vim **de** Lisboa.*

3. Casa – Terra – Distância

Existe uma regrinha de crase, específica para essas três palavras da língua portuguesa.

- *Hoje eu não fui a casa almoçar, porque a loja estava muito cheia.*

  ↳ Coloquialmente não se fala "fui a casa", no Brasil. "A casa" é adjunto adverbial de lugar feminino - deveria ser craseado, pela regra geral. No entanto, foge à regra. Não deve ser uma expressão craseada. Mas,

- *Hoje eu não fui **à** casa dela, porque fomos almoçar fora.*

  ↳ Desta vez, usou-se o acento grave, indicativo de case, porque a palavra "casa" apareceu especificada.

A regra específica é esta: as palavras "casa", "terra" e "distância", quando vierem determinadas ou especificadas é que admitem a ocorrência de crase. Aparecendo "sozinhas", não admitem, essa fusão. Por isso:

- *O navio voltou **a terra**, depois de um mês na costa brasileira.*

- *O navio voltou **à** terra de partida, para iniciar nova viagem.*

- *O astronauta, enviado à missão espacial, retornou **à** Terra mais magro.*

  ↳ "Terra" no sentido de planeta leva crase, já que se trata de um local específico.

- *Ela me observava a distância, esperando que eu cometesse um deslize.*

- *Ela me observava **à** distância de 50 m, pronta a me fotografar.*

4. Qual - pronome relativo

Dissemos, nas regras gerais, que não ocorre crase antes de pronomes. No entanto, há casos em que, antes do pronome relativo "qual", é obrigatório o uso de crase. Vejo:

- *O autor em **que** me baseio é paulista e tem muitas obras publicadas.*

  ↳ A expressão "em que" tem essa preposição devido à regência de "basear-se". "Que" é um pronome relativo. Antes desse pronome relativo, as preposição são neutras: sem feminino ou sem plural.

Agora veja:

- *O autor no **qual** me baseio é paulista e tem muitas obras publicadas.*

  ↳ A expressão "no qual" tem essa preposição devido à regência de "basear-se". "Qual" é um pronome relativo. Antes desse pronome relativo, as preposição são flexionadas. Como, no caso, o antecedente é "autor" (masculino e singular), a fusão de "em + o" origina "no".

Assim, veja o que ocorre com a presença da preposição "a":

✦ *A autora a* ***que*** *me refiro é paulista, mas mora no Ceará desde a década de 80.*

↳ A expressão "a que" tem essa preposição devido à regência de "referir-se". "Que" é um pronome relativo. Antes desse pronome relativo, as preposição são neutras: sem feminino ou sem plural.

✦ *A autora à qual me refiro é paulista mas mora no Ceará desde a década de 80.*

↳ A expressão "à qual" tem essa preposição devido à regência de "referir-se". "Qual" é um pronome relativo. Antes desse pronome relativo, as preposição são flexionadas. Como, no caso, o antecedente é "autora" (feminino e singular), a fusão de "a + a" origina "à".

Conclusão:

O único pronome antes do qual a ocorrência de crase pode ser obrigatória é o relativo QUAL, de antecedente feminino, ligado a verbos que exijam a preposição "a":

✦ *A situação à qual se reportaram é realmente constrangedora.*

✦ *A aluna à qual se referiram não fez nada de errado.*

✦ *A pessoa à qual se dirigiram os tratou muito bem.*

5. Diferença entre "Há" e "a"

✦ ***Há*** *cinco meses eles desapareceram, sem dar qualquer notícia depois disso.*

↳ Observe que a estrutura acima pode ser substituída por "**Faz** cinco meses...", com a inserção de um verbo. Além disso, usa-se **"há"** para expressar **tempo decorrido (passado)**

✦ *Daqui* ***a*** *dois meses eles viajarão em férias, para Acapulco.*

↳ Desta vez, a noção é de **tempo futuro**. Além disso, "dois meses" é masculino e não ocorre crase antes de masculino.

✦ ***Há*** *muita gente esperta por ali – fiquem atentos para não serem lesados.*

↳ Veja que usou-se o verbo "haver" no sentido de "existir ".

✦ *O posto fica* ***a*** *5 km; ali vocês encontrarão uma loja de conveniência.*

↳ O **"a"** agora é indicativo de **"distância".** Além disso, a expressão "5km" é masculina.

Resumindo:

- **HÁ:** Usado nas expressões que indicam tempo passado (decorrido) ou com a acepção de "existir".
- **A:** Usado para referir-se a tempo futuro ou distância.

6. A palavra ATÉ

Trata-se de um dos casos facultativos de CRASE. Veja:

✦ *O soldado seguiu o comandante até* ***a porta do quartel.***

✦ *O soldado seguiu o comandante até* ***à porta do quartel.***

↳ Apesar de ser um caso facultativo, o ideal seria que não se usasse o acento grave, já que "até" é uma preposição e não haveria necessidade de mais uma.

7. Expressões de palavras repetidas

Convencionou-se que, nesses casos, não ocorre crase:

✦ *Enfim os acusados vão se encontrar* ***cara a cara****, no Tribunal.*

✦ *O mais embaraçoso é* ***o corpo a corpo****.*

✦ *Vamos caminhando* ***lado a lado,*** *para que possamos unir nossas forças.*

8. Nomes próprios femininos

A regra diz que antes de nomes próprios femininos, a crase é facultativo:

✦ *Enviei um presente a (à) Maria, em virtude de seu aniversário.*

CAPÍTULO 10

Exercícios

1. QUESTÕES COM GABARITO COMENTADO

01. **(CESPE – Todos os cargos de Analista – TRE-BA – 2010)**

Rio de Janeiro, 15 de dezembro de 1904.

Meu caro Paz,

Obrigado pelas tuas palavras e pelo teu abraço. Ainda que de longe, senti-lhes o afeto antigo, tão necessário nesta minha desgraça. Não sei se resistirei muito. Fomos casados durante 35 anos, uma existência inteira; por isso, se a solidão me abate, não é a solidão em si mesma, é a falta da minha velha e querida mulher. **Obrigado**. Até breve, segundo me anuncias, e oxalá concluas a viagem sem as contrariedades a que aludes. Abraça-te o velho amigo

Machado de Assis.

(Machado de Assis. Obra completa. vol. 3. Rio de Janeiro: Nova Aguilar, 1994, p. 1.072 (com adaptações).

( ) A palavra "Obrigado" está flexionada no masculino e no singular para concordar, em gênero e número, com o signatário da correspondência.

GAB:☐ Certo ☐ Errado

▶ *Comentários:*

Resposta: Certo – *O adjetivo "obrigado" deve flexionar-se de acordo com o sexo (gênero) da pessoa que o utiliza, ou a quem se refere. No caso, Macho de Assis (homem) é quem está agradecendo. Portanto, "obrigado".*

02. **(FCC – Analista Judiciário – TRT da 9ª. Região – 2010)** Está adequada a concordância verbal nesta construção:

(A) nem negligência, nem incúria: a combinação letal do medo e da ganância trouxeram-nos até aqui.
(B) dizem muito, sobre nós e nossa espécie, o que nos fez chegar até aqui?
(C) diante do inimigo, real ou virtual, lançam-se mão dos recursos nucleares.
(D) são cada vez mais difíceis considerar como permanentes as fronteiras entre os Estados.
(E) repousa nas providências que levem a Estados sem fronteiras a expectativa de que sobrevivamos.

▶ *Comentários:*

Resposta: (E) "A expectativa" é que "repousa"; por isso, sujeito singular leva verbo para o singular.

(A) "A combinação letal do medo e da ganância" é o sujeito do verbo "trazer". Como o núcleo é "combinação" (no singular), o verbo deveria ser "trouxe-nos".

(B) *O sujeito de "dizer" é "o que nos fez chegar até aqui". O núcleo "o" (=aquilo) é singular, fazendo com que o verbo deva ficar no singular;*

(C) *O verbo "lançar-se", presente na expressão "lançar-se mão de", por estar preposicionado, constitui-se num caso de sujeito indeterminado. Por isso, para manter-se a ideia genérica, deve-se-ia usar "lança-se".*

(D) *O sujeito do verbo "ser" é, na verdade, uma oração: "considerar como permanentes as fronteiras entre os Estados". Quando o sujeito é oracional, usa-se o singular.*

03. **(FCC – Analista Judiciário – TRT da 9ª. Região – 2010)** As normas de concordância verbal estão plenamente acatadas na frase:

(A) Não devem os leitores de hoje imaginar que cabiam aos filósofos antigos preocupar-se com questões que já não fazem sentido.

(B) Leitores de hoje, não devemos imaginar que a um filósofo clássico ocorressem tão somente questões específicas de sua época histórica.

(C) Nenhum de nossos desejos, de acordo com Sêneca,deveriam transpor nossos limites, fronteiras que se deve sempre determinar.

(D) A cada um dos princípios do estoicismo devem corresponder, como se postulavam entre os estoicos, lúcida e consequente iniciativa nossa.

(E) Àqueles que não temem refletir sobre a morte reserva- se as recompensas de uma vida mais lúcida e mais intensa.

► *Comentários:*

RESPOSTA: (B) *O sujeito de "ocorrer" é "questões epecíficas"; por isso, deve-se usar o plural "ocorressem".*

(A) *O sujeito de "caber" é a oração "preocupar-se com questões que já não fazem sentido". Se o sujeito é oracional, o verbo deve ficar no singular: "cabia".*

(C) *O núcleo do sujeito "Nenhum de nossos desejos" é "Nenhum" (singular). Por isso, dever-se-ia usar "deveria".*

(D) *"iniciativa nossa" é o sujeito de "deve corresponder", que por esse motivo, deveria ser usado no singular.*

(E) *"As recompensas" são reservadas; por isso, "Reservam-se" deveria estar no plural.*

04. **(FCC – Técnico Judiciário – TRT da 20ª. Região – 2010)** A concordância verbal e nominal está inteiramente correta em:

(A) Como foi criado mecanismos de proteção aos mercados das nações mais ricas, a concorrência entre os produtores tornaram-se mais fortes nas últimas décadas.

(B) Como se tratavam de produtos de reconhecida qualidade, a presença dos exportadores brasileiros ampliaram-se consideravelmente nos últimos anos.

(C) A conquista de novos mercados pelos exportadores brasileiros não ocorreram tranquilamente, devido aos mecanismos de proteção criados em algumas nações.

(D) As exportações de produtos brasileiros para o mercado externo resultaram de várias medidas que se tomaram nas áreas política e empresarial.

(E) A produtividade necessária para possibilitar iguais condições de competitividade nos mercados internacionais garantem a oferta de alimentos no mercado interno.

► *Comentários:*

Resposta correta: (D) – *O verbo concorda no plural com o núcleo do sujeito "exportações". Além disso, o substantivo "áreas" está no plural, porque se refere a dois adjetivos: "política" e "empresarial".*

(A) *"Mecanismos" exigiria o verbo no plural: "foram criados".*

(B) *O verbo "tratar-se" é transitivo indireto, seguido de "se" e, por isso, fica sempre no singular. O correto seria: "Como se tratava"; além disso, "A presença dos exportadores" exigiria verbo no singular: "ampliou-se".*

(C) *"A conquista" exigiria verbo no singular: "ocorreu"*

(E) *"A produtividade" exigiria verbo no singular " garante".*

05. **(FCC - Analista Judiciário - TRF da 4ª. Região - 2010)** Ao se reconstruir uma frase do texto, houve deslize quanto à concordância verbal em:

(A) Se todos esperávamos um bom acordo na COP-15, frustrou-nos o que dela acabou resultando.

(B) Acabou culminando num final dramático, naquele 18 de dezembro de 2009, o período de duas semanas de acaloradas discussões.

(C) Às nações pobres propôs-se uma ajuda de US$ 30 bilhões, medida a que não deu aval nenhum dos países insatisfeitos com as conversas finais.

(D) Deveram-se às manobras de desconversas, na definição das tarefas dos países, o impasse final das negociações entabuladas em Copenhague.

(E) Sequer foi possível, na COP-15, estabelecer um financiamento para os países pobres a quem coubesse adotar políticas de mitigação das emissões.

▶ *Comentários:*

Resposta correta: (D) – *Observe que o sujeito de "dever-se", mesmo que distante na estrutura frasal, é "o impasse final das negociações entabuladas em Copenhague". Por isso, esse "impasse" se "deveu" às "manobras de desconversas".*

06. **(FCC - Analista Judiciário - TRF da 4ª. Região - 2010)** O verbo indicado entre parênteses deverá adotar uma forma do **plural** para preencher de modo correto a lacuna da frase:

(A) Muito do que se ...... (**prever**) nos usos de uma nova técnica depende, para realizar-se, do que se chama "vontade política".

(B) Nenhuma das vantagens que ...... (**oferecer**) a tecnologia mais ousada é capaz de satisfazer as aspirações humanas.

(C) Quando não se ...... (**reconhecer**) nas ciências o bem que elas nos trazem, as saídas místicas surgem como solução.

(D) Orson Welles talvez não imaginasse o risco da tragédia que ...... (**poder**) provocar as dramatizações de sua transmissão radiofônica.

(E) Quaisquer que sejam as técnicas, não lhes ...... (**caber**) determinar por si mesmas o sentido que ganhará sua aplicação.

▶ *Comentários:*

Resposta correta: (D) – *Observe que o sujeito da expressão "poder provocar" é "as dramatizações de sua transmissão radiofônica". Assim, "as dramatizações" PODEM provocar.*

(A) *"Muito" (termo singular) leva o verbo "prever" ao singular. O sentido seria equivalente a "Muito do que foi previsto".*

(B) *"Nenhuma das vantagens" é uma expressão-sujeito cujo núcleo é "nenhum" – termo no singular. Por isso, "oferecer" deve ficar também no singular.*

(C) O sujeito de "reconhecer" é "o bem". O sentido seria equivalente a "Quando o bem não é reconhecido".

(E) O sujeito de "caber" é a oração seguinte: "determinar por si mesmas o sentido que ganhará sua aplicação". "Determinar o sentido" (=Isso) não lhes CABE.

07. (FCC – Analista Judiciário – TJPI – 2010)

I. Às vezes, um estratagema bem simples, como o utilizado por Gino Stada, ao ligar para o celular de Marco Garatti diante dos jornalistas, é capaz de revelar a mentira das declarações oficiais, por mais enfáticas que pareçam.

II. Nos conflitos internacionais, quase sempre se releva os fins em detrimento dos meios, chegando-se mesmo a desconsiderar direito e garantias individuais, constante dos próprios acordos de que é signatário a maioria dos países do globo.

III. Organizações como a Emergency têm de enfrentar não apenas os enormes desafios da ajuda humanitária a que se propõem, como também a desconfiança e mesmo a perseguição por parte dos que as veem como aliadas de seus inimigos.

As regras de concordância verbal e nominal estão corretamente observadas em

(A) I, apenas.

(B) II, apenas.

(C) I e II, apenas

(D) I e III, apenas.

(E) I, II e III.

▶ *Comentários:*

Resposta correta: (D) – *Na frase II, deveria ser feita a correção para "quase sempre se relevam os fins" e também se alteraria o trecho "constantes dos próprios acordos de que é signatária a maioria dos países do globo".*

08. (FCC – Técnico Judiciário – TRT da 20ª. Região – 2010) Exportadores brasileiros lançaram-se ...... conquista de vários mercados internacionais, após ...... modernização do setor agropecuário, que passou a oferecer ...... esses mercados produtos de qualidade reconhecida.

As lacunas da frase acima estarão corretamente preenchidas, respectivamente, por

(A) à – a – a

(B) à – a – à

(C) a – a – à

(D) a – à – à

(E) à – à – a

▶ *Comentários:*

Resposta correta: (A) – *A regência de "lançaram-se" exige a preposição "a" que, fundida ao "a (artigo) que se poderia colocar antes de "conquista", gera um "a" craseado. Numa substituição prática, diríamos no masculino ..lançar-se ao trabalho". Se o masculino admite "ao", o feminino correspondente seria "à". "Após" é preposição e, por isso, não se usa outra preposição após essa palavras. No masculino, teríamos: "Após o campeonato...". Quando no masculino temos "o", no feminino temos "a". Antes de "esse" não se acentua o "a", por se tratar de um pronome e, além disso, estar no masculino.*

09. (CESPE- Todos os cargos de Analista - TRE-BA - 2010)

( ) É rara, na documentação, referência tão explícita à convivência interétnica no nível privado bem como às normas de comportamento e tensões que implicava, consubstanciadas no sentido pejorativo que a qualificação negro, dada por Isabel ao seu convidado, tinha para os que conviviam com eles, ou seja, não foi o convite de Lisboa e Isabel para que Ramos jantasse em sua casa — um homem livre, ao que tudo indica, descendente de africanos — que causou estranheza às testemunhas, mas o fato de que, nessa situação, a anfitriã o tivesse chamado de negro, desqualificando-o, desse modo, como hóspede à mesa do casal.

No trecho "bem como às normas de comportamento e tensões", o emprego do acento indicativo de crase justifica-se pela regência da forma verbal "implicava" e pela presença do artigo definido.

GAB:☐ Certo ☐ Errado

▶ *Comentários:*

Resposta: Errado. *A ocorrência de crase deve-se à regência do termo "referência", que pede a preposição "a". Tem-se dois complementos: "referência à convivência" bem como "referências às normas de comportamento.*

10. (FCC - Analista Judiciário - TJPI - 2010) Se há uma diferença entre o terrorismo de Estado e outros tipos de terrorismo, é que estes atuam ...... margem da lei, e desse modo ...... suas vítimas é dado recorrer ao Estado em busca de proteção ou reparação; contra ...... elas quase nada podem fazer.

Preenchem corretamente as lacunas da frase acima, na ordem dada:

(A) à - à - àquele
(B) à - a - aquele
(C) a - a - aquele
(D) à - a - àquele
(E) a - à - àquele

▶ *Comentários:*

Resposta correta: (B) - *"à margem da lei" é uma expressão adverbial feminina que, como tal, deve ser craseada; "a suas vítimas" não pode receber acento indicativo de crase, por ser uma preposição no singular, anteposta a um termo plural (assim, constata-se não haver artigo e, por isso, não ocorrerá a crase); "contra aquele" é uma expressão em que o pronome demonstrativo substitui "Estado" e "nada podem fazer contra o Estado".*

11. (FCC - Analista Judiciário - TRT da 8ª. Região - 2010) Considere as frases abaixo.

I. ...... quem não o podia pegar o grito foi lançado.
II. Aludiam ...... uma imensa tela dourada os fios de sol que se cruzavam.
III. O resultado de seu trabalho foi comparado ...... luz da manhã.

Preenchem corretamente as lacunas, respectivamente:

(A) A - a - à
(B) A - a - a
(C) À - à - a
(D) A - à - à
(E) À - a - à

▶ *Comentários:*

Resposta correta: (A)

I. **A** *quem não o podia pegar o grito foi lançado. → Não ocorre crase antes de pronome.*

II. *Aludiam* **.a** *uma imensa tela dourada os fios de sol que se cruzavam. → Não ocorre crase, porque no período "uma" já é um artigo. Assim, o "a" é apenas uma preposição.*

III. *O resultado de seu trabalho foi comparado* **à** *luz da manhã. → A crase ocorrer devido à regência de "comparado" (comparado a) e ao fato de "luz" admitir um artigo "a", já que é palavra feminina.*

12. **(FCC – Técnico Judiciário – TRT da 8ª. Região – 2010)** A paisagem do Norte do país já fascinou ...... muitos, como o fotógrafo Marcel Gautherot, que por décadas voltou repetidamente ...... Região, disposto ...... captar parte de sua essência.

Preenchem corretamente as lacunas da frase acima, na ordem dada:

(A) a – a – à
(B) à – a – a
(C) a – à – a
(D) à – à – à
(E) à – a – à

▶ *Comentários:*

Resposta correta: (C)

A paisagem do Norte do país já fascinou **a** *muitos,* → não ocorre crase em "a" singular, seguido de palavra no plural (que, além disso, é masculina e pronome).

...como o fotógrafo Marcel Gautherot, que por décadas voltou repetidamente **à** *Região,* → o verbo "voltar" exige a preposição "a", que se fundo ao possível artigo feminino "a" , que antecederia "região".

...disposto **a** *captar parte de sua essência.* → não ocorre crase antes de verbo.

13. **(FRAMINAS – Técnico Judiciário – TJMG – 2009)** Marque a alternativa incorreta:

(A) Havia borboletas cor-de-laranja e diversas flores amarelo-claras no jardim.
(B) Os ternos pretos ou azul-marinho são apropriados para uma cerimônia de casamento.
(C) A canjica, as cocadas e os pés-de-moleque são doces típicos das festas juninas.
(D) Fui à padaria e comprei pãozinhos quentinhos.

▶ *Comentários:*

Resposta a ser assinalada: (D) – *A flexão incorreta está no diminutivo plural de "pão", que deveria ser "pãezinhos".*

14. **(FRAMINAS – Técnico Judiciário – TJMG – 2009)** O adjetivo está empregado como advérbio em:

(A) Acesa a luz, viu claro os gestos furtivos do animal.
(B) A lamparina tornou claros os degraus da escada.
(C) Reservou para o céu um azul bem claro.
(D) Subitamente, um claro ofuscou-lhe a vista.

▶ *Comentários:*

Resposta correta: (A) – *"claro", nesta frase, refere-se a "viu", que é uma forma verbal. Quando o termo se refere a um verbo, modificando-o, ele é um advérbio. No caso, o que se pretendeu dizer é que "viu claramente", denotando uma ideia de modo.*

15. **(FCC – Analista Judiciário – TJPA – 2009)** O verbo indicado entre parênteses deverá flexionar-se no **plural** para preencher corretamente a lacuna da frase:

(A) ...... (**costumar**) seguir os nossos atos de indisciplina a invocação das sábias palavras daquela velha frase.

(B) Entre os adolescentes não ...... (**ser**) de hábito respeitar os limites da liberdade individual.

(C) A ninguém da classe ...... (**deixar**) de tocar, naquela época, seus alertas contra o nosso anarquismo.

(D) Nas aulas em que ...... (**caber**) invocá-las, a professora repetia as palavras daquele velho ditado.

(E) Um desafio que aos homens sempre se ...... (**impor**), em razão dos seus impulsos egoístas, está em respeitar o espaço alheio.

▶ *Comentários:*

Resposta correta: (C) *O sujeito do verbo "deixar" é a expressão "seus alertas contra o nosso anarquismo". Dessa maneira deve-se usar o plural.*

(A) O sujeito de "costumar" é "a invocação das sábias palavras daquela velha frase". Portanto, usa-se a forma singular.

(B) O sujeito do verbo "ser" é a oração seguinte: "respeitar os limites da liberdade individual". Sempre que um verbo tiver uma oração como sujeito ele deve ficar no singular.

(D) O sujeito do verbo "caber" é a oração seguinte "invocá-las". Como dissemos, verbo que tem outra oração como sujeito, fica no singular.

(E) O sujeito do verbo "impor" é a expressão "Um desafio", que está no singular.

16. **(FCC – Técnico Judiciário – TJSE – 2009)** A concordância verbal e nominal está inteiramente correta na frase:

(A) O confronto generalizado entre torcedores de times adversários acabaram com grande número de feridos atendidos no hospital mais próximo.

(B) Existe sempre alguns fatos que vai dar origem aos protestos violentos, que acabam em depredações e em grande número de feridos.

(C) É importante as medidas de controle que é feita pelos órgãos responsáveis pela segurança em eventos que atraem multidões.

(D) Seria necessário maiores cuidados com a segurança do público em eventos onde se encontra milhares de pessoas, de todas as idades.

(E) Nem sempre é possível evitar acontecimentos trágicos que acabam ocorrendo em lugares em que se encontram muitas pessoas.

▶ *Comentários:*

Resposta correta: (E)

(A) – O sujeito do verbo "acabar" é a expressão "O confronto generalizado entre torcedores e times adversários", que tem como núcleo o substantivo singular "confronto". Por isso, o verbo deveria ficar no singular.

(B) O sujeito do verbo "existir" é a expressão "alguns fatos"; portanto, o verbo deveria ficar no plural. Além disso, mesmos "fatos" "vão" dar origem (e não "vai", como está na alternativa).

(C) O sujeito do verbo "ser" é a expressão "as medidas de controle", no plural. A construção correta deveria ser "São importantes". Além disso, "as medidas" "são feitas" (e não "é feita" como está na alternativa).

(D) O sujeito do verbo "ser" é a expressão "maiores cuidados com a segurança do público", no plural. A frase deveria ficar: Seriam necessários". Além disso, "milhares de pessoas" "se encontram" (e não "encontra" como está na alternativa).

17. **(FRAMINAS - Técnico Judiciário - TJMG - 2009)** Dadas as orações abaixo:

I. Fui eu que recebeu o convidado.
II. O professor ou o psicólogo assumirá a direção da instituição.
III. Mais de um dos candidatos se insultaram.
IV. Os garotos parece gostarem dos filmes de ação.
V. Há três anos estudo nesta escola.

Marque a alternativa correta:

(A) I e II estão corretas.
(B) Somente I está incorreta.
(C) III e IV estão incorretas.
(D) todas estão corretas.

▶ *Comentários:*

Resposta correta: (B)

(I) O correto seria dizer "Fui **eu** *que* **recebi***" ou "Fui eu* **quem recebeu***"*

(II) Correto, porque o "ou" denota exclusão: apenas um é que vai assumir, levando o verbo para o singular.

(III) Correto, porque a expressão "Mais de um" está em oração que tem verbo com ideia de reciprocidade. Quando isso ocorre, deve-se usar o plural.

(IV) Correto, apesar de ser uma exceção: normalmente, nas locuções verbais, varia apenas o primeiro verbo Poderíamos ter aqui "Os garotos parecem gostar". Mas, com o verbo "parecer" é correta a flexão do segundo verbo.

(V) Correto, porque o verbo "haver" denotando tempo decorrido é impessoal e não tem plural

18. **(FRAMINAS - Técnico Judiciário - TJMG - 2009)** Todas as alternativas estão corretas, exceto:

(A) Considerou o argumento e a decisão perigosos.
(B) O presente - um relógio - torna inesquecíveis as horas.
(C) Ainda meio furiosa, mas com menos violência, proferia bastantes insultos.
(D) Os atentados que houveram deixaram perplexa a população e os governantes.

▶ *Comentários:*

Resposta a ser assinalada: (D) - *A forma correta seria "houve", já que o verbo "haver" foi usado no sentido de "existir". Nesse caso é impessoal e não pode ser flexionado no plural.*

(A) "perigosos" concorda com "argumento e decisão".

(B) "inesquecíveis"! concorda com "horas".

(C) "meio" é advérbio de intensidade e não varia; "menos" não tem feminino; "bastantes" (= muitos) concorda com "insultos".

19. **(CESPE - UNB- Técnico Judiciário - TSE - 2006)** Assinale a opção que apresenta erro de concordância.

(A) Mário havia viajado pelo Brasil no final da década de 20, o que foi uma experiência fundamental, recriada em O Turista Aprendiz e na rapsódia Macunaíma, o Herói sem Nenhum Caráter.

(B) Músico de formação, sentia a necessidade de registrar em fonogramas a música cantada pelos brasileiros. Justificavam que a anotação manual não era tão eficiente quanto a gravação.

(C) Conseguiu viabilizar o projeto no final de 1937, e então começou os preparativos para a Missão. Mário foi exigente na seleção da equipe.

(D) Embasado nos estudos etnográficos, defendia que os pesquisadores estivessem preparados para agir de forma profissional.

► *Comentários:*

Resposta a ser assinalada: (B) – Músico *de formação,* **sentia** *a necessidade de registrar em fonogramas a música cantada pelos brasileiros.* **Justificava** *que a anotação manual não era tão eficiente quanto a gravação. → O sujeito dos verbos !"sentir" e "justificar" é o mesmo: "Músico". Por isso, devem-se usar os dois verbos no singular.*

20. (FCC – Analista Judiciário – TRT da 16ª. Região – 2009) As normas de concordância verbal estão plenamente respeitadas na construção da seguinte frase:

(A) Diferentemente do que ocorre com livros muito antigos, que se vêm revelando muito resistentes, os de hoje ressentem-se do uso constante.

(B) Caso deixassem de haver as grandes bibliotecas de hoje, é possível que os homens do futuro não pudessem interpretar plenamente a nossa cultura.

(C) Confia-se a um suporte eletrônico incontáveis informações, mas não se podem avaliar com segurança quanto tempo permanecerão disponíveis.

(D) Ainda que só venha a restar da nossa época algumas boas bibliotecas, elas serão suficientes para dar notícia do que pensamos e criamos.

(E) Atribuem-se a picos de tensão ou raios ocasionais a causa de muita perda de informações, que se julgavam preservadas numa memória eletrônica.

► *Comentários:*

Resposta correta: (A) *Diferentemente do que ocorre com livros muito antigos, que* **se vêm** *revelando muito resistentes, os de hoje* **ressentem-se** *do uso constante. → As formas plurais dos verbos devem-se ao fato de se ter "livros muito antigos" e "os de hoje" como sujeitos plurais.*

(B) *Caso* **deixasse de haver** *as grandes bibliotecas de hoje, é possível que os homens do futuro não pudessem interpretar plenamente a nossa cultura. → As expressões com o verbo "haver" no sentido de "existir" não têm plural.*

(C) **Confiam-se** *a um suporte eletrônico incontáveis informações, mas não* **se pode avaliar** *com segurança quanto tempo permanecerão disponíveis. → "incontáveis informações" são confiadas; daí a forma plural do verbo. O sujeito da segunda expressão destacada a oração "quanto tempo permanecerão disponíveis". Se o sujeito é uma oração, o verbo + se fica no singular.*

(D) *Ainda que só* **venham** *a restar da nossa época algumas boas bibliotecas, elas serão suficientes para dar notícia do que pensamos e criamos. → "Algumas boas bibliotecas" é o sujeito que leva o verbo ao plural*

(E) **Atribui-se** *a picos de tensão ou raios ocasionais a causa de muita perda de informações, que se julgavam preservadas numa memória eletrônica. → "A causa de muita perda de informações" é atribuída; daí a forma singular do verbo.*

21. (FRAMINAS – Técnico Judiciário – TJMG – 2009) Assinale a alternativa correta:

(A) Não tenham dúvidas que ele vencerá.

(B) O escravo ama seu senhor e obedece-lhe.
(C) Prefiro estudar do que trabalhar.
(D) O livro que te referes é célebre.

▶ *Comentários:*

Resposta correta: (B) - *"Obedecer" é verbo transitivo indireto. O pronome "lhe", quando objeto também é OI.*

(A) O correto seria: "Não tenham dúvidas de que ele vencerá". Duvida-se DE.

(B) O correto seria "Prefiro estudar A trabalhar".

(D) O correto seria "O livro A que te referes". A regência de "referir-se" exige a preposição "A".

22. **(AOCP - Analista Judiciário - TER-RO - 2009)** Assinale a alternativa INCORRETA quanto ao que se afirma sobre os verbos destacados.

(A) "'Já **compromete** a capacidade de funcionamento intelectual no dia seguinte...'" (verbo transitivo direto)
(B) "A advogada Neutra Magalhães, 67 anos, **aderiu** há dez à separação..." (verbo transitivo indireto)
(C) "...ou um companheiro com sono agitado, que se **mexe** muito, também..." (verbo intransitivo)
(D) "A publicitária já **fez** exames de sonoterapia para detectar as causas da apneia..." (verbo transitivo direto)
(E) "'E quem ouve o ronco sofre os mesmos efeitos de quem **dorme** mal...'" (verbo transitivo direto)

▶ *Comentários:*

Resposta correta: (E) - *O verbo "dormir", seguido de um adjunto adverbial de modo ("mal") é intransitivo.*

*(A) "'Já **compromete** a capacidade de funcionamento intelectual no dia seguinte...'" (verbo transitivo direto) → OD: "a capacidade de funcionamento intelectual"*

*(B) "A advogada Neutra Magalhães, 67 anos, **aderiu** há dez à separação..." (verbo transitivo indireto) → OI: "à separação".*

*(C) "...ou um companheiro com sono agitado, que se **mexe** muito, também..." (verbo intransitivo) → O verbo é intransitivo, por ser seguido de um adjunto adverbial de intensidade ("muito")*

*(D) "A publicitária já **fez** exames de sonoterapia para detectar as causas da apneia..." (verbo transitivo direto) → OD: "exames"*

23. **(FCC - Analista Judiciário - TRT da 18ª. Região - 2009)** Está correta a construção da seguinte frase:

(A) Seu vizinho de poltrona acha preferível ouvir música do que se concentrar num filme.
(B) A mulher ao lado prefere mais um filme em vez de ouvir música.
(C) Tenho mais preferência a desfrutar do silêncio que de ouvir intimidades alheias.
(D) O jovem prefere concentrar-se na música a ficar com os olhos num monitor de TV.
(E) É mais preferível entreter-se com idéias próprias a que se distrair com as tolices de um filme.

▶ *Comentários:*

Resposta correta: (D) *O jovem prefere concentrar-se na música a ficar com os olhos num monitor de TV. → A regência do verbo "preferir" ou do adjetivo "preferível" é preferir uma* *coisa **a** outra. Além disso, não se admite "preferir mais". Por isso se fizeram as correções abaixo:*

*(A) Seu vizinho de poltrona acha preferível ouvir música **a** se concentrar num filme.*

*(B) A mulher ao lado prefere um filme **a** ouvir música.*

*(C) Tenho preferência a desfrutar do silêncio **a** ouvir intimidades alheias.*

*(E) É preferível entreter-se com ideias próprias **a** se distrair com as tolices de um filme.*

24. **(FCC – Técnico Judiciário – TJPI – 2009)** *O Código de Defesa do Consumidor (CDC) atingiu sua maioridade plena em março de 2009 ...*

O verbo que exige o mesmo tipo de complemento que o grifado acima está na frase:

(A) *... serviu de inspiração para muitos países na construção de suas leis.*

(B) *... que tanto os consumidores quanto as empresas estão mais conscientes e seletivos ...*

(C) *... que a sociedade brasileira conta com mecanismos jurídicos adequados ...*

(D) *... para aprimorar seu canal de comunicação com a clientela.*

(E) *... pois ele é fonte de sustentabilidade para a sobrevivência de qualquer fornecedor.*

▶ *Comentários:*

Resposta correta: (D) – *... para aprimorar seu canal de comunicação com a clientela. → O termo destacado é um objeto direto para o verbo "aprimorar"; na frase do enunciado, também o verbo "atingir" é transitivo direto.*

(A) ... serviu de inspiração para muitos países na construção de suas leis. → O verbo "servir" é complementado por termo preposicionado. Por isso não pode ser a resposta.

(B) ... que tanto os consumidores quanto as empresas estão mais conscientes e seletivos ... → o verbo "estar" é de ligação.

(C) ... que a sociedade brasileira conta com mecanismos jurídicos adequados ... → o verbo "contar" se complementa por termo preposicionado.

(E) ... pois ele é fonte de sustentabilidade para a sobrevivência de qualquer fornecedor. → o verbo "ser", da frase, é de ligação.

25. **(FCC – Técnico Judiciário – TJSE – 2009)** A frase inteiramente correta, considerando-se a colocação ou a ausência do sinal de crase, é:

(A) Brigas entre torcidas de times rivais se iniciam sempre com provocações de parte à parte, qualquer momento.

(B) O respeito as medidas de segurança tomadas em um evento de grande interesse garante à alegria do espetáculo.

(C) Uma multidão polarizada pode ser induzida à atitudes hostis, tomadas em oposição às medidas adotadas.

(D) Com a constante invasão às sedes de clubes, os dirigentes passaram a monitorar a presença de torcedores, até mesmo nos treinos.

(E) As pessoas, enfurecidas, iam em direção à um dos dirigentes, quando os policiais conseguiram controlar toda a multidão.

▶ *Comentários:*

Resposta correta: (D) *Se se pode dizer "invasão **aos** clubes", pode-se dizer invasão **às** sedes". Antes de verbo não ocorre "a" acentuado; por isso, "passaram a monitorar".*

(A) *A crase é proibida nas expressões formadas por palavras repetidas, como é o caso de "parte a parte".*
(B) *O substantivo "respeito" exige a preposição "a" ("respeito a algo); "medidas" é termo que admite o artigo definido "as". A fusão, geraria a forma "O respeito às medidas".*
(C) *O acento indicativo de crase não pode ser usado em "a" singular, seguido de palavra no plural. Portanto, a forma correta seria: "induzida a atitudes hostis".*
(E) *Não ocorre crase antes de masculino; por isso o correto seria: "em direção a um dos dirigentes".*

26. **(FRAMINAS - Técnico Judiciário - TJMG - 2009)** Assinale a alternativa que completa corretamente as sentenças abaixo:

I. Daqui ________ alguns minutos chegaremos ________ casa de vovó.
II. ___________ dez anos não vejo meus colegas de faculdade.
III. Fabiana reagiu mal _______ críticas.
IV. ________ grandes problemas nas escolas públicas.

(A) a, à, há, às, há.
(B) há, á, há, ás, há.
(C) há, a, a, as, a.
(D) à, a, há, às, há.

▶ *Comentários:*

Resposta correta: (A)

- *Daqui a alguns minutos chegaremos à casa de vovó. → "a" antes de "alguns" não pode ser craseado, porque está precedendo uma palavra masculina; "à casa de vovó" deve receber ao cento grave, pelo fato de "casa" aparecer especificada.*
- *Há dez anos não vejo meus colegas de faculdade. → "Há" deve ser grafado com "h" por se tratar de tempo decorrido, sinônimo de "Faz".*
- *Fabiana reagiu mal às críticas. → No "macete" diríamos: "reagiu mal* ***aos*** *comentários"; o equivalente ao masculino "ao" é o "às".*
- *HÁ grandes problemas nas escolas públicas. → Trta-se do verbo "haver", no sentido de "existir".*

27. **(CESPE - UNB- Analista Judiciário - TRT da 17ª. região - 2009)** Os preços aumentam igual as ondas do mar. Cada qual mais forte. Quem luta com as ondas?

O emprego do sinal indicativo de crase em "as ondas" é facultativo, uma vez que a palavra "igual" , que equivale a **como**, dispensa a preposição.

GAB:☐ Certo ☐ Errado

▶ *Comentários:*

Resposta a ser assinalada: ERRADO- *Uma coisa é igual "a" outra. A regência de "igula" exige a preposição "a". Como o termo seguinte é feminino ("as ondas"), haverá a contração e, portanto, a crase.*

28. **(CESPE - Técnico Judiciário - TRT da 16ª. Região - 2009)** Em tese, seria possível combater o câncer com maior eficiência, fazendo que as células sadias vizinhas dos tumores resistam a doses mais altas de radiação.

( ) Na passagem "resistam a doses mais altas" , a ausência de crase no "a" se deve ao fato de o verbo **resistir** não exigir preposição.

GAB:☐ Certo ☐ Errado

▶ *Comentários:*

Resposta correta: ERRADO

O verbo "resistir" exige, sim, a preposição "a". O que ocorre é que temos um "a" singular, diante de um termo no plural. Sempre que isso ocorrer não há crase, já que não se tem um artigo.

29. **(FCC – Analista Judiciário – TRF da 5ª. Região – 2008)** Há rigorosa observância das normas que determinam o uso do sinal de crase em:

(A) A medida que afere o otimismo pode também avaliar o pessimismo, pois àquela ou à esta sensação corresponde alguma dose de idealismo.

(B) O texto não nos leva à paradoxos gratuitos, mas à necessidade de reconhecer uma intersecção entre o otimismo e o pessimismo.

(C) Cabe às pessoas decidir, à cada experiência, se lhes convém entregar-se à determinada sensação, a determinado humor.

(D) O otimismo não fica à léguas do pessimismo; tendem ambos à convergir, conforme comprovam nossas próprias experiências.

(E) Não assiste às ciências positivas o direito de aspirar à definição cabal da fronteira entre o pessimismo e o otimismo.

▶ *Comentários:*

Resposta correta: (E) – *O verbo "assistir" (no sentido de "caber") é transitivo indireto e pede preposição "a" . "Ciências" é uma palavra feminina – daí a crase. "Aspirar", no sentido de "pretender" é também VTI, que exige a preposição "a". "Definição" como palavera feminina, aceita o artigo "a". Daí a ocorrência de crase.*

(A) À medida que afere o otimismo pode também avaliar o pessimismo, pois àquela ou a esta sensação corresponde alguma dose de idealismo.

(B) O texto não nos leva a paradoxos gratuitos, mas à necessidade de reconhecer uma intersecção entre o otimismo e o pessimismo.

(C) Cabe às pessoas decidir, a cada experiência, se lhes convém entregar-se a determinada sensação, a determinado humor.

(D) O otimismo não fica a léguas do pessimismo; tendem ambos a convergir, conforme comprovam nossas próprias experiências.

30. **(CESPE – UNB- Analista Judiciário – TRT da 1ª. região – 2008)** Assinale a opção em que a frase apresenta o emprego correto do acento grave indicativo de crase.

(A) Isto não interessa à ninguém.

(B) Não costumamos comprar roupas à prazo.

(C) O estudante se dirigiu à diretoria da escola.

(D) Caminhamos devagar até à entrada do estabelecimento.

(E) Essa é a instituição à que nos referimos na conversa com o presidente.

▶ *Comentários:*

Resposta correta: (C) – *O estudante se dirigiu à diretoria da escola. → Se se substituísse por uma palavra masculina, encontrar-se-ia "**ao** diretor"; daí a ocorrência de crase no feminino.*

*(A) Isto não interessa **a** ninguém. → não deve ocorrer crase antes de pronome.*

*(B) Não costumamos comprar roupas **a** prazo. → não deve ocorrer crase antes de palavra masculina.*

(D) *Caminhamos devagar até à entrada do estabelecimento. → Temos aqui um probleminha. Embora a resposta oficial da questão seja a alternativa (C), há gramáticas que consideram facultativa a ocorrência de crase depois da preposição "até". Por isso, o registro desta alternativa seria passive de recurso.*

(E) *Essa é a instituição à que nos referimos na conversa com o presidente. → não deve ocorrer crase antes de pronome.*

31. (FCC - Analista Judiciário - TRF da 5ª. Região - 2008) Há rigorosa observância das normas que determinam o uso do sinal de crase em:

(A) A medida que afere o otimismo pode também avaliar o pessimismo, pois àquela ou à esta sensação corresponde alguma dose de idealismo.

(B) O texto não nos leva à paradoxos gratuitos, mas à necessidade de reconhecer uma intersecção entre o otimismo e o pessimismo.

(C) Cabe às pessoas decidir, à cada experiência, se lhes convém entregar-se à determinada sensação, a determinado humor.

(D) O otimismo não fica à léguas do pessimismo; tendem ambos à convergir, conforme comprovam nossas próprias experiências.

(E) Não assiste às ciências positivas o direito de aspirar à definição cabal da fronteira entre o pessimismo e o otimismo.

▶ *Comentários:*

Resposta correta: (E) - *O verbo "assistir" (no sentido de "caber") é transitivo indireto e pede preposição "a" . "Ciências" é uma palavra feminina - daí a crase. "Aspirar", no sentido de "pretender" é também VTI, que exige a preposição "a". "Definição" como palavera feminina, aceita o artigo "a". Daí a ocorrência de crase.*

(A) *À medida que afere o otimismo pode também avaliar o pessimismo, pois àquela ou a esta sensação corresponde alguma dose de idealismo.*

(B) *O texto não nos leva a paradoxos gratuitos, mas à necessidade de reconhecer uma intersecção entre o otimismo e o pessimismo.*

(C) *Cabe às pessoas decidir, a cada experiência, se lhes convém entregar-se a determinada sensação, a determinado humor.*

(D) *O otimismo não fica a léguas do pessimismo; tendem ambos a convergir, conforme comprovam nossas próprias experiências.*

32. (CESPE - UNB- Analista Judiciário - TRT da 1ª. região - 2008) Assinale a opção em que a frase apresenta o emprego correto do acento grave indicativo de crase.

(A) Isto não interessa à ninguém.

(B) Não costumamos comprar roupas à prazo.

(C) O estudante se dirigiu à diretoria da escola.

(D) Caminhamos devagar até à entrada do estabelecimento.

(E) Essa é a instituição à que nos referimos na conversa com o presidente.

▶ *Comentários:*

Resposta correta: (C) - *O estudante se dirigiu à diretoria da escola. → Se se substituísse por uma palavra masculina, encontrar-se-ia* "**ao** *diretor"; daí a ocorrência de crase no feminino.*

(A) *Isto não interessa* **a** *ninguém. → não deve ocorrer crase antes de pronome.*

(B) *Não costumamos comprar roupas* **a** *prazo. → não deve ocorrer crase antes de palavra masculina.*

(D) *Caminhamos devagar até à entrada do estabelecimento.* → *Temos aqui um probleminha. Embora a resposta oficial da questão seja a alternativa (C), há gramáticas que consideram facultativa a ocorrência de crase depois da preposição "até". Por isso, o registro desta alternativa seria passive de recurso.*

(E) *Essa é a instituição à que nos referimos na conversa com o presidente.* → *não deve ocorrer crase antes de pronome.*

33. **(FCC – Analista Judiciário – TRF DA 4ª. Região – 2007)** As normas de concordância verbal estão plenamente respeitadas na frase:

(A) A nem todos os pais são dados reconhecer que filmes e romances constituem elementos vitais para a formação dos filhos.

(B) Ainda que não tivesse outros méritos, as ficções sempre apresentariam a diversidade do mundo e constituiriam um repertório do possível.

(C) Sejam num ensaio ou num documentário, a caracterização de valores étnicos representam-se de modo distinto do das ficções.

(D) Para além das diferenças étnicas que pode um ensaio revelar, há aquela semelhança humana que somente às ficções cabe dar viva expressão.

(E) O respeito pelas ficções, que o autor reconhece na formação que lhe deram seus pais, viriam a inspirá-lo na educação de seus filhos.

▶ *Comentários:*

Resposta correta: (D)

(A) *A nem todos os pais* **é dado** *reconhecer que filmes e romances constituem elementos vitais para a formação dos filhos.* → *O sujeito da expressão negritada é a oração seguinte, que começa com verbo no infinitivo. Sempre que isso ocorrer, deve-se usar o singular.*

(B) *Ainda que não* **tivessem** *outros méritos, as ficções sempre apresentariam a diversidade do mundo e constituiriam um repertório do possível.* → *O sujeito da forma destacada é a expressão "as ficções", no plural.*

(C) **Seja** *num ensaio ou num documentário, a caracterização de valores étnicos* **representa-se** *de modo distinto do das ficções.* → *O sujeito dos verbos negritados tem como núcleo "caracterização" – termo no singular.*

(E) *O respeito pelas ficções, que o autor reconhece na formação que lhe deram seus pais,* **viriam** *a inspirá-lo na educação de seus filhos.* → *O sujeito do verbo destacado é "O respeito pelas ficções", no singular.*

34. **(FUNDEP – Técnico Judiciário – TJMG – 2007)** A substituição da forma verbal destacada pela que se encontra entre parênteses NÃO implica erro em

(A) "Nenhum deles **tinha** tempo de sentir o tédio [...]" (TINHAM)

(B) "[...] para que o tempo ocioso ou inútil se **encarregue** do resto." (ENCARREGUEM)

(C) "Se não **existisse** o tédio, não haveria, por exemplo, tantas empresas de entretenimento [...]" (HAVERIAM)

(D) "[...] tudo é infinito, nunca lhes **faltam** informação e dados a processar." (FALTA)

▶ *Comentários:*

Resposta correta: (D) - *O verbo original está no plural por se tratar de um sujeito composto ("informação e dados"). No entanto, quando o sujeito é composto e está posposto ao verbo, pode-se usar a concordância atrativa, isto é, com o mais próximo.*

(A) *"Nenhum deles* **tinha** *tempo de sentir o tédio [...]" → O núcleo do sujeito é "nenhum", singular; quando o núcleo for singular, não se pode concordar com o mais próximo.*

(B) *"[...] para que o tempo ocioso ou inútil se* **encarregue** *do resto." → O núcleo do sujeito é "temo", singular.*

(C) *"Se não existisse o tédio, não* **haveria**, *por exemplo, tantas empresas de entretenimento [...]" → O verbo "haver", no sentido de "existir" NÃO pode ser pluralizado.*

35. **(TJ-SC - Técnico em computação - TJSC - 2007)** Assinale a alternativa INCORRETA em relação à concordância verbal:

(A) Abraçaram-se técnico e atletas, ao final da partida.

(B) A maioria dos processos não foi analisada no prazo previsto.

(C) Após muito diálogo, tu e teus irmãos tomaremos a decisão.

(D) Assiste-se a cenas deprimentes sobre roubos e sequestros.

▶ *Comentários:*

Resposta a ser assinalada: (C) - *Após muito diálogo, tu e teus irmãos* **tornareis - tornarão** *a decisão. → Quando o sujeito é composto de pessoas diferentes ("tu" - 2ª. pessoa e "teu irmão" - 3ª. pessoa) o verbo fica na segunda do plural ("tornareis") ou na terceira do plural ("tornarão").*

(A) *Abraçaram-se técnico e atletas, ao final da partida. → Verbo no plural, porque o sujeito é plural ("Técnicos e atletas").*

(B) *A maioria dos processos não foi analisada no prazo previsto. → O verbo no singular concorda com o núcleo do sujeito, "maioria".*

(D) *Assiste-se a cenas deprimentes sobre roubos e sequestros. → O verbo "assisitr", seguid da partícula "se", é transitivo indireto. Nesse caso, não se admite o plural, porque o sujeito é indeterminado.*

36. **(FCC - Técnico Judiciário - TJPE - 2007)** A concordância verbo-nominal está correta na frase:

(A) Na Revolução Industrial, com máquinas que trabalhavam mais rápido que o homem, tornaram-se bem mais velozes muitas atividades rotineiras.

(B) Toda a tecnologia que se encontra ao nosso alcance - internet, televisão, celulares - nos levam a fazer coisas sempre mais e mais velozmente.

(C) Os avanços tecnológicos que dão impulso ao mundo moderno está provocando uma onda de consumo, com trocas cada vez mais rápidas.

(D) O uso abusivo dos recursos oferecidos pela internet podem até mesmo comprometer o equilíbrio necessário a uma vida saudável.

(E) A velocidade com que é colocado à venda os novos produtos, cada um sempre mais rápido que o antecessor, alteraram os hábitos de consumo.

▶ *Comentários:*

Resposta correta: (A) *Na Revolução Industrial, com* **máquinas** *que* **trabalhavam** *mais rápido que o homem,* **tornaram-se** *bem mais velozes* **muitas atividades rotineiras**. *→ "Máquinas" é sujeito de "trabalhavam"; "muitas atividades rotineiras" é o sujeito de "tornaram-se".*

(B) *Toda a tecnologia que se encontra ao nosso alcance - internet, televisão, celulares - nos* **leva** *a fazer coisas sempre mais e mais velozmente. → O verbo deve ficar no singular porque concorda com "Toda a tecnologia", sujeito no singular.*

(C) *Os avanços tecnológicos que dão impulso ao mundo moderno* **estão** *provocando uma onda de consumo, com trocas cada vez mais rápidas. → O verbo deve ficar no plural, porque concorda com "Os avanços tecnológico", sujeito no plural.*

(D) *O uso abusivo dos recursos oferecidos pela internet* **pode** *até mesmo comprometer o equilíbrio necessário a uma vida saudável. → O verbo deve ficar no singular, porque concorda com o sujeito "O uso abusivo", também no singular.*

(E) *A velocidade com que* **são colocados** *à venda os novos produtos, cada um sempre mais rápido que o antecessor,* **altera** *os hábitos de consumo. → A expressão verbal deve ser plural, em função do sujeito "os novos produtos"; "Altera" fica npo singular, já que seu sujeito é a expressão "A velocidade";*

37. **(TJ-SC – Técnico em computação – TJSC – 2007)** Observe a relação entre a regência e o emprego do pronome pessoal do caso oblíquo. A seguir, assinale a alternativa que NÃO corresponde à norma culta:

(A) O candidato indicado pelo partido não agradou aos eleitores. / O candidato indicado pelo partido não os agradou.

(B) Reclamar junto ao PROCON é um direito que assiste ao consumidor. / Reclamar junto ao PROCON é um direito que lhe assiste.

(C) Já paguei a dívida. / Já a paguei.

(D) Isso é indiferente a mim. / Isso me é indiferente.

▶ *Comentários:*

Resposta a ser assinalada: (A) – *O candidato indicado pelo partido não agradou* **aos eleitores**. / *O candidato indicado pelo partido não* **os** *agradou. → "aos eleitores", é um termo preposicionado e, portanto, funciona como objeto indireto. O pronome oblíquo correspondente à função de OI seria o "lhas", já que a forma "os" é sempre OD.*

(B) *Reclamar junto ao PROCON é um direito que assiste* **ao consumidor**. / *Reclamar junto ao PROCON é um direito que* **lhe** *assiste. → O termo destacado é um OI; daí o uso correto de LHE.*

(C) *Já paguei* **a dívida**. / *Já* **a** *paguei. → O termo destacado é um OD; daí o uso de A .*

(D) *Isso é indiferente* **a mim**. / *Isso* **me** *é indiferente. → O termo destacado é um OI; no caso, ME equivale a essa função.*

38. **(FCC – Técnico Judiciário – TJPE – 2007)** . ... *que por essas e outras heresias acabou seus dias na fogueira.*

O verbo que exige o mesmo tipo de complemento que o do grifado acima está na frase:

(A) *... que existia nos céus.*

(B) *A consequência dessa descoberta foi profunda ...*

(C) *Galileu iniciou uma nova tradição astronômica, a da caça aos mundos.*

(D) *... de que, com telescópios mais poderosos, novos mundos seriam descobertos.*

(E) *O mistério, no entanto, permanecia.*

▶ *Comentários:*

Resposta correta: (C) – *O verbo "acabar", da frase do enunciado é transitivo direto, já que tem um complemento não preposicionado: "seus dias". Da mesma forma, o verbo "iniciar", da alternativa (C), tem um objeto direto, que é "uma nova tradição astronômica".*

(A) *... que existia nos céus. → O verbo do trecho é intransitivo, já que vem semanticamente complementado por um adjunto adverbial de lugar.*

(B) *A consequência dessa descoberta foi profunda ... → O verbo do trecho é um verbo de ligação, já que existe um predicativo do sujeito.*

(D) *... de que, com telescópios mais poderosos, novos mundos seriam descobertos. → A expressão verbal do trecho não vem complementada por nenhum termo, sendo de valor intransitivo.*

(E) *O mistério, no entanto, permanecia. → O verbo do fragmento é intransitivo, já que termina o período sem complemento.*

39. **(FCC – Analista Judiciário – TRF da 3ª. Região – 2007)** É preciso **suprimir** um ou mais sinais de crase em:

(A) À falta de coisa melhor para fazer, muita gente assiste à televisão sem sequer atentar para o que está vendo.

(B) Cabe à juventude de hoje dedicar-se à substituição dos apelos do mercado por impulsos que, em sua verdade natural, façam jus à capacidade humana de sonhar.

(C) Os sonhos não se adquirem à vista: custa tempo para se elaborar dentro de nós a matéria de que são feitos, às vezes à revelia de nós mesmos.

(D) Compreenda-se quem aspira à estabilidade de um emprego, mas prestem-se todas as homenagens àquele que cultiva seus sonhos.

(E) Quem acha que agracia à juventude de hoje com elogios ao seu pragmatismo não está à salvo de ser o responsável pela frustração de toda uma geração.

▶ *Comentários:*

Resposta correta: (E) – *O verbo "agraciar" é transitivo direto. Por isso, deveria ser usada a forma: "agracia a juventude". A expressão correta deveria ser "a salvo", sem o acento indicativo de crase, já que "salvo" é palavra masculina.*

40. **(TJ-SC – Técnico em computação – TJ-SC – 2007)** Assinale a alternativa em que o emprego da crase está INCORRETA:

(A) Houve protestos na chegada do Presidente a Florianópolis.

(B) Envio este ofício à Vossa Excelência, Senhor Juiz.

(C) Os ladrões forçaram o motorista a voltar à casa do empresário.

(D) Prefiro a casa da esquerda à da direita.

▶ *Comentários:*

Resposta a ser assinalada: (B) – *Envio este ofício* **à** *Vossa Excelência, Senhor Juiz. → O termo destacado não poderia ser craseado, uma vez que se encontra antes de um pronome de tratamento, classe gramatical que não admite a contração.*

(A) Houve protestos na chegada do Presidente a Florianópolis. → Usando-se o "macete" **vim DE Florianópolis**, constata-se que não ocorre crase no "a".

(C) Os ladrões forçaram o motorista a voltar à casa do empresário. → A palavra "casa", quando aparece especificada, deve ser determinada por "a" craseado.

(D) Prefiro a casa da esquerda à da direita. → "Preferir" é um VTDI: o OD é "a casa da esquerda" e o OI, preposicionado, "à da direita".

41. **(FCC – Técnico Judiciário – TJPE – 2007)** Resultados da observação do espaço começaram ...... chegar com o desenvolvimento de dispositivos capazes de detectar luz bem fraca, pondo em

questão a definição de planeta, como Plutão, e de alguns corpos celestes cujas órbitas em torno do Sol estão ...... distâncias bem maiores do que ...... existente entre a Terra e o Sol.

As lacunas da frase acima estão corretamente preenchidas, respectivamente, por

(A) a - a - à

(B) a - a - a

(C) à - à - a

(D) à - a - à

(E) a - à - à

▶ *Comentários:*

Resposta correta: (B)

Resultados da observação do espaço começaram .***a*** *chegar... → O "a" não pode ser craseado, em função de estar colocado antes de um verbo.*

- *...com o desenvolvimento de dispositivos capazes de detectar luz bem fraca, pondo em questão a definição de planeta, como Plutão, e de alguns corpos celestes cujas órbitas em torno do Sol estão* ***a*** *distâncias bem maiores ... → O "a" não pode ser craseado, porque é apenas uma preposição. Veja que ele está no singular e é seguido por um termo no plural. Nesse caso, não ocorre a crase.*
- *...do que* ***a*** *existente entre a Terra e o Sol. → Existe a palavra "distância" implícita. No masculino teríamos: ...tamanhos maiores que* **o** *tamanho existente....Quando o masculino pede um artigo "o", o mesmo vale para o feminino que pede um artigo "a".*

42. **(FCC - Analista Judiciário - TRF - 2006)** Para que se respeite a concordância verbal, será preciso corrigir a frase:

(A) Têm havido dúvidas sobre a capacidade do sistema de saúde cubano.

(B) Têm sido levantadas dúvidas sobre a capacidade do sistema de saúde cubano.

(C) Será que o sistema de saúde cubano tem suscitado dúvidas sobre sua eficácia?

(D) Que dúvidas têm propalado os adversários de Cuba sobre seu sistema de saúde?

(E) A quantas dúvidas tem dado margem o sistema de saúde de Cuba?

▶ *Comentários:*

Resposta a ser assinalada: (A) - *A expressão verbal "tem havido" apresenta o verbo haver, no sentido de "existir". Quando isso ocorre, não se admite o plural na expressão. Por isso, o verbo "ter" deveria ser escrito sem acento.*

(B) O sujeito "dúvidas", no plural, é que determina o acento na forma verbal "têm".

(C) O núcleo do sujeito é "sistema", determinando o singular do verbo "ter", sem acento.

(D) "dúvidas" é o núcleo de um sujeito plural e determina a forma "têm".

(E) "sistema" é o núcleo do sujeito singular, que determina o verbo também no singular.

43. **(FCC - Analista Judiciário - TRF - 2006)** O verbo indicado entre parênteses deverá flexionar-se numa forma do **singular** para preencher corretamente a lacuna da frase:

(A) Há muito não se ...... (**tolerar**) atitudes arrogantes como a do editorial da revista britânica.

(B) É natural que ...... (**ferir**) o orgulho do povo cubano as exortações publicadas na revista britânica.

(C) Os pesquisadores não ...... (**haver**) de se ofender, caso os termos do editorial da revista fossem menos prepotentes.

(D) Foi precisa a argumentação de que se ...... (**valer**) os pesquisadores latino-americanos em sua réplica ao editorial.

(E) Aos países ricos não ...... (**competir**) tomar decisões que afetem a soberania dos países em desenvolvimento.

▶ *Comentários:*

Resposta correta: (E) – *"tomar decisões que afetem a soberania dos países em desenvolvimento" é uma oração que funciona como o sujeito de "competir". Quando o sujeito de um verbo é uma oração com verbo no infinitivo, deve-se usar o singular. É como se dissesse: Isso não compete aos países ricos.*

(A) A forma deveria ser "toleram" porque o sujeito é plural ("atitudes arrogantes")

(B) A forma correta seria "firam", porque o sujeito e a expressão plural "as exortações publicadas"

(C) A forma correta seria "hão", já que o sujeito é a expressão "os pesquisadores". Observe que o verbo !"haver" pode se flexionar, porque não está no sentido de "existir".

(D) A forma correta deveria ser "valeram", porque o sujeito é "os pesquisadores".

44. **(FCC – Analista Judiciário – TRE-SP – 2006)** Há **falta** ou **ocorrência indevida** do sinal de crase no período:

(A) Não se estenderam os benefícios da tecnologia àqueles que sempre viveram à margem do progresso.

(B) Ao pensamento do autor opõem-se àqueles que preferem a exclusividade à universalização dos benefícios trazidos pela tecnologia.

(C) É sobretudo à luz da ética e da política que se revela claramente a exclusão que tem sido imposta à grande maioria da população do planeta.

(D) Não se devem levar àqueles que estão excluídos informações falsas, como a de que os avanços tecnológicos servem a todas as pessoas.

(E) Quando se atribui a não importa quem seja algum direito exclusivo, a essa exclusividade corresponderão muitas exclusões.

▶ *Comentários:*

Resposta correta: (B) – *Ao pensamento do autor opõem-se àqueles que preferem a exclusividade à universalização dos benefícios trazidos pela tecnologia. → O termo grifado no trecho é, na verdade, o sujeito de "opõem-se"São ele é que se opõem ao pensamento do autor. Por isso, deveria ser excluído pó acento indicativo de crase no demonstrativo, já que sujeito NÃO é preposicionado.*

45. **(FCC – Analista Judiciário – TRE-SP – 2006)**

Há **falta** ou **ocorrência indevida** do sinal de crase no período:

(A) Não se estenderam os benefícios da tecnologia àqueles que sempre viveram à margem do progresso.

(B) Ao pensamento do autor opõem-se àqueles que preferem a exclusividade à universalização dos benefícios trazidos pela tecnologia.

(C) É sobretudo à luz da ética e da política que se revela claramente a exclusão que tem sido imposta à grande maioria da população do planeta.

(D) Não se devem levar àqueles que estão excluídos informações falsas, como a de que os avanços tecnológicos servem a todas as pessoas.

(E) Quando se atribui a não importa quem seja algum direito exclusivo, a essa exclusividade corresponderão muitas exclusões.

▶ *Comentários:*

Resposta a ser assinalada: (B). *Ao pensamento do autor opõem-se* **aqueles** *que preferem a exclusividade à universalização dos benefícios trazidos pela tecnologia. → o demonstrativo não pode ser craseado, por ser núcleo de sujeito.*

(A) Não se estenderam os benefícios da tecnologia àqueles que sempre viveram à margem do progresso. → os benefícios se estendem "a"; essa preposição se fundiu corretamente ao "a" inicial do pronome demonstrativo.

(C) É sobretudo à luz da ética e da política que se revela claramente a exclusão que tem sido imposta à grande maioria da população do planeta. → "à luz\ da ética" deve ser craseada por ser expressão adverbial feminina.

(D) Não se devem levar àqueles que estão excluídos informações falsas, como a de que os avanços tecnológicos servem a todas as pessoas. → levar "a" alguém; essa preposição fundiu-se com o "a" inicial do demonstrativo, de modo correto.

(E) Quando se atribui a não importa quem seja algum direito exclusivo, a essa exclusividade corresponderão muitas exclusões. → os dois "a" não devem ser craseados, por antecederem pronomes.

46. (TJ-SC – Técnico Judiciário Auxiliar – TJSC – 2005) Escreva C ou E nos parênteses, conforme estejam certas ou erradas as orações, quanto à concordância, e assinale a sequência correta:

( ) As questões estão compatíveis aos meus conhecimentos.

( ) É proibido entrada.

( ) A entrada é proibida.

( ) Faz anos que não estudo mais.

( ) Acontece coisas revoltantes na política.

(A) E – C – C – C – E

(B) C – C – E – E – C

(C) C – E – C – E – C

(D) C – C – C – E – E

▶ *Comentários:*

Resposta correta: (A)

As questões estão compatíveis aos meus conhecimentos. → *O correto seria "compatíveis COM os meus conhecimentos". Veja que, apesar de a questão ter pedido no enunciado aspectos de concordância, o problema da frase não se enquadra nesse assunto. O problema aqui é de regência. Esse seria, inclusive, um caso de se anular a questão.*

Acontece coisas revoltantes na política. → *O correto seria "Acontecem coisas", já que o sujeito é plural.*

47. (TJ-SC – Técnico Judiciário Auxiliar – TJSC – 2005) Com relação à concordância, assinale a alternativa que NÃO obedece às regras da gramática normativa:

(A) Aconteceu vários acidentes devido às fortes chuvas.25% do orçamento do estado devem destinar-se Educação.

(B) Grande número dos inscritos ao concurso não apresentou resultado satisfatório. Grande número dos inscritos ao concurso não apresentaram resultado satisfatório.

(C) Os Estados Unidos endureceram a entrada de estrangeiros no país após o atentado ao World Trade Center. Alagoas impressiona pela beleza natural, mas entristece pela pobreza da população.

(D) As acusações ao ex-presidente do partido levaram a polícia a abrir inquérito. Três horas são mais do que eu preciso para resolver a prova.

▶ *Comentários:*

Resposta a ser assinalada: (A) Aconteceram *vários acidentes devido às fortes chuvas.25% do orçamento do estado devem destinar-se Educação. → O verbo deveria ter sido usado no plural, porque o sujeito ("vários acidentes") também é plural.*

(B) **Grande número** *dos inscritos ao concurso* **não apresentou** *resultado satisfatório. Grande número dos inscritos ao concurso não apresentaram resultado satisfatório. → O verbo no singular concorda com o núcleo. No caso, seria aceito também o plural, concordando com o mais próximo "inscritos".*

(C) **Os** *Estados Unidos* **endureceram** *a entrada de estrangeiros no país após o atentado ao World Trade Center.* **Alagoas impressiona** *pela beleza natural, mas entristece pela pobreza da população. → Nomes próprios no plural só levam o verbo para o plural quando forem determinados por artigo. Por isso, só o primeiro caso foi flexionado.*

(D) *As acusações ao ex-presidente do partido levaram a polícia a abrir inquérito.* **Três horas são** *mais do que eu preciso para resolver a prova. → O verbo ficou no plural para concordar com o numeral "três".*

48. (TJ-SC – Técnico Judiciário Auxiliar – TJSC – 2005) Observe a regência nas proposições abaixo e assinale a alternativa que obedece à norma culta da língua:

(A) Todos nós aspiramos o sucesso no concurso como aspiramos o ar puro da manhã.

(B) O inspetor visou aos diplomas, pois o ensino visa a ascensão social.

(C) Casamento implica em muita responsabilidade.

(D) Assistimos à dor e ao sofrimento dos pacientes do INSS sem poder assisti-los com dignidade.

▶ *Comentários:*

Resposta correta: (D) – Assistimos *à dor e ao sofrimento dos pacientes do INSS sem poder* **assisti**-*los com dignidade. → A primeira acepção do verbo tem sentido de "ver", "presenciar" e, como tal, é transitivo indireto; daí os complementos preposicionados (""à dor" e "ao sofrimento"). No segundo caso, o sentido é de "ajudar", "socorrer" e, como tal, é transitivo direto. Daí, o pronome "los", que tem essa função*

(A) *Todos nós aspiramos o sucesso no concurso como aspiramos o ar puro da manhã. → O correto seria "aspiramos* **ao sucesso**"

(B) *O inspetor visou aos diplomas, pois o ensino visa a ascensão social. → O correto seria "visou* **os diplomas**" *e "visa* **à ascensão social**".

(C) *Casamento implica em muita responsabilidade. → O correto seria "implica* **muita responsabilidade"**.

49. (TJ-SC – Técnico Judiciário Auxiliar – TJSC – 2005) Assinale a alternativa correta:

(A) Daqui a pouco irá começar à prova.

(B) Os grevistas passaram a tarde à discutir as vantagens às quais julgam ter direito.

(C) Quando há duas semanas disse a ela que ia à Alemanha a trabalho, pôs-se a chorar.

(D) Refiro-me aqueles problemas já expostos a V.Sa há alguns dias.

▶ *Comentários:*

Resposta correta: (C) – *Quando* **há** *(indicação de tempo decorrido é expressa por verbo "haver") duas semanas disse* **a** *(não ocorre crase diante de pronome) ela que ia* **à** *(na substituição, teríamos "vim DA Alemanha) Alemanha* **a** *(não ocorre crase antes de masculino) trabalho, pôs-se* **a** *(não ocorre crase diante de verbo) chorar.*

(A) *Daqui a pouco irá começar* **a** *prova. → Não deve ocorrer crase, porque o verbo "começar" é transitivo direto.*

(B) *Os grevistas passaram a tarde* **a** *discutir as vantagens às quais julgam ter direito. → Não ocorre crase diante de verbo.*

(D) *Refiro-me* **àqueles** *problemas já expostos a V.Sa há alguns dias. → O verbo "referir-se" é transitivo indireto e, portanto, pede a preposição.*

2. QUESTÕES DE CONCURSO

01. **(IDECAN – 2022 – TJ-PI – Psicólogo)** Em vaga-lumes (linha 2), o plural foi feito corretamente, segundo a norma culta. Nesse âmbito, assinale a alternativa em que, observando-se igualmente a concordância nominal, isso NÃO tenha ocorrido.

(A) foguetes vermelho-sangue

(B) foguetes verde-claros

(C) foguetes azuis

(D) foguetes laranja

(E) foguetes rosas

02. **(VUNESP – 2023 – TJM-SP – Escrevente Técnico Judiciário)** Assinale a alternativa que está em conformidade com a norma-padrão de concordância verbal e nominal.

(A) A rigor, deve pensar em fazer um contrato dessa natureza aqueles que têm um relacionamento amoroso consistente.

(B) Seja qual forem as circunstâncias que determinem a separação de um casal, os direitos da criança estarão protegidos.

(C) É ideal que haja, em um Contrato de Namoro, cláusulas que beneficiem igualmente os dois parceiros.

(D) Para a autora do texto, pouca gente está de fato inteirado a respeito do que regulamenta a Lei no 9.278.

(E) Existe um conjunto de condições em que se baseiam o Código Civil para definir uma união como estável.

03. **(FGV – 2023 – TJ-BA – Conciliador)** Os textos das alternativas a seguir são reescrituras de passagens do texto 1.

O único caso em que a modificação realizada resultou em erro de concordância é:

(A) Tratam-se dos novos modelos de rotulagem nutricional determinados pela Anvisa.

(B) É válida, para produtos alimentícios lançados a partir de 9 de outubro, a adoção do padrão.

(C) Dessa forma, uma grande parte dos alimentos aptos a levar o selo da lupa são compostos de ultraprocessados.

(D) Com brechas como essa, aliadas à publicidade já costumeira desses produtos, pode haver dificuldades no momento da compra.

(E) Para além das mudanças na rotulagem, o Brasil pode reproduzir o que ocorreu no Chile, onde se implementaram políticas públicas de alimentação saudável.

04. (VUNESP – 2023 – TJ-SP – Escrevente) De acordo com o narrador, os seus plurais "careciam, alguma vez, da desinência exata" e eram, então, corrigidos por José Dias, que também corrigiria o plural em:

(A) Na sala, havia umas pessoas desconhecidas e, sobre a mesa, livros e revistas amareladas.

(B) Havia no olhar das pessoas muitas interrogações sobre a organização das feiras e eventos.

(C) Os maiores problemas com as leis que já havia ocorrido eram corrigidos rápido por ele.

(D) Ali na sala estavam muitos livros de literatura brasileira, e muitos deles eu já havia lido.

(E) Eles haviam permanecido calados durante a aula, depois de bastantes broncas recebidas.

05. (VUNESP – 2023 – TJ-SP – Escrevente) Assinale a alternativa que atende à norma-padrão de concordância verbal.

(A) As vendas de carros elétricos e híbridos aumentaram no Brasil, mas os preços desses veículos ainda mantêm poucos deles em circulação nas ruas do país.

(B) Os carros elétricos e híbridos disponíveis no mercado nacional vem contando com a isenção do imposto de importação, que a Anfavea quer ver revogado.

(C) No que diz respeito à matriz elétrica, o Brasil ocupa posição ímpar, pois dispõem de 82,9% da eletricidade oriunda de fontes renováveis.

(D) Cresceram as vendas chinesas de carros elétricos e híbridos: tratam-se de 82% de aumento em 2022, enquanto o mercado automotivo geral encolhia 5,3%.

(E) As fontes renováveis e a alta produção de etanol faz com que o Brasil tenha um enorme potencial para BEVs e PHEVs.

06. (FCC – 2023 – TRT – 18ª Região (GO) – Analista Judiciário – Área Administrativa) As normas de concordância verbal estão plenamente observadas na frase:

(A) Não decorrerá das diferenças culturais entre europeus e imigrantes o que há de mais problemático nas migrações?

(B) A exigência de que os europeus se fechem para impedir os fluxos imigratórios não condizem com os ideais de uma política humanitária.

(C) O que importam nesses debates todos são os diversos critérios pelos quais cada cultura pretende se legitimar diante de uma outra.

(D) A diversidade de valores e de preconceitos mostram-se sobretudo quando as culturas confrontam seus paradigmas de civilização.

(E) A menos que hajam apelos à força e ao domínio físico, não é comum que o sistema de uma cultura apague o de outra.

07. (FCC – 2022 – TRT – 5ª Região (BA) – Analista Judiciário – Área Administrativa) As normas de concordância verbal estão plenamente observadas na frase:

(A) A execução de todos os nossos desejos caberia aos dias que dezembro faz correr.

(B) Dispõe-se no canteiro que há dentro de nós alguns afetos junto a ervas ingratas.

(C) Não se podem pretender que os cartões de natal exprimam desejos mais objetivos.

(D) A quais desejos sinceros se poderiam dar forma em cartões tão convencionais?

(E) São de se imaginar que esses cartões de natal transmitam os votos mais sinceros?

08. **(FCC – 2022 – TRT – 19ª Região (AL) – Técnico Judiciário – Área Apoio Especializado Especialidade: Tecnologia da Informação)** As normas de concordância verbal encontram-se respeitadas na frase:

(A) Não costuma haver restrições ao turismo quando é dele que dependem os negócios.

(B) Pouco interessam aos fanáticos valer-se de alguma moderação em seus atos.

(C) Não faltam aos produtos do mercado a promessa da felicidade a quem os consumir.

(D) Os turistas são as principais vítimas de quem só costumam visar aos lucros fáceis.

(E) Sempre faltarão aos consumidores mais compulsivos a análise de suas escolhas.

09. **(FCC – 2022 – TRT – 17ª Região (ES) – Analista Judiciário – Área Administrativa – Especialidade Contabilidade)** As normas de concordância verbal encontram-se plenamente atendidas na frase:

(A) Devem-se às primeiras lembranças despertadas pelas flores a impressão que delas se guardam para sempre.

(B) As primeiras impressões causadas pelas flores só haveria de ser relativizadas quando do contato do autor com novas paisagens.

(C) A visão das flores já sem os talos proporcionavam ao autor sentimentos hostis, que muito lhe custavam superar.

(D) Às paisagens do Rio e aos caminhos de Teresópolis atribuíram-se, no texto, o poder de transfigurar o sentido das flores.

(E) Das flores do passado permaneceu no cronista uma impressão forte, a que vieram se somar as sensações vividas no Rio.

10. **(FCC – 2022 – TRT – 17ª Região (ES) – Analista Judiciário – Área Administrativa)** As normas de concordância verbal estão plenamente observadas na frase:

(A) Não se podem testemunhar legitimamente sobre épocas em que não se viveu.

(B) Consultou-se com bastante afinco fontes históricas para a produção desse livro.

(C) Sobre graves assuntos públicos não queiram manifestar-se quem apenas emita opiniões.

(D) Devem-se aos confessos alicerces irregulares a solidez desse monumento historiográfico.

(E) Haverão de mergulhar no tempo espinhoso da História os que com ela se comprometem.

11. **(FCC – 2022 – TRT – 17ª Região (ES) – Analista Judiciário – Área Administrativa – Especialidade Contabilidade)** O verbo indicado entre parênteses deverá flexionar-se numa forma do plural para integrar adequadamente a frase:

(A) Velhas perguntas imaginosas a toda hora se (formular), só para se avaliar o caráter de quem responde.

(B) As ilhas em que se (imaginar) viver dias tranquilos podem propiciar surpresas desagradáveis.

(C) Todas as suas aspirações (poder) uma ilha proporcionar-lhe caso ele não temesse o mar.

(D) A muitos curiosos (intrigar) esse tipo de pergunta especulativa, que pretende revelar algo íntimo do próximo.

(E) Muitos dos anseios aos quais se (curvar) são na verdade caprichos dele, como o de habitar uma ilha.

12. **(FCC – 2022 – TRT – 14ª Região (RO e AC) – Analista Judiciário – Área Judiciária)** O verbo indicado entre parênteses deverá flexionar-se numa forma do plural para integrar corretamente a frase:

(A) Mais que os esquemas fixos dos programas de TV (atrair) as crianças o espetáculo da lareira.

(B) Sempre (haver), por conta dos poderes do fogo, as metáforas que o fazem representar nossas paixões.

(C) Não (convir) aos espectadores do fogo fixar-se demoradamente em suas luzes que podem enegrecê-los.

(D) No fogo (convergir), como espetáculo que é, as propriedades do brilho físico e as do estatuto metafórico.

(E) Aos múltiplos apelos do fogo (atender) nosso olhar aberto para o eterno espetáculo que suas chamas constituem.

13. **(FCC – 2022 – TRT – 14ª Região (RO e AC) – Analista Judiciário – Área Judiciária)** As normas de concordância verbal encontram-se plenamente observadas em:

(A) As palavras que a alguém ocorrem deitar no papel acabam por identificar o estilo mesmo de quem as escreveu.

(B) Gaba-se a autora de que às palavras a que recorre nunca falta a espontaneidade dos bons escritos.

(C) Faltam às tarefas outras de que poderiam se incumbir a facilidade que encontra ela em escrever seus textos.

(D) Os possíveis entraves para escrever um conto, revela a autora, logo se dissipou em sua primeira tentativa.

(E) Não haveria de surgir impulsos mais fortes, para essa escritora, do que os que a levaram a imaginar histórias.

14. **(VUNESP – 2023 – TJ-SP – Escrevente)** José Dias, sentindo-se apto ________ pajear o garoto, passou a zelar, inclusive, ________ sua prosódia. À mãe do menino disse que este era possuidor ________ certo número de qualidades morais.

De acordo com a norma-padrão, as lacunas do enunciado devem ser preenchidas, respectivamente, com:

(A) a ... de ... de

(B) em ... sobre ... a

(C) de ... pela ... de

(D) a ... com ... com

(E) para ... em ... em

15. **(CESPE / CEBRASPE – 2023 – TJ-ES – Analista Judiciário – Especialidade: Taquigrafia)** Considerando aspectos estilísticos e coesivos do texto , bem como o atendimento à norma-padrão da língua portuguesa, julgue o item a seguir.

No trecho "à esperança de que o Brasil venceria" (quarto período do primeiro parágrafo), a supressão da preposição "de" seria uma opção estilística que preservaria a correção gramatical do texto.

Certo

Errado

16. **(CESPE / CEBRASPE - 2023 - TJ-ES - Analista Judiciário - Especialidade: Licenciatura em Letras)** A respeito das relações de concordância e de regência no texto , julgue o item a seguir.

Em "ações que visem à redução da morosidade processual e à simplificação dos procedimentos judiciais" (segundo parágrafo), o uso do sinal indicativo de crase no vocábulo "à", nas suas duas ocorrências, é facultativo.

Certo

Errado

17. **(VUNESP - 2023 - TJM-SP - Escrevente Técnico Judiciário)** As duas frases elaboradas a partir do texto apresentam o sinal indicativo de crase corretamente empregado em:

(A) A gravidez não levará o namoro à se converter em união estável. / Para pessoas que estão juntas há tempos, um contrato pode oferecer segurança legal à elas.A gravidez não levará o namoro à se converter em união estável. / Para pessoas que estão juntas há tempos, um contrato pode oferecer segurança legal à elas.

(B) A Lei no 9.278 não atribui à todas as relações amorosas o caráter de união estável. / Há namorados que se dedicam à viver juntos, mas sem laços matrimoniais.

(C) A gravidez não levará a união duradoura entre namorados à condição de união estável. / O Contrato de Namoro pode dar legalidade à uma relação amorosa.

(D) É possível adicionar novas cláusulas àquelas já estipuladas por lei. / As testemunhas devem declarar que os contratantes levam o compromisso à sério.

(E) A Justiça não pode agir completamente à revelia dos interesses dos contratantes. / O casal pode impor exigências pessoais às cláusulas de um contrato.

18. **(FGV - 2023 - TJ-BA - Juiz Leigo)** Todas as alternativas abaixo são reescrituras de alguma passagem do texto 1. O único caso em que NÃO se verifica erro relativo ao emprego do acento grave é:

(A) Todos os testes foram conduzidos em animais que receberam 6-hidroxidopamina, uma toxina indutora de manifestações semelhantes as da doença de Parkinson;

(B) O grupo que manteve essas células registrou perdas menos significativas de neurônios e de movimento quando comparado as demais cobaias;

(C) "Esses resultados sugerem um possível alvo para o tratamento da doença no futuro", disse a doutoranda Carolina Parga à esta assessoria de imprensa;

(D) A descoberta constitui uma contradição em relação a observações feitas anteriormente pelos próprios pesquisadores do ICB e outros estudiosos da área;

(E) Outra característica, a negativa, que impulsiona essa perda neuronal, vai predominando a proporção que a doença vai evoluindo.

19. **(VUNESP - 2023 - TJ-SP - Escrevente)** No texto, o sinal indicativo da crase poderia ser empregado no termo destacado em:

(A) ... os meus plurais careciam, alguma vez, da desinência exata, ele <u>a</u> corrigia...

(B) ... para <u>a</u> minha idade, possuía já certo número de qualidades morais sólidas.

(C) ... mas que eu excedia a todos esses...

(D) ... dizia a minha mãe ter conhecido outrora meninos muito inteligentes...

(E) A primeira cousa que consegui logo que comecei a andar fora...

20. (VUNESP - 2023 - TJ-SP - Escrevente) Na passagem do segundo parágrafo – Lá, 6,2 milhões de veículos eletrificados chegaram às ruas em 2022... –, o sinal indicativo da crase mantém-se, se a forma verbal destacada for substituída por

(A) circularam.

(B) foram.

(C) espalharam-se.

(D) tomaram.

(E) conquistaram.

21. (FCC - 2022 - TRT - 17ª Região (ES) - Técnico Judiciário - Área Apoio Especializado Especialidade - Tecnologia da Informação) É a partir de certo momento da história que as cidades passam I se organizar em função do mercado, gerando um tipo de estrutura urbana que não só opera II organização do seu espaço interno, mas também redefine todo o espaço circundante, atraindo para III cidade grandes populações.

(Adaptado de: ROLNIK, Raquel. O que é cidade. São Paulo: Brasiliense, 1995)

Em conformidade com a norma-padrão da língua portuguesa, as lacunas I, II e III do texto devem ser preenchidas, correta e respectivamente, por:

(A) à - a - à

(B) à - a - a

(C) a - a - a

(D) a - à - a

(E) à - à - a

22. (FUMARC - 2022 - TRT - 3ª Região (MG) - Analista Judiciário - Oficial de Justiça Avaliador Federal) A crase é facultativa em:

(A) Ele escreve à Machado de Assis.

(B) Ele vendeu o apartamento à vista.

(C) Os rapazes saíram às pressas.

(D) Vou à casa de meu primo mais tarde.

(E) Voltaremos para casa até às 19 horas.

23. (FCC - TÉCNICO JUDICIÁRIO - 3ª. REGIÃO - 2019) O verbo que pode ser corretamente flexionado em uma forma do singular, sem que nenhuma outra alteração seja feita na frase, está em:

(A) A maioria das pessoas passam de uma a quatro horas diárias em seus dispositivos eletrônicos (B) Seus sintomas incluem falta de apetite

(C) Velas e lenha produziam luz amarelo-avermelhada

(D) Comportamentos viciantes ativam o centro de recompensa do cérebro

(E) e muitos gastam bem mais que isso

24. (AOCP - ANALISTA JUDICIÁRIO - PREFEITURA DE BETIM - 2020) Em relação às normas de concordância nominal e verbal, assinale a alternativa incorreta.

(A) A mãe ou a esposa o acompanhará, visto que só há a permissão para um acompanhante.
(B) Os Estados Unidos ficou entre os melhores países nos jogos olímpicos.
(C) Pais, professores, alunos, cada um teve sua participação e envolvimento no projeto escolar.
(D) Ângela disse depois de sua merecida festa: – Aos que me prestigiaram, meu muito obrigada.

25. (CESPE – ANALISTA JUDICIÁRIO – TJ-PA – 2020) Sem prejuízo da correção gramatical e do sentido original do texto, a forma verbal "há" poderia ser substituída por

TRECHO: "Mas há exceções, como a..."

(A) existem.
(B) existe.
(C) ocorre.
(D) têm.
(E) tem.

26. (VUNESP – MÉDICO JUDICIÁRIO – TJ-SP – 2019) Assinale a alternativa em que a concordância verbal e a grafia das palavras estão em conformidade com a norma-padrão.

(A) Após a escolha de uma obra pelos responsáveis pelo projeto, ocorreu reuniões em que os detentos expontaneamente expuseram seu ponto de vista.
(B) Desde 2013, o Conselho Nacional de Justiça mantêm projetos de remição de pena ligados à iniciativa privada.
(C) Os detentos que quizeram participar dos clubes de leitura relataram que se sentiram motivados a traçar planos futuros.
(D) A capacidade de reflexão bem como a de expressar os sentimentos figuram na lista das benesses advindas da leitura.
(E) As considerações feitas pelo parecerista, que deve agir concienciosamente, segue para o deferimento do juiz.

27. (CEBRASPE – ASSISTENTE JUDICIÁRIO – TJ-AM – 2019) A correção gramatical do texto seria preservada caso se inserisse a preposição **a** imediatamente após "atende" — **atende a**.

No Brasil, as medidas para garantir a assistência judiciária a quem não pode arcar 16 com as custas de um processo ou ser assistido por um advogado particular foram efetivadas principalmente pela Lei n.º 1.060, de 1950, e pela criação da Defensoria Pública da 19 União, em 1994, que atende muitos segurados *do INSS que têm de recorrer ao Poder Judiciário para conseguir um benefício.*

GAB:☐ Certo ☐ Errado

28. (CEBRASPE – ASSISTENTE JUDICIÁRIO – TJ-AM – 2019) A inserção do sinal indicativo de crase em "a quem" não comprometeria a correção gramatical do texto.

O maior desafio do Poder Judiciário no Brasil é tornar-se cada vez mais acessível às pessoas, até mesmo a quem *não pode arcar com o custo financeiro de um processo.*

GAB:☐ Certo ☐ Errado

29. (CEBRASPE – ANALISTA JUDICIÁRIO – TJ-AM – 2019) A inserção do sinal indicativo de crase em "a interpretações" ocasionaria erro gramatical no texto.

Os contratos legais com que habitualmente trabalham os advogados estão escritos em linguagem frequentemente ambígua e sujeita a interpretações diversas.

GAB:☐ Certo ☐ Errado

30. **(FGV – TÉCNICO JUDICIÁRIO – TJ-AM – 2019)** "Todos aqueles que devem deliberar sobre questões dúbias devem também manter-se imunes ao ódio e à simpatia, à ira e ao sentimentalismo". Nesse pensamento de um historiador latino, ocorreu duas vezes a utilização correta do acento grave indicativo de que houve crase; a frase abaixo em que esse mesmo acento está equivocado é:

(A) Quem perdoa uma culpa encoraja à cometer muitas outras;

(B) A aspiração à glória é a última da qual se conseguem libertar os homens mais sábios;

(C) Quem aspira à sumidade, raras vezes consegue passar do meio;

(D) Veja o que ocorreu com muitos intelectuais, condenados à fama imortal;

(E) Todos somos levados à obediência eterna a Deus.

31. **(AOCP – ANALISTA JUDICIÁRIO – PREFEITURA DE BETIM – 2020)** Considerando o Texto 1, informe se é verdadeiro (V) ou falso (F) o que se afirma a seguir e assinale a alternativa com a sequência correta.

( ) O acento grave indicativo de crase está corretamente empregado no trecho "[...] os países se comprometeram, em 1987, à proteção da camada de ozônio". A crase é obrigatória nesses casos em que o termo regente exige preposição "a" posposta, e o termo regido admite o artigo feminino anteposto.

( ) Em "[...] os países se comprometeram, em 1987, à proteção da camada de ozônio", o acento grave indicativo de crase foi incorretamente empregado, porque não ocorre crase diante de verbo.

( ) Em "[...] a partir da interrupção no uso de substâncias [...]", não houve a necessidade de empregar o acento grave indicativo de crase, pois esse uso é facultativo em locuções conjuntivas como "a partir da".

(A) F – V – F.

(B) F – F – V.

(C) V – F – V.

(D) V – F – F.

(E) F – V – V.

32. **(AOCP – ANALISTA JUDICIÁRIO – PREFEITURA DE BETIM – 2020)** Em relação ao uso do acento indicativo de crase, assinale a alternativa correta.

(A) Muitos pais estavam à espera de seus filhos na frente do colégio.

(B) Com a chegada do verão, vamos à Veneza, cidade encantadora.

(C) Em todo lugar, há muitos divagando a vida e à morte.

(D) Os aventureiros percorreram a Rota 66 de ponta à ponta.

33. **(CESPE – ANALISTA JUDICIÁRIO – TJ-AM – 2019)** A inserção do sinal indicativo de crase em "a interpretações" ocasionaria erro gramatical no texto.

GAB:☐ Certo ☐ Errado

34. **(VUNESP – MÉDICO JUDICIÁRIO – TJ-SP – 2019)** Leia o texto. Graças_____ leitura de "A vida invisível de Eurídice Gusmão", romance de Martha Batalha, referente_____ angústias de duas irmãs na década de 1940, um homem de 42 anos, preso em São Paulo, decidiu reatar com a filha. O livro chegou_____ essa pessoa por meio do Programa Clubes de Leitura e Remição de

Pena. (Mariana Vick. Folha de S.Paulo, 26.06.2018. Adaptado) De acordo com a norma-padrão, as lacunas do texto devem ser preenchidas, respectivamente, por:

(A) à ... às ... à

(B) a ... as ... a

(C) à ... as ... à

(D) à ... às ... a

(E) a ... às ... à

35. **(FAURGS – TÉCNICO EM ELETRÔNICA – TJRS – 2018)** Em qual das alternativas abaixo há concordância nominal entre as palavras negritadas?

(A) *Nas ruas, os* ***foliões*** *saltitam com o celular nas mãos e* ***enchem*** *suas redes sociais de fotos* (l. 35-36).

(B) *A folia é regrada não por* ***pais*** *e* ***mães****, que há muito desistiram de censurar a festa.* (l. 40-41).

(C) *A folia é regrada não por pais e* ***mães****, que há muito* ***desistiram*** *de censurar a festa.* (l. 40-41).

(D) ***Os regulamentos*** *do novo Carnaval são as novas regras da cinematografia.* (l. 41-42)

(E) *Os regulamentos do novo Carnaval são as novas* ***regras*** *da* ***cinematografia****.* (l. 41-42)

36. **(VUNESP – ESCREVENTE TÉCNICO – TJSP – 2018)** Assinale a alternativa em que, ao contrário da construção "aquela rapaz", segue-se a lei fundamental da concordância, de acordo com a norma-padrão.

(A) Quando o despacho chegou, a primeira coisa que o advogado fez foi conferir os documentos anexos.

(B) Era um dia ensolarado, e não se sabe como foi atropelado aquela mulher em uma avenida tranquila.

(C) Parece-me que este ano está chovendo muito, mas ainda assim há menas chuvas do que em anos anteriores.

(D) As crianças brincavam no jardim, colhendo flores colorida e presenteando-se num gesto emocionante.

(E) Quando entraram na casa abandonada, uma cobra estava escondido ali. Assustaram-se, pois era um bicho perigoso.

37. **(VUNESP – ESCREVENTE TÉCNICO – TJSP – 2018)** Assinale a alternativa correta quanto à concordância verbal, de acordo com a norma-padrão.

(A) A página do livro cheia de linhas apertadas e negros parágrafos deixam o adolescente com falta de ar.

(B) O adolescente está no quarto, sentado diante da janela. Passou as horas, e ele não tem coragem de contá-las.

(C) Ao encontrar um diálogo, o adolescente espera que hajam longas conversas entre as personagens.

(D) O livro tem exatamente 486 páginas. É quase 500 páginas de leitura, e praticamente não existe diálogos.

(E) O bloco de doze páginas provoca os xingamentos do adolescente, e logo são proferidas as desculpas.

38. **(FCC - AUDITOR - TCE-RS - 2018)** O verbo indicado entre parênteses deverá flexionar-se de modo a concordar com o termo sublinhado na frase:

(A) As soluções postas em prática pelo jeitinho brasileiro não (**deixar**) de intrigar os estrangeiros, que não entendem tamanha informalidade.

(B) Mesmo os brasileiros a quem que não (**ocorrer**) valer-se do jeitinho sabem reconhecê-lo como uma prática social até certo ponto legítima.

(C) Os avanços da tecnologia, sobretudo os da informática, (**conspirar**) contra a prática tradicional do jeitinho brasileiro.

(D) Acredita-se que a transparência dos meios de comunicação (**tender**) a se converter numa espécie de inimiga mortal da informalidade.

(E) Informalidade, sistema de favor, jeitinho, muitas são as denominações que se (**aplicar**) a um mesmo fenômeno social.

39. **(FCC - AUDITOR - TCE-RS - 2018)** As normas de concordância verbal e nominal estão plenamente observadas na frase:

(A) Diante de cartas antigas, que há muito tempo já tinha sido esquecido, o narrador passou a reconstituir fatos e pessoas.

(B) Por inúteis que possam parecer, cartas antigas estimulam em nossa memória cenas de que jamais nos lembraríamos não fosse o seu estilo.

(C) O autor correspondia-se com vários amigos, a quem se ligava muito afetuosamente, mas que o tempo tornou anônimo no fundo da memória.

(D) As cartas mais emocionais o autor pôs fora, para que não viesse a provocar-lhe fortes excitações antigas, que o deixaram perturbado.

(E) Fazerem-se esquecido é um mistério que caracteriza aqueles fatos que pareciam muito importantes, mas que não sobreviveram à ação do tempo.

40. **(FCC - CONTADOR - TCE-RS - 2018)** O verbo indicado entre parênteses deverá flexionar-se de modo a concordar com o termo sublinhado na frase:

(A) Informalidade, sistema de favor, jeitinho, muitas são as denominações que se (**aplicar**) a um mesmo fenômeno social.

(B) As soluções postas em prática pelo jeitinho brasileiro não (**deixar**) de intrigar os estrangeiros, que não entendem tamanha informalidade.

(C) Mesmo os brasileiros a quem que não (**ocorrer**) valer-se do jeitinho sabem reconhecê-lo como uma prática social até certo ponto legítima.

(D) Os avanços da tecnologia, sobretudo os da informática, (**conspirar**) contra a prática tradicional do jeitinho brasileiro.

(E) Acredita-se que a transparência dos meios de comunicação (**tender**) a se converter numa espécie de inimiga mortal da informalidade.

41. **(AOCP –TÉCNICO JUDICIÁRIO– TRT-1ª.REG. - 2018)** Referente à concordância verbal e nominal no texto I, assinale a alternativa correta.

(A) Em "Vamos partir de uma situação que grande parte de nós já vivenciou.", o verbo em destaque poderia estar no plural, concordando com o pronome "nós"

(B) Em "Nenhuma forma de arte ou objeto cultural guarda a potência escondida por aquele monte de palavras impressas na página.", o sujeito em destaque é composto por dois núcleos ligados por "ou". Nesses casos, a concordância deve se dar sempre no singular, como no excerto em questão.

(C) Considere o seguinte excerto:"Essa potência vem, entre outros aspectos, do tanto que a literatura exige de nós, leitores.". Caso o sujeito do verbo em destaque estivesse no plural, tal verbo seria grafado com o acento agudo.

(D) Considere o seguinte excerto: "Trata-se de uma energia que o teórico Hans Ulrich Gumbrecht chama de 'presença' [...]". Caso a expressão em destaque estivesse no plural, o verbo "tratar-se" estaria flexionado também no plural.

(E) Em "[...] a experiência literária nos dá a chance de vivenciarmos possibilidades [...]", o verbo em destaque está empregado no infinitivo, em sua forma não flexionada.

42. (FCC -ANALISTA JUDICIÁRIO- TRT-2ª.REG. - 2018) Há forma verbal na voz passiva e pleno atendimento às normas de concordância na frase:

(A) Sempre houve aspirações cuja meta era a perfeição, mas que não se cumpria por falta de determinação de quem as alimentavam.

(B) Por vezes caminham juntas a sede de perfeição e esforço pelo belo, tal como se podem constatar nas obras de arte clássicas.

(C) As obras de arte modernas comportam, com frequência, a ação de algum elemento imperfeito, que as elevam a patamares insólitos.

(D) O exemplo dos flocos de neve é trazido ao texto para ilustrar um caso em que mesmo uma rigorosa simetria pode produzir diferenças.

(E) A exaltação das formas imperfeitas, nas artes plásticas ou na música, ocorrem sobretudo na modernidade, em que recusa a composição harmônica.

43. (FCC -ANALISTA JUDICIÁRIO- TRT-2ª.REG. - 2018) Numa reelaboração de um segmento do texto, mantêm-se a correção da frase e uma adequada correlação entre os tempos e modos verbais em:

(A) Em algumas religiões, tomávamos consciência de que o nosso objetivo era chegar ao paraíso, visto como um espaço de plenitude e perfeição.

(B) Algumas teses de que iriam revolucionar a produção artística têm a haver com a incorporação, das formas imperfeitas.

(C) Muitos casos de ruptura com a sede de perfeição verifica-se na exploração de novos modelos artísticos, aonde predominasse a imperfeição.

(D) Se numa relação afetiva entre duas pessoas poderiam ocorrer discensões, o que de fato se pretendia eram uma troca de afetos harmoniosos.

(E) Não apenas na arte, como assim também na física, o lugar do imperfeito existiria como um fator que proporcione o equilíbrio de uma determinada estrutura.

44. (FCC -ANALISTA JUDICIÁRIO- TRT-2ª.REG. - 2018) O verbo entre parênteses deverá flexionar-se de modo a concordar com o elemento sublinhado na seguinte frase:

(A) Nas contradições insolúveis configuram-se os dilemas que (**incitar**) a nossa capacidade de reflexão e de escolha.

(B) Aos indivíduos que vivem de utopias (**restar**) avaliar o peso que pode advir de muitas frustrações.

(C) Àqueles que alimentam convicções partidárias (**cumprir**) seguir linhas de ação já definidas.

(D) Manifestam-se para o poeta dilemas que (**aturdir**) todo indivíduo que não renuncia às convicções mais pessoais.

(E) Às linhas de ação mais rigorosas de um partido (**costumar**) opor-se a inclinação individualista do artista.

45. **(FCC -ANALISTA JUDICIÁRIO- TRT-2ª.REG. - 2018)** Emprega-se forma verbal na **voz passiva** e respeitam-se as normas de **concordância verbal** na frase:

(A) Nenhum desses vestígios de manipulação das artes haveriam de ficar depois que os regimes ditatoriais houvesse se esgotado.

(B) O que houve de comum nos regimes ditatoriais eram a impermanência do poder da arte como instrumento de cooptação política do povo.

(C) A associação entre bárbaros das florestas teutônicas com membros da aristocracia castelã indicavam o arbítrio de que se valiam o imaginário dos tiranos.

(D) Para que fosse o povo servido pela mitologia da história nacional, cabia aos ditadores manipular como podiam o legado heroico do passado.

(E) O autor do texto não hesita em reconhecer nos variados ditadores a preocupação que os assaltam quando se trata de fundar seu poder numa história mítica.

46. **(FCC -ANALISTA JUDICIÁRIO- TRT-6ª.REG. - 2018)** As normas de concordância verbal estão plenamente observadas na frase:

(A) Nunca ocorreram aos grandes cronistas, em seus textos, basearem-se tão somente nas experiências de fato vividas por eles.

(B) Devem haver mentiras montadas de forma tão convincente e elegante que são possíveis de soarem como se fossem verdades.

(C) Deve-se a um bom biógrafo as elucidações que cabem para se associarem uma obra aos acontecimentos de uma vida.

(D) Não é de se esperar que provenham de um cronista de jornal, de um discreto Rubem Braga, confissões como as que dele emergiam.

(E) A nenhum dos leitores de Rubem Braga conviriam julgar que a imaginação dos fatos pode ser mais forte do que a sua verdade imediata.

47. **(FCC -ANALISTA JUDICIÁRIO- TRT-6ª.REG. - 2018)** O verbo que pode ser flexionado em uma forma do plural, sem que nenhuma outra modificação seja feita na frase, encontra-se em:

(A) *A maioria das pessoas não consome hoje outra forma de cultura...*

(B) *A distinção entre preço e valor se apagou.*

(C) *... a cultura do grande público arrebatou a vida cultural à pequena minoria...*

(D) *Em um trabalho de Gilles Lipovetsky e Jean Serroy, defende-se a ideia de que...*

(E) *... a cultura-mundo, que (...) cria denominadores culturais...*

48. **(FCC -ANALISTA JUDICIÁRIO- TRT-14ª.REG. - 2018)** Encontram-se respeitadas as normas de concordância em:

(A) Cada um dos que se deparam com os problemas produzidos pelas novas tecnologias acabam desenvolvendo problemas de convivência.

(B) Caminhar a esmo é visto por muitos intelectuais como um modo de protestar contra a lógica dominante, uma vez que se distancia de fins utilitaristas.

(C) O excesso de ruídos nas grandes cidades terminam por prejudicar a capacidade de concentração das pessoas.

(D) Consideram-se o silêncio uma das formas de protesto atuais, uma vez que se projeta contra os hábitos de consumo da sociedade.

(E) Voltar-se para si e para o silêncio que nos permite contemplar nossas próprias vidas constituem uma necessidade do mundo contemporâneo.

49. **(FCC –ANALISTA JUDICIÁRIO– TRT-15ª.REG. – 2018)** Há forma verbal na voz passiva e pleno atendimento às normas de concordância na frase:

(A) Aconselhamentos precisos, como os de Sêneca, são aqueles a que não faltam a certeza da boa aplicação, seguido do efeito maior da paz de espírito.

(B) São de se exaltar entre as tantas reflexões de Sêneca sua acuidade em buscar preservar o senso de equilíbrio nas difíceis escolhas humanas.

(C) Em meio a tensões polarizadas, é comum que se ignorem a necessidade de equilíbrio dentro da alternância, parece advertir-nos o postulado de Sêneca.

(D) Não há por que considerar definitivo, em nosso cotidiano, impulsos contraditórios que dividem nossos desejos e desafiam nosso equilíbrio.

(E) Uma vez atendidas as duas necessidades humanas a que Sêneca faz referência, preservam-se igualmente o senso de equilíbrio e a dialética.

50. **(VUNESP – ESCREVENTE TÉCNICO – TJSP – 2018)** Ei-lo agora, adolescente recluso em seu quarto, diante de um livro que não lê. Todos os seus desejos de estar longe erguem, entre ele e as páginas abertas, uma tela esverdeada que perturba _____linhas. Ele está sentado diante da janela, a porta fechada ____costas. Página 48. Ele não tem coragem de contar as horas passadas para chegar _____ essa quadragésima oitava página. O livro tem exatamente quatrocentas e quarenta e seis. Pode-se dizer 500 páginas! Se ao menos tivesse uns diálogos, vai. Mas não! Páginas completamente cheias de linhas apertadas entre margens minúsculas, negros parágrafos comprimidos uns sobre os outros e, aqui e acolá, a caridade de um diálogo – um travessão, como um oásis, que indica que um personagem fala ______ outro personagem. Mas o outro não responde. E segue-se um bloco de doze páginas! Doze páginas de tinta preta! Falta de ar! Ufa, que falta de ar! Ele xinga. Muitas desculpas, mas ele xinga. Página quarenta e oito... Se ao menos conseguisse lembrar do conteúdo dessas primeiras quarenta e oito páginas!

(Daniel Pennac. *Como um romance*, 1993. Adaptado)

Em conformidade com a norma-padrão, as lacunas do texto devem ser preenchidas, respectivamente, com:

(A) as ... às ... a ... a

(B) às ... às ... à ... à

(C) as ... às ... à ... à

(D) às ... as ... a ... a

(E) as ... as ... à ... à

51. **(FCC –TÉCNICO JUDICIÁRIO – TRT-2ª. REG. – 2018)** O sinal indicativo de crase pode ser acrescido, por ser facultativo, à expressão destacada em:

(A) *Meditar é aprender* ***a*** *estar aqui, agora.* (5° parágrafo)

(B) *se voltavam ávidos* ***a*** *técnicas milenares de relaxamento...* (2° parágrafo)

(C) *Agora sente o sol aquecendo* ***as*** *escamas.* (3° parágrafo)

(D) *o macarrão que esfria,* ***a*** *minha frente.* (6° parágrafo)

(E) *Esquece* ***as*** *moscas.* (3° parágrafo)

52. **(FCC –TÉCNICO JUDICIÁRIO – TRT-6ª. REG. – 2018)** A um segmento do texto segue-se uma nova redação, em que se mantêm a correção e a lógica, em:

(A) *As reportagens e os testemunhos coligidos por Martel são representativos de uma realidade //* Martel levou em consideração reportagens e testemunhos inerentes à uma realidade

(B) *A distinção entre preço e valor se apagou* // Não se observam mais a diferença entre valores e preços

(C) *a sociologia e a filosofia ainda não tinham se atrevido a reconhecer* // a sociologia e a filosofia ainda não haviam tido a ousadia de admitir

(D) *Para essa nova cultura são essenciais a produção industrial maciça e o sucesso comercial* // À essa nova cultura não pode faltar, a produção industrial maciça e o sucesso comercial

(E) *já ficou para trás, defasada pela voragem de nosso tempo* // já é ultrapassada, devido a defasagem arrebatada pela época atual

53. **(FCC –ANALISTA JUDICIÁRIO – TRT-14ª. REG. – 2018)** Quanto ...... origens do ruído, o pensador David le Breton ...... associa ao utilitarismo, com que se relaciona, por vezes, ... racionalismo, que dispõe a experiência dos sentidos em segundo plano.

Preenche as lacunas da frase acima, correta e respectivamente, o que se encontra em:

(A) as – às – ao

(B) a – a – ao

(C) às – às – ao

(D) as – as – o

(E) às – as – o

54. **(TRF – 2ª REGIÃO – ANALISTA JUDICIÁRIO – 2017 – CONSULPLAN)** Em qual frase a seguir NÃO se cometeu erro de concordância nominal?

(A) Os alunos acabam sendo bastantes estimulados a não seguirem regras.

(B) Em determinados casos as punições deveriam ser o mais duras possíveis.

(C) Descobriram várias firmas fantasma na metrópole que incitavam o racismo.

(D) Nas sociedades antigas olhos verde-claro eram mais aceitos do que olhos negros.

55. **(TRT- 24ª.REGIÃO – ANALISTA JUDICIÁRIO – 2017 – FCC)** .. Observam-se plenamente as normas de concordância verbal e a adequada articulação entre os tempos e os modos na frase:

(A) Caso atinássemos com o fato de que é pela perspectiva autoral que se produz as notícias, não seremos tentados a confundir uma reportagem com a realidade mesma.

(B) Quando passarmos a analisar não apenas os fatos noticiados, mas o ponto de vista que neles se incutiram, estamos interpretando também a perspectiva pela qual se enunciaram.

(C) Fará parte do processo de leitura das notícias de um jornal, se não quisermos ser manipulados pela interpretação já inclusa, o reconhecimento do ponto de vista de quem as redigiu.

(D) Se houvéssemos acreditado que a responsabilidade dos fatos noticiados cabiam aos indivíduos nomeados, teremos de inculpar os inocentes e inocentar os culpados.

(E) O que costumamos chamar de "compreensão do mundo" não seria senão confundir o que se traduzem nas palavras com os fatos que efetivamente ocorreriam.

56. **(TRT- 24ª.REGIÃO – ANALISTA JUDICIÁRIO – 2017 – FCC)** ..Quanto à concordância padrão, está escrita corretamente a frase:

(A) O homem sempre buscou capturar o instante em imagens, e isso nunca foi tão fácil quanto hoje, quando o ato de registrar se tornou mais importante que o próprio registro.

(B) Atualmente, constata-se muitas maneiras de compartilhar informação, mas nenhum meio de comunicação vem se mostrando tão poderoso quanto as redes sociais.

(C) Em meados da década passada, fotografar alimentos envolviam uma série de questionamentos que parecem não fazer mais sentido na sociedade dos dias de hoje.

(D) Em 2016, uma pesquisa com usuários da internet concluiu que algumas pessoas que postam excessivamente nas redes sociais o faz por necessidade de aprovação.

(E) Decidir entre devorar ou clicar têm perturbado aqueles que oscilam entre desfrutar o momento da refeição e partilhá-lo, ainda que a distância, com amigos e familiares.

57. **(TRT- 21ª.REGIÃO – TÉCNICO JUDICIÁRIO – 2017 – FCC)** ..I.., no cinema, alguns críticos e intelectuais que, como o russo Sergei Eisenstein, ..II.. conhecimento teórico sobre a linguagem cinematográfica e, em determinado momento, ..III.. colocar suas teorias em prática.

(Adaptado de: BALLERINI, Franthiesco. *Op. cit.*)

Preenchem corretamente as lacunas **I, II** e **III** da frase acima, na ordem dada:

(A) Surge – possuíram – decidirão

(B) Surgiram – possuíam – decidiram

(C) Surgirão – possuíam – decida

(D) Havia surgido – possuíssem – decidirão

(E) Surgem – possuam – haveria de decidir

58. **(TRT- 21ª.REGIÃO – ANALISTA JUDICIÁRIO – 2017 – FCC)** Mantendo-se a correção, o verbo que, no contexto, pode ser flexionado indiferentemente no singular ou no plural encontra-se sublinhado em:

(A) *<u>Esclarecem</u>-se, atualmente, a antiguidade e potência intelectual da Mímica como documento vivo...* (3° parágrafo)

(B) *... cada antagonista <u>entendia</u> o gesto contrário de acordo com seu interesse.* (5° parágrafo)

(C) *Negativa e afirmativa, gesto de cabeça na horizontal e vertical, <u>têm</u> significação inversa para chineses e ocidentais.* (5° parágrafo)

(D) *Vênias, baixar a cabeça, curvar os ombros, ajoelhar-se, elevar a mão à fronte, <u>são</u> universais.* (5° parágrafo)

(E) *A mecânica da adaptação necessária a outras finalidades de convívio <u>explica</u> a multiplicação.* (5° parágrafo)

59. **(TRT- 21ª.REGIÃO – TÉCNICO JUDICIÁRIO – 2017 – FCC)** Substituindo-se o segmento sublinhado pelo que está entre parênteses, sem que nenhuma outra modificação seja feita, a frase que permanecerá correta está em:

(A) *<u>Alguns estudiosos</u>* (Grande parte dos teóricos) *da dramaturgia dizem que tal frase é perfeitamente aplicável.*

(B) *No Brasil, <u>as adaptações</u>* (a tendência a recorrer a adaptações) *também viraram moda...*

(C) *... <u>os filmes mais comentados</u>* (a lista de filmes que gerou mais comentários) *vieram de livros e outras formas de expressão artística.*

(D) *<u>A indústria da adaptação</u>* (Os roteiros adaptados) *tornou-se tão forte que...*

(E) *... existe <u>uma massa de escritores</u>* (diversos escritores) *com contratos fixos...*

60. **(TRT- 11ª.REGIÃO - TÉCNICO JUDICIÁRIO - 2017 - FCC)** O verbo que pode ser corretamente flexionado em uma forma do plural, sem que nenhuma outra modificação seja feita na frase, está em:

(A) *... em que se acredita em prazeres instantâneos...* (4° parágrafo)

(B) *Grande parte das pessoas não trabalharia...* (4° parágrafo)

(C) *... o campo de ideais que a pessoa valoriza.* (3° parágrafo)

(D) *... que não represente os valores...* (3° parágrafo)

(E) *... não se referia às vontades impulsivas...* (2° parágrafo)

61. **(TRT- 11ª. REGIÃO - ANALISTA JUDICIÁRIO - 2017 - FCC)** Palavras utilizadas no texto motivaram as frases que seguem, que, entretanto, devem ser analisadas independentemente dele. A que se apresenta em conformidade com as normas de concordância é:

(A) Certamente podem ter havido entre os leitores-pesquisadores muitas dúvidas sobre a magnitude do citado desaparecimento de nações indígenas que viviam ao longo do rio Amazonas.

(B) Fenômenos demográficos e culturais, em qualquer época da história da humanidade, sempre pôde produzir efeitos insuspeitados, e muitas vezes o fez.

(C) O capítulo evidencia que vários aspectos da história indígena amazonense devem merecer ainda cuidadosa reflexão, porque, apesar da curiosidade que suscita, muito dela ainda permanece obscuro.

(D) Grupos indígenas, principalmente inserido no contexto do rio Amazonas, vem chamando a atenção de pesquisadores de distintas áreas do saber, estudiosos que os julgam detentores de muitos segredos.

(E) Adepto ou não desse entendimento sobre a formação de um estrato neo-indígena, especialistas em etnografia muito se dedicam a interpretar os dados apresentados na pesquisa recém-publicada.

62. **(TRT- 21ª.REGIÃO - ANALISTA JUDICIÁRIO - 2017 - FCC)** *Primeira forma da comunicação humana, mantém sua prestigiosa eficiência em todos os recantos do mundo.*

O verbo que possui o mesmo tipo de complemento do sublinhado acima encontra-se também sublinhado em:

(A) *As pesquisas sobre antiguidade e valorização de certos gestos* [...] apaixonam estudiosos.

(B) *Não existe, logicamente, a mesma tradução literal para cada gesto...*

(C) *Estirar a língua é insulto na Europa e América...*

(D) *... ocorre a infindável série dos gestos intencionais...*

(E) *... ajoelhar-se, elevar a mão à fronte, são universais.*

63. **(TRT- 11ª.REGIÃO - TÉCNICO JUDICIÁRIO - 2017 - FCC)** *Falava das decisões tomadas de "cabeça fria"...* (2° parágrafo)

O verbo que, no contexto, possui o mesmo tipo de complemento do grifado acima está em:

(A) *Satisfação no trabalho não significa necessariamente prazer...* (4° parágrafo)

(B) *A sugestão parece imprudente...* (2° parágrafo)

(C) ... quando uma escolha não faz sentido... (4° parágrafo)

(D) *... as razões que mais pesam nas grandes escolhas...* (2° parágrafo)

(E) *... a construção de sentido requer tempo e persistência.* (4° parágrafo)

64. (TRF – 2ª REGIÃO – TÉCNICO JUDICIÁRIO – 2017 – CONSULPLAN) Analise os trechos a seguir.

I. *"[...] adequarem-se às necessidades e vontades humanas."* (1º§)

II. *"Contudo, o homem não mediu as possíveis consequências [...]"* (1º§)

III. *"Desse modo, a preocupação com o meio ambiente é questionada, [...]"* (2º§)

IV. *"[...] por meio das novas mídias, as quais representam novos meios de comunicação, [...]"* (2º§)

Os verbos que, no contexto, exigem o mesmo tipo de complemento verbal, foram empregados em apenas

(A) I e II.

(B) I, III e IV.

(C) II e IV.

(D) II, III e IV.

65. (TRF – 2ª REGIÃO – TÉCNICO JUDICIÁRIO – 2017 – CONSULPLAN) Acerca dos elementos linguísticos empregados em *"Os mecanismos de produção desenvolveram-se de tal forma a adequarem-se às necessidades e vontades humanas."* (1º§), assinale o comentário cujas informações estão corretas de acordo com a norma padrão da língua.

(A) A forma verbal *"adequarem"* é responsável pela exigência da preposição *"a"* que lhe antecede e que lhe sucede.

(B) A ausência de preposição diante do complemento *"vontades humanas"* demonstra que tal termo não mantém uma relação com o elemento regente.

(C) A regência da forma verbal *"adequarem"* inclui os termos coordenados *"necessidades"* e *"vontades humanas"*.

(D) A forma verbal *"desenvolveram"* constitui termo regente exigindo o emprego da preposição *"de"* e *"a"* conforme pode ser indicado no período em análise.

66. (TRF – 2ª REGIÃO – ANALISTA JUDICIÁRIO – 2017 – CONSULPLAN) *"Nessa guerra ou guerrilha usamos muitas armas..."* (3º§) A forma verbal que apresenta a mesma transitividade da sublinhada na frase anterior está destacada em:

(A) *"O preconceito nasce do medo, sua raiz cultural, psíquica, antropológica..."* (1º§)

(B) *"Algumas doenças precisam de remédios fortes: preconceito é uma delas."* (5º§)

(C) *"No país da impunidade, necessitamos de punição imediata, severa e radical."* (5º§)

(D) *"... palavras como 'judeu, turco, alemão' carregam, mais do que ignorância, um odioso preconceito."* (3º§)

67. (TJPE – ANALISTA JUDICIÁRIO – 2017 – IBFC) No trecho "Se se quiser descobrir os problemas com os quais uma sociedade se debate, uma coleção de piadas fornecerá excelente pista:", a preposição em destaque ocorre em função de uma exigência de regência. Dentre as frases abaixo, assinale aquela em se verifica um ERRO no emprego do termo regido em destaque.

(A) O supervisor chamou **todos os funcionários**.

(B) O adiamento do evento implicará **em corte de verbas**.

(C) Eles não se esqueceram **da data da audiência**.

(D) Os candidatos visavam **a um resultado eficiente**.

(E) Perdoaram **aos agressores**.

68. **(TRT- 11ª.REGIÃO – TÉCNICO JUDICIÁRIO – 2017 – FCC)** Atente para as frases abaixo, redigidas a partir de frases do texto modificadas.

I. O Brasil não figura entre os países mais suscetíveis à catástrofes naturais.

II. Em alguns locais, existe uma suscetibilidade natural à ocorrência de desastres, como secas, enchentes e deslizamentos.

III. Certas atitudes relacionadas à cultura humana podem impactar o desfecho final de uma situação de risco.

O sinal de crase está empregado corretamente APENAS em

(A) II e III.

(B) I e III.

(C) I e II.

(D) II.

(E) III.

69. **(TRF – 2ª REGIÃO – ANALISTA JUDICIÁRIO – 2017 – CONSULPLAN)** A mesma obrigatoriedade para o emprego do sinal de crase em *"Fabiano ria, tinha desejo de esfregar as mãos agarradas à boca do saco [...]"* (1º) pode ser vista no exemplo:

(A) Tranquilize-se, aspiro àquela vaga específica, e não à sua.

(B) Dirigiu-se à minha casa, onde ficaria hospedado por alguns dias.

(C) Diante de tal demanda, o funcionário colocou-se à sua disposição.

(D) Convocaria à qualquer pessoa que atendesse aos requisitos descritos.

70. **(TRF – 2ª REGIÃO – ANALISTA JUDICIÁRIO – 2017 – CONSULPLAN)** Assinale a opção em que o "a" sublinhado nas duas frases deve receber o acento grave indicativo de crase.

(A) Fui <u>a</u> casa de meu pai. Lá, algumas pessoas preconceituosas ficaram <u>a</u> distância.

(B) O professor se referiu <u>a</u> todos que estavam presentes. Eles ficaram frente <u>a</u> frente.

(C) O mérito foi dedicado <u>a</u> eles. Os supervisores chegaram <u>a</u> uma hora em ponto na escola

(D) Os estudantes vestiram-se <u>a</u> Momo. Eles foram barrados pelos seguranças <u>a</u> entrada do salão de baile.

71. **(TRT- 21ª.REGIÃO – TÉCNICO JUDICIÁRIO – 2017 – FCC)** *É difícil planejar uma cidade e <u>resistir</u> à tentação de formular um projeto de sociedade.*

O sinal indicativo de crase deverá ser mantido caso o verbo sublinhado acima seja substituído por:

(A) não acatar.

(B) driblar.

(C) controlar.

(D) superar.

(E) não sucumbir.

72. **(TRT- 21ª.REGIÃO – TÉCNICO JUDICIÁRIO – 2017 – FCC)** A frase em que há uso adequado do sinal indicativo de crase encontra-se em:

(A) A tendência de recorrer à adaptações aparece com maior força na Hollywood do século 21.

(B) É curioso constatar a rapidez com que o cinema agregou à máxima.

(C) A busca pela segurança leva os estúdios à apostarem em histórias já testadas e aprovadas.

(D) Tal máxima aplica-se perfeitamente à criação de peças de teatro.

(E) Há uma massa de escritores presos à contratos fixos em alguns estúdios.

73. **(FCC – Técnico de Controle Externo /TCE-CE– 2015)** As normas de concordância verbal estão plenamente observadas em:

(A) Os preconceitos, ao se firmar, acabam por promover injustiças que nunca mais se repara.

(B) Não deveriam caber aos preconceituosos insistirem em difundir seus juízos falsos e precipitados.

(C) Consta, entre as convicções do autor, a certeza de que não nos seriam lícito eliminar todos os preconceitos.

(D) Uma das prerrogativas da justiça está em reconhecer e penalizar as ações em que se promove o preconceito.

(E) Qualificam-se como crime, na legislação atual, toda e qualquer manifestação de racismo.

74. **(FCC – Analista de Controle Externo /TCE-CE– 2015)** O verbo indicado entre parênteses deve flexionar-se de modo a concordar com o elemento sublinhado na seguinte frase:

(A) A rejeição que demonstra Coutinho a preconceitos sociais (distinguir) sua obra da de outros documentaristas.

(B) Grupos ou classes sociais, numa visão a distância, não (merecer) desse cineasta qualquer atenção especial.

(C) Não (dever) satisfazer-se um bom documentarista com os paradigmas já cristalizados.

(D) Aos tipos sociais já reconhecidos (faltar) a imprescindível singularização dos indivíduos.

(E) Sertanejos nordestinos e peões de fábrica são designações que não (derivar) senão de uma mera tipologia.

75. **(FCC – Técnico Ministerial /MPE- PB– 2015)** O elemento que justifica a flexão do verbo em destaque está sublinhado em:

(A) *Toda a graça da cidade, por isso,* ***repousa*** *no fato de que ela existe para dar espaço à individualidade...*

(B) *Sua lição histórica é a de que a defesa do interesse individual não* ***deve*** *ser antagônica a uma visão solidária...*

(C) *A boa convivência com esses outros* ***depende*** *da aceitação da diferença como algo estruturante.*

(D) *Pois, no contexto de comunidades pequenas, a liberdade individual* ***está*** *sempre tolhida pelo olhar e julga mento...*

(E) *Lugar da coletividade, ela se* ***funda*** *sobre as noções de comum e de público*

76. **(FCC – Analista Judiciário /TRE – SE– 2015)** As normas de concordância verbal estão plenamente observadas na frase:

(A) Vincula-se ao nosso antigo complexo de povo colonizado hábitos como o que nos leva ao emprego indiscriminado de termos estrangeiros.

(B) Somente no caso de haverem razões plenamente justificáveis admite-se, na opinião do autor do texto, o uso de vocábulos estrangeiros.

(C) Constam nos programas de congressos acadêmicos, como se fosse natural, chamamento em inglês para o nosso brasileiríssimo cafezinho.

(D) O emprego de termos estrangeiros cujas acepções originais não têm tradução adequada conta com o respaldo do autor do texto.

(E) Aquilo que os estrangeiros parecem dizer melhor, com palavras mais apropriadas, quase sempre encontram perfeita tradução em nosso idioma.

77. **(FCC - Analista Judiciário /TRE - AP- 2015)** As normas de concordância estão plenamente observadas na seguinte frase:

(A) Ao estilo verborrágico do típico escritor do começo do século foi contraposto pelos modernistas novas maneiras de se fazer literatura, num estilo mais próximo da oralidade e do coloquial.

(B) O aumento da frequência das consultas aos dicionários eletrônicos, instalados em boa parte dos computadores, parecem evidenciar que não demorará muito para os dicionários em papel se tornarem obsoletos.

(C) A prosa de Mário Quintana, assim como muitos dos textos de sua obra poética, são caracterizadas pela ironia e pela aparente simplicidade da linguagem e do pensamento.

(D) Escritores rebuscados, como Coelho Neto, contemporâneo de Rui Barbosa, teve inegável responsabilidade no grande prestígio que o discurso grandiloquente e pomposo adquiriu no Brasil no final do século XIX e início do XX.

(E) Muitos escritores já confessaram ver no dicionário não um manual de consulta esporádica, mas um livro como quaisquer outros e que pode ser lido do começo ao fim.

78. **(FCC - Técnico Judiciário /TRE - AP- 2015)** Pesquisas que ...... a identificar sítios geoturísticos poderão favorecer o turismo em bases sustentáveis. O geoturismo, assim, ... assumir um grau de importância estratégica para o futuro do desenvolvimento turístico do Brasil, desde que não ...... danos aos sítios geológicos, como a remoção ilegal de fósseis e minerais.

Preenchem corretamente as lacunas da frase acima, na ordem dada:

(A) se proporem - deverá - ocorrem

(B) se proporiam - devia - ocorresse

(C) proporem-se - deveria - ocorram

(D) se propuserem - deve - ocorram

(E) propuserem-se - deverá - ocorrem

79. **(FCC - Analista Judiciário /TRT - 3ª. região- 2015) A frase em que a concordância se faz em conformidade com a norma-padrão é:**

(A) Ontem foram constituídos três grupos de estudo, um do qual bastante reduzido, mas, como já havia passado dois meses desde a liberação da verba de incentivo, não puderam mais aguardar interessados.

(B) O coordenador das áreas julgava irrelevante, nessa altura das discussões, os depoimentos recém-anexados ao processo disciplinar, vistos anteriormente como bastante úteis.

(C) Entrevistou-se, rigorosa e meticulosamente, os últimos quinze profissionais que concorriam à vaga, cuidados que poderão, sem dúvida, acarretarem bom desempenho em diversas áreas.

(D) As receitas dos médicos foram encaminhadas ao setor responsável, que as organizou em pastas e arquivou-as, passos que se deve ao protocolo da área específica de registros.

(E) Para não merecerem repreensão dos pais, os rapazes pediram ao tio que não os repreendesse caso não lhe pudessem telefonar para avisá-lo do início do jogo.

80. (FCC -Técnico Judiciário /TRT - 3ª. região- 2015) A frase escrita com clareza e atendendo às normas de concordância da norma-padrão é:

(A) Algumas pessoas detém uma capacidade para memorizar sabores e texturas maior que a média, as quais passam a ser usadas como ferramentas de trabalho.

(B) Podem haver muitas explicações científicas para o funcionamento da memória, mas ainda assim suas causas profundas continuam um mistério para os poetas.

(C) Considerada, pelos poetas, uma ponte entre o corpo e a alma, a memória do paladar é responsável por compor o conjunto de traços que nos liga às nossas origens.

(D) Quando alguns alimentos se enchem de significado afetivo, tornam-se catalisadores de recordações; por isso, voltar ao passado ao prová-los serão inevitáveis.

(E) O paladar, tanto quanto o olfato para alguns, podem evocar experiências agradáveis,

81. (FCC - Analista Judiciário /TRT - 9ª. região- 2015) Consideradas as normas de concordância verbal, a frase em que estão plenamente respeitadas é:

(A) Não chegou a preocupar Picasso, evidentemente, as condições de venda de suas esculturas ou mesmo se poderiam ser tema de exposição.

(B) Ao se deterem nas obras de Picasso, muitos dos que apreciam a escultura percebem nela uma evidente conexão com a arte africana.

(C) Ao permitirem improvisações, segundo a curadora Ann Temke, a escultura se adaptava ao temperamento irrequieto de Picasso.

(D) À época, quando se olha as esculturas europeias não se pensa em um poder mágico delas derivado.

(E) Devem haver explicações para a escultura de Picasso, embora de reconhecido valor artístico, não ter sido reunida com frequência.

82. (FCC - Técnico Judiciário /TRT - 9ª. região- 2015) O verbo que pode ser flexionado em uma forma do plural, sem prejuízo da correção e sem que nenhuma outra modificação seja feita no segmento, encontra-se sublinhado em:

(A) É claro que isso depende de termos atingido...

(B) ... cada um de nós parece ter uma velocidade ideal...

(C) A serenidade corresponde a um estado de espírito no qual...

(D) O termo serenidade costuma estar associado a mais de um significado...

(E) A maior parte das pessoas sente-se mal quando...

83. (FCC - Técnico Judiciário /TRT - 4ª. região- 2015)As normas de concordância verbal e nominal estão inteiramente respeitadas em:

(A) Quem escrevia nos jornais sulistas do final do século XIX e início do século XX não criaram os modelos ideais de boas mães e esposas virtuosas, pois reproduziam o que já fazia parte do imaginário ocidental, e podia ser encontrado na literatura, nos sermões das missas e nas tradições locais.

(B) Formadas por casais oriundas das ilhas dos Açores e da Madeira, a população que ocupou parte do Rio Grande do Sul, a partir de meados do século XVIII, tornaram-se responsáveis pelo desenvolvimento econômico da região.

(C) A escolha de numerosas imagens de mulher denota uma preocupação muito viva com a definição dos papéis femininos, mas é difícil saber como eram vividas, experimentadas no cotidiano, essas imagens que os jornais reproduziam.

(D) Em cada capital do Sul, os grupos de pessoas mais abastados assumiram diferentes configurações, porém foi principalmente os comerciantes e pequenos industriais ligados à população de imigração recente que ditou as características das novas elites urbanas.

(E) O surgimento de inúmeros conflitos regionais levaram ao estabelecimento de costumes diferenciados do restante do país, e registra-se vários testemunhos de viajantes sobre o modo de vida familiar nessa época, destacando o papel de mulheres que comandavam pequenas propriedades.

84. **(FCC - Analista Judiciário /TRT - 15ª. região- 2015)** O verbo em negrito deve sua flexão ao elemento sublinhado em:

(A) A Índia, tal como o livro de Benjamin Skinner já **anunciava**...

(B) ... com um número que hoje **oscila** entre os 13 milhões...

(C) Pessoalmente, **interessam**-me duas.

(D) A escravidão que **denunciava** com dureza...

(E) ... o ruidoso silêncio que a escravidão moderna **merece**...

85. **(FCC - Analista de Sistemas /MPE- PB- 2015)***Honolulu é um dos milhares de exemplos a que podemos recorrer.*

O verbo sublinhado acima possui o mesmo tipo de complemento que o empregado em:

(A) *A indústria do turismo cria um mundo fictício de lazer...*

(B) *O sujeito pertence ao lugar como este a ele.*

(C) *O lugar é, em sua essência, produção humana...*

(D) *Só a viagem como descoberta, busca do novo, abre a perspectiva de recomposição...*

(E) *... e que, por isso, observa.*

86. **(FCC - Analista Judiciário /TRE - AP- 2015)** Essa obra formidável do sábio francês representa seis anos de viagens pelo nosso interior...

O verbo transitivo empregado com o mesmo tipo de complemento que o verbo grifado acima está em:

(A) ... o seu nome não figura, como o do outro, em todas as enciclopédias.

(B) Roquete Pinto narra o encantado interesse com que na fazenda...

(C) ... tão pitorescos são os aspectos e a linguagem que neles...

(D) Escrevia sem sombra de ênfase nem pedantismo.

(E) Em dezembro de 1816 Saint-Hilaire partiu para Minas...

87. **(FCC - Analista Judiciário /TRT - 9ª. região- 2015)** Há um humor sombrio em todas as páginas... O verbo que, no contexto, possui o mesmo tipo de complemento do grifado acima está empregado em:

(A) Lá viveu, também, Thomas Bernhard... (2º pará- grafo)

(B) ...porque dilapidou (...) um número mil vezes maior de gênios... (3º parágrafo)

(C) ...foi encontrado morto um homem... (3º parágrafo)

(D) ...a neve e o verde competem (...) para atrair turistas... (1º parágrafo)

(E) A Áustria entrou para a história da inteligência... (1º parágrafo)

88. **(FCC – Analista Judiciário /TRT – 15ª. região– 2015)** No contexto dado, possui a mesma regência do verbo presente no segmento **A escravidão que** denunciava **com dureza**, o que se encontra sublinhado em:

(A) Quem fala, hoje, dos 30 milhões de escravos... (8º parágrafo)

(B) ... número que hoje oscila entre os 13 milhões e os 14 milhões... (5º parágrafo)

(C) ... antes de portugueses ou espanhóis comprarem negros na África rumo ao Novo Mundo. (7º parágrafo)

(D) ... o Global Slavery Index é um belo retrato da nossa miséria... (4º parágrafo)

(E) Não é preciso assistir a 12 Anos de Escravidão... (1º parágrafo)

89. **(FCC – Analista Judiciário /TRT – 4ª. região – 2015)** *Em nenhum momento da história a sociedade,* como um todo, conseguiu sustentar facilmente os custos exorbitantes da ópera. Na frase acima, a locução verbal está empregada com regência idêntica à presente em:

(A) O crítico elegeu o jovem cantor o maior artista da temporada.

(B) Apresentou-nos currículo repleto de menções honrosas.

(C) Sem falsa modéstia, recebeu a ovação com elegância e alegria.

(D) Tentou cantar de modo condizente com as recomendações do maestro.

(E) Jamais se afastou daquele velho conselho do pai.

90. **(FCC – Técnico Judiciário /TRT – 4ª. região– 2015)** E havia uma gramática... O verbo que possui o mesmo tipo de complemento que o verbo grifado acima está empregado em:

(A) João só será definitivo...

(B) Estão em toda parte.

(C) E não exigem nada.

(D) Eu sonho com um poema ...

(E) As pessoas atrapalham

91. **(FCC – Técnico Judiciário /TRT – 9ª. região– 2015)** O segmento sublinhado está corretamente substituído pelo que se encontra entre parênteses em:

(A) A serenidade corresponde a um estado de espírito... (à uma condição psicológica)

(B) O termo serenidade costuma estar associado a mais de um significado... (à significados diversos)

(C) ... não convém nos compararmos com as outras pessoas... (às outras pessoas)

(D) ... se andar abaixo dela, tenderá a se deprimir... (à depressões)

(E) ... conformados com nossas limitações... (à sermos limitados)

92. **(FCC – Técnico Judiciário /TRT – 4ª. região– 2015)** A idealização das mulheres em seus papéis familiares é muito semelhante àquelas idealizações divulgadas no final do século XVIII e iní-

cio do século XX nos grandes centros europeus. Mantém-se a correção no emprego do sinal indicativo de crase se o segmento grifado na frase acima for substituído por:

(A) à uma determinada idealização divulgada.

(B) à cada uma das idealizações divulgadas.

(C) à algumas idealizações divulgadas.

(D) à típica idealização divulgada.

(E) à qualquer das idealizações divulgadas

93. **(FCC – Analista Judiciário /TRT – 15ª. região– 2015)** O termo entre parênteses preenche corretamente a lacuna da frase em:

(A) A mudança, começaram ...... senti-la apenas os descendentes dos escravos. (à)

(B) Não foi apenas com o intuito de libertar ...... escravos que se promulgou a lei Áurea. (aos)

(C) As condições iniciais dos libertos eram muito próximas ...... de escravidão. (as)

(D) ...... vésperas do século XX ainda eram debatidas questões como a escravidão. (Às)

(E) Muito embora lhes fosse conferida ...... condição de liberto, muitos continuavam subjugados. (à)

94. **(FCC – Técnico de Controle Externo – TCE-CE – 2015)** As normas de concordância verbal estão plenamente observadas em:

(A) Os preconceitos, ao se firmar, acabam por promover injustiças que nunca mais se repara.

(B) Não deveriam caber aos preconceituosos insistirem em difundir seus juízos falsos e precipitados.

(C) Consta, entre as convicções do autor, a certeza de que não nos seriam lícito eliminar todos os preconceitos.

(D) Uma das prerrogativas da justiça está em reconhecer e penalizar as ações em que se promove o preconceito.

(E) Qualificam-se como crime, na legislação atual, toda e qualquer manifestação de racismo.

95. **(FCC – Analista de Controle Externo – TCE-CE – 2015)** O verbo indicado entre parênteses deve flexionar-se de modo a concordar com o elemento sublinhado na seguinte frase:

(A) A <u>rejeição</u> que demonstra Coutinho a preconceitos sociais (distinguir) sua obra da de outros documentaristas.

(B) Grupos ou classes sociais, numa visão a distância, não (merecer) desse <u>cineasta</u> qualquer atenção especial.

(C) Não (dever) satisfazer-se um bom documentarista com os <u>paradigmas</u> já cristalizados.

(D) Aos <u>tipos</u> sociais já reconhecidos (faltar) a imprescindível singularização dos indivíduos.

(E) Sertanejos nordestinos e peões de fábrica são designações que não (derivar) senão de uma mera <u>tipologia</u>.

96. **(FCC – Técnico Ministerial – MPE- PB – 2015)** O elemento que justifica a flexão do verbo em destaque está sublinhado em:

(A) <u>Toda a graça da cidade</u>, por isso, **repousa** no fato de que ela existe para dar espaço à individualidade...

(B) <u>Sua lição histórica</u> é a de que a defesa do interesse individual não **deve** ser antagônica a uma visão solidária...

(C) A boa convivência com esses outros **depende** da aceitação da diferença como algo estruturante.

(D) Pois, no contexto de comunidades pequenas, a liberdade individual **está** sempre tolhida pelo olhar e julga mento...

(E) Lugar da coletividade, ela se **funda** sobre as noções de comum e de público

97. **(FCC – Analista Judiciário – TRE – SE – 2015)** As normas de concordância verbal estão plenamente observadas na frase:

(A) Vincula-se ao nosso antigo complexo de povo colonizado hábitos como o que nos leva ao emprego indiscriminado de termos estrangeiros.

(B) Somente no caso de haverem razões plenamente justificáveis admite-se, na opinião do autor do texto, o uso de vocábulos estrangeiros.

(C) Constam nos programas de congressos acadêmicos, como se fosse natural, chamamento em inglês para o nosso brasileiríssimo cafezinho.

(D) O emprego de termos estrangeiros cujas acepções originais não têm tradução adequada conta com o respaldo do autor do texto.

(E) Aquilo que os estrangeiros parecem dizer melhor, com palavras mais apropriadas, quase sempre encontram perfeita tradução em nosso idioma.

98. **(FCC – Analista Judiciário – TRE – AP – 2015)** As normas de concordância estão plenamente observadas na seguinte frase:

(A) Ao estilo verborrágico do típico escritor do começo do século foi contraposto pelos modernistas novas maneiras de se fazer literatura, num estilo mais próximo da oralidade e do coloquial.

(B) O aumento da frequência das consultas aos dicionários eletrônicos, instalados em boa parte dos computadores, parecem evidenciar que não demorará muito para os dicionários em papel se tornarem obsoletos.

(C) A prosa de Mário Quintana, assim como muitos dos textos de sua obra poética, são caracterizadas pela ironia e pela aparente simplicidade da linguagem e do pensamento.

(D) Escritores rebuscados, como Coelho Neto, contemporâneo de Rui Barbosa, teve inegável responsabilidade no grande prestígio que o discurso grandiloquente e pomposo adquiriu no Brasil no final do século XIX e início do XX.

(E) Muitos escritores já confessaram ver no dicionário não um manual de consulta esporádica, mas um livro como quaisquer outros e que pode ser lido do começo ao fim.

99. **(FCC – Técnico Judiciário – TRE – AP – 2015)** Pesquisas que ...... a identificar sítios geoturísticos poderão favorecer o turismo em bases sustentáveis. O geoturismo, assim, ... assumir um grau de importância estratégica para o futuro do desenvolvimento turístico do Brasil, desde que não ...... danos aos sítios geológicos, como a remoção ilegal de fósseis e minerais.

Preenchem corretamente as lacunas da frase acima, na ordem dada:

(A) se proporem – deverá – ocorrem

(B) se proporiam – devia – ocorresse

(C) proporem-se – deveria – ocorram

(D) se propuserem – deve – ocorram

(E) propuserem-se – deverá – ocorrem

100. (FCC – Analista Judiciário – TRT – 3ª. Região – 2015) A frase em que a concordância se faz em conformidade com a norma-padrão é:

(A) Ontem foram constituídos três grupos de estudo, um do qual bastante reduzido, mas, como já havia passado dois meses desde a liberação da verba de incentivo, não puderam mais aguardar interessados.

(B) O coordenador das áreas julgava irrelevante, nessa altura das discussões, os depoimentos recém-anexados ao processo disciplinar, vistos anteriormente como bastante úteis.

(C) Entrevistou-se, rigorosa e meticulosamente, os últimos quinze profissionais que concorriam à vaga, cuidados que poderão, sem dúvida, acarretarem bom desempenho em diversas áreas. (D) As receitas dos médicos foram encaminhadas ao setor responsável, que as organizou em pastas e arquivou-as, passos que se deve ao protocolo da área específica de registros.

(E) Para não merecerem repreensão dos pais, os rapazes pediram ao tio que não os repreendesse caso não lhe pudessem telefonar para avisá-lo do início do jogo.

101. (FCC – Técnico Judiciário – TRT – 3ª. Região – 2015) A frase escrita com clareza e atendendo às normas de concordância da norma-padrão é:

(A) Algumas pessoas detém uma capacidade para memorizar sabores e texturas maior que a média, as quais passam a ser usadas como ferramentas de trabalho.

(B) Podem haver muitas explicações científicas para o funcionamento da memória, mas ainda assim suas causas profundas continuam um mistério para os poetas.

(C) Considerada, pelos poetas, uma ponte entre o corpo e a alma, a memória do paladar é responsável por compor o conjunto de traços que nos liga às nossas origens.

(D) Quando alguns alimentos se enchem de significado afetivo, tornam-se catalisadores de recordações; por isso, voltar ao passado ao prová-los serão inevitáveis.

(E) O paladar, tanto quanto o olfato para alguns, podem evocar experiências agradáveis,

102. (FCC – Analista Judiciário – TRT – 9ª. Região – 2015) Consideradas as normas de concordância verbal, a frase em que estão plenamente respeitadas é:

(A) Não chegou a preocupar Picasso, evidentemente, as condições de venda de suas esculturas ou mesmo se poderiam ser tema de exposição.

(B) Ao se deterem nas obras de Picasso, muitos dos que apreciam a escultura percebem nela uma evidente conexão com a arte africana.

(C) Ao permitirem improvisações, segundo a curadora Ann Temke, a escultura se adaptava ao temperamento irrequieto de Picasso.

(D) À época, quando se olha as esculturas europeias não se pensa em um poder mágico delas derivado.

(E) Devem haver explicações para a escultura de Picasso, embora de reconhecido valor artístico, não ter sido reunida com frequência.

103. (FCC – Técnico Judiciário – TRT – 9ª. Região – 2015) O verbo que pode ser flexionado em uma forma do plural, sem prejuízo da correção e sem que nenhuma outra modificação seja feita no segmento, encontra-se sublinhado em:

(A) É claro que isso <u>depende</u> de termos atingido...

(B) ... cada um de nós <u>parece ter</u> uma velocidade ideal...

(C) A serenidade corresponde a um estado de espírito no qual...

(D) O termo serenidade costuma estar associado a mais de um significado...

(E) A maior parte das pessoas sente-se mal quando...

104. (FCC – Técnico Judiciário – TRT – 4ª. Região – 2015) As normas de concordância verbal e nominal estão inteiramente respeitadas em:

(A) Quem escrevia nos jornais sulistas do final do século XIX e início do século XX não criaram os modelos ideais de boas mães e esposas virtuosas, pois reproduziam o que já fazia parte do imaginário ocidental, e podia ser encontrado na literatura, nos sermões das missas e nas tradições locais.

(B) Formadas por casais oriundas das ilhas dos Açores e da Madeira, a população que ocupou parte do Rio Grande do Sul, a partir de meados do século XVIII, tornaram-se responsáveis pelo desenvolvimento econômico da Região.

(C) A escolha de numerosas imagens de mulher denota uma preocupação muito viva com a definição dos papéis femininos, mas é difícil saber como eram vividas, experimentadas no cotidiano, essas imagens que os jornais reproduziam.

(D) Em cada capital do Sul, os grupos de pessoas mais abastados assumiram diferentes configurações, porém foi principalmente os comerciantes e pequenos industriais ligados à população de imigração recente que ditou as características das novas elites urbanas.

(E) O surgimento de inúmeros conflitos regionais levaram ao estabelecimento de costumes diferenciados do restante do país, e registra-se vários testemunhos de viajantes sobre o modo de vida familiar nessa época, destacando o papel de mulheres que comandavam pequenas propriedades.

105. (FCC – Analista Judiciário – TRT – 15ª. Região – 2015) O verbo em negrito deve sua flexão ao elemento sublinhado em:

(A) A Índia, tal como o livro de Benjamin Skinner já **anunciava**...

(B) ... com um número que hoje **oscila** entre os 13 milhões...

(C) Pessoalmente, **interessam**-me duas.

(D) A escravidão que **denunciava** com dureza...

(E) ... o ruidoso silêncio que a escravidão moderna **merece**...

106. (FCC – Analista de Sistemas – MPE- PB – 2015) *Honolulu é um dos milhares de exemplos a que podemos recorrer.*

O verbo sublinhado acima possui o mesmo tipo de complemento que o empregado em:

(A) A indústria do turismo cria um mundo fictício de lazer...

(B) O sujeito pertence ao lugar como este a ele.

(C) O lugar é, em sua essência, produção humana...

(D) Só a viagem como descoberta, busca do novo, abre a perspectiva de recomposição...

(E) ... e que, por isso, observa.

107. (FCC – Analista Judiciário – TRE – AP – 2015) Essa obra formidável do sábio francês representa seis anos de viagens pelo nosso interior...

O verbo transitivo empregado com o mesmo tipo de complemento que o verbo grifado acima está em:

(A) ... o seu nome não figura, como o do outro, em todas as enciclopédias.

(B) Roquete Pinto narra o encantado interesse com que na fazenda...

(C) ... tão pitorescos são os aspectos e a linguagem que neles...

(D) Escrevia sem sombra de ênfase nem pedantismo.

(E) Em dezembro de 1816 Saint-Hilaire partiu para Minas...

108. (FCC – Analista Judiciário – TRT – 9ª. Região – 2015) Há um humor sombrio em todas as páginas... O verbo que, no contexto, possui o mesmo tipo de complemento do grifado acima está empregado em:

(A) Lá viveu, também, Thomas Bernhard... (2º parágrafo)

(B) ...porque dilapidou (...) um número mil vezes maior de gênios... (3º parágrafo)

(C) ...foi encontrado morto um homem... (3º parágrafo)

(D) ...a neve e o verde competem (...) para atrair turistas... (1º parágrafo)

(E) A Áustria entrou para a história da inteligência... (1º parágrafo)

109. (FCC – Analista Judiciário – TRT – 15ª. Região – 2015) No contexto dado, possui a mesma regência do verbo presente no segmento **A escravidão que** denunciava **com dureza,** o que se encontra sublinhado em:

(A) Quem fala, hoje, dos 30 milhões de escravos... (8º parágrafo)

(B) ... número que hoje oscila entre os 13 milhões e os 14 milhões... (5º parágrafo)

(C) ... antes de portugueses ou espanhóis comprarem negros na África rumo ao Novo Mundo. (7º parágrafo)

(D) ... o Global Slavery Index é um belo retrato da nossa miséria... (4º parágrafo)

(E) Não é preciso assistir a 12 Anos de Escravidão... (1º parágrafo)

110. (FCC – Analista Judiciário – TRT – 4ª. Região – 2015) *Em nenhum momento da história a sociedade*, como um todo, conseguiu sustentar facilmente os custos exorbitantes da ópera. Na frase acima, a locução verbal está empregada com regência idêntica à presente em:

(A) O crítico elegeu o jovem cantor o maior artista da temporada.

(B) Apresentou-nos currículo repleto de menções honrosas.

(C) Sem falsa modéstia, recebeu a ovação com elegância e alegria.

(D) Tentou cantar de modo condizente com as recomendações do maestro.

(E) Jamais se afastou daquele velho conselho do pai.

111. (FCC – Técnico Judiciário – TRT – 4ª. Região – 2015) E havia uma gramática... O verbo que possui o mesmo tipo de complemento que o verbo grifado acima está empregado em:

(A) João só será definitivo...

(B) Estão em toda parte.

(C) E não exigem nada.

(D) Eu sonho com um poema ...

(E) As pessoas atrapalham

112. (FCC – Técnico Judiciário – TRT – 9ª. Região – 2015) O segmento sublinhado está corretamente substituído pelo que se encontra entre parênteses em:

(A) A serenidade corresponde a um estado de espírito... (à uma condição psicológica)

(B) O termo serenidade costuma estar associado a mais de um significado... (à significados diversos)

(C) ... não convém nos compararmos com as outras pessoas... (às outras pessoas)

(D) ... se andar abaixo dela, tenderá a se deprimir... (à depressões)

(E) ... conformados com nossas limitações... (à sermos limitados)

113. **(FCC - Técnico Judiciário - TRT - 4ª. Região - 2015)** A idealização das mulheres em seus papéis familiares é muito semelhante àquelas idealizações divulgadas no final do século XVIII e início do século XX nos grandes centros europeus. Mantém-se a correção no emprego do sinal indicativo de crase se o segmento grifado na frase acima for substituído por:

(A) à uma determinada idealização divulgada.

(B) à cada uma das idealizações divulgadas.

(C) à algumas idealizações divulgadas.

(D) à típica idealização divulgada.

(E) à qualquer das idealizações divulgadas

114. **(FCC - Analista Judiciário - TRT - 15ª. Região - 2015)** O termo entre parênteses preenche corretamente a lacuna da frase em:

(A) A mudança, começaram ...... senti-la apenas os descendentes dos escravos. (à)

(B) Não foi apenas com o intuito de libertar ...... escravos que se promulgou a lei Áurea. (aos)

(C) As condições iniciais dos libertos eram muito próximas ...... de escravidão. (as)

(D) ...... vésperas do século XX ainda eram debatidas questões como a escravidão. (Às)

(E) Muito embora lhes fosse conferida ...... condição de liberto, muitos continuavam subjugados. (à)

115. **(CIEE - TJ GO - Estagiário Administrativo - 2014)** Com relação à concordância nominal e de acordo com a norma-padrão da Língua Portuguesa, assinale a alternativa correta.

(A) Já paguei a você minha dívida: estamos quite.

(B) Ela mesmo conversou comigo ontem.

(C) Ela ficou meia doente na semana passada.

(D) A mulher, emocionada, agradeceu: obrigada!

116. **(FCC - TRT 19ª Região - Técnico Judiciário - 2014)** Nas frases transcritas do **Texto IV**, o verbo que deverá permanecer no singular, mesmo com a substituição do segmento grifado pela proposta entre parênteses, está em:

(A) *... o estrangeiro que se aproxima da poesia brasileira...* **(os sentidos do estrangeiro)**

(B) *Não lhe falta o contato com a realidade afro-nordestina...* **(os valores da vivência)**

(C) *... movimento dos nossos dias que (...) teve, entretanto, condições próprias...* **(tendências de composição poética)**

(D) *... que foi uma espécie de parente pobre...* **(manifestações de parente pobre)**

(E) *Experiência brasileira não falta a Jorge de Lima ...* **(Vivências da realidade brasileira)**

117. (FCC – TRF 3ª Região – Analista Judiciário – 2014) O verbo flexionado no plural que também estaria corretamente flexionado no singular, sem que nenhuma outra alteração fosse feita, encontra-se em:

(A) Não é à toa que partiram daqui várias manifestações culturais...

(B) Sempre me pareceram sem sentido as guerras...

(C) São Paulo são muitas cidades em uma.

(D) São Paulo não tem símbolos que deem conta de...

(E) ... onde as informações diversas se misturam...

118. (FCC – TRF 3ª Região – Analista Judiciário – 2014) As regras de concordância estão plenamente respeitadas em:

(A) O crescimento indiscriminado que se observa na cidade de São Paulo fazem com que alguns de seus bairros sejam modificados em poucos anos.

(B) Devem-se às múltiplas ofertas de lazer e cultura a atração que São Paulo exerce sobre alguns turistas.

(C) Apesar de a cidade de São Paulo exibir belas alamedas arborizadas, deveriam haver mais áreas verdes na cidade.

(D) O ruído dos carros, que entram pelas janelas dos apartamentos, perturbam boa parte dos paulistanos.

(E) Na maioria dos bairros de São Paulo, encontram-se referências culinárias provenientes de diversas partes do planeta.

119. (FCC – TRF 3ª Região – Técnico Judiciário – 2014) O verbo flexionado no singular que também poderia estar corretamente flexionado no plural, sem que nenhuma outra alteração fosse feita na frase, está sublinhado em:

(A) Parte do poder desse tipo de magia cinematográfica está em concretizar...

(B) Toda ficção científica, de Metrópolis ao Senhor dos anéis, baseia-se, essencialmente...

(C) ... tudo o que nos incomoda no cotidiano.

(D) Como parte dessas coisas imaginadas acaba se tornando realidade...

(E) ... a sociedade se permite sonhar seus piores problemas...

120. (FCC – TRT 2ª Região – Analista Judiciário – 2014) O verbo indicado entre parênteses deverá flexionar-se concordando com o elemento sublinhado na frase:

(A) Há trabalhos que a gente (executar) sem imaginar o sentido que ganharão no futuro.

(B) Os minutos de que se (necessitar) viver plenamente devem trazer consigo uma expectativa de futuro.

(C) As privações que me (competir) enfrentar não devem desestimular meus empreendimentos.

(D) As incertezas quanto ao meu próprio futuro não (dever) eximir-me de ser responsável por minhas decisões.

(E) Os desafios que cada um de nós hoje se (obrigar) a enfrentar fortalecem-nos diante do futuro.

121. (FCC – TRT 2ª Região – Técnico Judiciário – 2014) A frase em que a concordância respeita as regras da gramática normativa é:

(A) Cada um dos interessados em participar dos projetos devem apresentar uma proposta de ação e uma previsão de custos.

(B) Acordos luso-brasileiros têm sido recebidos com entusiasmo, o que sugere que haverá de serem cumpridos fielmente.

(C) Quanto mais discussão houver sobre as questões pendentes, mais se informarão, com certeza, os que têm de decidir os próximos passos do processo.

(D) Procede, por uma questão técnica, segundo os especialistas entrevistados, as medidas divulgadas ontem, pois a urgência de saneamento é indiscutível.

(E) É bilateral, sem dúvida alguma, os interesses pela exploração desse tipo de negócio, por isso os países envolvidos terão de fazer concessões mútuas.

122. **(FCC – TRT 16ª Região – Analista Judiciário – 2014)** O verbo indicado entre parênteses deverá flexionar-se de modo a concordar com o elemento sublinhado na frase:

(A) As características a que (dever) atender um prefácio podem torná-lo um estraga-prazeres.

(B) Há casos em que o prefácio se (revelar) um componente inteiramente inútil de um livro.

(C) Às vezes, numa bibliografia (ganhar) mais destaque as páginas de um prefácio do que o texto principal de um livro.

(D) Não é incomum que se (recorrer) a frases de Machado de Assis para glosá-las, dada a graça que há nelas.

(E) O autor confessa o que a muitos (parecer) impensável: é possível gostar mais de um prefácio do que do restante da obra.

123. **(FCC – TRT 16ª Região – Analista Judiciário – 2014)** O verbo indicado entre parênteses deverá flexionar-se no plural para preencher corretamente a lacuna da seguinte frase:

(A) ...... (ganhar) proeminência, entre as convicções de Montesquieu, a de que Deus nunca se afasta em definitivo de suas criaturas, ainda quando estas o esqueçam.

(B) Às leis imutáveis do mundo físico não se ...... (ater) a legislação dos homens, caracterizada muitas vezes pela inconstância e pela dificuldade de cumprimento.

(C) Dado que não ...... (competir) aos homens governar o mundo natural, deveriam eles buscar governar a si mesmos do modo mais justo e mais eficiente possível

(D) Montesquieu lembra que ...... (dever) caber aos filósofos alertar os homens para não se esquecerem das leis morais que devem ser cumpridas.

(E) ...... (atuar) claramente nesse texto, onde tão bem se representa o pensamento de Montesquieu, os conceitos fundamentais de mundo físico e mundo inteligente.

124. **(FCC – TRF 1ª Região – Técnico Judiciário – 2014)** As normas de concordância verbal e nominal estão inteiramente respeitadas em:

(A) Na avaliação de um perfil psicológico ideal para o desempenho de certas funções, é considerado variáveis diversas, como os hábitos de alimentação e a rotina de exercícios físicos.

(B) As pessoas que se relacionam em um mundo virtual costuma ser mais sincero do que habitualmente acontece, ao responder às questões propostas em presença dos entrevistadores.

(C) As redes sociais, de enorme abrangência no mundo virtual, tornaram-se um terreno bastante fértil para o desenvolvimento de pesquisas sobre o comportamento humano.

(D) O processo de contratação de funcionários mediante dados digitais passaram a ser bem mais rápidas com o uso de ferramentas, como as informações que se encontra na internet.

(E) Existe especialistas em computação, em algumas empresas, aptas a gerenciar a trajetória profissional de usuários de redes sociais, antes de um eventual contrato de trabalho.

125. (FCC – TRT 13ª Região – Analista Judiciário – 2014) Uma redação alternativa para um segmento do texto em que se respeitam as normas de concordância encontra-se em:

(A) Tanto histórias e casos narrados, como a narrativa oral e a poesia, tratam-se de processos de criação que Ariano Suassuna usa em seus romances.

(B) A recriação de histórias mais antigas configuram-se como a base de boa parte da obra de Shakespeare.

(C) Cada um que reescreve uma história alheia atribui-lhe uma forma textual que pode ser considerada autoral.

(D) Embora devam haver histórias anteriores, a primeira publicação de que se tem comprovação de um folheto de cordel aconteceu em 1870, no Nordeste.

(E) O fato de os folhetos serem expostos em cordões, quando vendidos nas feiras livres, deram origem ao nome "cordel".

126. (FCC – TRT 13ª Região – Técnico Judiciário – 2014) Nos trechos adaptados da entrevista de Luís Antônio Giron, as normas de concordância foram inteiramente respeitadas em:

(A) Modas vem e vão e são tão antigas quanto a cultura. O que a faz tão presentes em nossa vida diária é o impacto da comunicação digital em tempo real associado a grandes redes de lojas.

(B) Para que se dê uma oportunidade de mudar o cenário de desigualdades tal qual se apresentam hoje, os jovens precisam resistir às pressões da fragmentação; é preciso que troque o mundo virtual pelo real.

(C) O sociólogo entrevistado denuncia a perda de referências políticas, culturais e morais da civilização atual e afirma que só os jovens, com sua indignação, pode resistir à banalização do mundo moderno.

(D) O motor da moda arrasta as manifestações culturais e artísticas. A moda tem seus usos e uma demanda enorme e crescente. Ela fornece um modelo para a constante troca de identidades de nosso mundo.

(E) Os jovens tem a oportunidade de consertar o estrago feito por gerações anteriores. Como e se serão capaz de pôr isso em prática, dependem da imaginação e da determinação deles.

127. (FCC – TCE -PI – JORNALISTA – 2014) As normas de concordância verbal estão plenamente respeitadas na frase:

(A) Revela-se, no cancioneiro de Caetano Veloso, qualidades artísticas dignas de figurarem entre as obras nas quais se empenharam nossos maiores poetas.

(B) É inegável que subsiste, em muitas das antigas marchinhas de carnaval, um alto nível de execução poética, pela qual eram responsáveis nossos compositores populares.

(C) O depoimento de uma experiência e a reflexão depurada que o artista dela depreendeu pode conviver bem numa mesma canção popular.

(D) Devem-se aos belos versos de tantas canções populares o fascínio que nos provocam os achados poéticos dos nossos inspirados compositores.

(E) Não haveria de faltar em nosso cancioneiro verdadeiras pérolas de poesia, como aquelas referidas nas canções elencadas no texto.

128. (VUNESP – TJ PA – Auxiliar Judiciário – 2014) Feitas as adequações necessárias, a reescrita do trecho – O Marco Civil garante a inviolabilidade e o sigilo das comunicações. – permanece correta, de acordo com a norma-padrão da língua portuguesa, em:

A inviolabilidade e o sigilo das comunicações...

(A) ... mantém-se garantidos pelo Marco Civil.

(B) ... mantêm-se garantidos pelo Marco Civil.

(C) ... mantêm-se garantido pelo Marco Civil.

(D) ... mantém-se garantidas pelo Marco Civil.

(E) ... mantêm-se garantidas pelo Marco Civil.

129. **(VUNESP – TJ PA – Analista Judiciário – 2014)** Assinale a alternativa correta quanto à concordância verbal.

(A) Faz alguns meses que a empresa vem procurando aprimorar sua infraestrutura.

(B) Deveria existir áreas verdes em todas as regiões das grandes cidades.

(C) Houveram muitas queixas dos moradores, por isso se determinou que palavrão é falta.

(D) A atitude de expor opiniões, ideias e emoções com confiança e sem intimidação chamam-se assertividade.

(E) Se um dos peladeiros não se atêm à regra, o time é prejudicado.

130. **(CIEE – TJ GO – Estagiário Administrativo – 2014)** Com relação à concordância verbal e de acordo com a norma-padrão da Língua Portuguesa, assinale a alternativa correta.

(A) O jardim colorido estavam cheios de colibris.

(B) A maioria das pessoas aprovou a ideia.

(C) A fila de compradores dobravam a esquina.

(D) Aqueles que não concordar com a ideia, levante a mão.

131. **(FCC – TRT 19ª Região – Analista Judiciário – 2014)** *... que acompanham as fronteiras ocidentais chinesas...*

O verbo que, no contexto, exige o mesmo tipo de complemento que o da frase acima está em:

(A) *A Rota da Seda nunca foi uma rota única...*

(B) *Esses caminhos floresceram durante os primórdios da Idade Média.*

(C) *... viajavam por cordilheiras...*

(D) *... até cair em desuso, seis séculos atrás.*

(E) *O maquinista empurra a manopla do acelerador.*

132. **(FCC – TRT 19ª Região – Técnico Judiciário – 2014)** *A Amazônia <u>tem</u> também a maior bacia fluvial do mundo.*

Nas frases transcritas do **Texto I**, o verbo que exige o mesmo tipo de complemento do grifado acima está em:

(A) *... a perda de ambientes naturais é maior numa região...*

(B) *... a maior parte está no Brasil...*

(C) *... as florestas de várzea sofrem mais com a ocupação humana.*

(D) *... que levam direta ou indiretamente à perda de hábitats...*

(E) *... que detém 69% da área coberta pela floresta.*

133. (FCC – TRT 2ª Região – Técnico Judiciário – 2014) Observadas a regência e a flexão verbal, está correta a seguinte frase:

(A) A casa que, na época, nos instalamos era a que podíamos pagar, mas tínhamos um pacto: se todos se mantessem firmes em seus empregos, moraríamos melhor.

(B) Aborreceu-se de tanta conferência de abaixo-assinados e requis transferência para outro setor da administração.

(C) Dizem que é ele que obstroi a discussão, por isso, para defender-se, aludiu o nome do responsável pelo atraso.

(D) Medio, sim, seu encontro com esse advogado mais experiente, pois sei como você está temeroso pelo poder de argumentação do promotor.

(E) Ressentiu-se, com razão, da oposição da prima, e pensou que, se expusesse com calma seus motivos, poderia obter sua concordância.

134. (FCC – TRF 4ª Região – Técnico Judiciário – 2014) Possuem os mesmos tipos de complemento os verbos grifados em:

(A) Essa "cultura de massas" nasce com o predomínio... // Um deles é o de Gilles Lipovetski...

(B) A pós-modernidade destruiu o mito de que... // ... nossa época produz milagres todos os dias.

(C) Essa cultura de massas nasce com o predomínio... // ... e nem sempre contribui para...

(D) ... as ciências podem prosperar nas proximidades... // A pós-modernidade destruiu o mito de que...

(E) ... nossa época produz milagres todos os dias. // ... o mito de que as humanidades humanizam

135. (FCC – TRF 1ª Região – Técnico Judiciário – 2014) Em 1980, um gigabyte de dados armazenados ocupava uma sala ...

O verbo que exige complemento tal como o sublinhado acima está em:

(A) A capacidade de computação duplicou a cada 18 meses nos últimos 20 anos ...

(B) ... que deriva da informação.

(C) ... que reduz as barreiras ao acesso.

(D) ... do que era nos anos 70.

(E) ... atualmente, 200 gigabytes cabem no bolso de uma camisa.

136. (FCC – TRT 13ª Região – Analista Judiciário – 2014) O estímulo ...I.... criação de uma literatura dramática ...II... raízes estivessem fincadas na realidade brasileira, particularmente na nordestina, era um dos objetivos do grupo ...III .... Ariano Suassuna se juntou.

Preenchem, correta e respectivamente, as lacunas I, II e III da frase acima:

(A) à – em que – por que

(B) a – as quais – no que

(C) a – das quais – com o qual

(D) à – cujas – ao qual

(E) à – nas quais – em que

137. (FCC – TRT 13ª Região – Analista Judiciário – 2014) A infância passada no sertão familiarizou o futuro escritor e dramaturgo com temas e... (1º parágrafo)

O verbo que, no contexto, exige o mesmo tipo de complemento que o grifado na frase acima está empregado em:

(A) O caldo cultural do Nordeste (...) foi primordial na formação do paraibano Ariano Suassuna.

(B) ...levar o teatro ao povo por meio de apresentações...

(C) ...que remonta aos autos medievais...

(D) ...existe na cultura popular a noção de que a história...

(E) ...surgiu no Nordeste a chamada literatura de cordel.

138. (FCC – TRT 13ª Região – Técnico Judiciário – 2014) Ao mesmo tempo, as elites renunciaram às ambições passadas...

O verbo que, no contexto, exige o mesmo tipo de complemento que o grifado acima está empregado em:

(A) Faltam-nos precedentes históricos para...

(B) Nossos contemporâneos vivem sem esse futuro...

(C) Esse novo espectro comprova a novidade de nossa situação...

(D) As redes sociais eram atividades de difícil implementação...

(E) ... como se imitássemos o padrão de conforto...

139. (CIEE – TJ GO – Estagiário Administrativo – 2014) Com relação à regência verbal, à ocorrência de crase e de acordo com a norma-padrão da Língua Portuguesa, assinale a alternativa correta.

(A) Ouvi à gritaria do meu quarto.

(B) Vire à esquerda no próximo semáforo.

(C) Peguei à criança no colo, pois estava chorando muito.

(D) Assisti à jogos incríveis quando era mais novo.

140. (FCC – TRT 19ª Região – Analista Judiciário – 2014) O sinal indicativo de crase pode ser corretamente suprimido, sem prejuízo para a correção e o sentido original do texto, em:

(A) *... à opressão e ao obscurantismo...*

(B) *... o mais belo legado do Renascimento à atualidade.*

(C) *... em continuidade à miséria...*

(D) *... e a submetê-la à sua vontade.*

(E) *... que impõe à sociedade um padrão único...*

141. (FCC – TRT 19ª Região – Técnico Judiciário – 2014) *... que podem representar uma das principais ameaças à conservação do ecossistema ...* (**Texto I**, 2º parágrafo)

O sinal indicativo de crase deverá permanecer, como no exemplo acima, caso o segmento grifado seja substituído por:

(A) cada componente da biodiversidade.

(B) alguma das espécies ameaçadas.

(C) qualquer ser vivo da floresta.

(D) respeito das condições do ambiente.

(E) recente pesquisa de medicamentos.

142. (FCC – TRF 4ª Região – Técnico Judiciário – 2014) Substituindo-se o elemento grifado pelo que se encontra entre parênteses, o sinal indicativo de crase deverá ser acrescentado em:

(A) ... por meio dos quais se transmitem as humanidades... – (ciências humanas) (2º parágrafo)

(B) ... a todas as camadas sociais. – (qualquer classe social) (4º parágrafo)

(C) ... se nos referimos a coisas completamente diferentes... – (uma coisa completamente diferente) (6º parágrafo)

(D) ... são um obstáculo a indivíduos independentes. (criação de indivíduos independentes) (5º parágrafo)

(E) ... que uma educação liberal, ao alcance de todos... (dispor de todos) (2º parágrafo)

143. (FCC – TRF 1ª Região – Técnico Judiciário – 2014) As revoluções políticas árabes incorporam um processo mais profundo e mais longo de mudanças radicais que, às vezes, é chamado de revolução da informação. Ela vem transformando a natureza do poder no século XXI, em que todos os Estados existem em um ambiente onde nem mesmo as autoridades mais poderosas dispõem de uma capacidade de controle semelhante à que tinham no passado.

(Adaptado de: NYE, Joseph. O Estado de S. Paulo, A11, 15 de fevereiro de 2013)

O sinal de crase, no termo sublinhado acima, indica a presença de um pronome que está substituindo uma expressão do texto. Essa expressão é:

(A) autoridades mais poderosas.

(B) revolução da informação.

(C) natureza do poder.

(D) processo mais profundo e mais longo.

(E) capacidade de controle.

144. (VUNESP – TJ PA – Auxiliar Judiciário – 2014) Assinale a alternativa que completa a frase a seguir, apresentando o emprego correto do sinal indicativo de crase.

Para as partidas no campo de futebol, estabeleceu-se uma nova regra – palavrão é falta – imposta...

(A) à pessoas que frequentam o local.

(B) à uma comunidade onde há muitas crianças.

(C) à times dos bairros vizinhos.

(D) à turma de peladeiros.

(E) à todos os moradores.

145. (CIEE – TJ GO – Estagiário de nível médio – 2014) De acordo com a norma-padrão da Língua Portuguesa e com relação à ocorrência ou não de crase, leia a oração abaixo e, em seguida, assinale a alternativa que completa correta e respectivamente as lacunas abaixo.

Cheguei _____ casa de meus pais muito cansado, mas feliz porque quase nunca vou _____ Pernambuco. Assim que cheguei, fiquei cara _____ cara com minha paixão de infância. _____ meia-noite, passeamos juntos pela praia.

(A) a/ a/ à/ À

(B) a/ a/ a/ À

(C) à/ à/ a/ A

(D) à/ a/ a/ À

146. (FCC – Analista Judiciário – TRT – 12ª Região – 2013) As normas de concordância estão plenamente respeitadas na frase:

(A) Lentes que refratam as ondas eletromagnéticas emitidas pelo calor permite divisar com clareza o movi mento de corpos em meio ao breu da noite.

(B) Cada um dos órgãos sensoriais que nos ligam ao mundo têm uma função específica.

(C) A maior parte das ondas sonoras que perpassa o nosso caminho (celulares, rádios, TVs etc.) é inaudível para os ouvidos humanos.

(D) Apenas alguns poucos animais, como o cão, consegue escutar sons como as ondas hertzianas.

(E) As vibrações sonoras que o morcego é capaz de perceber se situa fora do alcance do ouvido humano.

147. (FCC – Analista Judiciário – TRT – 9ª Região – 2013) As normas de concordância estão plenamente respeitadas na frase:

(A) Cada um dos filmes dirigidos por Glauber Rocha apresentavam um caráter revolucionário único.

(B) A maioria dos integrantes do movimento conhecido como Cinema Novo estava profundamente interessada nos problemas sociais do país.

(C) Muitas expressões artísticas, como o neorrealismo italiano, contribuiu para o desenvolvimento do Cinema Novo.

(D) A maior parte dos cineastas envolvidos com o Cinema Novo integravam um grupo que tentavam novos caminhos para o cinema nacional.

(E) O Tropicalismo, em que Caetano Veloso e Gilberto Gil se projetou, e o Cinema Novo, cujo principal expoente foi Glauber Rocha, se configura como movimentos artísticos expressivos no século XX.

148. (FCC – Analista Judiciário – TRT – 18ª Região – 2013) Uma redação alternativa, escrita com correção e lógica, para um segmento do texto é:

(A) 800 sismos que ocorreram ali em um período de seis meses ajudaram a determinar a causa dos tremores da terra naquela região.

(B) Uma pequena porcentagem dos terremotos do Brasil se concentram na zona sísmica Goiás--Tocantins, na qual é geologicamente instável.

(C) Em certos trechos do *Lineamento Transbrasiliano*, jamais se registrou tremores.

(D) Os reflexos do terremoto percorreu 250 quilômetros e alcançou Brasília, a qual alguns prédios foram desocupados.

(E) Abaixo de Mara Rosa, à, possivelmente, três quilômetros de profundidade, existe rachaduras na crosta terrestre.

149. (FCC – Analista Judiciário – TRT – 18ª Região – 2013) O verbo flexionado no singular que também pode ser corretamente flexionado no plural, sem que nenhuma outra alteração seja feita na frase, está em:

(A) *Muitas vezes a localização dos tremores não coincide com...*

(B) *... a uns três quilômetros de profundidade, há uma extensa rachadura...*

(C) *... uma extensa cicatriz na crosta terrestre que cruza o Brasil...*

(D) *Parte dos geólogos atribui a elevada frequência de remores nessa área...*

(E) *E, ao longo dessa fratura que se estende por cinco quilômetros...*

150. **(FCC - Analista Judiciário - TRT - 18ª Região - 2013)** As normas de concordância estão plenamente respeitadas na frase:

(A) Sobressai, na igreja projetada por Brunelleschi, os nove anéis circulares horizontais que se estende pelos oito lados da cúpula.

(B) Imagina-se que devam haver outras referências ao poeta Dante Alighieri nos projetos arquitetônicos de Brunelleschi.

(C) Famoso por sua ousadia, nunca inquietou Brunelleschi os nove anéis circulares horizontais que seriam embutidos ao longo dos oito lados da cúpula da igreja.

(D) Quando deparam com a Catedral de Florença, os turistas não imaginam que tantas intempéries, como a peste negra, por exemplo, detiveram sua construção.

(E) Cada um dos círculos que se encontra na cúpula da igreja projetados por Brunelleschi foram inspirados no Paraíso de Dante Alighieri.

151. **(FCC - Analista Judiciário - TRT - 1ª Região - 2013)** As normas de concordância verbal estão plenamente observadas na frase:

(A) Cabem a cada um dos usuários de uma língua escolher as palavras que mais lhes parecem convenientes.

(B) D. Glorinha valeu-se de um palavrório pelo qual, segundo lhe parecia certo, viessem a impressionar os ouvidos de meu pai.

(C) As palavras que usamos não valem apenas pelo que significam no dicionário, mas também segundo o contexto em que se emprega.

(D) Muita gente se vale da prática de utilizar termos, para intimidar o oponente, numa polêmica, que demandem uma consulta ao dicionário.

(E) Não convém policiar as palavras que se pronuncia uma conversa informal, quando impera a espontaneidade a fala.

152. **(FCC - Técnico Judiciário - TRT - 1ª Região - 2013)** Substituindo-se o segmento em destaque pelo colocado entre parênteses ao final da frase, o verbo que deverá manter-se no **singular** está em:

(A) *Houve um sonho monumental...* (**sonhos monumentais**)

(B) *Bem disse Le Corbusier que Niemeyer...* (**os que mais conheciam a sua obra**)

(C) *Assim pensava o maior arquiteto...* (**grandes arquitetos como Niemeyer**)

(D) *O comunismo resolve o problema da vida...* (**As revoluções vitoriosas da esquerda**)

(E) *Niemeyer vira a possibilidade...* (**Os arquitetos da geração de Niemeyer**)

153. **(FCC - Técnico Judiciário - TRT - 12ª Região - 2013)***O diretor artístico ressalta a qualidade que o Festival alcançou em sua oitava edição, e diz que o projeto pedagógico, a exemplo dos anos anteriores, ... grandes talentos. Segundo ele, há alunos que ...... ao FEMUSC com o objetivo específico de serem ouvidos pelos mestres e assim poderem concorrer a bolsas. O diretor artístico estima que, somados os valores das bolsas dos mais de 30 alunos do FEMUSC, ... a algo em torno de 3 a 4 milhões de dólares.* **(Adaptado de: Ronaldo Corrêa, 07/02/2013, www.femusc.com.br/2013/02/07/sucesso-renovado/)**

Preenchem corretamente as lacunas do texto acima, na ordem dada:

(A) *mostrou - vem - chega-se*

(B) *mostraram - vem - chegam-se*

(C) *mostrou - vem - chegam-se*

(D) *mostraram - vêm - chega-se*

(E) *mostrou - vêm - chega-se*

154. **(FCC - Técnico Judiciário -TRT - 9ª Região - 2013)** *Atualmente, ... que o número de brasileiros conectados na internet já ...... ultrapassado a casa de 80 milhões, sendo que 72.640.000 são usuários ativos de redes sociais, e 56% destes ...... um aparelho celular para acessar a internet.*

(Dados publicados em **www.agenciaopen.com**/blog/perfil-do-brasileiro-nas-redes-sociais-o--que-ha-de-novo/).

Preenchem corretamente as lacunas da frase acima, na ordem dada:

(A) estima-se - tenham - usa

(B) estima-se - tenham - usam

(C) estimam-se - tenha - usa

(D) estima-se - tenha - usam

(E) estimam-se - tenham - usa

155. **(FCC - Técnico Judiciário - TRT - 18ª Região - 2013)** O verbo empregado no singular que também poderia ter sido empregado no plural, sem prejuízo do respeito às normas de concordância verbal, está grifado em:

(A) *Uma pesquisa recente [...] procurou avaliar como o mundo corporativo se prepara para o fenômeno.*

(B) *A juniorização, por ser realizada com o propósito de reduzir custos, compromete a qualidade da gestão...*

(C) *Então, o trabalho emperra, os clientes reclamam, mas a planilha de custos fala mais alto.*

(D) *Em terceiro lugar, há poucas iniciativas para garantir maior qualidade de vida e para ter quadros mais saudáveis no futuro.*

(E) *Consequentemente, a maioria das empresas não possui mecanismos para atrair e manter tais quadros.*

156. **(FCC - Técnico Judiciário - TRT - 18ª Região - 2013)** *Diferentes tradições de estudos e pesquisas, não só em comunicação como em outras áreas disciplinares, ... possibilitado a ampliação do desenvolvimento de trabalhos, sobretudo a partir de 1980, envolvendo análises sobre a interação entre recepção e comunicação. A questão não é nova e ...... sendo pesquisada desde o início do século, especialmente no que se ...... às relações entre os veículos de comunicação e o receptor.*

(Mauro Wilton de Sousa. "Recepção e comunicação: a busca do sujeito". **Sujeito, o lado oculto do receptor.** São Paulo: Brasiliense. 1995. p.13)

Preenchem corretamente as lacunas do texto acima, na ordem dada:

(A) *têm - vêm - referem*

(B) *tem - vem - referem*

(C) *têm - vem - refere*

(D) *tem - vêm - refere*

(E) *têm - vem - referem*

157. (FCC – Técnico ministerial – MP – MA – 2013) As normas de concordância verbal e nominal estão inteiramente respeitadas na frase:

(A) Já fazem séculos que, depois da argila, do papiro e do pergaminho, as pessoas, para transmitir seu conhecimento, se utiliza do papel.

(B) Durante séculos, o tipo da letra, o entrelinhamento e os espaços em branco de um livro impresso foi aperfeiçoado para estimular o hábito da leitura.

(C) É fundamental que as novas gerações, às voltas com a influência da tecnologia, sejam capazes de ler bem e de refletir, atentas aos aspectos relevantes de uma obra.

(D) Estudiosos do nosso tempo, tal como Sócrates na Antiguidade em relação à escrita, se preocupa com o possível impacto do mundo digital na transmissão da cultura.

(E) No momento, existe algumas pesquisas em que já se busca dados que avaliem a extensão do impacto causado ao cérebro pela leitura digital.

158. (FCC – Analista – MP – SE – 2013) Urbanistas, como o arquiteto britânico Adrian Ellis, radicado nos Estados Unidos, já ...... a era da "plutocratização" das metrópoles. Este mesmo arquiteto lembra que ...... mais tráfego aéreo entre Nova York e Londres do que entre a maior cidade americana e qualquer outro ponto dos EUA: "Essas são cidades globais, pontos nevrálgicos do mundo, que ...... todo o capital".

Preenchem, correta e respectivamente, as lacunas:

(A) anuncia – existem – concentra

(B) anunciam – existe – concentram

(C) anunciam – existem – concentra

(D) anuncia – existem – concentram

(E) anuncia – existe – concentra

159. (FCC – Analista – MP – SE – 2013) As normas de concordância estão plenamente respeitadas na frase:

(A) A estrutura narrativa do drama, base da narrativa cinematográfica, cujos temas e escolhas estilísticas variam muito, permanecem inalteradas até hoje.

(B) Aparece na maioria das vertentes do drama como a prova definitiva do estofo de seus heróis grandes questões morais, colocadas em forma de dilema.

(C) O drama apoia-se fundamentalmente na capacidade de o protagonista descobrir que seus talentos, mesmo quando mandado para as galés, como Ben-Hur, seja imediatamente útil e acessível.

(D) Existe excelentes motivos para a prevalência do drama como gênero-mestre do cinema: sua universalidade é um deles.

(E) Embora a catarse das comédias possa ser mais poderosa que a do drama, algo na nossa natureza nos indica que chorar é mais nobre do que rir.

160. (FCC – Técnico – MP – SE – 2013) As regras de concordância nominal e verbal estão corretamente empregadas em:

(A) Exige-se, agora, correção, precisão e clareza absoluta nas comunicações interpessoal nas empresas.

(B) Precisam-se de mais executivos e funcionários habilitados, haja visto o sucesso das empresas.

(C) É necessário a boa comunicação interpessoal tanto da chefia quanto dos funcionários da empresa.
(D) Esperam-se que Vossas Excelências fiquem satisfeitas com a recepção que lhe foi preparada.
(E) Fazia anos que era preciso mais atenção à qualidade dos produtos e ao trato com os clientes.

161. **(FCC – Técnico – MP – SE – 2013)** O emprego dos verbos está correto em:
(A) Os jovens conquistam, por meio das redes sociais, uma adesão às suas ideias o que tornaram possível manifestações que se difundiram, ainda, por todas as capitais numa velocidade incrível.
(B) Os jovens não se cansaram de utilizarem as redes sociais para postarem sua indignação pelo fato de que a privacidade será violada tanto por algumas pessoas como até por outros países.
(C) As autoridades e as pessoas, de modo geral, ficaram espantadas com o poder de persuasão das redes sociais: faziam anos que os jovens não se manifestavam nas ruas das cidades.
(D) Todos ficaram atônitos com as manifestações que houveram durante vários dias, e se deram conta do poder das redes sociais que difunde as notícias e aglutina pessoas numa velocidade incrível.
(E) As pessoas, já havia muitos anos, tinham-se rendido aos encantos das redes sociais, e se esqueceram de quão perigosa poderia ser a exposição de ideias e de fatos de suas vidas privadas.

162. **(FCC – Analista Judiciário – TRT – 12ª Região – 2013)**

problemas têm família grande

O verbo que, no contexto, exige o mesmo tipo de complemento que o grifado na frase acima está empregado em:
(A) *lá pra trás não há nada*
(B) *maldito seja quem...*
(C) *a gente gostaria de...*
(D) *... quem olhar pra trás*
(E) *e aos domingos saem todos passear*

163. **(FCC – Analista Judiciário – TRT – 9ª Região – 2013)**.. *Glauber Rocha transformaria, com* **Deus e o Diabo na terra do sol**, *a história do cinema no Brasil.*

O verbo que exige o mesmo tipo de complemento que o grifado acima está empregado em:
(A) *A ponte entre* Cinema Novo e Tropicalismo *ficaria mais evidente ...*
(B) O Cinema Novo *nasceu na virada da década de 1950 para a de 1960 ...*
(C) *Dois anos depois, o cineasta lançou* Terra em transe ...
(D) *A grande audiência de TV entre nós é um fenômeno novo.*
(E) *... empresa paulista que faliu em 1957 ...*

164. **(FCC – Técnico Judiciário – TRT – 1ª Região – 2013)** *E como dizer que a cidade, ao fim, deixara de corresponder à modernidade empenhada?*

O verbo que exige o mesmo tipo de complemento que o verbo grifado acima está empregado em:
(A) *Houve um sonho monumental...*
(B) *Nada superará a beleza...*

(C) *Filho de fazendeiros, fora o único ateu e comunista da família...*
(D) *No Planalto Central, construíra a identidade escultural do Brasil.*
(E) *Brasília [...] resultara em alguma decepção.*

165. **(FCC – Técnico Judiciário – TRT – 12ª Região – 2013)** *... clima de intimidade que cria laços de confiança e amizade para sempre.*

O verbo que exige o mesmo tipo de complemento que o verbo grifado acima está empregado em:

(A) *Não impostava a voz, nem a pena.*
(B) *Talvez por isso nunca se esqueceu de um almoço em Caeté...*
(C) *Essa graça espontânea que a tudo dá gosto.*
(D) *Era um ser livre e lírico.*
(E) *Fugia da cilada sentimental, ou da emoção, pelo atalho do senso de humor.*

166. **(FCC – Técnico Judiciário -TRT – 9ª Região – 2013)** *...redes sociais que moldaram o pensamento...*

O verbo que exige o mesmo tipo de complemento que o grifado acima está empregado em:

(A) *... que nada mais são do que as velhas redes sociais...*
(B) *Nessas populações, as redes operavam por meio de conversas face a face...*
(C) *Desde que nossos ancestrais andavam em bandos pelas estepes africanas...*
(D) *...na última década surgiu a comunicação digital...*
(E) *...as novas redes sociais influenciam comportamentos e crenças...*

167. **(FCC – Técnico Judiciário – TRT – 18ª Região – 2013)** *... elas não contam com modelos de gestão de carreira...*

O verbo que exige o mesmo tipo de complemento que o verbo grifado acima está empregado em:

(A) *... as empresas rejuvenescem seus quadros.*
(B) *... que a empresa trate de questões mais substantivas...*
(C) *Algumas conclusões são preocupantes.*
(D) *A juniorização [...] compromete a qualidade da gestão...*
(E) *... mas a planilha de custos fala mais alto.*

168. **(FCC – Técnico Judiciário – TRT – 18ª Região – 2013)** *Em seus poemas encontramos o estilo oral desses "casos", sem invencionices literárias...*

Os verbos que exigem o mesmo tipo de complemento que o grifado acima estão empregados nas seguintes frases:

I. *A cidade de Goiás [...] surgiu das povoações...*
II. *Esse costume de os mais velhos contarem casos às crianças...*
III. *... as lendas sobre os escravos que os construíram...*
IV. *Lendas que provocavam a imaginação das crianças...*

Atende ao enunciado APENAS o que consta em

(A) I, II e III.
(B) I, II e IV.
(C) I e III.
(D) II e IV.
(E) III e IV.

169. (FCC - Analista - MP - SE - 2013) *... a população das metrópoles americanas* <u>*superou*</u> *o número de residentes em seus subúrbios.* (6º parágrafo)

O verbo que, no contexto, exige o mesmo tipo de complemento que o grifado acima está corretamente empregado em:

(A) *... do que nas grandes cidades em torno das quais eles gravitam.*

(B) *Mas é das cinzas de centros combalidos como esse que novas cidades estão surgindo.*

(C) *... o índice de pobreza foi maior nos subúrbios...*

(D) *... que pouco contribuem com impostos.*

(E) *O número de jovens que dirigem carros...*

170. (FCC - Técnico - MP - SE - 2013) A frase gramaticalmente correta quanto à regência nominal e verbal é:

(A) Muitos jovens têm preferido mais a companhia de seus computadores com suas redes sociais do que o convívio com seus amigos, ainda que esses relacionamentos possam não ser muito saudáveis.

(B) Os usuários ainda não se aperceberam de que a utilização das redes sociais, sem os devidos cuidados, pode ser extremamente danosa tanto à vida pessoal como às questões relacionadas com o mundo do trabalho.

(C) Os usuários devem lembrar-se que, nas redes sociais, as informações ficam expostas e sujeitas as mais diferentes interpretações e usos indevidos, o que pode prejudicá-los de modo quase irreversível.

(D) Muitos jovens afastam-se de seus amigos e familiares buscando a amizades e os outros relacionamentos virtuais nas redes sociais, como se estes fossem capazes de preencher à solidão do mundo moderno.

(E) Muitas pessoas procuram das redes sociais uma espécie de expansão de seus círculos de amizade, uma vez que visam, não só, encontrar novos amigos como também de exporem a suas vivências.

171. (FCC - Analista Judiciário - TRT - 12ª Região - 2013) *No trabalho em equipe, respeito ...... diretrizes é essencial, mas muitos profissionais decidem ignorar ...... regras e tomam decisões de acordo com o que acham melhor. A resistência em aceitar regras geralmente está ligada ...... adoção de novos*

Procedimentos e sistemas. (Adaptado de: *revistaalfa.abril.com.br*)

Preenchem corretamente as lacunas da frase acima, na ordem dada:

(A) às _ as _ à

(B) as _ as _ à

(C) as _ às _ à

(D) às _ às _ a

(E) as _ às _ a

172. (FCC - Analista Judiciário - TRT - 9ª Região - 2013) Costuma-se atribuir ...... originalidade da obra de Glauber Rocha o êxito do movimento denominado *Cinema Novo*, cujos filmes ajudaram ...... alavancar temporariamente ...... indústria cinematográfica nacional.

Preenchem corretamente as lacunas da frase acima, na ordem dada:

(A) à - à - a

(B) a - à - a

(C) a - a - à

(D) a - à - à
(E) à - a - a

173. **(FCC - Analista Judiciário - TRT - 18ª Região - 2013)** O sinal indicativo de crase está empregado corretamente na frase:

(A) As origens da poesia amorosa italiana geram controvérsias; as opiniões diferem conforme se dá mais relevo à novidade do conteúdo ou à novidade da forma artística.
(B) No século XVI, a literatura italiana antecipou-se à todas as outras literaturas europeias, criando novos gêneros e formas de expressão.
(C) Com os mestres de Dante, começa a poesia amorosa; Dante e Petrarca à continuam e Boccaccio fornece a ela novo requinte psicológico.
(D) Com a enorme influência da literatura francesa medieval não pode ser comparada à da literatura italiana do século XVI.
(E) As famílias florentinas dos Bardi e Peruzzi, comerciantes de lã, chegaram à conceder vultosos empréstimos à outras nações.

174. **(FCC - Técnico Judiciário - TRT - 12ª Região - 2013)***Talvez tivesse qualquer coisa de bicho, esse homem sensível à* <u>*beleza fugaz*</u> *deste mundo.*

A crase empregada acima pode ser corretamente mantida caso, sem qualquer outra alteração da frase, o segmento sublinhado seja substituído por:

(A) muitas formas belas e efêmeras.
(B) toda sorte de formas belas e fugazes.
(C) determinada categoria de beleza.
(D) efêmera graciosidade das formas.
(E) tudo o que é fugazmente formoso.

175. **(FCC - Técnico Judiciário -TRT - 9ª Região - 2013)** O acesso ...... redes sociais voltadas para a carreira pode ajudar o profissional ...... conseguir uma colocação no mercado de trabalho. Mas é preciso atenção ao se criar um perfil na internet, pois todo o conteúdo ali veiculado afetará positiva ou negativamente ...... imagem do profissional.

Preenchem corretamente as lacunas do texto acima, na ordem dada:

(A) às - a - a
(B) as - à - a
(C) as - à - à
(D) às - a - à
(E) às - à - a

176. **(FCC - Técnico Judiciário - TRT - 18ª Região - 2013)** *Essa matriarca era de uma saúde admirável e não mais se intrometia na direção da casa. Tinha um pitinho pequenino de barro, feito ...... capricho pelas paneleiras do lugar. O fumo era preparado por Nhá-Bá, colhido nas hortas. Destaladas, murchas as folhas, eram entregues ...... velha mãe que fazia a torção de forma especial, que só ela sabia fazer. [...] Daquela avó emanava um cheiro indefinido e adocicado de folhas murchas ...... que se misturavam fumo desfiado, cânfora e baunilha.*

(Cora Coralina. "Na Fazenda Paraíso", **Op. cit.**, p.59)

Preenchem corretamente as lacunas dos versos acima, na ordem dada:

(A) *à - a - à*
(B) *a - à - a*

(C) *a - a - à*

(D) *à - à - a*

(E) *a - à - à*

177. (FCC – Analista – MP – SE – 2013) Alterando-se a redação de um segmento do texto, o sinal indicativo de crase foi empregado de modo INCORRETO em:

(A) Enquanto o metrô de superfície ou linhas de ônibus não chegam às cidades desacostumadas ao trans porte coletivo...

(B) A cidade que se ergueu à custa da indústria automo bilística...

(C) ... volta à cena o poder de atração das grandes me trópoles...

(D) ... quando se leva em conta à enorme dependência dos subúrbios do uso do automóvel.

(E) ... restou às classes mais pobres de Detroit, que pouco contribuem com impostos, permanecer no centro da cidade.

178. (FCC – Técnico – MP – SE – 2013) O sinal da crase está corretamente empregado em:

(A) Muitos acreditam que o Brasil só voltará a crescer em ritmo razoável se os investimentos forem desengavetados. Com inflação alta e forte endividamento das famílias, a economia não vai avançar ancorada apenas no consumo pessoal. À espera de medidas que viabilizem o crescimento, os brasileiros assistem à inflação ganhando forças e voltando a causar danos às suas economias.

(B) Muitos acreditam que o Brasil só voltará à crescer em ritmo razoável se os investimentos forem desengavetados. Com inflação alta e forte endividamento das famílias, a economia não vai avançar ancorada apenas no consumo pessoal. A espera de medidas que viabilizem o crescimento, os brasileiros assistem à inflação ganhando forças e voltando à causar danos às suas economias.

(C) Muitos acreditam que o Brasil só voltará a crescer em ritmo razoável se os investimentos forem desengavetados. Com inflação alta e forte endividamento das famílias, à economia não vai avançar ancorada apenas no consumo pessoal. À espera de medidas que viabilizem o crescimento, os brasileiros assistem à inflação ganhando forças e voltando à causar danos as suas economias.

(D) Muitos acreditam que o Brasil só voltará à crescer em ritmo razoável se os investimentos forem desengavetados. Com inflação alta e forte endividamento das famílias, a economia não vai avançar ancorada apenas no consumo pessoal. À espera de medidas que viabilizem o crescimento, os brasileiros assistem a inflação ganhando forças e voltando à causar danos às suas economias.

(E) Muitos acreditam que o Brasil só voltará a crescer em ritmo razoável se os investimentos forem desengavetados. Com inflação alta e forte endividamento das famílias, à economia não vai avançar ancorada apenas no consumo pessoal. À espera de medidas que viabilizem o crescimento, os brasileiros assistem a inflação ganhando forças e voltando à causar danos às suas economia.

179. (FCC- TRE-SP – Analista Judiciário – 2012) Estão plenamente observadas as normas de concordância verbal em:

(A) À noite, davam-se aos trabalhos de poucos e à diversão de muitos uma trégua oportuna, para tudo recomeçar na manhã seguinte.

(B) Aos esforços brutais da jubarte não correspondiam qualquer efeito prático, nenhum avanço obtinha o gigante encalhado na areia.

(C) Sempre haverá de aparecer aqueles que, diante de um espetáculo trágico, logram explorá-lo como oportunidade de comércio.

(D) Como se vê, cabe aos bons princípios ecológicos estimular a salvação das baleias, seja no alto-mar, seja na areia da praia.

(E) Da baleia encalhada em 1966 não restou, lembra-nos o autor, senão as postas em que a cruel voracidade dos presentes retalhou o animal.

180. (FCC – TRE-SP – Analista Judiciário – 2012) O verbo indicado entre parênteses deverá flexionar-se numa forma do **plural** para preencher de modo adequado a lacuna da seguinte frase:

(A) As acusações que ...... (**promover**) quem defende o "assembleísmo" baseiam-se na decantada "soberania" das assembleias.

(B) Não ...... (**convir**) aos radicais da meritocracia admitir que pode haver boas resoluções obtidas pelo critério do voto.

(C) Por que ...... (**haver**) de caber a um simples passageiro as responsabilidades do comando de uma aeronave?

(D) O que aos bons políticos não ...... (**poder**) faltar, sobretudo nos momentos de decisão, é o espírito público.

(E) Não ...... (**caber**) às associações de classe, em assembleias, avaliar o mérito técnico, julgar a qualificação profissional de alguém.

181. (FCC- TRT – 11ª Região – 2012) O verbo indicado entre parênteses deverá ser flexionado no **plural** para preencher corretamente a lacuna da frase:

(A) Nem todos discriminam, numa foto, os predicados mágicos que a ela se ...... (**atribuir**) nesse texto.

(B) Os tempos que ...... (**documentar**) uma simples foto, aparentemente congelada, são complexos e estimulantes.

(C) A associação entre músicos e fotógrafos profissionais ...... (**remeter**) às especificidades de cada tipo de sintaxe.

(D) A poucos ...... (**costumar**) ocorrer que as fotografias podem enfeixar admiráveis atributos estéticos, como obras de arte que são.

(E) Imaginem-se os sustos que não ...... (**ter**) causado aos nativos de tribos remotas a visão de seus rostos fotografados!

182. (FCC- TRT – 11ª Região – 2012) As normas de concordância verbal encontram-se plenamente observadas em:

(A) A utilidade dos dicionários, mormente quando se trata de palavras polissêmicas, manifestam-se nas argumentações ideológicas.

(B) Não se notam, entre os preconceituosos, qualquer disposição para discutir o sentido de um juízo e as consequências de sua difusão.

(C) Não convém aos injustiçados reclamar por igualdade de tratamento quando esta pode levá-los a permanecer na situação de desigualdade.

(D) Como *discernimento* e *preconceito* são duas acepções de *discriminação*, hão que se esclarecer o sentido pretendido.

(E) Uma das maneiras mais odiosas de refutar os argumentos de alguém surgem na utilização de preconceitos já cristalizados.

183. **(FCC – TJRJ – Analista Judiciário – 2012)** Com as alterações propostas entre parênteses para o segmento grifado nas frases abaixo, o verbo que se mantém corretamente **no singular** é:

(A) a modernização do Rio se teria feito **(as obras de modernização)**

(B) Mas nunca se esquece ele de que **(esses autores)**

(C) por que vem passando a mais bela das cidades do Brasil**(as mais belas cidades do Brasil)**

(D) continua a haver um Rio de Janeiro do tempo dos Franceses **(tradições no Rio de Janeiro)**

(E) do que a cidade parece ter de eterno **(as belezas da cidade)**

184. **(FCC – TJRJ – Analista Judiciário – 2012)** O verbo indicado entre parênteses deverá flexionar-se numa forma do **singular** para preencher adequadamente a lacuna da frase:

(A) Não ...... (**corresponder**) aos surpreendentes desdobramentos da descoberta do DNA análoga evolução no plano das questões éticas.

(B) Mesmo a um pesquisador de ponta não ...... (**haver**) de convir as disputas éticas, pois ele ainda engatinha nessa nova descoberta.

(C) De todas as projeções que se ...... (**fazer**) a partir da manipulação do DNA, a mais assustadora é a programação de tipos pessoais.

(D) A um direitista não ...... (**deixar**) de assustar, quando isso não lhe convém, iniciativas econômicas que o Estado reivindica para si.

(E) Não ...... (**parecer**) uma incongruência, para os esquerdistas, os excessos personalistas do líder de um movimento socialista.

185. **(FCC – TJ-RJ – Técnico de Atividade Judiciária – 2012)** O verbo indicado entre parênteses deverá flexionar-se numa forma do **plural** para preencher de modo adequado a lacuna desta frase:

(A) Será que um dia se ...... (**atingir**) a cifra de inimagináveis vinte bilhões de habitantes?

(B) Infelizmente não ...... (**caber**) aos homens, desde a sua criação, escolher a solidariedade como seu atributo natural.

(C) Não é difícil imaginar o que nos ...... (**reservar**) o adensamento das aglomerações urbanas.

(D) Aos jornais se ...... (**impor**) reduzir as páginas, o mesmo ocorrendo com o palavreado de seus articulistas.

(E) Até mesmo a regime de emagrecimento ...... (**dever**) submeter-se os homens do futuro.

186. **(FCC – TJ-RJ – Técnico de Atividade Judiciária – 2012)** Com as alterações propostas entre parênteses para o segmento grifado nas frases abaixo, o verbo que poderá permanecer corretamente empregado **no singular** está em:

(A) 1 milhão entrou no país pelo Valongo **(1 milhão de escravos)**

(B) quando foi proibida a importação de escravos **(as atividades escravocratas)**

(C) o Império construiu o Cais da Imperatriz **(os representantes do Império)**

(D) O maior porto de chegada de escravos desapareceu **(Os portos)**

(E) O Valongo deixou de ser porto negreiro em 1831 **(As adjacências do Valongo)**

187. **(FCC – TRT – 11ª Região – Técnico Judiciário – 2012)** O verbo que se mantém corretamente **no singular**, apesar das alterações propostas entre parênteses para o segmento grifado, está na frase:

(A) É o desafio do nosso tempo. (**os desafios**)

(B) E isso quando a própria FAO alerta ... (**os especialistas da própria FAO**)

(C) E que a produção precisará crescer 70% até 2050 ... (**a produção de alimentos**)

(D) Tudo acontece num cenário paradoxal. (**Todos os problemas**) (E) Um relatório da própria FAO assegura ... (**Os dados de um relatório**)

188. (FCC – TRT – 11ª Região – Técnico Judiciário – 2012) A frase do texto que, ao ser reescrita, mantém o respeito às regras de concordância e, em linhas gerais, o sentido original é:

(A) Outra descoberta foi a de que também existia na figuração de um motivo em que estivesse ausente o ser humano alguns valores profundos.

(B) Uma gama de estados de espírito que não sabemos nomear, apesar de sua grande força, podem ser suscitados pelos artefatos e signos que o homem produz.

(C) É numa concepção de humanidade modificada ao longo do tempo que se assenta noções relativas a uma dimensão humana da arte.

(D) Não fazem muitos anos que na grande arte só se podiam admitir temas heróicos, míticos ou religiosos.

(E) As obras e seu respectivo valor haviam de ser avaliados na medida da importância do tema tratado.

189. (FCC – TRE-CE – Técnico Judiciário – 2012) As normas de concordância verbal e nominal estão inteiramente respeitadas em:

(A) A vontade maior de governantes autoritários se opõem ao sistema democrático de governar, baseado no respeito à voz dos cidadãos e na aplicação da justiça.

(B) Não é permitido alterações nas regras de um jogo já iniciado, inclusive na política, devendo os que dele participa considerar os interesses da maioria dos cidadãos.

(C) Em um jogo, ainda que tenha importância a integração de todos os atletas, sobressaem os talentos individuais, que podem definir o resultado final da partida.

(D) Em toda prática esportiva, assim como na política, torna-se necessário os esforços de todos os envolvidos para que sempre se alcance os objetivos previstos.

(E) A variada gama de interesses de povos e nações devem ser consideradas na ocasião de se firmar os acordos diplomáticos entre governantes.

190. (FCC – TRE-SP – Técnico Judiciário -2012) As regras de concordância estão plenamente respeitadas em:

(A) A campanha das Diretas, de que os mais jovens participaram ativamente, terão sempre lugar especial nos registros de nossa história recente, ao lado de episódios como o movimento caras-pintadas que, em 1992, levaram à deposição de um presidente.

(B) Por mais diferenças que houvesse entre eles e o incansável dr. Ulysses, a maioria dos políticos que foram seus contemporâneos não lhe demonstrava senão grande admiração e profundo respeito.

(C) A confusão entre as funções de jornalista e de militante, no caso de Ricardo Kotscho e de outros profissionais de nossa imprensa, tornaram possível um registro muito mais vivaz de várias personagens da campanha das Diretas.

(D) Poucos episódios na história mais recente do Brasil pode nos inspirar tanto orgulho quanto a campanha das Diretas, ao longo dos anos 1983 e 1984, ainda que as eleições diretas para presidente, sua principal reivindicação, só tenha sido contemplada em 1989.

(E) Não se confunda os raríssimos casos em que a separação das funções de jornalista e de militante podem ser justificadas com aqueles que merecem a condenação mais enfática.

191. **(FCC – TRE-SP – Técnico Judiciário -2012)** Na luta contra a imposição dos padrões portugueses e dos modelos acadêmicos, os modernistas ...... convencidos de que ...... de vencer, mas, para que isso de fato ......, muitas batalhas teriam ainda de ser travadas.

Preenchem corretamente as lacunas da frase acima, na ordem dada:

(A) estavam – houveram – ocorrera
(B) estiveram – haveriam – ocorreria
(C) estivessem – haviam – ocorresse
(D) estavam – haveriam – ocorresse
(E) estiveram – houvessem – ocorreria

192. **(FCC – TRE-PR- Técnico Judiciário-2012)** A concordância verbal e nominal está inteiramente correta em:

(A) O mundo moderno, apesar das pesquisas que se desenvolve atualmente, ainda dependem dos derivados de petróleo.
(B) É sabido de todos as situações que resulta em desastre para o meio ambiente do uso excessivo de pesticidas agrícolas.
(C) Tem sido feito, em todo o planeta, esforços no sentido de preservar os recursos naturais, muitos dos quais já vem se esgotando.
(D) A água, um dos recursos naturais essenciais à vida no planeta, já se mostram escassos em regiões bastante populosas.
(E) A garantia de sobrevivência de nossa espécie deverá basear-se na conscientização sobre a necessária preservação dos recursos naturais.

193. **(FCC- Tribunal de Contas AP- Analista de controle externo – 2012)** Do ponto de vista da regência, a frase redigida em conformidade com o padrão culto escrito é:

(A) Vive dizendo que, para ele, nos fins de semana, nada melhor como pegar um bom livro e lê-lo até o fim.
(B) Depois de tanto esforço dos que o acolheram, nem sequer se dignou de apresentar pessoalmente suas despedidas.
(C) O exagero no consumo de bebidas alcoólicas na formatura ocasionou em um fim trágico.
(D) As vítimas mais graves do engavetamento foram atendidas ao Hospital das Clínicas.
(E) Acredito, sinceramente, de que o melhor a fazer é afastá-lo da comissão.

194. **(FCC- TRE-CE – Analista Judiciário – 2012)** *... aquele que maximiza a utilidade de cada hora do dia.*

O verbo que exige o mesmo tipo de complemento do verbo grifado acima está em:

(A) *... aquela que lhe proporciona a melhor relação entre custos e benefícios.*
(B) *... a adoção de uma atitude que nos impede de...*
(C) *Valéry investigou a realidade dessa questão nas condições da vida moderna...*
(D) *Diante de cada opção de utilização do tempo, a pessoa delibera...*
(E) *... que ele se presta, portanto, à aplicação do cálculo econômico...*

195. **(FCC- TJRJ – Analista Judiciário – 2012)** Os verbos que exigem o mesmo tipo de complemento estão empregados nos segmentos transcritos em:

(A) *A vida é triste e complicada. // ... mergulhemos de corpo e alma no cafezinho.*
(B) *... alguém dará o nosso recado sem endereço. // A vida é triste e complicada.*

(C) *Tinha razão o rapaz... // Depois de esperar duas ou três horas...*
(D) *Para quem espera nervosamente... // Depois de esperar duas ou três horas...*
(E) *Tinha razão o rapaz... // ... mergulhemos de corpo e alma no cafezinho.*

196. (FCC – TRT – 11ª Região – Técnico Judiciário – 2012) *... beleza criada pelo domínio de forma e cor de que dispunha o pintor.*

O verbo empregado no texto com a mesma regência do grifado acima está em:

(A) *A ideia de uma dimensão humana da arte repousa numa concepção de humanidade...*
(B) *A paisagem e a natureza morta também incorporavam a percepção emotiva do artista...*
(C) *Com o tempo tornou-se claro que uma cena da vida cotidiana...*
(D) *... que havia alguns valores profundos na representação de um motivo...*
(E) *... na relação com aquilo que o rodeia, nos seus artefatos...*

197. (FCC – TRE-CE – Técnico Judiciário – 2012) *Para enfrentar os inimigos, ou deles fugir com honra...*

O verbo empregado com a mesma regência do grifado acima está em:

(A) *Os jogos preservam o aspecto mais sutil da cultura.*
(B) *Penso na torcida e nos sócios dos clubes.*
(C) *Só Deus joga com absoluta certeza.*
(D) *... pois ali residem a segurança e a sobrevivência para seu povo.*
(E) *Tais pontos são primários.*

198. (FCC – TRE-SP – Técnico Judiciário -2012) *... procurava incorporar à escrita o ritmo da fala...*

O verbo empregado no texto com a mesma regência do grifado acima está em:

(A) *... consagrar literariamente o vocabulário usual.*
(B) *... dar estado de literatura aos fatos da civilização moderna.*
(C) *No Brasil, ele significou principalmente libertação dos modelos acadêmicos...*
(D) *... que a sua contribuição maior foi a liberdade de criação e expressão.*
(E) *... os modernistas promoveram uma valorização diferente do léxico...*

199. (FCC – TRE-SP – Técnico Judiciário -2012) *... João Rubinato, que adotou o nome de um amigo funcionário do Correio...*

O verbo que exige o mesmo tipo de complemento que o grifado acima está empregado em:

(A) *... que já acabou com a garoa...*
(B) *... e produziu uma obra radicalmente brasileira...*
(C) *... a que se sobrepôs à velha cidadezinha provinciana...*
(D) *Adoniran Barbosa é um paulista de cerne...*
(E) *... e depois fugir, com ela e conosco, para a terra da poesia...*

200. (FCC – TRE-PR- Técnico Judiciário-2012) *A vasta reflexão dos pensadores, dos poetas e cientistas sobre o estatuto do tempo e seu entendimento aponta para uma complexidade ...*

Nas frases seguintes, considere o emprego do verbo grifado acima:

I. O assessor encarregado pelo Ministro de analisar o processo apontou-lhe as dificuldades em conseguir um acordo satisfatório entre as partes.

II. O desempenho de um dos membros do Conselho Administrativo levou os demais a apontarem-no, de forma unânime, para dirigir a empresa.

III. O Presidente, diante da insatisfação gerada por medidas impopulares, apontou à frente dos manifestantes, tentando acalmar os ânimos.

Está correta a regência do verbo **apontar** em

(A) II, apenas.
(B) I e II, apenas.
(C) II e III, apenas.
(D) I e III, apenas.
(E) I, II e III

201. (FCC – TRE-PR- Técnico Judiciário-2012) ... *para lidar com a estrutura de possibilidades do tempo no mundo em que estamos inseridos.*

A lacuna que deverá ser preenchida pela expressão grifada acima está em:

(A) A sabedoria ...... necessitamos para solucionar problemas cotidianos deverá ser buscada sempre.
(B) As medidas a serem tomadas ...... se chegue à solução dos conflitos serão anunciadas no momento oportuno.
(C) As expectativas da sociedade nem sempre se realizam diante das dificuldades mais amplas ...... se defrontam os governantes.
(D) A época ...... vivemos, assolada pela revolução tecnológica, embaralha a sincronização dos fatos.
(E) A conclusão ...... podemos chegar, diante da instabilidade política em algumas regiões, é a de que falta sabedoria aos governantes.

202. (FCC- TRE-CE – Analista Judiciário – 2012) Das decisões cotidianas relacionadas ...... distrações e dietas ...... escolhas profissionais e afetivas de longo prazo, o modo como usamos o tempo influencia todos os setores da vida e acarreta algum tipo de ônus ...... ser pago futuramente.

Preenchem corretamente as lacunas da frase acima, na ordem dada:

(A) a - às - à
(B) à - as - à
(C) à - às - a
(D) à - as - a
(E) a - às - a

203. (FCC- TJRJ – Analista Judiciário- 2012) ... *e chegou <u>à</u> conclusão de que o funcionário passou o dia inteiro tomando café.*

Do mesmo modo que se justifica o sinal indicativo de crase em destaque na frase acima, está correto o seu emprego em:

(A) e chegou à uma conclusão totalmente inesperada.
(B) e chegou então à tirar conclusões precipitadas.
(C) e chegou à tempo de ouvir as conclusões finais.
(D) e chegou finalmente à inevitável conclusão.
(E) e chegou à conclusões as mais disparatadas.

204. **(FCC – TJ-RJ – Técnico de Atividade Judiciária – 2012)** Diz o autor que ...... pelo menos cinco anos vem contando os dias para sua aposentadoria (daqui ...... seis meses, segundo seus cálculos), ... partir da qual pensa em dedicar-se ..... jardinagem.

Completam adequadamente as lacunas da frase acima, na ordem dada:

(A) há - a - a - à
(B) a - há - a - à
(C) há - a - à - a
(D) a - há - à - à
(E) há - há - a - a

205. **(FCC – TRT – 11ª Região – Técnico Judiciário – 2012)** *É a atividade de construção de que o artista dispõe, o seu poder de imprimir ...... um trabalho sentimentos e sensações, e a qualidade de pensamento que conferem humanidade ...... arte; e essa humanidade pode ser realizada com uma série ilimitada de temas ou elementos formais.*

Tudo isso já foi repetido ...... exaustão.

(Fragmento de Meyer Schapiro, **A dimensão humana da pintura abstrata**, p.9)

Preenchem corretamente as lacunas da frase acima, na ordem dada:

(A) à - à - a
(B) a - à - à
(C) a - à - a
(D) à - a - à
(E) à - a - a

206. **(FCC – TRE-SP – Técnico Judiciário -2012)** *... os modernistas promoveram uma valorização diferente do léxico, paralela à renovação dos assuntos.*

O sinal indicativo de crase presente na frase acima deve ser mantido em caso de substituição do segmento grifado por:

(A) muita inovação no repertório.
(B) uma grande reformulação dos temas.
(C) toda sorte de revigoramento do repertório.
(D) profundas mudanças temáticas.
(E) inevitável transformação temática.

207. **(FCC – TRE-SP – Técnico Judiciário -2012)** *A fidelidade ...... música e ...... fala do povo permitiram ...... Adoniran exprimir a sua cidade de modo completo e perfeito.*

(Antonio Candido. *Op. cit.*)

Preenchem corretamente as lacunas da frase acima, na ordem dada:

(A) a - a - à
(B) a - à - à
(C) à - à - a
(D) à - a - a
(E) a - à - a

208. **(FCC – TRE-PR- Técnico Judiciário-2012)** Considere:

As decisões referentes ...... medidas que dizem respeito ...... toda a sociedade devem ser tomadas com sabedoria, cada uma ...... seu tempo.

As lacunas da frase acima estarão corretamente preenchidas, respectivamente, por:

(A) as - à - à

(B) às - a - a

(C) às - à - a

(D) às - a - à

(E) as - a - àntes.

209. (FCC - Analista Judiciário - TRT-2011) As normas de concordância verbal estão plenamente respeitadas na frase:

(A) No passado, com as qualificações ***escrita, falada*** e ***televisada*** pretendiam-se designar toda a abrangência das formas de comunicação jornalística.

(B) A multiplicação de tantos autores anônimos de *blogs* acabaram por representar uma séria concorrência para os profissionais da comunicação.

(C) Em nossos dias, cabem a quaisquer cidadãos tomar a iniciativa de criar um *blog* para neles desenvolverem seus temas e pontos de vista.

(D) Já não se opõem, num *blog*, a instância do que seja de interesse privado e a instância do que seja de interesse público.

(E) Permitem-se aos seguidores de um *blog* levantar discordância quanto às linhas de argumentação desenvolvidas por seu autor.

210. (FCC - Analista Judiciário - TRT-2011) O verbo indicado entre parênteses deverá ser flexionado numa forma do **plural** para preencher de modo correto a lacuna da frase:

(A) Às bondades individuais ...... (**dever**) seguir um benefício que se estenda ao conjunto de uma sociedade.

(B) Nem sempre ...... (**haver**) de respeitar as leis da religião quem se curva às leis civis.

(C) Não se ...... (**respeitar**) as leis civis por bondade, nem as religiosas por espírito cívico.

(D) Não se ...... (**opor**) o princípio da religião ao da ordem civil, embora as instâncias de uma e outra sejam distintas.

(E) ...... (**ser**) de se notar, entre as leis civis e as religiosas, a diferença dos princípios que as regem.

211. (FCC - Técnico Judiciário - TRT - 3ª Região - 2010) O verbo indicado entre parênteses deverá adotar uma forma do **plural** para preencher corretamente a lacuna da seguinte frase:

(A) As operações de que ...... (**cuidar**) a LRF trarão maior disciplina e seriedade na gestão das verbas públicas.

(B) No que ...... (**dizer**) respeito aos desmandos nos gastos, as normas e as sanções da LRF são inflexíveis.

(C) Muitos prefeitos entendem que não ...... (**dever**) caber a eles empenhar verbas para o ensino fundamental e o atendimento básico de saúde.

(D) ...... (**atingir**) a quem quer que descumpra a LRF rigorosas sanções, inclusive a da perda de liberdade.

(E) O estabelecimento de normas e prazos para a divulgação das contas públicas ...... (**favorecer**) a fiscalização popular.

212. (FCC - Técnico Judiciário - TRT - 3ª Região - 2010) Se for passado para o plural o termo grifado, deverá permanecer **no singular** o verbo que está em:

(A) *"Ainda bem que existe <u>o Parque</u>"* ...

(B) ... *exclama <u>o vaqueiro</u>* ...

(C) ... *onde acontece o surpreendente espetáculo da bioluminescência* ...

(D) ... *e o processo de desertificação do país continua em crescimento assombroso.*

(E) *Só haverá esperança para os vastos espaços das Geraes* ...

213. (FCC – Técnico Judiciário – TRT – 3ª Região – 2010) A concordância verbal e nominal está inteiramente correta na frase:

(A) A maior diversidade entre as plantas conhecidas do Cerrado estão na família dos capins e de outras plantas herbáceas.

(B) A visão equivocada de que o Cerrado era uma região pobre mudou, ao se descobrirem as cerca de 12 mil espécies já descritas cientificamente.

(C) A região do Cerrado, com a beleza e a biodiversidade de suas plantas, algumas delas usadas como medicamentos, representam um enorme tesouro, boa parte ainda desconhecido.

(D) Não há como saber quantas plantas, associadas a um certo tipo de solo e clima já foi soterrado pelo avanço da cultura de grãos na região do Cerrado.

(E) Pesquisadores estimam que muitas espécies de vertebrados característicos da região do Cerrado já tenha sido exterminado, antes mesmo de ter sido catalogado.

214. (IESES – Analista Judiciário – TJ-MA – 2009) Assinale a alternativa **INCORRETA**, em relação ao vocábulo caro.

(A) A modelo comprou caro e belo sapatos da moda.

(B) Porque esse vocábulo já encerra a ideia de preço, é errado seu uso em expressões como *O artesanato em fibra de guarimã não tem preço caro.*

(C) Em sai algo como 60% mais caro – ele é advérbio; portanto, invariável.

(D) Estão corretas as frases *Ninguém paga caro pelas rendas de bilro maranhenses / Este ano a gasolina custa mais caro.*

215. (IESES – Analista Judiciário – TJMA – 2009) Assinale a alternativa **INCORRETA**, em relação ao vocábulo mesmo / mesma.

(A) Em *As cerâmicas maranhenses chegam mesmo a ser vendidas no exterior* o vocábulo é advérbio e equivale a *até.*

(B) Em "um aluno sem a mesma base precoce" , o vocábulo acompanha o substantivo; é adjetivo e equivale a *idêntica.*

(C) A norma culta da língua rejeita o mencionado vocábulo na substituição de pronomes pessoais, como em *O grupo formado por índios, portugueses e africanos influenciou a culinária maranhense e somos agradecidos ao mesmo.*

(D) Está correta a frase: *O Bumba-meu-Boi é manifestação folclórica diferente das demais do país; a mesma é mais espetacular.*

216. (FADENS – Analista de Sistema Computacional – TJMS – 2009) Sobre a concordância praticada no texto, está **correto** o que se expõe na alternativa:

(A) Em "Multiplicam-se os exemplos de distorções geradas pela adoção de critérios raciais [...].", o verbo está no plural porque concorda com o sujeito ("os exemplos") da oração.

(B) Em "Multiplicam-se os exemplos de distorções geradas pela adoção de critérios raciais [...]." , o verbo está erroneamente flexionado no plural. Deveria estar na 3ª pessoa do singular ("Multiplica-se"), pois o sujeito é indeterminado.

(C) Em "[...] 25% das matrículas de alunos que passaram no vestibular da Universidade Federal de São Carlos [...] foram canceladas [...]." , o autor usa o plural em "foram canceladas" porque faz a concordância com o indicador de porcentagem, porém não observa que a palavra "canceladas" deveria estar no masculino ("cancelados").

(D) Em "[...] 25% das matrículas de alunos que passaram no vestibular da Universidade Federal de São Carlos [...] foram canceladas [...]." , a construção "foram canceladas" concorda com "matrículas", porém deveria concordar com o indicador de porcentagem, o que exigiria a forma "foi cancelado".

(E) No período "O critério adotado para concorrer às vagas na instituição utilizando cotas raciais é a autodeclaração." , o verbo deveria estar no plural ("são") para concordar com o sujeito.

217. **(FADENS - Analista de Sistema Computacional - TJMS - 2009)** A concordância (nominal e/ou verbal) está **correta** na alternativa:

(A) São bastantes os problemas profissionais que o perturbam, mas sabemos que não provêm dali suas reações agressivas.

(B) Falta ainda dois meses para a divulgação do resultado final do concurso. Esteja certo de que haverá bastante contestações ou recursos.

(C) Existe provas contundente de corrupção no Senado, porém, mais uma vez, a impunidade e o poder vão falar mais altas.

(D) Haviam três jogadores de defesa marcando o atacante, mas, mesmo assim, nenhum deles conseguiram impedi-lo de fazer o gol mais bonito da rodada.

(E) Anexo aos formulários, segue as instruções de preenchimento.

218. **(FCC - Analista Judiciário - TJ-PI - 2009)** As normas de concordância verbal encontram-se plenamente observadas na frase:

(A) Jogar dados com o Universo, segundo Einstein, não estariam nos hábitos e procedimentos de Deus.

(B) Parece não caber aos jovens operadores das bolsas outra coisa senão fazer apostas em riquezas puramente virtuais.

(C) A metafísica dos jovens operadores, diferentemente das antigas religiões, não contam com hierarquias e valores tradicionais.

(D) O que movem os jovens semideuses das bolsas de valores são as apostas em arriscadas especulações financeiras.

(E) Aos que apostam tudo no mercado financeiro caberiam refletir sobre os efeitos sociais de suas operações.

219. **(FCC - Analista Judiciário - TJAP - 2009)** A frase em que há **incorreção** quanto à concordância verbal é:

(A) Não espantarão as atrocidades do nosso mundo a quem já conhece as crueldades de que um homem é capaz.

(B) Nenhum de nós se obrigará a viver num campo de prisioneiros da Sibéria para poder avaliar quão bárbaro é este nosso mundo.

(C) Costumam chocar os pensamentos correntes todo aquele que esteja interessado em promover sua marca de originalidade.

(D) Assiste-se a tantos tristes espetáculos neste mundo que muitos passam a difundir uma visão inteiramente desesperançada de tudo.

(E) Interessou ao autor explorar os drásticos contrastes que há entre os que moram em Beverly Hills e os que vivem em Darfur.

220. (FCC – Analista Judiciário – TJAP – 2009) O verbo indicado entre parênteses deverá flexionar-se numa forma do **singular** para preencher de modo correto a lacuna da frase:

(A) A obra machadiana, com a qual ...... (**vir**) instruindo-se os leitores, tem um alcance analítico inexcedível.

(B) ...... (**ter**) impressionado a um sem-número de leitores suas implacáveis interpretações do comportamento humano.

(C) Talvez não se ...... (**adequar**) ao espírito mesmo da obra de Machado os louvores agradecidos que lhe endereçam alguns leitores.

(D) Muitos creem que ...... (**comportar**) cada um de seus pequenos contos incontáveis ensinamentos de vida.

(E) Entre os contos machadianos que mais se ...... (**ler**) está, sem dúvida, o intitulado "Missa do galo".

221. (FCC – Analista Judiciário – TJSE – 2009) As normas de concordância verbal encontram-se plenamente respeitadas na frase:

(A) A muitas pessoas costumam convencer a ideia de que as invenções se devem tão-somente a um lampejo de genialidade.

(B) Ocorreram, tanto na antiga Florença como no moderno Vale do Silício, segundo os termos do texto, uma tradição de inovação.

(C) Seria melhor se não continuassem a prevalecer, em nossos dias, a anacrônica visão dos românticos sobre a inovação.

(D) A identificação de tradições de inovação exemplifica- se, no texto, com os casos de Florença e do Vale do Silício.

(E) Não se poderiam imaginar que prensas de vinicultura viessem a inspirar, decisivamente, a invenção da imprensa.

222. (FCC – Analista Judiciário – TJSE – 2009) O verbo indicado entre parênteses deverá flexionar-se no **singular** para preencher de modo correto a lacuna da frase:

(A) A muitas pessoas não ...... (**ocorrer**) que ser justo e ser benevolente não é exatamente a mesma coisa.

(B) O jovem Drummond indignou-se com a afetação de generosidade em que bem se ...... (**traduzir**) as palavras do professor.

(C) Os benefícios que hoje se ...... (**estender**) a alguém não devem ser cobrados amanhã.

(D) ...... (**costumar**) investir-se de autoridade moral justamente aqueles que não a têm.

(E) Não ...... (**dever**) entregar-se os jovens à humildade que redunda em simples conformismo.

223. (IESES – Técnico Judiciário – TJMA – 2009) Assinale a alternativa que **NÃO OBEDECE** à norma culta da língua.

(A) Devem-se conservar em bom estado as quadras poliesportivas da comunidade, para que todos possam aproveitá-las adequadamente.

(B) É importante que se observem os trabalhos de limpeza e desobstrução de galerias pluviais da cidade.

(C) Deverá fazer vários anos que não chovia tanto em nossa região.

(D) Era oito horas quando se iniciou, em mutirão, os serviços de limpeza dos canteiros e a higienização da área da Lagoa da Jansen.

224. **(FCC - Analista Judiciário - TRT da 18ª. Região - 2009)** O verbo indicado entre parênteses deverá flexionar-se numa forma do **singular** para preencher de modo correto a lacuna da frase:

(A) Não ...... (**costumar**) registrar-se, na conversa usual entre os passageiros, quaisquer reclamações contra a rotina barulhenta da viagem.

(B) ...... (**dever**) agradar aos ruidosos passageiros toda essa parafernália eletrônica, que os dispensa de refletir sobre si mesmos.

(C) Momentos de solidão e contemplação ...... (**haver**) de perturbar os que se entregam gostosamente aos estímulos eletrônicos.

(D) Já quase não se ...... (**ver**), numa viagem de ônibus, passageiros ensimesmados, olhando vagamente pela janela.

(E) Não ...... (**convir**) a muita gente esses momentos únicos de reflexão, que uma viagem de ônibus podia propiciar.

225. **(FCC - Analista Judiciário - TRT da 18ª. Região - 2009)** Há um **deslize** na concordância verbal da seguinte frase:

(A) Aos golpes mais duros da vida responde uma amizade verdadeira com palavras e gestos de solidariedade.

(B) Nunca haverão de nos faltar, quando contamos com amigos verdadeiros, a força justa das palavras certas.

(C) Assim como ninguém vive sem o préstimo da água, não se superam os infortúnios sem o apoio de um amigo verdadeiro.

(D) Os sofrimentos que pesam sobre alguém haverão de ser mais leves com a companhia solidária de um amigo leal.

(E) Importa, acima de todas as coisas, poder contar com a lealdade e os bons préstimos que nos oferece a amizade verdadeira.

226. **(FCC - Analista Judiciário - TRT da 18ª. Região - 2009)** É importante que **você possa** contar com minha amizade; **confie** nela, que eu não **o** decepcionarei.

A frase acima permanecerá correta no caso de substituirmos os elementos sublinhados, respectivamente, por:

(A) tu possas - confies - te

(B) Vossa Excelência podeis - confiei - vos

(C) tu possas - confia - te

(D) vós possais - confiem - vos

(E) Sua Senhoria podeis - confiai - vos

227. **(FCC - Analista Judiciário - TRT da 7ª. Região - 2009)** Há um **deslize** na concordância verbal da seguinte frase:

(A) Não se devem abrir às crianças, sejam elas pobres ou não, a opção entre estudar ou trabalhar.

(B) Será que cabe apenas aos governantes tomar medidas que impeçam a exploração profissional dos menores?

(C) Destacam-se, entre os argumentos já levantados contra o trabalho infantil, os que defendeu Darcy Ribeiro.

(D) Aos que não desejam alinhar-se contra o trabalho infantil resta combater em nome dos ideais de Darcy Ribeiro.

(E) Sempre haverá, por esta ou aquela razão, os que defendem a inserção das crianças pobres no mercado de trabalho.

228. **(FCC – Analista Judiciário – TRT da 7ª. Região – 2009)** O verbo indicado entre parênteses deverá adotar obrigatoriamente uma forma do **plural** para preencher com correção a lacuna da frase:

(A) Estão sendo ditas muitas coisas e ...... **(ter)** havido muitos protestos durante esses dias de manifestações, em Gênova.

(B) ...... **(faltar)** a todos esses jovens manifestantes, segundo os velhos líderes estudantis, maior solidez nas reivindicações políticas.

(C) Não ...... **(ocorrer)** ao ex-líder estudantil Mario Capanna, em seu pronunciamento, as lembranças de quando era um rígido stalinista?

(D) Não ...... **(competir)** aos velhos políticos de esquerda avaliar com maior isenção as atitudes dos jovens contestadores?

(E) ...... **(estar)** nas teses confusas dos jovens manifestantes a razão mesma dos sentimentos de adesão e simpatia que o autor confessa ter por eles.

229. **(FCC – Técnico Judiciário – TJPI – 2009)** A concordância verbal e nominal está inteiramente correta na frase:

(A) Seria necessário medidas que viesse proteger consumidores, alertando-os, porém, para sua responsabilidade nas relações que existe no mercado.

(B) Os mecanismos de proteção com que conta a sociedade, impressos no Código, constituíram um marco na época em que esse entrou em vigência.

(C) Está explícito, no Código de Defesa do Consumidor, os respectivos direitos e deveres tanto da parte de empresas quanto das dos consumidores.

(D) Para que seja alcançado todos os objetivos propostos pelo Código, deve levar-se em conta as responsabilidades de todos os envolvidos no mercado de consumo.

(E) Vários países, na época, tomou como modelo de leis semelhantes o Código de Defesa do Consumidor, documento pioneiro nessa área.

230. **(FADENS – Analista de Sistema Computacional – TJMS – 2009)** Assinale a alternativa em que a diferença de construção **não** compromete a regência do verbo e/ou **não** lhe altera o sentido:

(A) Agrade aos seus filhos. / Agrade-os.

(B) Perdoe aos seus inimigos. / Perdoe-lhes.

(C) Bateu a porta com muita violência. / Bateu à porta com muita violência.

(D) Eles já repararam o erro cometido. / Eles já repararam no erro cometido.

(E) O criado serve-o bem. / O criado não lhe serve.

231. **(AOCP – Analista Judiciário – TER-RO – 2009)** Em todas as alternativas abaixo os verbos destacados são verbos de ligação, EXCETO

(A) "...pelo menos entre Renata e Sandro, casados há cinco anos, o romantismo **prevalece**.

(B) "...na Inglaterra, a solução **é** simples: é só oficializar as camas separadas."

(C) "As consequências de uma noite mal dormida **são** imediatas."

(D) "...também podem fazer o merecido descanso **se transformar** num filme de terror."

(E) "Vale tudo para que o sonho de dormir juntinho não **vire** um pesadelo."

232. **(IESES - Técnico Judiciário - TJMA - 2009)** Preencha os espaços com **A/a - À/à - Há**.

I. ____ 368 anos os holandeses dominaram ____ Capitania do Maranhão.

II. ____ Revolta de Bechman queria, por um lado, que ____ Companhia de Jesus fosse expulsa das terras maranhenses, porque ela combatia ____ escravidão indígena.

III. ____ tardinha gostamos de passear ____ pé, pelas ruas centrais de Alcântara.

Assinale a alternativa que contém a sequência correta, de cima para baixo.

(A) Há - a - Há - a -à - A - a

(B) Há - a - A - a - a - À - a

(C) A - à - À - à - à - À - à

(D) A - há - A - à - a - A - à

233. **(FCC - Analista Judiciário - TRF da 5ª. Região - 2008)** As normas de concordância verbal estão plenamente observadas na frase:

(A) O que há de mais terrível nas cenas de violência transmitidas pela TV estão nas reações de indiferença de alguns espectadores.

(B) Não se devem responder aos sacrifícios humanos com o cinismo de quem se julga superior.

(C) Não se levante contra o pessimista as acusações de imobilismo moral e inconsequência política.

(D) Ainda que não houvessem outras razões, o surdo idealismo dos pessimistas bastaria para os aceitarmos.

(E) Os otimistas não julguem os pessimistas, nem estes àqueles, pois ambos convergem para alguma forma de idealismo.

234. **(FCC - Analista Judiciário - TRF da 5ª. Região - 2008)** O verbo indicado entre parênteses deverá adotar uma forma do **plural** para preencher corretamente a frase:

(A) As razões a que se ...... (**apegar**) o maior dos pessimistas podem ser análogas às do maior otimista.

(B) Se lhes ...... (**convir**) preferir os pessimistas aos otimistas, aceitemos o fato.

(C) Para as pessoas mais sensatas, ... (**implicar**) sérios riscos a drástica divisão entre pessimistas e otimistas.

(D) A qualquer pessoa ...... (**poder**) ocorrer, neste tempo de radicalismos, argumentos em favor da mais pessimista expectativa histórica.

(E) Aos velhos céticos não se ...... (**costumar**) associar, em geral, senão o pessimismo impenitente dos que muito se amarguraram.

235. **(FCC - Analista Judiciário - TRT da 19ª. Região - 2008)** As normas de concordância estão plenamente observadas na frase:

(A) Costumam-se especular, nos meios acadêmicos, em torno de três acepções de Ética.

(B) As referências que se faz à natureza da ética consideram- na, com muita frequência, associada aos valores morais.

(C) Não coubessem aos juristas aproximar-se da ética, as leis deixariam de ter a dignidade humana como balizamento.

(D) Não derivam das teorias, mas das práticas humanas, o efetivo valor de que se impregna a conduta dos indivíduos.

(E) Convém aos filósofos e juristas, quaisquer que sejam as circunstâncias, atentar para a observância dos valores éticos.

236. **(FCC - Analista Judiciário - TRT da 19ª. Região - 2008)** O verbo indicado entre parênteses deverá flexionar-se no **plural** para preencher de modo correto a lacuna da frase:

(A) Frutas e verduras, mesmo quando desprezadas, não ...... (**deixar**) de as recolher quem não pode pagar pelas boas e bonitas.

(B) ......-se (**dever**) aos ruidosos funcionários da limpeza pública a providência que fará esquecer que ali funcionou uma feira.

(C) Não ...... (**aludir**) aos feirantes mais generosos, que oferecem as sobras de seus produtos, a observação do autor sobre o egoísmo humano.

(D) A pouca gente ...... (**deixar**) de sensibilizar os penosos detalhes da coleta, a que o narrador deu ênfase em seu texto.

(E) Não ...... (**caber**) aos leitores, por força do texto, criticar o lucro razoável de alguns feirantes, mas sim, a inaceitável impiedade de outros.

237. **(CESPE - UNB- Analista Judiciário - TRT da 1ª. região - 2008)** Julgue os fragmentos de texto apresentados nos itens abaixo quanto à concordância verbal.

I. De acordo com o respectivo estatuto, a proteção à criança e ao adolescente não constituem obrigação exclusiva da família.

II. Na redação da peça exordial, deve haver indicações precisas quanto à identificação das partes bem como do representante daquele que figurará no polo ativo da eventual ação.

III. A legislação ambiental prevê que o uso de água para o consumo humano e para a irrigação de culturas de subsistência são prioritários em situações de escassez.

IV. A administração não pode dispensar a realização do EIA, mesmo que o empreendedor se comprometa expressamente a recuperar os danos ambientais que, por ventura, venham a causar.

V. A ausência dos elementos e requisitos a que se referem o CPC pode ser suprida de ofício pelo juiz, em qualquer tempo e grau de jurisdição, enquanto não for proferida a sentença de mérito.

A quantidade de itens certos é igual a

(A) 1.

(B) 2.

(C) 3.

(D) 4.

(E) 5.

238. **(FCC – Técnico Judiciário – TRT da 5ª. Região – 2008)** A concordância verbo-nominal está inteiramente correta na frase:

(A) A falta de informações precisas sobre a biodiversidade da Amazônia podem propiciar o desaparecimento de espécies aí existentes, antes que se descubra todas as suas propriedades.

(B) A dificuldade para obter recursos destinada aos estudos sobre a biodiversidade na Amazônia acaba impossibilitando a identificação de espécies que possa apresentar propriedades medicinais.

(C) A definição das áreas de conservação depende diretamente do conhecimento científico sobre a fauna e a flora regionais, para evitar que se percam as possibilidades de sua identificação.

(D) Várias espécies da fauna amazônica está ameaçada de extinção e a preocupação dos especialistas estão na perda de informações úteis sobre sua importância no equilíbrio desse ecossistema.

(E) Um ecossistema se caracteriza pelo necessário equilíbrio entre as diversas espécies e também pelos elementos que deles faz parte, para evitar a proliferação descontrolada de uns em prejuízo de outros.

239. **(FCC – Técnico Judiciário – TRT da 5ª. Região – 2008)** *O Brasil **abriga** 13% das espécies da fauna e da flora existentes em todo o mundo...*

O verbo que exige o mesmo tipo de complemento que o do grifado acima está na frase:

(A) *... e a maior parte delas está na Amazônia.*

(B) *... 10% já englobam números espantosos.*

(C) *As abelhas são 3 mil ...*

(D) *... que vivem nas áreas mais profundas do rio ...*

(E) *... quantas espécies existem na região?*

240. **(FCC – Técnico Judiciário – TRT da 5ª. Região – 2008)** O respeito ...... uma série de regras foi fundamental ...... organização dos grupos sociais, permitindo, dessa forma, ... evolução da humanidade.

As lacunas da frase acima estarão corretamente preenchidas, respectivamente, por:

(A) à - à - a

(B) a - à - à

(C) à - a - a

(D) a - a - à

(E) a - à - a

241. **(CESGRANRIO – Analista Judiciário – TJRO -2008)** Indique a opção em que o sinal indicativo de crase está corretamente usado.

(A) Essa proposta convém à todos.

(B) O governo aumentou à quantidade de subsídios.

(C) A empresa considerou a oferta inferior à outra.

(D) Ele está propenso à deixar o cargo.

(E) Não vou aderir à modismos passageiros.

242. (TJ-SC – Técnico em computação – TJSC – 2007) Assinale a alternativa INCORRETA em relação à concordância nominal:

(A) Muitos candidatos ainda permanecem na sala após o horário de meio-dia e meia.

(B) Seguem anexas as petições consideradas adequadas.

(C) O Brasil não disponibiliza recursos bastantes para educação e saúde.

(D) Ficamos meios chateados com os resultados do concurso.

243. (FCC – Analista Judiciário – TRF da 4ª. Região – 2007) O verbo indicado entre parênteses deverá adotar obrigatoriamente uma forma do **plural** para preencher de modo adequado a lacuna da frase:

(A) ...... (persistir), a par de tão distintas particularidades dos grupos étnicos, a singularidade dos traços humanos comuns a todas as criaturas.

(B) Não ...... (caber) apenas aos documentaristas assumir todos os compromissos com a complexidade do real.

(C) Acima de todas as diferenças culturais, ...-se (impor), nas ficções como na vida, um fundo universal de humanidade.

(D) Ler romances e assistir a filmes são atividades prazerosas a que se ...... (dever) entregar todo aquele que cultive seu processo de formação.

(E) ......-se (ler) com a mesma deferência, na família do autor, um romance policial e uma novela de Dostoiévski.

244. (FCC – Analista Judiciário – TRF da 3ª. Região – 2007) As normas de concordância verbal estão plenamente respeitadas na frase:

(A) Não se imputem aos adolescentes de hoje a exclusiva responsabilidade pelo fato, lastimável, de aspirarem a tão pouco.

(B) A presença maciça, em nossas telas, de tantas ficções, não nos devem fazer crer que sejamos capazes de sonhar mais do que as gerações passadas.

(C) Se aos jovens de hoje coubesse sonhar no ritmo das ficções projetadas em nossas telas, múltiplos e ágeis devaneios se processariam.

(D) Ficaram como versões melhoradas da nossa vida acomodada de hoje o vestígio dos nossos sonhos de ontem.

(E) Ao pretender que se mobilize os estudantes para as exigências do mercado de trabalho, o professor de nossas escolas impede-os de sonhar.

245. (FCC – Analista Judiciário – TRF da 3ª. Região – 2007) O verbo indicado entre parênteses deverá flexionar-se numa forma do **plural** para preencher corretamente a lacuna da frase:

(A) Para que não ...... (**restringir**) o sonho de um jovem, as imposições do mercado de trabalho devem ter sua importância relativizada.

(B) Seria essencial que nunca ...... (**faltar**) aos adolescentes, mesmo em nossos dias pragmáticos, a liberdade inclusa nos sonhos.

(C) Entre as duas hipóteses que ...... (**examinar**), considera o autor que o elemento comum é redução da capacidade de sonhar.

(D) Não se ...... (**delegar**) às escolas a missão exclusiva de preparar os jovens para sua inserção no mercado de trabalho.

(E) É pena que ...... (**faltar**) aos jovens a referência dos sonhos que seus pais já tenham alimentado em sua época de adolescentes.

246. (FCC – Analista Judiciário – TRF da 4ª. Região – 2007) Quanto à observância da necessidade do sinal de crase, a frase inteiramente correta é:

(A) Voltam-me à memória os romances a que me dediquei como jovem leitor, bem como os filmes a que assisti com tanto prazer.

(B) Se à princípio os jovens demonstram pouco interesse pelas ficções, o contínuo estímulo a elas pode reverter esse quadro.

(C) Quem se entrega à boa leitura pode avaliar sua inestimável contribuição à uma vida interior mais rica e mais profunda.

(D) Ao se referir à ficção de "O Caçador de Pipas", o autor tomou-a como exemplo essencial a argumentação que desenvolvia.

(E) Os que se dedicam à cultivar a boa literatura sabem o quanto é difícil dotar as palavras de um sentido verdadeiramente essencial.

247. (FCC – Analista Judiciário – TRE-SP – 2006) Estão plenamente respeitadas as normas de concordância verbal na frase:

(A) Segundo o autor, têm ocorrido a combinação de duas vantagens, que se dão quando a longevidade e o conforto humanos se expandem.

(B) A velocidade dos avanços tecnológicos que todos temos testemunhado trazem consigo não apenas vantagens, mas a aceleração da exclusão social.

(C) Superaram-se, sim, no campo da técnica, todas as expectativas, mas também se registre que as desigualdades sociais se agravaram.

(D) Tanto aos capitalistas mais liberais quanto aos socialistas mais ortodoxos parecem de pouca importância o que não diz respeito ao campo estrito da economia.

(E) Já se constituem de bilhões de pessoas a parcela da humanidade a que não atendem os benefícios dos avanços tecnológicos.

248. (FCC – Analista Judiciário – TRE-SP – 2006) O verbo indicado entre parênteses deverá flexionar-se numa forma do **plural** para preencher de modo correto a lacuna da frase:

(A) Desde que ...... (**passar**) a haver ganhos com o progresso tecnológico, cresceram nossos sonhos de consumo.

(B) Quem, entre os bilhões de excluídos, ... (**poder**) deixar de sonhar com as miragens do capitalismo?

(C) Não sabemos exatamente a quais poderosos ...... (**caber**) culpar por esse perverso processo de exclusão social.

(D) De nada ...... (**adiantar**), para os excluídos, sonhar com as vantagens de um progresso que não foi planejado para eles.

(E) É preciso que se ...... (**estender**) a quem esteja excluído oportunidades reais de afirmação social.

▶ GABARITO

01	E	**32**	A	**63**	D	**94**	D	**125**	C	**156**	C	**187**	C	**218**	B
02	C	**33**	C	**64**	C	**95**	A	**126**	D	**157**	C	**188**	E	**219**	C
03	A	**34**	D	**65**	C	**96**	A	**127**	B	**158**	B	**189**	C	**220**	D
04	C	**35**	D	**66**	D	**97**	D	**128**	C	**159**	E	**190**	B	**221**	D
05	A	**36**	A	**67**	B	**98**	E	**129**	A	**160**	E	**191**	D	**222**	A
06	A	**37**	E	**68**	A	**99**	D	**130**	B	**161**	E	**192**	E	**223**	C
07	A	**38**	D	**69**	A	**100**	E	**131**	E	**162**	A	**193**	B	**224**	B
08	A	**39**	B	**70**	D	**101**	C	**132**	E	**163**	B	**194**	C	**225**	B
09	E	**40**	E	**71**	E	**102**	B	**133**	E	**164**	E	**195**	C	**226**	C
10	E	**41**	A	**72**	D	**103**	E	**134**	B	**165**	A	**196**	A	**227**	A
11	A	**42**	D	**73**	D	**104**	C	**135**	C	**166**	E	**197**	B	**228**	A
12	D	**43**	A	**74**	A	**105**	A	**136**	D	**167**	B	**198**	B	**229**	B
13	B	**44**	E	**75**	A	**106**	B	**137**	B	**168**	E	**199**	B	**230**	B
14	A	**45**	D	**76**	D	**107**	B	**138**	A	**169**	E	**200**	E	**231**	A
15	E	**46**	D	**77**	E	**108**	B	**139**	B	**170**	B	**201**	D	**232**	B
16	E	**47**	A	**78**	D	**109**	C	**140**	D	**171**	A	**202**	E	**233**	E
17	E	**48**	B	**79**	E	**110**	C	**141**	E	**172**	E	**203**	D	**234**	D
18	D	**49**	E	**80**	C	**111**	C	**142**	D	**173**	A	**204**	A	**235**	E
19	D	**50**	A	**81**	B	**112**	C	**143**	E	**174**	D	**205**	B	**236**	D
20	B	**51**	D	**82**	E	**113**	D	**144**	D	**175**	A	**206**	E	**237**	B
21	C	**52**	C	**83**	C	**114**	D	**145**	D	**176**	B	**207**	C	**238**	C
22	E	**53**	E	**84**	A	**115**	D	**146**	C	**177**	D	**208**	B	**239**	B
23	A	**54**	C	**85**	B	**116**	A	**147**	B	**178**	A	**209**	D	**240**	E
24	B	**55**	C	**86**	B	**117**	C	**148**	A	**179**	D	**210**	C	**241**	C
25	A	**56**	A	**87**	B	**118**	E	**149**	D	**180**	C	**211**	D	**242**	D
26	D	**57**	B	**88**	C	**119**	D	**150**	D	**181**	A	**212**	E	**243**	E
27	C	**58**	A	**89**	C	**120**	D	**151**	B	**182**	C	**213**	B	**244**	C
28	E	**59**	A	**90**	C	**121**	C	**152**	A	**183**	D	**214**	B	**245**	A
29	C	**60**	B	**91**	C	**122**	C	**153**	E	**184**	A	**215**	D	**246**	A
30	A	**61**	C	**92**	D	**123**	E	**154**	D	**185**	E	**216**	A	**247**	C
31	D	**62**	A	**93**	D	**124**	C	**155**	E	**186**	A	**217**	A	**248**	E

Parte 3

▸ CAPÍTULO 11

Sintaxe 5

Termos da oração

▸ CAPÍTULO 12

Sintaxe 6

Período composto

▸ CAPÍTULO 13

Sintaxe 7

Pontuação

▸ CAPÍTULO 14

Revisão geral

Comentário de questões

▸ CAPÍTULO 15

Exercícios

CAPÍTULO 11

Sintaxe 5

Termos da oração

Neste capítulo, iniciaremos nossos estudos sobre análise sintática. Observaremos a função dos termos que compõem uma oração. São chamados de **termos da oração** as palavras ou grupos de palavras que possuem uma determinada função sintática dentro de uma oração.

O primeiro bloco de nosso estudo é o que se chama de **termos essenciais**, a saber dois termos que quase sempre aparecem nos enunciados: o **sujeito** e o **predicado**. A classificação de "essencial" como algo imprescindível, é, algumas vezes questionada, uma vez que existem orações sem sujeito. Mas trataremos disso posteriormente.

Quando se tem um enunciado completo, de um modo geral, declara-se algo sobre alguma coisa. Assim, o que se chama de **predicado** é o que é dito sobre alguma coisa, que é o **sujeito** da oração.

Pelo fato de o **sujeito** e o **predicado** aparecerem na maior parte dos enunciados linguísticos, é que são tratados como **termos essenciais**. Entretanto, como já adiantamos, podem ocorrer enunciados sem sujeito. Por esse motivo, caracteriza-se deste modo o predicado como o único termo que aparece em literalmente todos os enunciados.

SUJEITO

Denomina-se sujeito o termo praticante da ação na voz ativa ou aquele que sofre na voz passiva, afirmando ou negando o predicado.

De acordo com a maioria das gramáticas, é o termo do qual se diz alguma coisa.

Segundo Evanildo Bechara, "É o temo da oração que indica a pessoa ou a coisa de que afirmamos ou negamos uma ação ou qualidade".

Talvez o melhor conceito para o termo seja o que afirma:

> Sujeito é o termo da oração que estabelece com o verbo uma relação de concordância em número e pessoa, denominada concordância verbal.

✦ *Nós compramos o DVD.*

↳ O verbo *comprar* encontra-se flexionado na primeira pessoa do plural do presente do indicativo *compramos* para concordar com o sujeito *nós*.

Realizando-se a concordância, teríamos:

- *O avião voa – Os aviões voam.*
- *O estudante protesta – Os estudantes protestam.*
- *Joaquim saiu cedo – Os colegas saíram cedo.*
- *O petisco é bom – Os petiscos são bons.*

Muitos manuais didáticos ensinam ao estudante que, para localizar o sujeito, é bom fazer uma "pergunta" ao verbo:

Quem é que? ou *Que é que?* e a resposta ao questionamento será o sujeito

- *O menino brinca.*
  - ↳ Quem é que brinca?
  - ↳ O *menino*, logo, *o menino* é o sujeito.

De acordo com a Nomenclatura Gramatical Brasileira (NGB), o sujeito pode classificar-se como:

Sujeito Simples

- ***O garoto da favela*** *joga bola.*
  - ↳ (Sujeito Simples)

Denomina-se sujeito simples o termo da oração que apresenta apenas um núcleo representativo, e que estabelece com o verbo uma relação de concordância em número e pessoa, denominada de concordância verbal.

- *Eu estou realizando um evento no próximo dia 30.*
  - ↳ *Eu* representa uma pessoa que pratica a ação de *realizar*. Assim, o sujeito é simples porque tem um só núcleo, e que estabelece com o verbo uma relação de concordância em número e pessoa, denominada de concordância verbal.

A Nomenclatura Gramatical Brasileira (NGB) não fala mais em ***sujeito oculto***, porém aparece subentendido, expresso na desinência pessoal.

- *Somos um povo trabalhador.*
- *Sois uma pessoa digna, com certeza.*
- *Praticavam boas ações todos os dias.*
  - ↳ O sujeito é simples: *nós*, *vós* e *eles*.

Motivo: o verbo está na 1ª pessoa do plural, caracterizado pela desinência "-mos" , na 2ª pessoa do plural "-is" na terceira pessoa do plural "-m".

Cuidado com orações do tipo:

- *Alguém está batendo lá fora.*
  - ↳ Sujeito simples: alguém.

A classificação se deve ao fato de haver um termo escrito. Semanticamente, por ser um pronome indefinido, uma construção como essa poderia levar à ideia de se tratar de sujeito indeterminado.

Existe também o que seria o sujeito oracional, isto é, aquele representado por uma oração. Trata-se da oração subordinada substantiva subjetiva. Exerce a função de sujeito da oração principal.

+ *É necessário que todos estejam de acordo.*

↳ A oração *que todos estejam de acordo* é uma oração subordinada substantiva subjetiva. É o sujeito da oração *É necessário*; o enunciado equivaleria a "A concordância de todos" é necessária.

Sujeito Composto

+ ***Chitãozinho e Xororó** não mais lideram as vendas entre os sertanejos.*

↳ (Sujeito Composto)

O sujeito composto é aquele que tem mais de um núcleo representativo. É bom lembrarmos que o sujeito composto, quando vem posposto ao verbo, pode levar o verbo a concordar com o núcleo mais próximo.

+ *Veio Pedro e Paulo para o congresso.*

+ *Vieram Pedro e Paulo para o Congresso.*

Sujeito Indeterminado

+ *Recorreu-se à Justiça do Trabalho.*

↳ (sujeito indeterminado)

O sujeito é indeterminado quando não é nomeado ou por não se querer ou por não se saber fazê-lo. Ocorre quando aparece a ação, mas não há como dizer quem a pratica ou praticou. O sujeito indeterminado manifesta-se nas seguintes situações:

a) O verbo se encontra na 3ª pessoa do plural.

+ ***Falam** que a falência da empresa foi fraudulenta.*

+ ***Continuam** insistindo na inocência do canalha.*

+ ***Falam** de tudo e de todos.*

+ ***Andam dizendo** por aí...*

+ ***Comentaram** que você esteve no exterior.*

b) Com o Verbo Transitivo Indireto (o que tem o complemento precedido de preposição) somente na 3ª pessoa do singular mais a partícula se.

✦ ***Necessita-se*** *de mais respeito ao trabalhador no Brasil.*

✦ ***Precisa-se*** *de alunos que sejam estudiosos.*

▶ **ATENÇÃO:**

Caso você encontre frases com Verbo Transitivo Direto (complemento verbal não precedido de preposição),

✦ ***Reformam-se*** *estofados.*

✦ ***Encontrou-se*** *o cadáver no estacionamento do shopping.*

↳ não se caracteriza sujeito indeterminado, pois nos casos de VTD, a partícula "se" exerce a função de partícula apassivadora, pois a frase se encontra na voz passiva. Assim:

✦ ***Estofados*** *são reformados.*

✦ ***O cadáver*** *foi encontrado no estacionamento do shopping.*

c) Com o verbo intransitivo (sem complemento verbal) somente na 3ª pessoa do singular – mais a palavra "se".

✦ *Vive-se tranquilo na Zona Sul.*

Oração Sem Sujeito

Há verbos que não apresentam sujeito. Gramaticalmente, estabeleceram-se alguns casos considerados como de sujeito inexistente:

a) Com os verbos que indicam fenômenos da natureza (anoitecer, trovejar, nevar, escurecer, chover, relampejar).

✦ *Relampejou durante toda a madrugada.*

✦ *Nevou intermitentemente nos países europeus.*

✦ *Amanhece mais tarde no inverno.*

✦ *Chove bastante na região sul.*

▶ **OBSERVAÇÃO:**

Esses verbos podem ter sujeito, não estando no sentido próprio:

✦ *Choveram* ***aplausos*** *ao final do espetáculo.*

b) Com verbo HAVER (significando existir).

✦ *Ainda há pessoas bem intencionadas no mundo?*

✦ *Haverá um torneio esportivo no Canadá.*

✦ *Há bons estudantes na UFMG.*

✦ *Há gente desocupada neste mundo!*

✦ *Há homens de boa-fé.*

✦ *Há dois dias que não tomo banho.*

c) Com o verbo FAZER, HAVER e ESTAR indicando tempo (decorrido ou não)

- *Está frio neste mês de julho.*
- *Faz dez dias que cheguei do Rio de Janeiro.*
- *Faz um calor terrível no Nordeste.*
- *Está no horário de intervalo.*
- *Coloquei há dias seu malote no caminhão.*

d) Com o verbo SER indicando tempo.

- *Era 01 de junho.*
- *É muito tarde.*
- *Era uma vez um coelhinho.*
- *Foi em janeiro.*

e) Com os verbos ir - vir e passar indicando tempo.

- *Já passa de cinco horas da tarde...*
- *Já passa de cinco anos.*

▶ **OBSERVAÇÃO:**

Algumas vezes, um advérbio pode assumir a de sujeito, o que seria próprio de próprio de substantivos.

- *"Amanhã" é dia de pagamento. (O dia de amanhã...)*
- *Aqui já é município do Rio de Janeiro. (Este lugar...)*
- *Hoje é feriado de Corpus Christi. (O dia de hoje...)*
- *Agora já é momento de se decidir o problema. (Esta hora...)*

PREDICADO

Na maioria das gramáticas, o predicado é definido como tudo aquilo que se afirma do sujeito. Ou ainda: é tudo aquilo que se diz do sujeito. Ou então: é tudo o que se declara do sujeito.

- *Ana Carolina visitou-nos nas férias.*
  ↳ Predicado: visitou-nos nas férias.
- *Amanhã voltarei a Brasília.*
  ↳ Predicado: Amanhã voltarei a Brasília.
- *Carol, resolva esta questão, por favor.*
  ↳ Predicado: Carol, resolva esta questão, por favor.
- *Os alunos da minha turma são comprometidos.*
  ↳ Predicado: são comprometidos.

✦ *O pagamento saiu.*
↳ Predicado: saiu.

✦ *Temístocles fez um discurso inflamado, fato surpreendente.*
↳ Predicado: fez um discurso inflamado, fato surpreendente.

Os tipos de predicado

Predicado Nominal

O predicado nominal é aquele que tem como o núcleo (ou termo principal) o nome que exprime qualidade, características ou estado do sujeito. Na frase em que esse tipo de predicado aparece, existe sempre formado um verbo denominado de "ligação".

O núcleo do predicado nominal recebe o nome de **predicativo**.

No predicado nominal temos uma estrutura formada de:

- **verbo de ligação**: *ser, estar, ficar, parecer, permanecer, andar, continuar, cair, tornar-se...*
- **predicativo do sujeito**: qualidade, característica ou estado que se refere ao sujeito.

✦ *Os autores do livro* ***ficaram satisfeitos com o resultado de sua obra.***
↳ (*Ficaram:* verbo de ligação + *satisfeitos:* predicativo do sujeito)

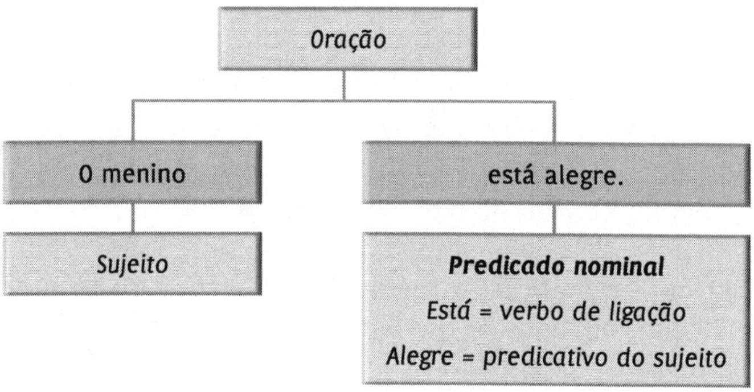

(Disponível em: http://www.widesoft.com.br/users/portinar/grupo2.htm)

Predicado Verbal

Como já sinalizado pelo nome, o predicado verbal tem, como núcleo, sempre um verbo, que pode ser transitivo (o que precisa de complemento) ou intransitivo (o que não precisa de complemento). Para ser núcleo do predicado, é necessário que o verbo seja nocional **(que demonstre uma ação)**.

✦ *Os ministros* ***decidiram*** *o pleito em menos de cinco horas.*

- *Voltei a pé para casa, de madrugada.*
- *Os professores **lideraram** a greve durante três semanas.*

Predicado Verbo-nominal

O predicado verbo-nominal, ao contrário dos anteriores, apresenta dois núcleos, ou seja, um verbo (transitivo ou intransitivo), e um nome (predicativo).

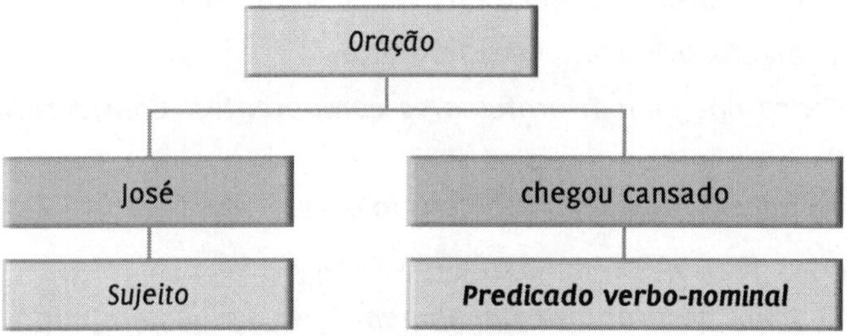

(Disponível em: http://www.widesoft.com.br/users/portinar/grupo4.htm)

Para você reconhecer facilmente um predicado verbo-nominal,

- Procure um **verbo de ação** e um termo de valor **adjetivo** na frase.
- O **adjetivo** deverá se referir ao **sujeito** ou ao **objeto**.
- O **verbo de ligação** estará sempre implícito. No exemplo acima, poderíamos subentender: José chegou (e estava) cansado.

O PREDICATIVO

Esse termo expressa, como vimos em exemplos acima, um estado ou qualidade do sujeito ou do objeto. Portanto, é um termo presente nas frases de predicado nominal ou verbo-nominal. As classes gramaticais que representam o predicativo são: substantivo ou expressão substantivada, adjetivo ou locução adjetiva, pronome, numeral ou oração subordinada substantiva predicativa.

- *Os filhos são **tesouros**.*
  ↳ Predicativo do sujeito//termo substantivo.
- *Ela era **burra** e **sem criatividade**.*
  ↳ Predicativos do sujeito// termo adjetivo e locução adjetiva.
- *Os próximos serão **vocês.***
  ↳ Predicativo do sujeito//pronome.
- *Todos eram **um**.*
  ↳ Predicativo do sujeito//numeral.
- *O difícil era **que se recebesse o dinheiro**.*
  ↳ Predicativo do sujeito//oração subordinada substantiva.

O predicativo pode referir-se ao **objeto**, normalmente o objeto direto. Algumas vezes, serve para exprimir a consequência do fato indicado pelo predicado verbal.

- *Elegeram o professor Ruy **deputado.***
  ↳ Predicativo do objeto//substantivo.
- *Todos lhe chamavam **corrupto.***
  ↳ Predicativo do objeto (desta vez, indireto)//adjetivo.

Veja mais alguns predicativos do objeto:

- *Todos nos julgam professores **competentes.** Considero **uma afronta** isso.*
- *As paixões tornam os homens **idiotas**.*
- *Acho **pertinentes** suas ponderações.*
- *O maior desprazer de um homem é ver o filho **deprimido**.*
- *O governador nomeou a professora **sua assessora.***
- *O juiz julgou o recurso **procedente.***

COMPLEMENTOS VERBAIS

No capítulo 8 deste livro, abordamos a predicação verbal, conceituando verbo de ligação, verbo intransitivo e verbo transitivo. Ao falar de verbos transitivos, especificamos os termos denominados OBJETO DIRETO e OBJETO INDIRETO. Releia a teoria sempre que tiver dúvidas.

Explicando e invocando: aposto e vocativo

Leia um trecho da *Revista Veja:*

- *A campanha presidencial deste ano não esquentou até agora, mas já produziu um fenômeno novíssimo.*

(Disponível em: http://veja.abril.uol.com.br/060906/p_064.html. Acesso em 06/09/06)

Observe que o trecho acima fica meio sem sentido, uma vez que o leitor sente a falta de uma especificação. Que "fenômeno novíssimo" foi produzido?????

Compare com o que vem a seguir:

- *A campanha presidencial deste ano não esquentou até agora, mas já produziu um fenômeno novíssimo: **nunca, desde que o país voltou à democracia em 1985, houve um desgarramento tão profundo entre o voto dos pobres e o voto da classe média.***

(Disponível em: http://veja.abril.uol.com.br/060906/p_064.html. Acesso em 06/09/06)

Agora, sim. O leitor foi informado e esclarecido acerca do que se havia criado como elemento de "suspense".

Observe, agora, a seguinte tirinha:

(Disponível em: http://clubedamafalda.blogspot.com. Acesso em 06/09/06)

Perceba que Mafalda estabelece um diálogo. E, para isso, dirige-se a um colega: Manolito.

Mais uma letra de música:

(Disponível em: http://www.losille.blogger.com.br/OUTDOOR.jpg. Acesso em: 06/09/06)

✦ *Brasil, mostra a tua cara*
Quero ver quem paga
Pra gente ficar assim
Brasil, qual é o teu negócio
O nome do teu sócio
Confia em mim
(Cazuza, George Israel e Nilo Romero)

Veja que, agora, o interlocutor não é mais uma pessoa, mas permanece a intenção de "diálogo". O eu poético se dirige ao "Brasil".

Aposto

Chamamos de aposto ao termo que explica, desenvolve, identifica ou resume um outro termo da oração. Há quatro tipos de aposto:

Aposto Explicativo

O aposto explicativo identifica ou explica o termo anterior. Deve, na estrutura da oração, vir separado do termo que identifica por vírgulas, dois pontos, parênteses ou travessões.

Exemplo:

✦ *Brasil, **país rico**, é vítima dos maus-tratos que a política vem lhe causando.*

Aposto Especificador

O aposto especificador individualiza ou especifica um substantivo de sentido genérico. Esse é um caso "diferente" de aposto, já que ele se coloca na oração sem pausa. Geralmente é um substantivo próprio que individualiza um substantivo comum.

Exemplo:

✦ *A professora **Valéria Lanna** é professora de Matemática na cidade de Belo Horizonte.*

Aposto Enumerador

O aposto enumerador é uma sequência de elementos usada para desenvolver uma ideia anterior.

Exemplo:

✦ *De tudo, ficaram três coisas:*
A certeza de que ele estava sempre começando...
A certeza de que era preciso continuar...
A certeza de que seria interrompido antes de terminar....
Fazer da interrupção um caminho novo ...
Fazer da queda um passo de dança...
Do medo, uma escada...
Do sonho, uma ponte...
Da procura, um encontro...
(Fernando Sabino)

Aposto Resumidor

O aposto resumidor é usado para resumir termos anteriores. De um modo geral, é representado por um pronome indefinido.

Exemplo:

✦ *Jóias, dinheiro, celular, **tudo** foi levado naquele terrível assalto.*

Vocativo

O vocativo é um termo independente que serve para chamar por alguém, para interpelar ou para invocar um ouvinte real ou imaginário.

Exemplo:

✦ *Meu canto de morte,*
***Guerreiros**, ouvi:*
Sou filho das selvas,
Nas selvas cresci;
Guerreiros, descendo
Da tribo tupi.
(Gonçalves Dias)

Adjunto adnominal

O Adjunto adnominal é o termo que acompanha um substantivo, núcleo de uma função sintática qualquer, procurando caracterizá-lo, determiná-lo ou individualizá-lo.

Disponível em: http://img222.imageshack.us/img222/8663/ga020902ºv9.png

↳ Observe que "rato", "minuto", "tênis" "pedido" são substantivos e, portanto, "nomes".

↳ "Aquele" se refere e concorda com o termo "rato"; "meu" e "de corrida" referem-se e concordam com o termo "tênis"; "um" está no masculino singular para concordar com "minuto"; "aceitável" é palavra que se refere a "pedido". Assim, são termos de natureza adjetiva.

↳ A função sintática desses termos de valor adjetivo é de ADJUNTO ADNOMINAL, por estarem junto a um substantivo (nome).

Observação importante: o adjunto adnominal pode ser expresso por artigos, numerais ou pronomes adjetivos, adjetivos e locuções adjetivas.

É importante acrescentar que um adjunto adnominal constituído de artigo ou pronomes adjetivo pode aparecer combinado ou contraído com uma preposição, que não tem função sintática.

Veja:

✦ *Naquele dia, todos os alunos fizeram o simulado na sala 2.*

↳ Naquele dia (*aquele* é adjunto adnominal, mas não exerce função sintática).

Complemento nominal

O complemento nominal , assim como o objeto indireto vêm precedidos de preposição obrigatória, mas a palavra que rege essa preposição é diferente nos dois casos: nome (substantivo, adjetivo ou advérbio) no Complemento Nominal e verbo no Objeto Indireto.

Disponível em: http://clubedamafalda.blogspot.com/

↳ No primeiro quadrinho, a expressão preposicionada ligada a um nome é "de que o ano que vem vai ser pior do que não sei o quê!"

↳ No último quadrinho, a expressão preposicionada ligada a um verbo é "de um ano com tão pouca publicidade."

Conclusão: Apenas o termo que completa o substantivo é que exerce a função de complemento nominal.

Como se disse, o Complemento Nominal se liga a um substantivo (abstrato), a um adjetivo ou a um advérbio.

Exemplos:

✦ *Tivemos a oportunidade* ***do primeiro emprego****.*

↳ completa substantivo abstrato ("oportunidade")

✦ *Estávamos cheios* ***de esperanças****.*

↳ completa adjetivo ("cheios")

✦ *Agiu favoravelmente* ***à aluna****.*

↳ completa advérbio ("favoravelmente")

Reconhecer essas relações, torna-se, portanto, fácil. Entretanto, quando um termo preposicionado liga-se a um substantivo, deve-se fazer uma análise mais criteriosa. O caso que deve ser observado com mais atenção é o do substantivo. No caso dos nomes que precisam de complementos nominais, dizemos que são NOMES TRANSITIVOS. São eles:

- substantivo abstrato de ação, correspondente a verbo cognato que seja transitivo ou que peça complementação adverbial de circunstância

✦ *Transgressão* ***à ordem.***

↳ onde o verbo de "transgredir a ordem" é transitivo direto

✦ *Desacato* ***aos pais.***

↳ onde o verbo de "desacatar aos pais" é transitivo indireto

✦ *Volta* ***de Roma.***

↳ onde o verbo "voltar de Roma" pede adjunto adverbial

- substantivo abstrato de qualidade, derivado de adjetivo que se possa usar transitivamente.

✦ *Incerteza* ***no futuro***

↳ onde se pode construir "incerto do futuro"

✦ *Infidelidade* ***aos amigos***

↳ onde se pode construir "infiel aos amigos"

Diferenças entre adjunto adnominal e complemento nominal

- O adjunto adnominal qualifica, especifica, enquanto o complemento nominal integra a significação antecedente e nunca indica posse.
- O complemento nominal pode referir-se a um substantivo abstrato, adjetivo ou advérbio, mas o adjunto adnominal só se refere ao substantivo.
- Os complementos nominais são exigidos pela transitividade do nome a que se ligam. Um grande número de nomes que pedem complemento são substantivos abstratos derivados de verbos significativos

✦ *Matou os mosquitos – matança* ***de mosquitos.***

↳ Onde "de mosquitos" é o complemento nominal

- O complemento nominal é paciente ou alvo da noção expressa pelo nome (sentido passivo).
- O adjunto adnominal indica agente ou o possuidor da noção expressa pelo substantivo (sentido ativo), além de também poder expressar especificação.

✦ *Pegue esse prato* ***de porcelana.***

✦ *Esta é a casa* ***de Paulo.***

Assim como em qualquer análise sintática, deve-se considerar o contexto frasal para este tipo de distinção. Um mesmo substantivo pode aparecer em uma frase como complemento nominal e noutra com adjunto adnominal.

✦ *A invenção* ***de palavras*** *caracteriza a obra de Guimarães Rosa.*

↳ (complemento nominal - "palavras" é paciente da ação contida no substantivo "invenção", já que elas "foram inventadas")

✦ *A invenção* ***de Santos Dumont*** *abriu caminho para o futuro.*

↳ (Adjunto adnominal - "Santos Dumont" é o agente da ação expressa pelo substantivo "invenção", já que ele é que "inventou");

- *A plantação **de cana** enriqueceu a economia do país.*
  ↳ (complemento nominal - pois "plantação" tem valor abstrato da ação de plantar cujo objeto/paciente é "cana"; a cana "foi plantada")
- *O fogo destruiu toda a plantação **de cana**.*
  ↳ (Adjunto adnominal - porque "plantação" aqui é concreto, logo intransitivo)

Adjunto adverbial

O ADJUNTO ADVERBIAL é o termo da oração que indica uma **circunstância** (dando ideia de tempo, lugar, modo, causa, finalidade, etc.). O **adjunto adverbial** é o termo que **modifica** o sentido de um verbo, de um adjetivo ou de um advérbio. Portanto é a função sintática representada pela classe gramatical do advérbio (ou das locuções adverbiais). Observe as frases abaixo:

- *Os namorados se gostam **muito.***
- *Sua maneira de expor as ideias é **muito** interessante.*
- *O bailarino dançou **muito** mal.*
  ↳ Nessas três orações, muito é adjunto adverbial de intensidade. No primeiro caso, intensifica a forma verbal gostam que é núcleo do predicado verbal. No segundo, intensifica o adjetivo interessante, que é o núcleo do predicativo do sujeito. Na terceira oração, muito intensifica o advérbio mal, que é o núcleo do adjunto adverbial de modo.

Veja o exemplo abaixo:

- ***Ontem** voltei **de ônibus àquela praia paradisíaca.***
  ↳ Os termos em destaque estão indicando as seguintes circunstâncias:
  Ontem indica **tempo;**
  de ônibus indica **meio;**
  àquela praia paradisíaca indica **lugar**.

Sabendo que a classificação do adjunto adverbial se relaciona com a circunstância por ele expressa, os termos acima podem ser classificados, respectivamente em: adjunto adverbial de tempo, adjunto adverbial de meio e adjunto adverbial de lugar.

O adjunto adverbial pode ser expresso por:

1) **Advérbio:** a pedra foi atirada **longe.**

2) **Locução Adverbial:** Os homens, na tempestade, foram lançados **ao mar.**

3) **Oração: Quando o diretor chegar,** avisem-me.

CAPÍTULO 12

Sintaxe 6

Período composto

Antes de tratarmos do período composto, vamos definir alguns conceitos:

FRASE

Uma frase é qualquer enunciado com sentido completo, desde que seja capaz de fazer uma comunicação. Numa frase não é obrigatório o uso do verbo.

- *Cuidado: cão bravo!*
- *Hoje está um dia muito cinzento.*
  - ↳ Observe que, no primeiro exemplo, o enunciado não tem verbo (é o que definiríamos como "frase nominal"). O segundo exemplo, ao contrário, é uma frase com verbo. Ambas comunicam, uma informação.

As frases classificadas em:

Declarativa: é a frase que, obviamente, faz uma declaração. Veja:

- *Amanhã haverá eleições para diversos cargos políticos.*
- *Não suporto bebidas doces.*
  - ↳ Observe que, mesmo usando uma negação, pode-se "afirmar" algo. As frases declarativas podem ser afirmativas ou negativas.

Interrogativa: é a frase que utiliza uma pergunta.

- *Qual dos candidatos se saiu melhor no último debate?*

Exclamativa: é a frase que expressa sentimento.

- *Quanto lamentei o ocorrido no último sábado!*

Imperativa: é a frase que dá uma ordem ou faz um pedido.

- *Procure andar com pessoas que sejam do seu nível.*

Optativa: é a frase que expressa um desejo.

- *Tomara que você consiga esse cargo tão desejado.*

ORAÇÃO

A oração é a frase verbal, isto é, aquela cujo sentido se estrutura com base em um verbo. Por isso, na oração é preciso usar verbo ou locução verbal, que é uma expressão formada por um verbo auxiliar, seguido de um infinitivo ou um gerúndio. Observe:

- *Meus filhos **receberam** a melhor educação possível.*
- *O chefe de cozinha **vai servir** o almoço às treze horas.*
- *O calouro **estava estudando** para a primeira prova na Faculdade.*

  ↳ Observe que, no primeiro exemplo, a oração se constrói a partir de um verbo; no segundo e no terceiro exemplos, temos locuções verbais (um com infinitivo e outra com gerúndio).

PERÍODO

O período é a oração composta por um ou mais verbos. O período pode ser classificado em:

Simples: é o período que tem apenas uma oração, isto é, constrói-se a partir de um núcleo verbal.

- *A filha do meu amigo **nasceu** anteontem.*

Composto: é o período que tem duas ou mais orações, isto é, constrói-se a partir de dois ou mais núcleos verbais.

- ***Queremos** que o sucesso de todos se **concretize** no próximo concurso.*

  ↳ O período acima é composto por duas orações, já que tem dois núcleos verbais.

No período composto as orações podem se estruturar de duas maneiras diferentes o que vem ocasionar em dois tipos de período composto: o **período composto por coordenação** e o **período composto por subordinação**.

POR COORDENAÇÃO

O processo de coordenação apresenta as orações sintaticamente independentes entre si, ou seja, uma oração não exerce função sintática em relação à outra.

- *Todos **estavam** concentrados **e** a prova **aconteceu** em clima tranquilo.*

  ↳ Observe que a primeira oração tem uma estrutura completa: sujeito ("Todos os alunos") + verbo ("estavam") + predicativo ("concentrados"). O mesmo ocorre com a segunda: sujeito ("A prova") + verbo ("ocorre") + adjunto adverbial ("em clima tranquilo"). Assim, as duas orações são independentes.

POR SUBORDINAÇÃO

O processo de subordinação apresenta orações sintaticamente dependentes entre si, ou seja, uma oração exerce função sintática em relação à outra.

Ocorre ainda, na língua portuguesa, o *período misto* ou período composto *por coordenação e subordinação*, que é um período que contém tanto oração coordenada como subordinada. Veja:

- ***Vi*** ***que*** *o conteúdo do edital* ***era*** *muito extenso.*
  - ↳ Veja que há dois verbos: "ver" e "ser", configurando um período composto de duas orações. O sujeito da primeira é um "Eu", que não apareceu explícito. O verbo "vi" é transitivo direto. O objeto direto é exatamente a oração seguinte. Assim, como a segunda oração exerce uma função sintática na primeira, trata-se de um período composto por subordinação.

- *O candidato* ***sabia*** ***que*** *a prova* ***seria*** *difícil,* ***mas*** *não* ***quis estudar****.*
  - ↳ Veja que agora são três orações: verbos "saber", "ser" e a locução "querer estudar". A segunda oração completa o sentido da primeira. É objeto direto que completa o sentido de "sabia". Assim, a segunda oração é subordinada à primeira. As duas orações somadas completam o sentido: "O candidato sabia que a prova seria difícil.". Por esse motivo, esse "bloco" é coordenado ao próximo. O período em questão é composto por coordenação e subordinação.

ORAÇÕES SUBORDINADAS SUBSTANTIVAS

Nos concursos mais recentes, as orações subordinadas substantivas não têm sido frequentemente cobradas. Por isso, deixamos por último o trabalho relativo a elas. As orações substantivas são orações as que exercem a mesma função que um substantivo, na estrutura sintática da frase.

- O professor pediu o silêncio da turma.
  - ↳ Trata-se de um período simples, porque tem apenas um verbo ("pediu").
  - ↳ O sujeito é "O professor", expressão que tem como núcleo o substantivo "professor".
  - ↳ "Pediu" é VTD, cujo complemento "o silêncio da turma" (OD). O núcleo do OD é o substantivo "silêncio".
  - ↳ Há duas posições na frase anterior em que se pode usar um substantivo: o sujeito (professor) e o objeto direto (silêncio). Nessas mesmas posições podem aparecer, em um período composto, orações subordinadas substantivas.

Veja a transformação:

- *O professor* ***pediu*** ***que*** *a turma* ***fizesse*** *silêncio.*
  - ↳ Agora o período se tornou composto de duas orações. A conjunção "que" introduz uma oração que ficou no lugar do objeto direto. Assim, ela exerce essa mesma função. Aqui ocorre o que se chama de oração subordinada substantiva objetiva direta. "Subordinada", porque completa o sentido da

anterior; "substantiva", porque a função de OD é exercida por um substantivo (como ocorreu no período simples); "objetiva direta" porque exerce a função de objeto direto em relação à primeira oração.

Existem as seguintes classificações para as orações substantivas, que podem ser divididas em seis tipos:

1. **Subjetiva**: é aquela que exerce a função de sujeito da oração principal.

   - *É necessário* ***que*** *a turma se empenhe mais.*
     - ↳ A primeira oração tem um verbo de ligação, seguido de um predicativo do sujeito.
     - ↳ A segunda, portanto, é uma oração subordinada substantiva subjetiva.
   - *Consta* ***que*** eles não vieram à aula na segunda-feira.
     - ↳ A primeira oração tem um verbo intransitivo.
     - ↳ A segunda, portanto, é uma oração subordinada substantiva subjetiva.
   - *Confirmou-se* ***que*** o empresário, de fato, deu um golpe.
     - ↳ Observe que a primeira oração tem um verbo seguido da partícula "se".
     - ↳ A princípio, o verbo passaria como TD; ocorre que se trata de uma estrutura de voz passiva: "Que o empresário, de fato, deu um golpe" (Isso) foi confirmado.
     - ↳ A segunda oração é, portanto, o sujeito da primeira.

2. **Predicativa:** é aquela que exerce a função do predicativo do sujeito.

   - *A dúvida é* ***se*** o candidato precisa levar caneta preta.
     - ↳ Observe que a primeira oração termina com um verbo de ligação ("é")
     - ↳ Sempre que isso ocorrer, a segunda oração será subordinada substantiva predicativa.

   Veja mais um exemplo:

   - *A verdade é* ***que*** ninguém tem domínio total de todos os conteúdos.

3. **Objetiva Direta:** é aquela que exerce a função do objeto direto. Por isso, completa o sentido de um Verbo Transitivo Direto.

   - *Nós queremos* ***que*** o presente seja entregue no dia do aniversário.
     - ↳ A primeira oração tem um sujeito, seguido de um VTD.
     - ↳ A segunda é, portanto, uma oração subordinada substantiva subjetiva.
   - *Sei* ***que*** *não será fácil a bateria de testes.*
     - ↳ A primeira oração tem apenas um VTD; apesar disso, pode-se identificar o sujeito ("eu").
     - ↳ Assim, o que falta é um termo que sirva de objeto direto ao verbo da oração principal. Por isso, a segunda oração é subordinada substantiva subjetiva.

4. **Objetiva Indireta:** é aquela que exerce a função do objeto indireto.

- *As crianças precisam **de que*** os adultos as protejam.
  - ↳ *A primeira oração é composta de um sujeito e de um VTI.*
  - ↳ *A segunda oração, portanto, precisa ter uma preposição antes da conjunção integrante "que". Assim, a segunda oração é subordinada substantiva objetiva indireta.*
- *A mulher precisa **(de) que*** a sociedade a respeite mais.
  - ↳ É importante saber que a oração objetiva indireta pode iniciar-se com a preposição explícita (o que é, claro, o mais recomendável) ou implícita.

5. **Completiva Nominal**: é aquela que exerce a função de um complemento nominal.

- *Tenho vontade **de que*** possamos ter uma vida bem mais tranquila.
  - ↳ A primeira oração tem um VTD, seguido de um OD, representado por um substantivo ("vontade")
  - ↳ A segunda oração inicia-se por uma preposição, determinada pela regência de "ter vontade" (ter vontade DE). Assim, constrói-se a oração subordinada substantiva completiva nominal, por completar o sentido de um NOME.

Outro exemplo:

- *Toda criança tem necessidade **de que** alguém tome conta dela.*

6. **Apositiva**: é aquela que exerce a função de um aposto.

- *Todo candidato tem o mesmo objetivo: que* possa passar no concurso.
  - ↳ A primeira oração tem uma estrutura completa: sujeito, verbo e objeto direto.
  - ↳ A segunda oração especifica, isto é, detalha que objetivo o candidato tem.
  - ↳ Os dois pontos marcam a introdução da chamada oração subordinada substantiva apositiva.

RELAÇÕES LÓGICO-SEMÂNTICAS NO PERÍODO COMPOSTO: COORDENAÇÃO

Na maioria das provas de concurso, independentemente da maneira como se cobrem os conteúdos (tradicionalmente ou mais "inovadora"), haverá uma questão que aborde algum aspecto relativo às relações lógico-semânticas que organizam o período composto. Na maior parte dos novos concursos, não se usa mais a nomenclatura ortodoxa que ainda assusta muitos estudantes. O que deve ser hoje a maior preocupação dos candidatos é o aspecto semântico das conjunções, os mecanismos de coesão textual que garantirão a coerência dos períodos e do texto em si.

As orações coordenadas apresentam as seguintes relações de sentido:

ADIÇÃO

A adição representa o que se nomeia como oração coordenada sindética aditiva. Também associada às ideias de soma, acréscimo, sequencialidade, contiguidade. Geralmente aceita como a sua "melhor conjunção" o "e".

Exemplos:

- *Levanta-se cedo diariamente **e vai dar um passeio**.*
- *Ele não estuda **nem trabalha**.*

CONJUNÇÕES: nem, mas também, mas ainda.

OPOSIÇÃO/CONTRADIÇÃO/CONTRASTE

Podem essas ideias ser nomeadas por dois tipos diferentes de oração: oração coordenada sindética adversativa ou oração subordinada adverbial concessiva.

Exemplos:

- *Estava muito frio, **porém a garota saiu de biquíni à noite**.*
  ↳ **ideia de adversidade.** Note que a conjunção "porém" está unindo duas orações independentes, isto é, que têm sentido mesmo isoladas.
- ***Embora estivesse muito frio**, a garota saiu de biquíni à noite.*
  ↳ **Ideia de concessão.** Note que a conjunção "embora", caso seja retirada da primeira oração, faz com que isolada, essa oração não tenha sentido.

▸ ADVERSIDADE	▸ CONCESSÃO
Ideia presente em orações independentes (coordenadas, portanto)	ideia presente em orações dependentes (subordinadas, portanto)
Conjunções adversativas: mas, porém, contudo, todavia, entretanto.	**Conjunções concessivas:** apesar, embora, mesmo que, ainda que, se bem que.

ALTERNÂNCIA

Representa o que se nomeia como oração coordenada sindética alternativa e indica escolha, opção. De um modo geral, nesse tipo de oração, as conjunções costumam aparecer repetidas na organização do período.

Exemplo:

- ***Ou** ali faz muito frio no inverno, **ou** o calor costuma ser insuportável no verão.*

EXPLICAÇÃO X CONCLUSÃO

Respectivamente essas ideias representam a oração coordenada sindética explicativa e a conclusiva. A explicação justifica, afirma, ao passo que a conclusão deduz, pode representar uma hipótese. Colocamos as duas ideias "juntas", uma vez que se relacionam.

Exemplo:

- *Não saiu a tempo, **portanto chegou atrasado.***
  - ↳ **Ideia de conclusão.** Veja que antes se fez uma afirmativa para, dela, deduzir algo.
- *Chegou atrasado, **porque não saiu a tempo.***
  - ↳ **Ideia de explicação.** Veja que encontramos a justificativa na segunda oração, por isso ela explica.

- **,pois** → sinônimo de "porque" (valor explicativo).
- **, pois,** → sinônimo de "portanto" (valor conclusivo).
  - *Exemplos:*
  - *Ele é um salafrário; deve, **pois,** aplicar-lhe um golpe. (= portanto)*
  - *Ele deve aplicar-lhe um golpe, **pois** é um salafrário. (= porque)*

AS IDEIAS DAS ORAÇÕES SUBORDINADAS

Acima, quando falamos da ideia de oposição, apresentamos dois nomes: **adversidade** e **concessão**. A nomenclatura tradicional coloca a ideia de "adversidade" como a oração coordenada sindética adversativa. A ideia de "concessão" corresponderia à oração subordinada adverbial concessiva. Abaixo, listaremos as relações lógico-semânticas do período composto por subordinação.

Abordaremos, primeiramente, as noções correspondentes às orações subordinadas adverbiais. Na relação a seguir, não reapresentaremos a ideia de concessão.

CAUSA X CONSEQUÊNCIA

Essas ideias representam, respectivamente, a oração subordinada adverbial causal e a oração subordinada adverbial consecutiva. Numa relação lógica de ocorrência, é claro que a causa ocorre "antes" e a consequência vem "depois".

Exemplos:

- *Já que estava muito cansado, adormeceu rápido.*
  - ↳ Ideia de causa. Note que "estar cansado" precede rápido adormecer.
- *Estava tão cansado que adormeceu rápido.*
  - ↳ Ideia de consequência. Note que o "adormecer rápido" é fato que vem depois do estado de cansaço.

- **Conjunções causais**: porque, já que, como, porquanto, uma vez que, que, visto que, desde que.
- **Conjunções consecutivas**: tão/que, tanto/que, tal/que, tamanho/que.

A conjunção "como"

Disponível em: http://www.cbpf.br/~eduhq/html/tirinhas/tirinhas_assunto/literatura/literatura.php?pageNum_Recordset1Literatura=2&totalRows_Recordset1Literatura=10

O elemento coesivo "como" costuma estar presente em três relações lógicas: comparação, conformidade ou causa.

Exemplos:

✦ *Eles se agrediram como bichos.*

↳ Ideia de comparação. Veja que a conjunção aqui é sinônimo de "tal como"; nas orações comparativas, é comum que o segundo verbo do período não apareça explícito.

✦ *Fizeram o trabalho como lhes foi pedido.*

↳ Ideia de conformidade. Veja que a conjunção aqui é sinônimo de "conforme"; nas orações conformativas, o segundo verbo do período aparece explícito e é diferente do primeiro.

✦ *Como me atrasei, acabei perdendo o avião.*

↳ ideia de causa. Veja que a conjunção aqui é sinônimo de "porque"; nas orações causais, a conjunção "como" é a primeira palavra do período.

- **Conjunções comparativas:** tal qual, tanto quanto, tal como, como.
- **Conjunções conformativas**: conforme, segundo, consoante, como.

CONDIÇÃO

Disponível em: http://www.tirinhas.com/garfield.php

A chamada oração subordinada adverbial condicional pode também indicar hipótese.

Exemplo:

+ *As mercadorias não serão liberadas, sem que se pague o frete.*
  ↳ A "condição" para que liberem as mercadorias é o pagamento do frete.

- **Conjunções condicionais**: se, caso, contanto que, desde que, sem que.

FINALIDADE

A oração subordinada adverbial final é aquela que expressa objetivo, propósito, intenção.

Exemplo:

+ *Veio do interior para que pudesse estudar.*
  ↳ Como se percebe, a intenção, o objetivo, a "finalidade" da vinda foi a possibilidade do estudo.

- **Conjunções finais**: para que, a fim de que.

PROPORÇÃO

A oração subordinada adverbial proporcional traduz um "aumento" ou uma "diminuição" gradativa; as orações expressam, como o próprio nome diz, "proporcionalidade".

Exemplo:

+ *Vamos ficando mais cansados, à medida que a idade vai aumentando.*
  ↳ O aumento da idade é diretamente proporcional ao aumento do cansaço.

- **Conjunções proporcionais**: à proporção que, à medida que, ao passo que, quanto mais/mais, quanto mais/menos, quanto menos/menos, quanto menos/mais.

O próximo passo é a apresentação das ideias que correspondem às orações subordinadas adjetivas.

As orações subordinadas adjetivas vêm introduzidas por um pronome relativo (quando desenvolvidas) e exercem uma função caracterizadora do substantivo antecedente, que pertence à oração principal. Veja a frase abaixo:

- *"D. Custódia era uma portuguesa que alugava quartos na Rua da Misericórdia." (Adolfo Caminha)*

  ↳ Nesse exemplo, a oração que alugava quartos na Rua da Misericórdia caracteriza uma portuguesa, que por sua vez modifica D. Custódia. O caráter adjetivo da oração citada evidencia-se se a substiuirmos por locadora de quartos, por exemplo.

Vamos às ideias:

RESTRIÇÃO

A oração classificada como "subordinada adjetiva restritiva" particulariza um elemento no meio de muitos. Normalmente não pode ser retirada do período sem que haja uma modificação de sentido. Uma particularidade é a de que, por ter valor de adjunto adnominal, não pode ser isolada por vírgula(s).

Exemplos:

- *Este é o aluno que tirou o primeiro lugar.*
- *Quem mais pode querer a moça a quem oferecemos o seguro?*

EXPLICAÇÃO

A oração classificada como "subordinada adjetiva explicativa" acrescenta uma informação acessória ao termo antecedente, como se fosse um aposto, esclarecendo, explicando ou desenvolvendo. Normalmente, pode ser retirada do período sem que lhe altere o sentido. A particularidade de pontuação é que esse tipo de oração vem isolada por vírgula(s).

Exemplo:

- *Ouro Preto, que foi a primeira capital de Minas, é linda.*

CAPÍTULO 13

Sintaxe 7

Pontuação

Vamos iniciar esta unidade com um texto do professor Hélio Consolaro, publicado no site http://www.mundovestibular.com.br. O que o citado professor transcreve talvez seja conhecido de muitos. Vamos ao artigo:

> Recebi de um leitor um texto bastante conhecido, antigo, como exemplo de como a pontuação faz a diferença. A reprodução abaixo não é falta de assunto, mas uma forma de compartilhar com os leitores mais jovens as coisas antigas e boas que estão na internet.
>
> Um homem rico estava muito doente, pediu papel e caneta, e assim escreveu:
>
> "Deixo meus bens à minha irmã não a meu sobrinho jamais será paga a conta do alfaiate nada aos pobres".
>
> Morreu antes de fazer a pontuação. Para quem ele deixava a fortuna?
>
> Eram quatro concorrentes. O sobrinho fez a seguinte pontuação:
>
> "Deixo meus bens à minha irmã? Não, a meu sobrinho. Jamais será paga a conta do alfaiate. Nada aos pobres"
>
> A irmã chegou em seguida e pontuou assim, o escrito:
>
> "Deixo meus bens à minha irmã, não a meu sobrinho. Jamais será paga a conta do alfaiate. Nada aos pobres."
>
> O alfaiate pediu cópia do original e puxou a brasa pra sardinha dele:
>
> "Deixo meus bens à minha irmã? Não! Ao meu sobrinho jamais! Será paga a conta do alfaiate.
>
> Nada aos pobres."
>
> Aí, chegaram os descamisados da cidade. Um deles, sabido, fez esta interpretação:
>
> "Deixo meus bens à minha irmã? Não! A meu sobrinho jamais! Será paga a conta do alfaiate? Nada! Aos pobres."
>
> **Moral da história:** Pior de tudo é saber que ainda tem gente que acha que uma vírgula não faz a menor diferença!

Geralmente, a pontuação serve para representar pausas na fala, nos casos do ponto, vírgula e ponto e vírgula; ou entonações, nos casos do ponto de exclamação e de interrogação, por exemplo. Além de pausa na fala e entonação da voz, os sinais de pontuação reproduzem, na escrita, nossas emoções, intenções e anseios. O grande problema é que os alunos passam a vida nas escolas, ouvindo que "pontuação" tem a ver com "respiração".

Falam os professores que uma pausa rápida dá oportunidade a uma vírgula. Uma pausa maior, a um ponto final. E o que dizer do ponto-e-vírgula? Ele serve para dizer que alguém teve um soluço? Claro que a grande dificuldade da pontuação é a necessidade de se conhecer algo (ou muito) acerca de análise sintática. No mínimo, deve-se saber que a pontuação se relaciona com a chamada ordem lógica direta (ou ordem canônica) da língua.

A REGRA GERAL DA PONTUAÇÃO

Em português, a ordem direta é representada pela sequência: SUJEITO – VERBO – OUTROS TERMOS.

Observe:

Há frases na língua que apresentam apenas SUJEITO E VERBO:

↳ Os acidentados do voo noturno faleceram.

Há frases que apresentam SUJEITO, VERBO E COMPLEMENTO VERBAL (OBJETO):

- *Os alunos receberão os certificados do curso.*
- *Todos precisamos de apoio psicológico.*

Há frases que apresentam SUJEITO, VERBO E ADJUNTO ADVERBIAL:

- *O curso de férias acontecerá nos mês de janeiro.*

Há frases que apresentam SUJEITO, VERBO E PREDICATIVO:

- *A cidade turística parecia deserta.*

Seja qual for a estrutura, quando completa, a ordem será SUJEITO + VERBO + OUTROS TERMOS (SVO). Se se obedecer a essa sequência, independentemente do tamanho dos termos, não se utilizará a vírgula entre os termos (respirando ou não!)

Analisemos os seguintes contextos:

- *Todos os deputados envolvidos no escândalo de corrupção política* (SUJEITO) *receberam* (VERBO) *advertências* (OD) *do Governo Federal.* (ADJUNTO ADNOMINAL)

↳ No período acima, temos a ordem direta respeitada: S+ V+ O; por isso, não tivemos nenhuma vírgula mesmo o sujeito sendo extenso.

Veja um segundo exemplo:

- *Durante todo o mês de março, as chuvas castigaram a região agrícola.*

    ↳ Observe que antes do sujeito colocou-se a expressão "Durante todo o mês de março". Esse termo, anteposto ao sujeito, desrespeita a ordem direta, que deveria começar pelo sujeito. Assim, um dos motivos do uso de vírgula é o fato de ela isolar o termo deslocado.

- *Ontem, um aluno apresentou um trabalho excelente sobre o ensino universitário no Brasil.*

    ↳ Novamente colocou-se um termo anteposto ao sujeito. Por isso, ele é um "termo deslocado" e foi separado do restante da oração por intermédio de uma vírgula. O processo é o mesmo do exemplo anterior: quando se deslocar um termo da oração, deve-se separá-lo por vírgula.

Tudo muito simples se não fosse a "dupla possibilidade" na qual se baseiam tantas questões de prova. Como assim?

A vírgula do primeiro exemplo é obrigatória, ao passo que a do segundo é facultativa. Tudo tranquilo se se trata da sua escrita. O que é facultativo é bom, pois permite que se registre de forma variada e correta. No entanto, na múltipla escolha é ruim, pois induz ao erro. Vamos lá: a gramática diz que o termo deslocado, quando for de pequena extensão, dispensa a obrigatoriedade da vírgula. Como no segundo exemplo "ontem" é apenas uma palavra, dispensa a vírgula - que pode, se se quiser, ser usada.

Mas afinal, o que seria um termo de "pequena" ou "grande" extensão? É quase unanimidade entre os gramáticos que um termo de quatro ou mais palavras é aquele que deve ser virgulado, por ter uma grande extensão.

Por isso, em sua escrita, prefira virgular os termos antepostos ao sujeito, independentemente de sua extensão, porque a vírgula que os isola é sempre permitida - ainda que não obrigatória em alguns casos.

Mais um exemplo:

- *Os membros do conselho, durante a reunião extraordinária do condomínio, deliberaram acerca da nova taxa a ser cobrada dos moradores.*

    ↳ Veja que, desta vez, colocou-se uma expressão ("durante a reunião extraordinária do condomínio") entre o sujeito e o verbo. Esse artifício "quebrou" a ordem direta. Quando isso ocorre, tem-se o que se chama de "termo intercalado". Assim, sempre que se interromper a ordem frasal, devem-se usar as vírgulas.

O critério da "extensão" vale nesse caso também. Por isso, as duas construções a seguir são válidas:

- *O namorado, ontem, deu o anel de compromisso à sua garota.*
- *O namorado ontem deu o anel de compromisso à sua garota.*

Finalmente, coloquemos um termo intercalado quebrando a sequência VERBO e COMPLEMENTO VERBAL:

✦ *O político agradeceu, durante a realização do evento na Câmara, os votos que recebera dos eleitores.*

↳ Veja que "durante a realização do evento na Câmara" quebrou a ordem SVO, pois se interpôs ao verbo e seu complemento. Por isso, deve ser virgulado.

No caso de pequenas extensões, as vírgulas são facultativas. Observe:

✦ *O saldo bancário revelou, infelizmente, o rombo na empresa.*

✦ *O saldo bancário revelou infelizmente o rombo na empresa.*

VÍRGULA E CONJUNÇÕES

No período composto, o uso da vírgula é, antes de tudo, sinal de cuidado com a clareza. Um período muito longo certamente levará a problemas na pontuação. Sabemos que "conjunções" são as palavras que servem de elo entre as orações de um período. São elas que ligam as orações. Em regra geral, a vírgula é usada **antes** das conjunções, e não **após**.

✦ *O aluno chegou mais tarde, **porque** estava no trabalho.*

↳ Há, no período, dois verbos ("chegou" e "estava"); assim, existem duas orações. A palavra que está somando uma à outra e é uma conjunção: "porque". Como dissemos, a vírgula ficou ANTES da conjunção.

✦ ***Quando** ele chegar à empresa, peça-lhe o relatório sobre o dia de ontem.*

↳ Temos novamente duas orações: uma cujo núcleo verbal é "chegar" e outra, que se articula com o verbo "peça-lhe". A conjunção é o "quando", que aparece no início do período.

E novamente, teremos um caso de obrigatoriedade ou não. A ordem dos fatores no caso da estrutura da língua portuguesa, altera o produto. Em se tratando do período composto a vírgula será:

- **OBRIGATÓRIA** - quando houver conjunção inicial, já que a ordem lógica foi invertida.

  ✦ ***Se** você quiser, telefone-me sem nenhum constrangimento.*

  ✦ ***Enquanto** houver saudade, haverá choro.*

  ✦ ***Quando** ele voltar, conseguirá o cargo de volta imediatamente.*

- **FACULTATIVA** - quando o período tiver uma conjunção intermediária, Nesse caso, a ordem lógica foi mantida.

  ✦ *Telefone-me sem nenhum constrangimento **se** você quiser.*

  ✦ *Telefone-me sem nenhum constrangimento, **se** você quiser.*

✦ *Haverá choro **enquanto** houver saudade.*

✦ *Haverá choro, **enquanto** houver saudade.*

✦ *Conseguirá o cargo de volta imediatamente **quando** voltar.*

✦ *Conseguirá o cargo de volta imediatamente, **quando** voltar.*

A lógica desse procedimento é que, se a conjunção tem a função de ligar a primeira oração à segunda, a partir dela, começa outra. A transição é marcada naturalmente. Quando, entretanto, a conjunção vem no início da frase, é preciso sinalizar onde começa a segunda oração.

Obs.: é melhor colocar a vírgula sempre (tanto nos casos obrigatórios quanto nos casos facultativos).

Veja mais uma situação:

✦ *Ele pretende ir, **mas,** por motivos familiares, ficará para o Natal e a passagem de ano.*

↳ A vírgula antes da conjunção **"mas"** ocorreu normalmente. Apareceu também uma vírgula após: isso foi um recurso usado para destacar o termo intercalado **"por motivos familiares"**. Ao analisar a pontuação de um período, não se deixe levar pela aparência, mas pelas razões técnicas apresentadas.

CONJUNÇÃO "POIS"

Essa conjunção segue uma especificidade: há duas formas de pontuar períodos em que ela aparece:

- precedida de uma vírgula
- entre vírgulas

Se um período em que aparecer tal conjunção não aparecer qualquer vírgula, trata-se de erro de pontuação; colocar-se uma vírgula apenas, após a palavra "pois", também é um erro.

Vejamos:

✦ *Entre agora, pois a chuva está começando.*

↳ Apesar de a regra geral dizer que a vírgula antes de conjunção é facultativa, esta vírgula é obrigatória. Note que a conjunção "pois" é sinônima de "porque" - está explicando.O "pois" de valor explicativo deve ser sempre precedido de vírgula.

✦ *Os indícios são muito fortes; deverão, pois, condenar o suspeito.*

↳ Desta vez, o "pois" é sinônimo de "portanto", indicando conclusão. Sempre que se tiver um "pois" conclusivo, ele deverá ficar entre vírgulas.

Resumindo:

- *,pois* = porque - explicativo
- *,pois ,* = portanto - conclusivo

AS CONJUNÇÕES QUE EXPRESSAM OPOSIÇÃO:

A palavra "mas" e seus equivalentes (*porém, contudo, todavia, entretanto, no entanto*) sempre expressam sentido de oposição. São classificadas gramaticalmente como conjunções adversativas.

- *É uma pessoa muito rica, **mas** tem poucos amigos.*
- *Estava fazendo muito calor, **entretanto** a moça apareceu agasalhada.*

As **conjunções adversativas** são aquelas que indicam oposição. Basta se lembrar de que já que um "adversário" é um oponente. As conjunções adversativas são **obrigatoriamente precedidas de vírgula**. São elas:

- *O dia foi marcado, **porém** os alunos não poderão vir.*
  - ↳ Pela regra apresentada anteriormente, o "porém" estando em posição intermediária (não no início do período) , teria vírgula precedente facultativa. No caso do exemplo é obrigatório o uso da vírgula porque se trata de uma conjunção adversativa.

CONJUNÇÃO "E"

- *O carteiro pegou a mochila e foi entregar a correspondência.*
  - ↳ Período composto unido pela conjunção "e", que expressa adição, já que une ações do mesmo sujeito. Nesse caso, o "e" **não pode ser precedido de vírgula**.
- *O jovem trabalha muito e não tem boa condição financeira.*
  - ↳ No lugar do "e" do exemplo acima caberia um "mas". Toda vez que puder substituir o "e" por "mas", há o sentido de oposição, adversidade. Como as orações adversativas são precedidas de vírgulas, temos aqui um caso em que a vírgula antes do "e" poderia ser usada, mantendo a correção gramatical.
- *O jovem trabalha muito, e não tem boa condição financeira.*
- *O rapaz estava tenso e chegou ao desmaio durante a audiência.*

Nesse caso, o "e" pode ser substituído por "*por isso*", "consequentemente", que expressam uma relação de consequência. Nesse caso, um fato se desdobra em outro, não podendo, assim, usar-se a

- *Os candidatos faziam prova concentrados e o fiscal lia tranquilamente uma revista.*
  - ↳ Note que, ao contrário dos exemplos acima, o sujeito da primeira oração é um e o da segunda oração é outro. O "e" pode ser substituído por "enquanto" - ideia de tempo, mas de tempo paralelo. No lugar do "e" caberia ponto-e-vírgula, já que as duas orações são independentes. A vírgula no caso presente pode ou não ser colocada antes da conjunção "e".
- *Os candidatos faziam prova concentrados, e o fiscal lia tranquilamente uma revista.*

RESTRIÇÃO X EXPLICAÇÃO

Vamos relembrar o que falamos no capítulo relativo a período composto: **restrição** corresponde à ideia de limitação; **explicação** corresponde à ideia de reforço.

✦ *O carro **preto** bloqueou a entrada.*

↳ A palavra "preto" caracteriza "carro" - adjetivo. Este "preto" indica "um" dentre outros carros. Toda vez que houver "um" dentre outros, tem-se o que se classifica como **adjetivo restritivo.**

✦ *O gelo **frio** queimou os dedos da criança.*

↳ Como "ser frio" é inerente ao "gelo", este é um adjetivo explicativo, já que serve apenas de endosso ou reforço.

A partir desses adjetivo, temos orações classificadas como **orações adjetivas:**

- **Explicativas** - toda oração explicativa se constrói no período com vírgulas.
- **Restritivas** - toda oração restritiva se constrói no período sem vírgulas.

✦ *O time **que venceu o campeonato** não era o favorito.*

↳ O termo intercalado, que aparece negritado, é uma oração, porque tem verbo. É oração de natureza adjetiva, por se referir ao substantivo "time". A intenção é destacar que um time específico venceu o campeonato. Certamente eram vários em disputa e "um deles" venceu. Essa ideia de "um dentre outros" expressa restrição. Por isso, o uso de vírgulas é proibido.

✦ *O sol **,que é uma estrela,** é a maior fonte de energia.*

↳ O termo intercalado, que aparece negritado, é uma oração, porque tem verbo. É oração de natureza adjetiva, por se referir ao substantivo "sol". A intenção é a de reforçar que o sol é uma estrela. Como esse é um atributo inerente ao sol, o valor da oração é explicativo - tem de vir entre vírgulas obrigatoriamente.

DOIS PONTOS

O primeiro contato que temos com o sinal de dois pontos é quando, no ensino fundamental, a professora dita o trecho de uma narrativa e alguém "vai falar". Portanto, esse sinal é usado no chamado discurso direto.

Veja:

✦ *O pai, impaciente, determinou à filha:*
– Venha imediatamente para casa, pois já é muito tarde.

↳ Note que a fala do pai (discurso direto) inicia-se por travessão. E essa fala veio precedida do sinal de dois pontos.

Uma variante da apresentação de falas é o recurso da intertextualidade do tipo **citação.** Quando em um trabalho vai-se transcrever o pensamento, as ideias ou a fala de algum autor, é comum o uso dos dois pontos:

✦ *A concepção de Machado de Assis sobre "ser amigo" é muito clara: Não é amigo aquele que alardeia a amizade: é traficante; a amizade sente-se, não se diz.*

↳ O pensamento machadiano, em itálico, é uma citação do autor; esse recurso, denominado intertextualidade, veio após o sinal de dois pontos.

Nas provas de concurso, entretanto, os "dois pontos" introduzem, na maioria das vezes, termos de **valor explicativo ou especificativo.**

✦ *Os alunos matriculados na oficina de arte precisavam de alguns itens:* ***lápis, borracha, caneta, apontador.***

↳ Os dois pontos no exemplo acima precedem uma enumeração. Essa sequência é de valor especificativo: detalham-se os itens de que os alunos precisavam. Gramaticalmente falando, o termo especificativo que vem depois de dois pontos é APOSTO.

✦ *A moça deprimida só precisa de uma coisa: que a* ***deixemos em paz.***

↳ Os dois pontos no exemplo acima precedem uma oração. Essa informação oracional é de valor especificativo: detalham-se a "coisa" de que necessita a moça. Gramaticalmente falando, a oração especificativa que vem depois de dois pontos é APOSITIVA.

PONTO-E-VÍRGULA

O ponto-e-vírgula é um sinal bastante problemático no desempenho escolar. A maioria das pessoas o utiliza sem nenhum critério. Julgam que dado período esteja muito extenso e as vírgulas não conseguiriam harmonizá-lo. O melhor, portanto, é conscientizar-se de que a função desse sinal não é estética e seria mais aconselhável nem usá-lo.

Saiba que o ponto-e-vírgula é substituível por ponto final. Só deve, no entanto ser usado, quando separa estruturas independentes, a que chamamos orações coordenadas. Oficialmente o ponto-e-vírgula é presente:

- nos paralelos
- nas comparações

✦ *Os professores estavam em reunião; os alunos permaneciam no pátio.*

↳ Veja que se estabeleceu um paralelo entre "os professores" e "os alunos". Além disso, a própria estrutura oracional é paralela: há um sujeito, um verbo e um adjunto adverbial de lugar em cada uma das orações independentes. O ponto-e-vírgula separa, portanto, estruturas "espelhadas".

✦ *Nós iríamos à Europa; eles iriam aos EUA.*

↳ Mais uma vez, tem-se uma estrutura que estabelece um paralelo: "nós" X "eles" › Mais uma vez, orações "espelhadas":

↳ Sujeitos - nós, eles.

↳ Verbos - iríamos, iriam.

↳ Adjuntos adverbiais - à Europa, aos EUA.

Ocorre, inclusive a presença do mesmo verbo nas duas orações. As repetições, coesivamente, representam defeito. Portanto, a frase deveria ficar:

✦ *Nós iríamos à Europa; eles, aos EUA.*

↳ Veja que agora se apresenta mais uma função da vírgula. Além de separar termos deslocados, intercalados, orações, o sinal pode também indicar a supressão de um termo, facilmente dedutível, por ser equivalente ao que se manteve.

Veja um outro exemplo acerca dessa peculiaridade:

✦ *Os americanos costumam preferir churrasco; os italianos, massas.*

↳ A vírgula substitui "costumam preferir".

APOSTO X VOCATIVO

Essas duas funções sintáticas têm destaque especial, pois ambos são termos isolados por sinal de pontuação.

O **aposto** é um termo de valor explicativo ou especificativo.

O **vocativo** é um termo de interlocução (diálogo, fala). Algumas gramáticas definem como "chamamento".

Vejamos:

✦ *O veículo, **um ônibus velho e pintado de roxo**, estava no pátio esperando a manutenção.*

↳ "um ônibus velho e pintado de roxo" - é um termo intercalado. Esse termo tem um valor especificativo - especifica o veículo que está no pátio, esperando manutenção. A classificação do termo entre vírgulas é a aposto.

↳ É importante sinalizar que duplo travessão,assim como o par de parênteses servem para separar o aposto. Podemos ter, portanto,

✦ *O veículo – **um ônibus velho e pintado de roxo** – estava no pátio esperando a manutenção*

✦ *O veículo **(um ônibus velho e pintado de roxo)** estava no pátio esperando a manutenção*

É claro que se o aposto não for intercalado, não cabe o "par" de sinais de pontuação. Mas ainda assim ocorrerá o isolamento sintático:

✦ *Chegou o professor Sílvio,* ***chefe da cadeira de Geografia da Universidade****.*

✦ *Chegou o professor Sílvio –* ***chefe da cadeira de Geografia da Universidade****.*

✦ *Chegou o professor Sílvio* ***(chefe da cadeira de Geografia da Universidade)****.*

↳ O aposto no final isola-se por uma vírgula ou um travessão; mas os parênteses continuam dois.

Em síntese:

Sinais de pontuação que separam o aposto:

- vírgulas
- travessões
- parênteses
- dois pontos, como afirmamos anteriormente.

✦ *O preço era este:* ***R$180,00.***

↳ O valor especifica o antecedente e está depois de "dois pontos", é aposto.

Há momentos em que o travessão é obrigatório. Veja:

✦ *Quando eu encontrar o Thiago, pedirei a ele o DVD.*

↳ Este período começou com a conjunção "quando". Toda vez que se começar uma frase com conjunção, a vírgula é obrigatória. Se se quiser colocar um aposto para Thiago, o termo deverá ficar entre travessões seguidos da vírgula que já havia.

✦ *Quando eu encontrar o Thiago –* ***meu primo*** *-, pedirei a ele o DVD.*

↳ O duplo travessão não pode ser substituído por um par de vírgulas, porque a vírgula isolando as orações é obrigatória.

Vocativo - deve ser separado apenas por vírgula. Não pode haver outro sinal de pontuação que o separe.

✦ *Guilherme, passe na minha sala após o expediente.*

↳ "Guilherme" - interlocutor - é o vocativo , isolado sempre por vírgula.

ASPAS

As aspas são usadas para indicar:

a) citação de alguém:

✦ *"A apresentadora de TV Oprah Winfrey é a celebridade que mais faturou em 2010, segundo o ranking da revista Forbes que lista as 20 celebridades mais bem pagas deste ano. De acordo com a revista, Oprah ganhou 315 milhões de dólares nos últimos 12 meses. Em segundo lugar, está o diretor do aclamado filme Avatar, James Cameron, que faturou 210 milhões de dólares em 2010." (Revista VEJA, 28 de dezembro de 2010)*

b) expressões estrangeiras, neologismos, gírias:

✦ *Nada pode com a propaganda de "outdoor".*

✦ *Brigou com o filho e resolveu "desdar" o presente.*

✦ *Muito "paia" esse argumento seu.*

RETICÊNCIAS

As reticências são usadas para indicar supressão de um trecho, interrupção ou dar ideia de continuidade ao que se estava falando:

✦ *(...) Onde está ela, Amor, a nossa casa,*
O bem que neste mundo mais invejo?
O brando ninho aonde o nosso beijo
Será mais puro e doce que uma asa? (...)

✦ *E então, veio um dia, um mês, um ano, uma década...*

✦ *Eu gostei do novo cargo, mas do chefe...*

PARÊNTESES

Os parênteses são usados quando se quer explicar melhor algo que foi dito ou para fazer simples indicações.

✦ *Ele dançou, e cantou, e riu, e depois saiu. (o e aparece repetido e, por isso, há o predomínio de vírgulas).*

CAPÍTULO 14

Revisão geral

Comentário de questões

Como você sabe, a maioria das provas de Tribunais são realizadas pela Fundação Carlos Chagas. E, se você estudar as provas da instituição, verá que sempre haverá uma ou duas questões como as que compõem este capítulo. Por isso, resolvemos apresentar esta "salada". É uma forma de você se avaliar, de perceber o que aprendeu de fato e o que ainda precisa aprofundar. Antes de observar os comentários, tente resolver cada questão na "honestidade".

Mãos à obra!

1. QUESTÕES COM GABARITO COMENTADO

01. **(FCC – Analista Judiciário – TRT-2011)** Está clara e correta a redação deste livre comentário sobre o texto:

(A) Nos *blogs* há uma subjetividade da qual os outros meios de comunicação jornalística se ressentem, uma vez que não é de sua característica contemplá-la.

(B) O autor do texto exime-se ao diferenciar autoria institucional de outras modalidades autorais, presumindo que a primeira obtém maior crédito.

(C) Para muitos, os *blogs* são um recurso de comunicação de eficácia nunca antes alcançada, suplantando em extensão e profundidade os diálogos platônicos.

(D) Ainda que possam ser benvindos, os *blogs* não devem constituir uma obcessão tal que remova seus usuários de diligenciarem outras formas de linguagem.

(E) A democratização do pensamento não pode ficar presa à uma forma de comunicação, visto que são os conteúdos que determinam sua consumação.

► *Comentários:*

Resposta correta: *(c)*

(A) Nos blogs há uma subjetividade **COM A QUAL** *os outros meios de comunicação jornalística se ressentem, uma vez que não é de sua característica contemplá-la.*

(B) O autor do texto exime-se **DE** *diferenciar autoria institucional de outras modalidades autorais, presumindo que a primeira obtém maior crédito.*

(D) Ainda que possam ser **BEM-VINDOS**, *os blogs não devem constituir uma* **OBSESSÃO** *tal que remova seus usuários de diligenciarem outras formas de linguagem.*

(E) A democratização do pensamento não pode ficar presa **A** *uma forma de comunicação, visto que são os conteúdos que determinam sua consumação.*

02. (FCC – Analista Judiciário – TRF da 4ª. Região – 2010)Está clara e correta a redação deste livre comentário sobre o texto:

(A) Quando se dedicam às questões ambientais, costuma imperar-se a regra egoísta dos interesses privados, ao passo que se deveria de contemplar os interesses públicos.

(B) É bem possível de que ainda venham a haver muitas conferências como a da COP-15, sem que os resultados que se espera sejam minimamente satisfatórios para o bem comum.

(C) A maior parte das conferências dedicadas às questões do meio ambiente têm sido frustradas, quase sempre, pela falta de desprendimento de muitas nações, sobretudo as desenvolvidas.

(D) Tem-se notado os interesses que movem as nações mais desenvolvidas, em função dos quais ficam difíceis de firmar-se quaisquer acordos quanto a um meio ambiente melhor controlado.

(E) Como já está tornando rotina, mais uma vez as nações não chegaram a um acordo, sobre as pungentes questões ambientais, tanto assim que nenhuma delas abre mão de seus interesses particulares.

► *Comentários:*

Resposta correta: (C) – *A maior parte das conferências dedicadas às questões do meio ambiente têm sido frustradas, quase sempre, pela falta de desprendimento de muitas nações, sobretudo as desenvolvidas.*

Tópico relembrado:

O sujeito completo é "A maior parte das conferências dedicadas às questões do meio ambiente". O núcleo do sujeito é "parte" (o primeiro substantivo não preposicionado). Isso permitira o uso do singular: "tem sido frustrada". Mas, como essa "maior parte" é constituída de "conferências dedicadas às questões do meio ambiente", pode-se realizar a concordância atrativa, mostrada na alternativa a ser assinalada.

Correções:

(A) *Quando* **se dedica** *às questões ambientais,* **costuma imperar** *a regra egoísta dos interesses privados, ao passo que* **se deveriam contemplar** *os interesses públicos.*

(B) *É bem possível* **que** *ainda* **venha haver** *muitas conferências como a da COP-15, sem que os resultados que* **se esperam** *sejam minimamente satisfatórios para o bem comum.*

(D) **Têm-se** *notado os interesses que movem as nações mais desenvolvidas, em função dos quais* **fica difícil firmar** *quaisquer acordos quanto a um meio ambiente melhor controlado.*

(E) *Como já está tornando rotina, mais uma vez as nações não chegaram a um acordo* **sobre as pungentes** *questões ambientais, tanto assim que nenhuma delas abre mão de seus interesses particulares.*

03. (FCC – Analista Judiciário – TJPA – 2009) Está clara e correta esta nova redação de uma frase do texto:

(A) Ela atribuía o sentido da velha frase ao propósito de refrear nossos atos de fraglante indisciplina.

(B) Ao ouvir aquela frase, que nunca mais me esqueci, soava-me a um só tempo tão justa quanto antipática.

(C) O que essa frase me causa espécie está na pressuposição de haver nela uma justa distribuição dos espaços de liberdade.

(D) Afirmo, sem tergiversar: custa-me crer que disponhamos todos dos mesmos meios para preservar nossa liberdade.

(E) Com vistas ao controle de nossos ímpetos, ela se propunha debelar-se contra o nosso insipiente anarquismo.

► *Comentários:*

Resposta correta: (D) *Afirmo, sem tergiversar: custa-me crer que disponhamos todos dos mesmos meios para preservar nossa liberdade.*

Tópico relembrado:

Regência do verbo "custar", que aparece no enunciado da opção a ser assinalada, é das mais clássicas. Vejamos:

O sentido mais usual de **"Custar"** *é ter o valor.*

- *A motocicleta custou vinte mil reais.*

Nos sentidos de ser custoso, difícil, o verbo **"Custar"** *deve ser empregado na 3ª pessoa do singular, tendo como sujeito a coisa que é difícil (uma oração reduzida de infinitivo), a qual pode vir precedida da preposição a.*

- ***Custa**-me a falar sobre isso.*
- ***Custava**-me discutir com ela. (forma mais usual)*

Nos sentidos de acarretar trabalhos, causar incômodos, sofrimentos, prejuízos, o verbo custar é ***Transitivo Direto*** *e* ***Indireto***.

- *A imprudência custou-lhe o emprego.*
- *A conquista do salário custa ao principiante muito esforço.*

Correções:

(A) *Ela atribuía o sentido da velha frase ao propósito de refrear nossos atos de* **flagrante** *indisciplina.*

(B) *Ao ouvir aquela frase,* **de que** *nunca mais me esqueci, soava-me a um só tempo tão justa quanto antipática.*

(C) *O que* **nessa** *frase me causa espécie está na pressuposição de haver nela uma justa distribuição dos espaços de liberdade.*

(E) *Com vistas ao controle de nossos ímpetos, ela se propunha* **debelar** *contra o nosso* **incipiente** *anarquismo.*

04. (FCC – Analista Judiciário – TRT da 8ª. Região – 2010) *Os filhos dos japoneses em poucos anos tinham feito o trabalho de um século. Entravam na água e cortavam a juta, eram corajosos e disciplinados.*

O período acima está reescrito com correção, mantendo o sentido original, em:

(A) Corajosos e disciplinados, os filhos dos japoneses entravam na água e cortavam a juta, e em poucos anos tinham feito o trabalho de um século.

(B) Os filhos dos japoneses corajosos e disciplinados, em poucos anos tinham feito o trabalho de um século, entravam na água e cortavam a juta.

(C) Entravam na água e cortavam a juta, os filhos dos japoneses corajosos e disciplinados e em poucos anos tinham feito o trabalho de um século.

(D) Os filhos dos japoneses, entravam na água, cortavam a juta, eram corajosos, disciplinados e tem feito o trabalho de um século em poucos anos.

(E) Os filhos dos japoneses corajosos e disciplinados entravam na água e cortavam a juta, tinha sido feito o trabalho de um século em poucos anos.

▶ *Comentários:*

***Resposta correta:* (A)**

Nas alternativas (B), (C) e (E) já estariam com sentido diferente do original, pois sugerem que "corajosos e disciplinados" são os "japoneses", ao passo que no original essa característica se refere aos "filhos dos japoneses". Na alternativa da letra (D), a forma verbal "tem feito" é incorreta quanto ao tempo e quanto ao número, já que se encontra no singular.

Tópico relembrado:

Os adjetivos podem exercer a função sintática de adjunto adnominal ou de predicativo. O que determinará a função será a posição do adjetivo no período e a própria pontuação.

Observe:

- *Os alunos estavam* **nervosos** *na presença do diretor.*
- *Os alunos* **nervosos** *estavam na presença do diretor.*
- **Nervosos**, *os alunos estavam na presença do diretor.*

Nas três orações o termo destacado é um adjetivo. No entanto, apenas na segunda ocorrência ele é um adjunto adnominal. Nas outras duas, trata-se de um predicativo. Como distinguir?

- *O adjunto adnominal vem "colado", "junto" ao substantivo que modifica.*
- *O predicativo vem "separado" do termo que modifica por um verbo ou por um sinal de pontuação.*

Além disso, é bom lembrar que semanticamente as duas funções sintáticas se diferem:

- *O adjunto adnominal é uma característica inerente ao ser que modifica.*
- *O predicativo é característica circunstancial, momentânea.*

05. **(FCC – Analista Judiciário – TRT da 8ª. Região – 2010)** *...secavam as fibras num varal e (...) as carregavam para a propriedade, onde eram prensadas e enfardadas...* Invertendo-se as vozes passiva e ativa da frase acima, a frase correta resultante será:

(A) As fibras eram secadas num varal e carregadas para a propriedade, onde a prensava enfardava.

(B) As fibras secavam num varal e eram carregadas para a propriedade, onde lhes prensavam e enfardavam.

(C) As fibras eram secas num varal e carregadas para a propriedade, onde as prensavam e enfardavam.

(D) As fibras secaram num varal e foram carregadas para a propriedade, onde lhes prensavam e enfardavam.

(E) As fibras ficavam secando num varal e lhes carregavam para a propriedade, onde as prensavam e enfardavam.

▶ *Comentários:*

RESPOSTA: (C) – *As fibras eram secas num varal e carregadas para a propriedade, onde as prensavam e enfardavam. → "secavam" (na voz ativa, está no pretérito imperfeito; por isso a forma correspondente do verbo "ser" também tem que estar nesse tempo e modo.*

Na voz passiva analítica deve haver sempre uma expressão verbal formada pelo "verbo ser + particípio".. Assim, já eliminaríamos as letras (B), (D) e (E). Na alternativa (A) existe a combinação esperada. Ocorre que o verbo "secar" é abundante e apresenta dois particípios. Lembre-se de que:

- **COM AUXILIARES TER E HAVER:** *particípio regular (terminado em -do)*
- **COM AUXILIARES SER E ESTAR:** *particípio irregular (terminado de forma diferente de -do)*

06. (FCC – Analista Judiciário – TJPA – 2009) Está clara e correta a redação do seguinte comentário sobre o texto:

(A) Como sugere o autor do texto, encontra-se em Montaigne raízes de um pensamento liberal, vindo a se constituir propriamente no século XIX.

(B) Ainda quando não admitisse interferência do Estado na vida privada, de modo algo paradoxal, Montaigne obedecia lealmente a essas leis.

(C) Se Montaigne não foi responsável pelas instituições vijentes, por outro lado também as acatava, como súdito bom e fiel que prezava ser.

(D) O aspecto liberal do pensamento de Montaigne revela-se, sobretudo, quando defende a esfera individual e os valores da vida privada.

(E) Montaigne pronuncia-se contra as restrições, quando as mesmas ocorrem na vida privada, com exigências contrárias à razão de sua consciência.

▶ *Comentários:*

Resposta correta: *(d)*

(A) Como sugere o autor do texto, **encontram-se** *em Montaigne raízes de um pensamento liberal, vindo a se constituir propriamente no século XIX.*

(B) Ainda quando não **admitia** *interferência do Estado na vida privada, de modo algo paradoxal, Montaigne obedecia lealmente a essas leis.*

(C) Se Montaigne não foi responsável pelas instituições **vigentes**, *por outro lado também as acatava, como súdito bom e fiel que prezava ser.*

(E) Montaigne pronuncia-se contra as restrições, quando **estas** *ocorrem na vida privada, com exigências contrárias à razão de sua consciência.*

Tópico relembrado:

Na alternativa (B) o problema está na chamada correção de tempos e modos verbais. Só poderia haver o imperfeito do subjuntivo (SSE), caso houvesse na oração seguinte o futuro do pretérito (RIA). Esses dois modos verbais aparecem sempre nas questões de correlação verbal, muito frequentes nas provas da FCC.

07. (FCC – Analista Judiciário – TRT da 7ª. Região – 2009) Está clara e correta a redação deste livre comentário sobre o texto.

(A) Muitas vezes as velhas posições políticas se tornam tão rígidas que aquele que as defende costuma acusar nos demais não serem tão inflexíveis.

(B) A falta de flexibilidade política de antigos líderes leva- os a posições tão radicais que sequer vislumbram a possível coerência de posições outras.

(C) O autor achou preferível que, em vez de criticar a falta de projetos de sociedade naqueles jovens, a avaliar a pluralidade de suas posições.

(D) Aqueles que julgam inconsequentes os jovens em sua posição política, deveriam de reconhecer que eles constituem nossa perplexidade moderna.

(E) Foi riqueza, e não carência de propostas que o autor surpreendeu em meio a massa contestária de jovens, aos quais ele não deixou de se identificar.

▶ *Comentários:*

Resposta correta: (B)

(A) *Muitas vezes as velhas posições políticas se tornam tão rígidas que aquele que as defende costuma acusar os demais de não serem tão inflexíveis.*

(C) *O autor achou preferível, em vez de criticar a falta de projetos de sociedade naqueles jovens, avaliar a pluralidade de suas posições.*

(D) *Aqueles que julgam inconsequentes os jovens em sua posição política, deveriam reconhecer que eles constituem nossa perplexidade moderna.*

(E) *Foi riqueza, e não carência de propostas, que o autor surpreendeu em meio a massa contestária de jovens, aos quais ele não deixou de se identificar.*

Tópico relembrado:

Na regência, um dos casos mais tradicionais é o verbo "preferir" ou do adjetivo "preferível", que pede a construção "preferir uma coisa A outra" ou "ser preferível uma coisa A outra". Nas questões da FCC, por exemplo, não costumam cari questões sobre o item "regência" especificamente. Uma das formas de cobrança do assunto é exatamente neste tipo de questão que estamos analisando.

08. (FCC – Analista Judiciário – TRF da 5ª. Região – 2008) Está inteiramente clara e correta a redação da seguinte frase:

(A) O Brasil é um país que sucita posições extremadas; ele inclui tanto a admiração como a depreciação, entre os brasileiros.

(B) Ora parece que a humanidade não tem jeito, e viceversa; nesses dilemas entre otimismo e o pessimismo vivemos todos.

(C) Muitos homens se valem da crença religiosa para se auto-sacrificarem em protesto político, em cujo também morrem vários inocentes.

(D) Não obstante o pessimismo, os otimistas também podem ter momentos em que se manifestam em meio à uma grande insatisfação.

(E) Com a irônica frase final, o autor do texto sugere que o pessimismo e o otimismo podem ser considerados simples variações do nosso humor.

▶ *Comentários:*

Resposta correta: (E)

(A) *O Brasil é um país que* **suscita** *posições extremadas; ele inclui tanto a admiração como a depreciação, entre os brasileiros.*

(B) *Ora parece que a humanidade não tem jeito, e* **vice-versa***; nesses dilemas entre otimismo e o pessimismo vivemos todos. → além da grafia incorreta do "vice-versa", a estrutura da oração não se mostra inteligível. A estrutura toda deveria ser reformatada.*

(C) *Muitos homens se valem da crença religiosa para se auto-sacrificarem* em protesto político,* **no qual** *também morrem vários inocentes.*

(D) *Não obstante* **ao** *pessimismo, os otimistas também podem ter momentos em que se manifestam em meio* **a** *uma grande insatisfação.*

Tópico relembrado:

Observe que a questão é de uma prova de 2008, antes da Reforma ortográfica. Por isso, o termo "auto-sacrificarem" estava correto. Hoje a grafia correta seria AUTOSSACRIFICAREM. Com as novas regras, deve-se observar o seguinte:

- **PREFIXO terminado em vogal + R:** *semirreta, contrarreforma, autorretrato*
- **PREFIXO terminado em volgal + S:** *antissocial, autossacrifício, antessala*

→ *As letras R e S são dobradas (por questões fonéticas) e não ocorre o hífen. No "apêndice" deste livro você encontrará as novas regras.*

09. **(FCC – Analista Judiciário – TRT da 19ª. Região – 2008)** Está clara, correta e coerente a redação do seguinte comentário sobre o texto:

(A) Dentre as três acepções de Ética que se menciona no texto, uma apenas diz respeito à uma área em que conflui com o Direito.

(B) O balizamento da conduta humana é uma atividade em que, cada um em seu campo, se empenham o jurista e o filósofo.

(C) Costuma ocorrer muitas vezes não ser fácil distinguir Ética ou Moral, haja vista que tanto uma quanto outra pretendem ajuizar à situação do homem.

(D) Ainda que se torne por consenso um valor do comportamento humano, a Ética varia conforme a perspectiva de atribuição do mesmo.

(E) Os saberes humanos aplicados, do conhecimento da Ética, costumam apresentar divergências de enfoques, em que pese a metodologia usada.

▶ *Comentários:*

Resposta correta: (B)

(A) Dentre as três acepções de Ética que se **mencionam** *no texto, uma apenas diz respeito* **a** *uma área em que conflui com o Direito.*

(C) Costuma ocorrer muitas vezes não ser fácil distinguir Ética ou Moral, haja vista que tanto uma quanto outra pretendem ajuizar **a** *situação do homem.*

(D) Ainda que se torne por consenso um valor do comportamento humano, a Ética varia conforme a perspectiva de atribuição **deste**.

(E) Os saberes humanos aplicados **ao conhecimento da Ética** *costumam apresentar divergências de enfoques, em que pese a metodologia usada.*

Tópico relembrado:

Na alternativa (A) havia sido usado o acendo grave, indicativo de crase antes de "uma área". Lembre-se de que não ocorre crase antes de artigo "uma". Se a crase é a contração de uma preposição "a" com um artigo "a", não se pode ter, em seguida, um outro artigo Por isso, o "a" deve ser apenas a preposição (em acento).

10. **(CESPE – UNB- Técnico Judiciário – TSE – 2006)Assinale a opção que apresenta erro gramatical.**

(A) Em fevereiro de 1938, o Departamento Municipal de Cultura de São Paulo, sob a gestão de Mário de Andrade, despachou uma equipe de pesquisadores para registrar a música brasileira tradicional, que, sufocada pela modernidade, corria o risco de se extinguir.

(B) Na equipe, iam o arquiteto Luís Saia, o maestro Martin Braunwieser, o técnico de som Benedicto Pacheco e o assistente Antonio Ladeira, munidos de gravador Presto, câmara fotográfica, filmadora, discos e muitas fichas e cadernetas para anotação.

(C) Partiram do porto de Santos com o objetivo de percorrer o país. Começaram pelo Norte e Nordeste, porque Mário considerava que ali a cultura brasileira era mais genuína.

(D) A Missão chegou ao fim antes do previsto. Com o Estado Novo, por questões políticas, Mário foi afastado da direção do Departamento. Mas Oneyda Alvarenga, diretora da Discoteca

Pública Municipal de São Paulo, e ex-aluna de Mário, coletaram e organizaram todo o material.

Opções adaptadas de Mariana Albanese. **Brasil — Almanaque de Cultura Popular**, n.º 91, nov./2006, p. 18-9.

▶ *Comentários:*

Resposta a ser assinalada: *(D)*

Mas Oneyda Alvarenga, diretora da Discoteca Pública Municipal de São Paulo e ex-aluna de Mário, coletaram e organizaram todo o material.

O termo grifado no período acima é um aposto. Nele, há dois núcleos: "diretora" e "ex-aluna". Os dois núcleos não poderia ter sido separados pelo "e". Assim, a vírgula é incorreta.

Outro erro: o suheito de "coletaram" é "Oneyda Alvarenga". Por isso, tem-se um plural indevido.

Tópico relembrado:

A vírgula antes da conjunção "e" só é lícita se:

a) tal conjunção expressão adversidade (oposição): O dia amanheceu claro, e a chuva surgiu de repente.

b) tal conjunção une orações de sujeitos diferentes: A garota prestou seu primeiro concurso, e o namorado já havia passado por seis.

11. **(FCC - Analista Judiciário - TRE-SP - 2006)** *Mas a história social não cumpriu a parte que lhe cabia no acordo, e uma parcela considerável da humanidade ficou excluída dos benefícios.*

Uma outra redação da frase acima, que mantenha a correção da forma e a coerência do sentido, pode ser:

(A) Uma parcela considerável da humanidade ficou excluída dos benefícios, tanto assim que a parte que lhe cabia no acordo deixou de ser cumprido pela história social.

(B) Conquanto não tenha sido cumprida pela história social o que lhe cabia como parte do acordo, excluiu-se os benefícios de uma parcela considerável da humanidade.

(C) Ficou excluída dos benefícios uma parcela considerável da humanidade, uma vez que a história social deixou de cumprir a parte que lhe cabia no acordo.

(D) Dado que a história social, que não cumpriu a parte que lhe cabia no acordo, eis que se achou excluída dos benefícios uma parcela considerável da humanidade.

(E) Tendo em vista que não cumpriu sua parte no acordo, a história social excluiu do que lhe cabia os benefícios de uma parcela considerável da humanidade.

▶ *Comentários:*

Resposta correrta: *(C)*

A conjunção "e" no trecho "e uma parcela considerável da humanidade ficou excluída dos benefícios" expressa consequência. Não se trata de conjunção aditiva, já que o "e" aparece isolado por vírgula. A ideia é a de que a história não cumpriu sua parte e, por consequência, uma parcela da sociedade não se beneficiou. Na alternativa a ser assinalada relação semântica se mantém, pois se usou a conjunção "já que" - de causa. A mesma relação de causa-consequência foi respeitada.

12. **(FCC - Analista Judiciário - TRF da 5ª. Região - 2007)** *Ora, por mais que se queira eliminar a liberdade do mundo humano, ela teima em aparecer, desafiando constantemente as previsões "científicas".*

Considerada a frase acima, em seu contexto, é correto afirmar:

(A) A conjunção *Ora* estabelece com a frase anterior relação de mera adição, equivalendo a "além disso".

(B) A locução verbal *queira eliminar* expressa um fato considerado em sua efetiva realização.

(C) A forma verbal *desafiando* expressa noção de "tempo".

(D) A expressão *por mais que se queira* pode ser substituída por "ainda que se deseje e se insista em", sem prejuízo do sentido original e da correção gramatical.

(E) A expressão *previsão "científica"* é formada por palavras que se excluem mutuamente, o que justifica o emprego das aspas para indicar que deve ser entendida em sentido figurado.

▶ *Comentários:*

Resposta correta: *(D) - ambas as conjunções estabelecem uma relação semântrica de concessão.*

(A) - Não temos aqui o texto de onde se extraiu a questão. No entanto, a palavra "Ora" é muito mais uma marca de coloquialismo.

(B) A expressão tem a forma no subjuntivo, que não expressa um fato certo ou efetivo; trata-se de fato ainda não consolidado.

(C) A noção expressa é mais de "modo": a maneira como ela teima em aparecer.

(E) *A ciência pode prever fatos e/ou dados; por isso as palavras não são excludentes.*

13. **(FCC - Analista Judiciário - TRF da 5ª. Região - 2007)** *Mas nem por isso devemos tomar esses fatores condicionantes da vida social como seus princípios diretivos.*

A alternativa que apresenta, de maneira clara e correta, o modo como a frase acima deve ser entendida, no seu contexto, é:

(A) Entretanto isso não condiz, visto que não devemos considerar esses itens disciplinadores da vida social em seus princípios constitutivos.

(B) Tratam-se, todavia, de fatores que, apesar de serem considerados limitando, não devem ser tidos como inibidores do desenvolvimento social, em princípio.

(C) Contudo, isso não justifica que tais elementos que influenciam a vida social sejam concebidos como predeterminantes dos rumos que ela venha a tomar.

(D) Mas é o caso de se deixar de lado que os fatores sejam condicionantes da sociedade, pelo fato de constituir princípios de direção.

(E) Porém, esses fatores não basta para que se deva tomá-los como idéias norteadoras da vida em sociedade, sendo mesmo fatores que condicionam.

▶ *Comentários:*

Resposta correta: *(C)*

(A) Entretanto isso não condiz, visto que não devemos considerar esses itens disciplinadores da vida social em seus princípios constitutivos. → O verbo "condizer" ficou sem o seu complemento. Isso não condiz com o quê?

(B) Tratam-se, todavia, de fatores que, apesar de serem considerados limitando, não devem ser tidos como inibidores do desenvolvimento social, em princípio. → O verbo "Tratar-se", sendo transitivo indireto, não pode ser flexionado no plural.

(D) Mas é o caso de se deixar de lado que os fatores sejam condicionantes da sociedade, pelo fato de constituir princípios de direção. → O sentido original não foi preservado.

(E) *Porém, esses fatores não basta para que se deva tomá-los como ideias norteadoras da vida em sociedade, sendo mesmo fatores que condicionam. → Período mal estruturado, ocorrendo até mesmo a repetição da palavra "fatores"*

14. **(FCC – Analista Judiciário – TRF da 5ª. Região – 2007)** A frase que está clara e totalmente conforme a norma padrão da Língua Portuguesa é:

(A) Estar atento é o dever da humanidade, no sentido de que o descuido com a liberdade pessoal e coletiva não volte a existir e para que sistemas de organização não pareçam como uma receita para os povos.

(B) Naquele curso, os preparadores se comportavam estabelecendo regras que, se forem seguidas, a pessoa se tornaria um bom profissional, modelo mesmo de atuação bem sucedida.

(C) Sendo um dos mais preparados, se não o mais competente, começou dizendo que cada um dos que ali estavam tinha condições de chegar aonde quisesse, e que as metas pessoais poderiam ser manifestadas dali a pouco.

(D) Em certos depoimentos é mostrado o como um cidadão não deve agir, e a análise entre um comportamento adequado e um considerado pouco eficaz deixa claro o que é melhor.

(E) Apesar do homem não entender o motivo da presença do delegado, observou que ele nada notou nas pessoas ali presentes que pudessem levantar suspeitas.

▶ *Comentários:*

***Resposta correta:* (c)**

(A) *Estar atento é o dever da humanidade, no sentido de que o descuido com a liberdade pessoal e coletiva não volte a existir e para que sistemas de organização não pareçam uma receita para os povos.*

(B) *Naquele curso, os preparadores se comportavam estabelecendo regras que, se* **fossem** *seguidas, a pessoa se tornaria um bom profissional, modelo mesmo de atuação bem sucedida.*

(D) *Em certos depoimentos é mostrado como um cidadão não deve agir, e a análise entre um comportamento adequado e um considerado pouco eficaz deixa claro o que é melhor.*

(E) *Apesar* **de o** *homem não entender o motivo da presença do delegado, observou que ele nada notou nas pessoas ali presentes que pudessem levantar suspeitas.*

Tópico:

Nesta questão apareceu, na alternativa (E), um desvio do qual não falamos ao logo dos capítulos do livro. Trata-se da fusão indevida de preposição e artigo, muito comum na linguagem do dia a dia. Veja:

Não era dia **dele** *receber → Incorreto, porque o dia não pertence a ele. O certo seria dizer: "Não era dia de ele receber."*

O fato do homem ser racional não explica muita coisa. → Errado, porque o fato não pertence ao homem. O certo seria dizer: "O fato de o home ser racional..."

Qual é a dica? Nunca se deve fundir preposição com artigo ou com pronome se houver em seguida um verbo no infinitivo. O sujeito, como você já sabe, não pode ser preposicionado. O verbo no infinitivo precisa, portanto de um sujeito não preposicionado.

2. QUESTÕES DE CONCURSO

01. **(FCC – Analista Judiciário – TRF da 5ª. Região – 2007)** A frase em que a concordância está totalmente conforme as prescrições da norma padrão da Língua Portuguesa é:

(A) A legalidade e a pertinência dos contratos, pelo menos agora, não é mesmo aferível, dado que no campo das relações lusas-latino-americanas deve haver muitos acordos sem registro.

(B) Os diretores houveram por bem antecipar o anúncio das novas diretrizes, que deveriam passar a ser respeitadas imediatamente em quaisquer que fossem as áreas.

(C) Foi irresistível a ideia, naquela ocasião, de se estipularem quais as ações solidárias mais úteis do ano e concluiu-se que não existe condições de acordo nesse particular.

(D) É possível que surja, e não existem pessoas que defendam o contrário, opiniões divergentes de especialistas renomados, e devemos considerá-las com todo respeito.

(E) Os alicerces teóricos do modelo em estudo pode ser encontrado em várias obras, de vários escritores, inclusive na de um chinês, já encontrada em língua portuguesa.

02. **(FCC – Analista Judiciário – TRF da 4ª. Região – 2007)** Está correta a articulação entre os tempos e modos verbais na frase:

(A) Embora a leitura nos faça conhecer a particularidade do Afeganistão, o que tornaria o romance irresistível será a história singular de Amir, o protagonista.

(B) Mesmo que a leitura nos fazia conhecer a particularidade do Afeganistão, o que torna o romance irresistível teria sido a história singular de Amir, o protagonista.

(C) Tanto mais a leitura nos fazia conhecer a particularidade do Afeganistão, tanto mais a história singular de Amir, o protagonista, tornou o romance irresistível.

(D) Se a leitura nos fazia conhecer a particularidade do Afeganistão, o que tornava o romance irresistível era a história singular de Amir, o protagonista.

(E) A leitura nos faria conhecer a particularidade do Afeganistão, mas fora a história singular de Amir, o protagonista, que tornasse o romance irresistível.

03. **(FCC – Analista Judiciário – TRF da 4ª. Região – 2007)** É preciso **corrigir**, em sua estrutura, a redação da seguinte frase:

(A) Os pais do autor não eram moralistas, não recomendavam ao filho tão-somente as chamadas "leituras edificantes", nem menosprezavam os romances policiais.

(B) É visível, no texto, o reconhecimento que manifesta o autor pela educação que recebeu de seus pais, com quem aprendeu a respeitar e a valorizar as formas da ficção.

(C) Assim como os documentários e ensaios etnográficos, que tanto podem ampliar nossos horizontes, a ficção acrescenta-lhes, ainda, uma mágica suplementar.

(D) Não foi por conservadorismo, mas por valorização real dos hábitos de seus pais, que o autor absorveu e transmitiu a seus filhos o respeito pelas ficções.

(E) No último parágrafo do texto, o autor nos faz pensar sobre a diferença substancial que existe entre o que se apresenta como normas morais e o que deve ser um pensamento moral.

04. **(FCC – Analista Judiciário – TRF da 3ª. Região – 2007)** Está inteiramente correta a construção da seguinte frase:

(A) É mais preferível lidar com adolescentes tranquilos do que ficar lidando com rebeldes em quem se ignora a causa.

(B) Prefira-se lidar com adolescentes tranquilos a lidar com rebeldes cuja causa eles próprios parecem ignorar.

(C) Dê-se preferência a lidar com adolescentes tranquilos do que com os rebeldes cuja causa nem eles suspeitam.

(D) É preferível lidar com adolescentes tranquilos em vez de lidar com os rebeldes, onde a causa nem para eles se explicita.

(E) Há a preferência de lidar com adolescentes tranquilos e não dos rebeldes, cuja a causa lhes permanece incógnita.

05. (TJ-SC – Técnico em computação – TJSC – 2007) Analise as proposições abaixo e assinale a alternativa que corresponde à melhor redação, considerando clareza e norma culta da língua:

(A) As partes de que se constitui este processo mostram que não é possível reabilitar os direitos adquiridos, exceto os da ordem pública.

(B) As partes de que constituem-se este processo mostram que não é possível reabilitar os direitos adquiridos, exceto os da ordem pública.

(C) As partes que constitui-se este processo mostram que não é possível reabilitar os direitos adquiridos, exceto os da ordem pública.

(D) As partes de que se constitui este processo mostra que não é possível reabilitar os direitos adquiridos exeto os da ordem pública.

06. (FCC – Técnico Judiciário – 3ª. Região – 2019) Existe uma enfermidade moderna que afeta dois terços dos adultos. // Essa enfermidade é a privação de sono crônica, que vem crescendo na esteira de dispositivos que emitem luz azul. As frases acima estão reescritas em um único período, com correção e coerência, do seguinte modo:

(A) Afetam dois terços dos adultos a privação de sono crônica, uma enfermidade moderna, que tem crescido na esteira dos dispositivos que emitem luz azul.

(B) Uma enfermidade moderna, à qual afeta dois terços dos adultos, é a privação de sono crônica, que tem crescido na esteira de dispositivos que emitem luz azul.

(C) A enfermidade moderna, que vem afetando dois terços dos adultos e crescendo na esteira de dispositivos dos quais emitem luz azul é a privação de sono crônica.

(D) Tem vindo crescendo junto aos dispositivos que emitem luz azul, a privação de sono crônica: uma enfermidade moderna, que afeta dois terços dos adultos.

(E) A privação de sono crônica, uma enfermidade moderna que vem crescendo na esteira de dispositivos que emitem luz azul, afeta dois terços dos adultos.

07. (CESPE – Analista Judiciário – TJ-PA – 2020) Cada uma das opções a seguir apresenta uma proposta de reescrita para o seguinte trecho do texto: "Trata-se de uma condição que comporta riscos, pois, segundo Dufour, desaparece o motivo geracional." Assinale a opção em que a proposta de reescrita apresentada mantém os sentidos originais e a correção gramatical do texto.

(A) Isso se trata de uma condição que comporta riscos, pois, segundo Dufour, desaparece o motivo geracional.

(B) Segundo Dufour, trata-se de uma condição que comporta riscos, pois desaparece o motivo geracional.

(C) Trata-se de uma condição que comporta riscos pois, segundo Dufour, desaparece o motivo geracional.

(D) Trata-se de uma condição que comporta riscos, visto que o motivo geracional, segundo Dufour, desaparece.

(E) Se trata de uma condição que redunda em riscos, pois, segundo Dufour, o motivo geracional desaparece.

08. (CESPE – Analista Judiciário – TJ-PA – 2020) Em cada uma das próximas opções, é apresentada uma proposta de reescrita para o seguinte período do texto: "Na década de cinquenta, cresceu a participação feminina no mercado de trabalho, especialmente no setor de serviços de consumo coletivo, em escritórios, no comércio e em serviços públicos." . Assinale a opção que apresenta proposta de reescrita que preserva o sentido original e a correção gramatical do texto.

(A) Na década de cinquenta, cresceu, no mercado de trabalho, a participação especialmente feminina, no setor de serviços de consumo coletivo, em escritórios, comércio ou serviços públicos.

(B) Cresceu, na década de cinquenta — particularmente no setor de serviços de consumo coletivo, em escritórios, no comércio ou em serviços públicos —, a participação feminina no mercado de trabalho.

(C) De modo especial cresceu na década de cinquenta no mercado de trabalho a participação feminina no setor de serviços de consumo coletivo, em escritórios, no comércio ou em serviços públicos.

(D) Na década de cinquenta especialmente — no setor de serviços de consumo coletivo, em escritórios, comércio ou serviços públicos — cresceu a participação feminina no mercado de trabalho.

(E) A participação feminina cresceu na década de cinquenta no mercado de trabalho sobretudo, no setor de serviços de consumo coletivo, em escritórios, comércio ou serviços públicos.

09. (IBFC – Analista Judiciário – TRE- PA– 2020) A linguagem permite a comunicação de diferentes formas sem alterar o sentido da mensagem. Uma frase ou texto pode ser reescrito de maneira diversa e manter a ideia original. Tendo por base o enunciado abaixo, assinale a alternativa que apresenta corretamente sua reescrita sem alteração de sentidos. "Sinto o decesso aproximar-se, pelo esvair-se do fluido vital, e, sem tempo para o recreio desejado, com os ombros arcados pelos compromissos assumidos, tenho no plenilúnio um desejo imarcescível de que haja vida no satélite natural."

(A) Percebo o decesso aproximar-se, pelo auferir-se do fluido vital, e, sem tempo para o recreio desejado, com os ombros aprumados pelos compromissos assumidos, tenho na lua nova um desejo incompreensível de que haja vida no satélite natural."

(B) Sinto o abatimento aproximar-se, pelo esvair-se do fluido vital, e, sem tempo para o recreio desejado, com os ombros arcados pelos compromissos assumidos, tenho na lua crescente um desejo inaceitável de que haja vida no satélite natural."

(C) Identifico o definhamento aproximar-se, pelo fenecer do fluido vital, e, sem tempo para a azáfama desejada, com os ombros arcados pelos compromissos assumidos, tenho no plenilúnio um desejo inabalável de que haja vida na lua."

(D) Sinto a morte aproximar-se, pelo esvair-se do fluido vital, e, sem tempo para o recreio desejado, com os ombros arcados pelos compromissos assumidos, tenho na lua cheia um desejo inalterável de que haja vida no satélite natural."

10. **(IBFC – Analista Judiciário – TRE- PA- 2020)** Com relação ao emprego de elementos de referência, substituição, funcionalidade e repetição de conectores e de outros elementos da sequência textual, analise as afirmativas abaixo.

I. "Incipiente na arte da escrita, desfraldo sentimentos vestindo-**os** com as palavras que lhes atribuem significado". O pronome em destaque faz referência ao vocábulo "sentimentos".

II. "Suasório **para** o intento de escrever em uma língua indecifrável ao homem comum". O vocábulo em destaque é uma conjunção subordinativa com função explicativa.

III. "Meu vocabulário, quando quero, é um quarto cerrado e, **nele** me tranco e jogo fora a chave do entendimento". O vocábulo em destaque faz referência à palavra "vocabulário".

IV. "Dizem-me que as palavras devem ser um instrumento para **comunicar-se** e que isto é **fazer-se** entender". A partícula "se" transforma os vocábulos em destaque em verbos pronominais.

Assinale a alternativa que apresenta a sequência correta de cima para baixo.

(A) Apenas as afirmativas I, II e IV estão corretas.

(B) Apenas as afirmativas I e IV estão corretas.

(C) Apenas as afirmativas II, III e IV estão corretas.

(D) Apenas as afirmativas I e II estão corretas.

▶ GABARITO

01	B	**03**	C	**05**	A	**07**	D	**09**	D
02	D	**04**	B	**06**	E	**08**	B	**10**	B

CAPÍTULO 15

Exercícios

1. QUESTÕES COM GABARITO COMENTADO

01. **(FUNDEP - Técnico Judiciário - TJMG - 2010)** "Anda tudo **muito desorganizado,** e, como deves notar, trago comigo um resto de verão [...]."

O termo destacado no trecho acima, quanto à função sintática, classifica-se em

(A) adjunto adverbial.
(B) aposto.
(C) predicativo do sujeito.
(D) adjunto adnominal.

► *Comentários:*

Resposta correta: (C) - *Na frase, o verbo "andar" não expressa ação. Como o sentido desse verbo é equivalente ao de "estar", deve-se classificá-lo como verbo de ligação. O termo que se refere ao sujeito e se liga a ele por intermédio de um verbo de ligação é o predicativo do sujeito. Assim, temos: "Tudo" (sujeito) + "anda" (verbo de ligação) + "muito desorganizado" (predicativo do sujeito).*

02. **(FUNDEP - Técnico Judiciário - TJMG - 2010)** Assinale a afirmativa em que o(s) termo(s) em destaque NÃO ESTÁ(ÃO) corretamente classificado(s) quanto à função sintática.

(A) "Em ti, por exemplo, o outono é manifesto e exclusivo."- sujeito
(B) "Não, querido, sou tua árvore-da-guarda e simbolizo teu outono pessoal."- predicativo do sujeito
(C) "Outoniza-te com dignidade, meu velho." - vocativo
(D) "(...) Há alguma coisa de gracioso em tudo isso: parábolas, ritmos, tons suaves..." - aposto

► *Comentários:*

Resposta a ser assinalada: (B) - *O termo intercalado representa o interlocutor da mensagem, é a pessoa a quem está se dirigindo quem fala. Quando ocorre essa interlocução, a função sintártica é a de VOCATIVO.*

03. **(FCC - Técnico Judiciário - TRT da 20ª. Região - 2010)** Identifica-se relação de causa e consequência, respectivamente, em:

(A) A ocupação do cerrado por agricultores provenientes de outras áreas - principalmente do Sul - intensificou-se nessa mesma época.
(B) Com o abandono do controle de preços, a transformação da agropecuária acelerou-se nos anos 90 e o Brasil pôde firmar sua posição como grande exportador.
(C) Já era o maior exportador mundial de café, mas até há uns 20 anos a maior parte de sua produção agropecuária era menos competitiva que a das principais potências produtoras.
(D) Mas, apesar das condições favoráveis criadas pela demanda em rápida expansão, houve uma dura concorrência entre os grandes produtores.

(E) A competição foi distorcida pelos subsídios e pelos mecanismos de proteção adotados no mundo rico e, em menor proporção, em algumas economias emergentes.

► *Comentários:*

Resposta correta: (B) - *O abandono do "controle de preços" gerou como decorrência a "aceleração" da transformação da agropecuária. Ou seja: por CAUSA desse abandono, em CONSEQUÊNCIA veio a aceleração da transformação da agropecuária. O que focaliza para a ideia de causa é a expressão "Com o"*

04. **(FCC - Analista Judiciário - TRF da 4ª. Região - 2010)** Constituem uma causa e seu efeito, nessa ordem, os segmentos:

(A) *Algumas vezes nos perguntamos // como sobrevivíamos antes da internet.*

(B) *Um fato que se tornou clássico // foi protagonizado em 1938 pelo cineasta Orson Welles.*

(C) *O interesse cada vez maior pela tecnologia // é um dos traços da modernidade.*

(D) *Na segunda metade da década de 90, um novo sistema de comunicação eletrônica começou a ser formado // com a fusão da mídia de massa.*

(E) *Utilizando surpreendentes recursos do jornalismo radiofônico // levou pânico aos norte-americanos.*

► *Comentários:*

Resposta correta: (E) - *Temos um período composto que apresenta uma oração reduzida de gerúndio (a primeira). O que se pretendeu dizer é que a utilização de "recursos do jornalismo radiofônico" causou "pânico aos norte-americanos". O próprio verbo "levou", presente no segundo trecho é indicativo de consequência.*

O segundo trecho é, na verdade, um objeto direto do verbo "perguntamos", presente no primeiro trecho.

(C) e (D) - São apenas períodos simples, que foram isolados por barras.

05. **(CESPE- Todos os cargos de Analista - TRE-BA - 2010)** A pluralidade étnica dos brasileiros impressionava vivamente os estrangeiros que, desde 1808, se avolumavam como viajantes, naturalistas ou comerciantes no país. Apesar disso, para além do espanto dos viajantes, são raros os registros dessa convivência interétnica do século passado fora da clássica relação senhor-escravo.

A expressão "Apesar disso" introduz uma ideia que se opõe à expectativa sugerida no período anterior.

GAB:☐ Certo ☐ Errado

► *Comentários:*

Correta - *"Apesar de " é um termo articulados de concessão. A ideia de concessão expressa oposição de ideias.*

06. **(CESPE- Todos os cargos de Analista - TRE-BA - 2010)**

Rio de Janeiro, 15 de dezembro de 1904.

Meu caro Paz,

Obrigado pelas tuas palavras e pelo teu abraço. Ainda que de longe, senti-lhes o afeto antigo, tão necessário nesta minha desgraça. Não sei se resistirei muito. Fomos casados durante 35 anos, uma existência inteira; por isso, **se a solidão me abate**, não é a solidão em si mesma, é a falta da minha velha e querida mulher. Obrigado. Até breve, segundo me anuncias, e oxalá concluas a viagem sem as contrariedades a que aludes. Abraça-te o velho amigo Machado de Assis.

Machado de Assis. Obra completa. vol. 3. Rio de Janeiro: Nova Aguilar, 1994, p. 1.072 (com adaptações).

Na oração "se a solidão me abate" , a substituição do conector "se" por **acaso** não prejudicaria o sentido expresso nessa oração e a correção gramatical.

GAB:☐ Certo ☐ Errado

▶ *Comentários:*

Resposta: Certo – *A conjunção 'se", no fragmento transcrito, é de valor condicional. Por isso, pode ser substituída por "acaso", termo que apresenta o mesmo valor semântico. A substituição só não poderia ser feita, caso o "se" fosse uma conjunção integrante.*

07. **(FCC – Analista Judiciário – TJPI – 2010)** *Sequestrados em 10 de abril, os integrantes da Emergency foram colocados em liberdade às 18 horas do domingo, dia 18,* depois de forte mobilização de organizações humanitárias internacionais e do Estado italiano.

Além da noção temporal que se pode constatar no segmento grifado na frase acima, é correto nele reconhecer igualmente a noção de

(A) consequência.
(B) condição.
(C) finalidade.
(D) concessão.
(E) causa.

▶ *Comentários:*

Resposta correta: (E) – *O período sugere que Por* **causa** *da forte mobilização de organizações humanitárias internacionais e do Estado italiano , ocorreu a libertação dos integrantes da Emergency. A mobilização foi o fator desencadeador da libertação. Ou ainda, a libertação ocorreu em consequência da mobilização.*

08. **(FUNDEP – Técnico Judiciário – TJMG – 2010)** "Cumpro o meu dever de árvore, embora minhas irmãs não respeitem as estações."

É CORRETO afirmar que a oração destacada nesse período indica uma ideia de

(A) comparação.
(B) finalidade.
(C) concessão.
(D) consecução.

▶ *Comentários:*

Resposta correta: (C) – *A conjunção "embora", presente no período, é a mais "clássica" conjunção de concessão. Perceba que, para ocorrer essa relação lógico-semântica, é preciso que se perceba um tom de "oposição" no contexto: o locutor diz que cumpre sua função, "mas" seus pares não fazem o mesmo.*

09. **(FUNDEP – Técnico Judiciário – TJMG – 2010)** "Quero apenas que te outonizes com paciência e doçura."

É CORRETO afirmar que nessa frase a palavra destacada exerce uma função

(A) adjetiva.

(B) adverbial.

(C) conectiva.

(D) completiva.

▶ *Comentários:*

Resposta correta: (B) – *Embora esta não seja uma questão que avalie o período composto, resolvemos colocá-la nesta seção, já que o termo destacado também estabelece uma relaçao semântica. O termo destacado é uma palavra denotativa de "exclusão" - opção que não encontramos nas alternativas. Olhando o sentido da frase, percebe-se que "apenas" refere-se ao verbo "querer". O locutor está limitando o que "quer". Se o termo se refere a um verbo, ele tem valor adverbial.*

10. **(FCC – Analista Judiciário – TRF da 4ª. Região – 2010)A pontuação está plenamente adequada na seguinte frase:**

(A) Tanto o microprocessador, como a fusão das mídias, desempenharam, pelos efeitos que geraram, um papel decisivo na configuração, não apenas da vida cotidiana como da subjetividade mesma do homem contemporâneo.

(B) Tanto o microprocessador como a fusão das mídias desempenharam, pelos efeitos que geraram, um papel decisivo na configuração, não apenas, da vida cotidiana, como da subjetividade mesma, do homem contemporâneo.

(C) Tanto o microprocessador como a fusão das mídias desempenharam, pelos efeitos que geraram, um papel decisivo na configuração não apenas da vida cotidiana como da subjetividade mesma do homem contemporâneo.

(D) Tanto o microprocessador, como a fusão das mídias desempenharam, pelos efeitos que geraram, um papel decisivo na configuração não apenas, da vida cotidiana, como da subjetividade mesma do homem contemporâneo.

(E) Tanto o microprocessador, como a fusão das mídias desempenharam, pelos efeitos que geraram, um papel decisivo, na configuração não apenas da vida cotidiana, como da subjetividade, mesma do homem contemporâneo.

▶ *Comentários:*

Respostas correta: (C)- *O sujeito da oração é composto: "Tanto o microprocessador como a fusão das mídias" . Só por esse motivo, seria excluídas as alternativas (A), (D) e (E), porque elas separam com uma vírgula os núcleos do sujeito. Nas alternativas (B) e (C), restantes, perceba que a expressão "pelos efeitos que geraram" está corretamente entre vírgulas, por ser intercalada e quebrar a sequência sujeito/verbo. Opta-se pela alternativa (C), porque foi a que não separou por vírgula o complemento do termo "configuração". A ideia seria "a configuração da vida cotidiana".*

11. **(CESPE- Todos os cargos de Analista – TRE-BA – 2010)** É rara, na documentação, referência tão explícita à convivência interétnica no nível privado bem como às normas de comportamento e tensões que implicava, consubstanciadas no sentido pejorativo que a qualificação negro, dada por Isabel ao seu convidado, tinha para os que conviviam com eles**, ou seja,** não foi

o convite de Lisboa e Isabel para que Ramos jantasse em sua casa – um homem livre, ao que tudo indica, descendente de africanos – que causou estranheza às testemunhas, mas o fato de que, nessa situação, a anfitriã o tivesse chamado de negro, desqualificando-o, desse modo, como hóspede à mesa do casal.

Por ser explicativa, a expressão "ou seja" está entre vírgulas.

GAB:☐ Certo ☐ Errado

► *Comentários:*

Resposta: Certo. *A expressão "ou seja" tem valor de esclarecimento, serve para traduzir uma colocação, explicitando-a. Tudo o que vem após a expressão, serve pra "traduzir" o que se afirmou anteriormente. Independentemente do texto, a expressão "ou seja" tem sempre esse mesmo valor explicativo.*

12. **(FCC – Analista Judiciário – TJPI – 2010)** Atente para as seguintes observações sobre a pontuação utilizada no texto.

I. Em *Muitos artistas exultaram com o início da Grande Guerra; era como se suas mais extravagantes fantasias...* (1º parágrafo), o ponto e vírgula poderia ser substituído por dois-pontos, sem prejuízo para o sentido e a coesão da frase.

II. Em *Schoenberg foi acometido por aquilo que mais tarde chamou de "psicose de guerra", e traçou comparações entre os ataques...* (2º parágrafo), a vírgula não poderia ser retirada sob pena de comprometimento do sentido e da coesão da frase.

III. Em *Strauss seria a figura de proa, Mann, o dissidente* (último parágrafo), a segunda vírgula indica a elipse do verbo *seria* da primeira das orações.

Está correto o que se afirma em

(A) I, apenas.

(B) III, apenas.

(C) I e II, apenas.

(D) I e III, apenas.

(E) I, II e III.

► *Comentários:*

Resposta correta: *(D)*

I. Comentário correto, uma vez que o sinal de dois-pontos serve para introduzir um termo ou ração de valor explicativo. A oração que segue o ponto e vírgula justifica por que os artistas ficaram exultantes.

II. Comentário incorreto, já que a vírgula antes da conjunção "e" é facultativa.

III. Comentário correto. A vírgula tem essa função de substituir a elipse de um termo facilmente dedutível em um contexto. Na verdade, o período ficaria mais bem pontuada, se após "proa" viesse um sinal de ponto e vírgula.

13. **(FCC – Técnico Judiciário – TRT da 8ª. Região – 2010)**

I. *O Polo Norte está ameaçado: o oceano gelado que o rodeia começou a derreter.* (início do texto)

II. *Vamos assistir a um fenômeno raro: uma subversão da geografia que se desenrolará diante de nossos olhos.* (2º parágrafo)

III. *As nações que margeiam o Oceano Ártico já estão na linha de largada: Estados Unidos, Rússia, Canadá, Groenlândia (Dinamarca) e Noruega.* (4º parágrafo)

Identifica-se, nos segmentos introduzidos por dois pontos, respectivamente, a noção de:

(A) explicação de sentido causal, especificação do significado da expressão anterior a eles e enumeração.

(B) consequência de um fato, explicação adicional e especificação necessária para o entendimento do texto.

(C) causa e consequência, conclusão decorrente da afirmativa anterior e especificação dos interesses em disputa.

(D) temporalidade, explicação com sentido causal e repetição enfática de dados já constantes anteriormente.

(E) especificação do sentido de um termo anterior, constatação decorrente da exposição e repetição enumerativa.

▶ *Comentários:*

Resposta correta: (A) – *Os dois pontos são utilizados normalmente para antecipar termo ou oração de natureza explicativa ou especificativa. Tais expressões são gramaticalmente classificadas como apostos.*

I. *O Polo Norte está ameaçado: o oceano gelado que o rodeia começou a derreter. → o derretimento do oceano explica por que se disse estar o Polo Norte ameaçado.*

II. *Vamos assistir a um fenômeno raro: uma subversão da geografia que se desenrolará diante de nossos olhos. → A expressão "fenômeno raro" é genérica e precisa ser mais especificamente determinada.*

III. *As nações que margeiam o Oceano Ártico já estão na linha de largada: Estados Unidos, Rússia, Canadá, Groenlândia (Dinamarca) e Noruega. → enumeraram-se os países que estão na linha de largada.*

14. **(FCC – Técnico Judiciário – TRT – 3ª Região – 2010)** Está inteiramente adequada a pontuação da seguinte frase:

(A) A LRF permite, entre outras coisas que, a oposição e a população, fiscalizem a administração das verbas públicas.

(B) Alegam alguns prefeitos, que encontram dificuldades, para fazer frente aos gastos que a Constituição determina, nas áreas da saúde e da educação.

(C) São graves as penas previstas para quem descumpre, por negligência ou má fé, as normas de responsabilidade fiscal da lei promulgada em 2000.

(D) Fazem parte da LRF, as instruções que definem os limites para as despesas de pessoal, e as regras para a criação de dívidas.

(E) Qualquer cidadão pode, graças à promulgação da LRF entrar com ação judicial para fazê-la cumprir, conforme sua regulamentação.

▶ *Comentários:*

Resposta correta: (C) – *São graves as penas previstas para quem descumpre, por negligência ou má fé, as normas de responsabilidade fiscal da lei promulgada em 2000. → O termo "por negligência ou má fé" aparece entre vírgulas (intercalado), porque quebra a sequência frasal verbo (descumpre) / objeto (as normas de responsabilidade fiscal...).*

Correções:

(A) *A LRF permite, entre outras coisas, que a oposição e a população fiscalizem a administração das verbas públicas.*

(B) *Alegam alguns prefeitos que encontram dificuldades para fazer frente aos gastos que a Constituição determina, nas áreas da saúde e da educação.*

(D) *Fazem parte da LRF as instruções que definem os limites para as despesas de pessoal e as regras para a criação de dívidas.*

(E) *Qualquer cidadão pode, graças à promulgação da LRF, entrar com ação judicial para fazê-la cumprir, conforme sua regulamentação.*

15. **(FCC – Analista Judiciário – TRT da 16ª. Região – 2009)** Na frase *Mas aqui surge outro* ***problema,*** o termo em destaque exerce a mesma função sintática que o termo sublinhado em:

(A) *Não, não sou um conservador reacionário.*

(B) *Tivemos tempo suficiente para ver quanto podia durar um disco de vinil (...)*

(C) *(...) as fitas de vídeo perdem as cores e a definição com facilidade.*

(D) *Um congresso recente, em Veneza, dedicou-se à questão da efemeridade dos suportes de informação (...)*

(E) *Sabemos que todos os suportes mecânicos, elétricos ou eletrônicos, são rapidamente perecíveis (...)*

► **Comentários:**

Resposta correta: (C) – *O termo negritado na frase do enunciado é o sujeito do verbo "surgir". Na alternativa a ser assinalada "fitas" exerce essa mesma função.*

(A) *Não, não sou um conservador reacionário. → O termo destacado é um adjunto adnominal.*

(B) *Tivemos tempo suficiente para ver quanto podia durar um disco de vinil (...) → O termo destacado é um OD.*

(D) *Um congresso recente, em Veneza, dedicou-se à questão da efemeridade dos suportes de informação (...) → O termo destacado é um adjunto adnominal.*

(E) *Sabemos que todos os suportes mecânicos, elétricos ou eletrônicos, são rapidamente perecíveis (...) → O termo destacado é um predicativo.*

16. **(FCC – Analista Judiciário – TRT da 18ª. Região – 2009)** *Os outros privilégios da vida a que as pessoas aspiram só existem em função de uma única forma de utilização (...).*

No período acima, são exemplos de uma mesma função sintática:

(A) *vida e pessoas.*

(B) *privilégios e utilização.*

(C) *privilégios e pessoas.*

(D) *existem e utilização.*

(E) *a que e única.*

► **Comentários:**

Resposta correta: (C) – *privilégios e pessoas. → "Privilégios" é sujeito; "pessoas" também é sujeito.*

(A) *vida e pessoas. → "Vida" é um adjunto adnominal; "pessoas" é sujeito.*

(B) *privilégios e utilização. → "Privilégios" é sujeito; "utilização" é adjunto adnominal.*

(D) *existem e utilização. → "Existem" é núcleo de predicado"; "utilização" é adjunto adnominal.*

(E) *a que e única. → "a que" é objeto indireto; "única" é complemento nominal.*

17. **(FCC – Analista Judiciário – TRT da 7ª. Região – 2009)** *Mas enquanto o* ***sonho*** *de Darcy não se torna realidade, o* ***debate*** *continua.*

Os termos sublinhados exercem na frase acima a mesma função sintática do termo sublinhado em:

(A) *Ainda temos muito a caminhar.*

(B) *Para ele, trabalho não era opção para as crianças.*

(C) *Caberiam aos pais as providências (....)*

(D) *Ainda que a escola não venha a suprir a necessidade (...)*

(E) *A tragédia dos menores abandonados é de tal ordem (...)*

► *Comentários:*

Resposta correta: (B) – *tanto os termos destacados na frase do enunciado quanto a palavra "trabalho" funcionam como sujeito.*

(A) *Ainda temos muito a caminhar. → O termo destacado funciona como OD*

(C) *Caberiam aos pais as providências (....) → O termo destacado exerce a função de OI.*

(D) *Ainda que a escola não venha a suprir a necessidade (...) → O termo destacado exerce a função de OD.*

(E) *A tragédia dos menores abandonados é de tal ordem (...) → O termo destacado é o núcleo do adjunto adnominal.*

18. **(FRAMINAS – Técnico Judiciário – TJ-MG – 2009)** Assinale a opção em que a substituição efetuada não altera o sentido fundamental do seguinte enunciado: Não obstante nosso esforço, as dificuldades surgiram.

(A) Através de nosso esforço, as dificuldades surgiram.

(B) Em razão de nosso esforço, as dificuldades surgiram.

(C) A despeito de nosso esforço, as dificuldades surgiram.

(D) Diante de nosso esforço, as dificuldades surgiram.

► *Comentários:*

Resposta correta: (C)- *A expressão "Não obstante" confere ao período uma ideia de concessão. Assim também "A despeito de" é locução conjuntiva concessiva.*

19. **(FRAMINAS – Técnico Judiciário – TJMG – 2009)** Assinale a oração que apresenta ideia de adversidade:

(A) Não só aprecio a Medicina como também a Odontologia.

(B) Queria estar atento à palestra e o sono chegou.

(C) Escutei o réu e lhe dei razão.

(D) Não só escutei o réu, mas também lhe dei razão.

► *Comentários:*

Resposta correta: (B) - *O "e", no caso, funciona como "mas": "Queria estar atento, MAS o sono atrapalhou". Essa ideia de oposição expressa adversidade. Sempre que o"e" vier seguido de "não" ele equivale a "mas".*

20. (AOCP - Analista Judiciário - TER-RO - 2009) Assinale a alternativa INCORRETA quanto à classificação das orações destacadas.

(A) "'Sinto falta dela quando durmo sozinho.'" (subordinada adverbial temporal)

(B) "...concluiu que...50% dos casais que compartilham o leito..." (subordinada substantiva completiva nominal)

(C) "'Eu tenho que usar artifícios para tentar dormir...'" (subordinada adverbial final)

(D) "...aderiu há dez à separação de leitos, porque o marido vê televisão até tarde." (coordenada sindética explicativa)

(E) "'A gente dorme bem melhor, mas atrapalhou a intimidade...'" (coordenada sindética adversativa)

► *Comentários:*

Resposta correta: (B) - *O verbo "concluir" é transitivo direto. Por isso, a oração seguinte é subordinada substantiva objetiva direta. A oração para ser completiva nominal deve ser preposicionada.*

21. (FCC - Analista Judiciário - TRT da 16ª. Região - 2009) Considerando-se o contexto, constituem uma causa e seu efeito, nesta ordem, os segmentos destacados em:

(A) *(...) que será altamente apreciado // por quantos se interessem por essa cultura tão especial (...)*

(B) *(...) uma pessoa está acostumada // com o que é prescrito de maneira tirânica (...)*

(C) *Nem podia ser de outro modo, // porque o mundo em geral está mudando depressa demais.*

(D) *(...) hoje a mudança é tão rápida // que o termo está saindo das expressões de todo dia (...)*

(E) *(...) conhecemos não praticadas por caipiras, // mas por gente que finge de caipira (...)*

22. (CESPE - UNB - Técnico Judiciário - TRT da 16ª. Região - 2009) Eles colocaram ratos em estado de animação suspensa, um tipo de hibernação no qual o organismo passa a funcionar de forma tão lenta que a necessidade de oxigênio das células se reduz drasticamente. A temperatura interna cai e as funções vitais se reduzem a um ritmo mínimo, levando a um estado de sono profundo, semelhante ao coma.

( ) A oração "que a necessidade de oxigênio das células se reduz drasticamente" expressa uma consequência em relação à oração anterior.

GAB:☐ Certo ☐ Errado

► *Comentários:*

Resposta correta: *Certo*

No trecho "(...) *o organismo passa a funcionar de forma* **tão** *lenta* **que** *a necessidade de oxigênio das células se reduz drasticamente.", temos o par correlato "tão"/"que", marca inconfundível da oração consecutiva, isto é, daquela que indica consequência.*

23. (FCC - Analista Judiciário - TRT da 18ª. Região - 2009) Pensador consequente, a Cícero não importavam as questões secundárias; interessavam-lhe os valores essenciais da conduta humana.

O sentido da frase acima permanecerá inalterado caso ela seja introduzida por:

(A) Conquanto fosse.
(B) Muito embora sendo.
(C) Ainda quando fosse.
(D) Por ter sido.
(E) Mesmo que tenha sido.

▶ *Comentários:*

Resposta correta: (D) - *"Por ter sido" é uma locução que estabelece uma relação de "causa": o que se pretendeu dizer é que "Por causa" de ser um pensador consequente, é que Cícero não se interessava por questões secundárias; apenas pelos valores essenciais. A proposta das alternativas (A), (B) e (E) não poderiam ser assinaladas porque as três expressam concessão.*

24. (FCC - Analista Judiciário - TJPA - 2009) Está plenamente adequada a pontuação da frase:
(A) Torna-se questionável, a legitimidade do poder, quando ocorre uma hipertrofia: da esfera política em relação à do direito.
(B) Não são éticas as limitações impostas à liberdade, quando, desrespeitado o direito fundamental, pela ação abusiva e autoritária do estado.
(C) Pode o legalismo abstruso e formal tornar-se, eventualmente, uma arma, servindo de referendo para o abuso de poder ou para indevidas restrições.
(D) Uma lei poderá ser, formalmente, mas não moralmente válida, no caso de vir a limitar em essência, o conteúdo da liberdade.
(E) No caso de o conteúdo das leis, não expressar a soberania popular estará prejudicada a legitimidade do poder.

▶ *Comentários:*

Resposta correta: (C)- *"Eventualmente" é termo que intercalado, já que quebra a sequência da frase: "tornar-se uma arma". Além disso, a vírgula antes do gerúndio "desrespeitando" serve para indicar a transição de uma oração para outra.*

(A) A vírgula após "questionável" está incorreta, por separar o sujeito do predicado.

(B) A expressão "desrespeitado o direito fundamental" ficou intercalada e, com essa pontuação, não conferiu sentido ao período. A vírgula após "quando" deve ser retirada para conferir o sentido ao período.

(D) O termo "formalmente", caso fique entre vírgulas, não confere sentido ao período. As vírgulas devem ser excluídas. Assim também deve-se tirar a vírgula após "essência", já que "o conteúdo da liberdade" é complemento do verbo e não pode ficar isolado.

(E) A vírgula deveria ser deslocada para após a palavra "popular", já que a oração está desrespeitando a ordem direta do período.

25. (CESPE - UNB- Analista Judiciário - TRT da 17ª. região - 2009) No novo mundo e em especial no Brasil, onde a escravidão foi particularmente cruenta e predatória, o senhor podia tomar qualquer decisão quanto à vida de seu escravo, conforme seu arbítrio.

Nas linhas 1 e 2, as vírgulas são empregadas para isolar oração intercalada que destaca a especificidade da escravidão no Brasil.

GAB:☐ Certo ☐ Errado

▶ *Comentários:*

Resposta a ser assinalada: CERTO

O trecho intercalado "onde a escravidão foi particularmente cruenta e predatória",por ter verbo, é uma oração. E a noção de especificidade se dá e função da palavra "especificamente".

26. **(FCC – Analista Judiciário – TRT da 7ª. Região – 2009)** Está plenamente adequada a pontuação da seguinte frase:

(A) Faltariam a esses novos manifestantes, projetos de sociedade, na opinião do antigo líder estudantil milanez, Mario Capanna, até hoje lembrado, por suas posições stalinistas.

(B) Mario Capanna – antigo líder estudantil, de orientação stalinista julga que os manifestantes de hoje carecem de maior clareza política – com o que não concorda o autor do texto.

(C) Fica evidente no texto, que o autor não tem, e talvez nunca tenha tido simpatia pelas antigas posições stalinistas defendidas, com paixão, pelo então líder= estudantil, Mario Capanna.

(D) Ex-líder estudantil, conhecido por suas posições política inflexíveis, Mario Capanna fez vários pronunciamentos, a maioria desabonadores, sobre as manifestações desses jovens.

(E) É bem possível, sugere o autor do texto, que o exlíder estudantil Mario Capanna, tenha se pronunciado, de forma tão agressiva contra os jovens manifestantes, por conta de sua velha inflexibilidade política.

▶ *Comentários:*

Resposta correta: *(D) Ex-líder estudantil, conhecido por suas posições política inflexíveis, (1) Mario Capanna fez vários pronunciamentos, a maioria desabonadores,(2) sobre as manifestações desses jovens. → Os dois termos que ficaram entre as vírgulas indicadas por (1) e (2) são intercalados.*

(A) Faltariam a esses novos manifestantes,(1) projetos de sociedade, na opinião do antigo líder estudantil milanês, Mario Capanna, até hoje lembrado, (2) por suas posições stalinistas. → (1) incorreta por separar o sujeito do seu verbo; (2) incorreta, porque separa o nome (adjetivo) do seu complemento.

(B) Mario Capanna – antigo líder estudantil, de orientação stalinista (1) julga que os manifestantes de hoje carecem de maior clareza política – com o que não concorda o autor do texto. → (1) deveria ser fechado o travessão aberto, para que a expressão (com função de aposto) ficasse intercalada.

(C) Fica evidente no texto,(1) que o autor não tem, e talvez nunca tenha tido simpatia pelas antigas posições stalinistas defendidas, com paixão, pelo então líder estudantil, Mario Capanna. → (1) incorreta, porque separa a oração inicial daquele que lhe serve de sujeito.

(E) É bem possível, sugere o autor do texto, que o ex-líder estudantil Mario Capanna, (1) tenha se pronunciado, (2) de forma tão agressiva contra os jovens manifestantes, por conta de sua velha inflexibilidade política. → (1) incorreta por separar o sujeito do verbo; (2) incorreta porque separa a expressão verbal do termo que lhe indica o modo.

27. **(CESPE – UNB- Analista Judiciário – TRT da 1ª. região – 2008)** As conjunções destacadas nos trechos a seguir estão associadas a uma determinada interpretação. Assinale a opção que apresenta trecho do texto seguido de interpretação correta da conjunção destacada.

(A) "quando foram criadas 399 mil vagas" – proporcionalidade

(B) 'como dizem meus filhos' – comparação

(C) 'É um erro imaginar que há inflação no Brasil' – consequência

(D) "O ministro avaliou, entretanto, que o impacto maior" – oposição

(E) "Isso porque a decisão sobre juros tende a trazer mais recursos para o Brasil" – conclusão

▶ *Comentários:*

Resposta correta: (D) *"O ministro avaliou, entretanto, que o impacto maior" – oposição, já que a conjunção "entretanto" é adversativa; adversidade e oposição são classificações equivalentes.*

(A) "quando foram criadas 399 mil vagas" - a ideia correta, expressa pela conjunção "quando" seria a de tempo.
(B) 'como dizem meus filhos' - a ideia correta, expressa pela conjunção "como" seria a de conformidade.
(C) 'É um erro imaginar que há inflação no Brasil' - O "que" neste período não expressa relação sem}ântica, porque é uma conjunção integrante.
(E) "Isso porque a decisão sobre juros tende a trazer mais recursos para o Brasil" - a ideia correta, expressa pela conjunção "porque" seria a de explicação.

28. **(FCC - Técnico Judiciário - TRT da 5ª. Região - 2008)** *"Portanto, era necessário criar regras específicas".*

O sentido que a conjunção grifada acima introduz no contexto é o de
(A) temporalidade, que caracteriza as ações humanas na época abordada.
(B) restrição, acerca da época em que tais fatos ocorreram.
(C) condição, que vai justificar determinadas ações dos homens nessa época.
(D) causa, que determina certo tipo de comportamento da humanidade.
(E) conclusão, adequada e coerente, diante da situação exposta.

► *Comentários:*

Resposta correta: (E) – *A conjunção "portanto" introduz as chamadas orações coordenadas sindéticas conclusivas.*

29. **(CESGRANRIO - Analista Judiciário - TJRO -2008)** Em "...é preciso trabalhar duro **na prevenção do desmatamento.**", a expressão destacada, em relação com o princípio da oração, indica
(A) modo.
(B) causa.
(C) consequência.
(D) objetivo.
(E) explicação.

► *Comentários:*

Resposta correta: (D) - *O termo destacado, n =a verdade, não é uma oração, mas uma expressão que indica qual é a finalidade de se trabalhar duro. Deve-se trabalhar com o objetivo, com o propósito, com a intenção de prevenir o desmatamento.*

30. **(FCC - Analista Judiciário - TRT da 19ª. Região - 2008)** A supressão da vírgula altera o sentido da seguinte frase:
(A) Fica-se indignado com os feirantes, que não compreendem a carência dos mais pobres.
(B) No texto, ocorre uma descrição o mais fiel possível da tradicional coleta de um fim de feira.
(C) A todo momento, dá-se o triste espetáculo de pobreza centralizado nessa narrativa.
(D) Certamente, o leitor não deixará de observar a preocupação do autor em distinguir os diferentes caracteres humanos.
(E) Em qualquer lugar onde ocorra uma feira, ocorrerá também a humilde coleta de que trata a crônica.

► *Comentários:*

Resposta correta: (A) *Fica-se indignado com os feirantes, que não compreendem a carência dos mais pobres. → a oração separada no original pela virgula classifica-se como adjetiva explicativa. Se for retirada a vírgula, a ideia passa a ser de restrição.*

(B) *No texto, ocorre uma descrição o mais fiel possível da tradicional coleta de um fim de feira. → A vírgula isola o adjunto adverbial anteposto ao sujeito. Inclusive, pela pequena extensão do termo, ela é facultativa.*

(C) *A todo momento, dá-se o triste espetáculo de pobreza centralizado nessa narrativa. → A vírgula isola o adjunto adverbial anteposto ao sujeito. Inclusive, pela pequena extensão do termo, ela é facultativa.*

(D) *Certamente, o leitor não deixará de observar a preocupação do autor em distinguir os diferentes caracteres humanos. → A vírgula isola o adjunto adverbial anteposto ao sujeito. Inclusive, pela pequena extensão do termo, ela é facultativa.*

(E) *Em qualquer lugar onde ocorra uma feira, ocorrerá também a humilde coleta de que trata a crônica. → A vírgula isola uma oração adverbial anteposta à principal. O uso da vírgula é gramaticalmente indicado. No entanto, mesmo suprimido, não altera o sentido.*

31. **(FCC – Técnico Judiciário – TRT da 5ª. Região – 2008)** *As abelhas são 3 mil; borboletas e lagartas, 1.800. Em uma única árvore da Amazônia já foram encontradas 95 espécies de formigas – 10 a menos do que em toda a Alemanha.*

Considere as afirmativas seguintes sobre os sinais de pontuação empregados no segmento transcrito.

I. O ponto-e-vírgula pode ser substituído por dois pontos, sem alteração do sentido original.

II. A vírgula assinala a ausência do verbo na frase, cuja repetição é desnecessária, por ser o mesmo da frase anterior.

III. Uma vírgula pode ser empregada em substituição ao travessão, sem alterar o sentido original.

Está correto o que se afirma em

(A) I, apenas.
(B) III, apenas.
(C) I e II, apenas.
(D) II e III, apenas.
(E) I, II e III.

▶ *Comentários:*

Resposta correta: (D) *II. A vírgula assinala a ausência do verbo na frase, cuja repetição é desnecessária, por ser o mesmo da frase anterior. → "borboletas e lagartas SÃO 1800."*

III. Uma vírgula pode ser empregada em substituição ao travessão, sem alterar o sentido original. → Além da vírgula, caberia também o sinal de dois pontos. O termo isolado é um aposto.

I. O ponto-e-vírgula pode ser substituído por dois-pontos, sem alteração do sentido original. → Só se poderia usar o sinal de dois pontos, se houvesse uma relação de explicação ou especificação. Como se trata de uma enumeração, o correto é o uso de ponto-e-vírgula.

32. **(TJ-SC – Técnico em computação – TJSC – 2007)** Analise os termos destacados nas proposições a seguir e preencha a coluna II de acordo com a coluna I. A seguir, assinale a alternativa correta.

Coluna I	Coluna II
1. O juiz declarou o político **inocente**.	( ) verbo intransitivo
2. O candidato anda **preocupado**.	( ) objeto direto preposicionado
3. O réu **sumiu**.	( ) predicativo do objeto
4. Esta casa **pertence** ao governo.	( ) verbo transitivo indireto
5. Os assaltantes sacaram do revólver.	( ) predicativo do sujeito

(A) 1, 5, 3, 2, 4
(B) 5, 2, 4, 1, 3
(C) 3, 5, 1, 4, 2
(D) 3, 1, 5, 4, 2

▶ *Comentários:*

Resposta correta: (C)

1. *O juiz declarou o político* **inocente**. → *"Inocente" é um termo que caracteriza o objeto direto ("político"). Por isso, é classificado como predicativo do objeto.*
2. *O candidato anda* **preocupado**. → *"Preocupado" é um termo que caracteriza o sujeito ("candidato"); por isso, é um predicativo do sujeito.*
3. *O réu* **sumiu**. → *O verbo "sumir" não aparece seguido de nenhum complemento, sendo, portanto, intransitivo.*
4. *Esta casa* **pertence** *ao governo.* → *"pertence" é verbo seguido de termo preposicionado ("ao governo"). Dessa forma, classifica-se como transitivo indireto.*
5. *Os assaltantes sacaram* **do revólver**. → *O verbo "sacar" é um VTD. Tanto é que normalmentew se diz: "Vou sacar o dinheiro no caixa". Como o termo destacado aparece com a preposição, trata-se de objeto direto preposicionado.*

33. **(FCC – Analista Judiciário – TRF da 4ª. Região – 2007)** *Amir, afastado de nós pela particularidade de seu grupo, revela-se igual a nós pela singularidade de sua experiência.*

Caso o autor quisesse explicitar o sentido contextual da expressão sublinhada na frase acima, poderia ter escrito:

(A) desde que afastado de nós.
(B) porque afastado de nós.
(C) conquanto afastado de nós.
(D) uma vez afastado de nós.
(E) dado que afastado de nós.

▶ *Comentários:*

Resposta correta: (C) – *A expressão "conquanto afastado de nós" é de valor concessivo. A ideia de concessão expressa oposição. E o sentido da frase revela a seguinte oposição: Amir foi afastado de um grupo por certa peculiaridade, mas revelou-se igual a esse grupo. Apesar de ter sido separado, revelou-se semelhante.*

(B), (D) e (E) – seriam alternativas autoexcludentes, porque todos expressam "causa".

(A) – Estabeleceria uma relação de "tempo".

34. **(FCC – Analista Judiciário – TRF da 4ª. Região – 2007)** Está inteiramente correta a pontuação da seguinte frase:

(A) Lá em casa não era preciso me trancar no banheiro, ou me valer, de qualquer outro expediente, para ler um romance.
(B) É verdade sim, que meus pais me pediam para organizar meu horário, mas nem por isso faziam qualquer restrição, a minhas leituras de romances.
(C) Para muita gente ler romances significa, quando muito uma distração, mas em minha família imperava o respeito pelas altas virtudes da boa ficção.
(D) O exemplo de "O Caçador de Pipas", tomado pelo autor do texto, serviu-lhe, sem dúvida, como argumento em favor da universalidade da condição humana.

(E) Não são muitos os filhos, que podem se entregar às ficções, não apenas com a aprovação dos pais mas, ainda, recebendo deles todos os incentivos.

▶ *Comentários:*

Reposta correta: (D) – *"tomado como autor do texto" deve ficar em posição de intercalação, porque quebra a sequência de sujeito ("O exemplo de 'O caçador de pipas'") e verbo ("serviu-lhe"); a expressão "sem dúvida" também quebra uma sequência semântica. Observe que, se forem retirados os dois termos intercalados, o conteúdo que sobrou mantém sentido completo.*

(A) *Lá em casa não era preciso me trancar no banheiro, ou me valer de qualquer outro expediente, para ler um romance.*

(B) *É verdade, sim, que meus pais me pediam para organizar meu horário, mas nem por isso faziam qualquer restrição a minhas leituras de romances.*

(C) *Para muita gente, ler romances significa, quando muito, uma distração, mas, em minha família, imperava o respeito pelas altas virtudes da boa ficção.*

(E) *Não são muitos os filhos que podem se entregar às ficções, não apenas com a aprovação dos pais mas, ainda, recebendo deles todos os incentivos.*

35. (FCC – Analista Judiciário – TRF da 3ª. Região – 2007) É preciso **suprimir** uma ou mais vírgulas na seguinte frase:

(A) É possível que, em vista da quantidade e de seu poder de sedução, as ficções de nossas telas influenciem nossa conduta de forma determinante.

(B) Independentemente do mérito dos professores, as escolas devem, com denodo, estimular os sonhos dos alunos.

(C) É uma pena que, hoje em dia, tantos e tantos jovens substituam os sonhos pela preocupação, compreensível, diga-se, de se inserir no mercado de trabalho.

(D) O fato de serem, os adolescentes de hoje, tão "razoáveis", faz com que a decantada rebeldia da juventude dê lugar ao conformismo e à resignação.

(E) Se cada época tem os adolescentes que merece, conforme opina o autor, há também os adolescentes que não merecem os adultos de sua época.

▶ *Comentários:*

Resposta correta: (D) – *"Os adolescentes de hoje" é uma expressão que se configura como o sujeito do verbo "ser". Pela norma gramatical não se separa sujeito de verbo por intermédio de vírgula. A vírgula após "hoje" também é indevida, pois separa uma característica ("tão razoáveis") do termo a que ela se refere ("jovens"). Finalmente, a vírgula depois de "razoáveis" não deveria ser colocada, porque toda a oração colocada antes dessa vírgula é o sujeito de "faz". Não se separa sujeito (mesmo oracional) de seu verbo.*

(A) *É possível que,* **em vista da quantidade e de seu poder de sedução,** *as ficções de nossas telas influenciem nossa conduta de forma determinante. → O termo destacado deve ficar entre vírgulas porque é uma intercalação que quebra uma sequência.*

(B) Independentemente do mérito dos professores, *as escolas devem, com denodo, estimular os sonhos dos alunos. → O termo negritado foi isolado por vírgula porque se antepôs ao jeito e está, portanto, deslocado. O termo grifado fica entre vírgulas, porque é uma intercalação que quebra a sequência do período.*

(C) *É uma pena que,* **hoje em dia,** *tantos e tantos jovens substituam os sonhos pela preocupação,* **compreensível, diga-se,** *de se inserir no mercado de trabalho. → Os três termos destacados devem ficar isolados por vírgulas, por serem, termos intercalados. Se retirados, dão lugar a uma sequência frasal com sentido.*

(E) *Se cada época tem os adolescentes que merece,* **conforme opina o autor**, *há também os adolescentes que não merecem os adultos de sua época. → A oração destacada fica entre vírgulas, por ser intercalada.*

36. (FUNDEP – Técnico Judiciário – TJ-MG – 2007) A supressão da vírgula implica alteração do sentido em

(A) "Coube à Revolução Industrial a produção em massa daquilo que, previamente, eram raridades reservadas a uma elite mínima."

Coube à Revolução Industrial a produção em massa daquilo que previamente eram raridades reservadas a uma elite mínima.

(B) "Nenhum deles tinha tempo de sentir o tédio, que pressupõe ócio abundante e sistemático [...]"

Nenhum deles tinha tempo de sentir o tédio que pressupõe ócio abundante e sistemático [...]

(C) "O tédio não é piada, nem um problema menor."

O tédio não é piada nem um problema menor.

(D) "[...] também é verdade que, por milênios, somente uma minoria dispunha das precondições necessárias [...]"

[...] também é verdade que por milênios somente uma minoria dispunha das precondições necessárias [...]

▶ *Comentários:*

Resposta correta: (B) – *Na primeira construção – "Nenhum deles tinha tempo de sentir o tédio, que pressupõe ócio abundante e sistemático [...]" -, a oração destacada classifica-se como uma oração adjetiva explicativa. Na segunda construção – Nenhum deles tinha tempo de sentir o tédio que pressupõe ócio abundante e sistemático [...] –, a retirada da vírgula faz com que a oração destacada se classifique como adjetiva restritiva.*

(A) *"Coube à Revolução Industrial a produção em massa daquilo que, previamente, eram raridades reservadas a uma elite mínima." → A retirada das vírgulas não afeta a construção da frase, por se tratar de um termo intercalado de pequena extensão (apenas uma palavras), o que torna a pontuação desnecessária.*

(C) *"O tédio não é piada, nem um problema menor." → A retirada da vírgula torna o período até "melhor", porque não é aconselhável a separação de orações com ideia de adição.*

(D) *"[...] também é verdade que, por milênios, somente uma minoria dispunha das precondições necessárias [...]" → A vírgula pode ser retirada, já que a intercalação é de um termo de pequena extensão. Nesse caso, o uso das vírgulas é facultativo.*

37. (FCC – Analista Judiciário – TRF – 2006) De quebra, *a publicação insinua que há dúvidas sobre a capacidade do sistema de saúde cubano* fazer frente a esse quadro.

A frase acima conservará a correção e o sentido caso se substituam os elementos sublinhados, respectivamente, por

(A) Apesar disso – confrontar-se com esse quadro.

(B) Não obstante – enquadrar esse fato.

(C) Além disso – enfrentar esse quadro.

(D) Ainda assim – ficar face a face com esse quadro.

(E) Por isso mesmo – enquadrar-se nisso.

► *Comentários:*

Resposta correta: (C) – *A expressão "de quebra" é coloquial. Quando é usada, pretende-se adicionar algo ao que já tenha sido dito. Assim, por expressar "adição", pode ser substituída por "além disso". "Apesar disso", "Não obstante" e "Ainda assim", presentes em outras alternativas, são expressões indicativas de concessão. "Por isso mesmo", expressa explicação. A expressão "fazer frente" tem em seu radical a mesma base do verbo "enfrentar", podendo, assim, ser substituída por ele.*

38. **(FCC – Analista Judiciário – TRF – 2006)** Considere as seguintes frases:

I. O editorial calou fundo nos pesquisadores latino-americanos, que a ele reagiram com firmeza.

II. O povo cubano deve decidir, por si mesmo, se precisa ou não de ajuda externa.

III. Ofertas de auxílio podem ser constrangedoras, quando não solicitadas.

A eliminação da(s) vírgula(s) altera o sentido SOMENTE do que está em

(A) I.
(B) II.
(C) III.
(D) I e II.
(E) II e III.

► *Comentários:*

Resposta a ser assinalada: (A) – *O termo isolado pela vírgula original é uma oração. "que a ele reagiram com firmeza" é de valor adjetivo, porque se refere ao substantivo "pesquisadores latino-americanos". Uma oração adjetiva isolada por vírgula tem valor explicativo; assim, se a vírgula for suprimida, a oração passará a ser de valor restritivo. Na frase II, "por si mesmo" é um termo intercalado que pode dispensar as vírgulas, porque não tem uma extensão muito grande. Na frase III, a vírgula é facultativa, porque a oração iniciada por "quando" está na sua ordem normal. Só seria obrigatório o suo da vírgula, caso o período começasse pela conjunção.*

39. **(FCC – Analista Judiciário – TRE-SP – 2006)** Está inteiramente correta a pontuação do seguinte comentário sobre o texto:

(A) O tema da exclusão, que está no centro desse texto, representa-se em muitas outras páginas do autor, que, entre outros cargos, ocupou o de reitor da UNB.

(B) A exclusão é sem dúvida, um tema da modernidade, quando as ilusões da globalização fazem crer que estejamos todos, incluídos no desenvolvimento internacional.

(C) Entre as ilusões da modernidade, estão os sonhos de consumo, acalentados por muitos, principalmente, por aqueles que pouco acesso têm, ao mercado globalizado.

(D) Quem é que não sonha com mais tempo livre, no entanto, esse é um privilégio reservado aos que desfrutam de fato, dos benefícios do progresso tecnológico.

(E) Ter muito tempo livre para os mais pobres, pode significar ter pouco trabalho; menos condições de ganhar seu sustento, ou que dirá de sonhar com o consumo...

► *Comentários:*

Resposta correta: (A) *O tema da exclusão,* **que está no centro desse texto**, *representa-se em muitas outras páginas do autor, que,* **entre outros cargos**, *ocupou o de reitor da UNB. → Os termos negritados devem ficar entre vírgulas porque quebram uma sequência.*

(B) *A exclusão* **,é sem dúvida,** *um tema da modernidade, quando as ilusões da globalização fazem crer que estejamos* **todos incluídos** *no desenvolvimento internacional.*

(C) *Entre as ilusões da modernidade, estão os sonhos de consumo, acalentados por muitos,* **principalmente por aqueles** *que pouco acesso* **têm ao mercado** *globalizado.*

(D) *Quem é que não sonha com mais* **tempo livre ? No entanto,** *esse é um privilégio reservado aos que desfrutam* **,de fato,** *dos benefícios do progresso tecnológico.*

(E) *Ter muito tempo livre para os mais* **pobres pode significar** *ter pouco* **trabalho, menos** *condições de ganhar seu sustento, ou que dirá de sonhar com o consumo...*

40. **(TJ-SC – Técnico Judiciário Auxiliar – TJSC – 2005)** Assinale a alternativa correta:

(A) Em Todo mundo sofre, todo mundo passa por momentos difíceis na vida, temos um período composto por coordenação.

(B) As orações são coordenadas sindéticas.

(C) A oração Todo mundo sofre é a oração principal.

(D) (...) por momentos difíceis na vida é oração subordinada substantiva objetiva indireta.

► *Comentários:*

Resposta correta: (A) – *A primeira oração ("Todo mundo sofre") apresenta uma estrutura autônoma, completa e é, por isso, coordenada. A segunda ("Todo mundo passa por momentos difíceis na vida"), também. Como as duas não apresentam conjunções, são o que a gramática classifica como orações coordenadas assindéticas.*

(B) *As orações são coordenadas sindéticas.* → *como já foi afirmado, são ASSINDÉTICAS, porque não apresentam conjunção.*

(C) *A oração Todo mundo sofre é a oração principal.* → *Não se pode falar em oração principal em períodos compostos por coordenação.*

(D) *(...) por momentos difíceis na vida é oração subordinada substantiva objetiva indireta.* → *O termo destacado nem mesmo é oração, já que não apresenta verbo.*

2. QUESTÕES DE CONCURSO

01. **(FGV – 2023 – TJ-BA – Juiz Leigo)** "Estudo revela novo alvo para busca de terapias contra doença de Parkinson" (Texto 1, Título)

No título do texto 1, a preposição "de" introduz um complemento nominal.

Em todas as alternativas abaixo, está sublinhado um termo introduzido pela preposição "de".

O único caso em que esse termo NÃO funciona como complemento nominal é:

A) "[...] pode limitar a perda de capacidade motora e a morte neuronal";

B) "uma toxina indutora de sintomas semelhantes aos da doença de Parkinson";

C) "[...] o que sugere que a micróglia pode ser responsável pela modulação da expressão de genes";

D) "[...] um tipo de célula imunológica do sistema nervoso";

E) "[...] além de propor terapias que consistem na manipulação deles".

02. **(FCC – 2023 – TRT – 18ª Região (GO) – Analista Judiciário – Área Administrativa)** Na frase um poeta torna aberto para todos o universo reflexivo de sua intimidade,

A) o termo **aberto** qualifica o objeto direto **universo reflexivo.**

B) **sua intimidade** refere-se ao termo **todos.**

C) **para todos** é um exemplo de vocativo.

D) ocorre uma indeterminação do sujeito em **um poeta.**

E) o verbo **tornar** está conjugado na voz passiva.

03. **(FCC – 2022 – TRT – 17ª Região (ES) – Técnico Judiciário – Área Apoio Especializado Especialidade – Tecnologia da Informação)** Em o velho corria atrás da gente (1º parágrafo), a expressão sublinhada exerce a mesma função sintática do elemento sublinhado em:

A) seu Demóstenes não conseguia conter o riso (7º parágrafo).

B) ele [Risadinha] não teve infância (1º parágrafo).

C) Eu o conheci menino (1º parágrafo).

D) Levante-se, seu Nestor! (4º parágrafo).

E) perguntou-lhe rosnando o padre (8º parágrafo).

04. **(FCC – 2022 – TRT – 5ª Região (BA) – Técnico Judiciário – Enfermagem)** Em relação à oração centrada no verbo em negrito, exerce a função sintática de sujeito a expressão sublinhada em:

A) – **Descobri** que paciência é uma forma de amor – diz-me uma das filhas, sorrindo. (26º parágrafo)

B) E depois, **há** espécies fabulosas, que rendem um colosso. (8º parágrafo)

C) **Tem** horror a criança. (10º parágrafo)

D) – **Acorda**, sua mandriona, o dia já clareou! (14º parágrafo)

E) E **é** um custo impedir que ele escaramuce o doente para fora de casa. (18º parágrafo)

05. **(IDECAN – 2022 – TJ-PI – Psicólogo)** O Território Étnico de Alcântara, no Maranhão, começa a se formar no final do século 19, com o abandono das terras (1) por seus proprietários (2). (linhas 13 e 14)

Tomando-se o substantivo abandono como deverbal, é correto afirmar que em (1) e (2) tem-se, respectivamente,

A) complemento nominal e complemento nominal.

B) complemento nominal e adjunto adnominal

C) adjunto adnominal e complemento nominal.

D) adjunto adnominal e adjunto adnominal.

E) adjunto adnominal e agente da passiva.

06. **(FCC – 2022 – TRT – 14ª Região (RO e AC) – Técnico Judiciário – Área Administrativa)** Em Também me contaram que a princesa Isabel havia sido sua grande redentora. (1º parágrafo), o pronome sublinhado exerce a função sintática de:

A) objeto direto.

B) objeto indireto.

C) complemento nominal.

D) adjunto adnominal.

E) predicativo do sujeito.

07. **(CESPE / CEBRASPE – 2023 – TRT – 8ª Região (PA e AP) – Técnico Judiciário – Área Administrativa)**

A 4.ª revolução industrial, marcada por avanços tecnológicos exponenciais, está produzindo uma transformação acelerada das ocupações e dos requisitos de habilidades necessárias ao ingresso dos jovens no mundo do trabalho. A demanda por novas qualificações aumenta, e a obsolescência das existentes se acelera; além disso, muitas atividades rotineiras estão sujeitas à robotização ou à substituição por máquinas inteligentes.

Embora essa nova realidade possa abrir grandes oportunidades, a transformação acelerada das ocupações gera também o risco de maior desigualdade.

O mundo tecnológico que emerge exige novas qualificações, ou mesmo novas alfabetizações, uma vez que as habilidades do século XXI estão em processo de redefinição radical, o que reforça a importância de educação de qualidade e formação profissional dos jovens para melhorar a empregabilidade e facilitar a transição da educação para o trabalho; de políticas ativas de mercado de trabalho que compreendam serviços e programas de emprego e contratos especiais para jovens; da promoção do respeito aos direitos trabalhistas e do trato não discriminatório dos jovens; além de políticas públicas que estimulem e desenvolvam a oferta de emprego pelas empresas, desde políticas de desenvolvimento e diversificação produtiva até o apoio às pequenas e médias empresas.

Entre as modalidades de programas para fomentar o emprego juvenil, as alianças público-privadas desempenham papel essencial, pois representam um campo fértil para a responsabilidade social empresarial e podem ser centrais para o desenvolvimento competitivo das empresas.

Internet: ‹www.ilo.org› (com adaptações)

No terceiro parágrafo do texto , a oração "uma vez que as habilidades do século XXI estão em processo de redefinição radical" expressa circunstância de

A) tempo.

B) consequência.

C) proporcionalidade.

D) condição.

E) causa.

08. (FGV - 2023 - TJ-BA - Conciliador) "A adoção é um avanço. O rótulo de um alimento traz informações que orientam o consumidor sobre os componentes do produto [...]" (Texto 1, 4º parágrafo)

Os dois períodos da passagem acima não estão ligados por um conector. Apesar disso, pode-se inferir que o segundo período veicula, em relação ao primeiro, ideia de:

A) conclusão;

B) proporção;

C) justificativa;

D) alternância;

E) concessão.

09. (FGV - 2023 - TJ-BA - Conciliador) "Nova rotulagem da Anvisa é bem-vinda, mas aquém de seu potencial" (Texto 1, Intertítulo)

A reescritura da passagem acima que alteraria sua força argumentativa é:

A) Nova rotulagem da Anvisa é bem-vinda, porém aquém de seu potencial.

B) Nova rotulagem da Anvisa é bem-vinda; contudo, é fato que fica aquém de seu potencial.

C) Nova rotulagem da Anvisa é bem-vinda; fica, todavia, aquém de seu potencial.

D) Nova rotulagem da Anvisa é bem-vinda; não atinge, entretanto, todo o seu potencial.

E) Nova rotulagem da Anvisa é bem-vinda, embora fique aquém de seu potencial.

10. **(FGV - 2023 - TJ-BA - Juiz Leigo)** "Conhecendo melhor o comportamento desses genes talvez possamos, no futuro, antecipar o diagnóstico da doença [...]" (Texto 1, 10º parágrafo)

Embora as orações presentes na passagem acima não estejam ligadas por meio de um conector, é possível constatar que a oração sublinhada veicula, em relação à oração seguinte, ideia de:

A) finalidade;

B) contraste;

C) consequência;

D) condição;

E) alternância.

11. **(VUNESP - 2023 - TJ-SP - Escrevente)** Na passagem - Eu, posto não avaliasse todo o valor deste outro elogio, gostava do elogio; era um elogio. -, o termo destacado estabelece entre as orações relação de sentido de

A) causa, podendo ser substituído por "uma vez que".

B) finalidade, podendo ser substituído por "para que".

C) comparação, podendo ser substituído por "como".

D) condição, podendo ser substituído por "caso".

E) concessão, podendo ser substituído por "embora".

12. **(VUNESP - 2023 - TJ-SP - Escrevente)** Nas passagens - A medida faz parte da estratégia para zerar, em 2050, as emissões de carbono. (1º parágrafo) - e - ... se a energia das baterias provier de fontes emissoras de carbono, como usinas alimentadas com carvão mineral, óleo ou gás natural. (4º parágrafo) -, os termos destacados estabelecem, correta e respectivamente, relações de sentido de

A) finalidade e exemplificação.

B) finalidade e condição.

C) consequência e causa.

D) condição e exemplificação.

E) consequência e comparação.

13. **(FGV - 2023 - TJ-RN - Analista Judiciário - Tecnologia de Informação - Análise de Sistemas)** Todas as frases abaixo foram iniciadas com o vocábulo "Segundo", com noção de conformidade; se eliminarmos das frases esse vocábulo, mantendo-se o sentido original, a única forma adequada é:

A) Segundo a Fifa, o jogador do Grêmio deve ser suspenso por três anos / A Fifa manda que o jogador do Grêmio seja suspenso por três anos;

B) Segundo o regulamento do prédio, o morador que deixou lixo no corredor deve ser multado / O regulamento do prédio comenta que o morador que deixou lixo no corredor devesse ser multado;

C) Segundo o Denatran, ninguém pode dirigir sem carteira de habilitação / O Denatran instrui como obter-se a carteira de habilitação, que é obrigatória;

D) Segundo o edital do concurso, a prova tem a duração de quatro horas / O edital do concurso ordena que a prova tenha a duração de quatro horas;

E) Segundo o Serviço de Meteorologia, as chuvas não vão cair neste final de semana / O Serviço de Meteorologia preceitua que as chuvas não vão cair nesse final de semana.

14. **(FCC – 2022 – TRT – 5ª Região (BA) – Técnico Judiciário – Enfermagem)** Em terei de fechar o registro para evitar que desperdice água (12º parágrafo), o termo sublinhado introduz uma oração que expressa ideia de

A) consequência.

B) finalidade.

C) causa.

D) condição.

E) proporção.

15. **(FCC – 2022 – TRT – 17ª Região (ES) – Técnico Judiciário – Área Apoio Especializado Especialidade – Tecnologia da Informação)** sua momice de inocência era de tal arte que até mesmo seu Demóstenes não conseguia conter o riso (7º parágrafo)

No contexto em que se insere, o termo sublinhado introduz uma oração

A) adversativa.

B) concessiva.

C) condicional.

D) consecutiva.

E) causal.

16. **(FCC – 2022 – TRT – 17ª Região (ES) – Técnico Judiciário – Área Apoio Especializado Especialidade – Tecnologia da Informação)** Foi um precursor de Cantinflas e, a despeito da opinião do leitor, nós lhe achávamos uma graça de doer a barriga. (13º parágrafo)

No contexto em que se insere, a locução "a despeito de" expressa ideia de

A) adição.

B) condição.

C) causa.

D) oposição.

E) consequência.

17. **(FCC – 2022 – TRT – 17ª Região (ES) – Analista Judiciário – Área Administrativa – Especialidade Contabilidade)** No primeiro parágrafo, a expressão quando mais não fosse pode ser substituída, sem prejuízo para o sentido e para a sintaxe da frase que integra, por:

A) mesmo sendo

B) muito embora

C) desde que se considerasse

D) tendo em vista

E) até mesmo

18. **(IDECAN - 2022 - TJ-PI - Psicólogo)** Em noites escuras, quem se embrenha mato adentro no Quilombo de Canelatiua sente-se como se estivesse caminhando no espaço. (linhas 1 e 2)

O segmento acima, se considerado como uma só oração, deve ser classificado corretamente como

A) oração subordinada adjetiva restritiva.

B) oração subordinada substantiva predicativa.

C) oração subordinada substantiva subjetiva justaposta.

D) oração subordinada adjetiva explicativa.

E) oração principal.

19. **(FCC - 2022 - TRT - 14ª Região (RO e AC) - Técnico Judiciário - Área Administrativa)** Quando criança, fui ensinada que a população negra havia sido escrava e ponto. (1º parágrafo) No contexto, o trecho sublinhado acima expressa a ideia de

A) tempo.

B) condição.

C) concessão.

D) proporção.

E) comparação.

20. **(CESPE / CEBRASPE - 2023 - TRT - 8ª Região (PA e AP) - Técnico Judiciário - Área Administrativa)**

A 4.ª revolução industrial, marcada por avanços tecnológicos exponenciais, está produzindo uma transformação acelerada das ocupações e dos requisitos de habilidades necessárias ao ingresso dos jovens no mundo do trabalho. A demanda por novas qualificações aumenta, e a obsolescência das existentes se acelera; além disso, muitas atividades rotineiras estão sujeitas à robotização ou à substituição por máquinas inteligentes.

Embora essa nova realidade possa abrir grandes oportunidades, a transformação acelerada das ocupações gera também o risco de maior desigualdade.

O mundo tecnológico que emerge exige novas qualificações, ou mesmo novas alfabetizações, uma vez que as habilidades do século XXI estão em processo de redefinição radical, o que reforça a importância de educação de qualidade e formação profissional dos jovens para melhorar a empregabilidade e facilitar a transição da educação para o trabalho; de políticas ativas de mercado de trabalho que compreendam serviços e programas de emprego e contratos especiais para jovens; da promoção do respeito aos direitos trabalhistas e do trato não discriminatório dos jovens; além de políticas públicas que estimulem e desenvolvam a oferta de emprego pelas empresas, desde políticas de desenvolvimento e diversificação produtiva até o apoio às pequenas e médias empresas.

Entre as modalidades de programas para fomentar o emprego juvenil, as alianças público-privadas desempenham papel essencial, pois representam um campo fértil para a responsabilidade social empresarial e podem ser centrais para o desenvolvimento competitivo das empresas.

Internet: ‹www.ilo.org› (com adaptações)

No que se refere ao emprego dos sinais de pontuação no texto , assinale a opção correta.

A) A correção gramatical e os sentidos do texto seriam preservados se fosse eliminada a vírgula empregada logo após o termo "industrial" (primeiro período do primeiro parágrafo).

B) A vírgula empregada logo após a forma verbal "aumenta" (segundo período do primeiro parágrafo) tem a finalidade de separar orações cujos sujeitos são distintos.

C) A inserção de uma vírgula imediatamente após o vocábulo "público-privadas" (último parágrafo) manteria a correção gramatical e a coerência das ideias do texto.

D) A correção gramatical e a coerência das ideias do texto seriam mantidas caso fosse inserida uma vírgula imediatamente após a forma verbal "emerge" (início do terceiro parágrafo).

E) A substituição da vírgula empregada após o termo "radical" (terceiro parágrafo) por ponto final manteria a correção gramatical e os sentidos do texto, desde que feito o devido ajuste de minúscula para maiúscula no início do novo período.

21. **(FGV – 2023 – TJ-BA – Conciliador)** Os textos das alternativas a seguir são reescrituras de passagens do texto 1. O único caso em que a modificação realizada resultou em erro relativo ao emprego de um ou mais sinais de pontuação é:

A) "[...] para aqueles já existentes, o prazo para adequação pode ser de um a três anos a partir da mesma data, dependendo da natureza do produto." › Para aqueles já existentes, o prazo para adequação pode ser de um a três anos a partir da mesma data (dependendo da natureza do produto).

B) "A principal é a inclusão de um ícone de lupa, indicando alto teor de gordura saturada, açúcar adicionado e sódio — cuja ingestão excessiva aumenta o risco de doenças crônicas". › A principal é a inclusão de um ícone de lupa, indicando alto teor de gordura saturada, açúcar adicionado e sódio, cuja ingestão excessiva aumenta o risco de doenças crônicas.

C) "São opções que contêm pouco ou nenhum alimento inteiro, sendo feitas majoritariamente de substâncias extraídas de alimentos (como amido do milho ou proteína da soja)." › São opções que contêm pouco ou nenhum alimento inteiro, sendo feitas majoritariamente de substâncias extraídas de alimentos — como amido do milho ou proteína da soja.

D) "Por isso, é comum que sejam adicionados corantes, aromatizantes e outros aditivos que os deixam atraentes". › Por isso, é comum, que sejam adicionados corantes, aromatizantes e outros aditivos, que os deixam atraentes.

E) "Para receber um rótulo de 'alto em sódio' no Brasil, por exemplo, um alimento precisa ter ao menos 600 mg do nutriente a cada 100 g de produto." › Para receber um rótulo de "alto em sódio" no Brasil, por exemplo, um alimento precisa ter, ao menos, 600 mg do nutriente a cada 100 g de produto.

22. **(FGV – 2023 – TJ-BA – Conciliador)** "A escolha da nova rotulagem, no entanto, poderia — e deveria — ter ido além." (Texto 1, 4º parágrafo)

"Ainda assim, muitos alimentos nocivos à saúde podem passar incólumes, já que o perfil nutricional — ou seja, os limites para cada nutriente crítico — escolhido pela Anvisa é demasiado permissivo." (Texto 1, 6º parágrafo)

Nas passagens acima, os travessões desempenham, respectivamente, as funções de:

A) isolar um aposto explicativo e marcar discurso direto;

B) acrescentar uma opinião pessoal e esclarecer a expressão antecedente;

C) relativizar uma posição prévia e enfatizar uma condição;

D) introduzir uma avaliação metalinguística e circunscrever uma oração adjetiva;

E) refutar uma tese e isolar um argumento de autoridade.

23. **(FGV – 2023 – TJ-BA – Juiz Leigo)** Em cada uma das alternativas abaixo, uma passagem do texto 1 foi reescrita com o acréscimo de uma ou mais vírgulas. O único caso em que esse acréscimo produziu incoerência textual é:

A) "O grupo que manteve essas células registrou perdas menos significativas de neurônios e de movimento quando comparado aos demais roedores." › O grupo, que manteve essas células, registrou perdas menos significativas de neurônios e de movimento quando comparado aos demais roedores.

B) "A descoberta contradiz o que os próprios pesquisadores do ICB e outros estudiosos da área haviam visto anteriormente sobre essas células." › A descoberta contradiz o que os próprios pesquisadores do ICB e outros estudiosos da área haviam visto, anteriormente, sobre essas células.

C) "Até então acreditava-se o contrário, pois, quando elas eram bloqueadas por fármacos, os sintomas do Parkinson eram mitigados." › Até então, acreditava-se o contrário, pois, quando elas eram bloqueadas por fármacos, os sintomas do Parkinson eram mitigados.

D) "No estudo também foram identificados dois genes que podem estar relacionados à doença de Parkinson." › No estudo, também foram identificados dois genes que podem estar relacionados à doença de Parkinson.

E) "Conhecendo melhor o comportamento desses genes talvez possamos, no futuro, antecipar o diagnóstico da doença [...]" › Conhecendo melhor o comportamento desses genes, talvez possamos, no futuro, antecipar o diagnóstico da doença.

24. **(FGV – 2023 – TJ-BA – Juiz Leigo)** "Em camundongos, foi observado que a micróglia, um tipo de célula imunológica do sistema nervoso que compõe a chamada glia – conjunto diversificado de células que dá suporte ao funcionamento dos neurônios – pode limitar a perda de capacidade motora e a morte neuronal." (Texto 1, 2º parágrafo)

Na passagem acima, os travessões são usados para isolar um aposto explicativo. Uma passagem em que uma ou mais vírgulas são usadas para o mesmo fim é:

A) "Todos os testes foram conduzidos em animais que receberam 6-hidroxidopamina, uma toxina indutora de sintomas semelhantes aos da doença de Parkinson, aplicada diretamente no cérebro." (Texto 1, 3º parágrafo);

B) "Antes, metade dos animais teve as micróglias praticamente eliminadas por uma substância [...]" (Texto 1, 3º parágrafo);

C) "'Esses resultados sugerem um possível alvo para o tratamento da doença no futuro, quando descobrirmos mecanismos capazes de ativar a micróglia de maneira benéfica', disse a doutoranda Carolina Parga à assessoria de imprensa do ICB-USP." (Texto 1, 4º parágrafo);

D) "Até então acreditava-se o contrário, pois, quando elas eram bloqueadas por fármacos, os sintomas do Parkinson eram mitigados." (Texto 1, 5º parágrafo);

E) "São dois genes relacionados à transmissão por dopamina [substância que influencia nossas emoções, aprendizado e locomoção [...]" (Texto 1, 9º parágrafo).

25. **(VUNESP – 2023 – TJ-SP – Escrevente)** Na frase final do texto – Na Alemanha, de 5 para cada 100 mil. –, a vírgula serve para separar a expressão adverbial de lugar e para indicar que há

A) separação de termos em enumeração.

B) retificação de informação prévia.

C) informação implícita no enunciado.

D) divergência entre os dados citados.

E) ambiguidade na exposição das ideias.

26. **(FCC – 2023 – TRT – 18ª Região (GO) – Analista Judiciário – Área Administrativa)** A remoção da vírgula altera o sentido da seguinte frase:

A) Diante do cenário atual de sua querida cidade, o cronista sentiu os efeitos de uma verdadeira devastação.

B) Não é incomum que nos sintamos traídos, quando voltamos a uma paragem antiga e não a reconhecemos.

C) A cada vez que imaginamos haver retido uma imagem fiel, pode suceder que a realidade a apague.

D) Observando o que restou de sua cidade, o cronista encontrou na casa de Maria um vestígio dolorido do passado.

E) Os empreiteiros não se importam com as cidades históricas, que pretendem tornar modernas.

27. **(FCC – 2022 – TRT – 19ª Região (AL) – Técnico Judiciário – Área Apoio Especializado Especialidade: Tecnologia da Informação)** É inteiramente adequada a pontuação da frase:

A) Eu que nunca fui de bichos, me surpreendi, com aquele súbito afeto.

B) Ama-se mais, um cachorro vira-lata, do que um cachorro de raça.

C) Quando o menino forjou, sua teoria da imortalidade, surpreendeu a todos.

D) O canário acabou de pouco em pouco, conseguindo nossa afeição.

E) Os bichinhos ordinários, mais que os de raça, são fáceis de amar.

28. **(FCC – 2022 – TRT – 19ª Região (AL) – Técnico Judiciário – Área Apoio Especializado Especialidade: Tecnologia da Informação)** Verifica-se o emprego de vírgula para separar um vocativo no seguinte trecho:

A) Falava pouco e ria muito, um riso de fato diminutivo, nascido de reservados solilóquios, quase sempre extemporâneo.

B) Nestor, em suma, teve a meninice normal de um filho de funcionário público em nosso tempo.

C) – Vagabundo, não, professor.

D) – É porque estou com meu pezinho machucado, respondeu com doçura o Risadinha.

E) Foi um precursor de Cantinflas e, a despeito da opinião do leitor, nós lhe achávamos uma graça de doer a barriga.

29. **(FCC – 2022 – TRT – 17ª Região (ES) – Analista Judiciário – Área Administrativa – Especialidade Contabilidade)** É inteiramente regular a pontuação da frase:

A) Não obstante, essa cantiga tomada por Orides como epígrafe de um poema, seja uma celebração, a poeta viu nela, com seus olhos líricos a sombra de um sentido trágico.

B) Não obstante essa cantiga, tomada por Orides, como epígrafe de um poema seja uma celebração, a poeta viu nela com seus olhos líricos, a sombra de um sentido trágico.

C) Não obstante, essa cantiga tomada, por Orides como epígrafe, de um poema, seja uma celebração, a poeta viu nela com seus olhos líricos, a sombra de um sentido trágico.

D) Não obstante essa cantiga, tomada por Orides como epígrafe de um poema, seja uma celebração, a poeta viu nela, com seus olhos líricos, a sombra de um sentido trágico.

E) Não obstante essa cantiga, tomada por Orides como epígrafe, de um poema seja uma celebração, a poeta viu nela com seus olhos líricos a sombra de um sentido trágico.

30. **(IDECAN - 2022 - TJ-PI - Psicólogo)** Em 27 de março de 2020, o governo quis remover 792 famílias de 27 comunidades, durante o pico da pandemia. (linhas 25 a 26)

Assinale a alternativa em que, alterando-se a estrutura do período acima, tenha-se mantida pontuação igualmente correta e correspondência semântica.

A) Durante o pico da pandemia - em 27 de março de 2020 -, o governo quis remover 792 famílias de 27 comunidades.

B) Em 27 de março de 2020, durante o pico da pandemia - o governo quis remover 792 famílias de 27 comunidades.

C) Em 27 de março de 2020 durante o pico da pandemia, o governo quis remover 792 famílias, de 27 comunidades.

D) Em 27 de março de 2020 - durante o pico da pandemia - o governo quis remover 792 famílias de 27 comunidades.

E) Durante o pico da pandemia - em 27 de março de 2020 - o governo quis remover 792 famílias de 27 comunidades.

31. **(FCC - 2022 - TRT - 14ª Região (RO e AC) - Analista Judiciário - Área Judiciária)** Está plenamente adequada a pontuação da seguinte frase:

A) Os filhos do autor diante da lareira, não deixaram de se espantar, com o espetáculo inédito daquelas chamas bruxuleantes.

B) Como metáfora, o fogo por conta de seus inúmeros atributos, chega mesmo a propiciar expansões, simbólicas e metafóricas.

C) Tanto como a do Sol, a luz do fogo, uma vez expandida, pode ofuscar os olhos de quem, imprudente, ouse enfrentá-la.

D) O autor do texto em momentos descritivos, não deixa de insinuar sua atração, pela magia dos poderes e do espetáculo do fogo.

E) Disponíveis metáforas, parecem se desenvolver quando, por amor ou por ódio extremos somos tomados por paixões incendiárias.

32. **(FGV - 2023 - TJ-BA - Conciliador)** Nas alternativas abaixo, vemos, à esquerda, uma passagem do texto 1 e, à direita, uma versão modificada dessa mesma passagem. Nessa modificação, uma palavra ou expressão do texto original foi deslocada para uma posição diferente da posição original.

O único caso em que esse deslocamento produziu mudança substancial de significado é:

A) "Desde outubro de 2022, o consumidor brasileiro vem se deparando com mudanças nas embalagens de alimentos nos mercados." › O consumidor brasileiro vem se deparando, desde outubro de 2022, com mudanças nas embalagens de alimentos nos mercados.

B) "[...] para aqueles já existentes, o prazo para adequação pode ser de um a três anos a partir da mesma data, dependendo da natureza do produto." › para aqueles já existentes, o prazo para adequação pode ser, dependendo da natureza do produto, de um a três anos a partir da mesma data.

C) "A escolha da nova rotulagem, no entanto, poderia — e deveria — ter ido além." › No entanto, a escolha da nova rotulagem poderia — e deveria — ter ido além.

D) "Segundo o Guia Alimentar para a População Brasileira, um caminho simples para manter uma alimentação saudável é evitar o consumo de ultraprocessados." › Um caminho simples para manter uma alimentação saudável, segundo o Guia Alimentar para a População Brasileira, é evitar o consumo de ultraprocessados.

E) "Eles também costumam ter excesso de açúcar, gordura saturada e sódio." › Eles costumam ter excesso também de açúcar, gordura saturada e sódio.

33. **(FGV - 2023 - TJ-BA - Juiz Leigo)** "Isso reforça a importância de desenvolvermos formas de diagnósticos mais assertivas para as doenças neurodegenerativas, para assim chegarmos a soluções terapêuticas. Pois trata-se de doenças que podem estar ativas durante décadas antes do diagnóstico, que em geral se dá só após a manifestação de sintomas, mas sendo mitigadas pela micróglia e outros mecanismos" (Texto 1, 7º parágrafo)

A única reescritura da passagem acima que NÃO produz mudança substancial de significado nem desvio em relação à norma padrão é:

A) Isso reafirma a importância de desenvolvermos formas de diagnósticos mais assertivas para as doenças neurodegenerativas, para que assim cheguemos à soluções terapêuticas. Pois trata-se de doenças que podem estar ativas durante décadas antes do diagnóstico, que em geral só ocorre depois que se manifesta os sintomas, mas sendo mitigadas pela micróglia e outros mecanismos.

B) Isso confirma a importância de desenvolvermos formas de diagnósticos mais assertivas para as doenças neurodegenerativas, sendo que chegaremos dessa maneira, a soluções terapêuticas. Afinal, trata-se de doenças, que durante décadas antes do diagnóstico podem estar ativas, mas sendo mitigadas pela micróglia e outros mecanismos.

C) Isso reforça a importância de desenvolvermos formas de diagnósticos mais assertivas para as doenças neurodegenerativas, para que, assim, cheguemos a soluções terapêuticas. Afinal, trata-se de doenças que podem estar ativas durante décadas antes do diagnóstico - que, em geral, se dá só após a manifestação de sintomas - mas sendo mitigadas pela micróglia e outros mecanismos.

D) Isso corrobora a importância de que se desenvolva formas de diagnósticos mais assertivas para as doenças neurodegenerativas, à medida que cheguemos a soluções terapêuticas. Pois tratam-se de doenças que podem estar ativas durante décadas antes do diagnóstico, que em geral se dá só após a manifestação de sintomas, mas sendo mitigadas pela micróglia e outros mecanismos.

E) Isso reforça a importância de desenvolvermos formas de diagnósticos mais assertivas para as doenças neurodegenerativas, afim de que assim cheguemos a soluções terapêuticas. Pois trata-se de doenças, que podem estar ativas durante décadas antes do diagnóstico, que se dá em geral, só após a manifestação de sintomas, mas sendo mitigadas pela micróglia e outros mecanismos.

34. **(FGV - 2023 - TJ-BA - Juiz Leigo)** "Esses genes apresentavam menor expressão apenas nos grupos em que as micróglias foram eliminadas." (Texto 1, 8º parágrafo)

A única reescritura da passagem acima em que se verifica desvio em relação à norma padrão é:

A) Esses genes apresentavam menor expressão apenas nos grupos em que havia menos micróglias.

B) Esses genes apresentavam menor expressão apenas nos grupos em que se eliminou as micróglias.

C) Esses genes apresentavam menor expressão apenas nos grupos cujos animais tinham menos micróglias.

D) Esses genes apresentavam menor expressão apenas nos grupos nos quais as micróglias foram eliminadas.

E) Esses genes apresentavam menor expressão apenas nos grupos em que se procedeu à eliminação das micróglias.

35. (FGV – 2023 – TJ-BA – Conciliador) Nas alternativas abaixo, vemos, à esquerda, uma passagem do texto 1 e, à direita, uma versão modificada dessa mesma passagem. Nessa modificação, uma palavra ou expressão do texto original foi deslocada para uma posição diferente da posição original.

O único caso em que esse deslocamento produziu mudança substancial de significado é:

A) "Desde outubro de 2022, o consumidor brasileiro vem se deparando com mudanças nas embalagens de alimentos nos mercados." › O consumidor brasileiro vem se deparando, desde outubro de 2022, com mudanças nas embalagens de alimentos nos mercados.

B) "[...] para aqueles já existentes, o prazo para adequação pode ser de um a três anos a partir da mesma data, dependendo da natureza do produto." › para aqueles já existentes, o prazo para adequação pode ser, dependendo da natureza do produto, de um a três anos a partir da mesma data.

C) "A escolha da nova rotulagem, no entanto, poderia — e deveria — ter ido além." › No entanto, a escolha da nova rotulagem poderia — e deveria — ter ido além.

D) "Segundo o Guia Alimentar para a População Brasileira, um caminho simples para manter uma alimentação saudável é evitar o consumo de ultraprocessados." › Um caminho simples para manter uma alimentação saudável, segundo o Guia Alimentar para a População Brasileira, é evitar o consumo de ultraprocessados.

E) "Eles também costumam ter excesso de açúcar, gordura saturada e sódio." › Eles costumam ter excesso também de açúcar, gordura saturada e sódio.

36. (FGV – 2023 – TJ-BA – Juiz Leigo) Todas as alternativas abaixo apresentam a mesma estrutura: à esquerda, vê-se uma passagem transcrita do texto 1; à direita, apresenta-se uma proposta de reescritura dessa mesma passagem.

A única alternativa em que essa proposta de reescritura NÃO produz alteração obrigatória no significado é:

A) "Estudo conduzido no Instituto de Ciências Biomédicas [...] revelou um possível mecanismo protetor contra a doença de Parkinson." › Estudo conduzido no Instituto de Ciências Biomédicas [...] revelou um mecanismo protetor possível contra a doença de Parkinson.

B) "O grupo que manteve essas células registrou perdas menos significativas de neurônios e de movimento quando comparado aos demais roedores." › O grupo que, quando comparado aos demais roedores, manteve essas células registrou perdas menos significativas de neurônios e de movimento.

C) "A descoberta contradiz o que os próprios pesquisadores do ICB e outros estudiosos da área haviam visto anteriormente sobre essas células." › A descoberta contradiz o que os próprios pesquisadores do ICB e outros estudiosos da área viram anteriormente sobre essas células.

D) "No estudo também foram identificados dois genes que podem estar relacionados à doença de Parkinson." › No estudo foram identificados dois genes que podem estar relacionados também à doença de Parkinson.

E) "Esses genes apresentavam menor expressão apenas nos grupos em que as micróglias foram eliminadas." › Esses genes apresentavam menor expressão nos grupos em que apenas as micróglias foram eliminadas.

37. **(VUNESP – 2023 – TJ-SP – Escrevente)** Na passagem – José Dias tratava-me com extremos de mãe e atenções de servo. A primeira cousa que consegui logo que comecei a andar fora, foi dispensar-me o pajem; fez-se pajem, ia comigo à rua. –, o relato se dá pela perspectiva do narrador. Caso o narrador fosse José Dias, o enunciado assumiria a seguinte redação, de acordo com a norma-padrão:

A) Tratava ele com extremos de mãe e atenções de servo. A primeira cousa que consegui, logo que ele começou a andar fora, foi dispensar-lhe o pajem; fez-me pajem, ia comigo à rua.

B) Tratava-o com extremos de mãe e atenções de servo. A primeira cousa que conseguiu, logo que começou a andar fora, foi que lhe dispensasse o pajem; fiz-me pajem, ia com ele à rua.

C) Tratava-lhe com extremos de mãe e atenções de servo. A primeira cousa que conseguiu, logo que começou a andar fora, foi dispensar-me o pajem; fiz-lhe pajem, ia consigo à rua.

D) Tratava à ele com extremos de mãe e atenções de servo. A primeira cousa que conseguiu, logo que começou a andar fora, foi dispensar o pajem dele; fiz-me pajem, ia comigo à rua.

E) Tratava-o com extremos de mãe e atenções de servo. A primeira cousa que conseguiu, logo que começou a andar fora, foi que me dispensasse o pajem; fiz-me pajem, ia consigo à rua.

38. **(FGV – 2023 – TJ-RN – Técnico Judiciário – Área Judiciária)** Num relatório para sua chefia, um funcionário escreveu a seguinte frase: " A maioria do funcionalismo tentam investir na construção de conhecimentos que permitem aprender o que é útil para sua atividade profissional".

O chefe repreendeu o funcionário pelos erros cometidos no relatório e exigiu que o documento fosse corrigido; no dia seguinte, o funcionário corrigiu os erros e enviou ao chefe o seguinte texto, em que todos os problemas foram solucionados:

A) "A maioria do funcionalismo tentam investir na construção de conhecimentos que lhes permitam aprender o que é util para sua atividade profissional."

B) "A maioria do funcionalismo tenta investir na construção de conhecimentos que os permitam aprender o que é útil para sua atividade profissional."

C) "A maioria do funcionalismo tenta investir na construção de conhecimentos que lhes permita aprender o que é útil para sua atividade profissional."

D) "A maioria do funcionalismo tenta investir na construção de conhecimentos que os permitam aprender o que tem utilidade para sua atividade profissional."

E) "A maioria do funcionalismo tentam investir na construção de conhecimentos que lhes permita aprender o que é útil para sua atividade profissional."

39. **(FGV – 2023 – TJ-RN – Analista Judiciário – Administrativa – Contabilidade)** Entre os segmentos abaixo, aquele que se mostra bastante objetivo, sem pormenores inúteis, repetições desnecessárias ou redundâncias, é:

A) Cada candidato, individualmente, terá acesso às informações do concurso por meio de uma senha particular;

B) O governo deve devolver ao povo o valor do empréstimo temporário cobrado no preço dos alimentos;

C) Ocorreu uma verdadeira balbúrdia no momento em que Trump entrou no tribunal;

D) Na volta da guerra, os militares receberam amor e afeto de seus familiares, que os aguardavam ansiosos;

E) Os atletas ficaram desestimulados ao se depararem com a grande quantidade de obstáculos na pista.

40. (FCC – 2023 – TRT – 18ª Região (GO) – Analista Judiciário – Área Administrativa) Entre as tantas formas de vida está a de se valer de uma caneta para perseguir poemas.

A frase acima ganha nova redação, na qual se mantêm seu sentido básico e a correção gramatical, na seguinte versão:

A) Muito se pode valer de uma caneta para que se persiga poemas como formas de vida.

B) Vale a pena perseguir com uma caneta aquelas formas de vida que valem como poemas.

C) A procura de poemas com uma caneta assemelha à quem persiga outras formas de vida.

D) Quando se atentam a poemas, uma caneta na mão lhes aproxima das formas de viver.

E) Ir ao encalço de poemas com uma caneta consiste numa das formas possíveis de vida.

41. (FCC – 2023 – TRT – 18ª Região (GO) – Analista Judiciário – Área Administrativa) É plenamente correta, coesa e coerente a redação da seguinte frase:

A) Conquanto hajam divergências de opiniões, não será fácil algum consenso entre os críticos da imigração.

B) Espera-se que se conciliem os interesses divergentes de imigrantes e europeus, a menos que venham se a confrontar uns aos outros.

C) Vem de longa data o debate sobre as consequências da imigração em massa, o que não se espera possam superar tão cedo como está previsto.

D) Em razão de haver preconceitos culturais, há povos que se eximem completamente de considerar os valores próprios de outros povos.

E) Tome-se esta ou aquela decisão diante do fenômeno da imigração, não importa, consequentemente ambas podem ser injustas.

42. (FCC – 2023 – TRT – 18ª Região (GO) – Analista Judiciário – Área Judiciária) Ela encontrou estendido na cama, agonizante quase, aquele que lhe fora um valioso companheiro em noites idas de sua infância.

Numa nova redação, o período acima permanecerá gramaticalmente correto no caso de se substituir os elementos sublinhados, na ordem dada, por:

A) à beira da agonia – cuja companhia fora preciosa

B) em eminente agonia – na qual companhia se enriquecera

C) à margem da agonia – a quem obtivera a rica companhia

D) relativamente agônico – de quem usufruíra bom companheirismo

E) agonizando mesmo – de cujo valor de companhia tivera

43. (FCC – 2022 – TRT – 5ª Região (BA) – Analista Judiciário – Área Administrativa) Está absolutamente correta a redação da seguinte frase:

A) Ao dizer que "não tem nenhum intermediário", Millôr acentua o caráter de sua plena solidão.

B) "Não há interface" é a convicção de cuja o menino Millôr assume ao perder os pais.

C) Ao se deparar, com a morte dos pais, o menino interviu em seu próprio destino.

D) Lucidez, humor e crítica são ingredientes onde raramente conseguem conciliar-se.

E) Ao desespero seguiu-se a paz cuja descrença o menino se aproveitou para seguir sua vida.

44. **(FCC - 2022 - TRT - 5ª Região (BA) - Analista Judiciário - Área Administrativa)** Considere as seguintes orações:

I. O menino perdeu seus pais. II. A perda dos pais desesperou o menino. III. O menino encontrou a paz da descrença.

Essas orações articulam-se com clareza, correção e coerência no seguinte período único:

A) Porquanto encontrasse a paz da descrença, o menino se desesperou com a perda dos pais.

B) A perda dos pais levou o menino ao desespero característico da paz da descrença.

C) Conquanto se haja desesperado, o menino obteve a paz na descrença da perda dos pais.

D) Embora perdesse os pais, o menino se desesperou até que achasse a paz da descrença.

E) A paz da descrença foi assumida pelo menino que se desesperara com a perda dos pais.

45. **(FCC - 2022 - TRT - 5ª Região (BA) - Analista Judiciário - Área Administrativa)** Uma nova redação da frase *Fica sempre uma fração larga de mundo a que não atingem os nossos desejos fraternos* mostra-se correta e coerente com o sentido original na seguinte formulação: Nossos desejos fraternos

A) não alcançam sempre senão à uma parte menor da largueza do mundo.

B) deixam sempre de contemplar uma parcela considerável de mundo.

C) se esquivam da maior porção de mundo cujo intento era de atingir.

D) jamais cumprem seu objetivo de culminar em boa seção de mundo.

E) ignoram sempre a largueza da fração de mundo que pretenderiam atender.

46. **(FCC - 2022 - TRT - 19ª Região (AL) - Analista Judiciário - Área Apoio Especializado Especialidade: Tecnologia da Informação)** O "fanaticus" tinha conotações positivas a princípio [...], mas não demorou a ganhar acepções como furioso, louco e delirante.

Uma nova, correta e coerente redação da frase acima, caso se a inicie por O "fanaticus" não demorou a ganhar acepções como furioso, louco e delirante, deverá complementar-se com a seguinte construção:

A) mesmo porque houvesse de ter a princípio conotações positivas.

B) desde que a princípio já tivesse conotações positivas.

C) uma vez que teve por princípio conotações positivas.

D) em virtude de serem positivas suas conotações a princípio.

E) conquanto a princípio tivesse conotações positivas.

47. **(CEBRASPE - ANALISTA JUDICIÁRIO - TJ-AM - 2019)** No trecho "Abre a porta, liga o motor e parte com o veículo" , o termo "o veículo" é sujeito das formas verbais "Abre", "liga" e "parte".

Minutos depois, chega o funcionário do banco com outra chave digital. Abre a porta, liga o motor e parte com o veículo.

48. **(FGV – OFICIAL DO MP – MPE-RJ – 2019)** *A leitura de todos os bons livros é como uma conversa com todos os homens de melhor qualidade dos séculos passados.* (Descartes)

Os termos que desempenham igual função nessa frase são:

(A) de todos os bons livros / de melhor qualidade;
(B) de todos os bons livros / dos séculos passados;
(C) com todos os homens / dos séculos passados;
(D) com todos os homens / de melhor qualidade;
(E) de todos os bons livros / com todos os homens.

49. **(AOCP – ANALISTA JUDICIÁRIO – PREFEITURA DE BETIM – 2020)** Analise as afirmativas abaixo sobre o enunciado a seguir: "A vida é singular ao tempo, pois que o tempo é eterno, e a criatura humana é botão de rosa, matéria orgânica falível na passagem do eterno".

I. O vocábulo "**singular**" funciona como predicativo do sujeito.
II. Há a presença de predicados nominais em todas as orações do período composto.
III. O vocábulo "**humana**" funciona como complemento nominal.
IV. As palavras "**orgânica**" e "**falível**" funcionam como adjuntos adnominais.

Assinale a alternativa correta.

(A) Apenas as afirmativas II, III e IV estão corretas.
(B) Apenas as afirmativas I, II e IV estão corretas.
(C) Apenas as afirmativas I, II e III estão corretas.
(D) Apenas as afirmativas I, III e IV estão corretas.

50. **(FGV – OFICIAL DO MP – MPE-RJ – 2019)** *Sou contra essa visão utilitária, mas é assim que funciona.*

Essa frase pode ser reescrita de vários modos; a única forma que altera o seu sentido original é:

(A) Mesmo sendo contra essa visão utilitária, é assim que funciona;
(B) Apesar de ser contra essa visão utilitária, é assim que funciona;
(C) É assim que funciona a despeito de eu ser contra essa visão utilitária;
(D) Ainda que eu seja contra essa visão utilitária, é assim que funciona;
(E) É assim que funciona a menos que eu seja contra essa visão utilitária.

51. **(CEBRASPE – ANALISTA JUDICIÁRIO – TJ-AM – 2019)** A expressão "Ainda que" poderia ser substituída por **Embora**, sem alteração dos sentidos e da correção gramatical do texto.

<u>Ainda que</u> *o segmento esteja em fase inicial, aos poucos vão surgindo mais* legaltechs *para aplicar contratos inteligentes em diferentes setores da economia.*

52. **(FGV – TÉCNICO JUDICIÁRIO – TJ-AM – 2019)** "Tive professores ruins. Foi uma boa escola". Esse pensamento de um poeta alemão é composto de dois períodos; a conjunção que pode ligá-los de forma adequada ao sentido pretendido por seu autor é:

(A) Tive professores ruins, por isso foi uma boa escola;
(B) Tive professores ruins, apesar disso foi uma boa escola;
(C) Tive professores ruins, foi, porém, uma boa escola;
(D) Tive professores ruins, à medida que foi uma boa escola;
(E) Tive professores ruins, caso tenha sido uma boa escola.

53. **(FGV – TÉCNICO JUDICIÁRIO – TJ-AM – 2019)** Machado de Assis escreveu certa vez sobre a justiça: "É claro que a justiça, sendo cega, não vê se é vista, e então não cora". A forma oracional de gerúndio "sendo cega" poderia ser adequadamente substituída por:

(A) pois é cega;
(B) embora seja cega;
(C) a fim de ser cega;
(D) já que é cega;
(E) à medida que é cega.

54. **(FGV – OFICIAL DE JUSTIÇA – TJ-SC – 2019)** Na frase "A natureza faz o homem feliz e bom, mas a sociedade o corrompe e torna-o miserável", a conjunção sublinhada pode ser adequadamente substituída por:

(A) no entretanto;
(B) embora;
(C) visto que;
(D) portanto;
(E) contudo.

55. **(FCC – TÉCNICO JUDICIÁRIO – 3ª. REGIÃO – 2019)** Mas o uso excessivo do aparelho é tão predominante que os pesquisadores cunharam o termo "nomofobia" (uma abreviatura da expressão inglesa no-mobile-phobia) para descrever a fobia de ficar sem celular. (4º parágrafo) O trecho sublinhado exprime uma

(A) consequência.
(B) oposição.
(C) finalidade.
(D) condição.
(E) causa.

56. **(FCC – TÉCNICO JUDICIÁRIO – 3ª. REGIÃO – 2019)** Sem prejuízo para o sentido, o trecho sublinhado em Contanto que a conduta acarrete recompensa (último parágrafo) pode ser substituído por

(A) Conforme
(B) Desde que
(C) Pois que
(D) Ainda que
(E) Conquanto

57. **(VUNESP – MÉDICO JUDICIÁRIO – TJ-SP – 2019)** Observe os trechos destacados nas frases do texto.

- A impressão dos pacientes passou a ser a de que o cuidado é ruim, caso o médico não os solicite. (3º parágrafo)
- Até cirurgias podem ser feitas a distância, com o advento da robótica. (último parágrafo) Nesses trechos, notam-se, correta e respectivamente, as ideias de

(A) condição e consequência.
(B) reiteração e simultaneidade.
(C) advertência e causa.

(D) finalidade e oposição.

(E) conclusão e concessão

58. **(VUNESP – MÉDICO JUDICIÁRIO – TJ-SP – 2019)** A frase redigida com base nas ideias do oitavo parágrafo mantém o sentido do texto e atende à norma-padrão em:

(A) Mesmo que ainda não pareça haverem condições para a realização de consultas via internet, o CFM prevê restrições.

(B) A internet permitiria a realização de algumas consultas, desde que não houvesse restrições do CFM a esse respeito.

(C) A realização de algumas consultas poderia ocorrer a distância, ainda que possam haver restrições feitas pelo CFM.

(D) Caso houvessem consultas propriamente ditas, realizadas via internet, o aval do CFM seria imprescindível.

(E) Para que se realizem algumas consultas a distância, é necessário que não hajam restrições impostas pelo CFM.

59. **(VUNESP – MÉDICO JUDICIÁRIO – TJ-SP – 2019)** A alternativa em que a expressão destacada estabelece relação de causa entre as ideias é:

(A) **Caso** haja um difícil processo de reintegração, a literatura pode ser um meio eficaz de devolver à sociedade uma pessoa disposta a reescrever sua história.

(B) A literatura pode ser, no difícil processo de reintegração, um meio eficaz **para que** se devolva à sociedade uma pessoa disposta a reescrever sua história.

(C) **À medida que** ocorra um difícil processo de reintegração, a literatura pode ser um meio eficaz de devolver à sociedade uma pessoa disposta a reescrever sua história.

(D) No difícil processo de reintegração, a literatura pode ser, **portanto**, um meio eficaz de devolver à sociedade uma pessoa disposta a reescrever sua história.

(E) No difícil processo de reintegração, a literatura pode ser um meio eficaz **visto que** devolve à sociedade uma pessoa disposta a reescrever sua história.

60. **(AOCP – ANALISTA JUDICIÁRIO – PREFEITURA DE BETIM – 2020)** No título "Brasil é um dos maiores consumidores de plástico, mas só recicla 2% do total", do Texto 1, o "mas" tem o mesmo valor de

(A) no entanto.

(B) embora.

(C) porquanto.

(D) conquanto.

(E) por conseguinte.

61. **(AOCP – ANALISTA JUDICIÁRIO – PREFEITURA DE BETIM – 2020)** Analise o enunciado a seguir: "Divagando sobre o nada e refletindo sobre tudo." Ao que se refere à classificação sintática do período anterior, assinale a alternativa correta.

(A) Período Composto por Subordinação com Oração Subordinada Aditiva.

(B) Período Composto por Subordinação com Oração Subordinada Assindética Aditiva.

(C) Período Composto por Coordenação com Oração Coordenada Sindética Aditiva.

(D) Período Composto por Coordenação com Oração Coordenada Assindética Aditiva.

62. **(AOCP – ANALISTA JUDICIÁRIO – PREFEITURA DE BETIM – 2020)** Observe: "Meu vocabulário, quando quero, é um quarto cerrado." Assinale a alternativa correta quanto à classificação sintática da expressão em destaque.

(A) Oração Coordenada Assindética Temporal.

(B) Oração Coordenada Sindética Temporal.

(C) Oração Subordinada Explicativa Temporal.

(D) Oração Subordinada Adverbial Temporal.

63. **(AOCP – ANALISTA JUDICIÁRIO – PREFEITURA DE BETIM – 2020)** Assinale a alternativa que preencha correta e respectivamente as lacunas abaixo.

"**Portanto**, despiciendo as opiniões e me faço prolixo." Em todo tipo textual as palavras estabelecem relação entre si. A ____ em destaque estabelece uma relação de ____ enunciado que a antecede no texto.

(A) preposição / explicação ao

(B) advérbio / consequência do

(C) conjunção / conclusão do

(D) interjeição / adição ao

64. **(CESPE – ANALISTA JUDICIÁRIO – TJ-PA – 2020)** No período em que se insere no texto, a oração "Ao coletar um dado" exprime uma circunstância de

TRECHO: "Ao coletar um dado, as empresas devem informar a finalidade da coleta. "

(A) causa.

(B) modo.

(C) finalidade.

(D) explicação.

(E) tempo.

65. **(FGV – OFICIAL DO MP – MPE-RJ – 2019)** *"No Paquistão, quando sou proibida de ir à escola, compreendo o quão importante é a educação. A educação é o poder das mulheres. (....) Nós percebemos a importância de nossa voz quando somos silenciados". É assim que a pequena notável enxerga o horizonte e – por meio das novas tecnologias – pôde fazer ecoar sua voz.*

Educação é um ato político, e se é na sociedade (seja física ou digital) o nascedouro de faíscas de perspectivas para um mundo mais igualitário, a escola deve ser o seu maior berçário.

Empoderamento educacional, Ivan Aguirra

O sinal gráfico do texto que mostra seu sentido de forma correta é:

(A) as aspas indicam que o trecho selecionado é de grande importância para o texto;

(B) os parênteses com pontos em seu interior indicam que algo foi censurado no texto original;

(C) os parênteses com palavras em seu interior indicam a presença de uma informação esquecida anteriormente;

(D) as letras maiúsculas no início de *Paquistão* e *Educação* foram empregadas pelo mesmo motivo;

(E) os pequenos travessões que destacam *por meio das novas tecnologias* inserem uma nova informação no texto.

66. **(CEBRASPE – ASSIsTENTE JUDICIÁRIO – TJ-AM – 2019)** A eliminação da vírgula empregada imediatamente após "difusos" não comprometeria a correção gramatical do texto, mas alteraria os seus sentidos originais.

Para assegurar a tutela dos direitos difusos, *que dizem respeito à sociedade em geral, foram criados instrumentos para estimular a democracia participativa.*

67. **(CEBRASPE – ANALISTA JUDICIÁRIO – TJ-AM – 2019)** As vírgulas empregadas logo após as expressões "Uma manhã" e "Minutos depois" justificam-se pela mesma regra de pontuação.

Uma manhã, introduz sua chave digital no veículo, e a porta não abre. Foi bloqueada por falta de cumprimento do contrato. Minutos depois, chega o funcionário do banco com outra chave digital.

68. **(AOCP – ANALISTA JUDICIÁRIO – PREFEITURA DE BETIM – 2020)** Assinale a alternativa que analisa corretamente a função das vírgulas empregadas no trecho "Nos EUA o valor chega a 35%; na China, 22%; na Índia, 6%.", do Texto 1.

(A) As vírgulas separam elementos que exercem a mesma função sintática.

(B) As vírgulas isolam adjuntos adverbiais antecipados e de pequenos corpos.

(C) As vírgulas indicam a supressão de um grupo de palavras.

(D) As vírgulas isolam vocativos.

(E) As vírgulas intercalam apostos.

69. **(CESPE – ANALISTA JUDICIÁRIO – TJ-AM – 2019)** As vírgulas empregadas logo após as expressões "Uma manhã" e "Minutos depois" justificam-se pela mesma regra de pontuação.

TRECHOS:

'Uma manhã, introduz sua chave digital no veículo(...)"

"Minutos depois, chega o funcionário do banco(...)

70. **(VUNESP – MÉDICO JUDICIÁRIO – TJ-SP – 2019)** No título do texto, a vírgula separa a expressão adverbial – Após avanços tecnológicos – da sequência do enunciado: ***Após avanços tecnológicos, medicina deve mirar empatia***

A vírgula foi empregada com essa mesma função na alternativa:

(A) Esses doutores teriam uma função diferente, atuando na interface entre conhecimento...

(B) Outra tecnologia já presente é a telemedicina, que descentraliza a realização de consultas e exames.

(C) O tema é caro a Jayme Murahovschi, referência em pediatria no país.

(D) Alguns profissionais poderão migrar para uma medicina mais técnica, preveem analistas.

(E) De meados do século 20 até agora, concomitantemente às novas especialidades...

71. **(IBFC – ANALISTA JUDICIÁRIO – TRE- PA– 2020)** Analise as regras para o uso de reticências e assinale a alternativa que apresenta corretamente a norma utilizada no enunciado a seguir: "Sigo... Soerguendo-me... Sobrevivo..."

(A) O uso de reticências foi utilizado para transmitir que há uma citação e foi apresentada de forma incompleta.

(B) O uso de reticências foi utilizado para transmitir que a ideia se prolonga e o diálogo foi interrompido.

(C) O uso de reticências foi utilizado para transmitir subjetividade e ênfase a uma sequência de ações e ideias que se prolongam.

(D) O uso de reticências foi utilizado para transmitir a mesma função da vírgula, uma pausa momentânea.

72. **CESPE – ANALISTA JUDICIÁRIO – TJ-PA – 2020)** No texto, o trecho "Observa-se que a solidez dos lugares ocupados por cada uma das pessoas, nos moldes da família nuclear, não se adéqua à realidade social do momento, em que as relações são caracterizadas por sua dinamicidade e pluralidade." permaneceria gramaticalmente correto e com seu sentido original caso

(A) uma vírgula fosse inserida logo após "Observa-se".

(B) a vírgula empregada após "pessoas" fosse substituída por ponto e vírgula.

(C) as vírgulas empregadas após "pessoas" e após "nuclear" fossem suprimidas.

(D) a vírgula empregada após "momento" fosse suprimida.

(E) uma vírgula fosse inserida imediatamente após "lugares".

73. **(CESPE – ANALISTA JUDICIÁRIO – TJ-PA – 2020)** Na linha 19 do texto , os dois-pontos foram utilizados para introduzir uma

TRECHO: "(...) trabalhando, a mulher deixaria de lado seus afazeres domésticos e suas atenções e cuidados para com o marido: ameaças não só à organização doméstica como também à estabilidade do matrimônio."

(A) ressalva.

(B) enumeração.

(C) enunciação.

(D) hipótese.

(E) explicação.

74. **(AOCP – ANALISTA JUDICIÁRIO – PREFEITURA DE BETIM – 2020)** Assinale a alternativa que analisa corretamente a função das vírgulas empregadas no trecho "Nos EUA o valor chega a 35%; na China, 22%; na Índia, 6%.", do Texto 1.

(A) As vírgulas separam elementos que exercem a mesma função sintática.

(B) As vírgulas isolam adjuntos adverbiais antecipados e de pequenos corpos.

(C) As vírgulas indicam a supressão de um grupo de palavras.

(D) As vírgulas isolam vocativos.

(E) As vírgulas intercalam apostos.

75. **(FAURGS – ADMINISTRADOR – TJRS – 2018)** Em relação à oração ***Existem dois territórios*** (l. 19), é correto afirmar que

(A) este é um exemplo de oração sem sujeito

(B) o seu sujeito é indeterminado, uma vez que o verbo está conjugado na terceira pessoa do plural.

(C) a expressão ***dois territórios*** (l. 19) é objeto direto da forma verbal ***existem*** (l. 19).

(D) o sujeito concorda em número e pessoa com o predicado.

(E) o sujeito não concorda com o predicado, por tratar-se de um caso de verbo impessoal, com sentido de *existir*.

76. **(FAURGS - ADMINISTRADOR - TJRS - 2018)** Qual das justificativas abaixo está **INCORRETA** para o emprego da vírgula nos respectivos exemplos do texto?

(A) ***Se fosse agora, talvez Marie Curie parasse para uma selfie bem no instante de isolar os elementos*** (l. 13-15) - Emprega-se a vírgula para separar as orações subordinadas adverbiais, principalmente quando antepostas à oração principal

(B) ***só vê se a Julinha tem ração e dá um beijo no Rex, quer dizer, dá um beijo na Julinha e vê se o Rex tem ração.*** (l. 27-29) - Emprega-se a vírgula para isolar locuções explicativas.

(C) ***Aqui entra o Festival de Cinema do Rio, que acabou na semana passada depois de dez dias e dezenas de filmes exibidos por módicos onze reais a cada sessão.*** (l. 31-34) - Emprega-se a vírgula para isolar as orações subordinadas adjetivas explicativas.

(D) ***O segundo filme é O Artista do Desastre. O espectador ri até sem querer da reconstituição do "Cidadão Kane dos filmes ruins", The Room.*** (l. 60-62) - Emprega-se a vírgula para isolar o aposto.

(E) ***Indo para casa de metrô, só tinha um pensamento: que bom vencer a preguiça e sair de casa em um domingo frio e chuvoso para ser feliz por duas horas.*** (l. 64-67) Emprega-se a vírgula para isolar as orações intercaladas

77. **(FGV - ANALISTA ADMINISTRATIVO - TJSC - 2018)** Em todas as frases abaixo (texto 2) sublinhamos formas verbais de primeira pessoa do plural, em que o sujeito é quantitativamente impreciso.

O caso em que o sujeito de uma dessas formas abrange o maior universo possível de pessoas é:

(A) "Inteligência e sabedoria não são a mesma coisa. Entretanto, na linguagem cotidiana, usamos os dois termos indistintamente";

(B) "Vivemos em uma sociedade onde a eficiência e os resultados são valorizados";

(C) "Também é claro que quando falamos de inteligência surgem diferentes nuances";

(D) "Assim, poderemos ter uma ideia mais precisa e útil do que realmente são";

(E) "Afinal, se queremos algo, além de ter um alto QI, é desenvolver uma sabedoria excepcional e moldar uma personalidade virtuosa".

78. **(FCC - AUDITOR - TCE-RS - 2018)** *Ao Estado, a realidade mais ativa da estrutura social, coube o papel de intermediar o impacto estrangeiro, reduzindo-o à temperatura e à velocidade nativas.*

Considerando a estrutura sintática da frase acima, é correto afirmar:

(A) O sujeito da frase em que está presente o verbo "caber" é o Estado.

(B) O segmento *de intermediar o impacto estrangeiro* exerce a função de objeto indireto.

(C) O segmento *o impacto estrangeiro* e o pronome, em *reduzindo-o*, exercem a mesma função sintática, nas orações de que fazem parte.

(D) Os segmentos *mais ativa* e *da estrutura social* exercem, ambos, a função sintática de adjuntos adnominais.

(E) No segmento *à temperatura* e *à velocidade nativas*, o único adjunto adnominal presente é *nativas*.

79. **(FGV - ANALISTA JUDICIÁRIO - TJAL - 2018)** "A Copa do Mundo da Rússia só começa no dia 22 de junho, mas a febre dos álbuns com os jogadores das seleções já se espalhou e chegou até ao plenário de uma assembleia legislativa brasileira".

Nesse segmento inicial do texto 2 há a utilização de uma conjunção adversativa (MAS), que opõe as seguintes ideias:

(A) apesar de a Copa ser na Rússia, ela já começou em outros países da Europa;
(B) apesar de ser um assunto popular, as figurinhas estão em várias assembleias legislativas;
(C) apesar de ser uma competição mundial, o tema passou a ser uma febre no país sede da Copa;
(D) apesar de não ser um assunto "sério", a Copa do Mundo é tema discutido em várias assembleias legislativas;
(E) apesar de a Copa só começar futuramente, ela já começou em uma assembleia legislativa brasileira.

80. **(FAURGS – ADMINISTRADOR – TJRS – 2018)** Qual dentre os períodos abaixo contém uma oração subordinada adjetiva?
(A) *Talvez lembrar seja sempre um exercício de reconhecimento de si próprio: enxergar, em um amor de infância, em um sabor perdido, em uma paisagem – ou num professor – um espelho de seus melhores dias.* (l. 04-07)
(B) *Reencontramo-nos e logo percebemos que ninguém, nem eu nem eles, lembrava do nome da matéria em que nos frequentamos.* (l. 08-10)
(C) *Longe disso, pois todos lembravam com carinho das antigas aulas – e lembrar com carinho já é muito melhor do que recitar a velha decoreba da tabela periódica* (l. 17-20)
(D) *Estou certo de que contar histórias, boas histórias, é o mais formidável meio para ensinar, ou aprender, qualquer coisa.* (l. 28-30)
(E) *Por isso, insista com as historinhas antes de dormir: do primeiro ao último mês de vida (até a morrer é preciso aprender).* (l. 30-32)

81. **(FGV – TÉCNICO JUDICIÁRIO – TJSC – 2018)** "Ele era um garoto triste. Procurava estudar muito".
Esse primeiro parágrafo do texto 1 é formado por duas orações.
A respeito da estrutura desse parágrafo, a afirmativa correta é:
(A) a segunda oração é consequência da primeira;
(B) a primeira oração é condição da segunda;
(C) as duas orações são independentes semanticamente;
(D) a segunda oração é explicação da primeira;
(E) as duas orações são interdependentes.

82. **(FGV – TÉCNICO JUDICIÁRIO – TJSC – 2018)** Há uma série de ligações lógicas entre várias passagens do texto 1; o valor semântico correto de uma dessas ligações é:
(A) "Disse que todo mundo ia rir de mim, por causa das meias vermelhas" / consequência;
(B) "Mas ela disse que tinha um motivo muito forte para me colocar as meias vermelhas" / causa;
(C) "Na hora do recreio ficava afastado dos colegas, como se estivesse procurando alguma coisa" / conformidade;
(D) "Quando ela passar por mim, em qualquer lugar em que eu esteja, ela vai me encontrar e me levará com ela." / companhia;
(E) "Quando ela passar por mim, em qualquer lugar em que eu esteja, ela vai me encontrar e me levará com ela." / lugar.

83. **(FGV – ANALISTA ADMINISTRATIVO– TJSC – 2018)** "Inteligência e sabedoria não são a mesma coisa. Entretanto, na linguagem cotidiana, usamos os dois termos indistintamente".

Nesse segmento do texto 2, o conector "entretanto" só NÃO pode ser substituído de forma semanticamente adequada por:

(A) contudo;
(B) todavia;
(C) conquanto;
(D) no entanto;
(E) porém.

84. **(FGV - ANALISTA ADMINISTRATIVO- TJSC - 2018)** "Em vista disso, inteligência e sabedoria são dois conceitos interessantes. Assim, poderemos ter uma ideia mais precisa e útil do que realmente são. Afinal, se queremos algo, além de ter um alto QI, é necessário desenvolver uma sabedoria excepcional e moldar uma personalidade virtuosa. Isso vai um passo além do cognitivo e do emocional".

O conectivo sublinhado acima que tem seu valor semântico indicado INADEQUADAMENTE é:

(A) em vista disso / causa;
(B) assim / conclusão;
(C) do que / comparação;
(D) se / condição;
(E) além de / adição.

85. **(VUNESP - ESCREVENTE TÉCNCICO- TJSP - 2018)** Nas passagens "Porque, **como** dizia o Irmão Lourenço, no *schola sed vita* - é preciso aprender não para a escola, mas para a vida." (4° parágrafo) e "Ama com fé e orgulho a terra em que nasceste! Criança - não verás nenhum país **como** este!" (penúltimo parágrafo), as conjunções destacadas estabelecem, correta e respectivamente, relações de sentido de

(A) conformidade e causa.
(B) comparação e causa.
(C) conformidade e comparação.
(D) comparação e comparação.
(E) conformidade e conformidade.

86. **(FCC - CONTADOR- TCE-RS - 2018)** *Por mais que em nosso discurso nós, os mais velhos, afirmemos que a tal da educação para a cidadania "supõe a boa convivência no espaço público, entre outras coisas", não temos conseguido praticar tal ensinamento com os mais novos, sobretudo porque não sabemos como fazer isso. Há muitas escolas com boa vontade nesse sentido, mas sem saber o que fazer para evitar que seus alunos se confrontem com grosseria e que aprendam a compartilhar respeitosamente o espaço comum. O instrumento mais utilizado pela escola ainda é a punição, em suas várias formas. Ações afirmativas nesse sentido são difíceis de ser encontradas no espaço escolar.*

Não sabemos ensinar às crianças a boa convivência no espaço público porque não a praticamos. Ora, como ensinar o que não sabemos, como esperar algo diferente dos mais novos, se eles não mais têm exemplos de comportamento adulto que os orientem?

(Adaptado de: SAYÃO, Rosely. **Folha de S. Paulo**, 17/06/2014)

Estes dois segmentos relacionam-se numa **oposição** de sentido:

(A) *como ensinar o que não sabemos / eles não mais têm exemplos*
(B) *O instrumento mais utilizado pela escola ainda é a punição / Ações afirmativas*

(C) *educação para a cidadania / boa convivência no espaço público*

(D) *Há muitas escolas com boa vontade / compartilhar respeitosamente o espaço comum*

(E) *Não sabemos ensinar às crianças / porque não a praticamos*

87. **(CESPE - AUDITOR- TCM-BA - 2018)** Seriam mantidos o sentido e a correção gramatical do texto, se o trecho "porque incomoda" (l.22) fosse substituído por

(A) porquanto incomoda.

(B) à medida que incomoda.

(C) a par de incomodar.

(D) consoante incomode.

(E) uma vez que incomode.

88. **(AOCP - ANALISTA JUDICIÁRIO - TRT-1ª.REG. - 2018)** Conjunções ou locuções conjuntivas são palavras invariáveis utilizadas para ligar orações ou palavras da mesma oração. As conjunções destacadas nos trechos a seguir estabelecem determinados sentidos, introduzindo uma relação semântica entre as orações. Assinale a alternativa que apresenta, entre parênteses, a interpretação correta da conjunção destacada.

(A) "[...] é a nossa consciência de ser mortais e, portanto, o nosso perene medo de morrer que nos tornam humanos [...]" (justificativa)

(B) "[...] se, por puro acaso, nos tornássemos imortais, como às vezes (estupidamente) sonhamos, a cultura pararia de repente [...]" (causa)

(C) "Se é incauto divertir-se com a possibilidade de um mundo alternativo 'sem medo', em vez disso, descrever com precisão os traços distintivos do medo na nossa época e na nossa sociedade é condição indispensável." (hipótese)

(D) "[...] interminável para tornar vivível uma vida mortal. Ou pode-se dar mais um passo: é a nossa consciência de ser mortais [...]" (finalidade)

(E) "Embora hoje vivamos imersos em uma 'cultura do medo', a nossa consciência de que a morte é inevitável." (consequência)

89. **(AOCP - ANALISTA JUDICIÁRIO - TRT-1ª.REG. - 2018)** Em relação ao texto II, assinale a alternativa correta.

(A) Em "E o amor faltou: chovia,/ Ventava, fazia frio em São Paulo.", os dois-pontos são utilizados para indicar um esclarecimento e podem ser substituídos pela conjunção "porque".

(B) Em "Fazia frio em São Paulo.../ Nevava.", as reticências são utilizadas para realçar a expressão "Nevava" e podem ser substituídas pela conjunção "conquanto".

(C) Em "Somos apenas uns homens e a natureza traiu-nos.", o poeta utiliza de forma equivocada a colocação do pronome "nos", o que só é possível devido à licença poética própria desse gênero.

(D) Em "Cheiramos flores de medo./ Vestimos panos de medo.", os verbos vestir e cheirar são bitransitivos, ou seja, ambos apresentam um complemento com preposição e um complemento sem preposição.

(E) Em "Nosso destino, incompleto.", a vírgula está sendo utilizada para isolar um aposto explicativo

90. **(FCC - TÉCNICO JUDICIÁRIO - TRT-2ª.REG. - 2018)** A relação de sentido que cada trecho abaixo estabelece no seu período do texto está corretamente indicada em:

(A) *Coletados entre os anos de 2004 e 2008 (com participantes acompanhados por 8 ou 9 anos depois disso),...* (3° parágrafo) // Comparação.

(B) *em relação às pessoas que afirmaram consumir ovos raramente.* (último parágrafo) // Conformidade.

(C) *sem que a ingestão do alimento apresentasse efeitos ...* (4° parágrafo) // Consequência.

(D) *que avaliaram a existência de uma relação entre o consumo de ovos e o menor risco de desenvolvimento de problemas coronários,...* (2° parágrafo) // Causa.

(E) *que residem em diferentes regiões da China e têm idades entre 30 e 79 anos.* (3º parágrafo) // Adjetivação.

91. **(FCC – ANALISTA JUDICIÁRIO – TRT-6ª.REG. – 2018)** Na frase *E ele chora em silêncio* para não morrer (último parágrafo), a oração sublinhada acima complementa o sentido

(A) da oração anterior, de modo que pode ser substituída por um substantivo.

(B) do pronome "ele", e pode ser assim reescrita: "para que não se morra".

(C) da locução adverbial "em silêncio", e por isso possui a mesma função de um adjetivo.

(D) do substantivo "silêncio", e pode ser substituída por uma oração adjetiva.

(E) do verbo "chorar", e por isso possui função adverbial, expressando finalidade.

92. **(FCC – TÉCNICO JUDICIÁRIO – TRT-6ª.REG. – 2018)** *É um mal* porque *todo relato jornalístico tende ao provisório.* (1º parágrafo)

Entretanto, o jornalismo dito de qualidade sempre foi objeto de uma minoria. (6° parágrafo)

Os elementos sublinhados acima introduzem, no contexto, respectivamente, noção de

(A) causa – finalidade

(B) finalidade – concessão

(C) consequência – temporalidade

(D) causa – oposição

(E) concessão – consequência

93. **(FCC – TÉCNICO JUDICIÁRIO – TRT-6ª.REG. – 2018)** *Entretanto, o jornalismo dito de qualidade sempre foi objeto de uma minoria. // A maioria das pessoas está de tal maneira consumida por seus dramas e divertimentos pessoais que sobra pouca atenção para o que é público.* (6º parágrafo)

Fazendo os devidos ajustes na pontuação e entre maiúsculas e minúsculas, as frases acima se articulam com coerência em um único período acrescentando-se, imediatamente após "minoria",

(A) conforme

(B) por que

(C) contudo

(D) uma vez que

(E) porém

94. **(FCC – TÉCNICO JUDICIÁRIO – TRT-6ª.REG. – 2018)** Considere as seguintes frases do último parágrafo:

1. *Não só o Nordeste, mas o país inteiro não sabe o que perdeu.* **2.** *Estamos vivendo numa época em que, para grande prejuízo do caráter nacional, a poesia tornou-se a última das necessidades.*

Caso se deseje apresentar a frase **2.** como justificativa da frase **1.**, a segunda frase deverá ser introduzida por:

(A) Todavia.

(B) Portanto.

(C) Contudo.

(D) Assim.

(E) Porque.

95. (FCC – TÉCNICO JUDICIÁRIO – TRT-15ª.REG. – 2018) *É uma afirmação desafiadora, e com um apelo intuitivo muito forte. Mas não tem fundamento.*

Uma nova redação em um único período, em que a oposição acima está atenuada, encontra-se em:

(A) É uma afirmação desafiadora, e com um apelo intuitivo muito forte, desde que não tenha fundamento.

(B) Não tem fundamento, entretanto é uma afirmação desafiadora, e com um apelo intuitivo muito forte.

(C) Se bem que seja uma afirmação desafiadora, e com um apelo intuitivo muito forte, não tem fundamento.

(D) Para que seja uma afirmação desafiadora, e com um apelo intuitivo muito forte, não terá fundamento.

(E) Não tem fundamento, visto ser uma afirmação desafiadora, e com um apelo intuitivo muito forte.

96. (FGV – ANALISTA JUDICIÁRIO – TJAL – 2018) "'Votação importante hoje (19/02) e os deputados ao invés de estarem trabalhando e fazendo jus ao salário superior a 25 mil reais, estão trocando e colando figurinha da Copa do Mundo em meio à votação. Se eu falasse, ninguém acreditaria', diz o post".

Sobre o emprego de pontuação e de sinais gráficos nesse segmento do texto 2, é correto afirmar que:

(A) não deveria haver vírgula após "25 mil reais";

(B) os parênteses explicam um termo anterior;

(C) as aspas indicam que o trecho foi literalmente reproduzido;

(D) o acento grave em "à votação" está errado;

(E) a datação (19/02) deveria aparecer entre vírgulas.

97. (FGV – ANALISTA JUDICIÁRIO – TJAL – 2018) "A direção da casa legislativa confirmou que as imagens foram feitas durante a sessão de quarta-feira e esclareceu que elas mostram dois 'assessores de deputados' trocando figurinhas durante a sessão".

Nesse segmento do texto 2, o trecho "assessores de deputados" aparece entre aspas a fim de:

(A) copiar palavras do regimento interno;

(B) criticar a atitude dos funcionários da assembleia;

(C) repetir a informação do autor do post;

(D) corrigir uma informação falsa;

(E) destacar a autoria do delito.

98. **(FAURGS - ADMINISTRADOR - TJRS - 2018)** Qual alternativa apresenta uma justificativa correta para o emprego da vírgula do excerto selecionado do texto?

(A) ***Foi Rubem Braga quem cunhou a expressão, e ele se assombrava diante da conversão dos rapazotes e raparigas recatados do cotidiano em alegres piratas*** (l. 2-4) [A vírgula está separando orações com sujeitos diferentes]

(B) ***mas até para a festa dos tímidos eu era tímido demais, então nunca tive o costume de pular em bloquinho ou blocão.*** (l. 19-21) [A vírgula está marcando um aposto]

(C) ***Vendo dois milhões de foliões no Baixo Augusta, demorei a entender*** (l. 23-24). [A vírgula está marcando uma estrutura adverbial deslocada]

(D) ***os foliões saltitam com o celular nas mãos e enchem suas redes sociais de fotos, posam uma felicidade em ângulo-plongée atentos aos detalhes de luz*** (l. 35-38) [A vírgula está marcando uma enumeração]

(E) ***A folia é regrada não por pais e mães, que há muito desistiram de censurar a festa.*** (l. 40-41) [A vírgula está marcando uma oração subordinada adjetiva restritiva]

99. **(VUNESP - JUIZ DE DIREITO - TJRS - 2018)** No trecho do primeiro parágrafo do texto - Nas escolas da Catalunha, a separação da Espanha tem apoio maciço. É uma situação que contrasta com outros lugares de Barcelona, **uma cidade que vive hoje em duas dimensões.** De um lado, há a Barcelona dos turistas, **que se cotovelam nos pontos turísticos da cidade,** ... -, empregam-se as vírgulas para separar as expressões destacadas porque elas

(A) acrescem às informações precedentes comentários que lhes ampliam o sentido.

(B) sintetizam as ideias centrais das informações precedentes.

(C) apresentam informações que se opõem às informações precedentes.

(D) retificam as informações precedentes, dando-lhes o correto matiz semântico.

(E) estabelecem certas restrições de sentido às informações precedentes.

100. **(FGV - TÉCNICO JUDICIÁRIO - TJSC - 2018)** Ele falou, com simplicidade: "No ano passado, quando fiz aniversário, minha mãe me levou ao circo. Colocou em mim essas meias vermelhas. Eu reclamei. Comecei a chorar. Disse que todo mundo ia rir de mim, por causa das meias vermelhas.

Mas ela disse que tinha um motivo muito forte para me colocar as meias vermelhas. Disse que se eu me perdesse, bastaria ela olhar para o chão e quando visse um menino de meias vermelhas, saberia que o filho era dela."

Sobre os sinais de pontuação e sinais gráficos empregados nesse segmento do texto, é correto afirmar que:

(A) as aspas são empregadas para destacar um segmento importante da narrativa;

(B) o emprego de vírgula após "Ele falou" é obrigatório;

(C) o emprego de dois pontos após "colocar as meias vermelhas" seria também adequado;

(D) o emprego de ponto entre "Eu reclamei" e "Comecei a chorar" é incorreto, já que se deveria empregar a conjunção "e";

(E) o emprego de uma vírgula antes de "quando visse um menino de meias vermelhas" é optativo.

101. (FGV – TÉCNICO JUDICIÁRIO – TJSC – 2018)

Sobre a frase dita por Einstein, é correto afirmar que:

(A) o termo "Galileu", por ser um vocativo, deveria ser colocado no início da frase;

(B) o adjetivo "brilhante", por ser um adjetivo qualificativo, deveria vir antes do substantivo "mente";

(C) o pronome "nós", implícito em "estávamos esperando" se refere a todos os habitantes do céu;

(D) o termo "Galileu" deveria aparecer entre vírgulas, por ser um vocativo;

(E) o emprego da forma "olha" é desaconselhável por pertencer à linguagem coloquial.

102. (VUNESP – ESCREVENTE TÉCNICO – TJSP – 2018)

Observe as passagens do texto:

- O que a gente deve aos professores! (1º parágrafo)
- ... mas quem, professoras, nos ensina a viver? (4º parágrafo)

Observando-se o contexto em que ocorrem e a pontuação nelas presentes, conclui-se que as frases apontam, correta e respectivamente, para os seguintes sentidos:

(A) o narrador sente que está em dívida com os professores, por tudo o que aprendeu; o narrador acredita que o papel da gramática no cotidiano é incompreendido.

(B) o narrador demonstra reconhecimento pelo que lhe foi ensinado pelos professores; o narrador questiona qual é o papel da gramática na vida cotidiana das pessoas.

(C) o narrador ironiza a educação e os ensinamentos de seus professores; o narrador sugere que a gramática não tem importância nenhuma na vida das pessoas.

(D) o narrador expressa certo descontentamento com o que os professores lhe ensinaram; o narrador tem plena certeza de que a gramática transforma a vida das pessoas.

(E) o narrador questiona os ensinamentos gramaticais que recebeu dos professores; o narrador discorda da ideia de que a gramática seja a disciplina mais importante.

103. (FCC – AUDITOR – TCE-RS – 2018)

A supressão da vírgula altera o sentido da seguinte frase:

(A) O autor passou a reler cartas antigas, depois que se deparou com aquele maço.

(B) Durante a leitura daquelas cartas, o cronista teve a oportunidade de relembrar antigos amores.

(C) O autor surpreendeu-se com aquelas cartas, que lhe falavam de amizades duradouras.

(D) É comum que nos detenhamos diante de cartas antigas, quando damos com elas numa gaveta.

(E) Muitas lembranças lhe acorreram, tão logo passou a ler aquelas cartas antigas.

104. (AOCP – TÉCNICO JUDICIÁRIO – TRT-1ª.REG. – 2018) Em relação ao excerto "Estamos saindo do cinema, depois de termos visto uma adaptação de um livro do qual gostamos muito. Na verdade, até que gostamos do filme também: o sentido foi mantido, a escolha do elenco foi adequada, e a trilha sonora reforçou a camada afetiva da narrativa.", assinale a alternativa correta.

(A) Em "Estamos saindo do cinema, depois de termos visto uma adaptação de um livro do qual gostamos muito.", as preposições em destaque são exigidas pelo verbo ao qual se referem.

(B) Em "[...] o sentido foi mantido, a escolha do elenco foi adequada, e a trilha sonora reforçou a camada afetiva da narrativa.", todas as orações estão flexionadas na voz passiva, o que possibilita que o agente verbal seja omitido.

(C) Em "Estamos saindo do cinema, depois de termos visto uma adaptação de um livro do qual gostamos muito.", o uso da vírgula é obrigatório.

(D) Os dois-pontos utilizados no excerto introduzem uma sequência que funciona como explicação da oração "Na verdade, até que gostamos do filme também [...]".

(E) Em "[...] até que gostamos do filme também [...]", a palavra em destaque denota realce, pois enfatiza o gosto pelo filme.

105. (FCC – ANALISTA JUDICIÁRIO – TRT-2ª.REG. – 2018) A supressão da vírgula altera significativamente o sentido da seguinte frase:

(A) Frequentemente, as pessoas enaltecem seus hábitos passados.

(B) As pessoas gostam de enaltecer seus hábitos antigos, quase sempre sem muita discrição.

(C) Não se conhece a origem das frases feitas, nem por que adquiriram tanta força.

(D) O autor do texto busca mostrar-se imparcial, diante desse tema controverso.

(E) Trata-se aqui das pessoas mais velhas, que se apegam a seus hábitos passados.

106. (FCC – ANALISTA JUDICIÁRIO – TRT-6ª.REG. – 2018) As frases abaixo referem-se à pontuação do texto.

I. *... a máscara de guerra de vida cresta-se toda no rosto como lama seca, e os pedaços irregulares caem com um ruído oco no chão.* (último parágrafo)

A vírgula colocada após *lama seca* justifica-se pelo fato de separar duas orações de sujeitos diferentes.

II. *Escolher a própria máscara é o primeiro gesto involuntário humano. E solitário.* (4° parágrafo)

O ponto final imediatamente após *humano*, embora possa ser substituído corretamente por uma vírgula, presta-se a dar ênfase ao segmento posterior.

III. *... à medida que vão vivendo fabricam a própria máscara.* (3° parágrafo)

Pode-se acrescentar uma vírgula após o segmento *vão vivendo*, sem prejuízo da correção e do sentido da frase.

Está correto o que se afirma em

(A) I, II e III.

(B) I e II, apenas.

(C) I e III, apenas.

(D) II, apenas.

(E) III, apenas.

107. (FCC – TÉCNICO JUDICIÁRIO – TRT-6ª.REG. – 2018) As vírgulas foram empregadas para isolar um segmento explicativo em:

(A) *Diferente da notação matemática, que é neutra e exata, a linguagem se presta a vieses de todo tipo...*

(B) *O jornalismo pode ser qualificado, embora com certo exagero, como um mal necessário.*

(C) *... os veículos, desde que comprometidos com o debate dos problemas públicos, servem como arena de ideias e soluções.*

(D) *... de forma que, se são incomuns textos de fato isentos, mais raro ainda que sejam reconhecidos como tais.*

(E) *São líderes comunitários, professores, empresários, políticos, sindicalistas, cientistas, artistas.*

108. (FCC – TÉCNICO JUDICIÁRIO – TRT-6ª.REG. – 2018) Uma análise correta do uso da pontuação está em:

(A) a vírgula em *Para ampliar a dimensão desse carnaval, há que se explorar ainda mais o potencial do Recife Antigo e o de Olinda* separa orações com sentidos que se contradizem. (3° parágrafo)

(B) as aspas em *Isto vai "pegar"* destacam uma palavra com emprego mais coloquial e informal do que a maioria dos vocábulos do texto. (3º parágrafo)

(C) a interrogação em *Qual caminho a seguir?* sinaliza uma dúvida que enfraquece a argumentação do autor. (4° parágrafo)

(D) as vírgulas em *buscar os patrocínios* e *parcerias com as associações de bares* e *restaurantes, indústrias de bebidas, empresas de cartões de crédito, redes sociais* e sites *estratégicos* separam palavras que fazem parte do sujeito da oração. (4° parágrafo)

(E) as aspas em *O estímulo para se conhecer o "Carnaval Recife-Olinda"* dão destaque a uma expressão de uso corrente, amplamente conhecida e já desgastada. (4° parágrafo)

109. (FCC – ANALISTA JUDICIÁRIO – TRT-15ª.REG. – 2018) A pontuação e a correlação entre tempos e modos verbais ocorrem de modo plenamente adequado na frase:

(A) Sêneca numa de suas reflexões mais sábias acredita que nossa natureza, dividida pode compensar essa divisão, com o recurso da consciente alternância.

(B) Se a solidão não nos impulsionasse, para o reconhecimento de nós mesmos, não haverá qualquer vantagem, em nos rendermos ocasionalmente a ela.

(C) Acredita Sêneca que toda lição sabiamente apreendida por um poderá servir-nos a todos, uma vez reconhecidos como seres igualmente unos em nós mesmos.

(D) Esse equilíbrio, suporia que aceitemos as tensões que venham a polarizar nossa natureza dividida por exemplo, entre o estado de solidão e a vida comunicativa.

(E) Caso a solidão venha a ocorrer, como um estigma definitivo, seria possível que se perca de vez a própria necessidade de comunicação, que estaria na nossa natureza.

110. **(VUNESP – JUIZ DE DIREITO – TJRS – 2018)** Assinale a alternativa correta quanto à concordância, à regência e à colocação pronominal, em conformidade com a norma-padrão.

(A) Dado as dimensões da crise na Catalunha, as pessoas pedem que o governo as protejam de atos violentos.

(B) Ensina-se espanhol na Catalunha para que no futuro não exista diferenças entre os cidadãos da nação.

(C) É vedado, nas escolas catalãs, aulas ministradas nessa língua, embora já tenha admitido-se exceções.

(D) Para que a situação seja o mais rapidamente possível controlada, determinaram-se medidas drásticas.

(E) Certamente mais de um simpatizante do separatismo apoiam que recrute-se docentes partidários da causa.

111. **(FGV – TÉCNICO JUDICIÁRIO – TJSC – 2018)** "Um dia, o cercaram e lhe perguntaram porque ele só usava meias vermelhas".

Nesse segmento do texto 1 há um erro gramatical, que é:

(A) empregar-se "o cercaram" em lugar de "lhe cercaram";

(B) haver vírgula após a expressão "Um dia";

(C) usar-se "lhe perguntaram" em lugar de "o perguntaram";

(D) grafar-se "porque" em vez de "por que";

(E) escrever-se "só usava" em lugar de "usava só".

112. **(FCC – CONTADOR – TCE-RS – 2018)** Para sanar uma **falha estrutural em sua redação**, o seguinte comentário sobre o texto deve ser reescrito:

(A) Essa crônica é marcada pela melancolia de alguém que reconhece o poder que tem o tempo de tornar distante o que já foi muito próximo.

(B) Ao se dedicar à tarefa de ler cartas antigas, o cronista ficou surpreso com a distância de onde pareciam saltar lembranças de fatos nem tão antigos.

(C) Curiosamente, o cronista havia resolvido livrar-se de determinadas cartas, e conservara muitas outras para eventual resposta.

(D) Conclui o cronista, lendo cartas já esquecidas, que mesmo as amizades supostamente duradouras podem esvair-se com a passagem do tempo.

(E) Deparando-se com uma letra redonda e familiar, uma mulher de paradeiro desconhecido veio à lembrança, sendo que dela não tivera mais notícia.

113. **(AOCP – ANALISTA JUDICIÁRIO – TRT-1ª.REG. – 2018)** Em relação ao texto I, assinale a alternativa correta.

(A) Em "Foi precisamente a consciência de ter que morrer, da inevitável brevidade do tempo, da possibilidade de que os projetos fiquem incompletos [...]", todos os elementos em destaque são exigidos pela regência da palavra "consciência".

(B) Em "Desde o seu início e ao longo de toda a sua longa história, o motor da cultura foi a necessidade de preencher o abismo que separa o transitório do eterno [...]" (4º parágrafo), o pronome em destaque faz referência à "consciência de ter que morrer".

(C) Em "[...] para limitar ou para eliminar totalmente as ameaças devidas à casualidade da Natureza, à fraqueza física e à inimizade do próximo [...]", o uso da crase é facultativo antes de "fraqueza" e antes de "inimizade", tendo em vista que tais termos são regidos pela mesma palavra.

(D) Em "[...] todo tipo de sociedade e toda época histórica têm os seus próprios medos [...]", há um sujeito composto que justifica o uso do acento circunflexo no verbo destacado, marcando a flexão de número.

(E) Em "[...] as nossas capacidades estão bem longe de apagar a 'mãe de todos os medos' [...]", o termo "mãe de todos os medos" está entre aspas para destacar uma citação direta de outrem, trazendo ao texto outras vozes para comprovar o ponto de vista do autor.

114. (AOCP – ANALISTA JUDICIÁRIO – TRT-1ª.REG. – 2018) Assinale a alternativa em que o termo "até" apresenta o mesmo valor semântico que recebe na frase "Pode-se até conceber a cultura como esforço constante, perenemente incompleto e, em princípio, interminável para tornar vivível uma vida mortal. Ou pode-se dar mais um passo [...]".

(A) É melhor escondê-lo, pelo menos até conseguirmos um local seguro.

(B) Você pode até tentar, mas não conseguirá se esconder.

(C) Chorei até ficar cansado.

(D) Você pode andar até aqui ou pode chegar mais longe.

(E) O produto custa até quatro vezes mais que seu genérico.

115. (AOCP – ANALISTA JUDICIÁRIO – TRT-1ª.REG. – 2018) Assinale a alternativa em que o termo "mesmo" apresenta o mesmo valor semântico que recebe na frase "[...] Claro que mesmo uma predição detalhada seria problemática, pois, dela sabendo, eu poderia dispor as coisas de forma que acontecessem como anunciado.".

(A) Ele mesmo se apossou das terras e colocou todos para correr.

(B) A planta brotará, mesmo que em alguns casos demore um pouco.

(C) Eu sempre estive ao seu lado, não é mesmo?

(D) Antes de entrar no elevador, verifique se o mesmo encontra-se parado neste andar.

(E) Ele feriu a si mesmo.

116. (FCC – ANALISTA JUDICIÁRIO – TRT-14ª.REG. – 2018) *Sim, é o que acontece. E por isso o caminhar, como o silêncio, é uma forma de resistência política.* (último parágrafo)

As frases acima articulam-se em um único período, mantendo-se a correção e, em linhas gerais, o sentido original, em:

(A) Desde que o caminhar, como o silêncio, seja uma forma de resistência política, é, sim, o que acontece.

(B) Sim, é o que acontece, porque o caminhar, como o silêncio, é uma forma de resistência política.

(C) Sim, é o que acontece, posto que o caminhar, como o silêncio, é uma forma de resistência política.

(D) Conforme o caminhar, como o silêncio, seja uma forma de resistência política, é, sim, o que acontece.

(E) Sim, é o que acontece, de modo que o caminhar, como o silêncio, é uma forma de resistência política.

117. (FCC – ANALISTA JUDICIÁRIO – TRT-14ª.REG. – 2018) ..***de onde nasce o ruído?*** – *Boa parte da nossa relação com o ruído procede do desenvolvimento tecnológico...* (1º parágrafo)

A correta alteração do discurso direto para o indireto das frases acima, mantendo-se, em linhas gerais, o sentido, encontra-se em:

(A) Perguntado de onde nasce o ruído, David le Breton afirmaria que boa parte de nossa relação com o ruído tinha procedido do desenvolvimento tecnológico.

(B) À pergunta a propósito de onde nasceria o ruído, o entrevistado respondeu que boa parte de nossa relação com o ruído seria procedente do desenvolvimento tecnológico.

(C) David le Breton, tendo-se questionado de onde nasceria o ruído, responderia que boa parte de nossa relação consigo procede do desenvolvimento tecnológico.

(D) Responde à pergunta sobre aonde nasce o ruído, o entrevistado que afirma que sua relação com o mesmo procede do desenvolvimento tecnológico.

(E) Questionado, David le Breton responde sobre a origem do ruído, cuja boa parte de nossa relação procede do desenvolvimento tecnológico.

118. (FCC – ANALISTA JUDICIÁRIO – TRT-15ª.REG. – 2018) *Uma aquarela ou uma equação são formas de expressão convocadas por uma ideia de um artista ou de um cientista.*

A frase acima ganha nova, correta e coerente redação em:

(A) Tanto uma aquarela quanto uma equação, constituem ideias cuja forma de expressão lhes foi convocada por artista ou cientista.

(B) Um cientista ou um artista podem convocar uma ideia, como uma aquarela ou equação, uma vez que lhes conceda forma de expressão.

(C) Formas de expressão como uma aquarela ou uma equação respondem a uma ideia que nasce de um artista ou de um cientista.

(D) A forma de expressão de uma aquarela, ou mesmo de uma equação, traduzem-se segundo a ideia hora de um artista, hora de um cientista.

(E) Uma aquarela ou uma equação, são convocadas como ideias que se expressam através dos meios de um artista, ou mesmo, de um cientista.

119. (FCC – ANALISTA JUDICIÁRIO – TRT-15ª.REG. – 2018) Está plenamente correta, clara e coerente a **redação** deste livre comentário sobre o texto:

(A) Lendo esta passagem de Sêneca, é forçoso admitir-se de que suas verdades falam fundo conosco mesmos, uma vez que enaltecem tanto nossos defeitos quanto nossas virtudes.

(B) É próprio do estoicismo a decisão de buscar a qualquer custo o equilíbrio onde as forças opostas ensejem combinar-se de modo a constituir uma plena harmonização entre si.

(C) Trata-se de encontrar conforto em nosso ilhamento social, quando este significa sobretudo, esquecermos de que somos uma espécie constituída para se contar com as regras de um bom convívio.

(D) Àqueles que se censuram, culpando-se por sua aversão à vida social, Sêneca lembra que esse sentimento pode ser superado, quando o tédio à solidão leva à busca da multidão.

(E) Sêneca encontrou numa alternativa entre vida pessoal e vida pública a fórmula para remeter uma a outra, de modo que ambas possam ser objeto de insatisfação à medida mesma em que se complementam.

120. (FCC – TÉCNICO JUDICIÁRIO – TRT-15ª.REG. – 2018) Você concorda com Edward O. Wilson que "a natureza humana é um conjunto de predisposições genéticas"? *Acredito que predisposições genéticas existem, mas, na grande maioria dos casos, não passam de exatamente isso: predisposições.*

Mantendo-se a correção e, em linhas gerais, o sentido, as frases acima encontram-se transpostas para o **discurso indireto** em:

(A) À pergunta: - Você concorda com Edward O. Wilson que "a natureza humana é um conjunto de predisposições genéticas"?, responde a entrevistada: - Acredito que predisposições genéticas existem, mas, na grande maioria dos casos, não passam de exatamente isso: predisposições.

(B) Questionada se concordava com Edward O. Wilson sobre a natureza humana ser um conjunto de predisposições genéticas, a entrevistada respondeu que acreditava na existência de tais predisposições, que, todavia, na grande maioria dos casos não seriam mais do que isso.

(C) À pergunta de, se concordaria com Edward O. Wilson que "a natureza humana é um conjunto de predisposições genéticas", respondeu a entrevistada que acreditaria que predisposições genéticas existissem, mas que, na grande maioria dos casos, não passariam disso.

(D) Em resposta à pergunta sobre sua concordância com Edward O. Wilson - que teria dito que a natureza humana é um conjunto de predisposições genéticas - a entrevistada respondeu: " Acredito que predisposições genéticas existem, mas, na grande maioria dos casos, não passam de exatamente isso: predisposições".

(E) Ao ser perguntada se concordava com Edward O. Wilson, a respeito de que a natureza humana é um conjunto de predisposições genéticas, a entrevistada responde que, na maioria dos casos, acreditava em tais predisposições, mas que não passariam de serem predisposições.

121. (TRT - 21ª REGIÃO - TÉCNICO JUDICIÁRIO - 2017 - FCC) *Os aviões vinham deste país, abasteciam em Natal e ficavam prontos para fazer a travessia do Atlântico.*

Transformando-se o que se afirma acima em uma **hipótese**, os verbos devem assumir as seguintes formas:

(A) vieram - abasteceram - ficaram

(B) viriam - abasteceriam - ficariam

(C) tinham vindo - teriam abastecido - ficarão

(D) vieram - tivessem abastecido - ficavam

(E) viriam - haviam abastecido - ficaram

122. (TRT - 21ª REGIÃO - ANALISTA JUDICIÁRIO - 2017 - FCC) O segmento sublinhado em *Assim usam* meus netos (1° parágrafo) exerce, no contexto, a mesma função sintática que o sublinhado em:

(A) *...volta aos meus olhos, nessa janela provinciana...* (2° parágrafo)

(B) *Valiam os livros contemporâneos.* (2° parágrafo)

(C) *... a sexta inclui essa referência...* (2° parágrafo)

(D) *Uma boa percentagem carrega o malote nas costas...* (1° parágrafo)

(E) *A recomendação clássica é ter sempre a mão direita livre...* (1° parágrafo)

123. (TJPE - TÉCNICO JUDICIÁRIO - 2017 - IBFC) *"A resposta que* **lhe** *daria seria: "Essa estória não aconteceu nunca para que aconteça sempre..."*(5º§)

O pronome destacado cumpre papel coesivo, mas também sintático na oração. Assim, sintaticamente, ele deve ser classificado como:

(A) adjunto adnominal.

(B) objeto direto.

(C) complemento nominal.

(D) objeto indireto.

(E) predicativo.

124. (TRT- 21ª.REGIÃO – TÉCNICO JUDICIÁRIO – 2017 – FCC) O segmento em que se observa uma conclusão a que se chegou a partir das ideias expostas na oração anterior está em:

(A) ... *o cinema, que tem menos de 120 anos de vida...* (1° parágrafo)

(B) ... *uma vez que* [...] *os filmes mais comentados vieram de livros e outras formas de expressão artística.* (último parágrafo)

(C) *Essa estratégia, apesar de não garantir êxito de bilheteria...* (3° parágrafo)

(D) ... *dentro do contexto de uma arte de tantos séculos como o teatro...* (1° parágrafo)

(E) *O roteiro original, portanto, tornou-se um artigo de luxo no cinema norte-americano.* (2° parágrafo)

125. (TRT- 12ª.REGIÃO – ANALISTA JUDICIÁRIO – 2017 – FGV) Observe o seguinte texto:

Os robôs já sabem discernir e reagir à fala graças a softwares de reconhecimento de voz como a Siri do iPhone; mas as máquinas inteligentes ainda têm dificuldades com a maioria dos outros sons. "Em certo sentido esse é um problema mais simples, no entanto não tem havido muito trabalho com ruídos ambientais", avalia o roboticista Joseph Romano, da Rething Robotics, em Boston. "Isso não tem sido uma prioridade para o feedback robótico".

Como outros textos, este também apresenta conectores, ou palavras de ligação, que organizam o texto por meio da ordenação das diferentes ideias.

Entre os conectores abaixo, aquele que apresenta seu valor semântico de forma adequada, de acordo com o texto, é:

(A) e / alternativa;

(B) graças a / consequência;

(C) com / referência;

(D) no entanto / concessão;

(E) para / finalidade.

126. (TRT- 12ª.REGIÃO – TÉCNICO JUDICIÁRIO – 2017 – FGV) *...a base de um mundo mais próspero e saudável.*

A conjunção E realiza a adição dos dois adjetivos ao final dessa frase; o pensamento abaixo em que essa mesma conjunção mostra um valor diferente é:

(A) *Quem tem razão ri E não se encoleriza.*

(B) *As pessoas dizem que o bom é a vida, E eu prefiro a leitura.*

(C) *Somos o que não parecemos E parecemos o que não somos.*

(D) *Somente Deus E eu somos capazes de fazer algo a partir do nada.*

(E) *A ignorância tem asas de águia E olhos de coruja.*

127. (TRT- 12ª.REGIÃO – TÉCNICO JUDICIÁRIO – 2017 – FGV) No número 18, ano V, da revista *Scientific American Brasil* aparece o seguinte resumo de um artigo:

Sociedade conduzida por dados

Os rastros digitais que deixamos diariamente são mais reveladores que imaginamos. Isso pode se tornar tanto um pesadelo para a privacidade quanto a base de um mundo mais próspero e saudável.

A expressão *tanto... quanto* repete o mesmo valor semântico no seguinte texto:

(A) Os paulistas trabalham tanto quanto os cariocas.

(B) Tanto quanto os jovens, os idosos enfrentam problemas.

(C) Choveu tanto no Rio quanto em São Paulo.

(D) As chuvas causaram tanto prejuízo quanto o causado pelo sol do último verão.

(E) Os prisioneiros engordaram tanto quanto os policiais.

128. (TRT- 12ª.REGIÃO – TÉCNICO JUDICIÁRIO – 2017 – FGV) Uma campanha educacional tem como slogan: *A educação é um caminho para proteger a vida.*

A forma de oração reduzida *para proteger a vida* pode ser nominalizada da seguinte forma:

(A) A fim de proteger a vida.

(B) Para dar proteção à vida.

(C) A fim de a vida ser protegida.

(D) Para a proteção da vida.

(E) Para proteger-se a vida.

129. (TRT- 12ª.REGIÃO – TÉCNICO JUDICIÁRIO – 2017 – FGV) *Embora não sejam as primeiras mulheres perdidas para estas águas escuras* é uma oração que poderia ser reescrita em forma reduzida de infinitivo e mantendo-se o sentido original, da seguinte forma:

(A) Apesar de não serem as primeiras mulheres perdidas para estas águas escuras.

(B) Mesmo não sendo as primeiras mulheres perdidas para estas águas escuras.

(C) Por não serem as primeiras mulheres perdidas para estas águas escuras.

(D) Não sendo, portanto, as primeiras mulheres perdidas para estas águas escuras.

(E) A fim de não serem as primeiras mulheres perdidas para estas águas escuras.

130. (TRT- 11ª.REGIÃO – TÉCNICO JUDICIÁRIO – 2017 – FCC) *A escolha profissional tem muito a ver com o campo de ideais que a pessoa valoriza. Dificilmente alguém consegue se entregar profissionalmente a uma prática que não represente os valores em que ela acredita.* (3° parágrafo)

Consideradas as relações de sentido, as duas frases acima podem ser articuladas em um único período, fazendo-se as devidas alterações na pontuação e entre minúscula e maiúscula, com o uso, no início, de:

(A) Apesar de

(B) Na medida em que

(C) Em contrapartida

(D) Conquanto

(E) Em detrimento de

131. (TRT- 11ª.REGIÃO – TÉCNICO JUDICIÁRIO – 2017 – FCC) Só que *o sentido da vida profissional não vem pronto...* (4° parágrafo)

Considerado o contexto e fazendo-se as devidas alterações na pontuação da frase acima, o segmento sublinhado pode ser substituído por:

(A) Porém

(B) Embora

(C) Porquanto

(D) Já que

(E) Mesmo que

132. (TRT- 11ª.REGIÃO - TÉCNICO JUDICIÁRIO - 2017 - FCC) *"Os impactos tendem a ser maiores no futuro, com as mudanças climáticas, o crescimento das cidades e a ocupação de mais áreas de risco"...* (3° parágrafo)

Sem prejuízo para a correção e a lógica, uma redação alternativa para o segmento acima, em que se preserva, em linhas gerais, o sentido original, está em:

(A) A fim de que os impactos sejam menores no futuro, tem-se as mudanças climáticas e o crescimento das cidades, juntamente com a ocupação de mais áreas de risco.

(B) Devido à mudanças climáticas, ao crescimento das cidades e o aumento das áreas de risco ocupadas, os impactos tendem a ser maiores no futuro.

(C) Conquanto houvessem mudanças climáticas, crescimento das cidades e ocupação de mais áreas de risco, os impactos tendem a ser maiores no futuro.

(D) À medida que ocorrem mudanças climáticas, juntamente com o crescimento das cidades e a ocupação de mais áreas de risco, os impactos tendem a aumentar.

(E) Posto que se vê mudanças climáticas e o crescimento das cidades, além da ocupação de mais áreas de risco, os impactos tendem a aumentar no futuro.

133. (TRT- 11ª.REGIÃO - TÉCNICO JUDICIÁRIO - 2017 - FCC) <u>Contudo</u>, *a aparência de lugar protegido dos humores do clima e dos solavancos da geologia deve ser relativizada.* (2° parágrafo)

Considerado o contexto, o elemento sublinhado na frase acima introduz uma

(A) ressalva.

(B) consequência.

(C) causa.

(D) explicação.

(E) condição.

134. (TRT- 11ª.REGIÃO - ANALISTA JUDICIÁRIO - 2017 - FCC) *Visível a olho nu. Mas não só, uma vez que se trata de um processo que tem sido há décadas acompanhado atentamente, e comprovado a frio reiteradamente, pelas estatísticas censitárias.*

Propõe-se reescrever o trecho acima eliminando o ponto final e iniciando a frase por "Trata-se de um processo". Uma formulação aceitável, por não prejudicar o sentido e a correção originais, deve conter o seguinte segmento:

(A) ainda que também seja visível a olho nu.

(B) à medida que é visível a olho nu.

(C) sendo, pois, visível a olho nu.

(D) entretanto será visível a olho nu.

(E) quando visível a olho nu.

135. (TRF - 2ª REGIÃO - TÉCNICO JUDICIÁRIO - 2017 - CONSULPLAN) Em "O tema mais importante, <u>no entanto</u>, não é que as estruturas se ampliem sempre,..." (1º§), a correção semântica é preservada substituindo-se o termo destacado por

(A) pois.

(B) por isso.

(C) contudo.

(D) portanto.

136. **(TRF – 2ª REGIÃO – TÉCNICO JUDICIÁRIO – 2017 – CONSULPLAN)** À frente das frases citadas a seguir, está indicado o tipo de circunstância que elas expressam no texto. A indicação está correta em

(A) "*... para se tornar um ciclista;...*" (4º§) – (finalidade)

(B) "*... que nem mesmo motorista ele é.*" (3º§) – (causa)

(C) "*... se as estradas ficarem bloqueadas...*" (2º§) – (concessão)

(D) "*... como se fossem as únicas opções,...*" (3º§) – (conformidade)

137. **(TRF – 2ª REGIÃO – TÉCNICO JUDICIÁRIO – 2017 – CONSULPLAN)** A reescrita de "***Contudo, o homem não mediu as possíveis consequências que tal desenvolvimento pudesse causar de modo a provocar o desequilíbrio ao meio ambiente e a própria ameaça à vida humana.***" (1º§) em que a correção gramatical e o sentido foram preservados pode ser indicada em:

(A) Assim, o homem não mensurou as possíveis consequências que seriam causadas por tal de modo a provocar o desequilíbrio ao meio ambiente e a própria ameaça e à vida humana.

(B) Não obstante, o homem não mediu as possíveis consequências que poderiam ser causadas por tal desenvolvimento provocando o desequilíbrio ao meio ambiente e a própria ameaça e à vida humana.

(C) As possíveis consequências que tal desenvolvimento pudesse causar de modo a provocar o desequilíbrio ao meio ambiente e a própria ameaça e à vida humana, entretanto, não foram logradas.

(D) Contudo, o homem não mediu as possíveis consequências que tal desenvolvimento pudesse causar de modo a provocar o desequilíbrio e a própria ameaça ao meio ambiente e à vida humana.

138. **(TRF – 2ª REGIÃO – ANALISTA JUDICIÁRIO – 2017 – CONSULPLAN)** "***Precisávamos atacar antes que ele nos destruísse.***" (1º§) A expressão "antes que" estabelece, entre as orações, uma relação de

(A) tempo.

(B) condição.

(C) finalidade.

(D) concessão.

139. **(TRF – 2ª REGIÃO – ANALISTA JUDICIÁRIO – 2017 – CONSULPLAN)** Considerando os aspectos semânticos das orações coordenadas, a conjunção empregada em "Fabiano estava contente e acreditava nessa terra" (3º§) possibilita a expressão, no contexto apresentado, de

(A) ligação de orações que representam fatos coexistentes.

(B) realce às alternativas do enunciado propiciando equivalência entre elas.

(C) fatos sequenciados de forma cronológica numa relação de causa e efeito.

(D) produção de efeito adicional diante da expressão de desejo da primeira oração.

140. **(TJPE – TÉCNICO JUDICIÁRIO – 2017 – IBFC)** A oração destacada em "Confiando no rigor do revisor, não li o texto corrigido."(3º§), está na forma reduzida e introduz, em relação à principal, o valor semântico de:

(A) causa.

(B) concessão.

(C) consequência.

(D) condição.
(E) conformidade.

141. (TRT- 21ª.REGIÃO - ANALISTA JUDICIÁRIO - 2017 - FCC) Mantendo-se a correção e, em linhas gerais, o sentido original, o segmento sublinhado em Não havendo obrigatoriedade do ensino *mas sua indispensabilidade no ajustamento da conduta social, todos nós aprendemos o gesto desde a infância e não abandonamos seu uso pela existência inteira.* (4° parágrafo) pode ser substituído por:

(A) Para que haja
(B) De modo que não haja
(C) Se não há
(D) Embora não haja
(E) Quando não há

142. (TRT- 21ª.REGIÃO - TÉCNICO JUDICIÁRIO - 2017 - FCC) Pois *o Brasil central tem uma presença mais intensa das retas e perpendiculares...* (2° parágrafo)

No contexto, o elemento sublinhado acima pode ser substituído, sem prejuízo do sentido, por:

(A) *Por conseguinte*, seguido de vírgula.
(B) *Porque*
(C) *No entanto*, seguido de vírgula.
(D) *Uma vez que*
(E) *Apesar de*

143. (TRT- 24ª.REGIÃO - ANALISTA JUDICIÁRIO - 2017 - FCC) Está reescrito conforme a norma-padrão da língua e com o sentido preservado em linhas gerais o seguinte trecho do texto:

(A) *Contudo, presumo que...* (2º parágrafo) / Porquanto, afirmo por conjectura que...
(B) *... acho que já estamos nos acostumando.* (4º parágrafo) / ... tenho a impressão que já tornamo-nos resignados.
(C) *... não precisava contar nada para ninguém.* (1º parágrafo) / ... não era impelido de me reportar à quem quer que fosse.
(D) *... ainda sinto desconforto em ver...* (4º parágrafo) / ... continuo a sentir-me incomodado ao testemunhar...
(E) *... fotografar pratos envolvia um dilema...* (3º parágrafo) / ... fotografar pratos abrangia-se de uma controvérsia...

144. (TRT- 24ª.REGIÃO - TÉCNICO JUDICIÁRIO - 2017 - FCC) *As peças em geral trazem à tona temas referentes ao Pantanal e às populações indígenas, são feitas em cores da paisagem regional e,* ***além da fauna e da flora,*** *podem retratar tipos humanos e costumes da região.* (3º parágrafo)

Após o deslocamento da expressão destacada, sem alterar o sentido da frase original, o uso da vírgula fica correto em:

(A) As peças em geral além da fauna e da flora, trazem à tona temas referentes ao Pantanal e às populações indígenas, são feitas nas cores da paisagem regional e podem retratar tipos humanos e costumes da região.

(B) As peças em geral trazem à tona temas referentes ao Pantanal e às populações indígenas, são feitas nas cores da paisagem regional e podem além da fauna e da flora, retratar tipos humanos e costumes da região.

(C) As peças em geral trazem à tona temas referentes ao Pantanal e às populações indígenas, além da fauna e da flora são feitas nas cores da paisagem regional e podem retratar tipos humanos e costumes da região.

(D) Além da fauna e da flora as peças em geral trazem à tona temas referentes ao Pantanal e às populações indígenas, são feitas nas cores da paisagem regional e, podem retratar tipos humanos e costumes da região.

(E) As peças em geral trazem à tona temas referentes ao Pantanal e às populações indígenas, são feitas nas cores da paisagem regional e podem retratar tipos humanos e costumes da região, além da fauna e da flora.

145. **(TRT- 24ª.REGIÃO – TÉCNICO JUDICIÁRIO – 2017 – FCC)** *O artesanato, **uma das mais ricas expressões culturais de um povo**, no Mato Grosso do Sul, evidencia crenças, hábitos, tradições e demais referências culturais do Estado.* (2º parágrafo)

No contexto, o trecho destacado veicula a ideia de

(A) explicação.

(B) proporção.

(C) concessão.

(D) finalidade.

(E) conclusão.

146. **(TRT- 21ª.REGIÃO – TÉCNICO JUDICIÁRIO – 2017 – FCC)** Está plenamente adequada a pontuação do seguinte período:

(A) A produção cinematográfica como é sabido, sempre bebeu na fonte da literatura, mas o cinema declarou-se, independente das outras artes há mais de meio século.

(B) Sabe-se que, a produção cinematográfica sempre considerou a literatura como fonte de inspiração, mas o cinema declarou-se independente das outras artes, há mais de meio século.

(C) Há mais de meio século, o cinema declarou-se independente das outras artes, embora a produção cinematográfica tenha sempre considerado a literatura como fonte de inspiração.

(D) O cinema declarou-se independente, das outras artes, há mais de meio século; porém, sabe-se, que a produção cinematográfica sempre bebeu na fonte da literatura.

(E) A literatura, sempre serviu de fonte inspiradora do cinema, mas este, declarou-se independente das outras artes há mais de meio século – como é sabido.

147. **(TJPE – TÉCNICO JUDICIÁRIO – 2017 – IBFC)** Em "Quando escrevo 'estória' eu quero dizer 'estória'. Quando escrevo 'história' eu quero dizer 'história'." (2º§), ocorrem dois períodos. Quanto ao correto emprego da pontuação, de acordo com a Norma, faz-se um comentário adequado em:

(A) O primeiro ponto final deveria ser substituído por uma vírgula.

(B) Deveria haver uma vírgula antes de cada uma das duas ocorrências do pronome "eu".

(C) Seria obrigatório o emprego de um ponto e vírgula no lugar do primeiro ponto final.

(D) Depois de cada uma das duas ocorrências do verbo "dizer" deveria ser empregada uma vírgula.

(E) Caso o primeiro ponto fosse suprimido, não haveria prejuízo para a estrutura sintática do período.

148. (TRT- 21ª.REGIÃO – ANALISTA JUDICIÁRIO – 2017 – FCC) *Desta forma o homem liberta e exterioriza o pensamento pela imagem gesticulada, com áreas mais vastas no plano da compreensão e expansão que o idioma.* (2° parágrafo)

Mantendo-se a correção e, em linhas gerais, o sentido original, uma nova redação para a frase acima encontra-se em:

(A) Mediante à imagem gesticulada com áreas mais vastas que o idioma, no plano da compreensão e expansão, o homem assim externa e liberta seu pensamento.

(B) No nível da expansão e da compreensão do idioma, o pensamento, portanto, é franqueado e externado pela imagem gesticulada com áreas mais amplas do homem.

(C) Desse modo, libertam-se e exteriorizam-se o pensamento pela imagem dos gestos produzidos pelo homem, com vastas áreas mais que o idioma no plano da compreensão e proliferação.

(D) Conquanto mais vastas, que o idioma, no plano da compreensão e expansão do pensamento, as áreas da imagem são libertadas e externalizadas pela gesticulação do homem.

(E) Recorrendo à imagem gesticulada, o homem assim liberta e expressa o pensamento, com áreas mais abrangentes que o idioma no nível da compreensão e da expansão.

149. (TRT- 12ª.REGIÃO – ANALISTA JUDICIÁRIO – 2017 – FGV) *Embora a medicina tenha avançado o suficiente para tratar de dores de cabeça comuns, lesões musculares e procedimentos desagradáveis como obturação dentária, a dor inflamatória, da osteoartrite, de câncer ósseo e de lesões nas costas, provou ser um alvo muito mais elusivo.*

Esse segmento do texto 1 traz um problema de estruturação que dificulta a compreensão. Esse problema é

(A) a não identificação clara dos termos abrangidos pela concessiva *embora*;

(B) a concordância verbal errada na forma *provou* já que os sujeitos estão no plural;

(C) a ausência do artigo definido unido à preposição "de" nos termos "de câncer ósseo e de lesões nas costas";

(D) a não repetição da preposição de antes dos termos "lesões musculares e procedimentos desagradáveis";

(E) o emprego deslocado do adjetivo *comuns* que, apesar de referir-se a "dores" parece junto ao substantivo "cabeça".

150. (TRT- 12ª.REGIÃO – ANALISTA JUDICIÁRIO – 2017 – FGV) Um shopping mostrava o seguinte aviso na entrada de um dos seus elevadores: 'É permitida a entrada de cães no elevador social e de serviço, apenas".

A redação do texto mostra problemas estruturais, mas depreende-se do texto e da situação, que:

(A) cães não podem entrar nas lojas ou andar pelos corredores;

(B) os cachorros não podem subir pelas escadas rolantes;

(C) os donos de cães só podem subir com os animais pelo elevador de serviço;

(D) o transporte de animais deve ser obrigatoriamente realizado com acompanhantes no elevador social;

(E) cães não são bem-vindos ao shopping.

151. (TRT- 12ª.REGIÃO – TÉCNICO JUDICIÁRIO – 2017 – FGV) Diante de um questionamento de um professor, um aluno declara: "Eu prefiro um livro do que uma história em quadrinhos. Quando contamos uma história com palavras, podemos dar mais detalhes. Se um escritor quisesse descrever alguém que morre de vontade de comer um omelete, ele escreveria: 'Ele estava sentado, ele se mexia, se mexia, ele morria de vontade de comer'. Numa tira de quadrinhos, veríamos esse personagem curvado sobre um prato de omelete. Seria pouco atraente".

Nesse segmento do texto há um problema de norma culta; o segmento em que se mostra um erro gramatical é:

(A) *Eu prefiro um livro do que uma história em quadrinhos.*

(B) *Quando contamos uma história com palavras, podemos dar mais detalhes.*

(C) *Se um escritor quisesse descrever alguém...*

(D) *Ele estava sentado, ele se mexia, se mexia...*

(E) *...ele morria de vontade de comer.*

152. (TRT- 11ª.REGIÃO – TÉCNICO JUDICIÁRIO – 2017 – FCC) Está correto o que se afirma em:

(A) O segmento sublinhado em ... *que não represente os valores em que ela acredita*... (3° parágrafo) pode ser substituído por "no qual".

(B) Ambos os elementos sublinhados em ... *Freud sabia que as razões que mais pesam*... (2° parágrafo) são pronomes.

(C) A frase ... *você terá menos chance de errar se escolher por impulso*... (1° parágrafo) pode ser redigida do seguinte modo: "devem haver menos chances de errar na escolha impulsiva".

(D) O elemento sublinhado em ... *aqueles que eles seguiram na vida*... (2° parágrafo) refere-se a "ideais".

(E) Na frase *Parece um processo de imitação, mas não é:*... (2° parágrafo), o sinal de dois-pontos pode ser substituído por "pois", precedido de vírgula.

153. (TRT- 11ª.REGIÃO – TÉCNICO JUDICIÁRIO – 2017 – FCC) A frase redigida com correção e lógica está em:

(A) Os chamados eventos extremos, que podem se manifestar de diferentes formas, deve se tornar mais frequentes haja visto as mudanças climáticas atuais.

(B) Países desenvolvidos que apresentam risco mais baixo, de serem afetados por cataclismos, por ostentarem maior índice de solidariedade social.

(C) Se alguns desastres naturais já ocorreram em um lugar específico, cedo ou tarde tende a se repetir neste mesmo local.

(D) A maior vulnerabilidade de algumas regiões a deslizamentos deve-se a fatores humanos e problemas de ordem socioeconômica que poderiam ser prevenidos.

(E) Há desastres naturais de tal intensidade que até mesmo uma população extremamente solidária como a brasileira têm dificuldades em enfrentar.

154. (TRT- 11ª.REGIÃO – ANALISTA JUDICIÁRIO – 2017 – FCC) Considerada a norma-padrão da língua, a frase que se apresenta correta é:

(A) Sua averção a novidades da tecnologia poderá fazer com que ele pleitee uma transferência para outro setor, em que não precise ser tão desafiado por elas.

(B) Eles reouveram todos os documentos que haviam sido extraviados e espontaneamente ofereceram indenização ao rapaz que os achou e se empenhou em devolvê-los.

(C) Os mais jovens se absteram de votar a favor da mudança de horário, em flagrante oposição ao coordenador da sessão que não conseguiu disfarçar sua decepção.

(D) Com tal quantidade de produtos perecível, ninguém entendeu o porquê de a carga ter sido despachada, em caminhões convencionais, sem refrigeração.

(E) As segunda-feiras, impreterivelmente, o encarregado envia ao grupo de analistas todo o material recebido, cabendo-lhes então, a tarefa de avaliar o quê deverá ser encaminhado ao conselho gestor.

155. **(TRT- 11ª.REGIÃO – ANALISTA JUDICIÁRIO – 2017 – FCC)** Considere o enunciado que segue.

Acredito que os interessados se mostram aptos à função para a qual estão se candidatando quando agem com ponderação diante de cada desafio que lhes é proposto, ou seja, reflete-se sobre o caso a ser analisado e procura-se avaliar de forma imparcial os possíveis aspectos divergentes que nele estejam em jogo.

Na frase,

(A) nenhuma alteração deve ser feita, pois o conjunto está organizado de maneira clara, mantendo a mesma perspectiva de tratamento do tema e em conformidade com a norma-padrão da língua.

(B) há um equívoco de construção, pois temos dois segmentos preposicionados – *à função* e *para a qual está se candidatando* – em relação de dependência direta com a mesma palavra – *aptos*.

(C) com o intuito de observar-se o paralelismo de construção, seria adequada a substituição de *reflete-see procura-se avaliar* por, respectivamente, "quando refletem" e "quando procuram avaliar".

(D) o segmento introduzido por *ou seja* poderia ser eliminado, pois seu conteúdo é pleonástico, nada acrescentando ao já dito: "ponderar" implica, por si só, a ideia de "refletir" e "avaliar de forma imparcial".

(E) com o intuito de obter a adequada correlação entre as formas verbais empregadas, e notando-se o emprego, na linha inicial, de *se mostram* e *estão*, teria de haver obrigatoriamente a substituição de *estejam* por "estão".

156. **(TRT- 21ª.REGIÃO – ANALISTA JUDICIÁRIO – 2017 – FCC)** *Esse transporte da bolsa estudantil parece pormenor sem importância. Mesmo assim foi anotado há mais de vinte séculos em versos latinos.* (2° parágrafo)

As frases acima encontram-se reescritas com clareza e correção em um só período em:

(A) Esse transporte da bolsa estudantil foi anotado há mais de vinte séculos em versos latinos, parecendo mesmo um pormenor sem importância.

(B) Ainda que pareça pormenor sem importância, esse transporte da bolsa estudantil foi anotado há mais de vinte séculos em versos latinos.

(C) Como parecesse um pormenor sem importância, esse transporte de bolsa foi anotado há mais de vinte séculos em versos latinos.

(D) Uma vez que esse transporte de bolsa parece um pormenor sem importância há mais de vinte séculos, foi anotado em versos latinos.

(E) Em versos latinos foi anotado, há mais de vinte séculos, esse pormenor sem importância, que parece ser o transporte da bolsa estudantil.

157. **(TRT- 21ª.REGIÃO – TÉCNICO JUDICIÁRIO – 2017 – FCC)** A banalização da cultura é perceptível no mundo atual.

O desejo de escapar do tédio pode ser legítimo.

O entretenimento ocupa lugar de destaque no mundo atual.

As frases acima articulam-se com clareza, coerência e correção em:

(A) Não deixa de ser legítimo o desejo de escapar do tédio, mesmo que o entretenimento ocupa lugar de destaque, no mundo atual, tornando perceptível a banalização da cultura.

(B) O entretenimento que ocupa lugar de destaque no mundo atual, cuja banalização da cultura é perceptível, e onde o desejo de escapar do tédio pode ser legítimo.

(C) Ainda que o desejo de escapar do tédio pode ser legítimo, o entretenimento, mesmo assim, ocupa lugar de destaque no mundo atual, onde a banalização da cultura é perceptível.

(D) Embora possa ser legítimo o desejo de escapar do tédio, é perceptível a banalização da cultura no mundo atual, em que o entretenimento ocupa lugar de destaque.

(E) Assim como o entretenimento ocupa lugar de destaque, no mundo atual, cuja a banalização da cultura é perceptível, o desejo de escapar do tédio pode ser legítimo.

158. (TRT- 24ª.REGIÃO - TÉCNICO JUDICIÁRIO - 2017 - FCC) Na crise ou fora dela, qualquer empresa precisa apostar em inovação para permanecer competitiva, fato que faz com que diversas posições na área de tecnologia da informação sigam valorizadas no Brasil.

Reescreve a frase acima, sem prejuízo do sentido original, com clareza e em conformidade com a norma-padrão da língua:

(A) Na crise ou fora dela qualquer empresa para não perder seu lugar no mercado, deve investir com inovação para ser competitiva, é por isso que diversas áreas da tecnologia da informação são muito procuradas no Brasil.

(B) Seje na crise ou na ausência dela, toda empresa tem de apostar em inovação para permanecer competitiva, fato que faz com que diversos cargos na área de tecnologia da informação continuam valorizados no Brasil.

(C) Na crise ou fora dela, qualquer empresas querem ser diferentes permanecendo competitivas, isto faz com que diversos seguimentos na área de tecnologia da informação fiquem em alta no Brasil.

(D) Não importa se enfrentando uma crise ou não, toda empresa deve investir em novidades a fim de continuar competitiva, razão de muitos cargos na área de tecnologia da informação permanecerem em destaque no Brasil.

(E) Em crise ou não, qualquer empresa deve se aprimorar afim de continuar competitiva, razão a qual muitos cargos na área de tecnologia da informação continuarem em destaque no Brasil.

159. (TRT- 24ª.REGIÃO - TÉCNICO JUDICIÁRIO - 2017 - FCC) A frase que está escrita em conformidade com a norma-padrão da língua é:

(A) A cultura e os costumes de um povo representam aspectos sócio-culturais que tendem a ser reproduzidas pelos seus membros em geral e passadas a seus descendentes, geração a geração.

(B) A cultura e os costumes de um povo representa aspectos sócio-culturais que tendem a ser reproduzidas pelos seus membros em geral e passadas a seus decendentes, geração à geração.

(C) A cultura e os costumes de um povo representa aspectos socioculturais que tendem à ser reproduzido pelos seus membros em geral e passados a seus descendentes, geração a geração.

(D) A cultura e os costumes de um povo representam aspectos socioculturais que tendem a ser reproduzidos pelos seus membros em geral e passados a seus descendentes, geração a geração.

(E) A cultura e os costumes de um povo representam aspectos socioculturais que tendem a serem reproduzidos pelos seus membros em geral e passados à seus decendentes, geração a geração.

160. (TRT- 24ª.REGIÃO – ANALISTA JUDICIÁRIO – 2017 – FCC) Uma frase escrita com clareza e em conformidade com a norma-padrão da língua é:

(A) Dado que a moral precede todo e qualquer aprendizado pautado em regras de conduta, pode-se inferir que se trata de uma condição existencial do homem.

(B) Ao passo que somos confrontados, com a necessidade de fazer escolhas entre o bem e o mal, é de se esperar as decisões sucitarem celeumas e controvérsias.

(C) Muitas vezes, nem sempre o que é considerado bom para um, terá a mesma avaliação do outro, haja visto a quantidade de debates acerca de uma questão moral.

(D) Estamos mergulhados em um universo com que a condição moral é inescapável, sendo comum buscarmos respostas prontas para o que deve ser bom ou mal.

(E) Ainda que procurarmos sempre fazer o bem, nada poderia nos garantir de que nossas ações tivessem como consequência, apenas bons resultados.

161. (TRT- 24ª.REGIÃO – ANALISTA JUDICIÁRIO – 2017 – FCC) Considere este segmento do texto:

Submetermo-nos à visada do jornalista que compôs a notícia [...] é desfazermo-nos da nossa própria capacidade de análise [...]

Está inteiramente clara, coerente e correta esta nova **redação** dada ao segmento acima:

(A) Caso não nos desfazermos da nossa capacidade de analisar, nos inclinaremos diante do olhar próprio do jornalista que deu a notícia.

(B) Se aceitarmos inteiramente a perspectiva de quem redigiu a notícia, não nos valeremos de nossa própria faculdade de interpretá-la.

(C) Quem se compraz a ver uma reportagem do ângulo jornalístico, acaba por renunciar à possibilidade de compreendê-lo a partir de si mesmo.

(D) À medida em que nos curvamos pelo poder de quem noticia, deixamo-nos de avaliar por nós mesmos nossa capacidade de análise.

(E) Estaremos divergindo da nossa possibilidade de interpretar, caso nos deixássemos levar pelo ângulo das notícias com que nos submetemos.

162. (FCC – Analista de Sistemas /MPE- PB– 2015) Os elementos que exercem a mesma função sintática encontram-se sublinhados em:

(A) *Essa rapidez impede que os olhos desfrutem da paisagem / Um filme de Elvis Presley.*

(B) *sem que disso as pessoas se deem conta / Passa-se em segundos por séculos de civilização...*

(C) *Passa-se em segundos por séculos de civilização / Sensação de que se é parte de um cenário.*

(D) *Não cabem passos lentos, olhares perdidos / ... o espaço se transforma em cenário...*

(E) *lobbies que se comunicam / Na praia de Waikiki, os hotéis têm...*

163. (FCC – Analista Judiciário /TRE – AP– 2015) Três vezes voltou Saint-Hilaire ao interior do Brasil...

O elemento em destaque na frase acima exerce a mesma função sintática que o segmento grifado em:

(A) "Os livros de Auguste Saint-Hilaire (...) leem-se aos quinze anos como..."

(B) Nenhum estrangeiro deixou entre nós lembrança mais simpática.

(C) Pelo desconforto dos nossos dias, apesar das estradas de ferro e do automóvel, podemos avaliar as dificuldades e fadigas...

(D) A fama de Auguste Saint-Hilaire não teve a projeção da de seu irmão Geoffroy, o continuador de Lamarck...

(E) "...exposta com tanta clareza e simplicidade que a profundeza do julgamento parece apenas bom senso".

164. **(FCC - Técnico Judiciário /TRE - AP- 2015)** ...antes de fazer o túmulo, resolveu reconstruir a Catedral de São Pedro.

O elemento que possui a mesma função sintática do sublinhado acima se encontra também sublinhado em:

(A) Recém-chegado a Roma em 1505...

(B) ... havia uma forte insegurança.

(C) O corpo humano foi o campo de batalha artística de Michelangelo.

(D) Como definiu o pintor futurista Umberto Boccioni...

(E) Mas Júlio II mudou de ideia...

165. **(FCC - Técnico Judiciário /TRE - SE- 2015)** A palavra vem do grego oikonomia, que significa "administração da casa", e passou a significar o estudo das maneiras de gerir os recursos e, mais especificamente, a produção e a permuta de bens e serviços. A economia moderna surgiu como disciplina específica no século XVIII, sobretudo com a publicação em 1776 de A riqueza das nações, livro escrito pelo grande pensador escocês Adam Smith.

Contudo, o que motivou o interesse no assunto não foram os textos de economistas, mas as enormes mudanças na própria economia com o advento da Revolução Industrial.

O termo **Contudo**, em destaque no segundo parágrafo, tem valor

(A) explicativo, e equivale a Pois.

(B) conclusivo, e equivale a Então.

(C) final, e equivale a Para tanto.

(D) adversativo, e equivale a Porém.

(E) conformativo, e equivale a Conforme.

166. **(FCC - Técnico Judiciário /TRE - AP- 2015)** Michelangelo fugiu de Roma ao ser comunicado que, antes de produzir as estátuas da futura tumba do papa Júlio II, deveria pintar o teto da Capela Sistina. Só a muito custo foi convencido a se aventurar na pintura, meio que julgava não dominar tão bem quanto a escultura. ...... , ao ser tirado da zona de conforto, o artista criaria sua obra máxima.

Mantendo-se as relações de sentido e a correção gramatical, preenche corretamente a lacuna acima o que se encontra em:

(A) Porquanto

(B) Embora

(C) Contudo

(D) Uma vez que

(E) Conquanto

167. **(FCC - Analista Judiciário /TRT - 3ª. região- 2015)** Considere a seguinte passagem do texto: ... nossos ancestrais viveram voltados para o futuro. Eles avaliavam a virtude de suas realizações pelo modelo da sociedade que queriam estabelecer. A visão do futuro guiava o pre-

sente. Essa passagem está corretamente reescrita, preservando-se o sentido e as relações sintáticas e coesivas, em:

(A) ... nossos ancestrais viveram voltados para o futuro, ao avaliar a virtude de suas realizações pelo modelo da sociedade que queriam estabelecer. Caso a visão do futuro guiasse o presente.

(B) ... nossos ancestrais viveram voltados para o futuro, à medida que avaliavam a virtude de suas realizações pelo modelo da sociedade que queriam estabelecer. Contudo, a visão do futuro guiava o presente.

(C) ... nossos ancestrais viveram voltados para o futuro, avaliando a virtude de suas realizações pelo modelo da sociedade que queriam estabelecer. Assim, a visão do futuro guiava o presente.

(D) ... nossos ancestrais viveram voltados para o futuro, ao passo que avaliavam a virtude de suas realizações pelo modelo da sociedade que queriam estabelecer. Sendo que a visão do futuro guiava o presente.

(E) ... nossos ancestrais viveram voltados para o futuro, ainda que avaliassem a virtude de suas realizações pelo modelo da sociedade que queriam estabelecer. Portanto, a visão do futuro guiava o presente.

168. (FCC - Analista Judiciário /TRT - 9ª. região- 2015) Embora as esculturas ficassem longe do público, elas foram vistas por artistas que visitavam Picasso. Sem prejuízo da correção e do sentido, o elemento sublinhado acima pode ser substituído por:

(A) Porquanto

(B) Apesar de

(C) Contudo

(D) Conquanto

(E) A despeito de

169. (FCC - Técnico Judiciário /TRT - 9ª. região- 2015) Expressa noção de finalidade o segmento que se encontra em:

(A) ... ao passo que, se andar acima dela... (4º parágrafo)

(B) ... quando nos sentimos pressionados por expectativas que... (1º parágrafo)

(C) ... se andar abaixo dela... (4º parágrafo)

(D) ... isso depende de termos atingido uma razoável evolução... (2º parágrafo)

(E) ... a fim de fugir do ócio e do tédio... (4º parágrafo)

170. (FCC - Técnico Judiciário /TRT - 15ª. região- 2015) Ambas as palavras têm certa equivalência no tocante ao seu sentido intermediário... (último parágrafo) Mantendo-se o sentido e a correção gramatical, o segmento destacado acima pode ser substituído, sem que nenhuma outra alteração seja feita na frase, por:

(A) quanto à

(B) com relação a

(C) já que

(D) uma vez que

(E) salvo

171. **(FCC - Analista Judiciário /TRE - RR- 2015)** Mas vou parar, que não pretendi nesta crônica escrever um manual do perfeito candidato. Identifica-se, no segmento sublinhado acima,

(A) noção de causa, que justifica a decisão tomada pelo autor.

(B) a consequência de uma ação deliberada anteriormente.

(C) ressalva que restringe o sentido da afirmativa anterior.

(D) uma finalidade, que reafirma as intenções do autor, expostas no texto.

(E) condição, pois o autor conclui não ter conseguido aconselhar o candidato.

172. **(FCC - Analista Judiciário /TRT - 15ª. região- 2015)** De fato, a grande originalidade da Europa não foi a escravidão; foi, pelo contrário, a existência de movimentos abolicionistas que terminaram com ela. (7º parágrafo) Mantém-se, em linhas gerais, o sentido da frase, substituindo-se o segmento grifado por:

(A) foi não obstante a escravidão, apesar da existência

(B) não só foi a escravidão, mas também a existência

(C) ao invés de ter sido a escravidão, mas a existência

(D) não foi a escravidão, mas, sim, a existência

(E) não foi a escravidão, todavia, sem a existência

173. **(FCC - Analista Judiciário /TRT - 15ª. região- 2015)** No segmento ... trabalhar uma vida inteira para pagar as chamadas "dívidas transgeracionais"... (5º parágrafo), o termo sublinhado agrega à frase a ideia de

(A) causa e pode ser substituído por "em virtude de".

(B) decorrência e pode ser substituído por "de maneira a".

(C) finalidade e pode ser substituído por "com o pretexto de".

(D) decorrência e pode ser substituído por "a ponto de".

(E) finalidade e pode ser substituído por "com vistas a".

174. **(FCC - Analista Judiciário /TRT - 15ª. região- 2015)** No entanto, as duas palavras têm uma história e uma carga sentimental diferentes. (1º parágrafo) O elemento destacado acima introduz, no contexto, uma

(A) consequência.

(B) concessão.

(C) finalidade.

(D) causa.

(E) oposição.

175. **(FCC - Analista Judiciário /TRT - 15ª. região- 2015)** pois vieram fora de hora, e a hora é calma? Considerando-se o contexto, o elemento sublinhado acima pode ser substituído, sem prejuízo do sentido e da lógica, por:

(A) visto que

(B) portanto

(C) porém

(D) então

(E) desse modo

176. (FCC – Técnico de Controle Externo /TCE-CE– 2015) O emprego das vírgulas está plenamente adequado na frase:

(A) No segundo parágrafo, ao se valer de frases do cotidiano, o autor exemplifica, e com muita propriedade, diga-se, vários casos em que um suposto falante expressa pontos de vista inteiramente preconceituosos.

(B) No segundo parágrafo ao se valer de frases do cotidiano, o autor exemplifica, e com muita propriedade diga-se, vários casos em que, um suposto falante expressa pontos de vista inteiramente preconceituosos.

(C) No segundo parágrafo, ao se valer, de frases do cotidiano, o autor exemplifica e com muita propriedade, diga-se, vários casos, em que um suposto falante expressa pontos de vista inteiramente preconceituosos.

(D) No segundo parágrafo, ao se valer de frases do cotidiano o autor exemplifica, e com muita propriedade, diga-se vários casos em que um suposto falante, expressa pontos de vista inteiramente preconceituosos.

(E) No segundo parágrafo, ao se valer de frases do cotidiano, o autor exemplifica e com muita propriedade, diga-se, vários casos, em que um suposto falante, expressa pontos de vista inteiramente preconceituosos.

177. (FCC – Analista Judiciário /TRE – SE– 2015) Ocorre pontuação plenamente adequada na frase:

(A) Criador de frases ferinas, Machado de Assis aproveitou-se dessa qualidade para, num romance famoso, compor um capítulo unicamente com aforismos, sempre bem-humorados e argutos, entre os quais alguns que volta e meia são citados até hoje.

(B) Criador de frases ferinas Machado de Assis, aproveitou-se dessa qualidade, para num romance famoso compor um capítulo unicamente com aforismos, sempre bem-humorados e argutos, entre os quais, alguns que volta e meia são citados até hoje.

(C) Criador de frases ferinas, Machado de Assis, aproveitou-se dessa qualidade para num romance famoso compor um capítulo, unicamente com aforismos, sempre bem-humorados, e argutos entre os quais alguns que volta e meia são citados até hoje.

(D) Criador de frases ferinas, Machado de Assis aproveitou-se dessa qualidade, para num romance famoso, compor um capítulo, unicamente com aforismos sempre bem-humorados, e argutos, entre os quais alguns que volta e meia são citados até hoje.

(E) Criador de frases ferinas Machado de Assis aproveitouse dessa qualidade, para num romance famoso compor um capítulo, unicamente com aforismos, sempre bem-humorados, e argutos entre os quais, alguns que volta e meia são citados até hoje.

178. (FCC – Técnico Judiciário /TRE – SE– 2015) A frase citada do texto que permanece correta após o acréscimo das vírgulas é:

(A) Já trocamos, uns cinco e-mails e uns dez recados, pelo celular. (quinto parágrafo)

(B) Acredito, que acabei me adaptando, a esse mundo moderno. (primeiro parágrafo)

(C) Há três semanas, que estou combinando, um almoço com um grande amigo. (quinto parágrafo)

(D) Hoje cedo, eu me lembrei da minha mãe, à beira do fogão, separando os marinheiros do arroz e tirando as pedras do feijão. (terceiro parágrafo)

(E) Estou pensando, seriamente, em sair daqui uma hora dessas, chegar, à casa dele e tocar, a campainha. (sexto parágrafo)

179. (FCC – Analista Judiciário /TRE – AP– 2015) Atente para as seguintes afirmações sobre o emprego dos sinais de pontuação:

I. Em não são como os outros livros, que contam sempre a mesma estopada do começo ao fim, a retirada da vírgula implicaria prejuízo ao sentido original.

II. A substituição por parênteses dos travessões que isolam o segmento uma espécie de Brasileiro Básico implicaria prejuízo para a correção da frase.

III. Em e isso, na época, significava riqueza vocabular..., a retirada da primeira vírgula acarretaria prejuízo para a correção da frase.

Está correto APENAS o que se afirma em

(A) II e III.

(B) I.

(C) I e III.

(D) II.

(E) I e II.

180. (FCC – Analista Judiciário /TRT – 3ª. região– 2015) A frase que está pontuada como dispõe a gramática normativa é:

(A) Foi o caráter destrutivo da guerra tanto física quanto moral, que finalmente levou os países em confronto a conhecerem as situações mais dramáticas e desumanas.

(B) Podemos indagar o sentido que têm essas manifestações recentes: seriam, por acaso, a expressão de que o cidadão comum chegou a seu limite no que se refere a aceitar, inerte, a usurpação de seus direitos?

(C) Nem pelas razões alegadas contudo, altera-se o mecanismo de apelo imediato à justiça quando os cidadãos não se entendem entre si, modo de agir que impede esforços de outros tipos de mediações.

(D) Não é de se admirar que: muitos críticos contemporâneos entendam como mero exibicionismo, certas atitudes e práticas artísticas das primeiras décadas do século XX.

(E) Estudar o ontem em função do hoje – e também do amanhã, é o propósito das reflexões, que ocorrem, semanalmente no centro de cultura instalado numa das regiões mais carentes da cidade.

181. (FCC – Analista de Sistemas – MPE- PB – 2015) Os elementos que exercem a mesma função sintática encontram-se sublinhados em:

(A) Essa rapidez impede que os olhos desfrutem da paisagem/ Um filme de Elvis Presley.

(B) sem que disso as pessoas se deem conta/ Passa-se em segundos por séculos de civilização...

(C) Passa-se em segundos por séculos de civilização/ Sensação de que se é parte de um cenário.

(D) Não cabem passos lentos, olhares perdidos/ ... o espaço se transforma em cenário...

(E) lobbies que se comunicam/ Na praia de Waikiki, os hotéis têm...

182. (FCC – Analista Judiciário – TRE – AP – 2015) Três vezes voltou Saint-Hilaire ao interior do Brasil...

O elemento em destaque na frase acima exerce a mesma função sintática que o segmento grifado em:

(A) "Os livros de Auguste Saint-Hilaire (...) leem-se aos quinze anos como..."

(B) Nenhum estrangeiro deixou entre nós lembrança mais simpática.

(C) Pelo desconforto dos nossos dias, apesar das estradas de ferro e do automóvel, podemos avaliar as dificuldades e fadigas...

(D) A fama de Auguste Saint-Hilaire não teve a projeção da de seu irmão Geoffroy, o continuador de Lamarck...

(E) "...exposta com tanta clareza e simplicidade que a profundeza do julgamento parece apenas bom senso".

183. (FCC – Técnico Judiciário – TRE – AP – 2015) ...antes de fazer o túmulo, resolveu reconstruir a Catedral de São Pedro.

O elemento que possui a mesma função sintática do sublinhado acima se encontra também sublinhado em:

(A) Recém-chegado a Roma em 1505...

(B) ... havia uma forte insegurança.

(C) O corpo humano foi o campo de batalha artística de Michelangelo.

(D) Como definiu o pintor futurista Umberto Boccioni...

(E) Mas Júlio II mudou de ideia...

184. (FCC – Técnico Judiciário – TRE – SE – 2015) A palavra vem do grego oikonomia, que significa "administração da casa", e passou a significar o estudo das maneiras de gerir os recursos e, mais especificamente, a produção e a permuta de bens e serviços. A economia moderna surgiu como disciplina específica no século XVIII, sobretudo com a publicação em 1776 de A riqueza das nações, livro escrito pelo grande pensador escocês Adam Smith.

Contudo, o que motivou o interesse no assunto não foram os textos de economistas, mas as enormes mudanças na própria economia com o advento da Revolução Industrial.

O termo **Contudo**, em destaque no segundo parágrafo, tem valor

(A) explicativo, e equivale a Pois.

(B) conclusivo, e equivale a Então.

(C) final, e equivale a Para tanto.

(D) adversativo, e equivale a Porém.

(E) conformativo, e equivale a Conforme.

185. (FCC – Técnico Judiciário – TRE – AP – 2015) Michelangelo fugiu de Roma ao ser comunicado que, antes de produzir as estátuas da futura tumba do papa Júlio II, deveria pintar o teto da Capela Sistina. Só a muito custo foi convencido a se aventurar na pintura, meio que julgava não dominar tão bem quanto a escultura. ...... , ao ser tirado da zona de conforto, o artista criaria sua obra máxima.

Mantendo-se as relações de sentido e a correção gramatical, preenche corretamente a lacuna acima o que se encontra em:

(A) Porquanto

(B) Embora

(C) Contudo

(D) Uma vez que

(E) Conquanto

186. (FCC - Analista Judiciário - TRT - 3ª. Região - 2015) Considere a seguinte passagem do texto: ... nossos ancestrais viveram voltados para o futuro. Eles avaliavam a virtude de suas realizações pelo modelo da sociedade que queriam estabelecer. A visão do futuro guiava o presente. Essa passagem está corretamente reescrita, preservando-se o sentido e as relações sintáticas e coesivas, em:

(A) ... nossos ancestrais viveram voltados para o futuro, ao avaliar a virtude de suas realizações pelo modelo da sociedade que queriam estabelecer. Caso a visão do futuro guiasse o presente.

(B) ... nossos ancestrais viveram voltados para o futuro, à medida que avaliavam a virtude de suas realizações pelo modelo da sociedade que queriam estabelecer. Contudo, a visão do futuro guiava o presente.

(C) ... nossos ancestrais viveram voltados para o futuro, avaliando a virtude de suas realizações pelo modelo da sociedade que queriam estabelecer. Assim, a visão do futuro guiava o presente.

(D) ... nossos ancestrais viveram voltados para o futuro, ao passo que avaliavam a virtude de suas realizações pelo modelo da sociedade que queriam estabelecer. Sendo que a visão do futuro guiava o presente.

(E) ... nossos ancestrais viveram voltados para o futuro, ainda que avaliassem a virtude de suas realizações pelo modelo da sociedade que queriam estabelecer. Portanto, a visão do futuro guiava o presente.

187. (FCC - Analista Judiciário - TRT - 9ª. Região - 2015) Embora as esculturas ficassem longe do público, elas foram vistas por artistas que visitavam Picasso. Sem prejuízo da correção e do sentido, o elemento sublinhado acima pode ser substituído por:

(A) Porquanto

(B) Apesar de

(C) Contudo

(D) Conquanto

(E) A despeito de

188. (FCC - Técnico Judiciário - TRT - 9ª. Região - 2015) Expressa noção de finalidade o segmento que se encontra em:

(A) ... ao passo que, se andar acima dela... (4º parágrafo)

(B) ... quando nos sentimos pressionados por expectativas que... (1º parágrafo)

(C) ... se andar abaixo dela... (4º parágrafo)

(D) ... isso depende de termos atingido uma razoável evolução... (2º parágrafo)

(E) ... a fim de fugir do ócio e do tédio... (4º parágrafo)

189. (FCC - Técnico Judiciário - TRT - 15ª. Região - 2015) Ambas as palavras têm certa equivalência <u>no tocante ao</u> seu sentido intermediário... (último parágrafo). Mantendo-se o sentido e a correção gramatical, o segmento destacado acima pode ser substituído, sem que nenhuma outra alteração seja feita na frase, por:

(A) quanto à

(B) com relação a

(C) já que

(D) uma vez que

(E) salvo

190. (FCC – Analista Judiciário – TRE – RR – 2015) Mas vou parar, que não pretendi nesta crônica escrever um manual do perfeito candidato. Identifica-se, no segmento sublinhado acima,

(A) noção de causa, que justifica a decisão tomada pelo autor.

(B) a consequência de uma ação deliberada anteriormente.

(C) ressalva que restringe o sentido da afirmativa anterior.

(D) uma finalidade, que reafirma as intenções do autor, expostas no texto.

(E) condição, pois o autor conclui não ter conseguido aconselhar o candidato.

191. (FCC – Analista Judiciário – TRT – 15ª. Região – 2015) De fato, a grande originalidade da Europa não foi a escravidão; foi, pelo contrário, a existência de movimentos abolicionistas que terminaram com ela. (7º parágrafo) Mantém-se, em linhas gerais, o sentido da frase, substituindo-se o segmento grifado por:

(A) foi não obstante a escravidão, apesar da existência

(B) não só foi a escravidão, mas também a existência

(C) ao invés de ter sido a escravidão, mas a existência

(D) não foi a escravidão, mas, sim, a existência

(E) não foi a escravidão, todavia, sem a existência

192. (FCC – Analista Judiciário – TRT – 15ª. Região – 2015) No segmento ... trabalhar uma vida inteira para pagar as chamadas "dívidas transgeracionais"... (5º parágrafo), o termo sublinhado agrega à frase a ideia de

(A) causa e pode ser substituído por "em virtude de".

(B) decorrência e pode ser substituído por "de maneira a".

(C) finalidade e pode ser substituído por "com o pretexto de".

(D) decorrência e pode ser substituído por "a ponto de".

(E) finalidade e pode ser substituído por "com vistas a".

193. (FCC – Analista Judiciário – TRT – 15ª. Região – 2015) No entanto, as duas palavras têm uma história e uma carga sentimental diferentes. (1º parágrafo) O elemento destacado acima introduz, no contexto, uma

(A) consequência.

(B) concessão.

(C) finalidade.

(D) causa.

(E) oposição.

194. (FCC – Analista Judiciário – TRT – 15ª. Região – 2015) pois vieram fora de hora, e a hora é calma? Considerando-se o contexto, o elemento sublinhado acima pode ser substituído, sem prejuízo do sentido e da lógica, por:

(A) visto que

(B) portanto

(C) porém
(D) então
(E) desse modo

195. (FCC – Técnico de Controle Externo – TCE-CE – 2015) O emprego das vírgulas está plenamente adequado na frase:

(A) No segundo parágrafo, ao se valer de frases do cotidiano, o autor exemplifica, e com muita propriedade, diga-se, vários casos em que um suposto falante expressa pontos de vista inteiramente preconceituosos.
(B) No segundo parágrafo ao se valer de frases do cotidiano, o autor exemplifica, e com muita propriedade diga-se, vários casos em que, um suposto falante expressa pontos de vista inteiramente preconceituosos.
(C) No segundo parágrafo, ao se valer, de frases do cotidiano, o autor exemplifica e com muita propriedade, diga-se, vários casos, em que um suposto falante expressa pontos de vista inteiramente preconceituosos.
(D) No segundo parágrafo, ao se valer de frases do cotidiano o autor exemplifica, e com muita propriedade, diga-se vários casos em que um suposto falante, expressa pontos de vista inteiramente preconceituosos.
(E) No segundo parágrafo, ao se valer de frases do cotidiano, o autor exemplifica e com muita propriedade, diga-se, vários casos, em que um suposto falante, expressa pontos de vista inteiramente preconceituosos.

196. (FCC – Analista Judiciário – TRE – SE – 2015) Ocorre pontuação plenamente adequada na frase:

(A) Criador de frases ferinas, Machado de Assis aproveitou-se dessa qualidade para, num romance famoso, compor um capítulo unicamente com aforismos, sempre bem-humorados e argutos, entre os quais alguns que volta e meia são citados até hoje.
(B) Criador de frases ferinas Machado de Assis, aproveitou-se dessa qualidade, para num romance famoso compor um capítulo unicamente com aforismos, sempre bem-humorados e argutos, entre os quais, alguns que volta e meia são citados até hoje.
(C) Criador de frases ferinas, Machado de Assis, aproveitou-se dessa qualidade para num romance famoso compor um capítulo, unicamente com aforismos, sempre bem-humorados, e argutos entre os quais alguns que volta e meia são citados até hoje.
(D) Criador de frases ferinas, Machado de Assis aproveitou-se dessa qualidade, para num romance famoso, compor um capítulo, unicamente com aforismos sempre bem-humorados, e argutos, entre os quais alguns que volta e meia são citados até hoje.
(E) Criador de frases ferinas Machado de Assis aproveitou-se dessa qualidade, para num romance famoso compor um capítulo, unicamente com aforismos, sempre bem-humorados, e argutos entre os quais, alguns que volta e meia são citados até hoje.

197. (FCC – Técnico Judiciário – TRE – SE – 2015) A frase citada do texto que permanece correta após o acréscimo das vírgulas é:

(A) Já trocamos, uns cinco e-mails e uns dez recados, pelo celular. (quinto parágrafo)
(B) Acredito, que acabei me adaptando, a esse mundo moderno. (primeiro parágrafo)
(C) Há três semanas, que estou combinando, um almoço com um grande amigo. (quinto parágrafo)

(D) Hoje cedo, eu me lembrei da minha mãe, à beira do fogão, separando os marinheiros do arroz e tirando as pedras do feijão. (terceiro parágrafo)

(E) Estou pensando, seriamente, em sair daqui uma hora dessas, chegar, à casa dele e tocar, a campainha. (sexto parágrafo)

198. (FCC - Analista Judiciário - TRE - AP - 2015) Atente para as seguintes afirmações sobre o emprego dos sinais de pontuação:

I. Em não são como os outros livros, que contam sempre a mesma estopada do começo ao fim, a retirada da vírgula implicaria prejuízo ao sentido original.

II. A substituição por parênteses dos travessões que isolam o segmento uma espécie de Brasileiro Básico implicaria prejuízo para a correção da frase.

III. Em e isso, na época, significava riqueza vocabular..., a retirada da primeira vírgula acarretaria prejuízo para a correção da frase.

Está correto APENAS o que se afirma em

(A) II e III.

(B) I.

(C) I e III.

(D) II.

(E) I e II.

199. (FCC - Analista Judiciário - TRT - 3ª. Região - 2015) A frase que está pontuada como dispõe a gramática normativa é:

(A) Foi o caráter destrutivo da guerra tanto física quanto moral, que finalmente levou os países em confronto a conhecerem as situações mais dramáticas e desumanas.

(B) Podemos indagar o sentido que têm essas manifestações recentes: seriam, por acaso, a expressão de que o cidadão comum chegou a seu limite no que se refere a aceitar, inerte, a usurpação de seus direitos?

(C) Nem pelas razões alegadas contudo, altera-se o mecanismo de apelo imediato à justiça quando os cidadãos não se entendem entre si, modo de agir que impede esforços de outros tipos de mediações.

(D) Não é de se admirar que: muitos críticos contemporâneos entendam como mero exibicionismo, certas atitudes e práticas artísticas das primeiras décadas do século XX.

(E) Estudar o ontem em função do hoje - e também do amanhã, é o propósito das reflexões, que ocorrem, semanalmente no centro de cultura instalado numa das regiões mais carentes da cidade.

200. (FCC - TRF 4ª Região - Analista Judiciário - 2014) ... o culto que a aristocracia do seu país dedicava a tudo o que era francês... (3º parágrafo)

O segmento que possui a mesma função sintática do grifado acima está também grifado em:

(A) ... a morfologia e a sintaxe alemãs teriam afinidades com as gregas. (3º parágrafo)

(B) ... a afirmação é geralmente atribuída a Heidegger, filósofo cujo tema precípuo é o ser. (2º parágrafo)

(C) Estranho é que haja franceses ou brasileiros...(5º parágrafo)

(D) O latim foi a língua da filosofia e da ciência na Europa... (3º parágrafo)

(E) ... a superficialidade que atribui ao pensamento ocidental moderno... (4º parágrafo)

201. (FCC – TRF 4ª Região – Analista Judiciário – 2014) Os elementos sublinhados em ... quantos escreveram não alcança a entender quanto nelas há... (2º parágrafo) possuem, respectivamente, a mesma função que os sublinhados em:

(A) Este procedimento Quintiliano, no século II d.C...

(B) O rústico acha documentos nas estrelas para sua lavoura...

(C) As estrelas são muito distintas e muito claras.

(D) ... ao tratar de tais virtudes do discurso...

(E) ... e o matemático para as suas observações e para os seus juízos

202. (FCC – TRF 4ª Região – Técnico Judiciário – 2014) Na frase Ler um livro é desinteressar-se a gente deste mundo comum e objetivo para viver noutro mundo, os elementos sublinhados têm, respectivamente, a mesma função que os sublinhados em:

(A) ... os românticos perdiam terreno em proveito dos naturalistas.

(B) ... essa lei dos reflexos toma a forma de um desinteresse...

(C) ... o excesso engendrava o excesso contrário.

(D) ... de modo geral, nós nos lemos através dos livros.

(E) ... um ressentimento de namorado ainda ferido nas suas primeiras ilusões.

203. (FCC – TRF 3ª Região – Analista Judiciário – 2014) Reunir-se para ouvir alguém ler tornou-se uma prática necessária e comum no mundo laico da Idade Média. Até a invenção da imprensa, a alfabetização era rara e os livros, propriedade dos ricos, privilégio de um pequeno punhado de leitores.

Embora alguns desses senhores afortunados ocasionalmente emprestassem seus livros, eles o faziam para um número limitado de pessoas da própria classe ou família.

(Adaptado de: MANGUEL, Alberto, op.cit.)

Mantêm-se a correção e as relações de sentido estabelecidas no texto, substituindo-se Embora (2º parágrafo) por

(A) Contudo.

(B) Desde que.

(C) Porquanto.

(D) Uma vez que.

(E) Conquanto

204. (FCC – TRF 3ª Região – Técnico Judiciário – 2014) *Seus subordinados, contudo, cumpriram fielmente a ordem de não soltá-lo até que estivessem longe da zona de perigo.* (6º parágrafo)

Sem prejuízo para o sentido original e a correção gramatical, o elemento grifado acima pode ser substituído por

(A) embora.

(B) entretanto.

(C) portanto.

(D) onde.

(E) por isso.

205. (FCC – TRT 2ª Região – Técnico Judiciário – 2014) Ainda que já tivesse uma carreira solo de sucesso [...], sentiu que era a hora de formar seu próprio grupo.

Outra redação para a frase acima, iniciada por "Já tinha uma carreira..." e fiel ao sentido original, deve gerar o seguinte elo entre as orações:

(A) por isso.
(B) mas.
(C) embora.
(D) desde que.
(E) de maneira que.

206. (FCC – TRF 1ª Região – Analista Judiciário – 2014) Nos trechos O livro, **porém**, é outra coisa (do primeiro parágrafo) e reler é mais importante do que ler, **embora** para se reler seja necessário já haver lido (do terceiro), as conjunções, no contexto dos parágrafos, estabelecem, respectivamente, relação de

(A) causa e condição.
(B) consequência e finalidade.
(C) adição e temporalidade.
(D) oposição e concessão.
(E) proporção e contraste.

207. (FCC – TRF 1ª Região – Técnico Judiciário – 2014) À medida que essa capacidade de computação se torna mais barata e os computadores encolhem para o tamanho de smartphones e de outros aparelhos portáteis, os efeitos descentralizadores têm sido imensos.

Identifica-se, entre as orações que compõem o segmento acima, relação sintática de

(A) temporalidade.
(B) proporcionalidade.
(C) finalidade.
(D) especificidade.
(E) causalidade

208. (FCC – TRT 13ª Região – Analista Judiciário – 2014) Recontar uma história alheia, para o cordelista e para o dramaturgo popular, é torná-la sua, porque existe na cultura popular a noção de que... (7º parágrafo)

Sem prejuízo da correção e do sentido original, e sem que nenhuma outra modificação seja feita na frase, o elemento sublinhado acima pode ser corretamente substituído por

(A) ainda que.
(B) conquanto.
(C) à medida que.
(D) se bem que.
(E) na medida em que.

209. (FCC – TRT 13ª Região – Técnico Judiciário – 2014) Uma vez que a busca pelo lucro continua a ser o motor mais importante da economia, há pouca oportunidade para que... (linha 66)

Mantêm-se as relações de sentido e a correção do segmento acima, substituindo-se o elemento grifado por

(A) Se bem que
(B) Por que
(C) Mesmo que
(D) Posto que
(E) Dado que

210. (FCC - TRT 13ª Região - Técnico Judiciário - 2014) ...... as pesquisas se desenvolviam, pôde-se mais e mais atentar ...... atividade das plantas, como, por exemplo, seu mecanismo de defesa, ... se lhes tenha tradicionalmente atribuído apenas função vegetativa, marcada por um funcionamento involuntário.

Preenche corretamente as lacunas da frase acima, na ordem dada, o que se encontra em:

(A) À medida que – para a – não obstante
(B) Na medida em que – contra a – por mais que
(C) À medida que – na – para que
(D) Na medida em que – na – visto que
(E) À medida que – para a – a fim de que

211. (VUNESP - TJ PA - Analista Judiciário - 2014) Meu amigo lusitano, Diniz, está traduzindo para o francês meus dois primeiros romances, Os Éguas e Moscow. Temos trocado e-mails muito interessantes, por conta de palavras e gírias comuns no meu Pará e absolutamente sem sentido para ele. Às vezes é bem difícil explicar, como na cena em que alguém empina papagaio e corta o adversário "no gasgo".

A expressão por conta de, em destaque, tem sentido equivalente ao de:

(A) com o intuito de.
(B) em detrimento de.
(C) em contrapartida a.
(D) em virtude de.
(E) a despeito de.

212. (VUNESP - TJ PA - Analista Judiciário - 2014) Assinale a alternativa em que a seguinte passagem - Mas o vento foi mais ágil e o papel se perdeu. (terceiro parágrafo) - está reescrita com o acréscimo de um termo que estabelece uma relação de conclusão, consequência, entre as orações.

(A) Mas o vento foi mais ágil e, todavia, o papel se perdeu.
(B) Mas o vento foi mais ágil e, porém, o papel se perdeu.
(C) Mas o vento foi mais ágil e, entretanto, o papel se perdeu.
(D) Mas o vento foi mais ágil e, assim, o papel se perdeu.
(E) Mas o vento foi mais ágil e, contudo, o papel se perdeu.

213. (VUNESP - TJ PA - Auxiliar Judiciário - 2014) Leia os trechos do texto.

Não cito seu nome, pois é réu num processo aberto pelo tal Adamastor... (2.º parágrafo)

Se todos tivessem trepadeiras como a do Ivo, talvez não fizesse tanto calor. (4.º parágrafo)

Mas o mundo não está salvo, há menos trepadeiras do que sujeitos feito o Adamastor... (4.º parágrafo)

Os termos em destaque podem ser substituídos, correta, respectivamente e sem alteração do sentido do texto, por:

(A) porque; caso; todavia.

(B) porque; ainda que; todavia.

(C) visto que; ainda que; entretanto.

(D) portanto; caso; já que.

(E) portanto; uma vez que; já que.

214. **(FCC – TRT 19ª Região – Técnico Judiciário – 2014)** ... *em contato com uma das nossas maiores riquezas: a interpretação de culturas, entre nós tão livre...*

O segmento introduzido pelos dois-pontos, no final do **Texto IV**, tem sentido

(A) opinativo, ao introduzir citação de interlocutor especialista no assunto desenvolvido.

(B) conclusivo, por condensar a ideia defendida no desenvolvimento textual.

(C) restritivo, pois impõe um limite à expressão que surge anteriormente a ele.

(D) explicativo, ao especificar o sentido da expressão que o antecede.

(E) enumerativo, porque há nele exposição de alguns itens transcritos da obra sob análise.

215. **(FCC – TRF 3ª Região – Analista Judiciário – 2014)** Sem prejuízo para o sentido original e a correção gramatical,

(A) uma vírgula pode ser inserida imediatamente após "revolucionários", no segmento... o governo americano apoiara abertamente os revolucionários e Nova York, Nova Orleans e Key West tinham aberto seus portos a milhares de cubanos em fuga. (2º parágrafo)

(B) o segmento ... que imigraram para os Estados Unidos... (3º parágrafo) pode ser isolado por vírgulas.

(C) uma vírgula pode ser inserida imediatamente após "leituras", no segmento o material dessas leituras em voz alta, decidido..., contanto que se suprima a vírgula colocada imediatamente após "alta" (4º parágrafo).

(D) a vírgula colocada imediatamente após os parênteses que isolam o segmento ... que pagavam o "lector" do próprio salário (4º parágrafo), pode ser suprimida.

(E) a vírgula colocada imediatamente após Céspedes, no segmento ... Carlos Manuel de Céspedes, e duzentos homens mal armados... (1º parágrafo) pode ser suprimida.

216. **(FCC – TRT 2ª Região – Analista Judiciário – 2014)** Quanto à colocação das vírgulas, a frase inteiramente correta é:

(A) Num de seus textos a que deu o título de "Do justo e do injusto", Voltaire aborda com a propriedade de sempre, a questão da natureza mesma do sentimento da justiça que, segundo ele, foi-nos concedido por Deus que também nos deu um cérebro para contrabalançar os impulsos do coração.

(B) Num de seus textos, a que deu o título de "Do justo e do injusto", Voltaire aborda, com a propriedade de sempre, a questão da natureza mesma do sentimento da justiça, que, segundo ele, foi-nos concedido por Deus, que também nos deu um cérebro para contrabalançar os impulsos do coração.

(C) Num de seus textos, a que deu o título de "Do justo e do injusto" Voltaire aborda, com a propriedade de sempre a questão da natureza mesma do sentimento da justiça, que segundo ele foi-nos concedido por Deus que, também, nos deu um cérebro para contrabalançar os impulsos do coração.

(D) Num de seus textos a que deu o título de "Do justo e do injusto", Voltaire aborda com a propriedade de sempre, a questão da natureza mesma do sentimento da justiça, que segundo ele foi-nos concedido por Deus, que também nos deu um cérebro, para contrabalançar, os impulsos do coração.

(E) Num de seus textos, a que deu o título de "Do justo e do injusto", Voltaire aborda, com a propriedade de sempre, a questão da natureza mesma, do sentimento da justiça, que segundo ele foi-nos concedido por Deus que, também nos deu um cérebro, para contrabalançar os impulsos do coração.

217. **(FCC – TRT 16ª Região – Analista Judiciário – 2014)** Quanto à pontuação, a frase inteiramente correta é:

(A) Já pela má fama adquirida já por preconceito, sempre haverá por parte de certos leitores, alguma relutância diante da leitura de um prefácio.

(B) O autor do texto não hesita honestamente, de recorrer a experiências pessoais, para demonstrar sua tese, favorável em boa parte à existência mesma dos prefácios.

(C) A escritora Cecília Meireles tão talentosa quanto bonita, é citada no texto como parâmetro de excelência, na comparação com uma jovem, bela e pouco inspirada poetisa.

(D) Muita gente acabará por confessar tal como fez o autor, que um prefácio pode prender nossa atenção, com muito mais força, do que o texto principal de uma obra.

(E) O autor conclui, não sem razão, que as bibliografias que indicam apenas o prefácio de uma obra permitem deduzir, não há dúvida, que o restante do livro não importa muito.

218. **(FCC – TRF 1ª Região – Analista Judiciário – 2014)** A melhor explicação para o uso da vírgula, na frase do último parágrafo "Nesse sentido, a crase pode ser antes um problema de leitura do que prioritariamente de escrita", é:

(A) "As orações coordenadas aditivas ligadas pela conjunção e devem ser separadas por vírgula se os sujeitos forem diferentes. Se o sujeito for o mesmo, não há o uso da vírgula, presume-se".

(B) "As orações adverbiais, desenvolvidas ou reduzidas, podem iniciar o período, findá-lo ou interpor-se na oração principal. Quase sempre aparecem separadas ou isoladas por vírgula".

(C) "O vocativo é um termo relacionado com a função fática da linguagem; como regra, isola-se por vírgula".

(D) "A datação que se segue a nomes de documentos, periódicos, atos normativos, locais etc., como regra geral, separa-se ou isola-se por vírgula".

(E) "É comum vir isolado por vírgula o vocábulo ou expressão com valor retificativo ou explanatório, embora, às vezes, possa aparecer sem esse sinal de pontuação"

219. **(FCC – TRF 1ª Região – Técnico Judiciário – 2014)** ... a resposta a um problema que sempre atormentou administradores: o recrutamento e a retenção de talentos. O segmento introduzido pelos dois-pontos apresenta sentido

(A) restritivo.

(B) explicativo.

(C) conclusivo.

(D) comparativo.

(E) alternativo.

220. (FCC – TRT 13ª Região – Analista Judiciário – 2014) Considere o que se afirma abaixo sobre a pontuação do texto.

I. Sem prejuízo do sentido original, uma vírgula pode ser colocada imediatamente após "atividades" no segmento As atividades que o grupo desenvolveu apontavam para três direções... (2º parágrafo)

II. No segmento Suas obras se caracterizam justamente por isso, pelo domínio dos ritmos da poética popular nordestina, a vírgula colocada imediatamente após "isso" pode ser corretamente substituída por dois-pontos, uma vez que a ela se segue uma explicação. (1º parágrafo)

III. Sem prejuízo para a correção gramatical, uma vírgula pode ser colocada imediatamente após "sertão", no segmento A infância passada no sertão familiarizou o futuro escritor e dramaturgo com os temas e formas de expressão artística... (1º parágrafo)

Está correto o que se afirma APENAS em

(A) I.

(B) II e III.

(C) II.

(D) I e II.

(E) I e III.

221. (FCC – TRT 13ª Região – Técnico Judiciário – 2014) Considere as afirmações abaixo.

I. No segmento *Ficou pasmo ao constatar que, quando ele imaginava a dracena pegando fogo, a agulha do polígrafo se mexia...* (2º parágrafo), as vírgulas podem ser corretamente suprimidas caso se disponha o trecho sublinhado imediatamente após o verbo mexia.

II. No segmento ... *mas, na opinião de muitos botânicos, esse livro causou danos duradouros...* (3º parágrafo), a vírgula imediatamente após o termo mas pode ser suprimida sem prejuízo para a correção da frase.

III. Sem prejuízo para a correção e o sentido original, pode-se acrescentar uma vírgula imediatamente após o termo pois, no segmento ... *pois os cientistas passaram a desconfiar de qualquer* (3º parágrafo).

Está correto o que consta APENAS em

(A) II e III.

(B) I e II.

(C) III.

(D) I.

(E) I e III.

222. (FCC – TCE-PI – JORNALISTA – 2014) Está inteiramente correta a pontuação da seguinte frase:

(A) Por vezes uma palavra como inexorável, pode levar-nos ao dicionário, quando se confirma de certo modo o significado de que suspeitávamos.

(B) Ao consultar no dicionário o verbete inconsútil confessa-nos o autor, que se decepcionou, pois não imaginava que a palavra se referisse a algo tão prosaico.

(C) Muitas palavras inteiramente desconhecidas podem, eventualmente, ter seu sentido indicado pela força do contexto, mas tal não ocorreu com o termo inconsútil.

(D) Há em qualquer língua, expressões tão gastas, que mesmo um ou outro termo que as integra, pode parecer-nos familiar e sabido, pela força da repetição.

(E) Provavelmente ao ler a expressão mantos inconsúteis imaginou o autor, que ao contrário do que, de fato, significa o termo, parecia apontar para uma altura mística.

223. (VUNESP - TJ PA - Analista Judiciário - 2014) Assinale a alternativa em que a frase do texto permanece correta, de acordo com a norma-padrão da língua portuguesa, após o acréscimo das vírgulas.

(A) As empresas de telecomunicações que fornecem acesso, poderão continuar vendendo, velocidades diferentes.

(B) O conteúdo poderá ser acessado apenas, mediante, ordem judicial.

(C) O Marco Civil garante, a inviolabilidade e o sigilo, das comunicações.

(D) Ressalte-se, ainda, que a exclusão de conteúdo só poderá ser ordenada pela Justiça.

(E) Mas terão de oferecer, a conexão contratada independentemente, do conteúdo acessado pelo internauta e não poderão vender pacotes restritos.

224. (CIEE - TJ-GO - Estagiário Administrativo - 2014) Com relação à pontuação e de acordo com a norma-padrão da Língua Portuguesa, assinale a alternativa correta.

(A) Na arte moderna, são frequentes os casos em que o autor subverte a ordem das coisas, levando o espectador a refletir sobre a realidade.

(B) Na arte moderna, são, frequentes os casos, em que o autor subverte a ordem das coisas, levando o espectador, a refletir sobre a realidade.

(C) Na arte moderna são, frequentes os casos, em que o autor subverte, a ordem das coisas levando o espectador, a refletir, sobre a realidade.

(D) Na arte, moderna são frequentes os casos, em que o autor, subverte a ordem das coisas, levando o espectador, a refletir sobre a realidade.

225. (CIEE - TJ GO - Estagiário de nível médio - 2014) De acordo com a norma-padrão da Língua Portuguesa e com relação às regras de pontuação, assinale a alternativa correta, no trecho adaptado abaixo, de Luana Bárbara, transcrito da Revista Dia, número 86, p. 32.

(A) Além, das três pirâmides de Gizé: Quéops, Quéfren e Miquerinos o Egito, é pontilhado de milhares de obras monumentais esculpidas, na pedra árida e rígida.

(B) Além das três pirâmides de Gizé: Quéops, Quéfren e Miquerinos, o Egito é pontilhado de milhares de obras monumentais, esculpidas na pedra árida e rígida.

(C) Além das três pirâmides de Gizé: Quéops, Quéfren e Miquerinos, o Egito é pontilhado, de milhares de obras: monumentais, esculpidas na pedra árida e rígida.

(D) Além das três pirâmides de Gizé, Quéops, Quéfren e Miquerinos o Egito é pontilhado, de milhares, de obras monumentais: esculpidas na pedra árida e rígida.

226. (FCC - TRT 19ª Região - Analista Judiciário - 2014) Está gramaticalmente correta a redação desse livre comentário sobre o assunto tratado no texto:

(A) Preocupam os fornecedores chineses o longo tempo que se leva para transportar por via marítima os produtos que chegam das fábricas do interior aos portos de Xangai.

(B) Há seis séculos, transportava-se, com esforço e perdas humanas, especiarias, seda e pedras preciosas pelos caminhos da Rota da Seda.

(C) À medida que se desenvolvia a navegação no país, as rotas comerciais que floresceram na China durante a Idade Média iam sendo abandonadas.

(D) Em tempos passados, para se chegar da China ao mar Cáspio, percorria-se as poucas, povoadas, estepes da Ásia Central a cavalo ou camelo.

(E) Os centros político e financeiro da China deslocaram- se para Pequim no final da Idade Média, fazendo com que a atividade econômica os acompanhassem, seguindo em direção a costa.

227. **(FCC – TRF 3ª Região – Técnico Judiciário – 2014)** Uma redação alternativa para um segmento do texto, mantendo-se a correção gramatical e a lógica, está em:

(A) Remontam às mais luminosas fontes da mitologia e da literatura gregas a imagem do canto das sereias.

(B) As sereias, ninfas de beleza extraordinária, que viviam sozinhas em uma ilha do Mediterrâneo. Tinham o dom de chamar a si os navegantes graças a irresistível melodia do seu canto.

(C) Existem diferentes versões para a fábula das sereias. Porém, o sentido geral da trama é comum a todas elas.

(D) Os navios nos quais se deixavam atrair por aquela melodia divina, naufragavam. Na medida que batiam nos recifes, eram submersos a beira-mar.

(E) Após os navios que batiam nos recifes submersos da beira-mar, os tripulantes impiedosos, os quais naufragavam, eram devorados pelas sereias.

228. **(FCC – TRT 2ª Região – Analista Judiciário – 2014)** Está clara e correta a redação deste livre comentário sobre o texto:

(A) Pelo simples fato de ignorarmos o futuro, Guyau não desiste de valorizar no presente às ações que poderão projetar-se nele.

(B) O desconhecimento do futuro não nos exime de sermos responsáveis por tudo aquilo que empreendemos.

(C) Sendo certo que o Desconhecido cercea nossa vida, nem por isso deixaremos de investir sobre o nosso futuro.

(D) Está no futuro o sentido mesmo de tudo o que nos dispormos a fazer nos limites naturais do tempo presente.

(E) Mesmo sem assenhorearmos qualquer certeza diante do futuro, nossas ações presentes ressalvam toda liberdade.

229. **(FCC – TRT 2ª Região – Técnico Judiciário – 2014)** Elementos do texto inspiraram as frases abaixo, que, entretanto, devem ser consideradas em sua independência.

A que está redigida em conformidade com a norma-padrão escrita é:

(A) Para conhecer uma cidade não basta os guias com que as empresas de turismo inundam as lojas.

(B) Se alguém se contrapor às ideias do autor do texto, que as combata em espaço próprio para isso.

(C) A máquina de cujo o diagrama podemos nos valer é a mais moderna do lote recém-adquirido pela empresa.

(D) O estudioso já prevera o desaparecimento daquela cidade muitas décadas antes de ela se tornar uma cidade-fantasma.

(E) Em suas considerações, o autor, de certa forma, explica por que aquela célebre cidade desapareceu.

230. (FCC – TRT 2ª Região – Técnico Judiciário – 2014) A frase em que as ideias estão expressas de modo claro e em conformidade com a norma-padrão escrita é:

(A) Resolveu dedicar-se ao magistério porque concebia que já a atividade docente por si só exerce uma função de liderança nata.

(B) Afirmou, diante as câmeras de várias televisões do país, que as ações do governo mais condenam a marginalização do que acolhem os jovens carentes.

(C) Não só a valorização mas igualmente o respeito a seu trabalho lhe moviam na luta por melhores condições, motivo que justificou o prêmio tão cobiçado e ganho com orgulho.

(D) A fim de que toda uma geração de jovens não veem a desistir de sonhar mundos melhores, é necessário aos mais velhos abdicar os excessos e rejeitar o consumismo.

(E) Consideradas pela oposição contagens fraudulentas, elas foram logo anuladas, e nova apuração foi marcada para o dia imediatamente posterior às denúncias.

231. (FCC – TRT 2ª Região – Técnico Judiciário – 2014) Está redigida com clareza e em consonância com as regras da gramática normativa a seguinte frase:

(A) Consultaram o juíz acerca da possibilidade de voltar atraz na suspensão do jogador, mas ele foi categórico quanto a impossibilidade de rever sua posição.

(B) Vossa Excelência leu o documento que será apresentado em rede nacional daqui a pouco, pela voz de Sua Excelência, o Senhor Ministro da Educação?

(C) A reportagem sobre fascínoras famosos não foi nada positiva para o público jovem que estava presente, de que se desculparam os idealizadores do programa.

(D) Estudantes e professores são entusiastas de oferecer aos jovens ingressantes no curso o compartilhamento de projetos, com que serão também autores.

(E) Queremos, ou não, ele será designado para dar a palavra final sobre a polêmica questão, que, diga-se de passagem, tem feito muitos exitarem em se pronunciar.

232. (FCC – TRT 16ª Região – Analista Judiciário – 2014) Está inteiramente clara e correta a redação deste livre comentário sobre o texto:

(A) Ao contrário dos que consideram os prefácios tão inúteis quanto inconvenientes, o autor julga que muitas dessas apresentações são mais atraentes e substanciosas do que o texto principal.

(B) Embora hajam apresentações bem realizadas de livros, é indiscutível que boa parte delas primem pela inutilidade, inconveniência ou mesmo assumam o caráter de um estraga-prazeres.

(C) Há discordâncias quanto ao valor ou não dos prefácios, uma vez que alguns concordam com seu intento esclarecedor, ao passo que outros o negam, em razão de argumentos não valorativos.

(D) O autor acredita de que a maioria dos prefácios pode mesmo carecer de valor, ainda que em muitos casos, ao contrário, se estabelece uma utilidade insuspeita que chega a valorizá-lo mais que à obra.

(E) Não seria bom para um escritor, que viesse a ter como autor de seu prefácio um colega mais talentoso, tanto que isso poderia acarretar, nas bibliografias, uma importância exclusiva para o texto introdutório.

233. (FCC – TRT 16ª Região – Técnico Judiciário – 2014)...*ele, não obstante, também orquestra componentes cívicos básicos, identidades sociais importantes, valores culturais profundos e gostos individuais singulares. O seu maior papel foi o de ensinar democracia.* **(último parágrafo)**

Mantêm-se as relações de sentido estabelecidas no contexto substituindo-se, no segmento acima,

(A) *singulares* por **quaisquer**.

(B) *não obstante* por **por conseguinte**.

(C) *orquestra* por **articula**.

(D) *papel* por **propósito**.

(E) *ensinar democracia* por **democratizar-se**.

234. (FCC – TRT 16ª Região – Técnico Judiciário – 2014) Provavelmente (...) *porque é uma atividade que* indubitavelmente *promove sentimentos básicos de identidade individual e coletiva entre nós.* (4º parágrafo)

Mantém-se a correção do segmento acima, no contexto, substituindo-se os elementos sublinhados do seguinte modo:

(A) É provável que isso se dê porque o futebol é uma atividade que, sem dúvida, promove sentimentos básicos de identidade individual e coletiva entre nós.

(B) Com certeza, porque o futebol é uma atividade que, não se duvidem, promove sentimentos básicos de identidade individual e coletiva entre nós.

(C) Talvez porque o futebol é uma atividade onde é incontestável que promove sentimentos básicos de identidade individual e coletiva entre nós.

(D) Por certo que isso se deve porque o futebol é uma atividade fora de questão, que promove sentimentos básicos de identidade individual e coletiva entre nós.

(E) É possível que se deve ao futebol ser uma atividade da qual é claro que promove sentimentos básicos de identidade individual e coletiva entre nós.

235. (FCC – TRF 4ª Região – Técnico Judiciário – 2014) Uma redação alternativa para um segmento do texto, em que se mantêm a correção e, em linhas gerais, o sentido original, está em:

(A) A crença de que um futuro de liberdade e igualdade de oportunidades seria garantido por uma educação liberal é sustentada por muitos filósofos otimistas.

(B) Dado os custos destrutivos do progresso, o mito segundo o qual as humanidades humanizam foi destruída pela pós-modernidade.

(C) As características da cultura no contexto da globalização e da extraordinária revolução tecnológica, procurou se definir em numerosos trabalhos.

(D) Um individualismo extremo fora desenvolvido pela cultura planetária, embora as modas impostas pelos produtos culturais de nosso tempo configure-se como obstáculo a indivíduos independentes.

(E) Não se consideraria, nos dias de hoje, como sendo cultura, aqueles produtos culturais que não sejam divertidos.

236. (FCC – TRT 13ª Região – Técnico Judiciário – 2014) Considerando-se o contexto, é correto afirmar:

(A) No segmento "Um espectro ronda a Europa – o espectro do comunismo", o travessão pode ser substituído por dois-pontos.

(B) O elemento sublinhado no segmento No mundo interligado, porém, as interações sociais... introduz uma oração cujo conteúdo ratifica o que foi dito na oração anterior.

(C) No segmento *Existe uma terceira categoria: pessoas com esperança*, os dois-pontos introduzem uma ressalva ao que se afirmou antes.

(D) Há noção de finalidade no segmento *Voltam-se para as vendas na sociedade dos consumidores.*

(E) O elemento grifado em ele tenta explicar as mudanças profundas que a civilização vem sofrendo refere-se a "civilização"

237. (FCC – TCE-PI – Jornalista – 2014) Considerando É preciso CORRIGIR a má estruturação da seguinte frase:

(A) Há palavras que caem em desuso e levam o leitor a consultar um dicionário, caso queira conhecer seu sentido e empregá-las com propriedade.

(B) A fim de empregar uma palavra com propriedade, caso se desconheça seu sentido por desuso, para tanto é preciso consultar um dicionário.

(C) Há de consultar o dicionário quem, diante de uma palavra que caiu em desuso, queira dela se valer respeitando seu sentido.

(D) A consulta a um dicionário é necessária quando, no caso de uma palavra raramente empregada, desejamos certificar-nos de sua significação.

(E) Para lançarmos mão de uma palavra de raro uso, é preciso consultar um dicionário, evitando, assim, que seja empregada inadequadamente.

238. (FCC – TCE-PI – Jornalista – 2014) Quanto ao uso da norma-padrão da língua portuguesa, a frase plenamente correta é:

(A) Se alguém supor que pode adivinhar os significados das palavras, provavelmente surpreender-se-ão ao consultar um dicionário.

(B) O autor havia decepcionado-se com o sentido de inconsútil, não imaginando que de tal palavra proviesse tão banais informações.

(C) Muita gente intue o sentido de uma palavra a partir da sonoridade, quando tão mais simples seria deixarem que os dicionários o esclarecessem.

(D) Se um escritor se abstivesse de consultar o dicionário, acabaria por incorrer em equívocos que muito prejuízo acarretariam ao seu texto.

(E) Espera-se que as crônicas de um bom escritor nunca se ressintem da falta de objetividade, pautando-se pelo rigor que aos dicionários competem garantir

239. (VUNESP – TJ PA – Analista Judiciário – 2014) Assinale a alternativa que apresenta a frase cuja redação está condizente com a norma-padrão da língua portuguesa.

(A) É importante mencionar de que as empresas de telecomunicações poderão vender velocidades diferentes, mas está proibido a venda de pacotes restritos.

(B) Os clientes devem conhecer seus direitos para que este se cumpra, por exemplo: é evidente de que as empresas precisam oferecer a conexão contratada.

(C) Os usuários devem estar atentos ao fato de que não haverá distinções no tratamento dos conteúdos que trafegam pela internet.

(D) Sempre pode ocorrer falhas técnicas, capaz de comprometer a qualidade dos serviços, mas as empresas devem ter consciência de que essas falhas precisam ser prontamente corrigidas.

(E) Existe algumas pessoas que questionam o Marco Civil da internet, alegando de que foi aprovado de maneira apressada.

240. (FCC – Analista Judiciário – TRT – 12ª Região – 2013) *As informações sensíveis a que temos acesso, embora restritas, não comprometeram nossa sobrevivência no laboratório da vida.* (5º parágrafo)

Mantendo-se a correção e a lógica, sem que nenhuma outra alteração seja feita na frase acima, o elemento sublinhado pode ser corretamente substituído por:

(A) conquanto.

(B) contanto que.

(C) entretanto.

(D) porém.

(E) no entanto.

241. (FCC – Analista Judiciário – TRT – 9ª Região – 2013) *Ele trouxe estabilidade e prosperidade a todos,* **exceto** *para os 250 mil franceses que não retornaram de suas guerras,* **embora** *até mesmo para os parentes deles tivesse trazido a glória.*

Sem prejuízo para o sentido e a correção, os elementos em destaque na frase acima podem ser substituídos, respectivamente, por:

(A) se não – apesar de

(B) a não ser – conquanto

(C) aparte – não obstante

(D) à exceção – porém

(E) afora – contanto que

242. (FCC – Analista Judiciário – TRT – 9ª Região – 2013) *Incapaz de satisfazer plenamente as exigências do mercado, o* Cinema Novo *deu os seus últimos suspiros em fins da década de 1970 – período que marcou o auge das potencialidades comerciais do cinema feito no Brasil.*

Uma redação alternativa para a frase acima, em que se mantêm a correção, a lógica e, em linhas gerais, o sentido original, é:

(A) Como não fosse capaz de satisfazer plenamente as exigências do mercado, o *Cinema Novo* acabou no final da década de 1970: período que se destaca, as potencialidades comerciais, do cinema feito no Brasil.

(B) Conquanto não pudesse satisfazer plenamente as exigências do mercado, o *Cinema Novo* terminou no final da década de 1970, período que, marcou o auge das potencialidades comerciais do cinema feito no Brasil.

(C) Como não pôde satisfazer plenamente as exigências do mercado, o *Cinema Novo* acabou em fins da década de 1970, período em que as potencialidades comerciais do cinema feito no Brasil atingiram o seu apogeu.

(D) O *Cinema Novo*, incapaz de satisfazer plenamente as exigências do mercado não resistiu e terminou no final da década de 1970, onde as potencialidades comerciais do cinema feito no Brasil atingiria o seu apogeu.

(E) O cinema feito no Brasil, atinge o seu potencial comercial máximo no final da década de 1970, quando, não podendo satisfazer plenamente as exigências do mercado terminava o *Cinema Novo*.

243. (FCC – Analista Judiciário – TRT – 18ª Região – 2013) *Suas telas, se não eram destruídas ou vilipendiadas, eram guardadas...*

Preservando-se o sentido original, o elemento sublinhado acima pode ser corretamente substituído por

(A) embora.

(B) como.

(C) quando.

(D) desde que.

(E) caso.

244. (FCC – Analista Judiciário – TRT – 18ª Região – 2013) *A dificuldade mais monumental, contudo, provinha dos desafios técnicos do projeto...*

Sem que nenhuma outra alteração seja feita, mantêm-se o sentido e a correção da frase acima, caso se substitua o elemento sublinhado por

(A) haja vista.

(B) conquanto.

(C) todavia.

(D) porquanto.

(E) apesar disso.

245. (FCC – Analista Judiciário – TRT – 18ª Região – 2013) *... enquanto o amor seria algo mais sólido, dado a parcerias de longa duração.*

Considerando-se o contexto, no segmento acima há uma

(A) concessão.

(B) indicação de finalidade.

(C) comparação.

(D) contradição.

(E) indicação de causa.

246. (FCC – Analista Judiciário – TRT – 1ª Região – 2013) *Por falta de preparo linguístico não sabia como atender a seu pedido.*

Caso se dê uma nova redação à frase acima, iniciando-se por ***Não sabia como atender a seu pedido,*** a complementação que não traz prejuízo para o sentido e a correção é:

(A) mesmo porque não teria preparo linguístico.

(B) haja visto minha despreparação linguística.

(C) tendo em mira minha despreparação linguística.

(D) em razão de meu despreparo linguístico.

(E) não obstante meu despreparo na linguística.

247. (FCC – Técnico Judiciário – TRT – 1ª Região – 2013)

Como a agremiação partidária não correspondera a seu sonho, descolara-se dela, na companhia de seu líder, em 1990.

Sem prejuízo para a correção e o sentido, a frase acima pode ser reescrita do seguinte modo: **Descolara-se da agremiação partidária, na companhia de seu líder, em 1990,**

(A) **contanto que ela não correspondera a seu sonho.**

(B) **conquanto ela não correspondera a seu sonho.**

(C) **por conseguinte ela não correspondera a seu sonho.**

(D) **se bem que ela não correspondera a seu sonho.**

(E) **visto que ela não correspondera a seu sonho.**

248. (FCC – Técnico Judiciário – TRT – 12ª Região – 2013)... *e esses compositores estão obviamente vinculados um ao outro,* **embora** *seja fácil aos que estão familiarizados com a linguagem do período distingui-los.*

Sem qualquer outra alteração da frase, o elemento sublinhado acima pode ser corretamente substituído por:

(A) de modo que

(B) desde que

(C) ainda que

(D) visto que

(E) à medida que

249. (FCC – Técnico Ministerial – MP – MA- 2013) Ao criar novos caminhos, [o cérebro] expande sua capacidade de pensar, multiplicando as possibilidades intelectuais – o que, por sua vez, ajuda a expandir ainda mais a capacidade de pensar, numa esplêndida interação em que o cérebro muda o meio e o meio muda o cérebro. (4º parágrafo)

O segmento grifado pode ser corretamente substituído, sem alteração do sentido original, por:

(A) Conquanto crie novos caminhos.

(B) Caso crie novos caminhos.

(C) A fim de que crie novos caminhos.

(D) À medida que cria novos caminhos.

(E) De modo que cria novos caminhos.

250. (FCC – Analista – MP – SE – 2013) Mesmo que *as famílias queiram influenciar...*

Considerando-se o contexto, o elemento sublinhado acima pode ser corretamente substituído por:

(A) Uma vez que

(B) Apesar de

(C) Ao passo que

(D) Porquanto que

(E) Ainda que

251. (FCC – Técnico – MP – SE – 2013) Quando os executivos, apesar de terem frequentado vários cursos, alegam as dificuldades do uso da norma culta do português, porque a língua é complexa, não podem ignorar a necessidade de se expressarem com a devida correção gramatical, *para obterem melhor desempenho profissional e, se possível, conseguirem o sucesso em suas carreiras.*

O segmento em destaque expressa, no contexto, a ideia de

(A) condição.

(B) permissão.

(C) causa.

(D) finalidade.

(E) consequência.

252. (FCC – Técnico – MP – SE – 2013) As pessoas que cometem erros de português, ... não dominam o idioma, passam de si a impressão de terem baixo nível cultural, ... aquelas mal informadas que não leem, podendo, ..., colocar em dúvida a qualidade do próprio trabalho, ... sejam especialistas em sua área de atuação ...... excelentes executivos.

As relações entre as ideias do período são corretamente estabelecidas, preenchendo-se as lacunas, respectivamente, com:

(A) porque – tal – se – conforme – e

(B) quando – tal – embora – porque – como

(C) portanto – como – embora – quando – porque

(D) porque – como – portanto – embora – e

(E) portanto – contudo – como – embora – quando

253. (FCC – Analista Judiciário – TRT – 9ª Região – 2013)Atente para as seguintes afirmações sobre a pontuação empregada no texto.

I. *Os homens que se tornaram conhecidos por terem abalado o mundo de forma decisiva no passado tinham começado como reis, como Alexandre, ou patrícios, como Júlio César ...* (1º parágrafo)

O segmento em destaque poderia ser isolado por vírgulas, sem prejuízo para o sentido e a correção.

II. *Para os franceses ele foi também algo bem mais simples: o mais bem-sucedido governante de sua longa história.* (2º parágrafo)

Uma vírgula poderia ser colocada imediatamente depois do termo *franceses*, sem prejuízo para a correção e a lógica.

III. *Ele destruíra apenas uma coisa: a Revolução de 1789, o sonho de igualdade, liberdade e fraternidade, do povo se erguendo na sua grandiosidade para derrubar a opressão.* (3º parágrafo)

Os dois-pontos introduzem no contexto um segmento explicativo.

Está correto o que se afirma em

(A) I e II, apenas.

(B) I, apenas.

(C) I, II e III.

(D) III, apenas.

(E) II e III, apenas.

254. (FCC – Analista Judiciário – TRT – 18ª Região – 2013) *Mara Rosa e outros municípios do norte de Goiás e do sul de Tocantins se encontram em uma região geologicamente instável: a zona sísmica Goiás-Tocantins, que concentra 10% dos terremotos do Brasil.*

I. Na frase acima, a vírgula empregada imediatamente após *Goiás-Tocantins* pode ser suprimida, sem prejuízo para o sentido e a correção gramatical.

II. Os dois-pontos assinalam um esclarecimento a respeito do que se afirmou antes.

III. Uma vírgula pode ser inserida imediatamente após *Mara Rosa*, sem prejuízo para a correção e o sentido original.

Está correto o que se afirma APENAS em

(A) I.

(B) I e III.

(C) II e III.

(D) II.

(E) III.

255. (FCC – Analista Judiciário – TRT – 1ª Região – 2013)Está plenamente adequada a pontuação do seguinte período:

(A) Acredita-se sobretudo entre os estudiosos da linguagem, que por não haver dois sinônimos perfeitos, há que se empregar com toda a precisão os vocábulos de uma língua, ainda que com isso, se corra o risco de passar por pernóstico.

(B) Acredita-se, sobretudo entre os estudiosos da linguagem que, por não haver dois sinônimos perfeitos há que se empregar, com toda a precisão, os vocábulos de uma língua ainda que com isso, se corra o risco de passar por pernóstico.

(C) Acredita-se sobretudo entre os estudiosos da linguagem que, por não haver dois sinônimos perfeitos, há que se empregar com toda a precisão, os vocábulos de uma língua ainda que, com isso, se corra o risco de passar por pernóstico.

(D) Acredita-se, sobretudo, entre os estudiosos da linguagem, que, por não haver dois sinônimos perfeitos, há que se empregar com toda a precisão, os vocábulos de uma língua, ainda que com isso, se corra o risco de passar por pernóstico.

(E) Acredita-se, sobretudo entre os estudiosos da linguagem, que, por não haver dois sinônimos perfeitos, há que se empregar com toda a precisão os vocábulos de uma língua, ainda que com isso se corra o risco de passar por pernóstico.

256. (FCC – Técnico Judiciário – TRT – 12ª Região – 2013) Atente para as afirmações abaixo sobre o emprego da vírgula.

I. Em *Certamente as fisionomias musicais de Mozart e Haydn são bem conhecidas*... (1º parágrafo), uma vírgula poderia ser colocada imediatamente depois de *Certamente*, sem prejuízo para o sentido e a correção.

II. Em *uma combinação dominada pelos métodos dos compositores que exerceram influência preponderante em seu tempo* (3º parágrafo), uma vírgula poderia ser colocada imediatamente depois de *compositores*, sem prejuízo para o sentido e a correção.

III. Em *Podemos notar, voltando ao exemplo de Mozart e Haydn, que eles se beneficiaram da mesma cultura, beberam nas mesmas fontes, e aproveitaram as descobertas um do outro* (4º parágrafo), a vírgula colocada imediatamente depois de *fontes* poderia ser retirada, sem prejuízo para o sentido e a correção.

Está correto o que se afirma em

(A) II, apenas.

(B) III, apenas.

(C) II e III, apenas.

(D) I e III, apenas.

(E) I, II e III.

257. (FCC - Técnico Judiciário - TRT - 9ª Região - 2013) A frase que apresenta pontuação inteiramente adequada é:

(A) Ainda que tenha se aproximado, dos poetas concretos, Paulo Leminski deixou uma obra poética, que não se reduz ao concretismo, mas que é caracterizada antes de tudo, por uma dicção extremamente pessoal, avessa a todas as tentativas de rotulação.

(B) Ainda que tenha se aproximado dos poetas concretos, Paulo Leminski deixou uma obra poética que não se reduz ao concretismo, mas que é caracterizada, antes de tudo, por uma dicção extremamente pessoal, avessa a todas as tentativas de rotulação.

(C) Ainda, que tenha se aproximado dos poetas concretos, Paulo Leminski deixou uma obra poética que não se reduz ao concretismo, mas, que é caracterizada, antes de tudo por uma dicção, extremamente pessoal, avessa a todas as tentativas de rotulação.

(D) Ainda que tenha se aproximado dos poetas concretos, Paulo Leminski, deixou uma obra poética, que não se reduz ao concretismo mas que é caracterizada, antes de tudo, por uma dicção extremamente pessoal avessa, a todas as tentativas de rotulação.

(E) Ainda que tenha se aproximado dos poetas, concretos, Paulo Leminski deixou uma obra poética que, não se reduz ao concretismo, mas que é caracterizada antes de tudo por uma dicção extremamente pessoal, avessa a todas, as tentativas de rotulação.

258. (FCC - Técnico Judiciário - TRT - 18ª Região - 2013) Sobre a pontuação empregada no texto, afirma-se corretamente que, na frase

(A) *Paradoxalmente, elas não contam com modelos de gestão de carreira que facilitem os processos pelos quais tais características poderiam ser mais bem exploradas* (último parágrafo), uma vírgula poderia ser colocada imediatamente depois de *carreira*, sem prejuízo para o sentido original.

(B) *Renovar sistematicamente os quadros é um princípio de gestão importante para as empresas* (3º parágrafo), seria adequada a colocação de uma vírgula imediatamente depois de *quadros*.

(C) *Assim tem sido: a cada crise, interna ou externa, as empresas rejuvenescem seus quadros* (1º parágrafo), os dois-pontos poderiam ser suprimidos sem prejuízo para a clareza e o sentido original.

(D) *Foram-se as regras e procedimentos, substituídos por um frenesi frequentemente confundido com agilidade e produtividade* (2º parágrafo), a vírgula poderia ser deslocada para logo depois de *substituídos*, sem prejuízo para a correção e a clareza.

(E) *Os custos crescem, os competidores avançam, e os acionistas querem resultados* (1º parágrafo), a colocação da vírgula imediatamente depois de *avançam* está plenamente adequada.

259. (FCC - Técnico Judiciário - TRT - 18ª Região - 2013) Adaptada de texto da orelha do livro **Vintém de cobre**, a frase cuja pontuação está inteiramente adequada é:

(A) Cora Coralina nasceu na cidade de Goiás, em 1889, e teve uma trajetória literária peculiar, pois, embora escrevesse desde moça, tinha 76 anos quando seu primeiro livro foi publicado.

(B) Cora Coralina nasceu, na cidade de Goiás, em 1889 e teve uma trajetória literária peculiar, pois embora escrevesse desde moça, tinha 76 anos quando seu primeiro livro foi publicado.

(C) Cora Coralina nasceu na cidade de Goiás, em 1889 e teve uma trajetória literária peculiar pois, embora escrevesse desde moça tinha 76 anos, quando seu primeiro livro foi publicado.

(D) Cora Coralina nasceu na cidade de Goiás, em 1889, e teve uma trajetória literária, peculiar, pois embora escrevesse desde moça, tinha 76 anos quando seu primeiro livro foi publicado.

(E) Cora Coralina, nasceu na cidade de Goiás em 1889, e teve uma trajetória literária peculiar, pois embora escrevesse, desde moça, tinha 76 anos quando seu primeiro livro foi publicado.

260. (FCC – Técnico – MP – SE – 2013) *A Galeria de Arte Zé de Dome foi fundada em 29 de junho de 1984 pelo Sr. Osvaldo José dos Santos, conhecido como o faroleiro-moldureiro, que através das suas molduras formou um acervo de mais de mil obras entre telas e esculturas de artistas sergipanos. Foi pioneiro em molduras no estado atendendo a mais de 90% da sociedade entre clientes e artistas plásticos. Marcelus Fonseca buscando dar continuidade a este sonho do seu pai, Osvaldo, transformou a Galeria de Arte Zé de Dome, num espaço para amigos.*

(Adaptado de: **Galeria Zé de Dome promove Grande Leilão de Artes e Antiguidades**. Disponível em: http://jornaldacidade.net. Acessado em 23/07/2013.)

Considere as seguintes afirmativas a respeito da pontuação do texto acima:

I. O segmento *através de suas molduras* pode ser isolado por vírgulas sem prejuízo para a correção e, em linhas gerais, para o sentido.

II. Pode-se acrescentar uma vírgula entre *Marcelus Fonseca* e *buscando*, sem prejuízo para a correção.

III. Na última frase do texto pode-se suprimir a vírgula após *Osvaldo*, sem prejuízo para a correção e, em linhas gerais, para o sentido.

Está correto o que se afirma em

(A) II e III, apenas.

(B) I e III, apenas.

(C) I e II, apenas.

(D) I, II e III.

(E) II, apenas.

261. (FCC – TJ-RJ – Técnico de Atividade Judiciária – 2012) Atentando-se para a sintaxe, é correto afirmar:

(A) Em *A lei e a ordem eram a regra*, o segmento grifado é complemento verbal de *eram*.

(B) Na frase *Na televisão, os heróis urram, gritam, destroem, torturam, tão estridentes quanto os arqui-inimigos maléficos*, o segmento grifado é complemento verbal dos verbos *destroem* e *torturam*.

(C) Na frase *Éramos viciados em gibis*, estamos diante de um sujeito indeterminado.

(D) Em *Gibis abasteciam de ética o vasto campo da fantasia infantil*, o segmento grifado exerce a função de objeto indireto.

(E) Na frase *Eles eram o lado certo que combatia o lado errado*, o segmento grifado exerce a função de predicativo do sujeito.

262. (FCC – TJ-RJ – Técnico de Atividade Judiciária – 2012) *Os historiadores estimam* que 4 milhões de africanos foram trazidos à força para o Brasil.

A função sintática do segmento grifado acima é a mesma do segmento também grifado em:

(A) *Os negros vindos da África trabalharam nas lavouras de cana-de-açúcar e café ...*

(B) *O Valongo deixou de ser porto negreiro em 1831 ...*

(C) *Sobre ele, o Império construiu o Cais da Imperatriz ...*

(D) *... justamente onde funcionavam as principais repartições públicas da Colônia.*

(E) *... os burocratas começaram a ficar perturbados com as cenas degradantes do mercado de escravos.*

263. (FCC – TJ-RJ – Técnico de Atividade Judiciária – 2012) *... das varandas pendiam* colchas, toalhas bordadas e outros adereços.

O segmento grifado exerce na frase acima a função de

(A) sujeito.
(B) objeto direto.
(C) objeto indireto.
(D) adjunto adverbial.
(E) adjunto adnominal.

264. (FCC – TRE-SP – Técnico Judiciário -2012) *"Fica calmo, meu caro jornalista, avião comigo não cai", procurava me tranquilizar* dr. Ulysses...

O segmento em destaque exerce na frase acima a mesma função sintática que o elemento grifado exerce em:

(A) *Como a* Folha *era o único veículo ...*
(B) ... essas coisas não pegariam bem para um repórter.
(C) ... *em que tudo devia estar acertado...*
(D) *Viajava com os três líderes da campanha em pequenos aviões fretados...*
(E) ... *quem era o comandante.*

265. (FCC – TRE-SP – Técnico Judiciário -2012) *Este conceito é relativo, pois em arte não há originalidade absoluta.*

... a sua contribuição maior foi a liberdade de criação e expressão.

Ambos os elementos acima grifados exercem nas respectivas frases a função de

(A) adjunto adverbial.
(B) objeto direto.
(C) complemento nominal.
(D) predicativo.
(E) objeto indireto.

266. (FCC- TRE-CE – Analista Judiciário – 2012) *O nosso ócio interno, todavia, algo muito diferente do lazer cronometrado, está desaparecendo. [...] As demandas, a tensão, a pressa da existência moderna perturbam esse precioso repouso.*

Uma redação alternativa para as frases acima, em que estas se articulam com correção e lógica, está em:

(A) Contudo, algo muito diferente do lazer cronometrado: o nosso ócio interno, está desaparecendo, pois, as demandas, a tensão, a pressa da existência moderna perturbam esse precioso repouso.
(B) Entretanto, o nosso ócio interno, algo muito diferente do lazer cronometrado, está desaparecendo, na medida em que as demandas, a tensão e a pressa da existência moderna perturbam esse precioso repouso.
(C) Porém, algo muito diferente do lazer cronometrado, está desaparecendo: o nosso ócio interno; porquanto, as demandas, a tensão, a pressa da existência moderna perturbam esse precioso repouso.
(D) O nosso ócio interno, algo muito diferente do lazer cronometrado, contudo, está desaparecendo, embora as demandas, a tensão, a pressa da existência moderna perturbam esse precioso repouso.

(E) No entanto, está desaparecendo algo muito diferente do lazer cronometrado: o nosso ócio interno, ainda que as demandas, a tensão, a pressa da existência moderna perturbam esse precioso repouso.

267. (FCC- TJRJ – Analista Judiciário- 2012) *Devemos até comprar um chapéu especialmente para deixá-lo. Assim dirão...*

Mantendo-se a correção e o sentido original, as frases acima estão reunidas num único período em:

(A) Devemos até comprar um chapéu especialmente para deixá-lo e ainda assim dirão...

(B) Devemos até comprar um chapéu especialmente para deixá-lo, pois assim dirão...

(C) Devemos até comprar um chapéu especialmente para deixá-lo, conquanto assim dirão...

(D) Devemos até comprar um chapéu especialmente para deixá-lo: porquanto assim dirão...

(E) Devemos até comprar um chapéu especialmente para deixá-lo, por que assim dirão...

268. (FCC- TJRJ – Analista Judiciário- 2012) <u>A despeito</u> *do sucesso, o ganha-pão do escritor seria obtido...*

O elemento grifado acima pode ser corretamente substituído, sem alteração do sentido original, por

(A) Em razão do

(B) Conquanto o

(C) Em que pese o

(D) Em vista do

(E) A partir do

269. (FCC – TJ-RJ – Técnico de Atividade Judiciária – 2012) *Mais brasileira, mais tradicional, mais poética, incomparavelmente, é a festa de Nossa Senhora da Glória. O pequeno oiteiro da Glória, com a sua capelinha duas vezes secular, é um dos sítios mais aprazíveis, mais ingenuamente pitorescos da idade. As velhas casas da encosta cederam lugar a construções modernas.* <u>Entretanto a igrejinha tem tanto caráter na uma simplicidade que ela só e mais uma meia dúzia de palmeiras bastam a guardar a fisionomia tradicional da colina.</u>

(Manuel Bandeira. Fragmento de Crônicas da Província do Brasil. In: **Poesia completa e prosa.** Rio de Janeiro: Nova Aguilar, v. único, 1993. p. 449) A articulação sintático-semântica entre as orações do período grifado acima denota relação de

(A) condição e ressalva.

(B) consequência e temporalidade.

(C) causa e consequência.

(D) fato real e temporalidade.

(E) constatação e sua causa imediata.

270. (FCC – TJ-RJ – Técnico de Atividade Judiciária – 2012) As pinturas da época mostram que os escravos não ficavam acorrentados no Valongo.

Os escravos desembarcavam desnutridos e doentes.

Os escravos desconheciam a nova terra.

Escravos que fugiam e acabavam recapturados eram impiedosamente castigados.

As frases acima estão articuladas com lógica, clareza e correção, sem repetições desnecessárias, em:

(A) Os escravos, que não ficavam acorrentados no Valongo, visto que desembarcavam desnutridos e doentes e ainda desconheciam a nova terra caso fugissem e acabavam recapturados para ser impiedosamente castigados, segundo as pinturas da época.

(B) Os escravos, que desembarcavam desnutridos e doentes, não ficavam acorrentados no Valongo, como mostram as pinturas da época, não só porque desconheciam a nova terra como também porque aqueles que fugiam e acabavam recapturados eram impiedosamente castigados.

(C) Os escravos não ficavam acorrentados no Valongo, pois desembarcados desnutridos e doentes, eles desconheciam a nova terra, além do que, os escravos que fugiam eram impiedosamente castigados conquanto fossem recapturados, é o que mostram as pinturas da época.

(D) Os escravos desembarcavam no Valongo desnutridos e doentes, de acordo com o que se mostra as pinturas da época, onde eles não ficavam acorrentados, e desconheciam a nova terra, tanto que fugiam e acabavam recapturados, sendo impiedosamente castigados.

(E) Segundo as pinturas da época, os escravos não ficavam acorrentados no Valongo e, no entanto, desnutridos e doentes, bem como desconheciam a nova terra, se eles fugiam acabavam recapturados, e ainda mais eram impiedosamente castigados.

271. (FCC – TRT – 11ª Região – Técnico Judiciário – 2012) *... e não sou contra a expansão da rede de usinas aqui, mas é preciso cautela ...*

O segmento grifado acima denota

(A) finalidade decorrente do próprio desenvolvimento do texto.

(B) ressalva em correlação com o sentido da afirmativa anterior.

(C) temporalidade necessária à concretização da ação prevista.

(D) causa que justifica o posicionamento do pesquisador.

(E) condição para a realização da hipótese anterior a ele.

272. (FCC – TRE-SP – Técnico Judiciário -2012) *Mas,* embora ele não tivesse sido nomeado, *todos sabiam quem era o comandante.*

Em relação à frase em que está inserido, o segmento grifado acima possui um sentido

(A) condicional.

(B) causal.

(C) concessivo.

(D) comparativo.

(E) conclusivo.

273. (FCC – TRE-PR- Técnico Judiciário-2012) *A maioria desses usos é nobre, já que eles aumentam o nosso conforto, o nosso bem-estar, a nossa saúde.*

O grande problema da indústria petroquímica é ter como insumo básico um bem finito, o petróleo, fato que a torna insustentável no tempo.

A 2ª frase apresenta, com relação à 1ª, noção de

(A) consequência.

(B) finalidade.

(C) ressalva.

(D) proporcionalidade.

(E) temporalidade

274. (FCC – TRE-PR- Técnico Judiciário-2012) *A extensão do rio Paraná lhe rendeu o posto de o nono rio mais longo do mundo.*

A extensão do rio também foi responsável pelo nome, de origem tupi. Paraná significa água grande.

O rio Paraná tem sofrido profundos impactos na área ambiental, como a própria navegação, a pesca predatória e a construção de grandes barragens.

As informações acima se reproduzem em um só período, com respeito ao sentido original, à clareza, à correção e à lógica, em:

(A) A extensão do rio Paraná também foi responsável pelo nome que tem, de origem tupi, já que Paraná significa água grande, e o nono rio mais extenso do mundo, mas o rio tem sofrido profundos impactos na área ambiental, visto que a própria navegação, a pesca predatória e a construção de grandes barragens.

(B) O rio Paraná, cuja extensão lhe rendeu o posto de o nono rio mais longo do mundo e é também responsável pelo nome, de origem tupi, que significa água grande, tem sofrido profundos impactos na área ambiental, em razão da própria navegação, da pesca predatória e da construção de grandes barragens.

(C) O rio Paraná que significa água grande, de origem tupi, tem sofrido profundos impactos na área ambiental, como a própria navegação, a pesca predatória, e a construção de grandes barragens que lhe rendeu o posto de o nono rio mais extenso do mundo.

(D) A extensão do rio Paraná, onde lhe rendeu o posto de o nono rio mais longo do mundo, também responsável pelo nome, de origem tupi, em que Paraná significa água grande, ele tem sofrido profundos impactos na área ambiental, como a própria navegação, a pesca predatória e a construção de grandes barragens.

(E) O rio Paraná, cuja a extensão rendeu o posto de o nono mais extenso do mundo, também foi responsável pelo nome que, sendo de origem tupi, Paraná significa água grande, e tem sofrido profundos impactos na área ambiental, como a própria navegação, a pesca predatória e a construção de grandes barragens.

275. (FCC – Tribunal de Contas AP – Analista de controle externo – 2012) Está inteiramente adequada a pontuação do seguinte período:

(A) Em qualquer escalão do governo costuma haver mais cedo, ou mais tarde, atritos entre o pessoal técnico-administrativo estabilizado, por concurso, e o pessoal indicado para cargos de confiança que ficam ao sabor, das conveniências políticas.

(B) Em qualquer escalão, do governo, costuma haver mais cedo ou mais tarde, atritos entre o pessoal técnico-administrativo estabilizado por concurso, e o pessoal indicado para cargos de confiança, que ficam ao sabor das conveniências políticas.

(C) Em qualquer escalão do governo, costuma haver, mais cedo ou mais tarde, atritos entre o pessoal técnico-administrativo, estabilizado por concurso, e o pessoal indicado para cargos de confiança, que ficam ao sabor das conveniências políticas.

(D) Em qualquer escalão do governo costuma haver, mais cedo ou mais tarde, atritos, entre o pessoal técnico-administrativo, estabilizado por concurso e o pessoal, indicado para cargos de confiança, que ficam ao sabor das conveniências políticas.

(E) Em qualquer escalão do governo costuma haver mais cedo, ou mais tarde atritos, entre o pessoal técnico-administrativo estabilizado, por concurso, e o pessoal indicado, para cargos de confiança, que ficam ao sabor das conveniências políticas.

276. (FCC- TRT - 11ª Região - 2012) Está plenamente adequada a pontuação da seguinte frase:

(A) As fotografias, por prosaicas que possam ser, representam um corte temporal, brecha no tempo por onde entra nosso olhar, capturado que foi pela magia da imagem e por ela instado a uma viagem imaginária.

(B) As fotografias, por prosaicas que possam ser representam um corte temporal; brecha no tempo, por onde entra nosso olhar capturado, que foi pela magia da imagem, e por ela instado a uma viagem imaginária.

(C) As fotografias por prosaicas, que possam ser, representam um corte temporal: brecha no tempo por onde entra nosso olhar, capturado que foi, pela magia da imagem, e por ela instado a uma viagem imaginária.

(D) As fotografias por prosaicas, que possam ser representam, um corte temporal, brecha no tempo por onde entra nosso olhar capturado, que foi pela magia da imagem e por ela instado a uma viagem imaginária.

(E) As fotografias por prosaicas que possam ser, representam um corte temporal, brecha no tempo por onde entra nosso olhar, capturado, que foi pela magia da imagem e, por ela, instado a uma viagem imaginária.

277. (FCC- TJRJ - Analista Judiciário- 2012) *... editaria a obra às próprias custas e não se arrependeria: o livro converteu-se em nosso primeiro* best-seller.

Os dois-pontos introduzem segmento

(A) que denota o tempo decorrido entre a publicação da obra e a aceitação do público.

(B) conclusivo, com ressalva ao que foi expresso anteriormente.

(C) concessivo, pela oposição de sentido marcado na negação do verbo anterior.

(D) que, embora redundante, tem o objetivo de realçar a importância da informação.

(E) explicativo, em que se percebe noção de causa.

278. (FCC - TRE-PR - Analista Judiciário - 2012) *Ela queria fazer justiça a Mankiewicz, que caíra em esquecimento, enquanto Welles entrara para a história com a eputação de gênio maldito, frequentemente reivindicando ara si as principais qualidades de "Kane" e a coautoria do oteiro* - embora Pauline jurasse que Welles não escrevera nem sequer uma linha do script.

Outra redação para o trecho destacado, que preserva o sentido e a correção originais, é:

(A) a despeito de Pauline jurar que Welles não tinha escrito nem ao menos uma linha do script.

(B) apesar de Pauline negar a Welles o mérito de escrever mais do que uma linha do script.

(C) não obstante Pauline jurava que Welles não tinha escrito nem sequer uma linha do script.

(D) mesmo tendo sabido que Pauline jurou: "Welles não escreve ainda que seja uma linha do script".

(E) apesar da crítica Pauline jurar que Welles não escrevia pelo menos uma linha do script.

279. (FCC - TRE-PR - Analista Judiciário - 2012) Considere os itens abaixo. Em cada um deles, encontram-se a transcrição de um segmento do texto e o mesmo segmento pontuado de maneira diferente da original.

I. *frequentemente reivindicando para si as principais qualidades de "Kane" e a coautoria do roteiro* / frequentemente reivindicando, para si, as principais qualidades de "Kane" e a coautoria do roteiro

II. *Independentemente do quanto de justiça e veracidade "Raising Kane" trazia (o artigo foi bastante contestado na época),* / Independentemente do quanto de justiça e veracidade "Raising Kane" trazia - o artigo foi bastante contestado na época -

III. *surgem agora evidências de que a própria Pauline atuou de modo tão pouco ético como ela acusava Welles de ter agido.* / surgem agora, evidências de que a própria Pauline atuou de modo tão pouco ético como ela acusava Welles de ter agido.

O padrão culto escrito abona a nova pontuação de

(A) I, apenas.

(B) I e II, apenas.

(C) I, II e III.

(D) II e III, apenas.

(E) I e III, apenas.

280. (FCC – TRT – 11ª Região – Técnico Judiciário – 2012) Com relação à pontuação empregada no texto, é correto afirmar:

(A) No segmento *na fase primitiva do teatro grego: um tirano, Pisístrato, e um ator, Téspis*, a retirada das três vírgulas não implicaria prejuízo para a correção e o sentido original.

(B) Os dois-pontos empregados no início do terceiro parágrafo poderiam ser substituídos por ponto e vírgula, sem prejuízo para a correção e o sentido original.

(C) No segmento *coloca o primeiro em estado de êxtase e assim poderá atingir a purgação*, a palavra *assim* poderia ser colocada entre vírgulas, sem prejuízo para a correção e a lógica.

(D) Em *Para Aristóteles a arte é imitação da natureza*, a colocação de uma vírgula imediatamente depois de *Aristóteles* implicaria prejuízo para a correção e a lógica.

(E) No segmento *a tese geralmente aceita é a de que nasceu*, a colocação de uma vírgula imediatamente depois da palavra *aceita* não implicaria prejuízo para a correção e a lógica.

281. (FCC – TRE-SP – Técnico Judiciário – 2012) Atente para as afirmações seguintes sobre a pontuação empregada nas frases transcritas:

I. *... e, em alguns lugares, dr. Ulysses – era assim que se referiam a ele – fazia questão de anunciar minha presença no palanque.*
Os travessões isolam um segmento explicativo e, sem prejuízo para a correção e a lógica da frase, poderiam ser substituídos por parênteses.

II. *... o incansável Ulysses, que na Constituinte de 1987 passaria horas presidindo a sessão sem levantar sequer para ir ao banheiro, transmudara-se num palanqueiro de primeira.*
A retirada simultânea das duas vírgulas não causaria prejuízo para a correção, a lógica e o sentido da frase.

III. *"Fica calmo, meu caro jornalista, avião comigo não cai", procurava me tranquilizar dr. Ulysses, com seu jeito formal de falar até em momentos descontraídos.*
As aspas poderiam ter sido dispensadas, pois seu emprego é facultativo quando não há dúvida de que o autor transcreve a fala de outrem.

Está correto SOMENTE o que consta em

(A) I.

(B) II.

(C) I e III.

(D) I e II.

(E) II e III.

282. (FCC – TRE-SP – Técnico Judiciário -2012) *Esta cidade que está acabando, que já acabou com a garoa, os bondes, o trem da Cantareira, as cantigas do Bexiga, Adoniran não a deixará acabar...*

Mantendo-se, em linhas gerais, o sentido original, uma redação alternativa para a frase acima, em que se respeitam as regras de **pontuação,** é:

(A) Adoniran não deixará acabar, a cidade que está acabando, e que já acabou com a garoa, os bondes, o trem da Cantareira, as cantigas do Bexiga...

(B) Adoniran não deixará acabar a cidade, que está acabando e que já acabou, com a garoa, os bondes, o trem da Cantareira, as cantigas do Bexiga...

(C) Adoniran, não deixará acabar a cidade, que está acabando – e que já acabou – com a garoa, os bondes, o trem da Cantareira, as cantigas do Bexiga...

(D) Adoniran não deixará acabar a cidade que está acabando e que já acabou com a garoa, os bondes, o trem da Cantareira, as cantigas do Bexiga...

(E) Adoniran, não deixará acabar a cidade que está acabando e que, já acabou, com a garoa, os bondes, o trem da Cantareira, as cantigas do Bexiga...

283. (FCC – TRE-PR- Técnico Judiciário-2012) *A maioria desses usos é nobre, já que eles aumentam o nosso conforto, o nosso bem-estar, a nossa saúde.*

Considere as afirmativas seguintes sobre o emprego das vírgulas no segmento acima.

I. A vírgula colocada após *é nobre* pode ser retirada, sem prejuízo da correção.

II. A vírgula que separa as expressões o nosso bemestar, a nossa saúde pode ser corretamente substituída por um **e**.

III. A vírgula após a expressão *o nosso conforto* pode ser substituída por dois-pontos, sem prejuízo da correção e do sentido original.

Está correto o que se afirma APENAS em

(A) I.

(B) II.

(C) III.

(D) I e II.

(E) I e III.

284. (FCC – Tribunal de Contas AP – Analista de controle externo – 2012) Considere os enunciados que seguem.

I. Os debates se sucederam.

II. O projeto ganhou consistência.

III. O projeto chegou ao ponto de ser encampado por renomados especialistas.

IV. Os renomados especialistas se responsabilizaram pelo levantamento da verba necessária à execução do projeto.

As quatro frases estão conectadas de maneira clara e correta em:

(A) À medida que se sucediam os debates, o projeto foi ganhando consistência, até o ponto de ser encampado por renomados especialistas, que se responsabilizaram pelo levantamento da verba necessária a sua execução.

(B) Os renomados especialistas se responsabilizaram pelo levantamento da verba necessária à execução do projeto que os sucessivos debates deram consistência, ao ponto que eles o encamparam.

(C) O projeto ganhou consistência e chegou ao ponto em que renomados especialistas lhe encamparam, depois dos debates que se sucederam, e também se responsabilizando pelo levantamento da verba necessária à sua execução.

(D) O levantamento da verba necessária à execução do projeto ficou na responsabilidade dos renomados especialistas que o encamparam, pois, dado os sucessivos debates, ele ganhou consistência até esse ponto.

(E) A consistência que o projeto ganhou na medida dos sucessivos debates chegou até o ponto dos renomados especialistas se responsabilizarem pelo levantamento da verba necessária à sua execução, que encamparam.

285. **(FCC – Tribunal de Contas AP – Analista de controle externo – 2012)** A frase redigida corretamente é:

(A) No caso de elas virem até nós, teremos a oportunidade de esclarecer por que os documentos ainda não foram liberados, e também reiterar que o diretor os mantém devidamente resguardados.

(B) Quanto aos fabricantes, se se contraporem à decisão do juiz, terão de apresentar provas convincentes, que, segundo eles mesmos, não é garantia de sortir efeito em nova deliberação.

(C) Esclareço hoje, a uma semana da audiência de conciliação, que um acordo só será aceito por meu cliente se lhe convir não só o montante da indenização, mas também a forma de pagamento.

(D) Quando entrevisto candidatos, sempre os arguo acerca de sua descrição quanto a assuntos profissionais, pois esse é um dos quesitos avaliados no processo de ascenção na empresa.

(E) Ele incendia todas as reuniões com essa mania de projetos mirabolantes, a ponto de sempre alguém freiar sua participação em comissões de eventos.

286. **(FCC – Tribunal de Contas AP – Analista de controle externo – 2012)** A frase redigida de forma clara e correta é:

(A) Funcionários sem acesso à sala das telefonistas confirmaram que deviam ter havido mais de dez chamadas para, segundo se apurou posteriormente, denunciar o falsário, e ninguém atendendo, perdeu-se a oportunidade de prendê-lo aonde estava.

(B) Existem, sim, grandes possibilidades de essa reutilização de tecidos com defeitos dar certo, entretanto é necessário que haja algumas reuniões, sejam quem forem os consultores, para definirem-se as linhas gerais do negócio.

(C) Talvez alguns não deem importância ao relato do chefe dos pedreiros sobre o incidente com a cal, mas o fato é que, minimizá-lo, será abrir a possibilidade de o desempenho de todos eles decaírem intensa e irreversivelmente.

(D) Senhor Ministro, é realmente confiável, segundo fontes fidedignas, os números que indicam quão séria é a questão que está sob sua responsabilidade enfrentar antes que se torne definitivamente insolúvel.

(E) Visto a oportunidade imperdível de rever as normas não mais aplicáveis àquele específico grupo de infratores, os legisladores não convenceram-se da necessidade de ver postergado, no último momento, as datas das primeiras reuniões setoriais.

287. **(FCC – Tribunal de Contas AP – Analista de controle externo – 2012)** É frase clara e correta a apresentada na seguinte alternativa:

(A) Nessa época do ano, as enchentes, e mais do que previsíveis, como todos o sabem, transformam a cidade uma paisagem horrenda.

(B) A atividade docente por si só já exerce uma função de liderança nata, e isso é que às vezes a sociedade teme, pois nem todos os mestres primam por ética.

(C) Com a anuência do interessado, revisei o texto e assinalei os pontos que, a meu ver, são os mais sensíveis da questão, e que efetivamente não lhe estariam a favor no caso de querer levar a juízo esse já antigo litígio.

(D) Em detrimento do fenômeno de chuvas intensas, podemos destacar a significativa e essencial parceria entre distintos poderes – o municipal e o estadual – como avanço importante na área de prevensão de tragédias.

(E) Minha expressão de compromisso para com meus pares e o órgão a que passarei a pertencer há de ser demonstrado a cada passo de minha atuação, pela qual sempre zelarei, como venho demonstrando por anos consecutivos.

288. **(FCC – TRE-SP – Analista Judiciário – 2012)** Atente para a redação do seguinte comunicado:

Viemos por esse intermédio convocar-lhe para a assembleia geral da próxima sexta-feira, aonde se decidirá os rumos do nosso movimento reinvindicatório.

As falhas do texto encontram-se plenamente sanadas em:

(A) *Vimos, por este intermédio, convocá-lo para a assembléia geral da próxima sexta-feira, quando se decidirão os rumos do nosso movimento reivindicatório.*

(B) *Viemos por este intermédio convocar-lhe para a assembleia geral da próxima sexta-feira, onde se decidirá os rumos do nosso movimento reinvindicatório.*

(C) *Vimos, por este intermédio, convocar-lhe para a assembléia geral da próxima sexta-feira, em cuja se decidirão os rumos do nosso movimento reivindicatório.*

(D) *Vimos por esse intermédio convocá-lo para a assembléia geral da próxima sexta-feira, em que se decidirá os rumos do nosso movimento reivindicatório.*

(E) *Viemos, por este intermédio, convocá-lo para a assembleia geral da próxima sexta-feira, em que se decidirão os rumos do nosso movimento reinvindicatório.*

289. **(FCC – TRT – 11ª Região – 2012)** Está clara e correta a redação deste livre comentário sobre o texto:

(A) Apesar de se ombrearem com outras artes plásticas, a fotografia nos faz desfrutar e viver experiências de natureza igualmente temporal.

(B) Na superfície espacial de uma fotografia, nem se imagine os tempos a que suscitarão essa imagem aparentemente congelada...

(C) Conquanto seja o registro de um determinado espaço, uma foto leva-nos a viver profundas experiências de caráter temporal.

(D) Tal como ocorrem nos espelhos da Alice, as experiências físicas de uma fotografia podem se inocular em planos temporais.

(E) Nenhuma imagem fotográfica é congelada suficientemente para abrir mão de implicâncias semânticas no plano temporal.

290. 244. texto e o mesmo segmento pontuado de modo diferente. A alteração que preserva o respeito ao padrão culto escrito, mas que provoca mudança do sentido original, é a encontrada em:

(A) *Ao se aproximar do riacho do Ipiranga, às 16h30 de 7 de setembro de 1822,*

Ao se aproximar do riacho do Ipiranga - às 16h30 de 7 de setembro de 1822 -

(B) *o príncipe regente, futuro imperador do Brasil e rei de Portugal, estava com dor de barriga.*

o príncipe regente futuro imperador do Brasil, e rei de Portugal, estava com dor de barriga.

(C) *Acredita-se que tenha sido algum alimento malconservado ingerido no dia anterior em Santos, no litoral paulista.*

Acredita-se, que tenha sido algum alimento malconservado, ingerido no dia anterior em Santos, no litoral paulista.

(D) *ou a água contaminada das bicas e chafarizes que abasteciam as tropas de mula na serra do Mar.*

ou, a água contaminada; das bicas e chafarizes, que abasteciam as tropas de mula na serra do Mar.

(E) *Segundo ele, a intervalos regulares D. Pedro se via obrigado a apear do animal que o transportava para "prover-se" no denso matagal que cobria as margens da estrada.*

Segundo ele a intervalos regulares, D. Pedro se via obrigado, a apear do animal que o transportava para "prover-se" no denso matagal que cobria as margens da estrada.

291. (FCC – TJPE – Analista Judiciário – 2012) A frase que está redigida em conformidade com o padrão culto escrito é:

(A) Em que pese sobre ele todas as denúncias, comprovadas ou não, insiste por permanecer no cargo, desafiando o senso comum de que deveria pedir demissão.

(B) Meritíssimo, baseado nos documentos que vão em anexo, solicito vossa interferência para que se apressem as providências legais sugeridas por seu assessor.

(C) Incipientes ou não nesse tipo de pesquisa, infringiram normas discutidas dias atrás, motivo pelo qual não lhes dei endosso, sabendo que a maior parte deles o deseja muito.

(D) Não sei das causas que lhes impediram de questionar o modo que foi discutido o dissídio, mas acho que os representantes da classe sabem o porquê disso.

(E) Não é estranho, a meu ver, essa postergação, principalmente se levar em conta a hesitação que manifestaram anteriormente sobre a data do encontro.

292. (FCC – TRE-CE – Analista Judiciário – 2012) O livre comentário sobre o filme *Match Point* que foi redigido com clareza, correção e lógica está em:

(A) Com o grande sucesso de crítica e público alcançados quando foi exibido em Cannes, *Match Point*, a despeito de outros projetos realizados pelo cineasta, à medida em que obteve considerável retorno financeiro, configura-se, assim, como um dos filmes mais sombrios feito por Woody Allen.

(B) *Match Point*, um dos filmes mais sombrios de Woody Allen, cujo grande sucesso de crítica e público foram alcançados quando exibido em Cannes, a despeito de outros projetos realizados pelo cineasta, obteve considerável retorno financeiro.

(C) Um dos filmes mais sombrios de Woody Allen, *Match Point*, cujo o grande sucesso de crítica e público seriam alcançados em sua exibição em Cannes, difere de outros projetos realizados pelo cineasta, conquanto obteve considerável retorno financeiro.

(D) *Match Point*, um dos filmes mais sombrios de Woody Allen, alcançou grande sucesso de crítica e público quando foi exibido em Cannes e, ao contrário de outros projetos realizados pelo cineasta, obteve considerável retorno financeiro.

(E) A despeito de ser um dos filmes mais sombrios feitos por Woody Allen, quando foi exibido em Cannes *Match Point*, diferentemente de outros projetos realizados pelo cineasta, que obteve considerável retorno financeiro, alcança grande sucesso de crítica e público.

293. **(FCC – TJRJ – Analista Judiciário – 2012)** Está clara e correta a redação deste livre comentário sobre o texto:

(A) Habitualmente humorista, nem por isso Luís Fernando Veríssimo se exime ao tecer críticas sérias, postulando assim um equilíbrio entre o riso e a contenção jocosa.

(B) O homem ainda está longe de ratificar o alcance da descoberta do DNA, onde as projeções mais ousadas fazem lembrar a ficção científica, ou mesmo muito além dela.

(C) Interessou ao autor debater, uma vez mais, a eterna cisânia entre esquerda e direita, a estar sendo alimentada pela evolução das descobertas do DNA e pelas projeções de onde derivam.

(D) Ao se reportar às posições de direita e de esquerda, o autor identificou contradições em ambas, deixando claro que a nenhuma cabe reivindicar o mérito da coerência absoluta.

(E) As moscas, quem diria, ostentam nossa mesma estrutura genética, afirma o autor, mas nem sequer se comprazem ou o lamentam, pois não implicam nada que não lhes diga respeito.

294. **(FCC – TJRJ – Analista Judiciário – 2012)** É preciso **corrigir**, por falhas diversas, a seguinte frase:

(A) Quem ouve mal não tem necessariamente mau ouvido; pode ter sido afetado pelo desconhecimento de um contexto determinado.

(B) Quem não destorce o que ouviu de modo torto acaba por permanecer longe do caminho reto da compreensão.

(C) Pelos sons exóticos das palavras, nos impregnamos da melodia poética a cujo encanto se rendem, imantados, os nossos ouvidos.

(D) Há sons indiscrimináveis, como os que se apanha do rádio mau sintonizado ou de uma conversa aliatória, entre terceiros.

(E) É possível elaborar-se uma longa lista de palavras e expressões em cuja recepção sonora verificam-se os mais curiosos equívocos.

295. **(FCC – TRE-PR – Analista Judiciário – 2012)** Considerado o padrão culto escrito, a frase que NÃO exige correção é:

(A) No memorial do professor está registrado que ingressou para a universidade em idade inferior à determinada pela lei.

(B) O fato que o acusado se recusa a dar detalhes é o que mais pesará na decisão dos jurados.

(C) O movimento que me filiei nos anos 70 foi grandemente responsável pela renovação da pintura no Brasil.

(D) Esta é, enfim, a parca remuneração da qual arco totalmente com as despesas da casa.

(E) Os valores por que tantos lutaram e morreram não serão jamais esquecidos, pois nossa geração se dedicará a relembrá-los a cada passo.

296. (FCC – TRE-SP – Técnico Judiciário – 2012) Está inteiramente correta e adequada a pontuação da seguinte frase:

(A) Mesmo nas obras modernistas que, por um motivo ou outro, parecem hoje datadas, pode-se reconhecer a importância que tiveram, na época, para a busca da liberdade de criação e expressão, conquista que Mário de Andrade não se cansou de acentuar.

(B) Mesmo nas obras modernistas, que por um motivo, ou outro, parecem hoje datadas pode-se reconhecer a importância que tiveram na época, para a busca da liberdade de criação e expressão, conquista que Mário de Andrade não se cansou, de acentuar.

(C) Mesmo nas obras modernistas, que por um motivo ou outro, parecem hoje datadas, pode-se reconhecer a importância que tiveram, na época, para a busca da liberdade de criação e expressão: conquista, que Mário de Andrade não se cansou de acentuar.

(D) Mesmo nas obras modernistas que, por um motivo= ou outro, parecem hoje datadas pode--se reconhecer, a importância que tiveram na época, para a busca da liberdade de criação e expressão, conquista que, Mário de Andrade, não se cansou de acentuar.

(E) Mesmo nas obras modernistas que por um motivo ou outro, parecem hoje datadas, pode-se reconhecer a importância que tiveram, na época para a busca da liberdade de criação e expressão; conquista que Mário de Andrade não se cansou de acentuar.

297. (FCC – TRE-CE – Técnico Judiciário – 2012) As normas de redação dos documentos oficiais estão inteiramente respeitadas em:

(A) Devemos informar a V. Exa., com a máxima exatidão o que vem acontecendo nas nossas unidades de prestação de serviços a esta comunidade, criando então problemas de reclamações que não podemos atender.

(B) Nos dirigimos, com todo respeito, à V. Exa., para informar que estamos providenciando mudanças em nossa sede, no sentido de atender essas pessoas em condição melhor e assim evitar as frequentes queixas que chegam a V. Exa.

(C) Para que V. Exa. fiqueis sabendo, é nosso dever informar- vos, nossa equipe de atendimento ao público vem desenvolvendo esforços no sentido de bem encaminhar as solicitações que nos enviam.

(D) Dirigimo-nos a V. Exa. para esclarecer os fatos que deram origem às queixas enviadas a esse órgão e informar as providências que estão sendo tomadas quanto à qualidade e à agilidade na prestação de nossos serviços.

(E) É com a devida atenção que enviamos à esse órgão superior, as informações que necessitam para V. Exa. mandar realizar algumas alterações em nosso serviço, o qual precisa ser remodelado para atender com maior presteza o público.

298. (FCC – TJ-PE – Técnico Judiciário – 2012) As ideias estão articuladas de modo claro e correto na seguinte frase:

(A) Havia uma lei que trata dos direitos da mulher, sendo sua condição social qualquer e se juntou nisso o princípio: toda violência tem de ser denunciada.

(B) À lei que trata dos direitos da mulher, de qualquer condição social, incorporou-se o princípio de que toda violência tem de ser denunciada.

(C) Denunciar toda violência é o princípio incorporado na lei referente os direitos da mulher, considerando em qualquer condição social em que estiver incluída.

(D) Juntando a lei que trata dos direitos da mulher, sob toda condição social que demonstrar, e obrigatoriamente denunciar toda violência, houve uma incorporação de princípios.

(E) Há um princípio - toda violência tem de ser denunciada - que se incorporou em lei dizendo respeito à garantir os direitos das mulheres, respeitando-a quanto à condição social, desde a melhor até a mais reduzida.

299. (FCC - TJ-PE - Técnico Judiciário - 2012) A frase redigida em conformidade com o padrão culto escrito é:

(A) O projeto reformulado por implicar atitude descriminatória no tocante a raças foi sancionado pelo presidente, o que o fez ser saudado com grande entusiasmo.

(B) A assessoria negou que o dirigente obtem informações por meios considerados expúrios, mas se propôs a discutir a questão perante uma comissão técnica.

(C) Propuseram que todas as sexta-feiras, impreterivelmente ao mesmo horário, o grupo faça uma apresentação detalhando o avanço semanal da pesquisa.

(D) Havendo crido nos seus sócios, manifestou seu lado mais ingênuo, o que faz que o advogado do jovem crédulo alimente a pretensão de pugnar por sua inocência.

(E) São problemas, evidentemente, de ordem institucionais, que devem ser evitados sob pena de a barbárie vir a se instalar irreprimível na organização.

300. (FCC - TJ-PE - Técnico Judiciário-2012) A frase redigida em conformidade com o padrão culto escrito é:

(A) A mãe sempre intervia nas discussões, mas os malentendidos entre o pai e o filho eram tão frequentes e tão excessivos, que um e outro já não dominavam a sua própria agressividade.

(B) Com aquele jeito bonachão, a cada passo da viagem recaptulava a esplêndida experiência que tivera anteriormente, a ponto dos colegas pedirem que dispensasse as descrições.

(C) Nesse processo de conscientização, são importantes o reconhecimento e respeito às diferenças, e como ele não as exercita só obstrói o crescimento do grupo.

(D) Se muitas perdas advissem daquela decisão, ele as lamentaria, mas sem imputá-las jamais aos que denominava "guardiães da boa conduta alheia".

(E) Ao término do prazo de exceção, em que os processos não tiveram andamento, requereu nova acareação, com vistas a questionar o réu sobre as incongruências da anterior.

301. (FCC - Técnico Judiciário - TRT - 3ª Região - 2010) *Elas jogam milhões de toneladas de sedimentos no rio,* inviabilizando sua navegabilidade. (4º parágrafo)

A oração grifada acima denota, considerando-se o contexto,

(A) causa.

(B) ressalva.

(C) consequência.

(D) temporalidade.

(E) proporcionalidade.

302. (FCC - Técnico Judiciário - TRT da 8ª. Região - 2010)

Nana para Glaura

Dorme como quem
porque nunca nascida
dormisse no hiato

entre a morte e a vida.
Dorme como quem
nem os olhos abrisse
por saber desde sempre
quanto o mundo é triste.
Dorme como quem
cedo achasse abrigo
que nos meus desabrigos
dormirei contigo.

José Paulo Paes
(**Prosas seguidas de Odes mínimas.** S.Paulo, Cia. das Letras, 1992, p.37)

Desconsiderada a sua organização em versos, o período que constitui a primeira estrofe do poema está corretamente pontuado em:

(A) Dorme, como quem porque nunca nascida, dormisse no hiato, entre a morte e a vida.
(B) Dorme como quem, porque nunca nascida dormisse no hiato, entre a morte e a vida.
(C) Dorme como quem porque, nunca nascida, dormisse no hiato entre a morte, e a vida.
(D) Dorme como quem, porque nunca nascida, dormisse no hiato entre a morte e a vida.
(E) Dorme, como quem, porque nunca nascida dormisse, no hiato entre a morte e a vida.

303. (FCC – Analista Judiciário – TRT da 8ª. Região – 2010)

Quando eu me encontrava preso
Na cela de uma cadeia
Foi que vi pela primeira vez
As tais fotografias
Em que apareces inteira
Porém lá não estavas nua
E sim coberta de nuvens...
Terra! Terra!
Por mais distante
O errante navegante
Quem jamais te esqueceria?...

Caetano Veloso
(fragmento de "Terra" – **http: – – letras.terra.com – caetano-veloso – 44780 –**)

Considere as afirmativas abaixo.

I. Ao transpor-se para a voz passiva o período constituído pelos versos *Foi que vi pela primeira vez / As tais fotografias*, a forma verbal resultante é **foram vistas**.

II. Caso o verbo **esquecer** em *Quem jamais te esqueceria?...* tivesse sido empregado em sua forma pronominal (esquecer-se), a regência verbal teria permanecido inalterada.

III. Na frase que constitui a segunda estrofe do fragmento transcrito, o verso *Por mais distante* exerce a função sintática de adjunto adverbial.

Está correto o que se afirma APENAS em:

(A) I.
(B) II.
(C) III.
(D) I e III.
(E) II e III.

304. (FCC – Analista Judiciário – TRT da 8ª. Região – 2010).

Minha frase célebre

I. O remédio é a gente silenciar, "pondo a modéstia de parte", como dizia o bom Noel.

II. Até eu já posso posar como ladrão de frase.

III. Em todo caso, Noel, desculpe o mau jeito.

IV. A letra de Noel foi esquecida por muita gente, e várias vezes, através dos anos, encabulei ao ganhar elogios pela "minha" frase.

V. Afinal ele escreveu tanta coisa bonita que com certeza não se importaria muito com este pequeno furto.

VI. É que certa vez escrevi: Nasci, modéstia à parte, em Cachoeiro de Itapemirim – mas escrevi parodiando declaradamente uma letra de Noel Rosa sobre Vila Isabel.

Para que o texto de Rubem Braga (**Recado de primavera**. Rio de Janeiro: Record, 7.ed, 1998, p. 94) seja entendido com lógica e clareza, os parágrafos numerados acima devem ser lidos na seguinte ordem:

(A) I, IV, VI, III, II, V.

(B) II, VI, IV, I, V, III.

(C) III, VI, V, II, I, IV.

(D) V, III, VI, IV, II, I.

(E) VI, V, III, IV, I, II.

305. (FCC – Técnico Judiciário/TRT da 8ª. Região/2010)

Nana para Glaura

Dorme como quem
porque nunca nascida
dormisse no hiato
entre a morte e a vida.
Dorme como quem
nem os olhos abrisse
por saber desde sempre
quanto o mundo é triste.
Dorme como quem
cedo achasse abrigo
que nos meus desabrigos
dormirei contigo.

José Paulo Paes

(**Prosas seguidas de Odes mínimas.** S.Paulo, Cia. das Letras, 1992, p.37)

O pronome *contigo*, na última estrofe do poema, está empregado

(A) de acordo com a norma culta, pois o poeta dirige-se a Glaura na segunda pessoa do singular – *dorme*.

(B) em desacordo com a norma culta, apenas para rimar com a palavra *abrigo*, pois o correto seria "com você".

(C) corretamente, por ser o único momento do texto em que é possível assegurar em que pessoa o poeta se dirige a Glaura.

(D) em desacordo com a norma culta, pois o correto seria "consigo", já que o poeta se dirige a Glaura na terceira pessoa do singular – *dorme*.

(E) corretamente, desde que considerado o uso informal da língua; no uso formal, o mais adequado seria "convosco".

306. (FCC – Técnico Judiciário – TRT – 3ª Região – 2010) Está clara e correta a redação deste livre comentário sobre o texto:

(A) A divulgação deste texto traz utilidade à quem quer que seja interessado no papel que controlam os administradores sobre o dinheiro público.

(B) O texto é bastante esclarecedor quanto ao espírito da LRF, que é o de disciplinar e regulamentar a gestão de verbas públicas no Brasil.

(C) Pretende o autor do texto que fique mais claro, para o leitor, sobre as responsabilidades de gestão das contas que cabem aos seus responsáveis.

(D) É útil o texto para quem já ouvira falar da LRF não tendo, todavia, informação mais acurada para detalhes como sanção ou fiscalização.

(E) Mesmo quem já conhecesse a LRF, é bom lembrar que o texto discorre adequadamente sobre suas finalidades essenciais e normas de emprego.

307. (FADENS – Analista de Sistema Computacional – TJMS – 2009) "No Brasil, setores conservadores, avessos ao respeito à Constituição, dizem que a maioria do povo é católica e que isso deve determinar um tratamento privilegiado para a Igreja Católica. Chegam a propor, ainda que veladamente, a violação do artigo 19 da Carta, pois pretendem uma reformulação do regime jurídico da relação Estado-religiões. Na Inglaterra e na Dinamarca, a manutenção de uma religião oficial não impediu a existência de ordenamento jurídico laico. Lá se respeitam na plenitude as liberdades públicas e os direitos civis dos cidadãos." (Fragmento adaptado do artigo "Sagrada laicidade", escrito por Roberto Livianu e publicado em 7-8-2009 na *Folha de São Paulo*, p. A3)

A função dos termos destacados está corretamente indicada na alternativa:

(A) objeto indireto; adjunto adnominal; complemento nominal, respectivamente.

(B) agente da passiva; complemento nominal; adjunto adnominal, respectivamente.

(C) complemento nominal; complemento nominal; complemento nominal, respectivamente.

(D) adjunto adverbial; complemento nominal; objeto indireto, respectivamente.

(E) adjunto adnominal; adjunto adnominal; objeto indireto, respectivamente.

308. (TJ-PARANÁ – Técnico em computação – TJPR – 2009)

(Bill Waterson, Calvin e Haroldo.)

Sobre aspectos morfossintáticos do texto, assinale a afirmação correta.

(A) O pronome "eles" empregado no 2.º quadro refere-se à ação que os clientes realizariam ao frequentar o restaurante.

(B) As expressões "eles" e "chamariam" apontam para um possível sujeito comum.

(C) Em "chamariam a polícia", está implícito que essa ação seria realizada pelos frequentadores do restaurante.

(D) As duas ocorrências do verbo dizer têm sujeitos diferentes.

309. **(AOCP - Analista Judiciário - TER-RO - 2009)** Assinale a alternativa cuja expressão destacada NÃO foi analisada corretamente do ponto de vista sintático.

(A) "A advogada Neutra Magalhães, 67 anos, aderiu há dez **à separação de leitos**..." (complemento nominal)

(B) "As consequências de uma noite mal dormida são **imediatas**." (predicativo do sujeito)

(C) "Ao menos duas vezes por semana, **a cena** se repete." (sujeito)

(D) "...e desenvolvem algum problema de saúde em decorrência dessas noites **insones**." (adjunto adnominal)

(E) "Comprei **o pacote completo** e a fuga noturna com o edredom veio junto..." (objeto direto)

310. **(FCC - Analista Judiciário - TJAP - 2009)** Uma nova e correta redação da frase:

(A) *Não é preciso ser um grande gênio para constatar que vivemos num mundo bárbaro* será ***Ainda que não seja um grande gênio, pode-se verificar de que nosso mundo é bárbaro.***

(B) *Com certeza há nisso uma reação saudável contra o excesso de otimismo* será ***Há por isso, com certeza, um salutar desvio ao excesso do otimismo.***

(C) *Quanto mais chocarem o pensamento corrente, mais ganharão em originalidade* será ***Tanto mais forem de encontro às ideias que circulam, tanto mais serão criativos.***

(D) *Será chamado de ingênuo ou nostálgico todo aquele que quiser algo melhor do que o mundo em que vive* será ***Ver-se-á como puro e saudoso qualquer um que pretender habitar o melhor dos mundos.***

(E) *Os militares brasileiros entendem mais do problema do que você,* será ***Ao contrário de você, são os militares que entendem bem de tal problema.***

311. **(FCC - Analista Judiciário - TJAP - 2009)** Quanto mais *chocarem o pensamento corrente (...),* mais *ganharão em originalidade, leitura e cartas de protesto.*

A relação estabelecida pelos dois elementos sublinhados na frase acima mantém-se na que travam os elementos sublinhados em:

(A) Ora você parece conservador, ora faz pose de revolucionário.

(B) Já dizia um desses velhos provérbios: maior a altura, maior o tombo.

(C) Ele é tão mais otimista que seus companheiros de geração...

(D) Seja por excesso de escrúpulos, seja por falta deles, ela sempre age de modo estranho.

(E) Assim como há pessimistas empedernidos, assim também não faltam otimistas ingênuos.

312. **(FCC - Analista Judiciário - TJAP - 2009)** *Haverá muito exagero, talvez, nessa consideração machadiana - mas ela não deixa de ser instigante (...).*

Reescrevendo-se a frase acima, começando-se por *Essa consideração machadiana não deixa de ser instigante,* a correção e o sentido não serão prejudicados com esta complementação:

(A) por conta, talvez, de seu grande exagero.

(B) conquanto seja talvez bastante exagerada.

(C) haja vista seja, quem sabe, muito exagerada.

(D) até porque há nela bastante exagero.

(E) no caso de que nela possa haver exagero.

313. (FCC – Analista Judiciário – TJAP – 2009) Os dois segmentos destacados constituem, na ordem dada, a relação indicada entre parênteses na seguinte alternativa:

(A) *A observação é ferina / pelo alcance que lhe podemos dar* (consequência e causa)

(B) *não cansa de nos passar lições sobre a atualidade / ele, que morreu há mais de cem anos.* (hipótese e confirmação)

(C) *a história da humanidade não avançou tanto / pelo menos não a ponto de desmentir conclusões a que Machado chegou em seu tempo.* (tese e rejeição da tese)

(D) *os homens costumam reunir-se em associações empresariais / mas cada um dos acionistas não cuida senão de seus dividendos* (opinião e fato)

(E) *Talvez seja melhor torcermos / para que Machado nem sempre tenha razão* (causa e consequência)

314. (FCC – Analista Judiciário – TJSE – 2009) Na frase *É possível* até mesmo identificar *tradições de inovação, sustentadas ao longo de décadas*, o elemento sublinhado pode ser substituído, sem prejuízo para a correção e o sentido do contexto, por:

(A) Ainda assim, é possível identificar.

(B) Conquanto seja possível identificar.

(C) É possível, inclusive, identificar.

(D) É possível, apesar disso, identificar.

(E) Não obstante, é possível identificar.

315. (TJ-PARANÁ – Técnico em computação – TJPR – 2009) Assinale a opção que reescreve adequadamente a fala atribuída a D. Pedro I:

"Se é para o bem de todos e felicidade geral da nação, diga ao povo que fico".

(A) Conforme é para o bem de todos e felicidade geral da nação, diga ao povo que fico.

(B) Em concomitância com o bem de todos e a felicidade geral da nação, diga ao povo que fico.

(C) Por ser para o bem de todos e felicidade geral da nação, diga ao povo que fico.

(D) Embora seja para o bem de todos e felicidade geral da nação, diga ao povo que fico.

316. (CESPE – UNB- Analista Judiciário – TRT da 17ª. Região – 2009) A relação senhor/escravo não era um pacto: o senhor não estava obrigado a preservar a vida de seu escravo individual; muito ao contrário, sua liberdade de tirar a vida daquele que coisificara definia sua posição de senhor, tanto mais quanto o fluxo de escravos no mercado lhe permitia repor o plantel sem maiores restrições.

A expressão "tanto mais quanto" indica a relação de proporcionalidade entre a liberdade do senhor de dispor da vida de seu escravo e o alto fluxo de escravos no mercado.

GAB:☐ Certo ☐ Errado

317. (CESPE – Técnico Judiciário – TRT da 16ª. Região – 2009) A temperatura interna cai e as funções vitais se reduzem a um ritmo mínimo, levando a um estado de sono profundo, semelhante ao coma. As aplicações dessa técnica em seres humanos prometem revolucionar a medicina em várias frentes. Em tese, seria possível combater o câncer com maior eficiência, fazendo que as células sadias vizinhas dos tumores resistam a doses mais altas de radiação. A hibernação pode também ajudar a evitar os danos causados por infartos e derrames cerebrais e a acelerar a cicatrização das feridas em diabéticos, reduzindo os riscos de amputação.

As expressões verbais "levando" , "fazendo" e "reduzindo" podem ser substituídas, respectivamente, pelas estruturas alternativas **o que leva**, **o que faz** e **o que reduz**, sem comprometer o sentido das orações em que ocorrem.

GAB:☐ Certo ☐ Errado

318. (FADENS – Analista de Sistema Computacional – TJMS – 2009) Considerando o fragmento textual a seguir, assinale a alternativa em que o comentário sobre o emprego dos sinais de pontuação está **incorreto**: "Bem-aventurado é o homem a quem Deus disciplina; não desprezes, pois, a disciplina do Todo-poderoso, porque Ele faz a ferida e Ele mesmo a ata; Ele fere, e as Suas mãos curam. [...] Na fome, te livrará da morte; na guerra, do poder da espada." (Jó 5: 17, 18, 20 – Bíblia Sagrada)

(A) Em "na guerra, do poder da espada", a vírgula, além de isolar o assim chamado adjunto adverbial, indica a supressão de "te livrará", recuperável no contexto.

(B) Em "Ele fere, e as Suas mãos curam", há um erro de pontuação, pois não se pode usar vírgula antes da conjunção "e".

(C) Em "Ele fere, e as Suas mãos curam", a vírgula antes de "e" justifica-se por separar duas unidades sintático-semânticas (duas orações), com sujeitos diferentes.

(D) O uso das vírgulas antes e depois da palavra "pois" justifica-se porque se trata de uma conjunção de valor conclusivo, intercalada, que, no contexto, precisa deslocar-se para depois do verbo.

(E) Em "Na fome, te livrará da morte", usa-se a vírgula para isolar o adjunto adverbial anteposto.

319. (FCC – Analista Judiciário – TJPI – 2009) Está inteiramente adequada a pontuação da frase:

(A) Não sendo um jogador, não fazendo do acaso uma lei, Deus, para Einstein, é o grande planejador do Universo.

(B) Deus, para Einstein, não é um jogador mas uma inteligência, que tudo planeja, e tem controle, sobre toda a matéria do Universo.

(C) Engana-se, quem pensar que as operações abstratas das bolsas de valores, estão longe de exercer influência, sobre o cotidiano de todos nós.

(D) Igualdade e solidariedade, afirma ironicamente o autor: são abstrações do nosso tempo, espectros remotos, de ideais inúteis.

(E) De fato, poucas pessoas sabem, como se atribui valor real ao dinheiro que não passa de ilusão.

320. (FCC – Analista Judiciário – TJAP – 2009) A pontuação está inteiramente adequada na seguinte frase:

(A) Ai de quem por amor à ilusão, queira enxergar em si mesmo somente desprendimentos, quando Machado já nos alertou, para que vejamos se atrás de cada justificativa alegada, não vigora o motivo real.

(B) Ai de quem, por amor à ilusão queira enxergar em si mesmo, somente desprendimentos, quando Machado já nos alertou para que vejamos se atrás de cada justificativa, alegada, não vigora o motivo real.

(C) Ai de quem, por amor à ilusão, queira enxergar em si mesmo somente desprendimentos, quando Machado já nos alertou para que vejamos se, atrás de cada justificativa alegada, não vigora o motivo real.

(D) Ai de quem por amor, à ilusão, queira enxergar em si mesmo somente desprendimentos, quando Machado já nos alertou para que vejamos, se atrás de cada justificativa alegada não vigora o motivo real.

(E) Ai, de quem por amor à ilusão, queira enxergar em si mesmo, somente desprendimentos, quando Machado já nos alertou, para que vejamos se atrás de cada justificativa alegada, não vigora o motivo real.

321. (FCC – Analista Judiciário – TJSE – 2009) Atente para as seguintes frases:

I. Existe uma visão alternativa da inovação, da qual compartilho.

II. É possível identificar tradições de inovação, sustentadas ao longo de décadas.

III. A invenção é vista como um dom dos gênios, que têm uma inspiração arrebatadora.

A supressão da vírgula altera o sentido do que está em

(A) I, II e III.

(B) I e II, apenas.

(C) I e III, apenas.

(D) II e III, apenas.

(E) II, apenas.

322. (FCC – Analista Judiciário – TJSE – 2009) Está plenamente adequada a pontuação da seguinte frase:

(A) Por que teria o jovem Drummond de aceitar, aquela insolência travestida de generosidade, com que o tratou seu professor?

(B) Poucas coisas há, mais perniciosas, do que disfarçar uma fraqueza da nossa personalidade, pela virtude que lhe corresponde.

(C) O sistema de troca de favores segundo alguns sociólogos, constitui uma prática disseminada, ao longo de nossa constituição como povo.

(D) Embora a nota da redação fosse alta o jovem Drummond, diante da arrogância do mestre, preferiu que este lhe desse, a que julgasse justa.

(E) Em vez de ser reconhecida como virtuosa, a altivez do jovem foi punida, muito injustamente, com a expulsão do colégio.

323. (CESPE – UNB- Analista Judiciário – TRT da 17ª. região – 2009) Mas o tubarão mais feroz é o racional. É o terrestre. É o atacadista. A lentilha está a 100 cruzeiros o quilo. Um fato que alegrou-me imensamente. Eu dancei, cantei e pulei.

O ponto final logo após as orações coordenadas "dancei, cantei e pulei" pode ser substituído por vírgula sem prejuízo gramatical ou de sentido, desde que a conjunção "E" seja escrita em minúscula.

GAB:☐ Certo ☐ Errado

324. (FCC – Analista Judiciário – TRT da 16ª. Região – 2009) Há justificativa para esta seguinte alteração de pontuação, proposta para o segmento final do primeiro parágrafo:

(A) o citadino diz que ela é caipira querendo dizer que é atrasada; e portanto, meio ridícula.

(B) o citadino diz que ela é caipira, querendo dizer, que é atrasada, e, portanto, meio ridícula.

(C) o citadino diz que ela é caipira, querendo dizer que é atrasada e, portanto, meio ridícula.

(D) o citadino diz: que ela é caipira, querendo dizer: que é atrasada, e portanto meio ridícula.

(E) o citadino diz que ela é caipira querendo dizer: que é atrasada, e portanto, meio ridícula.

325. (FCC – Analista Judiciário – TRT da 18ª. Região – 2009) Está inteiramente adequada a pontuação da seguinte frase:

(A) Quem cuida da saúde, conta com os recursos do corpo, já quem cultiva uma amizade, conta com o conforto moral.

(B) No que me diz respeito, não me interessam os amigos de ocasião: prezo apenas os verdadeiros, os que me apoiam incondicionalmente.

(C) De que pode valer, gozarmos um momento de felicidade, se não dispomos de alguém, a quem possamos estendê-la?

(D) Confio sempre num amigo; pois minha confiança nele, certamente será retribuída com sua confiança em mim.

(E) São essas enfim, minhas razões para louvar a amizade: diga-me você agora quais as suas?

326. (FADENS – Analista de Sistema Computacional – TJMS – 2009) "No Brasil, setores conservadores, avessos ao respeito à Constituição, dizem que a maioria do povo é católica e que isso deve determinar um tratamento privilegiado para a Igreja Católica. Chegam a propor, ainda que veladamente, a violação do artigo 19 da Carta, pois pretendem uma reformulação do regime jurídico da relação Estado-religiões. Na Inglaterra e na Dinamarca, a manutenção de uma religião oficial não impediu a existência de ordenamento jurídico laico. Lá se respeitam na plenitude as liberdades públicas e os direitos civis dos cidadãos." (Fragmento adaptado do artigo "Sagrada laicidade", escrito por Roberto Livianu e publicado em 7-8-2009 na *Folha de São Paulo*, p. A3)

A alternativa que contém a informação correta sobre as relações construídas no texto é:

(A) Em "a maioria do povo é católica", a forma verbal "é" poderia estar no plural, pois as palavras "maioria" e "povo" pressupõem o uso do plural.

(B) A palavra "isso" refere-se a "avessos ao respeito à Constituição".

(C) A forma verbal "dizem" (em "dizem que a maioria do povo") está no plural porque o sujeito é indeterminado.

(D) A forma verbal "respeitam" deveria estar no singular para concordar com o sujeito "Lá".

(E) A forma verbal "respeitam" está no plural para concordar com o sujeito (composto) "as liberdades públicas e os direitos civis dos cidadãos", cujos núcleos são "liberdades" e "direitos".

327. (TJ-PARANÁ – Analista de Sistemas – TJPR – 2009) Assinale a opção que apresenta o período que obedece completamente à norma padrão da língua.

(A) Mesmo havendo uma estimativa anterior alarmante, o número de pessoas que vivem na mais extrema pobreza é bem maior que o esperado, consoante dados divulgados pela ONU.

(B) O G8 (grupo dos sete países mais ricos e a Rússia) reuniram-se no mês de Julho afim de discutir a questão da ajuda aos países mais pobres, conforme é destacado no jornal Folha de S. Paulo.

(C) Conforme o que os doadores oferecerem, a ajuda aos mais pobres é inegável, mesmo para os países cujos os governantes sejam contrários à decisões impostas pela O.N.U.

(D) Ajudas financeiras-técnicas são indispensáveis aos mais pobres, especialmente à África, continente que apresenta os maiores índices de doenças , especialmente como a desnutrição infantil e mortalidade infantil.

328. (FCC – Analista Judiciário – TJPI – 2009) Está clara e correta a redação do seguinte comentário sobre o texto:

(A) Os adeptos da física quântica, em oposição a Einstein, acreditam de que o acaso é divino, ao imaginar o Universo qual um jogo de dados.

(B) O autor do texto opta em considerar Einstein correto no que afirma, para demonstrar a arrogância com que jogam os jovens semideuses das bolsas.
(C) Ao contrário das religiões antigas, em que mesmo a onipotência divina apresentava limites, a metafísica das bolsas implica o plano do absoluto.
(D) O dinheiro é só uma representação de um valor fictício, haja visto quando comandado por impulsos eletrônicos que se tornam abstratos.
(E) É muita ironia quando o autor considera que são abstrações a igualdade e a solidariedade, embora ressalve que nem tanto quanto o capital invisível.

329. (IESES – Analista Judiciário – TJMA – 2009) A frase que NÃO OBEDECE à norma culta da língua encontra-se na alternativa:
(A) Se for para eu mencionar os grandes nomes da literatura maranhense, terei dificuldades, tantos são eles.
(B) O maranhense é alegre por natureza, haja vista as folias do Divino, os reisados e as lapinhas.
(C) Não creio que haja muitos brasileiros que conheçam São Bento, cuja economia é basicamente de subsistência.
(D) Devem haver festas populares por todo o país, mas não como as do meu Estado.

330. (IESES – Analista Judiciário – TJMA – 2009) Assinale a alternativa **INCORRETA**, tendo por base esta frase:

A abolição da escravatura levou a província do Maranhão à decadência; precisava-se, então, de trabalho escravo para sua economia.
(A) O pronome sua pode apresentar certa ambiguidade, pois existem dois substantivos femininos antecedentes.
(B) Passando para o plural as formas verbais, obtém-se levaram e precisavam.
(C) Passando a primeira oração para a voz passiva, o núcleo verbal fica foi levada.
(D) A regra de acentuação gráfica de província é a mesma que determina o acento em decadência.

331. (FCC – Analista Judiciário – TJAP – 2009) Está clara e correta a redação deste livre comentário sobre o texto:
(A) Marcelo Coelho, jornalista, não hesitou a contrapor-se com seus colegas de imprensa, nos quais surpreende uma dose exagerada de pessimismo, com o qual não haveria remissão possível.
(B) Provavelmente Marcelo Coelho já se havia sentido alvo de mofa ou de zombaria, por parte de colegas seus, que julgando ele um ingênuo, elegiam-se ao mesmo tempo enquanto mestres do pessimismo.
(C) O autor do texto promoveu uma espécie de diagnóstico, daqueles que, na imprensa, optando na estratégia do pessimismo veem nela a reação saudável de quem não seja necessariamente ingênuo.
(D) A indiferença da Amazônia, bem como considerar admissível que crianças sejam bombardeadas, não são ingenuidades, para o autor, mas demonstração de quem não concorda com a barbárie.
(E) O autor do texto não hesita em alinhar-se entre aqueles que, embora cientes dos horrores deste mundo, cultivam a expectativa de uma vida melhor, anunciada por fatos promissores.

332. (FCC – Analista Judiciário – TJAP – 2009) Está coerente, clara e correta a redação da frase:
(A) Já fazem mais de cem anos que Machado de Assis passa-nos lições que, longe de envelhecerem, ainda assim parecem atuais.

(B) Não se deve culpar a Machado por amiudados exageros nas análises que tão implacável quanto ponderadamente exerce sobre nosso caráter.

(C) Os leitores que vão de encontro às ideias machadianas só o fazem por que identificam-se quase de modo acrítico com as mesmas.

(D) Ao invés de condenar-se Machado pelo pessimismo de seu pensamento faria melhor quem o louvasse pelo discernimento do mundo real.

(E) O saldo das análises que faz Machado do nosso comportamento não é alentador para a alma, mas instiga nosso pensamento crítico.

333. **(FCC - Analista Judiciário - TJSE - 2009)** Está clara e correta a redação do seguinte comentário sobre o texto:

(A) Peter Burke não compartilha com a tese que os românticos viam o fenômeno da invenção como um atributo de apenas gênios isolados.

(B) Na visão de um historiador, não há feito isolado, como invenção absoluta, que independessem de outros fatos concorrentes a ela.

(C) Embora aparentemente se oponha quanto ao sentido, tradição e invenção se mesclam como um fator de progresso extremamente inventivo.

(D) Não há dúvida quanto a períodos históricos aonde ocorra especial desenvolvimento inventivo, sejam nas artes, sejam na tecnologia.

(E) Faz parte do senso comum acreditar, ainda hoje, que toda e qualquer grande invenção decorre do talento pessoal de um gênio.

334. **(TJ-PARANÁ - Técnico em computação - TJPR - 2009)** Assinale a opção errada de acordo com a norma padrão da língua.

(A) Em: "A ideia é não oferecer mais um currículo enciclopédico, com 12 disciplinas, em que os meninos dominam pouco a leitura, o entorno, a vida prática" - há um exemplo de discurso indireto.

(B) Em: "... projeto enviado pelo MEC ao CNE é dar mais verbas... " - a ordem das contrações (preposição + artigo) pode ser invertida, sem que se altere o significado do período.

(C) Em: "É o tratamento metodológico que vai fazer com que uma área dialogue com a outra" - há, no trecho sublinhado, um exemplo de linguagem figurada.

(D) O último parágrafo do texto pode ser rescrito, sem alteração do sentido básico: O MEC ainda não sabe o valor exato para esse programa, mas será cerca de R$ 50 a R$ 100 milhões, para cem escolas, aproximadamente, de acordo com o Ministro da Educação, Fernando Haddad.

335. **(IESES - Técnico Judiciário - TJMA - 2009)** Assinale V para verdadeiro e F para falso, observando o uso da norma culta da língua.

( ) No plural, *Haverá cidade mais bela que São Luís?* fica: *Haverão cidades mais belas que São Luís?*

( ) Em *No mundo todo, todo mundo aprecia as praias do Maranhão*, o pronome todo significa, respectivamente, *mundo inteiro* e *a totalidade dos seres humanos.*

( ) Está correta a frase *O prato que mais gosto é arroz de cuxá* com peixe frito.

( ) Tatiana e Mirela? Elas mesmas programaram sua viagem à Chapada das Mesas.

( ) A beleza que encontrei nos Lençois Maranhenses veio ao encontro dos meus sonhos.

Assinale a alternativa que contém a sequência correta, de cima para baixo.

(A) F, V, V, F, F

(B) F, V, F, V, V

(C) V, F, F, V, F

(D) V, V, F, F, V

336. (IESES – Técnico Judiciário – TJMA – 2009) Observe as frases abaixo.

I. O Pólo da Floresta dos Guarás deve seu nome a uma ave de plumagem vermelha onde é comum naquela região.

II. Eu mal havia chego à Ilha dos Lençois, em Cururupu, e tinha pego resfriado.

III. Infelizmente eu não pude vim aqui ontem, para conhecer a festa do Divino Espírito Santo.

IV. Vossa Senhoria desejais conhecer o Delta do Rio Parnaíba?

Assinale a alternativa INCORRETA.

(A) A frase III está incorreta; a forma verbal vim deve ser substituída por vir.

(B) Para tornar correta a frase II é necessária a substituição das formas verbais do particípio; respectivamente, por chegado e pegado.

(C) A frase I está correta, porque o emprego de onde obedece à norma gramatical da língua portuguesa.

(D) A frase IV está incorreta, pois o verbo deve concordar em gênero (e número) com os pronomes de tratamento, que são de 3ª pessoa.

337. (FCC – Analista Judiciário – TRF da 5ª. Região – 2008) A frase cuja pontuação está inteiramente correta é:

(A) Momentos de extrema felicidade, sabe-se, costumam ser raros e efêmeros; por isso, há quem busque tirar o máximo proveito de acreditar neles e antegozá-los.

(B) É muito comum que as pessoas valendo-se do senso comum, vejam o pessimismo e o otimismo como simples oposições: no entanto, não é esta a posição do autor do texto.

(C) Talvez, se não houvesse a expectativa da suprema felicidade, também não haveria razão para sermos pessimistas, ou otimistas, eis uma sugestão, das entrelinhas do texto.

(D) O autor nos conta que outro dia, interessou-se por um fragmento de um **blog**; e o transcreveu para melhor explicar a relação entre otimismo e pessimismo.

(E) Quem acredita que o pessimismo é irreversível, não observa que, na vida, há surpresas e espantos que deveriam nos ensinar algo, sobre a constante imprevisibilidade de tudo.

338. (CESGRANRIO – Analista Judiciário – TJRO -2008) "Atualmente a equipe da Fundação está dedicada a um trabalho exaustivo: ir a cada uma das comunidades,"

O sinal de dois pontos da sentença acima só pode ser substituído por:

(A) , aliás,

(B) , a saber,

(C) , inclusive,

(D) , ou melhor,

(E) , por exemplo,

339. (FCC – Técnico Judiciário – TRT da 5ª. Região – 2008)

É impossível imaginar o avanço da civilização humana sem a existência de normas.

As regras de convivência trouxeram a humanidade a seu estágio atual de desenvolvimento.

As regras garantem a ordem social e a transmissão do conhecimento.

As frases acima formam um único período com clareza, correção e lógica em:

(A) As regras garantem a ordem social e a transmissão do conhecimento, o que é impossível imaginar o avanço da civilização humana sem a existência dessas normas, conquanto elas trouxeram a humanidade a seu estágio atual de desenvolvimento.

(B) As regras de convivência trouxeram a humanidade a seu estágio atual de desenvolvimento, já que elas garantem a ordem social e a transmissão do conhecimento, sendo, portanto, impossível imaginar o avanço da civilização humana sem a existência de tais normas.

(C) É impossível imaginar o avanço da civilização humana sem a existência de normas, das quais as regras de convivência trouxeram a humanidade a seu estágio] atual de desenvolvimento, com regras para garantir a ordem social e a transmissão do conhecimento.

(D) O avanço da civilização humana sem a existência de normas, fica impossível imaginar-lhe, pois as regras de convivência trouxeram a humanidade a seu estágio atual de desenvolvimento, desde que elas que garantem a ordem social e a transmissão do conhecimento.

(E) As regras garantem a ordem social e a transmissão do conhecimento, sendo, então, impossível imaginá-lo sem a existência dessas normas como regras de convivência, que foram as quais trouxeram a humanidade a seu estágio atual de desenvolvimento.

340. (FUNDEP - Técnico Judiciário - TJMG - 2007) "O tédio, **portanto**, foi um produto de luxo, e isso até tão recentemente que Baudelaire, para, há meio século e meio, descrevê-lo, comparou-se ao rei de um país chuvoso [...]"

O termo destacado apresenta uma idéia de

(A) causa.

(B) concessão.

(C) conclusão.

(D) consequência.

341. (TJ-SC - Técnico em computação - TJSC - 2007) Analise as proposições abaixo e assinale a alternativa correta:

I. A empresa quer garantias de que você se envolva com o trabalho (oração subordinada substantiva).

II. Trata-se de um bem que não se pode destruir (oração subordinada adjetiva).

III. A peça era muito boa para que eu deixasse de assisti-la (oração subordinada adjetiva).

IV. Não sei se ela virá (oração subordinada adverbial).

V. Durante a greve, todos os funcionários agiram como o sindicato mandava (oração subordinada adverbial).

(A) I, III, V

(B) III, IV

(C) II, III, IV

(D) I, II. V

342. (Técnico em computação - TJ-SC - 2007) As proposições abaixo estão pontuadas de maneiras diferentes. Assinale a alternativa que corresponde à proposição de pontuação correta.

(A) Entreguei ao estagiário, o auxiliar do promotor, o processo que, deve ser analisado.

(B) Entreguei ao estagiário o auxiliar do promotor, o processo que deve ser analisado.

(C) Entreguei ao estagiário - o auxiliar do promotor, o processo que deve, ser analisado.

(D) Entreguei ao estagiário, o auxiliar do promotor, o processo que deve ser analisado.

343. (FCC - Analista Judiciário - TRF da 5ª. Região - 2007) *Como é passível de comprovação, em toda sociedade o ideário e as estruturas de poder desenvolvem-se dentro dos limites postos por determinados fatores básicos, como o patrimônio genético, o meio geográfico ou o estado da técnica.*

Observada a frase acima, e sempre considerando o contexto, é correto afirmar:

(A) Em *Como é passível de comprovação*, a conjunção introduz um dos termos de uma relação comparativa.

(B) O adjetivo *passível* está empregado em respeito à norma padrão da Língua Portuguesa, assim como o está em "Eram depoimentos realmente passível de contestação".
(C) A expressão *em toda sociedade* pode ser substituída por "na sociedade como um todo".
(D) O emprego de *determinados* contribui para a expressão da idéia de que o homem, por meio de sua ação, pode relativizar exclusivamente as forças exteriores que o cerceiam.
(E) Em *como o patrimônio genético*, o termo destacado equivale a "a exemplo de".

344. **(FCC – Analista Judiciário – TRF da 5ª. Região – 2007)** *Contudo, seu diagnóstico da realidade, embora não chegasse a abalar os alicerces dessa fé, já atentava para as novas formas de manipulação e domínio emersas das próprias revoluções democráticas...*

No fragmento acima, sempre considerado o contexto,
(A) *Contudo* tem o mesmo valor que a expressão destacada em "Ele não veio, **ainda assim** foi-lhe feita a homenagem programada".
(B) o emprego de *próprias* fortalece o seguinte entendimento: não seria de se esperar que novas formas de manipulação e domínio adviessem das revoluções democráticas.
(C) se a frase *embora não chegasse a abalar os alicerces dessa fé* for substituída por "se, por acaso, não abalasse os alicerces dessa fé", o sentido original ficará mantido.
(D) *seu* remete a *proletário moderno*, termo da oração imediatamente anterior.
(E) *emersas*, considerada em relação à palavra "imersas", pode servir de exemplo de palavra homônima homófona e homógrafa.

345. **(FCC – Analista Judiciário – TRF da 5ª. Região – 2007)** Muitos exemplos elucidam que é difícil harmonizar instância particular /instância comum. O homem que milita na esfera política está na hora de tomar consciência do seu papel. Às vezes, seus interesses pessoais podem correr o risco de prejuízo. Mas ele tem de ser um mediador entre os anseios das diferentes camadas da sociedade e o âmbito institucional em que se dão as decisões; estas afetam o conjunto das pessoas.

O discurso acima está lógica, clara e corretamente organizado num único período assim:
(A) Muitos são os exemplos que elucidam a dificuldade de se harmonizar a instância particular com a comum, a exigir a tomada de consciência do homem que milita na esfera política acerca da necessidade de sua atuação como mediador entre os anseios das distintas camadas sociais e o âmbito institucional em que se tomam decisões para o conjunto da sociedade, ainda que, em certas circunstâncias, seus interesses pessoais possam correr o risco de ser prejudicados.
(B) Visto que muitos exemplos elucidam como é difícil harmonizar a instância particular e a comum, o homem militante está na hora de tomar consciência do seu papel político, quando corre o risco, às vezes, de ter interesses pessoais prejudicados, mas deve ser o mediador entre os anseios das diferentes camadas da sociedade e o âmbito em que as decisões coletivas são tomadas, que afetam a todos.
(C) O homem que milita na esfera política está na hora de tomar consciência – considerado que muitos exemplos elucidam que é difícil harmonizar entre si as instâncias particular e a comum: seu papel é daquele que media os anseios das distintas camadas sociais e o âmbito institucional em que as decisões são tomadas, vindo a afetar o conjunto das pessoas e, porventura, o seu próprio interesse pessoal.
(D) É difícil, e há exemplos disso, de que o particular e o comum raramente se harmonizam, mas, mesmo correndo riscos de ter interesses pessoais prejudicados, o homem que milita na esfera política tem de conscientizar de que seu papel é mediar interesses entre os anseios das distintas camadas da sociedade com o âmbito institucional em que as decisões em plano de nação são tomadas.

(E) Muitas vezes o homem que milita na esfera política conhece a dificuldade de harmonizar a instância particular e a comum, e muitos exemplos há disso, mas é chegada a hora de se tomar consciência do papel do político como mediador dos anseios das diferentes camadas da sociedade frente às instituições em cujo o âmbito tomam-se decisões que afetam toda a sociedade e talvez os interesses pessoais dele.

346. **(FUNDEP - Técnico Judiciário - TJMG - 2007)** "A maioria opta por ficar horas diante da TV, assistindo a 'reality shows', os quais, por razões que me escapam, tornam interessante para seu público a vida comum de estranhos, ou seja, algo idêntico à própria rotina considerada vazia, claustrofóbica."

A redação que NÃO apresenta erro gramatical é

(A) Algo idêntico a própria rotina considerada vazia, claustrofóbica, ou seja, a vida comum de estranhos, torna-se interessante para o público da TV, cuja maioria opta por ficar horas diante dela assistindo, por razões, que me escapam, "reality shows".

(B) A vida comum de estranhos, ou seja, algo idêntico à própria rotina considerada vazia, claustrofóbica, tornam-se, por razões que me escapam, interessante para a maioria do público o qual opta por ficar horas diante da TV assistindo a "reality shows".

(C) Escapa-me as razões pelas quais os "reality shows", que a maioria assiste, optando por ficar horas diante da TV, tornam interessante para seu público a vida comum de estranhos, ou seja, algo idêntico à própria rotina considerada vazia, claustrofóbica.

(D) Os "reality shows", aos quais a maioria, ficando horas diante da TV, opta por assistir, tornam, por razões que me escapam, interessante para seu público a vida comum de estranhos, ou seja, algo idêntico à própria rotina considerada vazia, claustrofóbica.

347. **(FCC - Técnico Judiciário - TJPE - 2007)**

A tecnologia gera demanda por velocidade.

A velocidade leva ao desenvolvimento de novas tecnologias com resultados cada vez mais rápidos.

Vivemos hoje um círculo vicioso aparentemente inquebrável.

As frases acima articulam-se em um único período com clareza, correção e lógica, da seguinte maneira:

(A) A tecnologia gera demanda por velocidade, onde ela leva ao desenvolvimento de novas tecnologias de resultados sempre mais rápidos, pois vivemos hoje um círculo vicioso aparentemente inquebrável.

(B) A velocidade leva ao desenvolvimento de novas tecnologias de resultados cada vez mais rápidos: conquanto a tecnologia gera demanda por ela, onde vivemos hoje um círculo vicioso aparentemente inquebrável.

(C) Vivemos hoje um círculo vicioso aparentemente inquebrável: a tecnologia gera demanda por velocidade, que, por sua vez, leva ao desenvolvimento de novas tecnologias que resultam em maior rapidez.

(D) A tecnologia gera demanda por velocidade que, por nossa vez, vivemos hoje um círculo vicioso aparentemente inquebrável, com a velocidade que leva ao desenvolvimento de novas tecnologias resultantes de cada vez mais rápidas.

(E) A velocidade que leva ao desenvolvimento de novas tecnologias de resultados cada vez mais rápidas, de cuja tecnologia gera demanda por esta, por vivermos hoje um círculo vicioso aparentemente inquebrável.

348. **(FCC - Analista Judiciário - TRE-SP - 2006)** *Mas a história social não cumpriu a parte que lhe cabia no acordo, e uma parcela considerável da humanidade ficou excluída dos benefícios.*

Uma outra redação da frase acima, que mantenha a correção da forma e a coerência do sentido, pode ser:

(A) Uma parcela considerável da humanidade ficou excluída dos benefícios, tanto assim que a parte que lhe cabia no acordo deixou de ser cumprido pela história social.

(B) Conquanto não tenha sido cumprida pela história social o que lhe cabia como parte do acordo, excluiu- se os benefícios de uma parcela considerável da humanidade.

(C) Ficou excluída dos benefícios uma parcela considerável da humanidade, uma vez que a história social deixou de cumprir a parte que lhe cabia no acordo.

(D) Dado que a história social, que não cumpriu a parte que lhe cabia no acordo, eis que se achou excluída dos benefícios uma parcela considerável da humanidade.

(E) Tendo em vista que não cumpriu sua parte no acordo, a história social excluiu do que lhe cabia os benefícios de uma parcela considerável da humanidade.

349. **(FCC – Analista Judiciário – TRE-SP – 2006)** Está inteiramente correta a pontuação do seguinte comentário sobre o texto:

(A) O tema da exclusão, que está no centro desse texto, representa-se em muitas outras páginas do autor, que, entre outros cargos, ocupou o de reitor da UNB.

(B) A exclusão é sem dúvida, um tema da modernidade, quando as ilusões da globalização fazem crer que estejamos todos, incluídos no desenvolvimento internacional.

(C) Entre as ilusões da modernidade, estão os sonhos de consumo, acalentados por muitos, principalmente, por aqueles que pouco acesso têm, ao mercado globalizado.

(D) Quem é que não sonha com mais tempo livre, no entanto, esse é um privilégio reservado aos que desfrutam de fato, dos benefícios do progresso tecnológico.

(E) Ter muito tempo livre para os mais pobres, pode significar ter pouco trabalho; menos condições de ganhar seu sustento, ou que dirá de sonhar com o consumo...

350. **(TJ-SC – Técnico Judiciário Auxiliar – TJSC – 2005)** Observe as proposições abaixo e assinale a alternativa correta:

(A) Em Ninguém está livre disso, "ninguém" é pronome adjetivo indefinido; por isso não pode exercer a função de sujeito.

(B) Em Criou-se uma espécie de tirania da alegria o sujeito é indeterminado.

(C) Em Vivemos numa ditadura da felicidade há sujeito simples indeterminado.

(D) Em colocamos as tristezas embaixo do tapete o sujeito é composto.

351. **(TJ-SC – Técnico Judiciário Auxiliar – TJSC – 2005)** Enumere a primeira coluna de acordo com a segunda e assinale a alternativa correta:

( ) Se ele confessou, não sei.

( ) Procuramos profissionais que sejam criativos.

( ) Sem estudar, você será reprovado.

( ) Ao analisar o desempenho da economia brasileira, os empresários afirmaram que os resultados eram satisfatórios.

( ) A casa onde estou é ótima.

1. subordinada adjetiva
2. subordinada substantiva objetiva direta
3. subordinada adverbial temporal
4. subordinada condicional reduzida do infinito
5. subordinada adjetiva restritiva

(A) 2 – 3 – 1 – 4 – 5

(B) 2 – 1 – 4 – 3 – 5

(C) 4 – 1 – 3 – 5 – 2

(D) 3 – 5 – 2 – 1 – 4

352. **(TJ-SC – Técnico Judiciário Auxiliar – TJSC – 2005)** No trecho abaixo, adaptado da revista Vida Simples (dezembro de 2004, p. 26), assinale a alternativa que traz a pontuação de acordo com as normas da gramática normativa:

(A) Há situações em que obviamente, é preciso reflexão e seriedade: uma doença grave, por exemplo. Comparado a isso, um relatório com prazo para ser entregue, fica pequeno, certo? Nem sempre. Há hoje uma ditadura do acerto, que proíbe qualquer erro. Então, na tentativa de não errar nunca, de corresponder ao que esperam de nós, degraus viram barreiras intransponíveis.

(B) Há situações em que, obviamente, é preciso reflexão e seriedade: uma doença grave, por exemplo. Comparado a isso, um relatório com prazo para ser entregue fica pequeno, Certo? Nem sempre. Há hoje uma ditadura do acerto, que proíbe qualquer erro. Então, na tentativa de não errar nunca, de corresponder ao que esperam de nós, degraus viram barreiras intransponíveis.

(C) Há situações, em que obviamente é preciso reflexão e seriedade – uma doença grave, por exemplo. Comparado a isso um relatório com prazo para ser entregue, fica pequeno, certo? Nem sempre. Há hoje uma ditadura do acerto, que proíbe qualquer erro, então, na tentativa de não errar, nunca de corresponder ao que esperam de nós, degraus viram barreiras intransponíveis.

(D) Há situações em que, obviamente é preciso reflexão e seriedade; uma doença grave, por exemplo. Comparado a isso, um relatório, com prazo para ser entregue fica pequeno, certo? Nem sempre! Há hoje uma ditadura do acerto, que proíbe qualquer erro, então na tentativa de não errar, nunca de corresponder ao que esperam de nós, degraus viram barreiras intransponíveis.

353. **(TJ-SC – Técnico Judiciário Auxiliar – TJSC – 2005)** Observe as palavras sublinhadas em cada período, na sua sequência, e assinale a alternativa correta no que se refere à classe gramatical:

(A) Em "numa sociedade cada vez mais pressionada por conceitos como sucesso e competitividade, parece que sofrer virou coisa de fracos", estão sublinhados: artigo indefinido, locução adjetiva, verbo, expressão adjetiva.

(B) Em "A morte de alguém querido, a perda de um emprego, um amor", os termos sublinhados são: substantivo, adjetivo, substantivo, substantivo.

(C) Em "Quem não se sente feliz que compre um antidepressivo ou se esconda em casa", estão sublinhados: pronome substantivo, presente do subjuntivo do verbo comprar, substantivo simples, locução prepositiva.

(D) Em "Nessa busca incessante pela alegria, colocamos as tristezas embaixo do tapete e nos enchemos de ansiedade, angústia e cobranças", estão sublinhados: verbo, adjetivo, advérbio, pronome pessoal reto.

▶ GABARITO

01	D	**08**	C	**15**	D	**22**	B	**29**	D	**36**	C	**43**	A	**50**	E
02	A	**09**	E	**16**	D	**23**	A	**30**	A	**37**	B	**44**	E	**51**	C
03	E	**10**	D	**17**	E	**24**	A	**31**	C	**38**	C	**45**	B	**52**	B
04	E	**11**	E	**18**	C	**25**	C	**32**	E	**39**	E	**46**	E	**53**	D
05	B	**12**	A	**19**	A	**26**	E	**33**	C	**40**	E	**47**	E	**54**	E
06	B	**13**	A	**20**	B	**27**	E	**34**	B	**41**	D	**48**	E	**55**	A
07	E	**14**	B	**21**	D	**28**	C	**35**	E	**42**	A	**49**	B	**56**	B

57	A	100	C	143	D	186	C	229	E	272	C	315	C
58	B	101	D	144	E	187	D	230	C	273	C	316	C
59	E	102	B	145	A	188	E	231	B	274	B	317	C
60	A	103	C	146	C	189	B	232	A	275	C	318	B
61	C	104	D	147	B	190	A	233	C	276	A	319	A
62	D	105	E	148	E	191	D	234	A	277	E	320	C
63	C	106	A	149	A	192	E	235	A	278	A	321	A
64	E	107	A	150	B	193	E	236	A	279	B	322	E
65	E	108	B	151	A	194	A	237	B	280	C	323	C
66	E	109	C	152	E	195	A	238	D	281	A	324	C
67	C	110	D	153	D	196	A	239	C	282	D	325	B
68	C	111	D	154	B	197	D	240	A	283	B	326	C
69	C	112	E	155	B	198	C	241	B	284	A	327	A
70	E	113	D	156	B	199	B	242	B	285	A	328	C
71	C	114	B	157	D	200	A	243	C	286	B	329	D
72	C	115	B	158	D	201	B	244	C	287	C	330	B
73	E	116	E	159	D	202	E	245	C	288	A	331	E
74	C	117	B	160	A	203	E	246	D	289	C	332	E
75	D	118	C	161	B	204	B	247	E	290	B	333	E
76	E	119	D	162	D	205	B	248	C	291	C	334	B
77	B	120	B	163	E	206	D	249	D	292	D	335	B
78	C	121	B	164	B	207	B	250	E	293	D	336	C
79	E	122	D	165	D	208	E	251	C	294	D	337	A
80	B	123	D	166	C	209	E	252	D	295	E	338	B
81	C	124	E	167	C	210	A	253	E	296	A	339	B
82	D	125	E	168	D	211	D	254	D	297	D	340	C
83	C	126	B	169	E	212	D	255	E	298	B	341	D
84	B	127	B	170	B	213	A	256	D	299	D	342	D
85	C	128	D	171	A	214	D	257	B	300	E	343	E
86	B	129	A	172	D	215	A	258	E	301	C	344	B
87	A	130	B	173	E	216	B	259	A	302	D	345	A
88	C	131	A	174	E	217	E	260	C	303	D	346	D
89	A	132	D	175	A	218	E	261	D	304	B	347	C
90	E	133	A	176	A	219	B	262	C	305	A	348	C
91	E	134	A	177	A	220	C	263	A	306	B	349	A
92	D	135	C	178	D	221	D	264	E	307	C	350	B
93	D	136	A	179	C	222	C	265	D	308	B	351	B
94	E	137	D	180	B	223	D	266	B	309	A	352	B
95	C	138	A	181	D	224	A	267	B	310	C	353	B
96	C	139	A	182	E	225	B	268	C	311	B		
97	D	140	A	183	B	226	C	269	C	312	B		
98	C	141	D	184	D	227	C	270	B	313	A		
99	A	142	B	185	C	228	B	271	B	314	C		

Parte 4

▶ CAPÍTULO 16

Apêndice 1

Formação de palavras

▶ CAPÍTULO 17

Apêndice 2

Fonética e fonologia

▶ CAPÍTULO 18

Apêndice 3

Acentuação gráfica e ortografia

▶ CAPÍTULO 19

Exercícios

CAPÍTULO 16

Apêndice 1

Formação de palavras

A nomenclatura relativa aos processos de formação de palavras não tem sido muito abordada na maioria das provas. No entanto, faz parte do edital algumas bancas elaboradoras de provas. Vamos, agora, levantar os processos que servem para ampliar nosso léxico, isto é, aumentar o vocabulário.

No Português, os principais processos para formar palavras novas são dois: **derivação** e **composição.**

DERIVAÇÃO

A derivação é a formação de palavras a partir da anexação de afixos à palavra primitiva.

Exemplo:

- *inútil = prefixo in- + radical útil.*

O processo de derivação pode ser prefixal, sufixal, parassintética, regressiva e imprópria.

Derivação Prefixal

A derivação prefixal faz-se pela anexação de prefixo à palavra primitiva.

Exemplos:

- *Resolveu **des**fazer as malas assim que entrou no hotel.*
- *Vou **re**fazer os cálculos para contornar o problema no orçamento.*

Derivação Sufixal

A derivação sufixal faz-se pela anexação de sufixo à palavra primitiva.

Exemplos:

- *Conversou com os amigos alegre**mente*** na sala de bate-papo virtual.
- *O noivo revelou-se muito carinh**oso** com a família da futura esposa.*

Os sufixos são divididos em nominais, verbais e adverbiais.

Os **sufixos nominais** são os que derivam substantivos e adjetivos:

▶ SUFIXOS NOMINAIS

Sufixos aumentativos	Sufixos diminutivos
-aça (barcaça, barbaça); -aço (estilhaço, ricaço); -alhão (brincalhão, vagalhão); -anzil (corpanzil); -ão (chorão, sapatão); -aréu (fogaréu, povaréu); -arra (naviarra, bocarra); -arrão (canzarrão, homenzarrão); -astro (poetastro, medicastro); -az (voraz, cartaz); -ázio (copázio, gatázio); -eirão (vozeirão, asneirão); -orra (cabeçorra, beiçorra); -aça (dentuça, carduça)	-acho(a), -icho(a), -ucho(a) (riacho, fogacho, cornicho, barbicha, gorducho, papelucho); -ebre (casebre) -eco(a), -ico(a) (jornaleco, soneca, Antonico, burrico); -ela (rodela, viela, janela); -elho(a), -ejo, ilho(a) (artelho, rapazelho, lugarejo, quintalejo, ladrilho, cartilha); -ete, -eto(a), -ito(a), -ote(a) (lembrete, artiguete, coreto, saleta, cabrito, Manuelito, casita, filhote, serrote, velhota); -inho(a), -ino(a), -im (amiguinho, menininha, pequenino, violino, neblina, espadim, camarim); -isco(a), -usco(a) (chuvisco, asterisco, odalisca, velhusco, chamusco); -oca (sitioca, engenhoca); -ola (rapazola, gaiola, fazendola);

Sufixos diminutivos eruditos

-ículo(a) (artículo, cubículo, gotícula, película, partícula);
-ulo(a) (glóbulo, grânulo);
-únculo(a) (homúnculo, questiúncula);
-úsculo(a) (corpúsculo, opúsculo);

Outros sufixos nominais

-áceo(a) (semelhança, pertinência = galináceo, rosácea, farináceo, herbáceo);
-ácea (qualidade, ação = audácia, falácia);
-aco(a) (relação íntima, estado íntimo, origem = austríaco, maníaco, cardíaco, demoníaco, amoníaco, zodíaco);
-ado(a), -ato(a) (posse, instrumento, matéria, quantidade = barbado, avermelhado, bispado, paulada, cacetada, bananada, laranjada, boiada, noitada, temporada, sensato, cordato);
-agem (ação, resultado de ação, relação íntima = viagem, miragem, imagem, homenagem, folhagem, selvagem);
-aico (referência, pertinência = prosaico, judaico, arcaico, incaico, hebraico);
-al, -ar (pertinência, coleção, quantidade, cultura de vegetais = genial, mortal, areal, pantanal, curral, tribunal, arrozal, bananal, familiar, militar);
-alha (quantidade pejorativa = canalha, gentalha, parentalha);
-ama, -ame (quantidade = dinheirama, vasilhame, madeirame);
-anca, -ância (ação, resultado da ação, estado = esperança, lembrança, ignorância, vigilância, tolerância);
-ando(a) (ação furtiva aplicada a um indivíduo = doutorando, vestibulando);
-aneo(a) (modo de ser, capacidade = contemporâneo, sucedâneo, instantâneo, momentâneo);
-ano(a) (proveniência, origem, semelhança, sectário ou partidário de = italiano, sergipano, paulistano, republicano, parnasiano, camoniano, meridiano, cotidiano);

▶ SUFIXOS NOMINAIS

-ão(ã) (forma popular do sufixo -ano(a) = alemão, aldeão, beirão);
-aria, -eiro(a) (atividade, estabelecimento comercial, coleção = pizzaria, padaria, estrebaria, tesouraria, livraria, pedraria, bruxaria, livreiro, galinheiro, caseira);
-ário(a) (profissões, lugares onde -se guardam coisas = operário, mandatário, escriturário, vestiário, armário);
-ção, -são (ação, resultado da ação = condição, traição, extensão, prisão, visão);
-dade (qualidade, modo de ser, estado = dignidade, bondade, maldade, castidade, crueldade, normalidade, ruindade, falsidade);
ouro(a) (pertinência, ação = vindouro, ancoradouro, manjedoura);
-dura, -tura, -sura (resultado da ação, instrumento de uma ação = assadura, armadura, ditadura, criatura, abertura, tintura, mensura, clausura);
-edo (cheio de = arvoredo, vinhedo, olivedo, rochedo, lajedo, passaredo);
-el (formador de adjetivos = cruel, fiel);
-ença, -ência (ação ou resultado da ação = crença, doença, presença, diferença, violência, falência, ocorrência, prudência);
-engo(a) (relação, pertinência, posse = mulherengo, flamengo, realengo);
-eno(a) (referência, origem = terreno, chileno, nazareno, obsceno);
-ense, -ês(a) (origem, procedência, relação = parisiense, piauiense, fluminense, português, francês, cortês, burguês, inglesa);
-ente, -ante, -inte (agente, ação, qualidade, estado = doente, poente, agente, navegante, pedinte, ouvinte, constituinte);
-ento(a) (agente, cheio de, que tem o caráter de = barulhento, poeirenta, ciumento, avarento, lamacento);
-esco(a), -isco(a) (relação, semelhança, qualidade = carnavalesco, quixotesco, parentesco, gigantesco, mourisco);
-este (relação = agreste, celeste);
-estre (relação = pedestre, campestre, silvestre, terrestre);
-eu (origem, procedência, relação = hebreu, judeu, europeu, galileu);
-ez, -eza (formam substantivos abstratos = altivez, surdez, palidez, riqueza, beleza, safadeza, avareza, tristeza);
-ia (qualidade, estado, propriedade, profissão = moléstia, alegria, chefia, diretoria, filosofia);
-iça, -ícia (formam substantivos abstratos = justiça, preguiça, cobiça, malícia);
-ice, -ície (formam substantivos abstratos = velhice, meninice, doidice, imundície, calvície);
-ício(a), -iço(a) (relação, referência = alimentício, natalício, adventício, patrício, movediço, quebradiço);
-il (semelhança, referência = pueril, senil, hostil, civil, febril, canil);
-ino(a) (relação, semelhança, origem, natureza = divino, latino, cristalino, londrino, marroquino, matutino, peregrino);
-io(a) (relação = vazio, estio, sadio, sombrio, tardio, fugidio);
-ismo (doutrina, escola, teoria, sistema, modo de proceder ou pensar, ação = socialismo, capitalismo, comunismo, romantismo, ostracismo, realismo, anarquismo, terrorismo, exorcismo);
-ista (partidário ou sectário de doutrina, sistema, teoria, principio, agente, ocuparão, origem = socialista, capitalista, comunista, simbolista, realista, anarquista, dentista, artista, pianista, budista, paulista, sulista, nortista);
-ita (origem, pertinência = eremita, jesuíta, israelita, selenita);

▶ SUFIXOS NOMINAIS
-ite (inflamação = amigdalite, bronquite, gastrite, estomatite);
-mento(a) (instrumento, coleção, ação ou resultado da ação = ferramenta, vestimenta, fardamento, ferimento, casamento, sentimento, armamento);
-onho(a) (propriedade hábito constante = risonho, medonho, tristonho, enfadonho);
-or (qualidade, propriedade = sabor, amargor, fervor);
-(d)or, -(t)or, -(s)or (agente, profissão, instrumento de ação = trabalhador, corredor, escritor, inspetor, leitor, agressor, professor, confessor);
-oso(a) (abundância, plenitude = famoso, apetitoso, meticuloso, medrosa, saudosa, venenosa);
-oz (formador de adjetivos = veloz, atroz, feroz);
-tério (instrumento, lugar onde se faz algo = saltério, cemitério, necrotério, batistério);
-tico(a) (relação = rústico, aromático, aquático, fanático, lunático);
-tório(a) (lugar, resultado da ação = refeitório, laboratório, imigratório, vitória);
-tude, -dão (formador de substantivos abstratos = amplitude, juventude, similitude, magnitude, solidão, gratidão, retidão);
-udo(a) (provido ou cheio de = peludo, barbudo, carnuda, narigudo, pontudo);
-ugem (semelhança, quantidade = ferrugem, penugem, rabugem);
-ulho (quantidade, coleção = pedregulho, marulho, barulho);
-ume (resultado de ação, coleção = azedume, queixume, negrume, cardume);
-ura (formador de substantivos abstratos = alvura, candura, formosura, ternura);
-urno(a) (duração = diurno, noturno, taciturna);
-vel (possibilidade ou posse = impagável, inestimável, indelével, cabível, perecível);

Os **sufixos verbais** são os que derivam verbos:

São sufixos verbais da 1ª conjugação:

▶ SUFIXOS VERBAIS
Da 1ª conjugação
-ear, -ejar (ação durativa [prolongada]; o processo se repete [iterativo] - indica transformação, mudança de estado = cabecear, verdejar, gotear, gotejar);
-cotar (ação durativa - qualidade, modo de ser, mudança de estado (factitivo) = amamentar, amolentar, ensanguentar);
-ficar, -fazer (ação durativa - modo de ser, mudança de estado (factitivo) = liquidificar, liquefazer, mumificar, retificar);
-icar, -iscar (o processo se repete [iterativo] - diminutivo = bebericar, mordiscar, chuviscar, adocicar);
-ilhar; -inhar (iterativo - diminutivo = dedilhar, cuspilhar, cuspinhar, patinhar);
-itar (iterativo - diminutivo = saltitar, dormitar);
-izar (ação que se prolonga [durativa] - factitivo = alfabetizar, fertilizar, catequizar, computadorizar).
Da 2ª conjugação
-ecer, -escer (início de um processo e seu desenvolvimento - mudança de estado, transformação = amanhecer, rejuvenescer, florescer, enaltecer, entardecer, ensandecer).

O **sufixo adverbial** é o que deriva advérbio, esse existe apenas um: -mente

Derivação Parassintética

A derivação parassintética faz-se pela anexação simultânea de prefixo e sufixo à palavra primitiva.

Exemplos:

- *Era mesmo um indivíduo* ***des****alm****ado****!*
- *O final da tarde é melancólico e faz o solitário* ***en****trist****ecer****.*

A derivação parassintética só acontece quando os dois morfemas (prefixo e sufixo) se unem ao radical simultaneamente. Note que na palavra **desalmado** houve parassíntese, é fácil perceber, pois não existe a palavra **desalma**, da qual teria vindo **desalmado**, da mesma forma não existe a palavra **almado**, da qual também teria vindo **desalmado**, ocorreu anexação de prefixo e sufixo ao mesmo tempo.

Derivação Regressiva

A derivação regressiva faz-se pela redução da palavra primitiva.

Exemplos:

- *O trabalho (trabalhar) enobrece o homem.*
- *O choro (chorar) era agudo e feira os ouvidos.*

O processo de derivação regressiva produz os substantivos deverbais, esses são substantivos derivados a partir de verbos.

Derivação Imprópria

A derivação imprópria forma-se quando uma palavra muda de classe gramatical sem que a forma da primitiva seja alterada.

Exemplos:

- *O* ***infeliz*** *nuca se conforma com as adversidades impostas pela vida.*
  ↳ (adjetivo torna-se substantivo).
- *Não aceito um* ***não*** *para a proposta que fiz.*
  ↳ (advérbio torna-se substantivo, o artigo um substantiva o advérbio).

COMPOSIÇÃO

O processo de composição forma palavras através da junção de dois ou mais radicais.

- *Exemplos: guarda-roupa, pombo-correio.*

Há dois tipos de composição: aglutinação e justaposição.

Composição por Aglutinação

A aglutinação ocorre quando um dos radicais, ao se unirem, sofre alterações.

Exemplos:

- *O relevo principal da região é o* ***planalto*** *(plano + alto),*
- *Vamos* ***embora*** *(em + boa + hora), porque o tempo urge.*

Composição por Justaposição

A justaposição ocorre quando os radicais, ao se unirem, não sofrem alterações.

Exemplos:

- O ***passatempo*** do velho era o jogo de dominó.
- O lanche servido foi ***cachorro-quente*** e suco.
- O ***girassol*** floresce na janela.

OUTROS PROCESSOS

Hibridismo

O hibridismo corre quando os elementos que formam a palavra são de idiomas diferentes.

Exemplos:

- *Ele resolver sair sem* ***automóvel***
  ↳ (auto= grego, móvel= latim),
- *A* ***televisão*** *tomou conta dos lares.*
  ↳ (tele= grego, visão=latim).

Onomatopeia

A onomatopeia acontece nas palavras que simbolizam a reprodução de determinados sons.

Exemplos:

- *O* ***tique-taque*** do relógio acabou embalando-lhe o sono.
- O ***zunzum*** das abelhas revelava atividade intensa nas colmeias.

Redução ou Abreviação

A redução é processo que se manifesta quando uma palavra é muito longa, pois forma novas palavras a partir da redução ou abreviação de palavras já existentes.

Exemplos:

- *Era um participante de filmes **pornô** (pornográficos),*
- *Comprou a **moto** (motocicleta) por quantia bem razoável.*
- *Furou o **pneu** (pneumático) da van que os levaria.*

Neologismo

O neologismo é a criação de novas palavras para atender às necessidades dos falantes em contextos específicos.

Veja os neologismos num trecho do poema Amar, de Carlos Drummond de Andrade:

- *Que pode uma criatura senão,*
senão entre criaturas, amar?
amar e esquecer,
*amar e **malamar**,*
*amar, **desamar**, amar?*
sempre, e até de olhos vidrados, amar?

CAPÍTULO 17

Apêndice 2

Fonética e fonologia

1. FONOLOGIA

A fonologia é a subdivisão da Gramática que estuda o comportamento dos fonemas de uma língua, tomando-os como unidades sonoras capazes de criar diferença de significados. Outros nomes: fonêmica, fonemática.

2. FONÉTICA

A fonética é a subdivisão da Gramática que estuda as particularidades dos fonemas, ou seja, as variações que podem ocorrer na realização dos fonemas.

3. FONEMA E LETRA

O fonema é a menor unidade sonora e distintiva de uma língua. Os fonemas são divididos em *vogais, semivogais* e *consoantes*. É conveniente reforçar que o fonema é uma realidade acústica.

4. VOGAIS X SEMIVOGAIS

Seria ideal que pudéssemos continuar dizendo, com muita autoridade e certeza, que nossa língua tem CINCO VOGAIS. Seria bom, porque, na verdade, não é bem assim. Nossa língua não tem *exatamente* cinco vogais, não. Tem apenas UMA que realmente pode ser considerada vogal, porque NUNCA faz outro papel: a primeira, a vogal **A**.

As outras são vogais **ou** semivogais, dependendo de seu posicionamento na palavra. Melhor dizendo: elas têm sua pronúncia "plena" ou "reduzida", dependendo da ambientação em que se encontram na palavra, e das "letras" existentes ao seu lado!

Quando se pronuncia a palavra **peixe**, do jeito que é falada normalmente mesmo, em geral sai "pêxe". Isso ocorre *não porque apenas poucas pessoas sabem daquele i ali do lado do* e. A maioria sabe muito bem que o i está lá! O que ocorre é que, nesse encontro, o **e** é mais forte e plenamente pronunciado que o **i**. A pronúncia do i sai mais suave, quase desaparecida. Assim, tem-se um encontro entre uma **vogal** (E) e uma **semivogal** (I). Como o i é a semivogal, não pode, de jeito nenhum, ficar sozinho numa sílaba.

Observe uma outra palavra: ***imagem.*** É óbvio que o i precisa ser pronunciado plenamente.| Afinal, desta vez, ele forma sílaba sozinho. E se isso acontece, *ele não é mais uma semivogal, mas uma vogal plena*, assim como o A.

Portanto, começamos a pensar em outro assunto: a separação silábica. Não teremos, em qualquer circunstância, duas vogais (plenas) na mesma sílaba. Então, uma palavrinha pequena como *ira* tem duas sílabas, porque tem duas vogais (I e A).

E, claro, vocês já ouviram falar em ditongo, tritongo, hiato, não? Pois é: entender a diferença entre vogal e semivogal já nos dá um bom embasamento para entender esse outro assunto!

5. ENCONTROS VOCÁLICOS

Os *encontros vocálicos* são reuniões de vogais e semivogais, sem consoantes intermediárias. É necessário reconhecê-los para dividir corretamente os vocábulos em sílabas. São três os tipos de encontros: o *ditongo*, o *tritongo* e o *hiato*.

Ditongo

O ditongo é o encontro de uma vogal e uma semivogal (ou vice-versa) numa mesma sílaba. O ditongo pode ser:

a) **Crescente:** quando a *semivogal* vem antes da vogal.

✦ *Estava resolvendo uma <u>sé-**rie** (i = semivogal,</u> e = vogal) de exercícios.*

b) **Decrescente:** quando a *vogal* vem antes da semivogal.

✦ *O <u>**pai** (a = vogal, i = semivogal)</u> resolveu homenagear os filhos.*

c) **Oral:** quando o ar sai apenas pela boca.

✦ *O **pai** iniciou uma sér**ie** exames de saúde.*

d) **Nasal:** quando o ar sai pela boca e pelas fossas nasais.

✦ *A **mãe** não aprovava o comportamento leviano da filha.*

Tritongo

O tritongo é a sequência formada por uma semivogal, uma vogal e uma semivogal, sempre nessa ordem, numa só sílaba. Pode ser oral ou nasal.

✦ *O Parag**uai** fez o acordo com o Brasil.*

↳ Tritongo oral

+ *Vocês sabem q**uão** importante é o meu cargo?*

  ↳ Tritongo nasal

Hiato

O hiato é a sequência de duas vogais numa mesma palavra que pertencem a sílabas *diferentes*, já que nunca há mais de uma vogal numa sílaba.

+ *Não tem mais saída (s**a**-**í**-da) o nosso caso.*
+ *A poesia (p**o**-**e**-si-**a**) toca as almas mais insensíveis.*

6. ENCONTROS CONSONANTAIS

A reunião de duas ou mais consoantes, sem vogal intermediária, recebe o nome de *encontro consonantal* Esses encontros são basicamente de dois tipos:

a) Aqueles que resultam do contato consoante + **l** ou **r** e ocorrem numa mesma sílaba, como em:

+ *Água mole em pe-**dr**a dura, tanto bate até que fura.*
+ *Tenho um **pl**a-no infalível para vencer a concorrência.*
+ *O a-**tl**e-ta está sem condição de jogar.*
+ *A **cr**i-se assolou o País, de norte a sul.*

b) Aqueles que resultam do contato de duas consoantes pertencentes a sílabas diferentes:

+ *Bateu a po**r**-**t**a antes de sair.*
+ *O ri**t**-**m**o frenético agitava o corpo dos bailarinos.*
+ *Deixe seu nome na li**s**-**t**a amiga da boate.*

Há também grupos consonantais que surgem no início dos vocábulos; dessa forma, por isso, eles são inseparáveis:

+ *O **pn**eu era bem resistente, mas furou.*
+ *Temos um **gn**o-mo no jardim.*
+ *O **ps**i-có-lo-go é o médico da alma.*

7. DÍGRAFO

Na maioria das vezes, cada fonema é representado, na escrita, por apenas uma letra.

+ *O **lixo** foi reciclado pela indústria química.*

  ↳ O termo destacado possui quatro fonemas e quatro letras.

Existem, entretanto, fonemas que são representados, na escrita, por duas letras.

✦ *O homem parece um bi**ch**o quando enfrenta a fome.*

↳ A palavra destacada, agora, possui *quatro* fonemas e *cinco* letras. Na palavra acima, para representar o fonema I xeI foram utilizadas duas letras: o **c** e o **h**.

Por esse motivo , o dígrafo ocorre quando duas letras são usadas para representar um único fonema (*di* = dois + *grafo* = letra). Em nossa língua, há um número razoável de dígrafos que listamos a seguir, para você conhecer. Os dígrafos podem ser agrupados em dois tipos: *consonantais* e *vocálicos.*

▸ DÍGRAFOS CONSONANTAIS

Letras	Fonemas	Exemplos
lh	lhe	palha
nh	nhe	escaninho
ch	xe	chuveiro
rr	Re (no interior da palavra)	torrone
ss	se (no interior da palavra)	passado
qu	que (seguido de **e** e **i**)	querosene, quilo
gu	gue (seguido de **e** e **i**)	gueixa, seguinte
sc	se	descer
sç	se	cresço
xc	se	exceção

Dígrafos Vocálicos: registram-se na representação das vogais nasais.

▸ DÍGRAFOS VOCÁLICOS

Fonemas	Letras	Exemplos
ã	am	campo
	an	manto
ẽ	em	tempo
	en	venda
ĩ	im	limpo
	in	cinto
õ	om	quilombo
	on	ponto
ũ	um	macumba
	un	rotunda

CAPÍTULO 18

Apêndice 3

Acentuação gráfica e ortografia

REGRAS DE ACENTUAÇÃO GRÁFICA

As regras de acentuação gráfica se baseiam na constatação de que, no português, as palavras mais numerosas são as *paroxítonas*, seguidas pelas *oxítonas*. A maioria das paroxítonas termina em **-a, -e, -o, -em,** podendo ou não ser seguidas de "s". Essas paroxítonas, por serem maioria, **não** são acentuadas graficamente. Por sua vez, as *proparoxítonas*, por serem pouco numerosas, são sempre acentuadas.

Proparoxítonas

Sílaba tônica: antepenúltima

As proparoxítonas são **todas** acentuadas graficamente. **Exemplos:**

- *Foi **mágico** o momento que vivemos no Natal.*
- *O **médico** cuidou dos pacientes como se fossem seus parentes.*
- *A **clínica** foi reformada para receber os novos profissionais.*

Paroxítonas

Sílaba tônica: penúltima

Acentuam-se as paroxítonas terminadas em:

l	Foi **difícil** a questão.
n	As abelhas transportam **o pólen.**
r	Ocultou-se o **cadáver** da modelo.
ps	O exercício modela **o bíceps.**
x	Senti umas pontadas no **tórax.**
us	Um novo **vírus** foi descoberto.
i, is	O juiz deu ao **júri** alguns lápis.
ons	Calculou o número de **prótons.**
um, uns	Completei o **álbum** de figurinhas.

ã(s), ão(s)	O **órfão** e a **órfã** foram adotados.
ditongo oral (seguido ou não de s)	Ele é **jóquei.**

Observações:

1) As paroxítonas terminadas em *"n"* são acentuadas (hífen), mas as que terminam em *"ens"*, não.

- *Use o **hífen** corretamente.*
- *Há **itens** pouco claros no processo.*

2) Não são acentuados os prefixos terminados em *"i "*e *"r"*. *(semi, super)*

- *O clima da região é **semiárido**.*
- *A bactéria é **super-resistente** aos medicamentos.*

3) Acentuam-se as paroxítonas terminadas em ditongos crescentes: *ea(s), oa(s), eo(s), ua(s), ia(s), ue(s), ie(s), uo(s),io(s).*

Exemplos:

- *Fizeram um campeonato de futebol de **várzea.***
- *Não guardo **mágoa** de ninguém.*
- *Coloque um pouco de **óleo** na dobradiça desta porta.*
- *Mediu o cartão com a **régua.***
- *Estarei em **férias** no mês de fevereiro.*
- *A criança não tem **cárie** mais.*
- *Fui muito **ingênuo** quando aceitei a proposta.*
- *Desde o **início** do ano quero falar com vocês.*

Oxítona

Sílaba tônica: última

Acentuam-se as oxítonas terminadas em:

a(s):	Comprou novo **sofá** para a sala.
e(s):	**Vocês** estão enganados comigo.
o(s):	Não lavou o **paletó** que eu pedi?
em, ens:	**Ninguém** quer me ajudar aqui.

Monossílabos

Os monossílabos, conforme a intensidade com que se proferem, podem ser **tônicos** ou **átonos**.

Monossílabos Tônicos

São aqueles que demonstram autonomia fonética, sendo proferidos **fortemente** na frase em que aparecem. Acentuam-se os monossílabos tônicos terminados em:

- ***a(s):*** *Vou* ***lá*** *no Natal.*
- ***e(s):*** *Meu* ***pé*** *está doendo.*
- ***o(s):*** ***Só*** *você pode me ajudar.*

Monossílabos Átonos

São os que não apresentam autonomia fonética, sendo proferidos **fracamente,** como se fossem sílabas átonas do vocábulo a que se apoiam.

Exemplos:

o(s), a(s), um, uns, me, te, se, lhe nos, de, em, e, que, etc.

- *Esse é o carro* ***do*** *meu pai.*
- ***A*** *garota se parece muito com a mãe.*
- ***Um*** *dia todos* ***me*** *darão razão.*
- *Deu-****me uns*** *trocados para o lanche.*
- *Quem* ***te*** *perguntou* ***se*** *eu iria* ***me*** *formar?*

Observações:

1) Os monossílabos átonos são palavras vazias de sentido, vindo representados por artigos, pronomes oblíquos, elementos de ligação (preposições, conjunções).
2) Há monossílabos que são tônicos numa frase e átonos em outras.

Exemplos:

- *Você trouxe sua apostila para* ***quê? (tônico)***
- ***Que*** *há dentro de sua bolsa****? (átono)***

> ▶ **SAIBA QUE:**
>
> Muitos verbos, ao se combinarem com pronomes oblíquos, produzem formas oxítonas ou monossilábicas que devem ser acentuadas por acabarem assumindo alguma das terminações contidas nas regras. Exemplos:
>
> - *beijar + a = Vou beijá-la.*
> - *fez + o = O doce, fê-lo para mim.*
> - *dar + as = As aulas, vou dá-las amanhã.*
> - *fazer + o = O curso, vou fazê-lo.*

Regras Especiais

Além das regras fundamentais, há um conjunto de regras destinadas a pôr em evidência alguns detalhes sonoros das palavras. Observe:

Ditongos Abertos

Regra que sofreu alterações após o Acordo Ortográfico de 2009

Verifique os detalhes na seção destinada à Reforma.

Os ditongos **éi, éu** e **ói**, sempre que tiverem pronúncia aberta em palavras **oxítonas** (éi e não êi), são acentuados.

Obs.: os ditongos abertos ocorridos em palavras paroxítonas NÃO são acentuados.

- ***Exemplos:*** *assembleia, boia, colmeia, Coreia, estreia, heroico, ideia, jiboia, joia, paranoia, plateia, etc.*

> ▸ ATENÇÃO:
>
> A palavra destróier é acentuada por ser uma paroxítona terminada em "r" (e não por possuir ditongo aberto "ói").

Hiatos

Acentuam-se o **"i"** e **"u"** tônicos quando formam hiato com a vogal anterior, estando eles sozinhos na sílaba ou acompanhados apenas de **"s"**, desde que não sejam seguidos por **"-nh"**.

Exemplos:

- *Tem a **saúde** abalada.*
- *Use a **saída** de emergência.*
- *É muito **egoísmo** de sua parte.*

Não se acentuam, portanto, hiatos como os das palavras:

- *O **Juiz** foi arbitrário.*
- *Ache a **raiz** quadrada.*
- *Ele é muito **ruim**.*

Razão: **-i** ou **-u** não estão sozinhos nem acompanhados de **-s** na sílaba.

Observação: cabe esclarecer que existem hiatos acentuados não por serem hiatos, mas por outras razões. Veja os exemplos abaixo:

- *po-é-ti-co: proparoxítona.*
- *bo-ê-mio: paroxítona terminada em ditongo crescente.*
- *ja-ó: oxítona terminada em "o".*

Verbos Ter e Vir

Acentua-se com circunflexo a 3ª pessoa do plural do presente do indicativo dos verbos **ter** e **vir**, bem como nos seus compostos (*deter, conter, reter, advir, convir, intervir*, etc.). Veja:

- *Ele tem dinheiro.*
- *Eles **têm** dinheiro.*
- *Ela vem de carro.*
- *Elas **vêm** de carro.*
- *Ele retém o líquido.*
- *Eles ret**ê**m o líquido.*
- *Ele intervém na biga.*
- *Eles interv**ê**m na briga.*

Obs.: nos verbos compostos de ter e vir, o acento ocorre obrigatoriamente, mesmo no singular. Distingue-se o plural do singular mudando o acento de agudo para circunflexo:

- *ele detém -eles detêm.*
- *ele advém -eles advêm.*

Ortoépia ou Ortoepia

A palavra ortoépia se origina da união dos termos gregos *orthos*, que significa "correto" e *hépos*, que significa "palavra". Assim, a ortoépia se ocupa da correta produção oral das palavras. Nas questões de concurso, para confundir o candidato, escrevem-se incorretamente (com acento indevido, por exemplo) certos termos.

Listamos a seguir alguns casos frequentes de pronúncias corretas e errôneas, de acordo com o padrão culto da língua portuguesa no Brasil.

▶ CORRETAS	▶ INCORRETAS
adivinhar	advinhar
advogado	adevogado
apropriado	apropiado
aterrissar	aterrisar
bandeja	bandeija
bochecha	buchecha
boteco	buteco

▶ CORRETAS	▶ INCORRETAS
braguilha	barguilha
bueiro	boeiro
cabeleireiro	cabelereiro
caranguejo	carangueijo
eletricista	eletrecista
emagrecer	esmagrecer
empecilho	impecilho
estupro, estuprador	estrupo, estrupador
fragrância	fragância
frustrado	frustado
lagartixa	largatixa
lagarto	largato
mendigo	mendingo
meteorologia	metereologia
mortadela	mortandela
murchar	muchar
paralelepípedos	paralepípedos
pneu	peneu
prazerosamente	prazeirosamente
privilégio	previlégio
problemas	poblemas ou pobremas
próprio	própio
proprietário	propietário
psicologia, psicólogo	pissicologia, pissicólogo
salsicha	salchicha
sobrancelha	sombrancelha
superstição	supertição
verruga	berruga

Algumas vezes, há dúvida, divergência quanto ao timbre de vogais tônicas /e/ e /o/. Recomenda-se proferir:

- **Com timbre aberto:** acerbo, badejo, coeso, grelha, groselha, ileso, obeso, obsoleto, dolo, inodoro, molho (feixe, conjunto), suor.
- **Com timbre fechado:** acervo, cerda, interesse (substantivo), reses, algoz, algozes, crosta, bodas, molho (caldo), poça, torpe.

Prosódia

A prosódia ocupa-se da correta emissão de palavras quanto à posição da sílaba tônica, segundo as normas da língua culta. Há uma lista de vocábulos que, quando proferidos, acabam tendo o acento prosódico deslocado. Ao erro prosódico dá-se o nome de **silabada.** Observe os exemplos.

1) São oxítonas:

condor	Nobel
mister	ureter
novel	ruim

2) São paroxítonas:

austero	Madagáscar
caracteres	pudico(dí)
ciclope	recorde
filantropo	rubrica

3) São proparoxítonas:

aerólito	munícipe
alcíone	quadrúmano
lêvedo	trânsfuga

Existem palavras cujo acento prosódico é incerto, mesmo na língua culta. Observe os exemplos a seguir, sabendo que a primeira pronúncia dada é a mais utilizada na língua atual.

acrobata - acróbata	réptil - reptil
Bálcãs - Balcãs	xerox - xérox
projétil - projetil	zangão - zângão

EMPREGO DE ALGUMAS LETRAS

Emprego do h

O h é uma letra que se mantém em algumas palavras em decorrência da etimologia ou da tradição escrito do nosso idioma. Algumas regras, quanto ao seu emprego devem ser observadas:

a) Emprega-se o h quando a etimologia ou a tradição escrita do nosso idioma assim determina.

✦ *O **homem** atual é **herói** de seu tempo.*

b) Emprega-se o **h** no final de algumas interjeições.

✦ *Oh! Que saudades que eu tenho!*

✦ *Ah! Que pena!*

c) No interior dos vocábulos não se usa **h**, exceto:

- nos vocábulos compostos em que o segundo elemento com h se une por hífen ao primeiro.

  ✦ *O super-homem só não é mais antigo que a pré-história.*

- quando ele faz parte dos dígrafos ch, lh, nh.

  ✦ *O passarinho fez seu ninho de palha.*

Emprego do s

Emprega-se a letra **s**:

- nos sufixos -**ês**, -**esa** e -**isa,** usados na formação de palavras que indicam nacionalidade, profissão, estado social, títulos honoríficos.

  ✦ *A poetisa chinesa dedicou seu texto ao burguês abastado.*

- nos sufixos -**oso** e -**osa** (qua significa "cheio de"), usados na formação de adjetivos.

  ✦ *Estava muito **gostoso** o sanduíche.*

- depois de ditongos.

  ✦ ***Neusa** fez um creme de **maisena** para dar ao filho.*

- nas formas dos verbos pôr e querer e seus compostos.

  ✦ *Eu **quis** que ele **pusesse** o dinheiro no banco.*

- nas palavras derivadas de uma primitiva grafada com s.

  ✦ *análise: Vou analisar seu pedido.*

  ✦ *pesquisa: Ia pesquisar sobre o passado da família.*

Emprego do z

Emprega-se a letra **z** nos seguintes casos:

- nos sufixos -**ez** e -**eza,** usados para formar substantivos abstratos derivados de adjetivos.

  ✦ *A **riqueza** deve produzir a **rigidez** no controle de gastos.*

- nas palavras derivadas de uma primitiva grafada com **z.**

  ✦ *cruz: As **cruzadas** ocorreram há muito tempo.*

  ✦ *deslize: A neve **deslizou** pela montanha.*

Emprego dos sufixos -ar e -izar

Emprega-se o sufixo -**ar** nos verbos derivados de palavras cujo radical contém **-s,** caso contrário, emprega-se **-izar**.

- *análise – Vou **analisar** seu caso com cuidado.*
- *eterno – A joia vai eternizar nosso amor.*

Emprego das letras e e i

Algumas formas dos verbos terminados em -**oar** e -**uar** grafam-se com **e**.

- *perdoem (perdoar), Perdoem minha ignorância.*
- *continue (continuar). Talvez eu continue com vocês.*

Algumas formas dos verbos terminados em **-air, -oer** e **-uir** grafam-se com **i.**

- *atrai (atrair) O olhar dela me atrai.*
- *dói (doer), Isso dói demais.*
- *possui (possuir). O país não possui mais reservas.*

Emprego do x e ch.

Emprega-se a letra **x** nos seguintes casos:

- depois de ditongo:
  - *O **peixe** estava numa **caixa** de madeira.*
- depois de sílaba inicial **en**-:
  - *Estava com uma **enxaqueca** daquelas.*

  Exceções: encher, encharcar, enchumaçar e seus derivados.
- depois de **me**- inicial:
  - *Não quero **mexer** no dinheiro aplicado.*

  Exceção: *mecha* e seus derivados.
- palavras de origem indígena e africana:
  - *Os **xavantes** ainda têm descendentes na região.*
  - *Salve **Xangô.***

Emprego do g ou j

Emprega-se a letra **g**

- nas terminações -ágio, -égio, -ígio, -ógio, -úgio
  - *Sempre tive **prestígio** no trabalho.*

- nas terminações -agem, -igem, -ugem
  - *Limpou a **fuligem** que se acumulou.*

Emprega-se a letra **j** em palavras de origem indígena e africana

- *O **pajé** fez o ritual da cura*

Emprego de s, c, ç, sc, ss.

- verbos grafados com **ced** originam substantivos e adjetivos grafados com **cess**.
  - *ceder – Fez a cessão dos bens.*
  - *conceder – O empresário obteve a concessão da emissora.*
  - *retroceder – O retrocesso no setor era visível.*

  Exceção: exceder – exceção
- nos verbos grafados com **nd** originam substantivos e adjetivos grafados com **ns**.
  - *ascender – É dia da ascensão de Nossa Senhora.*
  - *expandir – A expansão do shopping será gradual.*
  - *pretender – Nunca tive a pretensão de ser chefe.*
- verbos grafados com ter originam substantivos grafados com tenção.
  - *deter – Foi mandado para a detenção.*
  - *conter – Vivemos um período de contenção de gastos.*

PARÔNIMOS E HOMÔNIMOS

Parônimos: são palavras que apresentam significados diferentes embora sejam parecidas na grafia ou na pronúncia. Escrevem-se e pronunciam-se de modo distinto. Apenas se aprecem Veja alguns exemplos "clássicos" de parônimos:

- *Flagrante (evidente) / fragrante (perfumado)*
- *Mandado (ordem judicial) / mandato (procuração)*
- *Inflação (alta dos preços) / infração (violação)*
- *Eminente (elevado) / iminente (prestes a ocorrer)*
- *Arrear (pôr arreios) / arriar (descer, cair)*

Homônimos: são palavras que têm a mesma pronúncia, mas significados diferentes.

- *Acender (pôr fogo) / ascender (subir)*
- *Estrato (camada) / extrato (o que se extrai de)*

- *Bucho (estômago) / buxo (arbusto)*
- *Espiar (observar) / expiar (reparar falta mediante cumprimento de pena)*
- *Tachar (atribuir defeito a) / taxar (fixar taxa)*

Homônimos: são palavras que possuem a mesma pronúncia (algumas vezes, a mesma grafia), mas significados diferentes.

acender (colocar fogo)	ascender (subir)
acento (sinal gráfico)	assento (local onde se senta)
caçar (perseguir animais)	cassar (tornar sem efeito)
cela (pequeno quarto)	sela (forma do verbo selar; arreio)
censo (recenseamento)	senso (entendimento, juízo)
cerrar (fechar)	serrar (cortar)
chá (bebida)	xá (antigo soberano do Irã)
cheque (ordem de pagamento)	xeque (lance no jogo de xadrez)
concerto (sessão musical)	conserto (reparo)
coser (costurar)	cozer (cozinhar)
espectador (aquele que assiste)	expectador (aquele que tem esperança, que espera)
estático (imóvel)	extático (admirado)
incipiente (principiante)	insipiente (ignorante)
tacha (prego pequeno)	taxa (imposto, tributo)

USO DO PORQUÊ

O português é repleto de palavras que diversas vezes fazem com que o falante fique em situação difícil. Uma das dúvidas mais frequentes é em relação ao **uso dos porquês**. São quatro possibilidades e muitos ficam sem saber que caminho seguir. Para que esses problemas sejam solucionados, é importante atentar para algumas questões:

1. O termo pode ser usado em frases interrogativas;
2. Pode introduzir uma oração coordenada explicativa;
3. Pode introduzir uma oração subordinada causal;
4. Pode ser uma palavra substantivada, ou seja, não é um substantivo, mas, em determinado contexto, funciona como tal. Quando isso ocorre, recebe a "companhia" do artigo ou de um pronome.

Sempre que houver a necessidade de usar essa palavra, a primeira preocupação deve ser em descobrir que função será exercida por ele. A partir disso, as regras devem ser lembradas. Acompanhe-as:

1. **O termo interrogativo deve ser grafado separado**. Veja o exemplo:

   ✦ *Por que não vieram ontem à aula?*

• Atente para o fato de que, nesse caso, é possível substituir "por que" pela expressão "por qual razão".

No enunciado:

✦ *Estudamos por que possamos ter uma vida mais tranquila futuramente.*

• Aqui é possível substituí-lo pela expressão "para que".

• Ainda é possível substituir "por que" pela expressão "pelo(a) qual" e suas variações:

✦ *A vitória por que tanto procuramos parece bem próxima. (– pela qual)*

2. **O porquê explicativo ou causal**, popularmente conhecido como o termo de resposta, **deve ser escrito todo junto, mas sem acento.** Assim, indicará uma explicação, equivalendo à conjunção "pois"; ou uma causa, representando a conjunção "como". Observe:

   ✦ *Entre agora, pois vai chover. (= pois)*

   ✦ *Porque sofreu um AVC, foi internado. (= como)*

3. **Quando for substantivado deve ser escrito junto, mas deve ser acentuado**. Para saber quando utilizá-lo, basta prestar atenção aos seus acompanhantes, se for artigo ou pronome, então, pode acentuá-lo, e não esqueça que nesse caso o "porquê" não se separa.

   ✦ *Gostaria de saber o porquê da briga (= motivo)*

E **quando o porquê deve ser escrito separado e com acento? Sempre que ele aparecer no final seguido de sinal de pontuação:**

✦ *Você não virá à festa, por quê? (= por qual motivo)*

✦ *Era idiota e ria sem saber por quê. (= por qual motivo)*

✦ *Mesmo não entendendo por quê, foi dispensado. (= por qual motivo)*

ACORDO ORTOGRÁFICO

A ortografia da língua portuguesa é regida por um conjunto de normas oficiais sob a forma de acordos ortográficos. No início do século XX surgiu em Portugal e no Brasil a intenção de estabelecer um modelo de ortografia que pudesse ser usado como referência nas publicações oficiais e no ensino em ambos os países, iniciando-se assim um longo processo de tentativas de convergência das ortografias usadas em cada país.

No ano de 1943, realizou-se em Lisboa um encontro entre os dois países, com o objetivo de uniformizar os vocabulários já publicados, o da Academia das Ciências de Lisboa, de 1940, e o da Academia Brasileira de Letras, de 1943. Deste encontro resultou o Acordo Ortográfico de 1945, que, no entanto, apenas entrou em vigor em Portugal, não tendo sido implementado no Brasil, que continuou a reger-se pelas regras expostas no Vocabulário Ortográfico de 1943.

Disponível em: http://3.bp.blogspot.com/_M7K9huG9uAU/TDpZAyafR7I/AAAAAAAALCg/H7yTTmlQxKk/s1600/image0011.jpg

O novo acordo entrou em vigor em 2009 e estabeleceu um prazo de adaptação por parte dos usuários da língua até 2012, quando a nova ortografia deverá imperar sozinha.

Disponível em: (http://2.bp.blogspot.com/_M7K9huG9uAU/TDpZZRzw0QI/AAAAAAAALDg/2oQ0NwMRd6M/s1600/image0039.jpg)

Há quem tenha criticado a Reforma, já que outros problemas mais "sérios" são visíveis; além disso, argumenta-se que o melhor a ser feito seria uma "criação da língua brasileira", com suas especificidades.

Esse Acordo é meramente ortográfico; portanto, restringe-se à língua escrita, não afetando nenhum aspecto da língua falada. Ele não elimina todas as diferenças ortográficas observadas nos países que têm a língua portuguesa como idioma oficial, mas é um passo em direção à pretendida unificação ortográfica desses países.

Disponível em: (http://3.bp.blogspot.com/_M7K9huG9uAU/TDpZAYsdz0I/AAAAAAAALCY/UkTRi5u-RWE/s1600/image0111.jpg)

Mudanças no alfabeto

O alfabeto passa a ter 26 letras. Foram reintroduzidas as letras **k**, **w** e **y**.

O alfabeto completo passa a ser: A B C D E F G H I J **K** L M N O P Q R S T U V **W** X **Y** Z.

Disponível em: (http://2.bp.blogspot.com/_M7K9huG9uAU/TDpZRCmJK3I/AAAAAAAALDI/2aK2yQrgc6M/s1600/image0066.jpg)

As letras **k**, **w** e **y**, que na verdade não tinham desaparecido da maioria dos dicionários da nossa língua, são usadas em várias situações. Por exemplo:

a) na escrita de símbolos de unidades de medida: km (quilômetro), kg (quilograma), W (watt);

b) na escrita de palavras estrangeiras (e seus derivados): show, playboy, playground, windsurf, kung fu, yin, yang, William, kaiser, Kafka, kafkiano.

Trema

Não se usa mais o trema (¨), sinal colocado sobre a letra **u** para indicar que ela deve ser pronunciada nos grupos **gue**, **gui**, **que**, **qui**.

GRUMP - Orlandeli

Disponível em: (http://3.bp.blogspot.com/_M7K9huG9uAU/TDpZRyBrfLI/AAAAAAAALDY/WW8gxHnh9G8/s1600/image0048.jpg)

Como era	Como fica
agüentar	aguentar
argüir	arguir
bilíngüe	bilíngue

GRUMP - Orlandeli

Disponível em: (http://3.bp.blogspot.com/_M7K9huG9uAU/TDpZRbXpS8I/AAAAAAAALDQ/FDmnu_LxvJE/s1600/image0057.jpg)

▶ **ATENÇÃO:**

o trema permanece apenas nas palavras estrangeiras e em suas derivadas.

Exemplos:

- *Müller, mülleriano.*

Mudanças nas regras de acentuação

1. Não se usa mais o acento dos ditongos abertos **éi** e **ói** das palavras paroxítonas (palavras que têm acento tônico na penúltima sílaba).

GRUMP - Orlandeli

Como era	Como fica
alcalóide	alcaloide
alcatéia	alcateia
andróide	androide
apóia (verbo apoiar)	apoia
apóio (verbo apoiar)	apoio

GRUMP - Orlandeli

Disponível em: (http://4.bp.blogspot.com/_M7K9huG9uAU/TDpZQiM9kCI/AAAAAAAALC4/0okmz30s9yI/s1600/image0084.jpg)

▸ **ATENÇÃO:**

Essa regra é válida somente para palavras paroxítonas. Assim, continuam a ser acentuadas as palavras oxítonas e os monossílabos tônicos terminados em **éis** e **ói(s)**. Exemplos: papéis, herói, heróis, dói (verbo doer), sóis etc.

2. Nas palavras paroxítonas, não se usa mais o acento no **i** e no **u** tônicos quando vierem depois de um ditongo decrescente.

Como era	Como fica
baiúca	baiuca
bocaiúva	bocaiuva*
feiúra	feiura

* bocaiuva = certo tipo de palmeira

▸ **ATENÇÃO:**

1) se a palavra for oxítona e o **i** ou o **u** estiverem em posição final (ou seguidos de **s**), o acento permanece.
   - *Exemplos: tuiuiú, tuiuiús, Piauí;*
2) se o **i** ou o **u** forem precedidos de ditongo crescente, o acento permanece.
   - *Exemplos: guaíba, Guaíra.*

3. Não se usa mais o acento das palavras terminadas em **êem** e **ôo(s)**.

Disponível em: (http://4.bp.blogspot.com/_M7K9huG9uAU/TDpZBMB7JoI/AAAAAAAALCo/fndaQhaeylQ/s1600/image0102.jpg)

Como era	Como fica
abençôo	abençoo
crêem (verbo crer)	creem
dêem (verbo dar)	deem
dôo (verbo doar)	doo
enjôo	enjoo
lêem (verbo ler)	leem
magôo (verbo magoar)	magoo

4. Não se usa mais o acento que diferenciava os pares pára/para, péla(s)/pela(s), pêlo(s)/pelo(s), pólo(s)/polo(s) e pêra/pera.

Como era	Como fica
Ele **pára** o carro.	Ele **para** o carro.
Ele foi ao **pólo Norte**.	Ele foi ao **polo Norte**.
Ele gosta de jogar **pólo**.	Ele gosta de jogar **polo**.
Esse gato tem **pêlos** brancos.	Esse gato tem **pelos** brancos.
Comi uma **pêra**.	Comi uma **pera**.

▶ **ATENÇÃO!**

- Permanece o acento diferencial em pôde/pode.

Pôde é a forma do passado do verbo poder (pretérito perfeito do indicativo), na 3.ª pessoa do singular.

Pode é a forma do presente do indicativo, na 3.ª pessoa do singular.

✦ *Exemplo: Ontem, ele não **pôde** sair mais cedo, mas hoje ele **pode**.*

- Permanece o acento diferencial em pôr/por. **Pôr** é verbo. **Por** é preposição.

✦ *Exemplo: Vou **pôr** o livro na estante que foi feita **por** mim.*

- Permanecem os acentos que diferenciam o singular do plural dos verbos **ter** e **vir**, assim como de seus derivados (manter, deter, reter, conter, convir, intervir, advir etc.). Exemplos:

✦ *Ele **tem** dois carros. / Eles **têm** dois carros.*

✦ *Ele **vem** de Sorocaba. / Eles **vêm** de Sorocaba.*

✦ *Ele **mantém** a palavra. / Eles **mantêm** a palavra.*

✦ *Ele **convém** aos estudantes. / Eles **convêm** aos estudantes.*

✦ *Ele **detém** o poder. / Eles **detêm** o poder.*

✦ *Ele **intervém** em todas as aulas. / Eles **intervêm** em todas as aulas.*

- É facultativo o uso do acento circunflexo para diferenciar as palavras forma/ fôrma. Em alguns casos, o uso do acento deixa a frase mais clara. Veja este exemplo: Qual é a **forma** da **fôrma** do bolo?

5. Não se usa mais o acento agudo no **u** tônico das formas (tu) arguis, (ele) argui, (eles) arguem, do presente do indicativo do verbo **arguir**. O mesmo vale para o seu composto **redarguir**.

6. Há uma variação na pronúncia dos verbos terminados em **guar**, **quar** e **quir**, como aguar, averiguar, apaziguar, desaguar, enxaguar, obliquar, delinquir etc. Esses verbos admitem duas pronúncias em algumas formas do presente do indicativo, do presente do subjuntivo e também do imperativo.

Veja:

a) se forem pronunciadas com **a** ou **i** tônicos, essas formas devem ser acentuadas.

Exemplos:

✦ *verbo enxaguar: enxáguo, enxáguas, enxágua, enxáguam; enxágue, enxágues, enxáguem.*

✦ *verbo delinquir: delínquo, delínques, delínque, delínquem; delínqua, delínquas, delínquam.*

b) se forem pronunciadas com **u** tônico, essas formas deixam de ser acentuadas.

Exemplos (a vogal sublinhada é tônica, isto é, deve ser pronunciada mais fortemente que as outras):

✦ *verbo enxaguar: enxaguo, enxaguas, enxagua, enxaguam; enxague, enxagues, enxaguem.*

✦ *verbo delinquir: delinquo, delinques, delinque, delinquem; delinqua, delinquas, delinquam.*

▶ **ATENÇÃO!**

No Brasil, a pronúncia mais corrente é a primeira, aquela com **a** e **i** tônicos.

Uso do hífen com compostos

1. Usa-se o hífen nas palavras compostas que não apresentam elementos de ligação. Exemplos:

   ✦ *guarda-chuva, arco-íris, boa-fé, segunda-feira, mesa-redonda, vaga--lume, joão-ninguém, porta-malas, porta-bandeira, pão-duro, bate-boca*

Exceções: Não se usa o hífen em certas palavras que perderam a noção de composição, como **girassol, madressilva, mandachuva, pontapé, paraquedas, paraquedista, paraquedismo.**

2. Usa-se o hífen em compostos que têm palavras iguais ou quase iguais, sem elementos de ligação. Exemplos:

   ✦ *reco-reco, blá-blá-blá, zum-zum, tico-tico, tique-taque, cri-cri, glu-glu, rom-rom, pingue-pongue, zigue-zague, esconde-esconde, pega-pega, corre-corre*

3. Não se usa o hífen em compostos que apresentam elementos de ligação. Exemplos:

   ✦ *pé de moleque, pé de vento, pai de todos, dia a dia, fim de semana, cor de vinho, ponto e vírgula, camisa de força, cara de pau, olho de sogra*

Incluem-se nesse caso os compostos de base oracional. Exemplos: maria vai com as outras, leva e traz, diz que diz que, deus me livre, deus nos acuda, cor de burro quando foge, bicho de sete cabeças, faz de conta.

Exceções: água-de-colônia, arco-da-velha, cor-de-rosa, mais-que-perfeito, pé-de-meia, ao deus-dará, à queima-roupa.

4. Usa-se o hífen nos compostos entre cujos elementos há o emprego do apóstrofo. Exemplos:

   ✦ *gota-d'água,*

5. Usa-se o hífen nas palavras compostas derivadas de topônimos (nomes próprios de lugares), com ou sem elementos de ligação. Exemplos:

   ✦ *Belo Horizonte — **belo-horizontino***

   ✦ *Porto Alegre — **porto-alegrense***

- *Mato Grosso do Sul* — ***mato-grossense-do-sul***
- *Rio Grande do Norte* — ***rio-grandense-do-norte***
- *África do Sul* — ***sul-africano***

6. Usa-se o hífen nos compostos que designam espécies animais e botânicas (nomes de plantas, flores, frutos, raízes, sementes), tenham ou não elementos de ligação. Exemplos:
   - *bem-te-vi, peixe-espada,*
   - *peixe-do-paraíso,*
   - *mico-leão-dourado,*
   - *andorinha-da-serra,*
   - *lebre-da-patagônia,*
   - *erva-doce, ervilha-de-cheiro,*
   - *pimenta-do-reino,*
   - *peroba-do-campo,*
   - *cravo-da-índia*

Obs.: não se usa o hífen, quando os compostos que designam espécies botânicas e zoológicas são empregados fora de seu sentido original. Observe a diferença de sentido entre os pares:

- ***bico-de-papagaio*** *(espécie de planta ornamental)* **–** ***bico de papagaio*** *(deformação nas vértebras).*
- ***olho-de-boi*** *(espécie de peixe)* **–** ***olho de boi*** *(espécie de selo postal).*

Uso do hífen com prefixos

As observações a seguir referem-se ao uso do hífen em palavras formadas por prefixos (anti, super, ultra, sub etc.) ou por elementos que podem funcionar como prefixos (aero, agro, auto, eletro, geo, hidro, macro, micro, mini, multi, neo etc.).

Casos gerais

1. Usa-se o hífen diante de palavra iniciada por **h**.

Exemplos:

- *anti-higiênico*
- *anti-histórico*
- *macro-história*
- *mini-hotel*

- *proto-história*
- *sobre-humano*
- *super-homem*
- *ultra-humano*

2. Usa-se o hífen se o prefixo terminar com a mesma letra com que se inicia a outra palavra. Exemplos:
   - *micro-ondas*
   - *anti-inflacionário*
   - *sub-bibliotecário*
   - *inter-regional*
3. Não se usa o hífen se o prefixo terminar com letra diferente daquela com que se inicia a outra palavra.

Exemplos:

- *autoescola*
- *antiaéreo*
- *intermunicipal*
- *supersônico*
- *superinteressante*
- *agroindustrial*
- *aeroespacial*
- *semicírculo*

4. Se o prefixo terminar por vogal e a outra palavra começar por **r** ou **s**, dobram-se essas letras. Exemplos:
   - *minissaia*
   - *antirracismo*
   - *ultrassom*
   - *semirreta*

Casos particulares

1. Com os prefixos **sub** e **sob**, usa-se o hífen também diante de palavra iniciada por **r**. Exemplos:
   - *sub-região*
   - *sub-reitor*

- *sub-regional*
- *sob-roda*

2. Com os prefixos **circum** e **pan**, usa-se o hífen diante de palavra iniciada por **m**, **n** e **vogal**. Exemplos:
   - *circum-murado*
   - *circum-navegação*
   - *pan-americano*
3. Usa-se o hífen com os prefixos ex, sem, além, aquém, recém, pós, pré, pró, vice. Exemplos:
   - *além-mar*
   - *além-túmulo*
   - *aquém-mar*
   - *ex-aluno*
   - *ex-diretor*
   - *ex-hospedeiro*
   - *ex-prefeito*
   - *ex-presidente*
   - *pós-graduação*
   - *pré-história*
   - *pré-vestibular*
   - *pró-europeu*
   - *recém-casado*
   - *recém-nascido*
   - *sem-terra*
   - *vice-rei*
4. O prefixo **co** junta-se com o segundo elemento, mesmo quando este se inicia por **o** ou **h**. Neste último caso, corta-se o **h**. Se a palavra seguinte começar com **r** ou **s**, dobram-se essas letras. Exemplos:
   - *coobrigação*
   - *coedição*
   - *coeducar*
   - *cofundador*
   - *coabitação*

- *coerdeiro*
- *corréu*
- *corresponsável*
- *cosseno*

5. Com os prefixos **pre** e **re**, não se usa o hífen, mesmo diante de palavras começadas por **e**. Exemplos:
   - *preexistente*
   - *preelaborar*
   - *reescrever*
   - *reedição*
6. Na formação de palavras com **ab**, **ob** e **ad**, usa-se o hífen diante de palavra começada por **b**, **d** ou **r**. Exemplos:
   - *ad-digital*
   - *ad-renal*
   - *ob-rogar*
   - *ab-rogar*

Outros casos do uso do hífen

1. Não se usa o hífen na formação de palavras com **não** e **quase**. Exemplos:
   - *(acordo de)* ***não agressão*** *(isto é um)* ***quase delito***
2. Com **mal**[1], usa-se o hífen quando a palavra seguinte começar por vogal, **h** ou **l**. Exemplos:
   - *mal-entendido*
   - *mal-estar*
   - *mal-humorado*
   - *mal-limpo*
3. Usa-se o hífen com sufixos de origem tupi-guarani que representam formas adjetivas, como açu, guaçu, mirim. Exemplos:
   - *capim-açu*
   - *amoré-guaçu*
   - *anajá-mirim*

---

1. Quando **mal** significa doença, usa--se o hífen se não houver elemento de ligação. Exemplo: **mal-francês**. Se houver elemento de ligação, escreve--se sem o hífen. Exemplos: **mal de lázaro, mal de sete dias**.

4. Usa-se o hífen para ligar duas ou mais palavras que ocasionalmente se combinam, formando não propriamente vocábulos, mas encadeamentos vocabulares. Exemplos:

   ✦ *ponte Rio-Niterói eixo Rio-São Paulo*

5. Para clareza gráfica, se no final da linha a partição de uma palavra ou combinação de palavras coincidir com o hífen, ele deve ser repetido na linha seguinte. Exemplos:

   ✦ *Na cidade, conta-*
   -se que ele foi viajar.

   ✦ *O diretor foi receber os ex-*
   -alunos.

http://www.livrariamelhoramentos.com.br/Guia_Reforma_Ortografica_Melhoramentos.pdf

CAPÍTULO 19

Exercícios

1. QUESTÕES COM GABARITO COMENTADO

01. **(FUNDEP - Técnico Judiciário - TJMG - 2010)** A **única** afirmativa que contém **uma palavra** cuja acentuação gráfica não segue a mesma regra das demais é

(A) amêndoas, névoa, ofício.

(B) espécie, paciência, mágoa.

(C) náufrago, náusea, equinócio.

(D) repugnância, espécie, idílio.

▶ *Comentários:*

Resposta correta: (C) - *"Náufrago" é uma palavra que leva acento por ser proparoxítona. As demais são paroxítonas terminadas em ditongo. Em todas as demais alternativas, o motivo é o mesmo: palavras paroxítonas terminadas em ditongo. A única exceção é a palavra já destacada da alternativa (C).*

02. **(FUNDEP - Técnico Judiciário - TJMG - 2010)** Quanto à acentuação tônica e ao número de sílabas, assinale a alternativa ***INCORRETA.***

(A) **Dignidade** - paroxítona, quatro sílabas

(B) **Ritmo** - paroxítona, duas sílabas

(C) **Estriadas** - paroxítona, quatro sílabas

(D) **Destruições** - oxítona, três sílabas

▶ *Comentários:*

Resposta a ser assinalada: (D) - *A palavra indicada separa-se da seguinte maneira:* DES- TRU -I - ÇÕES, tendo, portanto quatro sílabas e não três, como se indicou na alternativa.

03. **(FRAMINAS - Técnico Judiciário - TJMG - 2009)** Assinale a alternativa que apresenta erro:

(A) exceção, silogismo, rúbrica, mexer.

(B) fabrica (verbo), silogismo, girino, sujeira.

(C) disenteria, fábrica (substantivo), recorde, ajeitar.

(D) mecha, agiota, xá (rei da Pérsia), ultraje.

▶ *Comentários:*

Resposta a ser assinalada: (A) - *A palavra correta seria "rubrica", sem acento, paroxítona. Essa é uma palavra típica de questões de prova, já que existe um vício em sua pronúncia.*

04. **(FRAMINAS - Técnico Judiciário - TJMG - 2009)** Dadas as sentenças abaixo:

I. O jovem teve seu pedido diferido e já foi dispensado do serviço militar.

II. Após a confissão, a senhora ajoelhou-se para rezar, a fim de espiar seus pecados.
III. Nossas avós já sabiam e, em pesquisas recentes, os médicos afirmam que a sesta é prática salutar.
IV. O magistrado infringiu a pena de 30 anos ao condenado.
V. O experto ganhou o prêmio por sua descoberta no campo da tecnologia.

São incorretas:

(A) Apenas I.
(B) III e V.
(C) II e III.
(D) I, II e IV.

► *Comentários:*

Resposta a ser assinalada: (D)

(I) O correto seria "pedido deferido", aquele para o qual houve deferimento.
(II) O correto seria "expiar", ou seja, expurgar, "pagar"; a grafia "espiar" tem o significado de "ver".
(IV) O correto seria "infligiu", isto é, "aplicou" a pena. "Infringiu" teria a acepção de "desrespeitou".

05. (FRAMINAS - Técnico Judiciário - TJMG - 2009) Assinale a alternativa correta quanto à acentuação:

(A) Eis aí o prototipo de um homem vaidoso.
(B) Para mim a humanidade está dividida em dois tipos: a dos filântropos e a dos misantropos.
(C) Os arquétipos de iberos são mais pudicos do que se pensa.
(D) Nesse interim, chegou a noiva em um carro rosa.

► *Comentários:*

Resposta correta: (C)

(A) A grafia correta seria "protótipo", isto é, "modelo".
(B) A grafia correta seria "filantropos"
(D) A grafia correta seria "ínterim".

06. (AOCP - Analista Judiciário - TER-RO - 2009) Todas as palavras abaixo apresentam o mesmo número de letras e de fonemas, EXCETO

(A) imediatas.
(B) problema.
(C) medicina.
(D) doenças.
(E) marido.

► *Comentários:*

Resposta correta: *(D) doenças: 7 letras e 6 fonemas. As vogais seguidas de "-n" contam apenas como um fonema, porque se considera um dígrafo vocálico.*

(A) imediatas. : 9 letras e 9 fonemas.
(B) problema. : 8 letras e 8 fonemas.
(C) medicina. : 8 letras e 8 fonemas.
(E) marido.: 6 letras e 6 fonemas.

07. **(FCC – Analista Judiciário – TRF da 5ª. Região – 2008)** Está correta a forma de **ambos** os elementos sublinhados na frase:

(A) Ela não nos disse por que razão tornou-se uma otimista; e se ela tornar ao seu pessimismo, será que nos explicará por quê?

(B) A razão porque muitos se tornam pessimistas está no mundo violento de hoje; por quê outra razão haveriam de se desenganar?

(C) "Por que sim": eis como respondem os mais impacientes, quando lhes perguntamos porque, de repente, se tornaram otimistas.

(D) Sem mais nem porquê, ele passou a ver o mundo com outros olhos, dizendo que isso aconteceu por que encontrara a verdade na religião.

(E) Não sei o por quê do seu pessimismo; porque você não me explica?

▶ *Comentários:*

Resposta correta: (A) – *A substituição do termo "por que" encontraria a forma: Ela não nos disse por qual motivo... A substituição por duas palavras, gera o "por que" separado. Na segunda ocorrência, temos uma pergunta, em final de oração. Nesse caso, deve-se usar o acento.*

(B) A razão por que muitos se tornam pessimistas está no mundo violento de hoje; por que outra razão haveriam de se desenganar?

(C) "Porque sim": eis como respondem os mais impacientes, quando lhes perguntamos por que, de repente, se tornaram otimistas.

(D) Sem mais nem por quê, ele passou a ver o mundo com outros olhos, dizendo que isso aconteceu porque encontrara a verdade na religião.

(E) sei o porquê do seu pessimismo; por que você não me explica?

08. **(FCC – Analista Judiciário – TRF da 5ª. Região – 2007)** (ADAPTADA)- A frase em que a grafia e a acentuação estão em conformidade com as prescrições da norma padrão da Língua Portuguesa é:

(A) Ao se estender esse viez interpretativo, correm o risco de por tudo à perder, na medida em que será alterada a estratégia da pesquisa previamente adotada.

(B) Sua pretenção ao consenso esvaiu-se quase que de repente, quando notou que entorno de as pessoas mais pareciam descansar que dispostas à debates.

(C) Tomou como ultrage a displicência com que foi recebido, advinhando que o mal-estar que impregnava o ambiente era mais que uma questão eminentemente pessoal.

(D) Estava atrás de um acessório que o despensasse de promover a limpeza do aparelho e sua consequente manutenção depois de cada utilização, mas não pôde achá-lo por alí.

(E) Quando se considera a par do tema, ajuíza sem medo, mas, ao se compreender insipiente, para tudo e pede aos especialistas que o catequizem no assunto para não passar por néscio.

▶ *Comentários:*

Resposta correta: (E)

(A) Ao se estender esse **viés** *interpretativo, correm o risco de* **pôr** *tudo* **a** *perder, na medida em que será alterada a estratégia da pesquisa previamente adotada.*

(B) Sua **pretensão** *ao consenso esvaiu-se quase que de repente, quando notou que* **em torno** *as pessoas mais pareciam descansar que dispostas* **a** *debates.*

(C) Tomou como **ultraje** *a displicência com que foi recebido,* **adivinhando** *que o mal-estar que impregnava o ambiente era mais que uma questão eminentemente pessoal.*

(D) *Estava atrás de um acessório que o* **dispersasse** *de promover a limpeza do aparelho e sua consequente manutenção depois de cada utilização, mas não pôde achá-lo por* **ali.**

09. **(FUNDEP - Técnico Judiciário - TJMG - 2007)** "O mal ataca hoje em dia faixas etárias que, **uma ou duas gerações atrás,** julgávamos naturalmente imunizadas a seu contágio."

A expressão destacada pode ser substituída sem alteração significativa do sentido por

(A) a uma ou duas gerações.
(B) acerca de duas gerações.
(C) há uma ou duas gerações.
(D) por uma ou duas gerações.

► *Comentários:*

Resposta correta: (C) *No original, a palavra "atrás" denota passado. A forma "há", da alternativa assinalada, é marca de tempo decorrido. Portanto, "há uma ou duas gerações" retoma o mesmo sentido do trecho original.*

10. **(TJ-SC - Técnico em computação - TJSC - 2007)** Assinale a alternativa em que todas as palavras contêm ditongo:

(A) concepção, muitas, ruim, aqui.
(B) ideia, falaram, ninguém, hem! (hein!)
(C) reprodução, biônica, nunca, foice.
(D) queijo, assembléia, pensantes, moderna.

► *Comentários:*

Resposta correta: (B) *id**ei**a, falar**am** (= falar**au**m), ningu**ém** (= ningu**ei**m), h**em**! (h**ei**n!)*

(A) **ruim** *(apresenta hiato)* **aqui** *(contém um dígrafo)*

(C) **biônica** *(apresenta hiato)* **nunca** *(contém dígrafo)*

(D) **pensantes** *(apresenta dígrafo)* **moderna** *(não apresenta encontro vocálico)*

11. **(TJ-SC - Técnico em computação - TJSC - 2007)** Assinale a alternativa INCORRETA quanto ao número de sílabas e à posição da sílaba tônica:

(A) maior - dissílaba e paroxítona
(B) recorde - trissílaba e paroxítona
(C) rubrica - trissílaba e paroxítona
(D) mister - dissílaba e oxítona

► *Comentários:*

Resposta correta: (A) - *A palavra "maior" realmente tem duas sílabas (mai-or); no entanto, é oxítona, já que apresenta a última sílaba tônica.*

12. **(FUNDEP - Analista de Sistemas - TJ-MG - 2007)** "O mal ataca hoje em dia faixas etárias que, uma ou duas gerações atrás, julgávamos naturalmente imunizadas a seu contágio."

A expressão destacada pode ser substituída sem alteração significativa do sentido por

(A) a uma ou duas gerações.
(B) acerca de duas gerações.
(C) há uma ou duas gerações.
(D) por uma ou duas gerações.

▶ *Comentários:*

Resposta correta: (C) – *No texto original, fala-se em "uma ou duas gerações* **atrás**...". *A noção de passado é expressa pela forma do verbo "haver", presente na alternativa a ser assinalada.*

13. (TJ-SC – Técnico Judiciário Auxiliar – TJSC – 2005) Observe a grafia das palavras e relacione-as com o seu sentido, assinalando, a seguir, a alternativa correta:

I. deferir = conceder; diferir = adiar, divergir
II. descrição = qualidade de quem é discreto; discrição = ato de descrever
III. eminente = importante, elevado; iminente = próximo
IV. descriminação = absolvição do crime; discriminação = separação
V. comprimento = saudação; cumprimento = extensão

(A) II, III
(B) I, II, V
(C) Somente a IV está correta
(D) I, III, IV

▶ *Comentários:*

Resposta Correta: (D)

II. descrição = qualidade de quem é discreto; discrição = ato de descrever → É exatamente o contrário.

V. comprimento = saudação; cumprimento = extensão → O par aparece com o sentido trocado.

2. QUESTÕES DE CONCURSO

01. (FCC – 2022 – TRT – 14ª Região (RO e AC) – Técnico Judiciário – Área Administrativa) Um novo vocábulo pode ser formado quando passa de uma classe gramatical a outra, sem a modificação de sua forma. É o que se denomina derivação imprópria. Constitui exemplo de derivação imprópria o termo sublinhado em:

(A) Leva vinte anos para dar uma parasita que preste, não tenho lucro nenhum. (9º parágrafo).
(B) Por que o senhor não vai plantar em terreno ainda não cultivado? (3º parágrafo).
(C) E cisma de ganhar dinheiro na cidade, podando árvore de rua. (5º parágrafo).
(D) No trocar de roupa, atira ao chão as peças usadas. (11º parágrafo).
(E) A patroa acorda cedo, para despertar a cozinheira. (13º parágrafo).

02. (CEBRASPE – ANALISTA JUDICIÁRIO – TJ-AM – 2019) A correção gramatical do texto seria mantida se o vocábulo "porque" fosse substituído por **por que**

O contrato inteligente bloqueou, de maneira automática, o uso do dispositivo digital por Alice, porque ela não cumpriu o contrato.

CERTO

ERRADO

03. (FGV – OFICIAL DE JUSTIÇA – TJ-SC – 2019) Na redação de um texto, pode ocorrer uma série de dificuldades com vocábulos da língua portuguesa; as palavras abaixo que estão graficamente corretas são:

(A) advogado / metereologia;
(B) bicabornato /astigmatismo;

(C) babadouro / beneficência;

(D) reinvindicação / bugigangas;

(E) jaboticaba / cabelereiro.

04. (FGV – OFICIAL DE JUSTIÇA – TJ-SC – 2019) Em todas as frases abaixo ocorre uma troca indevida do vocábulo sublinhado por seu parônimo; a única das frases cuja forma do vocábulo sublinhado está correta é:

(A) O motorista infligiu as leis do trânsito;

(B) O prisioneiro dilatou os comparsas do assalto;

(C) Nada há que desabone a sua conduta imoral;

(D) A cobrança é bimestral, ou seja, duas vezes por mês;

(E) Os cumprimentos devem ser dados na entrada da festa.

05. (CESPE – ANALISTA JUDICIÁRIO – TJ-AM – 2019) A correção gramatical do texto seria mantida se o vocábulo "porque" fosse substituído por por que.

TRECHO:

" O contrato inteligente bloqueou (...) o uso do dispositivo digital por Alice, porque ela não cumpriu o contrato."

CERTO

ERRADO

06. (VUNESP – MÉDICO JUDICIÁRIO – TJ-SP – 2019) Assinale a alternativa que mantém o sentido do texto e emprega, corretamente, termos parônimos.

(A) Analistas discutem a cerca da migração de alguns profissionais para uma medicina mais técnica.

(B) A finalidade da profissão não se alterou, porém, na atual conjetura, o modus operandi passa por drásticas mudanças.

(C) É essencial que juntas médicas promovam seções periódicas para chegar a diagnósticos acurados.

(D) Apesar das contribuições da robótica, não é fato eminente a realização de cirurgias sem a intervenção humana.

(E) Jayme Murahovschi ratifica o ponto de vista de outros colegas que também acreditam que a profissão está vivendo uma reviravolta.

07. (IBFC – ANALISTA JUDICIÁRIO – TRE- PA– 2020) O enunciado abaixo é parte do 2º parágrafo do texto. Sem que altere seu sentido e significação, assinale a alternativa que preencha correta e respectivamente as lacunas.

"Portanto, _____ as opiniões e me faço _____. ______ para o intento de escrever em uma língua ______ ao homem comum."

(A) menosprezo / difuso / Persuasivo / inacessível

(B) enalteço / falante em demasia / Preparado / incognoscível

(C) descarto / ponderado / Pronto / enigmática

(D) valorizo / vexado / Suasivo / incompreensível

08. **(AOCP - ANALISTA JUDICIÁRIO - PREFEITURA DE BETIM - 2020)** Quanto às regras de ortografia, assinale a alternativa em que há uma palavra grafada incorretamente.

(A) super-homem, sobrenatural, cosseno.

(B) cooperador, coexistente, agroindustrial.

(C) anti-inflacionário, pan-americano, autoescola.

(D) girassol, hiper-ativo, recém-casado.

09. **(FAURGS - TÉCNICO EM ELETRÔNICA - TJRS - 2018)** Sobre o uso no texto de formas lexicais compostas, considere as afirmações abaixo.

I. A expressão ***pós-moderno*** (l. 12) é formada mediante o processo de *composição por justaposição.*

II. ***Carnaselfie*** (l. 26), o neologismo proposto pelo autor, constitui exemplo do processo de formação de palavras denominado *composição por aglutinação.*

III. A forma composta ***cinematografia*** (l. 42) é derivada, mediante o processo de formação de palavras denominado *composição por aglutinação,* dos itens *lexicais cinema* e *grafia.*

Quais estão corretas?

(A) Apenas I.

(B) Apenas II.

(C) Apenas III.

(D) Apenas I e III.

(E) I, II e III.

10. **(FAURGS - TÉCNICO EM ELETRÔNICA - TJRS - 2018)** Qual dos exemplos abaixo **NÃO** é constituído exclusivamente pelo processo de formação de palavras *derivação por sufixação?*

(A) ***proliferação*** (l. 07).

(B) ***bacanudo*** (l. 12).

(C) ***embebedar*** (l. 18).

(D) ***celular*** (l. 35).

(E) ***censurar*** (l. 41).

11. **(FAURGS - TÉCNICO EM ELETRÔNICA - TJRS - 2018)** Qual dos elementos sublinhados constitui prefixo nas palavras abaixo?

(A) ***proliferação*** (l. 07)

(B) ***despreocupado*** (l. 11).

(C) ***esquecer*** (l. 16)

(D) ***detalhes*** (l. 37).

(E) ***cinematografia*** (l. 42)

12. **(FGV - ANALISTA JUDICIÁRIO - TJSC - 2018)** "Em vista disso, inteligência e sabedoria são dois conceitos interessantes. Assim, poderemos ter uma ideia mais precisa e útil do que realmente são. Afinal, se queremos algo, além de ter um alto QI, é necessário desenvolver uma sabedoria excepcional e moldar uma personalidade virtuosa. Isso vai um passo além do cognitivo e do emocional".

Nesse segmento do texto 2, a palavra formada por processo de formação originalmente diferente dos demais é:

(A) sabedoria;

(B) realmente;

(C) desenvolver;

(D) excepcional;

(E) personalidade.

13. **(FGV – ANALISTA JUDICIÁRIO – TJAL – 2018)** "O flagrante de dois assessores trocando figurinhas durante uma sessão foi divulgado pelas redes sociais e a cena se espalhou".

Sobre os componentes desse segmento do texto 2, é correto afirmar que:

(A) em lugar de "flagrante" deveria estar "fragrante";

(B) em lugar de "sessão" deveria estar "seção";

(C) em lugar de "quarta feira" deveria estar "quarta-feira";

(D) em lugar de "foi divulgado" deveria estar "foram divulgados";

(E) em lugar de "assessores" deveria estar "acessores".

14. **(FAURGS – TÉCNICO EM ELETRÔNICA – TJRS – 2018)** Considerando o sistema ortográfico oficial e as relações entre sons, letras, pronúncia e grafia, assinale a alternativa correta.

(A) Não é a mesma regra de acentuação gráfica que explica o emprego do acento agudo nos exemplos ***dá*** (l. 01) e ***há*** (l. 40).

(B) A palavra ***trégua*** (l. 16) é um exemplo de proparoxítona aparente, por isso é acentuada.

(C) O acento na palavra ***início*** (l. 24) é facultativo.

(D) A palavra ***têm*** (l. 31) também poderia ser grafada como **tem**.

(E) A palavra ***por*** (l. 40) também poderia ser grafada como **pôr**.

15. **(AOCP – ANALISTA JUDICIÁRIO – TRT-1ª.REG. – 2018)** No excerto "[...] a nossa consciência de que a morte é inevitável é o principal motivo pelo qual existe a cultura [...]", a expressão em destaque pode ser substituída, sem gerar prejuízo gramatical, por

(A) por que.

(B) porque.

(C) cujo.

(D) por qual.

(E) porquê.

16. **(AOCP – TÉCNICO DE ENFERMAGEM – TRT-1ª.REG. – 2018)** Em relação à acentuação gráfica e à ortografia oficial, assinale a alternativa correta.

(A) Em "A indústria do espírito, uma das operações mercantis mais bem-sucedidas de nosso tempo [...]", a palavra em destaque poderia ser grafada sem hífen, sem com isso acarretar prejuízo semântico ou sintático.

(B) Em "A indústria do espírito é um produto das sociedades industrializadas em que as pessoas já têm muito bem resolvidas as necessidades básicas [...]", a expressão em destaque não poderia ser grafada com hífen, já que utilizar o hífen acarretaria prejuízo semântico ou sintático.

(C) Em "A indústria do espírito é um produto das sociedades industrializadas em que as pessoas já têm muito bem resolvidas as necessidades básicas [...]", o acento da palavra em destaque é opcional.

(D) Em "[...] o objetivo principal dessas sessões pagas não é tanto salvar a si mesmo [...]", a palavra em destaque é grafada com "ss" porque significa "cada uma das subdivisões interiores de um estabelecimento".

(E) A palavra "subscritores" permite duas grafias: "subscritores" e "sub-escritores".

17. **(TCE-SP – AGENTE DE FISCALIZAÇÃO – 2017 – FCC)** Sempre se imaginou que o uso exagerado de *smartphones* e *tablets*, com o corpo curvado e a atenção sugada pela tela, pudesse fazer ______ para o corpo. Estudos recentes constatam: faz sim. Uma das pesquisas revela um malefício surpreendente: o ________ eletrônico acelera o surgimento de rugas no pescoço. Criou-se até um termo, *tech neck* (*neck* é pescoço, em inglês), para designar os ______ que resultam da postura equivocada. Um trabalho coordenado pela Universidade Chung-Ang, da Coreia do Sul, mostrou que mulheres a partir dos 29 anos apresentaram vincos na região do pescoço – enquanto o natural seria depois do 40. O ponto em comum entre as pessoas investigadas: o ______ uso dos eletrônicos.

(Taís Botelho. Erga a cabeça! *Veja*, 16.08.2017. Adaptado)

De acordo com a norma-padrão, as lacunas do texto devem ser preenchidas, respectivamente, com:

(A) mal ... vicio ... prejuizos ... mal
(B) mau ... vício ... prejuízos ... mau
(C) mau ... vicio ... prejuizos ... mal
(D) mal ... vício ... prejuízos ... mau
(E) mau ... vício ... prejuizos ... mal

18. **(TCE-SP – AGENTE DE FISCALIZAÇÃO – 2017 – FCC)** Segundo o estudante do Instituto de Relações Internacionais (IRI) da USP e membro do Núcleo de Estudos em Tecnologia e Sociedade (Nets), Victor Veloso, o Brasil precisa de uma regulamentação quanto à proteção de dados na internet, __________ de garantir a privacidade dos __________ . Ele explica que as informações são coletadas em diversas plataformas, como Google e Facebook, com o consentimento dos usuários nos termos de uso. No entanto, o risco está na utilização dos dados para além de interesses econômicos, com _______ repasses aos governos. O estudante considera que a vigilância e a captação dos dados pode retirar a privacidade das pessoas e cercear sua liberdade. A ________ Direitos na Rede promove a campanha "Seus dados são você: Liberdade, proteção, regulação para tratar da garantia de privacidade dos dados na internet brasileira".

(http://jornal.usp.br. Adaptado)

De acordo com a norma-padrão, as lacunas do texto devem ser preenchidas, respectivamente, com:

(A) afim ... cidadãos ... possiveis ... coalisão
(B) afim ... cidadães ... possíveis ... coalisão
(C) a fim ... cidadãos ... possíveis ... coalizão
(D) a fim ... cidadões ... possíveis ... coalizão
(E) a fim ... cidadões ... possiveis ... coalizão

19. **(MPE-BA – ANALISTA TÉCNICO – 2017 – FGV)** Observe a charge a seguir.

Na fala do personagem-pai na charge há um erro de acentuação no vocábulo "quê"; a frase em que ocorre o mesmo erro ortográfico é:

(A) Há um quê de estranho em tudo isso.

(B) Os políticos roubam, por quê?

(C) O quê? Não estou escutando bem...

(D) O quê da palavra "quero" está mal grafado.

(E) Por quê você não veio, por quê?

20. **(TJ-RS – TÉCNICO JUDICIÁRIO – 2017 – FAURGS)** Assinale a alternativa correspondente à sentença em que a palavra destacada está corretamente empregada.

(A) Dirija-se à **cessão** de atendimento.

(B) Machado de Assis foi um **iminente** escritor.

(C) O meliante foi preso em **fragrante** delito.

(D) Recomenda-se manter **discrição** em relação a assuntos sigilosos.

(E) A **intensão** do magistrado era tão somente fazer justiça.

21. **(TJ-PR – ANALISTA JUDICIÁRIO – 2017 – PUC-PR)** Em relação às normas ortográficas da língua portuguesa em vigor, é **CORRETO** afirmar:

(A) Segundo o Novo Acordo Ortográfico da língua portuguesa, o acento diferencial de palavras homógrafas como **pelo** (verbo pelar) e **pêlo** (substantivo) foi mantido.

(B) A acentuação gráfica das palavras **deficiência, comunitária, infância** e **precedência** justifica-se pela mesma regra do Novo Acordo Ortográfico: todas as palavras paroxítonas são acentuadas.

(C) Em relação à eliminação do emprego do hífen, as palavras a seguir respeitam o Novo Acordo Ortográfico: **autoeducação, extraoficial, coeditor** e **contraexemplo**.

(D) O Novo Acordo manteve o hífen nas palavras compostas por justaposição cujos elementos constituem uma unidade semântica, mas mantêm uma tonicidade própria, como em: **aero-espacial, bem-te-vi, ave-maria**.

(E) As palavras **ideia, jiboia, heroi** e **feiura** tiveram o acento agudo eliminado após o Novo Acordo Ortográfico .

22. **(TJ-SP – ANALISTA – 2017 – VUNESP)** Motoristas e cobradores do transporte público de Itajaí voltaram ao trabalho por volta das 15h30 desta sexta-feira [07.04.2017], após uma ________ que começou às 10h. Eles protestavam contra o ________ nos salários. A empresa informou que não tinha dinheiro para fazer o depósito. Houve uma reunião no fim da manhã. A prefeitura ________ e a empresa concordou em depositar os salários até o início da tarde.

(http://g1.globo.com. Adaptado)

De acordo com a norma-padrão, as lacunas do texto devem ser preenchidas, respectivamente, com:

(A) paralisação ... atraso ... interveio

(B) paralisação ... atrazo ... interveio

(C) paralização ... atraso ... interviu

(D) paralização ... atrazo ... interviu

(E) paralisação ... atraso ... interviu

23. **(TJ-SP – ANALISTA – 2017 – VUNESP)** Assinale a alternativa em que todas as palavras estão corretamente grafadas, considerando-se as regras de acentuação da língua padrão.

(A) Remígio era homem de carater, o que surpreendeu D. Firmina, que aceitou o matrimônio de sua filha.

(B) O consôlo de Fadinha foi ver que Remígio queria desposa-la apesar de sua beleza ter ido embora depois da doença.

(C) Com a saúde de Fadinha comprometida, Remígio não conseguia se recompôr e viver tranquilo.

(D) Com o triúnfo do bem sobre o mal, Fadinha se recuperou, Remígio resolveu pedí-la em casamento.

(E) Fadinha não tinha mágoa por não ser mais tão bela; agora, interessava-lhe viver no paraíso com Remígio.

24. **(FCC – Analista Judiciário /TRT – 4ª. região– 2015)** Queremos investigar <u>por quê</u>. (final do texto) Ficarão preservadas a correção e a clareza da frase acima, sem prejuízo do sentido original, com a substituição do segmento destacado por

(A) suas razões.

(B) o seu porquê.

(C) por que motivos.

(D) porque ela nos transforma.

(E) seja qual for as motivações disso.

25. **(FCC – Técnico Judiciário /TRT – 15ª. região– 2015)** é <u>porque</u> estou morto O elemento sublinhado acima também pode ser corretamente empregado na lacuna da frase:

(A) Não entendi o ...... da sua atitude na reunião.
(B) Percebi logo ...... ele demorou para chegar.
(C) ...... você não confia nas suas ideias?
(D) Esclareça o ...... da necessidade desse procedimento.
(E) Os jovens às vezes erram ...... são muito ansiosos

26. (FCC – Analista Judiciário – TRT – 4ª. Região – 2015) Queremos investigar por quê. (final do texto) Ficarão preservadas a correção e a clareza da frase acima, sem prejuízo do sentido original, com a substituição do segmento destacado por

(A) suas razões.
(B) o seu porquê.
(C) por que motivos.
(D) porque ela nos transforma.
(E) seja qual for as motivações disso.

27. (FCC – Técnico Judiciário – TRT – 15ª. Região – 2015) é porque estou morto O elemento sublinhado acima também pode ser corretamente empregado na lacuna da frase:

(A) Não entendi o ...... da sua atitude na reunião.
(B) Percebi logo ...... ele demorou para chegar.
(C) ...... você não confia nas suas ideias?
(D) Esclareça o ...... da necessidade desse procedimento.
(E) Os jovens às vezes erram ...... são muito ansiosos.

28. (CIEE – TJ GO – Estagiário Administrativo – 2014) Com relação à ortografia e de acordo com a norma-padrão da Língua Portuguesa, assinale a alternativa correta.

(A) Fui ao médico porque estava com muita coceira no couro cabeludo.
(B) A professora escreveu a matéria na louza para os alunos copiarem.
(C) O menino espalhafatozo derrubou as latas no mercado.
(D) Este aluno tem um problema grave com indissiplina.

29. (CIEE – TJ GO – Estagiário Administrativo – 2014) Com relação à acentuação e de acordo com a norma-padrão da Língua Portuguesa, assinale a alternativa correta.

(A) Eu tive o prazer de conhecer o ganhador do prêmio Nobél da Paz.
(B) O sabor da comida daquele restaurante é muito ruím.
(C) Muitas meninas estão sendo vacinadas contra o vírus do HPV.
(D) O atleta bateu seu próprio recórde.

30. (CIEE – TJ GO – Estagiário Administrativo – 2014) Com relação à ortografia e de acordo com a norma-padrão da Língua Portuguesa, assinale a alternativa correta.

(A) Os menores infratores foram levados para a casa de detensão.
(B) A mulher do presidente estava usando um vestido estravagante.
(C) O meu vizinho foi hospitalisado em estado grave.
(D) Gostaria muito de conhecer os lugares mais exóticos do mundo.

31. **(CIEE - TJ GO - Estagiário Administrativo - 2014)** De acordo com a norma-padrão da Língua Portuguesa e com relação à acentuação, assinale a alternativa correta.

(A) Eu gosto de ouvir o canto dos pássarinhos.
(B) Para fazer a prova, precisarei de lápis e borracha.
(C) Minha prima guarda muitas magóas.
(D) Ela vai ao forúm.

32. **(CIEE - TJ GO - Estagiário de nível médio - 2014)** De acordo com a norma-padrão da Língua Portuguesa e com relação à acentuação, assinale a alternativa em que TODAS as palavras devam ser acentuadas, respectivamente, obedecendo às mesmas regras das palavras abaixo.

Caístes/ anéis/ revólver

(A) Bainha/ chapeus/ caquis
(B) Juiz/ ponei/ eletrons
(C) Juizes/ lençois/ cadaver
(D) Balaustre/ pessego/ pênsil

33. **(CIEE - TJ GO - Estagiário de nível médio - 2014)** De acordo com a norma-padrão da Língua Portuguesa e com relação à ortografia, assinale a alternativa correta que completa correta e respectivamente as lacunas abaixo.

1. Você não veio à escola hoje. _______?
2. O túnel foi fechado _______ foi invadido por água.
3. Acredito que o verdadeiro _______ ninguém sabe.
4. Ignoro _______ você ainda não me perdoou.

(A) 1. Por que/ 2. porque/ 3. porque/ 4. por quê
(B) 1. Por quê/ 2. porque/ 3. porquê/ 4. por que
(C) 1. Porquê/ 2. porque/ 3. por que/ 4. por que
(D) 1. Por quê/ 2. por que/ 3. porquê/ 4. por que

34. **(FCC - Analista - MP - SE - 2013)** *Isso ajuda a explicar <u>por que</u> o bonde urbano e grandes projetos de transporte público estão com toda a força.*

O elemento grifado acima preenche corretamente a lacuna da frase:

(A) Detroit acaba de pedir resgate ao governo do Estado de Michigan ...... está soterrada em dívidas.
(B) Ao se constatar que o capital se movimenta nas grandes cidades, com suas redes de conexão, compreende-se ...... há interesse na revitalização dos centros urbanos.
(C) ...... encarecem rapidamente, os bairros revitalizados acabam expulsando dali as classes mais baixas.
(D) Os embates em Istambul começaram ...... se cogitou transformar um parque em *shopping center*.
(E) A perda de mobilidade explica em parte o ...... de algumas metrópoles brasileiras estarem cedendo às ideias de um urbanismo mais saudável.

35. **(FCC - Técnico - MP - SE - 2013)** Todas as palavras estão corretamente grafadas em:

(A) Os encarregados nos eventos beneficientes encaminhavam seus pedidos de verba à chefia.
(B) Os executivos se responsabilizavam pela organização de eventos, anciosos por sucesso.

(C) Os chefes ciosos de sua responsabilidade zelavam pela contratação de bons comunicadores.

(D) Os chefes dos setores da empresa cuidavam dos empreendimentos com vistas à sua promoção.

(E) Os empresários estavam afim de contratar pessoas capacitadas para exercerem as suas funções.

36. **(FCC - Tribunal de Contas AP - Analista de controle externo - 2012)** A frase que está em conformidade com a ortografia oficial é:

(A) Não interessa recaptular a indesejável dissensão, mas sim aliviar as tensões agudizadas pelo desnecessário enxerto de questões polêmicas.

(B) Sempre quis ser assessora de moda em lojas, mas eram tantos os empecilhos, que acabou por vencer a ojeriza de coser sob encomenda e, com isso, tornouse grande costureira.

(C) Endoidescia o marido com seus gastos extravagantes, pois acreditava que o tão desejado charme era questão de plumas e brilhos esplendorosos, de preferência, vindos do exterior.

(D) Quando disse que não exitaria em abandonar o emprego de sopetão e ir relaxar numa praia distante, lhe disseram que seria sandice, mas não conseguiram vencer o fascínio da aventura.

(E) Representava na peça um cafageste que tratava a todos com escárneo, mas sua atuação era sempre tão fascinante que diariamente angariava a simpatia de toda a platéia.

37. **(FCC - TRE-PR - Analista Judiciário - 2012)** A frase correta do ponto de vista da grafia é:

(A) Era grande a insidência de casos de enjoo quando era servido aquele alimento, por isso o episódio não foi tratado como exceção, atitude que garantiu o êxito das providências.

(B) Em meio a tanta opulência da mansão leiloada, encontrou a geringonça que, tratada criativamente por ele, garantiu por anos seu apoio a entidades beneficentes.

(C) Seus gestos desarmônicos às vezes eram mal compreendidos, mas seu jeito afável de falar, sem resquícios de mágoa, revelava sua intenção de restabelecer a paz entre os familiares.

(D) Defendeu-se dizendo que nunca pretendeu axincalhar ninguém, mas as suas caçoadas realmente humilhavam e incitavam à malediscência.

(E) Sempre ansiosos, desenrolaram no saguão apinhado a faixa com que brindavam os recém--formados, com os seguintes dizeres: "Viagem bastante e divirtam- se, nobres doutores".

38. **(FCC - TRE-SP - Técnico Judiciário - 2012)** É preciso corrigir deslizes relativos à ortografia oficial e à acentuação gráfica da frase:

(A) As obras modernistas não se distinguem apenas pela temática inovadora, mas igualmente pela apreensão do ritmo alucinante da existência moderna.

(B) Ainda que celebrassem as máquinas e os aparelhos da civilização moderna, a ficção e a poesia modernista também valorizavam as coisas mais quotidianas e prosaicas.

(C) Longe de ser uma excessão, a pintura modernista foi responsável, antes mesmo da literatura, por intensas polêmicas entre artistas e críticos conservadores.

(D) No que se refere à poesia modernista, nada parece caracterizar melhor essa extraordinária produção poética do que a opção quase incondicional pelo verso livre.

(E) O escândalo não era apenas uma consequência da produção modernista: parecia mesmo um dos objetivos precípuos de artistas dispostos a surpreender e a chocar.

39. **(FADENS - Analista de Sistema Computacional - TJMS - 2009)** Assinale a alternativa em que a acentuação gráfica está **correta**:

(A) heroon.

(B) destroier.

(C) heroi.

(D) fiéis.
(E) chapeus.

40. (AOCP - Analista Judiciário - TER-RO - 2009) Assinale a alternativa cuja palavra NÃO apresenta dígrafo em sua grafia.

(A) Efeitos
(B) Insones
(C) Depressão
(D) Sonho
(E) Pesquisa

41. (FCC - Analista Judiciário - TRT da 18ª. Região - 2009) Está correta a grafia de todas as palavras da frase:

(A) Muitos se deixam embalar por um mixto de torpor e devaneio, quando se entretém à janela do ônibus.
(B) Tentou convencer o jovem a desligar a engenhoca, mas não obteve sucesso nessa tentativa de dissuazão.
(C) Que temos nós a haver com o relatório que deixou frustado aquele executivo?
(D) Por que não se institue a determinação de por um fim ao abuso dos ruídos no interior de um ônibus?
(E) É difícil explicar o porquê de tanta gente sentir-se extasiada diante das iniquidades de um filme violento.

42. (FCC - Analista Judiciário - TRF da 5ª. Região - 2008) Todas as palavras estão corretamente grafadas na frase:

(A) Ela não crê em rixa, mas em complementaridade entre o pessimismo e o otimismo, admitindo, assim, flexibilização das sensações humanas.
(B) As sensações espectantes produzem, entre os mais pessimistas, muito temor, e entre os otimistas, uma gososa, deleitosa ansiedade.
(C) Algumas pessoas não admitem hesitação ou abstensão, quando nos inquirem: você se arroula entre os pessimistas ou entre os otimistas?
(D) Em tese, não se deve previlegiar o otimismo ou o pessimismo; esses humores não reinvindicam, por si mesmos, nenhuma hegemonia.
(E) O autor do texto se apoia na tese segundo a qual não se deve descriminar em definitivo entre o pessimismo e o otimismo.

43. (CESPE - UNB- Analista Judiciário - TRT da 1ª. região - 2008) Com referência à ortografia oficial e às regras de acentuação de palavras, assinale a opção incorreta.

(A) Os vocábulos *lágrima* e *Gênesis* seguem a mesma regra de acentuação.
(B) As palavras *oásis* e *lápis* são acentuadas pelo mesmo motivo.
(C) A grafia correta do verbo correspondente a *ressurreição* é *ressucitar*.
(D) Apesar de a grafia correta do verbo *poetizar* exigir o emprego da letra "z", o feminino de *poeta* é grafado com s.
(E) O vocábulo *traz* corresponde apenas a uma das formas do verbo *trazer*; a forma *trás* é empregada na indicação de lugar (equivale a parte posterior).

44. (FCC - Analista Judiciário - TRF da 3ª. Região - 2007) Está correta a grafia de todas as palavras na frase:

(A) A presunção de verossimilhança é inerente aos escritos ficcionais, mesmo aos que exploram as rotas e as sendas mais fantasiosas da imaginação.

(B) Deprende-se do texto que, no futuro, as civilizações adotarão paradigmas que substituirão com vantajem aqueles que regeram a vida do século XX.

(C) Distila-se nesse texto o humor sutil de Mário Quintana, um autor gaúcho para quem a poesia e a vida converjem de modo inelutável.

(D) A apreenção humana diante das forças da natureza deriva de épocas préhistóricas, quando o homem não dispunha de recursos técnicos para enfrentá-las.

(E) As obsessões humanas pelo progresso parecem ignorar que as leis da natureza não sofrem nenhum processo de obsolecência, e custam caro para quem as transgrida

45. **(TJ-SC – Técnico em computação – TJSC – 2007)** Considerando as proposições abaixo, assinale a alternativa em que todas as palavras estão empregadas/grafadas corretamente:

I. Seu relatório está mau elaborado.

II. Os espectadores saíram satisfeitos do concerto.

III. Nas selas do presídio, em São Pedro de Alcântara, a tensão era enorme na última semana.

IV. Eram flagrantes os sinais de que o político estava na iminência de ser cassado.

(A) I, II, IV

(B) II, III

(C) I, III

(D) II, IV

46. **(TJ-SC – Técnico em computação – TJSC – 2007)** Analise as proposições abaixo e assinale a alternativa correta:

I. Você pergunta o quê vou fazer.

II. O túnel por que deveríamos passar está interditado.

III. Já encontrei o porquê de toda essa desordem.

IV. Não sei por que tenho tanta dor.

V. Seu amigo faltou, por que?

(A) II, III. IV

(B) I, III, IV

(C) I, II, V

(D) II, IV, V

47. **(TJ-SC – Técnico Judiciário Auxiliar – TJSC – 2005)** Nos enunciados abaixo, preencha as lacunas com uma das formas entre parênteses e assinale a alternativa correta:

I. O filho caminhou ________ do pai, abraçando-o com emoção. (ao encontro, de Encontro)

II. O governo tomou medidas que vêm ________ às reivindicações dos trabalhadores, tornando inevitável o movimento grevista. (ao encontro, de encontro)

III. Os brasileiros se perguntam ________ de tantos roubos no governo. (o por que, o porquê, o porque)

IV. Acredito que nos devemos preocupar com os ideais ________ lutamos. (porque, por que)

V. Ele não veio ao encontro ________? Não sei ________ faltou, mas sei o ________ da minha decepção. (por que, por quê, porque, porquê)

(A) e encontro – de encontro – por quê – porque – por quê, porque, por que

(B) de encontro – ao encontro – porque – por que – por que, por que, por quê

(C) ao encontro – ao encontro – por que – por que – porque, por quê, porquê

(D) ao encontro – de encontro – o porquê – por que – por quê, por que, porquê

48. (TJ-SC – Técnico Judiciário Auxiliar – TJSC – 2005) Observe a grafia das palavras destacadas, relacionando-as com seu sentido. A seguir, assinale a alternativa INCORRETA:

(A) Comportou-se **mal** durante as investigações. No entanto, não creio que seja um **mau** sujeito.
(B) Tenho **de trabalhar** para viver, mas não **tenho que** ganhar tanto dinheiro.
(C) **Onde** devo dirigir-me para obter informações sobre as provas?
(D) Não estou **a par** das equivalências; está o real **ao par** do dólar?

49. (TJ-SC – Técnico Judiciário Auxiliar – TJSC – 2005) Analise as proposições e assinale a alternativa correta:

I. As palavras acesso e obsessão têm, respectivamente, seis letras / cinco fonemas, e, oito letras / sete fonemas.
II. Nas palavras sou, luar e averigúe o u classifica-se como vogal.
III. Os hiatos são sempre separados quando da divisão silábica: ru-im, pa-ís, sa-í-ram.
IV. Nas palavras guerra, quilo, questão o u representa uma vogal ou semivogal.
V. É preciso conhecer as regras de divisão silábica para separar as palavras no final das linhas, pois a divisão silábica obedece a algumas regras básicas. Ditongos e tritongos, por exemplo, pertencem a uma única sílaba, como em di-nhei-ro, i-guais, pai, Pa-ra-guai.

(A) II, V
(B) II, III
(C) II, IV, V
(D) I, III, V

▸ GABARITO

1	D	8	D	15	A	22	A	29	C	36	B	43	C
2	E	9	B	16	B	23	E	30	D	37	C	44	A
3	C	10	C	17	D	24	C	31	B	38	C	45	D
4	E	11	B	18	C	25	E	32	C	39	D	46	A
5	E	12	B	19	E	26	C	33	B	40	A	47	D
6	E	13	C	20	D	27	E	34	B	41	E	48	C
7	A	14	B	21	C	28	A	35	C	42	A	49	D

Bibliografia

BECHARA, E. *Gramática escolar da língua portuguesa.* 1ª ed. Rio de Janeiro: Lucerna, 2002.

________. *Moderna gramática da língua portuguesa: cursos de 1º e 2º graus. Edição Revista e ampliada.* 37ª ed., SP: Companhia Editora Nacional, 2000.

CÂMARA JUNIOR, J Mattoso. *Dicionário de Linguística e Gramática,* 15ªedição, Petrópolis: Editora Vozes, 1991.

CEREJA, William Roberto; MAGALHÃES, Thereza Cochar. *Português: Linguagens, literatura, produção de textos e Gramática.* 3ª ed. Volume 2. São Paulo: Atual Editora. 1999 (pp.372-385).

CHEDIAK, Antônio José. *Análise Sintática (estrutura e equivalência intraoracionais),* 1955. (pp. 9 - 33).

CUNHA, C.; CINTRA, L. *Nova Gramática do Português Contemporâneo.* 3ª ed. - Rio de Janeiro: Nova Fronteira, 2001.

FERREIRA, Aurélio Buarque de Holanda (1988). *Novo Dicionário da Língua Portuguesa,* 2002.

INFANTE, Ulisses. *36 Lições Práticas de Gramática.* 2ª ed. SP: Scipione. 1997 (pp. 173-182).

KURY, A da Gama. *Novas lições de Análise Sintática.* 8ª ed. SP: Ática, 1999.

LIMA, C. H. Rocha. *Gramática Normativa da Língua Portuguesa.* 39ª ed. - Rio de Janeiro: José Olympio, 2000.

SACCONI, Luiz Antônio. *Gramática Essencial Ilustrada.* 18ª ed. São Paulo: Editora Atual, 1999. (pp. 318-321).

________. *Nossa Gramática:* teoria e prática. 25ª ed. São Paulo. 1999 (pp. 333-343).

EDITORA JusPODIVM
www.editorajuspodivm.com.br

Impresso por:

Docuprint
CNPJ 01.036.332/0001-99

JUS3214